"十二五"国家重点图书出版规划项目

工商管理经典译丛

当代财经管理名著译库

Digital Business and E-Commerce Management

Strategy, Implementation and Practice

(Sixth Edition)

Dave Chaffey

电子商务

战略、执行与实践

（第6版）

（美） 戴夫·查菲　著

甄阜铭　主译

东北财经大学出版社

Dongbei University of Finance & Economics Press

大连

辽宁省版权局著作权合同登记号：图字06-2016-181号

图书在版编目（CIP）数据

电子商务：战略、执行与实践：第6版（美）戴夫·查菲（Dave Chaffey）著；甄阜铭主译.一大连：东北财经大学出版社，2017.1（2017.8重印）
（工商管理经典译丛）
ISBN 978-7-5654-2521-9

Ⅰ．电… Ⅱ．①戴… ②甄… Ⅲ．电子商务 Ⅳ．F713.36

中国版本图书馆CIP数据核字（2016）第260032号

东北财经大学出版社出版发行
　　大连市黑石礁尖山街217号　邮政编码　116025
　　网　　址：http：//www．dufep．cn
　　读者信箱：dufep @ dufe．edu．cn
大连图腾彩色印刷有限公司印刷

幅面尺寸：185mm×260mm　字数：872千字　印张：37.5
2017年1月第1版　　　　2017年8月第2次印刷
责任编辑：刘东威　王　玲　　责任校对：贝　莉
封面设计：冀贵收　　　　　　版式设计：钟福建
定价：72.00元

教学支持　售后服务　　联系电话：（0411）84710309
版权所有　侵权必究　　举报电话：（0411）84710523
如有印装质量问题，请联系营销部：（0411）84710711

译者前言

　　电子商务发展之快，是多数人始料不及的。电子商务变化之迅速，也是多数人追赶不上的。电子商务承载的内容之多，更是一般研究人员难以承受的。

　　十年来，在电子商务领域能够长期坚持，紧跟时代发展，跟踪其间的变化，不断创新丰富其内容的正是这部教材《电子商务：战略、执行与实践》，本书彰显了作者戴夫·查菲坚持不懈、勇于创新、与时俱进的严谨治学理念，这令我们由衷钦佩。

　　《电子商务：战略、执行与实践》从2002年问世以来，历经五版，每一版都精益求精，提供了丰富案例、大量鲜活数据、经典的模型设计和分析。本书从电子商务环境讲起，基于管理学理论阐述电子商务的战略与应用，最后立足于电子商务的实施与运行。尽管电子商务已经有十几年的历史，但是在该领域如此系统性较强的著作教材，还是非常鲜见的。相信读者在本书的阅读和学习中也深有体会。

　　由于该领域内涵和外延都比较大，很多方面本人一知半解，在翻译的过程中尽管查阅了大量资料，也会有很多不当之处，望读者谅解。

　　在本书的翻译过程中，电子商务的从业者巩传荣先生给予了大量帮助，在此表示感谢。另外，感谢初评过程中王嫱、郭孜一同学的辛勤工作。

甄阜铭
于2016年秋

前　言

　　1849年，一群定居者向西开拓，奔向希望之地——加利福尼亚，最初他们进入了一个无名峡谷。峡谷向西是崇山峻岭，险象环生，使西行的人们感到前途渺茫。很多人在找到通往加利福尼亚的道路之前就付出了生命。当这群人离开峡谷时，一位妇女转过身喊道："再见，死谷。"这就是死谷名称的由来。当然，如今的加利福尼亚已经成为地球上最繁荣的地方。

　　如今，像总部在加利福尼亚的eBay、Facebook和Google等一流电子商务公司，以创10亿美元的营业额成为全球业界的领军品牌。这在加利福尼亚300年来的开发史上是罕见的。

　　与此相似，电子商务的成功之路也不平坦，需要克服重重困难，以选择正确的战略，在残酷的竞争环境中谋得生存。不是所有走这条路的企业都能获得成功，只有那些适应顾客需求并及时根据竞争情况作出调整的企业才能成功，这正是竞争的基本规律。事实证明，那些抢得先机和把握正确方向的企业，都得到了应有的回报。本书试图为管理者提供知识和技能，引导企业组织电子商务发展。同时，也为各种类型的企业通过电子商务获得繁荣发展提供指导。

　　本书的主要目标是为组织实现电子商务发展的管理决策提供支持。本书主要解决的问题是实施电子商务应使用什么战略方法，电子商务的投资额应该有多大，电子商务应采取怎样的轻重缓急策略，企业为成功实施电子商务应进行哪些变革。

　　本书的电子商务概念属于广义的范畴，通过对各个学科的现有方法和体系的综合，提出系统的观点和方法，这里涉及的学科包括信息系统、战略管理、市场营销、供应链管理、作业管理和人力资源管理。

什么是数字化经营管理？

　　在第1章中我们会给出数字化经营的定义，数字化经营的目标是通过信息和通信技术的内部和外部应用提升企业的竞争力。其中，内部应用体现为企业范围内的应用，外部应用体现为与客户和合作伙伴之间的互联。技术应用不会是自动、简单地应用于现有的业务流程之中，而是应该通过技术改变业务流程。因为业务流程和活动复杂多样，所以成功地管理电子商务需要宽泛的知识，包括从价值链（如市场和营销）到新产品开发、生产和物流。同时，企业还需要应对新流程和技术带来的管理上的变革，如人力资源管理。

　　从数字化经营管理的概念来看，数字化经营涉及企业供应链中信息和通信技术应用的方方面面，也包括企业价值链的优化（另一个相关的概念用来描述增值活动，涉及企业的供方和需方）。数字化经营管理还包含价值链和价值网的相关管理内容。

电子商务（E-commerce）管理

这本书的讨论范畴涉及了数字化经营和电子商务，用于不同的场合，有一些地方它们的意思是相同的，但有很多人认为它们有着很大的不同。第1章将进一步解释这个问题。最重要的是从企业的利益相关者到一般员工都要对如下问题有清晰一致的观念，即企业如何充分利用信息与通信技术。本书将数字化经营概念界定为企业与其利益相关者之间的各种类型的电子化业务，这种业务可能是交易、信息交换或其他服务等。可以将这些电子商务分为**买方电子商务和卖方电子商务**，本书第二部分将分别讲述它们。数字化经营包含电子商务以及企业内部的所有电子化业务。

电子商务的管理涉及买方和卖方活动的优先次序，并进行计划，然后识别不同的资源可以提供的利益。这些计划需要把重点放在对诸多风险的成功管理上，其中有些问题可能在你使用电子商务网站时会遇到，例如一些技术问题引起交易失败，网速缓慢的问题、客服问题或履行问题，都表明管理的失败。如今，社交媒体或者点对点间的互动，都会在公司网站、博客上的客户之间发生，还可以通过采用移动网站和移动应用程序等技术提供的新平台上与消费者进行交互，这些都必须进行评估，并优先考虑。决定用哪些新兴技术和营销方式及其优先顺序还是进行忽略都是所有企业的一个挑战。

本书的结构

本书的逻辑次序如图0-1所示：第一部分包括数字化经营有关概念的介绍及其发展历程；第二部分主要回顾实施数字化经营可选择的战略方法和应用；第三部分介绍战略如何实施。在这个整体框架之下，不同的电子通信技术支持不同的商务流程将被作为一个单独的问题特别提出来，第6章、第7章讲述供应链管理中买方电子商务技术的特点；第8章、第9章从市场营销的角度讲述卖方电子商务技术的特点。图0-1显示了每章所强调的重点内容。

第一部分：概述（第1章至第4章）

第一部分通过各种案例解释阐明基本概念和术语，介绍数字化经营和电子商务。

- 第1章：数字化经营和电子商务介绍。对数字化经营和电子商务进行定义和范围界定，同时介绍互联网的应用，包括其好处、障碍和应用范围等。
- 第2章：电子商务市场分析。介绍基于现代信息通信技术的新的商务模式和市场结构。
- 第3章：管理数字化经营基础设施。介绍数字化经营发展所涉及的相关硬件、软件和通信设施。
- 第4章：电子商务环境。介绍企业电子商务战略实施的机遇以及制约其发展的宏观环境。

第二部分：战略与应用（第5章至第9章）

第二部分从三个层次来论述，首先是从企业整体上看数字化经营战略层次（第5章），然后是买方电子商务战略和应用层次（第6章、第7章）以及卖方电子商务战略和应用层次（第8章、第9章）。

第一部分　概述

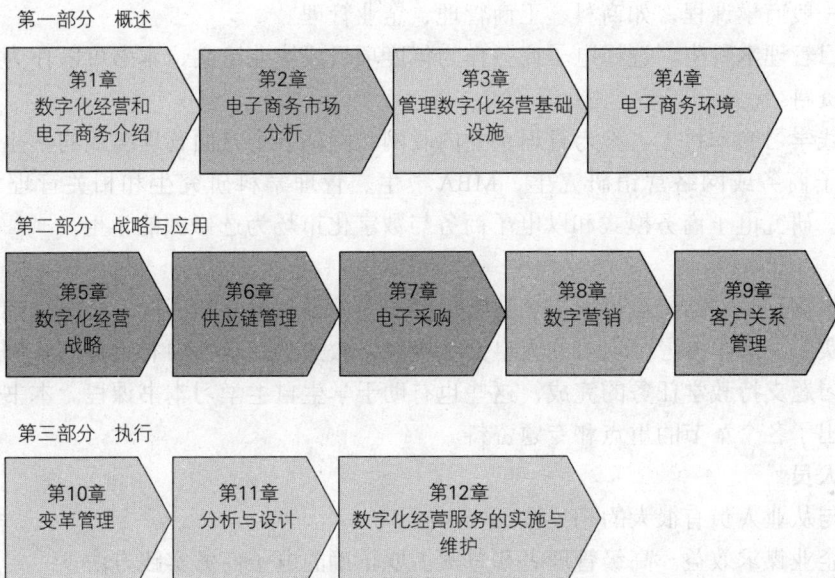

| 第1章
数字化经营和
电子商务介绍 | 第2章
电子商务市场
分析 | 第3章
管理数字化经营基础
设施 | 第4章
电子商务环境 |

第二部分　战略与应用

| 第5章
数字化经营
战略 | 第6章
供应链管理 | 第7章
电子采购 | 第8章
数字营销 | 第9章
客户关系
管理 |

第三部分　执行

| 第10章
变革管理 | 第11章
分析与设计 | 第12章
数字化经营服务的实施与
维护 |

图 0-1　本书的结构

- 第5章：数字化经营战略。介绍开发数字化经营战略的方法以及与信息系统战略之间的关系。
- 第6章：供应链管理。通过实例介绍技术如何用于改善供应链和价值链的效率。
- 第7章：电子采购。讨论电子采购的好处和实践过程中面临的问题。
- 第8章：数字营销。从卖方的视角讨论电子商务，考察电子商务数字媒介在市场营销中与其他营销媒体的不同点，以及结构化开发市场的营销策略。
- 第9章：客户关系管理。介绍应用电子商务获得和保持客户的市场营销技术。

第三部分：执行（第10章至第12章）

第三部分讲述数字化经营执行，讨论数字化经营建立和维护的解决方案，以及具体的实践管理问题。

- 第10章：变革管理。企业转向数字化经营所需的组织、人员、技术等方面的变革管理。
- 第11章：分析与设计。讨论管理者和方案的提供者针对电子商务系统的分析和设计提出的主要问题。
- 第12章：数字化经营服务的实施与维护。电子商务运行过程中的管理和监控问题。

为什么用这本书？

学生

本书适合学习数字化经营、电子商务信息系统与信息管理以及网络营销的本科生和研究生作为专业课学习教材。相关的学生包括：

- 商科的本科生。主修电子商务和互联网应用，专业知识包括电子商务、互联网营销和一般商学课程，如商科、工商管理、企业管理。
- 项目管理本科生。选择电子商务作为年度项目或毕业论文，本书可以作为很好的参考资料。
- 实践学习的本科生。参与管理企业内联网和网站各个方面管理实践的学生。
- 电子商务或网络营销研究生、MBA学生、管理学科研究生和相关管理学位研究生。研究电子商务模式和以电子商务与数字化市场为选修课的学生。

教师

本书根据互联网的特点讲述当今数字化经营的理论、概念和问题，全面介绍企业数字化经营的实践。书中参考了现有的大量文献资料，教师会发现书中有大量的案例分析、实践活动和习题支持教学任务的完成，这些也有助于学生自主学习本书课程。本书中网站链接同时给出了各个章节的重点和专题资料。

从业人员

本书与从业人员有很大的相关性：

- 为企业谋求效益。高级管理者和总裁需要正确的电子商务实践方法。
- 信息系统的管理者需要开发数字化经营和实施数字化经营战略。
- 市场营销管理者有责任确定企业的网络营销战略、应用和维护企业的网站。
- 供应链、物流和采购管理者需要能成功应用于供应链的电子商务实践指南。
- 技术项目管理者或网管拥有技术知识，但是缺乏商务和市场营销的基础理论。

学生注意事项

本书的诸多特点皆有助于读者理解并强化学习成果，易于读者查找信息。现将本书特点按阅读顺序陈列如下：

每章开始

- 主要内容：列示了每章讨论的主题和案例。
- 学习目标：列示了读者学习本章可能取得的主要收获。
- 管理问题：对应本章主题管理者将面临的主要决策问题。
- 网站支持：提供其他资源的友情链接网站。
- 章节链接：其他章节相关主题概述。
- 介绍：针对从业人员和市场营销学生的相关知识的简要总结。

每章中间

- 实践活动：简短的活动安排是为了增强对关键概念的理解，通常是学生实践或访问相关网站。
- 案例学习：实施电子商务的企业在现实经营中面临的问题。通过案例最后的问题强化重要知识点。
- 现实世界的数字业务经验：访谈英国、欧洲其他国家和美国等不同国家不同组织的电子商务经理人，了解他们已经采取的战略策略和实施方法。
- **专栏框特色：在文中探索一个更详细的概念，或给出一个例子进行讨论。**
- 重点：对某一特殊主题的详情展开内容。

- **辩论问题**：对管理者参与数字业务所面临的重大问题进行讨论和辩论。
- **网站链接**：更多最新内容可参阅网站。
- **本章小结**：回顾所学内容，巩固本章所学要点。

学习技巧

　　本书支持多种学习方式，它可以用于主动或以学生为中心的学习方法，让学生通过反思提出问题、尝试活动、回答问题，然后与章节末尾给出的建议答案作比较。当然，学生也可以以传统的学习方法直接去看参考答案，但是仍然鼓励针对问题进行思考。

模块指南

　　表0-1为全球知名电子商务企业的案例列举。表0-2为全书内容的分块导引，重点是数字业务和电子商务的管理问题。表0-3为作者的时间表，以及与电子商务发展时期的对应关系。在www.pearsoned.co.uk/chaffey上有一套完整的PowerPoint幻灯片和所附说明可供下载。

表0-1　　　　　　　　　　　全球知名电子商务企业的案例分析

章节	案例分析
第1章　数字化经营和电子商务介绍	1.1　The Facebook 的商业模式 1.2　eBay——全球最大的电子商务公司
第2章　电子商务市场分析	2.1　i-to-i——初创公司的全球市场
第3章　管理数字化经营基础设施	3.1　谷歌的革新
第4章　电子商务环境	4.1　消费者关于全球化的看法
第5章　数字化经营战略	5.1　Debenhams通过移动商务创造价值 5.2　网络营销对 Sandvik Steel 的贡献 5.3　Boo hoo——从欧洲最大的电子商务公司的失败中得到的启示
第6章　供应链管理	6.1　Shell Chemicals对客户供应链的重新界定 6.2　Argos 应用电子供应链管理给顾客带来便利 6.3　RFID：从开始跟踪到快速跟踪
第7章　电子采购	7.1　Cambridge Consultants 通过电子采购降低成本
第8章　数字营销	8.1　easyJet的品牌标识 8.2　Dell通过网络接近其客户
第9章　客户关系管理	9.1　Tesco.com增加产品种类并使用触发通信以支持CRM
第10章　变革管理	10.1　流程管理：复杂业务的简化
第11章　分析与设计	11.1　为本地市场提供良好而有效的网上体验
第12章　数字化经营服务的实施与维护	12.1　学习Amazon的文化度量

表 0-2 内容分块导引

周	讲授主题	讨论或辅导题目	注
1	L1. 数字化经营和电子商务介绍	活动 1.1 创新的数字化经营 案例 1.2 eBay	第 1 章 第 3 章（技术介绍部分）
2	L2. 电子商务微观商业环境	活动 2.1 网络生态系统 案例 2.2 i-to-i 讨论 2.1 在线中介 讨论 2.2 创新型商业模式	第 2 章
3	L3. 电子商务宏观商业环境	活动 4.1 介绍 案例 4.1 全球化 讨论 4.1 选择进入参与	第 3 章 第 4 章
4	L4. 数字化经营战略：（a）处境分析和目标设定	活动 5.2 数字化渠道 案例 5.1 Debenhams 讨论 5.1 数字化经营的责任	第 5 章
5	L5. 数字化经营战略：（b）战略和战术	活动 53 数字化经营战略 案例 5.3 Boo.com 讨论 5.2 宽泛内容	第 5 章
6	L6. 数字化经营应用：（a）供应链管理	活动 6.1 介绍 案例 6.1 Shell Chemical 案例 6.2 Argos 讨论 6.1 价值链	第 6 章
7	L7. 数字化经营应用：（b）电子采购	活动 7.1 介绍 案例 7.1 Cambridge Consultant 案例 7.2 Covisint 讨论 7.2 B2B 交换	第 7 章
8	L8. 数字化经营应用：（c）电子营销	活动 8.2 竞争者标杆 案例 8.1 easyJet 讨论 8.1 电子化营销规划	第 8 章
9	L9. 数字化经营应用：（d）客户关系管理	活动 9.1 介绍 案例 9.1 Tesco.com 讨论 9.1 许可营销	第 9 章
10	L10. 变革管理	活动 10.1 介绍 案例 10.1 通过业务流程方法改善工作流程 讨论 10.1 电子商务功能	第 10 章
11	L11. 评价和维护	活动 12.1 介绍 案例 11.1 i-to-i 案例 12.1 Amazon 讨论 12.2 标准控制	第 11 章和第 12 章

表 0-3	作者时间表
	20 世纪 60 年代
1963 年出生	黑白电视
	20 世纪 70 年代
1976 年	彩色电视
	20 世纪 80 年代
1982 年 1985 年理学学士，伦敦帝国理工学院	最初用计算机编程，大型机打孔卡片输入
1988 年博士学位，利兹大学	使用大型机写毕业论文
1989 年商业软件开发项目管理	第一次使用 PC
	20 世纪 90 年代
1991 年公司软件工程管理	发送第一封 E-mail
1994 年客户的财务管理软件开发	开始使用万维网
1995 年讲师，商务信息系统	第一次在线买书
1997 年主持计算机集成制造互联网营销讨论会	建立第一个网站
1998 年群件、工作流和内联网发布	移动电话
1999 年出版《企业信息系统》	
	21 世纪
2000 年出版《互联网营销》	交互式数字电视
2000 年在德比大学开设电子商务课程	WAP
2003 年与菲利普·科特勒和迈克尔·波特等一同被提名为 50 位计算机集成制造（CIM）领域领军人物	
2004 年被评为全球 100 位该领域的影响者和先驱	
2005 年《电子化营销》（第二版）	博客和 RSS，www.davechaffey.com
2006 年《数字化经营和电子商务管理》（第三版）	参与社交网络，如 Facebook 和 Linked-In
2008 年《电子咨询管理数字渠道》研究报告出版	利用推特保留技术创新的日期

目　录

第一部分

概　述

第1章

数字化经营和电子商务介绍

主要内容

本章主题

- 电子通信对传统经营的影响
- 数字化经营和电子商务的区别
- 电子商务的机遇
- 商务应用中存在的风险和障碍
- 消费者在使用互联网过程中的障碍

案例学习

- The Facebook 的商业模式
- eBay——全球最大的电子商务公司

学习目标

学习本章之后，读者应该能够：

- 掌握数字化经营和电子商务的定义以及它们之间的不同点
- 总结实施电子商务的理由以及实施过程中的障碍
- 概括出在组织中电子商务管理正在遇到的挑战，尤其是线上开始的业务方面

管理问题

- 如何向公司成员解释数字化经营的意义和应用范围
- 采用数字化经营会产生哪些效益、带来哪些风险
- 如何评价目前的数字化经营的潜力

网站支持

说明以下问题的案例，请参阅 www.pearsoned.co.uk/chaffey：

- 中小企业卖方电子商务应用
- dot-com 梦的幻灭
- 鼓励中小企业实施卖方电子商务

章节链接

主要相关章节

- 第2章详细解释电子商务的基本规则和市场模型
- 第3章介绍成功实施电子商务所必需的由软件和硬件设备组成的基础设施结构
- 第5章描述第1章介绍的电子商务战略方法

1.1 本章介绍

在 1991 年，Tim Berners-Lee 建立了世界上第一个网站（http：//info.cern.ch），之后20 年的互联网经营模式及应用技术也都是基于**互联网、万维网和无线通信**而不断发展改变的；**部署这些突破性数字化技术**也为企业成功创新改变自身服务模式提供了更多的机会。在表 1-1 中列举了一些较为著名的案例，在实践活动 1.1 中读者可以探索一下这些公司成功的原因所在。

本书的用意在于探索一些管理方法，这些管理方法用于评估不同的数字化技术间的关联性，以及如何利用这些技术来策划和实施企业的战略目标。学习如何管理在实践过程中遇到的风险，例如如何提供令人满意的服务质量、保护客户的隐私以及安全管理等不同风险。本章以介绍数字化经营和电子商务的适用范围为开端，进而讲述数字化经营的机遇与风险及在发展过程中的动力和阻碍，鼓励管理者更好地利用数字化经营为其管理活动服务。

在笔者看来，电子商务和数字化经营是一个让人非常感兴趣的领域，因为每年、每月甚至每天都会出现许多新的机会与挑战。创新是理所当然的，需要不断引入新的技术，新的商业模式以及新的通信方法。比如，Google 坚持不懈地创新。其服务自 1998 年以来已经走了很长的一段路（图 1-1），现在数十亿的网页索引和一些其他的服务比如网页邮件、点击付费广告、数据分析和社交网络也只是它所有业务的一部分。通过实践活动 1.1或者表 1-1 可以看到一些其他创新的例子。

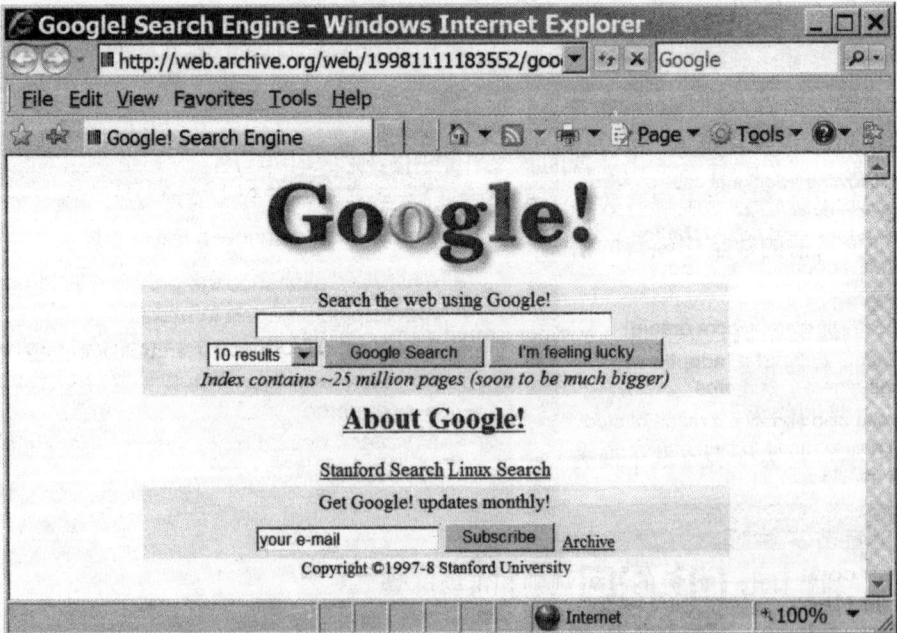

图 1-1　2008 年左右的 Google

来源：Wayback machine archive：http：//web.archive.org/web/19981111183552/google.stanford.edu.Google and the Google logo are registered trademarks of Google Inc.，used with permission

表1-1 以时间为轴说明网站在商业模式或者营销沟通方法的创新

建立时间	公司/网站	创新和经营模式的类别
1994	Amazon	零售商
1995(3月)	Yahoo!(yahoo.com)	目录和门户
1995(9月)	eBay	线上拍卖
1995(12月)	AltaVista(altavista.com)	搜索引擎
1996	Hotmail(hotmail.com)	网页邮件 传染病毒式营销(使用电子邮件签名来推销服务) 在1997年被Microsoft收购
1998	GoTo.com(goto.com) Overture(2001)	点击付费搜索营销 在2003年被Yahoo!收购
1998	Google(google.com)	搜索引擎
1999	Blogger(blogger.com)	博客发布平台 在2003年被Google收购
1999	Alibaba(alibaba.com)	B2B市场 2007年于我国香港证交所上市，IPO达17亿美元（见第7章案例）
1999	MySpace(myspace.com) Formerly eUniverse	社交网络 在2005年被News Corp.收购
2001	Wikipedia(Wikipedia.com)	开放的百科全书
2002	Last.fm	英国互联网广播和音乐社区网站,成立于2002年
2003	Skype(skype.com)	点对点网络电话 互联网协议语音技术 在2005年被eBay收购
2003	Second life(secondlife.com)	身临其境的虚拟世界
2004	Facebook(facebook.com)	社交网络应用程序
2005	YouTube(youtube.com)	视频共享和评级
2009	Foursquare(foursquare.com)	基于用户地理位置信息的手机服务网站
2011	Pinterest	提供图片分享的社交网络
2014	Google Glass	可穿戴智能设备的一个例子
??	The future	??

实践活动1.1

创新的数字化经营

目的

说明在线商务模式和通信方法的创新。

问题

1.思考在使用互联网和万维网期间遇到的创新点。你认为你所在国家的主要网站的使用已经改变了我们消遣时间或者线上购物的方式了吗？

2.我们谈论的是这些企业的成功，但是对于刚起步的企业来说什么是成功？

3.你认为这些服务有什么共同点以使得它们获得成功？

实践活动答案参见www.pearsoned.co.uk/chaffey。

1.2　电子通信对传统商务的影响

如表1-1所示，管理者在创建商务过程中，不得不决定如果要引入新的电子通信技术就不得不改变它们的组织结构。稍后我们将在这一章里看到，企业在不同的阶段通过不断改进它们的方法才能逐步形成数字化经营，如不间断地创新，不停地引入新的技术，逐步形成新的商业模式和新的通信方法。所以，所有的组织必须考察新的电子和网络通信方法，以使得它们的业务有可能获得更多的竞争力并具有管理持续风险的能力，比如安全性和执行。例如，许多企业正在评估它们目前正在实施的电子商务技术的收益、成本和风险，并将其作为实现**数字业务转型**的一部分。

在写本书的时候，对大多数企业来说，进行数字化经营转型时有两个关键的机会，这也是这本书中我们关注的地方：集客营销和移动营销。

1.2.1　集客营销

在互联网上，通常是顾客先开始接触并通过在网站上搜索信息来研究。换句话说，这是一个"拉动"的机制，当顾客进入搜索引擎搜索相关公司的产品或服务的时候，有一个良好的可见性是特别重要的。这种强大的新方法在市场营销专业人士之中广为人知，这就是集客营销（Shah and Halligan，2009）。谷歌提到在消费者去商店之前便做了决策称为零时真相（ZMOT），这个词在Lecinski（2012）写的一本手册中提出。它描述了线上和线下的结合对购买的影响，如图1-2所示。

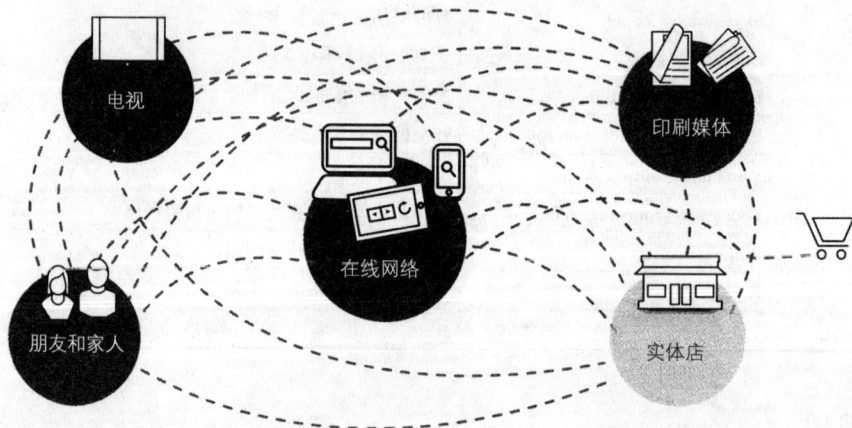

图1-2　零时真相（ZMOT）

来源：Google，Lecinski（2012）

集客营销的强大是因为它大大减少了广告的浪费。搜索营销、内容营销和社会化媒体营销可以用来定义目标前景的需要——它们是主动的和自愿的。但这同时也是一个缺点，因为与传统的沟通方法相比，市场营销人员可能对能够帮助消费者生成消费意识和需求的信息推送控制较弱。而集客营销的拥护者，如Dharmesh Shah和Brian Halligan，他们认为社会化媒体和搜索营销确实在创造需求方面发挥了一定作用。

1.2.2　社会化媒体营销

社会化媒体的流行在电子商务方面是一个大趋势，尤其是社交网站（SNS）比如 Facebook，Google+，Twitter 以及 B2B 的商务化人际关系网和 RSS 的使用者。一些特殊社会媒体网站是独立于社交网络的，如哈宝宾馆等虚拟世界以及许多个人和企业创建的博客。社会化媒体营销也包括在线视频和交互式应用程序等富媒体，其出现在专业社交网络上，比如 YouTube 或者嵌入到网站中。

趋势更新：社会化媒体用法

不同的社交平台在不同的国家的普及是不断变化的。访问下面网址可以找到你所在地区或国家最新的情况：http：//bit.ly/smartsocialstats。

对于所有的企业来说，要理解能够在塑造人们对品牌的看法方面有重要影响力的社交网络和平台的业务和盈利模式是很重要的。图 1-3 总结了公司需要重点思考的主要类型的社交网站。

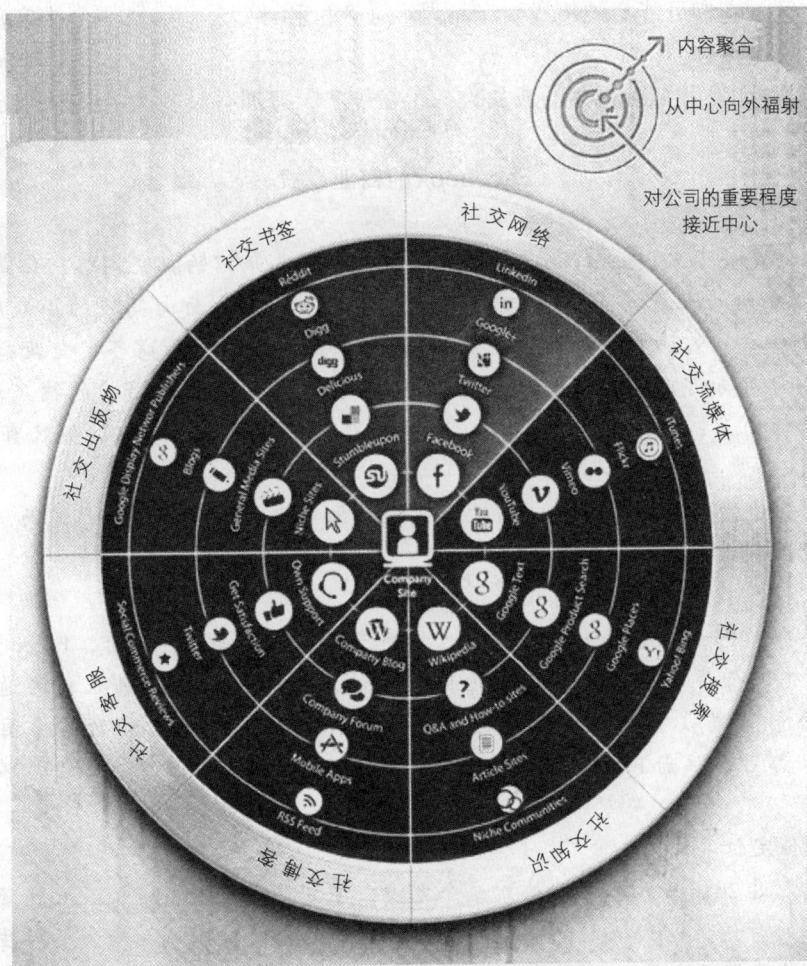

图 1-3　社会化媒体营销雷达

既然有很多类型存在，我们就分类一下以有助于简化选择并管理它们。为此，我们基于 Weinberg（2010）的文章介绍六个分类。你会发现与社交网络相比，社会媒体有更多：

1. 社交网络：重点在于聆听客户、分享吸引人的内容。Facebook 倾向于消费者是最重要的受众，而 LinkedIn 则倾向于商家。

2. 社会知识：这些是类似于雅虎知识堂一类的信息社交网络，你能在这里帮助一些使用者解决问题并且巧妙地展示你的产品是如何帮助其他人的。Wikipedia 也是这类网站中的一个，尽管它的市场占有率相对很小。

3. 社会共享：这些是社会书签网站，比如 Delicious（www.delicious.com），可以用来了解在一个类别中最吸引人的内容。

4. 社会新闻：Twitter 是最有名的例子。

5. 社会潮流：丰富的流媒体网站可以分享照片、视频和博客。

6. 基于公司用户生成社区：独立的公司有别于其他类型的社会存在，这些公司拥有自己的社交空间，它们可能会被集成到产品内容（评价和评级）里，如一个为客户服务的支持社区或者一个博客。

案例学习 1.1 思考 Facebook 的成长，一个在许多国家拥有最多消费者的社交网络。

案例学习 1.1

Facebook 的商业模式

背景

这个案例是关于 Facebook 的，是一个基本上不需要介绍的社交网络，但是当我们第一次描绘它早期电子商务管理特征的时候，它是一个主要面向高校的小众服务网络，但它仍然是一个很好的案例研究。它不仅显示了一些新的电子商务完全获得成功所需要的因素，也显示了一种新的当用户的隐私需求不被重视时所面临的被疏远的风险。让人难以置信的是，每个月它有超过 10 亿的用户活跃在世界范围内，但只有不到 5 000 名员工。

与书中其他的案例学习一样，通过商业模式画布概括出关键特征，进而总结出结论（在第 2 章商业模式部分介绍）。

价值定位

在 2013 年，Facebook 的使命是"让世界更开放、更互联"。以前，Facebook 把它自己描述为："一个帮助人们更加有效地同他们的朋友、家人和工作伙伴沟通的社会公共设施。公司开发技术来促进人们通过现实社会关系的关系图和数字地图来分享信息。任何人都可以注册 Facebook，并且和他们认识的人在一个可以信任的环境中进行互动。"

消费者的价值定位

你可能看过 2010 年《社交网络》这个电影，它讲述了当 Mark Zuckerberg 还是一名哈佛大学学生的时候，是如何创建 Facebook 的。最初的会员被限制为哈佛的学生。该软件的最初病毒效应显示在第一个月内，有超过一半的哈佛在校生进行了注册。Zuckerberg 采用了开源软件 PHP 和 MySQL 数据库创建了原始的"TheFacebook.com"网站，并且这些技术到今天仍在使用。这部电影还描述了长期以来 Facebook 所有权的争议，这是另外一个哈佛创建的后来改名为 ConnectU 的社交网站 "HarvardConnection"，其在 2004 年 9 月宣称 Zuckerberg 是用他们的源代码开发了 Facebook，当时他们与 Zuckerberg 签订了合约让他帮忙建立网站。

在 2004 年 2 月，Facebook 首次推出的时候，用户在网站上能做的只有三件事，到现在为止，这仍是网站的核心功能。用户可以使用他们的照片和信息创建一个账户，从而访问别人的账户以及添加人们为朋友。

Facebook（2013）解释了由公司定义的核心消费者的好处：

和你的朋友联系和分享。保持联系是我们所期望的核心特征，但是需要注意的是，它的价值定位更多的是基于感情要素。

发现和学习。Facebook 关联公众人物和组织来吸引用户的兴趣——可以通过 Facebook 公司的页面来和他们取得联系。

表现自我。一个基本的需求。Facebook 把它作为核心特征来实现，比如时间轴、新闻反馈、照片和视频、通过电子邮件的消息、聊天和文本。

每时每刻保持联系。考虑到 Facebook 的用户和商业模式，手机用户和其他设备的用户都很重要：人们可以通过官网、手机网站、智能手机应用程序以及其他功能手机应用登录 Facebook。

对营销人员和企业的价值主张

Facebook 努力将其收益货币化，尤其是在 2012 年 5 月 18 日举行了首次公开募股（IPO）之后。这是互联网公司最大的一笔 IPO，最高市值超过了 1 040 亿美元。Facebook 对企业的建议描述如下：

基于人们选择与我们分享的信息：年龄、性别、地址和兴趣，营销人员每月可以与 100 多万 Facebook 的活跃用户和用户团体建立联系。我们向市场营销人员提供一个独特的组合：范围、相关性、社会背景以及债务，以此来提升他们广告的价值。

商业商务公司和非营利组织（e.g.www.facebook.com/joinred）也可以创建它们公司自己的 Facebook 页面（目前免费），之后 Facebook 的用户就可以关注它们以表达自己的支持，在公司页面留言，上传照片以及加入其他粉丝的讨论组。当用户变成了粉丝，他们就更乐于保持最新状态，更新并显示在个人状态栏中。

为了鼓励企业做广告，Facebook 运用了一种名为 EdgeRank 的算法，它可以决定公司状态更新的比例，并显示在用户的状态栏中。营销人员只需要在 Page（2012）中保持维护他们的帖子，使其发出的消息保持一个较高的相关性即可。

盈利模式

Facebook 有一个基于广告的盈利模式，其广告（www.facebook.com/ads）有如下一些特点：

- 针对年龄、性别、所在地、兴趣等
- 可选择的支付模式：每次点击成本（CPC）或者基于广告效果的价格（CPM）
- "可信赖的推荐"或者"社交广告"——广告也可以向用户展示他们的朋友最近曾经访问过公司的 Facebook 页面或者公司的网站。

当时推出广告的时候，Facebook 博客做了一些概括，以显示广告收入和用户体检之间的微妙平衡。他们说，首先是不变的：

- Facebook 会始终保持整齐和整洁
- Facebook 永远不会出售任何有关你的消息
- 你会始终控制你的信息和你的 Facebook 体验
- 你不会看到比之前更多的广告

以及什么是正在改变的：

- 现在，通过 Facebook，你可以与产品、企业、乐队、名人等取得联系
- 对你来说，广告将有更大的相关性和意义

Facebook 的战略

Facebook 在其提交给证监会（SEC）文件中描述了其战略的主要要素：

1. 扩大全球社区。Facebook 特别定义了"相对来说更少的深入，更大的市场"，如巴西、印度、墨西哥和日本。

2. 开发提供最吸引用户体验的社会产品。和许多成功的互联网企业提交给证监会的文件一样，Facebook 对用户的体验有着明确的承诺。其方法是基于洞察力："为了提供最吸引人的用户体验，我们在优化社会分销渠道方面不停地升级产品和技术，通过分析每个用户和组织大量的事实信息，来给每个用户提供最有用的内容。"聪明的洞察力（2012）引用了 Facebook 工程主管 Andrew （Boz）Bosworth 的话：

> 每天我们在 Facebook 上要运行数百个测试，其中绝大部分是选出一个随机样本的人来测试他们的反应。比如，或许上周你就看到过一个新闻故事的一个小测试。

> 其他的产品或许同样需要适当的网络效应测试，因此在这种情况下，就像整个国家一样，我们选出的每个人都在一个特定的市场。

3. 移动产品。Facebook 正在寻求更吸引人、更方便的登录方式。在 2012 年年末，Facebook 平均每月有超过 6.8 亿的用户在使用移动服务。2012 年 8 月，其收购照片共享应用程序"Instagram"就是这一战略的一部分。

4. Facebook 平台。Facebook 提出开发一个开放性系统的重要性，由开发人员通过程序和网站构建 Facebook 平台，包括应用程序编程接口（API）以及社交插件（比如喜欢和分享按钮）与其他服务如网站进行集成对接。Facebook 平台在 2007 年推出，至 2008 年 1 月，平台上拥有超过 18 000 个应用软件，并且平均每天都会添加 140 个新软件。超过 95% 的 Facebook 用户运用的应用软件至少有一个是在 Facebook 平台上。Facebook 平台的手机应用软件在 2007 年 10 月推出，虽然许多用户已经直接通过手机与他们的朋友进行联系。

5. 提高广告产品。IPO 是一个至关重要的目标，但是它必须与战略中其他的元素平衡，特别是上面的第 2 条。Facebook 声明："我们的广告战略集中在广告产品是可信的，它是由社会的、相关性的以及 Facebook 上的其他内容集成的，它可以提高用户体验并且提供一个有吸引力的回报。"

6. 构建一个可伸缩的基础框架。Facebook 在软件和硬件基础设施上投资的目标是："为我们全球的每个用户提供独特的、个性化的体验"。要做到这一点，Facebook 解释了其技术投资主要集中在分析和开发领域，包括内容优化和交付、图形查询、媒体存储和服务、大规模数据管理和软件性能。

Facebook的竞争对手

虽然很难想象Facebook这样一个大公司会拥有怎样的竞争对手，但是它确有新的全球性竞争对手和本土性竞争对手。例如，Google+，这是Google和它的产品的集成，包括搜索、Android系统以及其他应用，就是Facebook全球性竞争对手；在其他一些国家和地区，本土的社交网络同样拥有强大的实力，比如日本的Mixi和俄罗斯的vKontakte和Odnoklassniki。主要的竞争对手还有提供微博的公司（Twitter）、iOS和Android之类的开发者平台以及游戏开发者。所以，Facebook已经决定不参与移动系统平台的竞争，而是在2013年推出了在Android系统上使用的FacebookHome，以此来增加在移动设备上的使用量。

风险因素

Facebook指出"信任是我们业务的基石"。现在它把大量的资源用在建立用户信任这一目标上，开发和实施项目均以保护用户隐私、促进一个安全的环境以及保证用户数据的安全为目标。在某种程度上，Facebook也是从早期的错误中学会了这一课，事件如下：

最初的成员数据隐私的担忧——2005年12月14日。两个麻省理工大学的学生使用一个自动化的脚本，从四个学校（麻省理工大学、纽约大学、俄克拉荷马大学以及哈佛大学）下载了超过70 000个Facebook的资料，作为一个Facebook隐私性研究项目的一部分。

推出新的提要功能——2006年9月。新信息提要功能在2006年年中推出，发出了新功能的优点与扰乱用户现有的习惯的平衡挑战。2006年9月，MarkZuckerberg在Facebook博客中写道："我们已经收到了很多关于迷你摘要以及新信息提要的反馈。我们认为这是一个伟大的产品，但是我们知道你们不是狂热的粉丝，然后你们发现它们是无法拒绝的且杂乱无章。另外一些人担心非好友看到他们太多的信息。我们将听取你们关于改进这一产品所有的建议；它是全新的，还在进化中。"之后，在2006年9月8日发布在博客的一封公开信中，Zuckerberg说："在这件事上我们真的搞砸了。我们推出新消息提要和迷你摘要的时候，我们试图向你们提供关于你们社交圈子的一系列信息。但是我们在向你们解释新特性的方面做得不好，甚至在给你们控制权方面做得更糟糕。我想现在就去纠正这些错误。"

"Beacon技术"引起的隐私问题——2007年11月。Facebook和"Beacon"跟踪系统有关的新的广告格式收到了大量的负面评价。MarkZuckerberg被迫在Facebook博客中做了回应（2007年12月5日）。他说：

大约一个月前，我们发布了一个称为"Beacon"的新功能，试图帮助人们与他们的朋友共享他们在网上做的事情。我们在构建这个新功能的时候犯了很多错误，但是我们更加明白如何去处理它。这个版本我们做得不好，我为此道歉。虽然我为我们的失误感到失望，但我们感谢为我们提供反馈信息的所有用户，让我们学到了许多以及将怎样改进Beacon。

当我们最初构想Beacon的时候，我们的目标是开发一个简单的产品让人们可以和他们的朋友跨站共享信息。它必须是轻量级的，这样就不会妨碍人们浏览网页，但是也要足够清晰，这样人们可以轻易地控制他们想要共享的信息。Beacon使我们很兴奋，因为我们相信有很多消息是人们不愿意在Facebook上分享的，如果我们找到了准确的平衡点，Beacon 将会给人们带来一种简单的、可控的方式来和他们的朋友分享更多的信息。

但是我们没有找到那个准确的平衡点。最初我们试图让它非常的轻量级，这样它在工作时人们将不会触碰到它。这一方案的问题在于我们将其设计成了选择退出系统而不是选择加入系统，因此如果人们忘记退出，Beacon 将继续运行，并和他们的朋友共享信息。在人们开始联系我们更改产品之后，我们花了很长时间去改善这一点，用户必须明确同意他们想要分享什么。我并不对我们处理这一问题的方式感到骄傲，我知道我们可以做得更好。

隐私设置问题——2009 年秋季至 2010 年春季。在 2009 年 12 月，Facebook 实施了一个新的隐私设置。这意味着一些如"好友列表"这样的信息是"所有人可见"的，但在以前可以限制对这些信息的访问。照片和一些个人信息也是公开的，除非用户本领高超并有效地限制访问。隐私的维权人士，包括电子前沿基金会和美国公民自由联盟，都批评了这一变化。2010 年 5 月 Facebook 做出了进一步改动，给了用户更大的控制权并简化了该设置。

Facebook 列出了一些其他的主要风险因素：

● 用户越来越多地接触其他的产品和活动；

● 我们不能够随意引入新产品或者对产品进行升级，一旦我们这么做了，并不一定能受到欢迎；

● 因为广告出现的频率、突出性以及规模是由我们决定的，因而导致用户对 Facebook 的感觉在削弱；

● 我们做不到持续为用户开发可令其满意的、可兼容不同手机系统和网络的市场高度认可的产品；

● 我们无法管理以及优化信息，以保证用户看到的内容是有趣、有用并与他们相关的；

● 用户采用了新技术，Facebook 可能不支持这一特性导致不可用。

关于 Facebook 最新消息的关键来源

All Facebook（www.allfacebook.com）和 Inside Facebook（www.insidefacebook.com）是专注于报道 Facebook 所有发展的网站。

Key Facts——在年终按季度更新：http：//newsroom.fb.com/Key-Facts。

SEC 更新——证券交易委员会年度报道文件对 Facebook 如何定位自身和认定风险因素给出了伟大的见解：http：//investor.fb.com。

Facebook 聪明的洞察力更新和建议：

www.smartinsights.com/social-media-marketing/facebook-marketing 涵盖了营销人员需要注意的主要的问题。

Social Bakers（www.socialbakers.com/facebook-statistics）——Facebook 按国家和品牌欢迎度做的统计。

Facebook 的维基百科页面（http：//en.wikipedia.org/wiki/Facebook）

问题

1.作为一个在社交网络方面，如 Facebook 的投资者，你将使用哪种财务和客户相关指标来评价和衡量公司最近的业绩和未来的成长能力？

2.为Facebook做一个形势分析，主要分析可能会损害社交网络未来增长潜力的主要业务风险。

3.针对问题2中分析出的Facebook的主要业务风险，给出能使风险最小化的方法、建议。

1.2.3　移动电子商务

从Kleiner Perkins Caufield公司的一名分析师Mary Meeker的预测中可以看到移动电子商务（m-commerce）的潜力是显而易见的，她分享了被称为"互联网趋势"的关于互联网当前状态的见解（在本章的最后，你将看到关于她的见解的链接）。2008年以来Meeker最大胆的预测之一是她认为到2014年，网络服务的使用将超过桌面服务，而现在这一情况正发生在全世界范围内。

移动通信应用正在快速发展的另一个明显的特征就是iPhone store，Google Android Play，Microsoft Windows以及其他手机厂商的移动应用程序的逐渐流行。2013年，Flurry发布了一个关于软件在移动电话和平板上的使用类别综述，在用户使用移动设备的时间中有80%是在使用移动应用软件，而不是浏览器。你必须小心地理解这个结论，因为人们在Facebook、游戏和实用的软件上花的时间很多，所以浏览器对于用户来说依旧是很重要的。

基于地理位置的移动应用程序是移动应用程序发展的另一个重要的趋势。例如，用户在购物时就经常会用一些应用程序或者浏览器，用这些基于位置的应用就可以追踪到所购买的商品从制造到仓储到运输的整个过程。

趋势更新：手机应用

手机应用的使用曾被预测在2014年超过桌面应用。从http：//bit.ly/smartmobilestats中找到关于手机和应用程序使用的最新统计数据。

迷你案例学习1.1

Qype和Yelp提供定位服务

一个非常受欢迎的手机定位服务是Qype（www.qype.com）。Qype成立于2006年，是欧洲最大的点评服务网站。Qype允许用户搜索和阅读关于餐厅、商店、服务和经验的点评，在使用Qype软件时，用户可以使用手机阅读和添加点评，并且可以作为一个卫星导航来定位寻找周围的地方。Qype有7种不同语言的版本，是一个全欧洲的点评网站，它涵盖了全世界超过900 000个地方，拥有300多万条评论。2013年，它被美国一个叫Yelp的网站合并。仅仅过了102个月的时间，其独立访客和评论数就达到了3 900万，基本覆盖了美国、欧洲和亚太地区。尽管Facebook和Google提供相似的服务，但这一案例表明了其他公司有进入这一领域的机会。

实践活动1.2

当今最受欢迎的软件

对比不同手机上不同的流行软件。这可以作为一个个人活动也可以作为一个小组活动。你可以使用你的手机软件商店或者Flurry，comScore（2010）和Nielsen（2010）这类信息提供者的汇编来回顾当今最流行的手机软件。

问题

1. 找出 10~20 个最受欢迎的应用程序类型，包括浏览器应用程序，比如 Google 的 Chrome 或者 Apple 的 Safari。

2. 讨论公司在使用应用程序和通过网页浏览器来宣传它们的品牌或服务时，都有哪些不同的优势。

1.3　数字化经营和电子商务的区别

技术的长足进步及其在商务领域的广泛应用，带来了很多新的技术术语和晦涩的名词。电子商务用词除了 e-commerce，还有 e-business、e-marketing（网络营销）和专家更愿意使用的 e-CRM（电子客户关系管理或电子化客户管理）、e-retail（网络销售）、e-procurement（网络采购）等。这些术语是否应该引起特别重视？回答是否定的。Mougayer（1998）指出，理解电子商务会给客户带来怎样的服务、给企业带来哪些效益才是最重要的。但是这些术语的应用使得描述电子通信给公司带来哪些变化更加容易，管理者借此可以给员工、客户和合伙人阐述清楚数字技术带来的变革。

1.3.1　电子商务定义

提到电子商务，通常人们会立即想起网上销售公司，如 Amazon。但是，电子商务的范围要比数字化经营的范围窄一些。**电子商务**通常被简单地理解为在互联网上进行买卖交易。但电子商务应当被视为是企业组织与第三方的电子化媒介交易。按照这种定义，非财务交易，如客户咨询也应该是电子商务的组成部分。Kalakota 和 Whinston（1997）总结了电子商务涉及的方面：

（1）沟通——电子手段的信息传递，提供产品/服务电子支付。

（2）流程——技术应用使商务流程和工作流自动化。

（3）服务——在提高质量和速度的同时降低成本。

（4）在线——在线产品或信息的买卖。

这些解释显示了电子商务不仅仅局限于产品的买卖，还贯穿于供应链的整个过程，例如"售前"和"售后"等各种活动。

趋势更新：电子商务的增长率

在大多数国家，电子商务销售量以每年 10%~20% 的增长率增长。见 http://bit.ly/smarttailstats。

通常当我们评价电子商务对组织的战略影响时，因为组织在满足买方和供应商需要的系统时功能不同，所以区分电子商务买方和卖方的不同机遇是有意义的，如图 1-4 所示。

买方电子商务是指组织从其供应商采购所需资源发生的交易。在第 6 章，我们给出一个案例学习——Shell 公司是如何开发一种买方电子商务用于满足客户需求的。**卖方电子商务**是指组织销售产品给客户的交易。所以，组织间的电子商务交易可以分为两个方面：从购方来看作为买方电子商务，从售方来看作为卖方电子商务。

电子商务

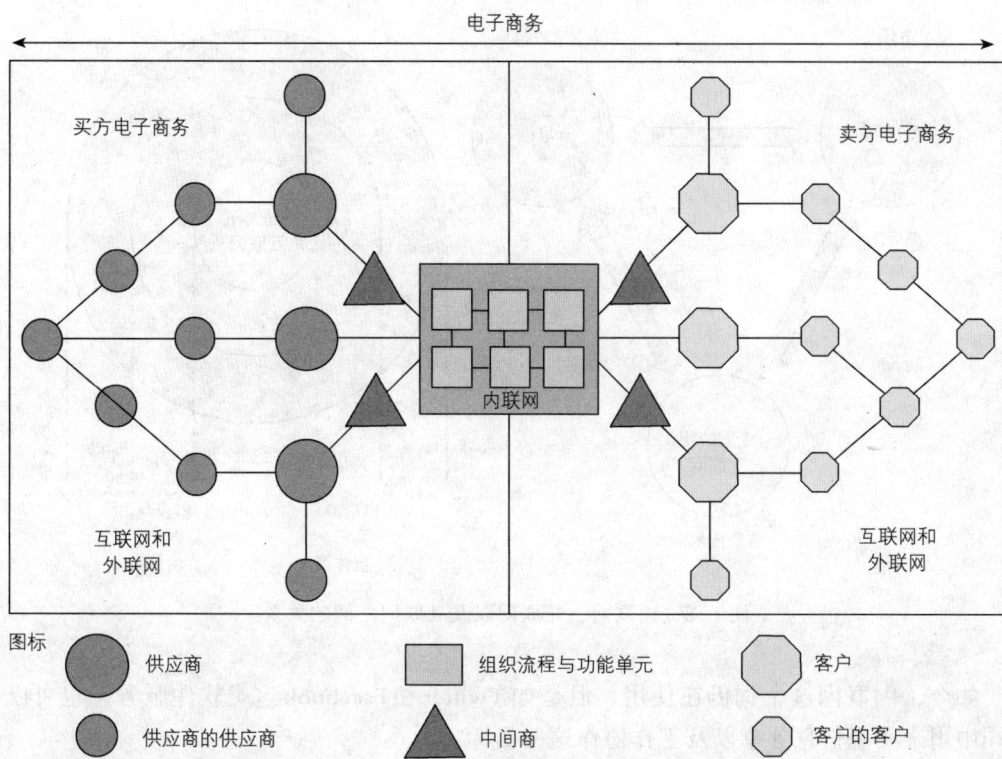

图1-4 卖方电子商务与买方电子商务的区别

买方电子商务

卖方电子商务

内联网

互联网和
外联网

互联网和
外联网

图标 ⬤ 供应商 ▭ 组织流程与功能单元 ⬣ 客户

⬤ 供应商的供应商 ▲ 中间商 ⬡ 客户的客户

对于网站拥有者来说，社交商务是电子商务中越来越重要的一部分，因为可以收集评论，对其评级并设置链接到网站，这样可以了解到消费者的需求并将其转化为销售。它还可以包括团购、使用优惠券的服务，就像Groupon一样。

1.3.2　数字化经营定义

数字化经营（digital business）的范围要大于电子商务，它与IBM（www.ibm.com/e-business）最先提出来的**广义电子商务**非常接近。**广义电子商务**这一概念在1997年被应用于其服务理念：

广义电子商务——通过应用互联网技术使关键业务流程转型。

从这本书的第6版开始，我们就用数字化经营这个术语来代替了**广义电子商务**，因为它反映了数字化技术对于工业的应用和对整个商业的影响力。

在图1-4中，数字化经营的关键是中心位置的组织或者单位的流程，包括研发、营销、制造、入站和出站物流。买方与供应商以及卖方与客户也可以是关键的电子商务流程。

1.3.3　内联网和外联网

多数的互联网服务对于任何一个客户都是开放的，但是很多电子商务应用涉及组织的敏感信息，只能对授权的个人和伙伴开放。如果信息只限于组织内部，那么这个网络为**内联网**。如图1-5所示。

市场　　　　　　营销/采购

互联网　　　　　外联网

互联网

外联网

企业内部
互联网

企业内部
互联网

信息技术部

世界　　　企业　　　世界

供应商、　　　　供应商、
客户、　　　　　客户、
合作商　　　　　合作商

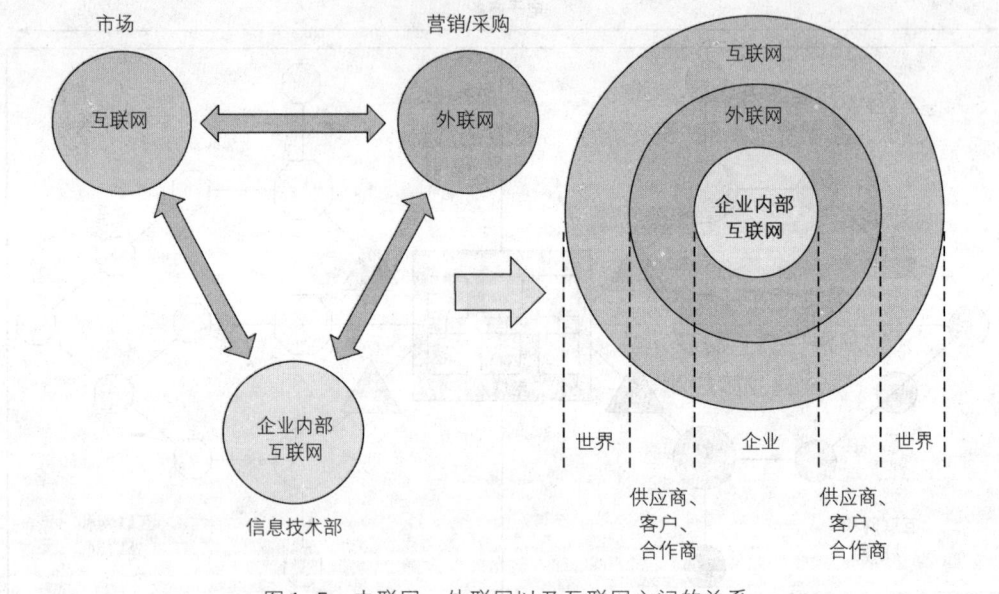

图1-5　内联网、外联网以及互联网之间的关系

如今，内联网这个词仍在使用，但是如Twitter和Facebook这类软件服务，也可以在公司中用来实现信息分享以及工作协作这一目标。

如果信息可以被组织外部的某些对象访问，但并非组织外的任何人都可以访问，这样的网络为**外联网**。即便是像Shell SIMON这样的B2B网站，宣称与客户和供应商充分共享信息，无论何时你登录其网站，如网络零售或在线新闻网站，实质上也是一种外联网的访问方式。第3章我们将继续讲述有关内联网和外联网的实例。

1.3.4　不同类型的卖方电子商务

卖方电子商务不仅包含像在线出售书籍、CD等产品，还包括利用互联网技术的一系列市场服务（第8、9章讲述）。不是每种产品都适合在线销售，因此，用于营销的网站也会形形色色。本书把卖方电子商务分为5种基本类型，不同的类型有不同的目标，这样做也是为了适应不同的市场。对于任意公司的网站而言，往往都是多种类型的结合，很难分辨属于哪一具体类型，都会根据其服务的市场类型的不同而作相应的调整。正像我们考察过的网站一样，组织的网站具有不同的、特定的服务功能，大致可划分为以下5种类型：

（1）**电子商务交易网站**。实现在线产品购买，网站的主要贡献也在于产品销售。这样的网站同时也能为离线销售交易客户提供产品信息。这种类型的网站包括零售网站、旅游网站及在线银行等。

（2）**面向服务的关系建设网站**。提供促销信息和建立关系，而不是网上实现产品销售。通过网站或电子信函对客户的采购决策施加影响。这类网站的主要贡献在于促进离线销售、诱发客户咨询或引导潜在客户。这种网站通过提供产品的详尽信息支持客户需求，对于现有客户而言是一种增值服务。

（3）**创牌网站**（brand-building sites）。该类网站一般不在线销售产品，而是为客户提供一种品牌体验。适合于那些低价、大量和迅速消费的产品。

（4）**门户或媒介网站**。提供一系列主题的信息和新闻。"门户"指的是信息的进入通道。门户网站有各种各样的收入来源，如广告、销售佣金、出售客户数据等。

（5）**社交网站（SNS）**。社交网络可以认为是属于之前的类别，因为它们通常是由广告支持的。但是由于如 Facebook、LinkedIn 以及 Twitter 社交网络在公司和客户沟通方面的影响力，我们认为它们应当单独归于一类。

完成实践活动 1.3，比较不同类型的网站之间的差异。

实践活动 1.3

理解网上业务的不同种类

目的

评估不同企业网站在线类型在营销中的作用。

活动

访问如下网站，回顾你的国家或者全球不同类型的流行网站。

• Similar Web (www.similarweb.com) 或者 Compete (www.compete.com)。

• 可用于澳大利亚、加拿大、法国、我国香港、新加坡、新西兰、英国和美国的 Hitwise 数据库 (eg.www.hitwise.com/us/resources/data-center)。

访问如下网站，根据网站的重点按上面给出的五种类型进行归类，你也可以给出网站的次要方面类型。

• 商业网站：Silicon (www.silicon.com)
• 银行：HSBC (www.hsbc.com)
• 内衣生产商：Gossard (www.gossard.com)
• 管理咨询：Pricewaterhousecooper (www.pwcglobal.com)
• 饮料企业：Tango (www.tango.com)
• 旅游企业：Thomas Cook (www.thomascook.com)
• 装配企业：Vauxhall (www.vauxhall.co.uk)
• 消费者网站：Yahoo! (www.yahoo.com)
• 在线销售：Amazon (www.amazon.com)

实践活动答案参见 www.pearsoned.co.uk/chaffey。

数字营销

数字营销（digital marketing）、电子营销或者互联网营销都是和电子商务紧密相连的另一个领域，它将是我们在这本书中越来越多使用的一个术语（我们将在第 8、9 章更详细地探讨）。

为了解释数字营销所使用的范围和方法，笔者介绍一个培训组织 The IDM（www.theidm.com）对数字营销的一个详细定义。

将这些技术应用于在线渠道市场：网页、邮箱、数据库、移动/无线和数字电视。

达到以下目标：支持营销活动的目的在于盈利：通过形成多个购买渠道，在保留或采集到的客户处于购买周期内时可以方便地购买以获利。

通过使用以下营销策略：承认数字技术的战略重要性以及不断发展的事前规划，通过数字化沟通和传统沟通的方式将客户迁移到在线服务上。通过提升我们关于客户的了解（他们的档案、行为、价值以及忠诚驱动），然后提供综合的、有针对性、目的性的沟通和在线服务来满足不同客户的个性需求。

现在让我们详细地了解每一个部分。第一个部分描述了营销人员用来建立、形成和发展客户关系时所使用的通信工具以及访问平台的范围。

不同的访问平台通过一系列不同的在线沟通工具或者媒体频道来提供内容，实现交互。一些经常使用的技术对你而言是非常熟悉的，比如网站、搜索引擎、电子邮件和短信。在数字媒体工作最令人兴奋的事情之一就是引入新的工具和技术时，就可以评估它们与某一特定营销活动的关联性如何。

最近的创新（我们将来将在第8、9章进行讨论）包括博客、提要、播客和社交网络。社交网络曾被 Boyd 和 Ellison（2007）这样描述：基于网页的服务并且允许个人：（1）在一个有限的系统内创建一个公开或半公开的档案；（2）组合一个用户的列表并与他们共享一个链接；（3）查看系统中他的好友联系人列表。

有意思的是这个定义忽略了发表评论或者其他内容。

趋势更新 社交网络的使用 http：//bit.ly/smartsocialstats

社交媒体占据了在线使用的很大的比例，尤其是在移动设备上。

1.3.5 公司如何选择才能锁定网络用户

企业为了在数字化经营通信方面获得成功，必须决定它们在令人眼花缭乱的沟通工具中如何选择投资、安排时间和制定预算。在第8、9章我们将详细地回顾这些工具，现在我们只是概括地来说在公司有哪些主要的选择：

自有媒体、免费媒体以及付费媒体的选择

今天这已经成为了一种普遍现象，为了帮助整合一个战略来开发和影响潜在的在线客户，营销人员需要考虑三个主要类型的媒体渠道：

1.付费媒体。是为了获得访问者而需要投资付费的媒体渠道，例如公司通过付费搜索、网络展示广告或其他从属营销渠道获得客户。但是像印刷的纸质广告、电视媒体广告和直邮纸质广告等线下传统的媒体仍然重要，在付费媒体花费上仍占很大的比例。

2.免费媒体。传统上来说，免费媒体是通过公关宣传来提高品牌影响力的一种宣传方式。如今免费媒体还包括病毒营销以及社会媒体营销这种口碑营销，例如在社交网络、博客和其他社区上进行对话互动。有人认为免费媒体是通过出版商、博客以及其他有影响力的人，包括客户的倡导者等不同类型的合作伙伴来发展推广的，这一观点是对的。但是，免费媒体的另一种理解方式是认为它是消费者和商家之间发生的不同方式的对话互动，包括在线的和离线的。

3.自有媒体。这是一种品牌自己控制的媒体，包括在线媒体方式和线下媒体方式。在线方式包括公司自己的网站、博客、邮箱、手机软件或者在 Facebook、LinkedIn、Twitter 上的公共主页。线下方式包括宣传册或零售商店，普遍认为对于一个公司而言，在某种意义上它的存在也是一种非常有用的媒体，相比投资到其他媒体而言，它是一个选择，也提供了一种类似使用其他媒体广告来推销产品的机会。它的重点在于需要所有组织都变成多通道出版商。

　　在图 1-6 中你可以看到在三种不同类型的媒体中间存在重叠。注意到这一点是非常重要的，因为要达到这一重合点需要对公司的资源和架构进行充分整合才可形成。中心内容或网站上的内容可以分解（原子化）并在其他媒体类型之间共享，通过程序和可以进行 API 数据交换的桌面小部件来实现，如 Facebook API。

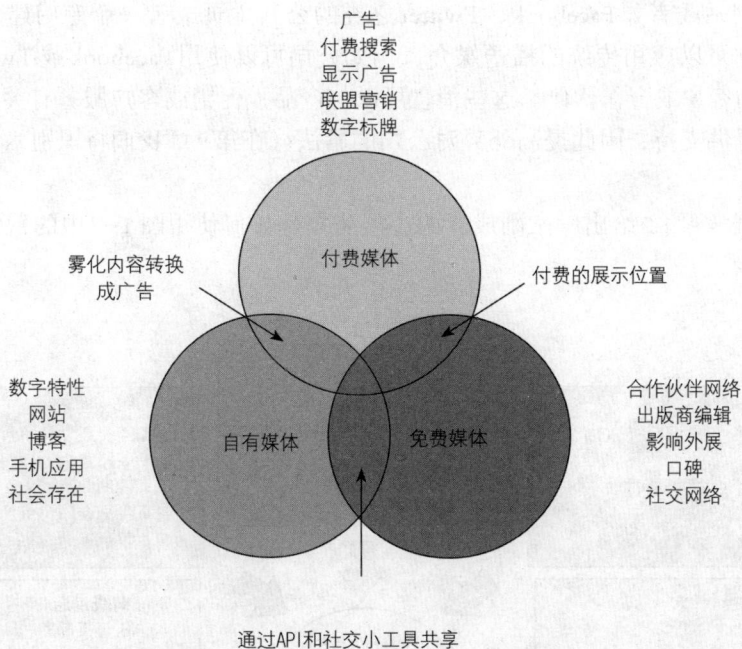

广告
付费搜索
显示广告
联盟营销
数字标牌

雾化内容转换
成广告

付费的展示位置

付费媒体

数字特性
网站
博客
手机应用
社会存在

自有媒体

免费媒体

合作伙伴网络
出版商编辑
影响外展
口碑
社交网络

通过 API 和社交小工具共享

图 1-6　在线媒体投资的三种主要选择

六种关键数字营销渠道

　　有些在线通信技术是营销人员在制定电子商务沟通策略或者规划在线营销活动时必须作为一部分考虑的。为了协助策划，Chaffey and Smith（2012）建议审查电子媒体渠道的六个主要类型来获得访问者，如图 1-8 所示。需要注意的是，还应该审查离线通信在推动访客到公司网站或社交网络访问时扮演的角色。

　　1. 搜索引擎。将信息放在搜索引擎上以支持使用者在输入一个特定的关键词短语时可以点击直接进入一个网站。搜索营销的两种关键技术是：一是付费网站收录在搜索引擎中，赞助商按照链接点击数付费（PPC）；二是在自然或组织化的搜索结果列表中进行搜索引擎优化（SEO）。

　　2. 在线公关。选择与公司相关的且最有可能会被目标受众访问的第三方网站，如社交网络或者博客，来尽可能多地提及并与公司的品牌、产品或网站互动。它也包括通过新闻中心网站或博客回应负面的消息以及开展公关关系，它与社会媒体营销非常接近。

　　3. 在线合作。在第三方网站上或者通过电子邮件来创建和管理推广在线服务的长期安排，合作关系包括以下种类：链接构造、从属营销、与比价网站进行整合营销，如moneySuperMarket（www/moneysupermarket.com）、在线赞助以及品牌合作。

4.互动广告。使用横幅和富媒体之类的在线广告来提高品牌知名度并支持点入目标站点。

5.电子邮件。通过租用邮件列表、在第三方电子通信上放置广告、使用机构内部列表来激活并留住消费者。

6.社会媒体。社会媒体营销是电子营销的一个重要范畴，它包括鼓励消费者访问一个公司的官方网站或者如Facebook、Twitter之类的公共主页或者一个专门建立的网站、博客和论坛。它可以应用传统的播送媒介，例如公司可以使用Facebook或Twitter发送消息给选择进入的客户或合作伙伴。这些消息可以与产品、促销或客户服务有关，旨在更好地了解客户并提供支持，因此提高外界对公司的看法（在第9章我们将识别六种主要的社会媒体应用）。

迷你案例学习1.2给出一家刚成立的小型公司是如何使用图1-7中的营销工具进行整合营销的。

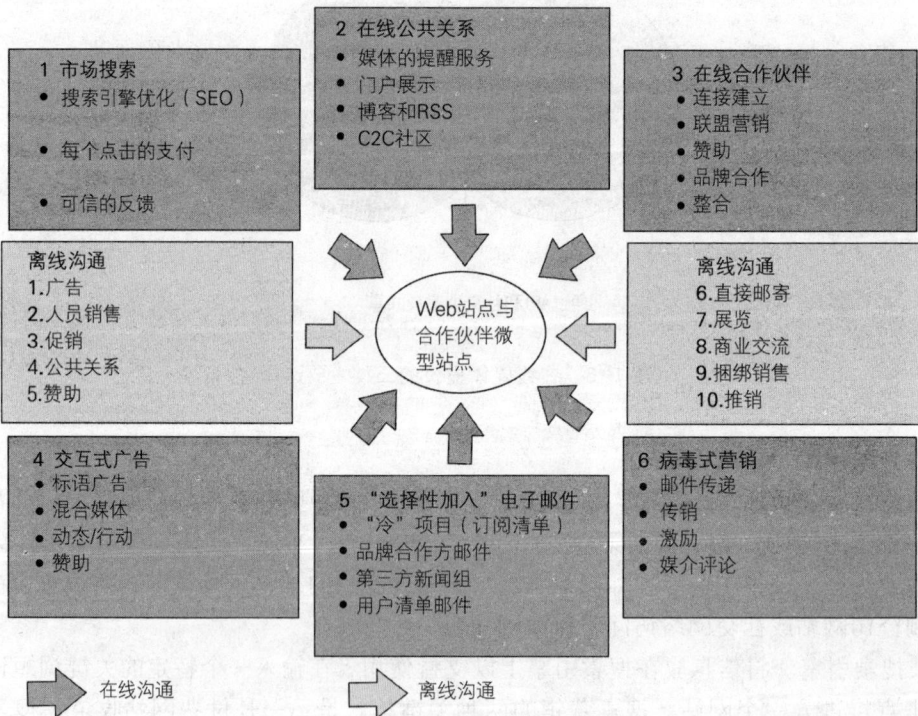

图1-7　数字化经营的在线和离线通信技术

迷你案例学习1.2

Tatu使用付费媒体、自有媒体和免费媒体来扩大其全球市场

刚成立的品牌TatuCouture设计和制造豪华内衣，并通过零售商在英国、巴黎和纽约销售。TatuCouture拥有独特的视角来推动设计和创新，生产时尚的豪华内衣和塑身衣。其所有的产品都在英国制造并手工完成。

概述和数字战略

机构代理商 Tonica 支持 TatuCouture 通过创建一项四个阶段的策略来增加数字化展示。除了批发商路线，Tatu Couture 渴望提高自己的直销量，所以有两个简单的工作目标——增加网站 tatucouture.com（见图 1-8）的访问量和增加在网站上的销售量。该公司为达到目标实施的步骤被机构解释为：

第一步：控制

与许多中小型企业（SMEs）一样，Tatu Couture 雇用了一个网页设计师创建网站，但却对一些可以帮助其达到成功的优秀工具不熟悉。在这一阶段的工作中，他们着眼于给予 Tatu Couture 控制权，以便他们在外部资源方面没有支出预算的情况下能低成本开发他们的网站：

- 建议 Tatu Couture 获得他们 Shopify 网站上所有账户的控制权
- 协助 Tatu Couture 拥有谷歌网站管理员工具权限以访问网站健康的信息
- 设置 Google Analytics 以追踪网站的性能

第二步：充分利用你的联系人

在这一阶段，他们希望 Tatu Couture 可以免费借助其供应商 Mailchimp 的资源来开展他们自己的邮件营销活动。在这个过程中，他们也在新的 Tatu Couture Mailchimp 账户中初步收集了一些联系人的数据并建立了一个登录网站，这样才能够初步捕捉到新的潜在客户。

第三步：推销（尽可能免费）

除了电子邮件营销活动，他们选择了几种低成本或者无成本的推销方式：

- Google Merchant（又名 Google Shopping/Google Product Search）。为了增加网上热度，他们竭力将 Tatu Couture 的产品放入 Google Shopping，尤其是在英国，它依然是一项免费的服务（在 2013 年 3 月之前）。Luckily Shpoify 有一个非常容易的集成选项，因此他们能够轻松激活集成以及添加一些设置（比如 Shipping）来定期提交产品。

- Google Places——一个免费的区域服务，可以帮助 Tatu Couture 在某一区域范围内得到突出的展现。

- Google AdWords（点击付费广告）。自从推出这一营销活动，低成本的 Google Adwords 活动已经处于营销日程表的关键位置上，继续降低每次点击成本，增加点击率，利用最好的关键词。同时，也使用微地理在 Google AdWords 活动中作为收入的代理目标——例如，将 South Kensington 和 Chelsea 的邮编作为目标。

- Facebook。Tatu Couture 使用这种投资渠道来促使最可能的受众进行购买。在网上宣传一种奢侈品遇到的挑战是受众群体是否进行购买，这正是 Facebook 可以帮助他们解决这一问题的地方。在 Facebook 上，就可以找到比单独使用谷歌更适合的受众群体，因为 Facebook 可以准确提供已经喜欢其他奢侈品用户的资料。然后在活动中，他们就可以获得两倍数量的关注 Tatu Couture 的 Facebook 用户。在过去的 3 个月里，Facebook 推动了网站 16% 的访问增长量。

第四步：搜索引擎优化

和一直建议进行搜索引擎优化一样，他们建议对搜索引擎优化进行一个更正式的评估。Tatu Couture开始实施这些搜索引擎优化的变革促使网站获得了更多访问量。这一变革包括将更多关键词放入产品描述中，除了 Tatu Couture 的机密。

图 1-8　Tatu 时装

来源：http：//www.tatucouture.com.Tatu Couture

第二部分中数字营销的定义表明，它不应该是通过技术来驱动的，而是通过获取新客户和维持现有客户的关系中获得业务收益来驱动的。它还强调了数字营销不存在距离感，与其他传播渠道进行整合营销时最有效，如手机、直邮或面对面营销。互联网的作用也是在于支持多通道、全方位的营销策略，这是本书的另一个反复出现的主题（第2章和第5章特别解释了在不同的客户沟通渠道和分销渠道中的支持作用）。在线渠道也应该用于支持整个购买过程或客户从售前到售中再到售后的整个经历以及维护客户关系的进一步发展。这说明了基于客户和公司，不同的销售渠道按照它们相对的优点、发展和联系是如何集成和相互支持的。

最后一部分总结描述了以客户为中心的营销方法。它显示了成功模式需要有计划将现有客户迁移至在线渠道，以及选择合适的电子通信方式和传统的通信方式获得新客户。然后通过研究他们的特征和行为，洞察他们重视什么，什么让他们忠诚，由此提供量身定制的相关网页和电子邮件再次进行沟通。

Web 2.0 和用户自主生成的内容

从2004年开始，Web 2.0在网站的发展和运营中的作用越来越突出。TimO'Reilly（2005）的一篇文章对Web 2.0的主要技术和原理进行了详细的介绍，他提到Web 2.0不是一种新的网络标准或模式，而是人们进行技术和信息交流的一种变革。"Web 2.0"的标签的背后隐藏着让人眼花缭乱的互动社交工具和技术，如至今仍在使用的博客、播客和社交网络。

Web 2.0还引用网站之间交换标准化格式数据的方法，如商家使用的购物比较网站对产品及其价格提供的数据。Web 2.0的主要特征也是成功的网络品牌通常涉及的关键特征：

（1）Web服务或基于网络的交互式应用，如Flickr（www.flickr.com），Google地图（http：//maps.google.com）或者博客服务如Blogger.com或Wordpress（www.wordpress.com）。

（2）支持用户参与——许多网络应用是基于社区参与原则的，一些最受欢迎的社交网络中最有代表性的有Bebo，MySpace以及Facebook。

（3）鼓励用户创建自己的网络空间一博客就是这方面的最好例证。另一个例子是合著的百科全书Wikipedia（www.wikipedia.org）。

（4）有效的网络评级和网上服务——比如电子零售网站上的社交商务。

（5）中介网站的广告经费——类似于Google Gmail和一些博客，都是建立在提供相关广告服务的基础上运营的，比如Google AdSense。

（6）网站间通过基于XML的数据标准进行数据交换。RSS是基于XML的，但是它使用了较少的语义标记来描述内容。数据也可以通过标准微格式交换，如hCalendar和hReview用于其他网站的数据合并提交至Google列表中（从www.microformats.org查看细节）。新种类的内容也可以定义和创建聚合。

（7）使用富媒体或创建富互联网应用（RIA）提供更身临其境的互动体验。这些可以被集成到web浏览器或可能成为Second Life（www.secondlife.com）这样单独的应用程序。

（8）通过使用交互式技术进行应用程序开发。著名的应用实例是AJAX（Asynchronous Java and XLML），它与Google地图相结合，因其在显示地图时不需要用户自己进行更新，而受到大量用户的追捧。

图1-9总结数字化和Web技术的进化。注意Web2.0，3.0，4.0的术语并不是今天常用的，但了解Web2.0的原则是有用的，特别是因为对于创建交互式、集成桌面和移动体验来说它是重要的（在第11章会进行解释）。许多网站仍然没有这些特征。

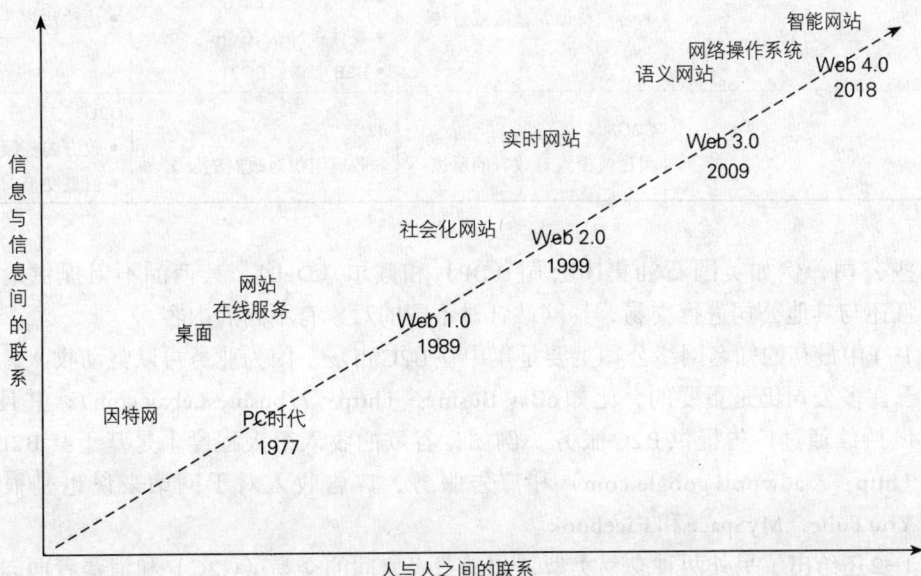

图1-9 网络技术的发展

来源：Adapted from Spivack（2009）

　　区分电子商务的卖方和买方实质上是区别供应链管理的不同方面。**供应链管理（SCM）** 是指组织从其供应商或伙伴到客户的所有供需合作管理。电子商务应用于企业流线化（streamline）管理和供应链再造等内容将在第6章讲述。相关的概念还有价值链，**价值链** 是指企业和它的需方在供应链上的各种增值活动，分为企业边界之内的内部价值链和企业与外界相关活动的外部价值链。在电子商务时代，公司也要管理与其相互关联的价值链，因此在第6章我们还要讲述价值网。

1.3.6　电子商务的商业模式

　　通常用企业电子商务交易的相关者描述电子商务的类型，如交易对象为消费者的电子商务（B2C）和交易对象为其他企业的电子商务（B2B）。

　　表1-2列举了一些B2C和B2B电子商务的实例。

表1-2　　交易对象分别为消费者、企业和政府时电子商务应用内容的不同

自：内容/服务提供者 至：内容/服务消费者	消费者或市民	企业（组织）	政府
消费者或市民	C2C • eBay • 点对点（Skype） • 博客和社区 • 社会性网络： MySpace，Bebo	B2C • 交易性：Amazon • 建立关系：BP • 树立品牌：Unilever • 媒体：News Corp • 比较媒介： Kelkoo，Pricerunner	G2C • 政府机构：税务 • 国家政府信息 • 本地政府服务
企业（组织）	C2B • Priceline • 客户反馈，社区或宣传	B2B • 交易性：Euroffice • 建立关系：BP • 树立品牌：Emap • 媒体：News Corp • B2B市场：EC21	G2B • 政府服务和税务 • 法律法规
政府	C2G 舆论或个人对政府的反馈	B2G 非政府组织对政府的反馈	G2G • 政府内部服务 • 信息交换

　　有些公司，例如英国石油集团公司（BP）和戴尔（Dell），其商品不但提供给消费者，而且还与其他公司进行交易，其网站针对不同的对象有不同的内容。

　　表1-1中最初的知名网络公司主要是集中在B2C市场。因为业务可以驱动收入，所以B2B对于许多公司仍是重要的，比如eBay Business（http：//business.ebay.com），并且B2B交易可以持续通过广告提供B2C服务。例如，谷歌的收入很大程度上是基于其B2B Ad-Words（http：//adwords.google.com）和广告服务，广告收入对于网站来说也是很重要的，如YouTube，MySpace和Facebook。

　　表1-2还给出了另外两种交易类型，如消费者之间的交易（C2C）和消费者面向企业的交易（C2B）。虽然C2C和C2B电子商务的应用不是很广泛，但是这一点很明显体现了

电子商务与以前的商务模式有所不同。消费者与消费者（也称为个人对个人）之间的交互活动在过去非常少见，但是现在很常见。事实上，个人对个人（P2P）交易是一些商业网站的主营业务模式，如eBay（www.ebay.com，参见案例学习1.2），还有一些博客网站的经营者并不是企业而是个人。Hoffman和Novak（1996）建议企业把C2C的交互活动视为互联网的关键特征重点加以考虑。近年来在线宽带和移动接入网络的增长会变得越来越受欢迎。另外，企业如果把内联网（Intranet）的员工视为另类的消费者，就会存在另一种关系，即员工与员工（E2E）之间的电子商务。

电子政府的定义

电子政府是指将电子商务技术应用于政府和公共服务，类似于与客户（公民）、供应商和内部机构或人员之间的交易，电子政府的应用范围包括：

- 市民——在本地或国家层面上发布信息和提供在线服务。例如，在本地可以查询市政局何时清除垃圾废物，在国家层面上可以查询纳税申报单。
- 供应商——政府部门有一个庞大的供应商网络，电子供应链管理和电子化政府采购的优缺点对政府而言都具有现实意义，第6章和第7章将详细讨论这个问题。
- 内部沟通——包括信息的采集和发布，政府部门的工作流系统可以改善政府部门的工作效率。

目前很多国家都非常重视电子政府。欧盟已经设立了"i2010"（European Information Society in 2010）计划，其目标是：

在欧盟范围内，为信息社会和可视听政策提供一种整合方法，涵盖法规、研究、文化多样性（eEurope，2005）。

1.4　数字化经营的机会

无论企业大小，数字化经营都为企业占领全球市场带来了新的机遇。很多学者认为，电子通信给世界带来的最大挑战是把信息传输和处理转化为竞争优势。专栏1.1提供了电子通信转型的本质。

对于很多商家而言，利用互联网的另一个重要机遇是可以在线拉近与已有客户之间的关系，留住客户。鼓励客户和供应商使用在线的数字化经营服务，可以显著地降低成本。通过高质量的在线服务，企业可以与其利益相关者建立长期的合作关系。在线意味着"你的客户与你的竞争者距离只有一个鼠标点击的距离"。在线服务可以做到对客户的"**软套牢**（soft lock-in）"，客户和供应商因为发现某一网站服务有价值，需要花一定的时间学习掌握这种服务，要离开则需付出一定的代价。想想你曾经访问过多少网站？经常在网站之间切换吗？当然，理想的网站服务能够满足客户的需要，为客户带来所需的价值，让客户很满意而不愿离开。

专栏1.1

Evans和Wurster阐述网络技术颠覆性的影响

1997年哈佛大学的Evans和Wurster在他们的经典文章"Strategies and the new economics of information"中提到互联网承载信息的三个特性，这三个特性与突破性互联网技术（disruptive Internet technologies）相结合将对市场产生巨大影响。这三个特性是：

（1）市场潜量（reach）。简单来说，市场潜量就是一个企业有多少顾客，以及可以为顾客提供多少产品。企业由一个单独的网站扩展到拥有大量不同中介的网站就可以增加市场潜量。"市场潜量"也可解释为所提供产品或服务的范围及可以增加的公司所期望的顾客量：eBay、Amazon和Kelkoo.com利用巨大数量的产品而打造市场潜量，easyJet.com和Tesco.com利用互联网扩展了其产品的市场潜量。

（2）丰富性（richness）。丰富性指所搜集的有关顾客的信息和提供给顾客的信息的深度或详细程度。提供给顾客的信息主要是有关产品的详细信息，以及怎样使产品个性化以满足顾客的需求。但是Evans和Wurster同时指出"丰富性"受带宽（信息在给定时间内传输的量）、信息准确性或可靠性和信息安全的限制。

（3）协作性（affiliation）。这是指销售机构代表消费者或供应商的利益——这里需指出，机构间形成良好合作关系极其重要。这尤其适用于零售商。作者认为成功的在线零售商是能够从顾客那里获得关于竞争产品的大量信息的，因此这打破了有利于消费者的市场平衡。例如eBay、Google和Yahoo!，它们成功地与合作伙伴结盟，获得其他公司提供的各种信息服务，例如社交网、地图、语音通信和在线图片等。这里仅仅列举了其中的小部分。

对于市场而言，例如汽车销售已经转型为网络营销，如何改善市场潜量、丰富性和协作性至关重要。并不是因为很多人在网上购买汽车，而是因为人们能够在线搜索到制造商、型号和供应商。

作为组织的管理者，需要评估电子商务对市场和组织的影响。改变消费者和商家行为的动因是什么？我们应该如何应对？我们应该投资多少？我们的优先顺序是什么？我们应该多快地作出反应？这些问题是建立电子商务和电子营销战略不可或缺的部分。要回答这些问题，首先要通过市场调研考察市场中消费者和竞争者等互联网使用者的应用水平。我们将分别研究互联网在消费者和公司组织中的使用程度。

1.4.1　企业应用数字化经营的动因

企业采用数字化经营受不同的动因驱使。首先，也是最广泛的动因是数字化经营影响企业的收益。主要通过以下两种方式：

（1）通过发展客户、培养客户的忠实度和提高客户"回头率"实现潜在的收入增长。

（2）通过电子化服务降低成本，包括人力成本、运输成本和材料成本（如纸张）。

在数字技术应用的早期，一份政府报告（DTI，2000）定义了两种主要类别的动因，这也是引进新技术的主要目的：

成本/效率动因

（1）提高供应速度。

（2）提高发货速度。

（3）降低销售和采购成本。

（4）降低经营成本。

竞争动因

（1）客户需要。

（2）改善和拓展服务。

（3）避免失去已经应用了电子商务的市场份额。

最近，在采访澳大利亚一家公司的负责人Perrott时，Perrott指出了行为动因的四个关键领域：成本效益、竞争压力、市场优势和增值，换言之就是提高消费者的满意度以建立牢固的关系。

它对于区分有形收益（可以通过资金结余或收入得以确认）和无形收益（很难通过财务指标来衡量）是有用的，表1-2总结了电子商务有形收益和无形收益的类型。

表1-2 电子商务的有形收益和无形收益

有形收益	无形收益
• 通过新的销售增加销售额提高收入，通过： ◆ 新客户、新市场 ◆ 老客户（交叉销售） • 营销成本降低，通过： ◆ 节省客户服务时间 ◆ 在线销售 ◆ 减少打印和沟通信息的传递 • 供应链成本降低，通过： ◆ 降低存货水平 ◆ 缩短订单处理周期 • 更有效的常规业务流程，如招聘、支付等，降低管理费用	• 企业沟通的形象 • 强化品牌 • 更快速、更机智的市场沟通 • 更快的产品生产周期以应对市场需求的快速变化 • 改善客户服务 • 满足客户对于网站的需求 • 学习应对未来 • 寻找新的合作伙伴，更好地与目前的伙伴合作 • 更好地管理市场和客户信息 • 客户对产品的反馈

Doherty等对一个行业互联网应用的动因和障碍进行了调查分析，如零售业利用互联网的动力和忧虑。表1-3是这项调查分析了企业网站从作为静态商品宣传册，到包含产品信息的动态内容，再到能够进行交易的商务网站，互联网对它们而言重要程度的排序。可以发现两个重要因素与互联网的采用息息相关："互联网目标分解"，即市场中客户是互联网的典型使用者；"互联网战略"，即把采用互联网提升到企业战略的高度。这与我们的期望是一致的，企业战略不与互联网或电子商务战略相配合，就不太可能使用高水平的互联网服务。很多对电子商务已经做出响应的企业，建立了独立的电子商务规划和独立用于支持电子商务实施的资源。本书会讲述如何制定这样的规划和实施规划应该考虑的问题。

表1-3 电子化零售业（e-retailers）采用互联网的重要因素（Doherty等，2003）

影响采用的因素	静态网站	动态网站	在线交易
互联网目标分解	3	2	1
互联网战略	1	1	6
互联网市场	4	5	2
基础设施和发展能力	2	3	5
互联网通信	5	6	4
互联网交易成本	8	9	10
互联网机会成本	6	8	7
市场开发机会	7	4	3
关注	9	10	9
消费者偏好	10	7	8

案例学习 1.2 揭示了中小型企业建立线上业务的好处，同时也强调了在线经营对管理的挑战，在线服务改进需要持续不断的投资，并且网站需要必要的营销推广以吸引客户。

1.5 实施数字化经营的风险和障碍

在做数字化经营时要对机会和风险平衡地加以考虑，包括战略风险和实施风险，还有一个最主要的战略风险是数字化经营的投资风险。在经营的每一个环节中，一些公司充分利用电子商务取得了竞争优势。但是另一些企业投资电子商务并未得到期望的回报，可能是因为执行计划时出现了问题，也可能是采取的策略与市场本身不协调。互联网和信息技术对行业的影响千差万别。Intel 公司总裁 Andy Grove 是最早的电子商务实施者，他曾说每一个企业都需要问自己这样的问题：

"互联网好像是台风，也可能十倍于台风，或者只是微风？这种力量是否能彻底改变我们的经营？（Grove，1996）。"

这句话意在阐明领导者必须对数字技术做出适当的响应。数字技术的冲击对于某些公司是微小的，而对于某些公司是巨大的，但是不论影响有多大，公司都需要做出适当的回应。

电子商务具有战略风险，也可能有被忽视的操作风险。这样的风险可能导致客户不满而使企业名声扫地。在电子商务机遇部分我们提到"软套牢"的概念，但是客户对网上的经历不满，就不再会使用这种服务，转而使用其他在线服务。以下是不良网上经历的实例：

- 在一个疯狂的网络广告之后，网站访问因信息传输堵塞而不能实现。
- 黑客攻击系统网络安全，盗窃信用卡信息。
- 公司在未经允许的条件下给客户发送电子邮件，给客户带来麻烦，这也潜在触犯了《隐私和数据保护法》。
- 在线订单履行出现问题，致使订单缺失或发货不及时，客户一去不回。

这些风险或许会引起数字化经营在一些组织中实施受限，如图 1-9 中所示的数据一样。尤其对于中小企业来说更是这样（我们将在第 4 章中学习这种商业类型的实施层次和动因）。

另一种可以有效的对数字化经营战略问题进行评价的是 McKinsey 7S 战略体系（Waterman et al.，1980），在表 10-1 中进行总结。

1.5.1 评估一个机构的数字化商业功能

评估一个机构现有的数字化经营功能是未来数字化经营可以战略性发展的起点。在第5章我们将看到在不同的阶段如何使用不同形式的模型来评估数字化经营的功能。图 1-10 则展示了一个处于起步阶段的，用来审查卖方和买方数字化经营功能的模型。这表明公司将来需要引入更复杂的技术，对数字化经营的宽泛范围进行评估，第五阶段就包括了社会化经营。

阶段6			阶段6
网站优化			供应链优化
阶段5			阶段5
建立关系			集成数据库
阶段4			阶段4
网上订购			网上订购
阶段3			阶段3
现场互动			在线目录
阶段2			阶段2
宣传网站			库存情况
阶段1			阶段1
电子邮件营销			审查供应商
卖方			买方

图1-10 一个审查买方和卖方数字化经营的简单阶段模型

1.5.2 消费者应用互联网的动因

卖方为了确定如何对数字化经营进行投资，管理人员需要评估如何采用网络、手机和交互式电视之类的新服务以及博客、社交网络和反馈之类的特定服务（在第4章，我们将看到如何使用结构化的方法进行需求分析）。

第5章关于电子商务开发战略中会讲到，企业提供一种清晰的在线价值主张（OVP）引导客户使用在线服务非常重要。在线服务的特点对于不同的客户价值可以用"6C"来加以归纳：

（1）内容（content）——在20世纪90年代推崇"内容为王"，至今丰富的内容仍然是"王"。这意味着信息要细化地、详尽地支持交易流程、关系建立或品牌经历，以鼓励产品作为FMCG ˙策划。

（2）定制（customization）——内容的大量定制化，无论是网页（如"Amazon recommends"）还是E-mail提醒，这就是通常所说的"个性化"服务。

（3）社区（community）——互联网使消费者通过论坛、聊天室和博客等畅所欲言。第2、3章会讲到这些内容。

（4）便捷（convenience）——客户具有选择、购买及在某种情况下在桌面上试用的能力：一种24小时的有效服务。产品的在线使用只适用于数字产品，如数字音乐等。Amazon有这样的离线广告创意：用圣诞节在狂风横扫的街道上购物者奋勇争夺购物袋的场面来强调网络所提供的方便。

（5）选择（choice）——通过便利的分销渠道，网站提供广泛的、可供选择的产品和供应商。Kelkoo（www.kelkoo.com）和Screentrade（www.screentrade.com）等在线媒介实例，充分证明了这点。类似的，Tesco.com提供的网络平台也比店内产品（财务、旅游和

˙译者:FMCG是fast moving consumer goods的缩写,代表快速消费品,指消费者消耗较快、需要不断重复购买的产品。

货物）更丰富，产品信息也更详尽。

（6）成本（cost reduction）——在互联网上消费普遍被认为是经济的。通常消费者认为之所以他们在线消费省钱，原因是在线经营者的场地、人力成本和分销成本相对于商业街的店铺较低。在20世纪90年代后期，低成本航空公司 easyJet 为网站订票提供2.5英镑的折扣，以鼓励消费者从电话订票转移到在线订票。

注：Rayport 和 Jaworski（2003）提出的"7C"是一种类似的框架，包括环境、内容、社区、定制、沟通、链接和商务。

1.6 消费者应用互联网的障碍

一份针对不同国家的调查（Booz Allen Hamilton，2002）显示，互联网在使用过程中同样会遇到一些障碍，特别是在线消费时。这些障碍主要包括：

- 不可亲见
- 缺乏信任
- 安全问题
- 缺乏技能
- 成本

对互联网服务需求的缺乏仍然存在，在每个国家预测未来的需求时必须考虑这一点。

作为本章的结束，案例学习1.2用于了解全球最大的电子商务企业的成功要素。

案例学习1.2

eBay——全球最大电子商务公司

本案例归纳了 eBay 在发挥互联网优势过程中展现的战略方法，包括目标、战略、取向（proposition）和风险管理。

背景

难以置信，全球最成功的 Dot.com 公司现在已经成立将近20年了。Pierre Omidyar，一位生活在加利福尼亚的法裔软件工程师，时年28岁，在为另一家公司工作的同时，于1995年9月4日，星期一，建立了一个自己的网站，并且将该网站命名为"AutionWeb"。Legend 透露说在网站创立之初的24小时并没有吸引到任何客户。在1997年网站更名为 eBay，目前该网站已经今非昔比了。在2012年，eBay 在全球拥有了1.12亿活跃用户，在过去的12个月期间内，这些活跃用户均进行了出价、购买或者加入购物车。在 eBay 上销售商品的总价值为600亿美元，相当于每秒2 000美元，总收入为87亿美元。

使命

eBay 的目标是"在全球范围内构建电子商务开拓者社区，诚信为继，机遇激励"。当前 eBay 主要经营下列三项业务：

（1）eBay 市场（占据2012年近50%的净收入）。最初只提供拍卖，到2012年，固定价格清单格式大约占据 eBay 商品交易总量（GMV）的66%，即可购买格式占据了剩下的34%。其市场还包括一些其他的网站，比如比较网站 Shopping.com 和 StubHub（活动门票）。作为 eBay 的核心业务"建立全球在线市场"，eBay 为此探寻对应的功能、安全、易用和可靠的交易平台，比如 Classifieds，DailyDeals，Fashion，Motors（汽车零部件及配件）以及 Electronics。

2012年，这一市场平台拥有了超过1.12亿活跃用户，而2011年年底只有1亿。2012年，有将近130亿人使用了移动平台，移动商务的受众比前一年多了两倍，并有希望增加至200亿人。2007年，eBay 提交给证监会的文件指出这一商务的成功因素是 eBay 寻求交易平台的管理、安全、易用和可靠。2010年，eBay 的战略重点变为信任、价值、选择和便利。

（2）支付宝（PayPal）（占据2012年近43%的净收入），任务是"建立全球在线支付的新标准"。这是 eBay2003年收购的在线支付公司，现已经与许多其他电子商务公司进行了服务整合。

（3）GSI（占据2012年近7%的净收入），2011年6月被 eBay 收购。GSI 提供电子商务和交互营销服务，包括网站和实现中心。其企业客户包括一些世界领先的品牌和零售商，覆盖了包括服装、体育用品、儿童玩具、保健及美容产品和家具这些类别。

收入模式

eBay 最主要的收入来源是收取信息加入费和交易完成的佣金，对于 PayPal 而言，则收取额外的支付佣金。由于基础设施一旦建立，每一项交易的增量成本是微乎其微的——为所有的交易双方传递数据，所以 eBay 的利润是显而易见的。

广告和其他非交易净收益相对而言占总的净收入比例较小，eBay 的战略是保持现有收入模式。2012年，市场服务和其他收入占据了额外的20亿元。

另一部分业务，Skype 网络电话，2005年被 eBay 收入，然后于2009年11月卖给了一家投资集团，但是其30%的市场占有率已经由 eBay 保留。

取向

众所周知，eBay 市场的核心业务是服务——为卖家在网站上列示以固定价格出售或者用于拍卖的产品，给买家提供出价和购买感兴趣的产品的机会。

网站还为客户，尤其是老客户提供软件工具，包括 Turbo Lister，Seller's Assistant，Selling Manager 和 Selling Manager Pro（自动交易流程），Shipping Calculator 和 Repotting-Tools 等。现在，60%以上的交易是通过这些软件来进行的。

根据 SEC 的文件记载，eBay 定义其核心主张如下：

对于买家：

- 选择
- 价值
- 方便
- 娱乐

在2007年，eBay 引入了 Neighborhoods（http://neighborhoods.ebay.com），在这里小组成员可以讨论他们认为有高相关度的商标和产品。

对于卖家：

- 广阔的市场
- 有效的营销和分销
- 提高销售机遇

在2008年1月，eBay 宣布了其在三个主要领域中的重大变化：市场业务的收费结构，卖方激励措施和标准，客户反馈。这些变化与一些卖家之间一直存有争议，但旨在改善消费者的质量体验。每日业务报告（DSRs）向卖家展示了四个方面：（1）项目描述；（2）沟通；（3）交货时间；（4）邮资和包装费用。这是个不停变化的部分，通过增加积极的购物体验来提升转化率，比如更好、更准确地描述图片，避免过多的运费。更好的每日业务报告（DSRs）使得卖方在搜索页面上让人感觉更好并且能获得更多的折扣。

风险因素

欺诈是 eBay 面临的主要风险因素。BBC（2005）报道在英国大约万分之一的交易存在欺诈行为。万分之一是一个很小的数字，但是乘上交易发生的数量，这个绝对数还是很大的。对于试图欺诈的交易，eBay 开发了一个软件"Trust and Safety Programs"以保证客户的安全。例如，eBay 的反馈论坛可以增进买家和卖家的信誉管理。每一个注册用户都会有一份反馈文件，可能包含赞美、批评和/或与其他用户进行交易时对该用户的评价。反馈论坛需要与具体事务相关联的反馈，在 2010 年引入了"最佳卖家"这一身份来增加服务的可信度。同时有一种 Harbor 数据保护和标准购买保护系统。

eBay 使用的费用模型是经常改变的，这可能会导致客户出现问题，但这只是影响计算，并不会影响整体销售。在 2010 年 SEC 文件中，eBay 写道：

我们经常宣布改变市场业务来推动更多的销售和提高卖家效率以及买家的体验与信任。迄今为止我们已宣布的一些改变一直存有争议，并在我们的卖家中导致不满，在未来我们宣布的一些额外变化可能也会使我们的一些卖家消极接受。这不仅可能影响列在我们网站的供应物品，也因为很多卖家也从我们的网站购买，它或许会对需求造成负面影响。与其他全球平台 Amazon, Facebook 和 Google 一样，eBay 注意到潜在威胁转向了平板电脑和智能手机平台，这说明一个风险因素是"我们的管理能力迅速从电子商务和支付转移到移动和多通道商务和支付"。

还有一个对于线上单一业务来说常见的危险因素是保留一个活跃的用户群，吸引新用户并鼓励现有用户列出商品来出售，尤其是当消费者支出疲软时。

竞争

尽管在很多国家网上拍卖的直接竞争者很少，但不乏间接竞争者。eBay（2013）认为其竞争者包括：在线和离线的零售商、分销商、受托人、进出口公司、拍卖商、邮购商、目录商品经营者、分类商品经营者、直销商、搜索引擎、产品搜索引擎、所有的虚拟在线和离线的参与者，以及在线和离线的销售渠道和网络。

eBay 在 SEC 的文档中列举了其在市场竞争中的主要因素：

- 吸引、保持并占有买方和卖方客户
- 交易量、商品的价格和选择的优势
- 对卖方的信任和交易
- 客户服务
- 品牌认识

尽管 eBay 是最大的电子商务企业之一，这些因素也需要通过最小的线上零售来进行积极的管理。针对他们的线上和移动竞争，有其他一些竞争因素，包括：

- 社区凝聚力（community cohesion）、互动性和规模
- 系统可靠性

- 可靠的交付和支付
- 网站或移动应用的方便性和应用性
- 服务费用水平
- 搜索工具的质量

在网络拍卖兴起之前，收藏品买卖领域的竞争者包括：古玩店、跳蚤市场商贩和慈善商店。有证据表明现有这些竞争者正经历与网络拍卖竞争之苦。一些企业采取的态度是"不能战胜它，就加入它"。很多小的销售商，如跳蚤市场商贩、古玩店等直接成了 eBay 的一员。甚至如 Oxfam 这类的慈善机构也采用了 eBay 的服务来卖出捐赠者捐赠的高价值的物品。其他零售商，如 Vodafone，则把 eBay 当做某种商品的分销渠道。

目标与战略

eBay 追求的总体目标是销售量的增加和净收入的增长。为实现这一目标，需要设定的具体目标和采取的战略有：

（1）招揽——在 eBay 市场增加新注册客户；

（2）激活——使新注册客户成为活跃的竞标者、买者或卖者；

（3）增量——提高每一个活动客户在 eBay 市场中的交易量和交易额。

针对当地市场的特殊性，3 个战略的选择各有侧重。

其他经营领域也推动了 eBay 市场的成长。第一，经营范围的扩展——在数量和品种上的增加。例如，古玩、艺术品、书籍及其他商业、工业品等。第二，拍卖方式的多样化。由传统的列表式拍卖方式，改成"即买（Buy-It-Now）"的固定价格拍卖；另一种拍卖方式为"荷兰式拍卖（Dutch Auction）"，卖者可以销售多件同样的商品给出价高的买者。eBay 的"保存"功能可以做到使销售者的产品像传统销售商的陈列橱一样展示商品。eBay Store 同时也在不断拓展新的业务形式。如在 2004 年收购了德国的 Mobile.de 和荷兰的 Marketplaats.nl，同时投资美国的广告公司 Craigslist，从而扩大了市场。对 Rent.com 的收购更是把 eBay 的领域拓展到了房屋租赁领域。2007 年，eBay 收购了 StubHub，一个在线票务市场。它还拥有比较市场 Shopping.com。最终的结果是，扩张使 eBay 在不同的地区、不同的领域有了不同的站点服务，但值得注意的是，本地化服务仍然需要加强，例如在斯堪的纳维亚、中欧和亚洲。

本地化的 eBay 市场：

澳大利亚	德国	荷兰
奥地利	中国香港地区	新西兰
比利时	印度	菲律宾
加拿大	爱尔兰	英国
新加坡	瑞典	美国
韩国	瑞士	
西班牙	意大利	
法国	马来西亚	

此外，eBay 通过投资 MercadoLibre 进军拉丁美洲。

eBay 的成长战略

eBay 在提交给 SEC 的文件中列举了其能够占领市场的重要成功要素：

- 对卖者和买者有吸引力
- 交易量、商品的价格和选择的优势
- 客户服务
- 品牌认识

这意味着eBay认为它们已经优化了这些因素，但其竞争对手仍然有机会在这些领域改善性能，这将使市场更具竞争力。根据其2010年提交给SEC的文件所述"我们的增长战略重点是通过提高我们的产品和服务来改善买方体验和卖方经济学，再投资于我们的客户，提高信任和安全以及客户支持，扩大我们的产品目录、类别和地理位置，并执行创新的定价和买方保留策略。

eBay案例学习中信息更新

eBay company pages （http：//pages.ebay.co.uk/aboutebay.html）

eBay investor relations （http：//investor.ebay.com/index.cfm）

eBay SEC filings （http：//investor.ebayinc.com/financial_releases.cfm）

eBay Wikipedia page （http：//en.wikipedia.org/wiki/EBay）

问题

评估数字媒体和互联网的特征是如何与管理团队的战略决策相结合来支持eBay的持续增长的。

1.7　本章小结

（1）传统的电子商务是指电子化介质的买卖活动。

（2）卖方电子商务是指组织销售产品给客户的交易。买方电子商务是指组织从其供应商采购所需资源发生的交易。

（3）数字化经营即广义电子商务，是一个较宽泛的概念，是指电子技术在组织业务范围内所有的组织内部或与外部利益相关者的电子媒介的信息交换，包括卖方电子商务、买方电子商务和内部价值链。

（4）电子市场营销包括通过6种关键电子媒体渠道，搜索引擎营销、线上公共关系、社会化媒体、伙伴关系、广告、邮件营销和病毒式营销米投资于自有媒体、免费媒体和付费媒体。集客营销描述了使用集成的内容、社交媒体和搜索营销来影响消费者选择产品，有时也称为零关键时刻（zero moment of truth，ZMOT）。

（5）Web 2.0是指用来促进web服务，使用户和web站点进行交互来创建用户生成内容并鼓励参与如社区或社会网络、插件、内容评级、小部件使用和标签等活动。

（6）广义电子商务和狭义电子商务的主要驱动力是为企业增加收入和降低成本，但是电子商务也可以通过改善客户服务和企业形象带来其他收益。

（7）非必须、接入成本、安全顾虑等都是消费者采用互联网的障碍。显而易见的成本费用和收益很难量化是企业采用互联网的障碍。

（8）对于电子商务的成功引入而言，采用新技术远不是全部。清晰的目标、企业文化相应的调整、技术的调整、参与者和组织结构等更为重要。

习 题

习题答案参阅 www.pearsoned.co.uk/chaffey。

自测题

1.数字化经营与电子商务的区别。

2.解释什么是买方电子商务和卖方电子商务。

3.选择一个机构来解释社会化媒体和社会化商务的范围和效益。

4.分析总结你所在国家消费者和商家接受电子商务的水平，其采纳的主要障碍是什么？

5.分析总结商家采用电子商务的理由。

6.B2B 与 B2C 电子商务的区别。

7.分析总结组织采用或引入数字化经营对各个方面的影响。

8.中介网站，如 Kelkoo（www.kelkoo.com），与 B2C 电子商务公司在哪些方面相关？

讨论题

1.组织如何评价互联网对其经营的影响？互联网是一阵风的流行，还是有深远的影响？

2.解释社会化媒体和社会化商务的概念以及它们如何帮助组织达到其目标。

3.讨论"对于 B2B 和 B2C 采用卖方电子商务的好处和障碍是一样的"。

4.评估社交媒体营销技术是如何在一个组织和其利益相关者中应用的。

5.不管是否为公司运作的部门，公司的网络应用拥有相似的目标。

考试题

1.解释数字化经营和电子商务概念之间的联系。

2.举例说明卖方电子商务和买方电子商务的区别。

3.给出三个以上企业引入数字化经营的理由，并解释。

4.描述三个关于消费者采用电子商务的障碍，并给出企业如何帮助消费者克服这些障碍。

5.当一个企业引入数字化经营，企业内部需要作哪些改变？

6.总结一个组织应用数字媒体营销方法的好处。

7.列举公司采用买方电子商务时的三种风险。

8.列举公司采用卖方电子商务时的三种风险。

网络链接

Sites giving general information on market charcteristics of digital business:

ClickZ stats(www.clickz.com/stats/)The definitive source of news on Internet developments,and reports on company and consumer adoption of the Internet and characteristics in Europe and worldwide.A searchable digest of most analyst reports.

European Commission Information Society Statistics(http://ec.europa.eu/information_society/digital-agenda/index_en.htm)Reports evaluation digital business actiivity and consumer adoption across the European Union.

Econsultancy.com(www.econsultancy.com)Research,best practice reports and supplier direc-tory for online marketing.

Mary Meeker(www.kpcb.com/insights)An analyst at Kleiner Perkins Caufield Byers who presents trends and forecasts on digital technology yearly with a focus on mobile channels.

Ofcom(http://stakeholders.ofcom.org.uk/)The Office of Communication has an annual Communications Market report on the adoption of digital media including telecommunications and the Internet(including broadband adoption),digital television and wireless services.

Smart Insights(www.smartinsights.com)Guidance on digital marketing best practice from Dave Chaffey to help businesses succeed online.It includes alerts on the latest deweloptments in applying digital technlogy and templates to create marketing plans and budgets.

参考文献

BBC (2005) eBay's 10-year rise to world fame.By Robert Plummer.Story from BBC News,2 September. http://news.bbc.co.uk/1/hi/business/4207510.stm.

Booz Allen Hamilton(2002)International E-Economy:Benchmarking the World's Most Effective Policies for the E-Economy.Report published 19 November 2002,London.

Boyd,D.and Ellison,N.(2007)Social network sites:definition,history,and scholarship.*Journal of Computer-Mediated Communication*,13(1),210-30.

Chaffey,D.and Smith,P.R.(2012)*Emarketing Excellence:Planning and Optimizing Your Digital Marketing*,4th edn.Routledge,London.

comScore(2010)comScore Media Metrix Ranks Top-Growing Properties and Site Categories for April 2010. Press release,10 May:www.comscore.com/Press_Events/Press_Releases/2010/5/comScore_Media_Metrix_Ranks_Top_Growing_Properties_and_Site_Categories_for_April_2010.

Danneels,E.(2004)Disruptive technology reconsidered:a critique and research agenda.*Journal of Product Innovation Management*,21(4),246-58.

Doherty,N.,Ellis-Chadwick,F.and Hart,C,(2003)An analysis of the factors affecting the aboption of the Internet in the UK retail sectors,*Journal of Business Research*,56,887-97.DTI(2000)*Business in the Information Age-International Benchmarking Study* 2000,UK Department of Trade and Industry.

eBay(2013)Annual SEC filing 2013.http://investor.ebayinc.com/sec.cfm.

Economist(2000)E-Commerce survey.Define and sell.*Supplement*,26 February,6-12.

eEurope(2005)Information Society Benchmarking Report.From eEurope(2005)initiative.Published at:http://europa.eu.int/information_society/eeurope/i2010/docs/benchmarking/051222%20Final%Benchmarkin%20Report.pdf.

Evans,P.and Wurster,T.S.(1997)Strategy and the new economics of information.*Harvard Business Review*, September-October,70-82.

Facebook(2013)Annual SEC filing 2013:http://investor.fb.com/sec.cfm.

Flurry(2013)Flurry Five-Year Report:It's an App World.The Web Just Lives in It.Blog post by Simon Khalaf, 3 April 2013:http://blog.flurry.com/bid/95723/Flurry-Five-Year-Report-It-s-an-App-World-The-Just-Web-Lives-in-It.

Grove,A.(1996)*Only the Paranoid Survive*.Doubleday,New York.

Hoffman,D.L.and Novak,T.P.(1996)Marketing in hypermedia computer-mediated environments:conceptual foundations.*Journal of Marketing*,60(July),50-68.

Kalakota,R.and Whinston,A.(1997)*Electronic Commerce:A Manager's Guide*.Addison-Wesiey,Reading,MA.

Lecinski,J.(2012)Winning the Zero Moment of Truth.Published by Google,available from www.zeromomentoftruth.com/.

Mougayer,M.(1998)E - commerce?E - business?Who e - cares?Computer *World* website(www.computerworld),2 November.

Nielsen(2010)The State of Mobile Apps,June 2010:http://blog.nielsen.com/nielsenwire/online_mobile/the-state-of-mobile-apps/.

O'Reilly,T.(2005)What Is Web 2?Design Patterns and Business Models for the Next Generation of Software.Web article,30 September.O'Reilly Publishing,Sebastopol,CA.

Page,M.(2012),How to improve Edge Rank.Blog post,7 July 2012,Smart Insights:www.smartinsights.com/social-media-marketing/facebook-marketing/how-to-improve-edgerank-part-2/.

Perrott,B.(2005)Towards a manager's odel of e-business strategy decisions.*Journal of General Management*,30(4),Summer.

Rayport,J.and Jaworski,B.(2003)*Introduction to E-Commerce*,2nd edn.McGraw-Hill,New York.

Shah,D.and Halligan,B,(2009)*Inbound Marketing:Get Found Using Google,Social Media and Blogs*.John Wiley & Sons,Hoboken,NJ.

Smart Insights(2012)Ship Early,Ship Often.By Dave Chaffey,4 September 2012.Blog post:www.smartinsights.com/goal-setting-evaluation/web-analytics-strategy/ship-early-ship-often/.

Smart Insights(2013)A Digital Campaign Example of a Startup Fashion Brand.Brand.Blog post,25 April 2013:www.smartinsights.com/traffic-building-strategy/campaign-planning/startup-fashion-brand-cam-paign-example/.

Spivack(2009)How the WeboOS Evolves?Nova Spicack blog post,9 February:www.novaspicack.com/?s= How+the+WebOS+Evolves%3F.

Waterman,R.H.,Peters,T.J.and Phillips,J.R.(1980)Structure is not organization.*McKinsey Quarterly* in-house jiurnal,McKinsey &Co.,New York.

Weinberg,T.(2010)*The New Community Rules:Martketing on The Social Web*.John Wiley & Sons,Hobo-ken,NJ.

Yammer(2010)Suncorp case study,accessed May 2010,Yammer website:https://about.yammer.com/cus-tomers/suncorp/.

第 2 章

电子商务市场分析

主要内容

本章主题

- 线上市场分析
- 在市场中的商业地位
- 电子商务的商业模式

本章重点

- 互联网运行公司

案例学习

- i-to-i——初创公司的全球市场

学习目标

学习本章之后，读者应该能够：

- 完成一个网络市场分析：数字技术和媒介作为发展战略中的一部分，分析竞争者、顾客和中间人在其中所起到的作用
- 掌握电子通信和交易中的主要商业模式
- 掌握在线服务中的不同收入模式和交易机制，尤其是处于初始阶段的在线服务

管理问题

电子商务的基本原理对管理者来说意味着以下问题：

- 如何与顾客及其他合作伙伴交易，以及电子商务对市场结构变化的影响
- 开发互联网市场需要的商业模式和收入模式
- 在线中介与以市场为中心的重要性及采取什么措施与这些中介合作

网站支持

说明以下问题的案例，请参阅 www.pearsoned.co.uk/chaffey：

- Glaxo Smithkline 的动态定价
- 吸引顾客的新方法
- 宽带通信的影响
- 网络公司的教训

该网站提供了一系列的学习资料，有助于增进你的学习效果。

章节链接

主要相关章节

- 第 3 章介绍了支持电子商务商业模式的软硬件设施
- 第 4、5 章提出了运用这些商业模式的合适策略

- 第6章详细描述了价值链的新模式
- 第7章阐述了新的采购中介市场的作用
- 第9章讨论了环境分析的另外一个方面：线上顾客行为模式

2.1　本章介绍

在第2章第一部分我们知道了公司如何回顾它们线上市场的现状，通过不同顾客的接触点来增加它们的预见性。自从人们的购买意图被越来越多的触点影响，购买的方式就变得更加复杂。例如，当在传统渠道中加入桌面社交媒体网站和海外无线互联网渠道时，人们的决定就会受到影响。越来越多的服务得以同时运用，例如当要看电视的时候可以用智能手机或者平板电脑一起放映，这种方式就是多屏互动。

要发现对购买需求影响最好的方式需要仔细的考量。这些公司必须收集和整理内在的能够帮助它们理解顾客行为的信息，并以此来提高其自身的预见性。像"B2B公司"这样的B2B组织，以前通过一个分销网络来销售产品，而随着电子商务时代的到来，它可以越过分销商，通过建立目标网站直接与顾客交易，它还可以通过新的B2B市场把产品销售给顾客。类似地，B2C公司的电子零售目标站可以通过联机中介如搜索引擎、价格比较网站、社交网站、博客和其他的发行网站来销售产品。我们将向你展示不同类型媒介中的不同的信息源如何被用来评估不同媒体的顾客使用情况。

2.1.1　电子商务业务收入模型

由于电子通信的兴起，出现了很多令人兴奋的新的业务和收入模式，我们会在本章的第二部分来评估一下。模式画布，对于复查网络初创企业和现有企业这两种公司正在开发的新商业模式是否可行，就是一个很好的框架模型。在本章中我们主要讨论的是卖方元素的电子商务，而不是将数字业务作为一个整体进行讨论（在第6章我们会讨论整个供应链）。

2.2　在线市场分析

首先要了解一个组织所处的环境中存在的在线因素，图2-1是电子商务战略发展环境分析的主要构成元素。然后我们还需要对环境进行实时监控，也就是我们所提及的环境分析。

当涉及商业、市场和信息系统战略时，通过市场变化来了解风险与机遇是最基本的方式（见第5章）。在本章中，我们将介绍一些对电子商务环境进行即时分析的分析框架。

在电子商务策略的制定过程中，直接市场、竞争者、中间商、供应商以及如何把产品提供给顾客是最重要的影响因素。

我们在第4章中将更详细地研究电子商务环境中的一些问题，用SLEPT模型来研究社会、法律、经济、政治和科技问题。

2.2.1　战略灵活性

对市场机遇与风险的回应能力一般称作战略灵活性。战略灵活性是一个与管理理论密切相联的概念。它是基于对市场机遇与风险作出恰当选择的需求而发展起来的。

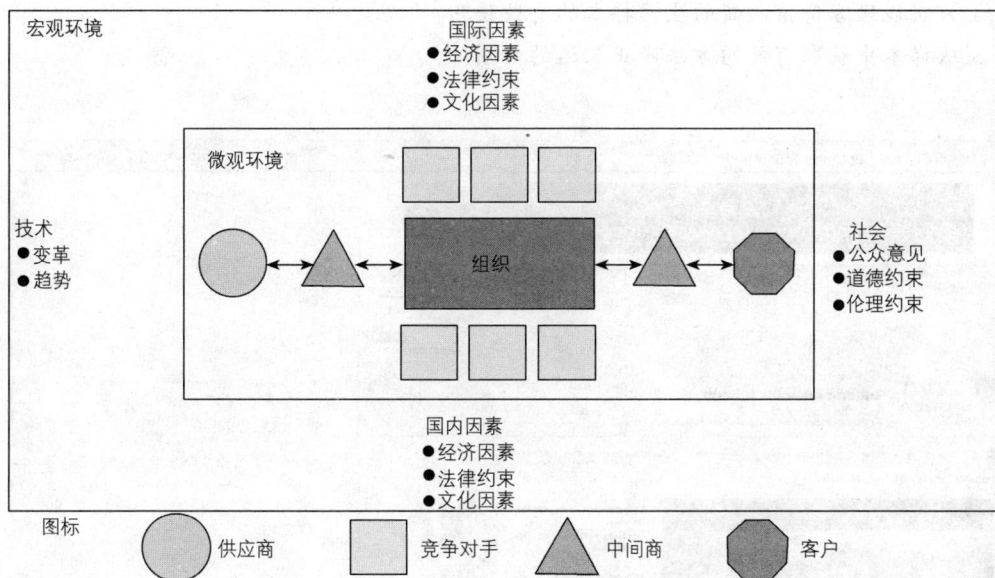

图2-1 电子商务环境

迷你案例学习2.1

海军陆战队的战略灵活性

Donald N.Sull是伦敦商学院讲授战略管理实务和国际管理实务的副教授。

在其第一段视频教程中，他讲述了在战略灵活性方面人们对于"未来的迷惑"（访问www.ft.com/multimedia，并搜索"London Business School"），他主张传统的长期预测管理模型是有缺陷的。因为我们对于未来的认知是不确切的，而且市场环境是处于不断变换之中的（如图2-2所示）。这种战略模型不能帮助我们像船长一样拥有开阔的视野，事实上对于管理者来说，他们的境地更像是在迷雾中开车，他们必须不断地根据周围的环境信息来做出正确的判断。他认为在大多数行业拥有长期预测能力是不切实际的，尤其当这种预测不基于环境分析时。相反，他觉得企业应当做到"保持长期规划可变，短期规划重点清晰"。

在第二段关于战略灵活性的视频教程中，Sull解释了战略灵活性的基础。他阐述道，所有关于未来的认知都是基于不确定性因素的推测，但是管理者必须马上采取行动，因此为了制订作战计划他们必须把"美国海军陆战队"放在正确的位置，让他们来进行"侦查"。他引用了Dell的例子来解释如何通过相对较少的"侦查"行动来探测市场环境，并结合这种方法实验了新的"侦查"方法。他强调在市场中发现异常的重要性，这种异常是指事件不按预期发展。它通常代表着一次机会或者经验教训。为了识别这些异常现象，我们需要洞悉顾客想法和了解企业进程。最后，他指出当防御"敌人"的战争迷雾重重时，往往是机会到来的时刻，这时快速采取行动是非常必要的。

在电子商务环境中，一个组织要想取得战略发展的胜利就必须具有战略灵活性。

1.电子商务环境中不同信息资源的高效收集、传播和评估。

2.产生和评估基于为顾客创造新价值的新战略的相关性的有效过程。

3.相对于企业生产价值而言的潜在顾客价值的有效调查。

4.为实现顾客价值的新的生产样本的有效使用。

5.从样本中获取有效的方法修正长远的计划。

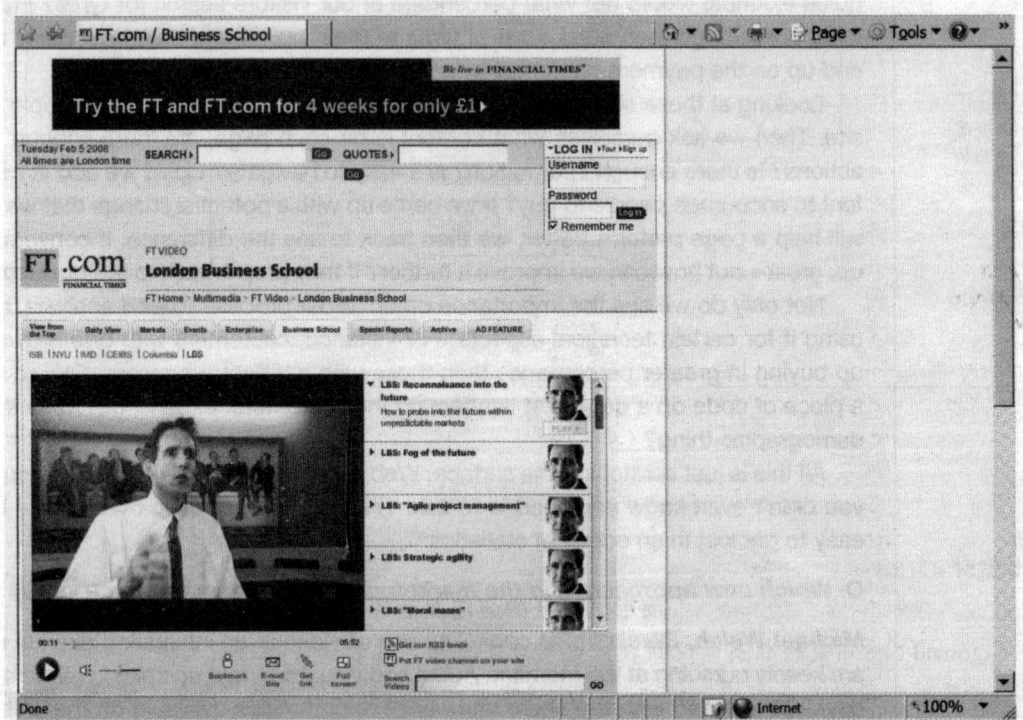

图2-2 伦敦商学院的Donald N.Sull教授谈论战略

来源：http://www.ft.com

2.2.2 电子商务环境分析程序

电子商务环境分析对于发展长期的电子商务计划和创建短期的电子商务活动都是十分重要的。完成一项市场分析能帮助我们明确顾客线上表现的主要类型，通过顾客在搜索引擎、网络媒介和其他中间商网站上的线上表现，我们能知道顾客青睐于哪种形式的交易。电子商务的前景是消费者将会通过搜索引擎来寻找商品、服务、品牌和娱乐活动。搜索引擎扮演了一个将客户的搜索词组与相应的中间商网站链接起来的角色，所以市场部门必须了解顾客访问量在不同网站变化的原因。

主要的在线网站例如Facebook、Google和Salesforce都已经具有它们自己的能够进行数据交换的网络基础设施和在线系统，使其提高客户体验并拓展业务领域。例如，Facebook已经开发了自己的API来实现网站和应用程序之间的数据交换，这其中就包括移动应用程序。其他网站的拥有者可以把消费者在Facebook网站和应用程序上面的一些信息整合到自己的网站中来扩展自己的业务范围。谷歌已经开发了自己的搜索营销和安卓移动系统。作为市场分析的一部分，为了创建一个新的计划，公司必须评估这些系统的重要性，并将这些资源整合到在线服务中去。

如今，分析消费者和客户的网上行为对电子商务的影响就像观察他们在现实世界中的行为一样重要。

实践活动2.1

网络生态系统

目的

通过在线平台和服务提供商探索、促进通信的重要性与日俱增。

活动

一些主要的公司（例如Facebook）和平台（例如平板电脑）的使用者情况对其他公司审查自己的现有状况十分重要。一旦你确定了公司或者服务类型，就把这些信息整合到一起来分析其整体的重要性。

答案见www.pearsoned.co.uk/chaffey。

在图2-3中，我们可以看到线上市场的主要元素，根据流程图我们可以对该市场进行分析：

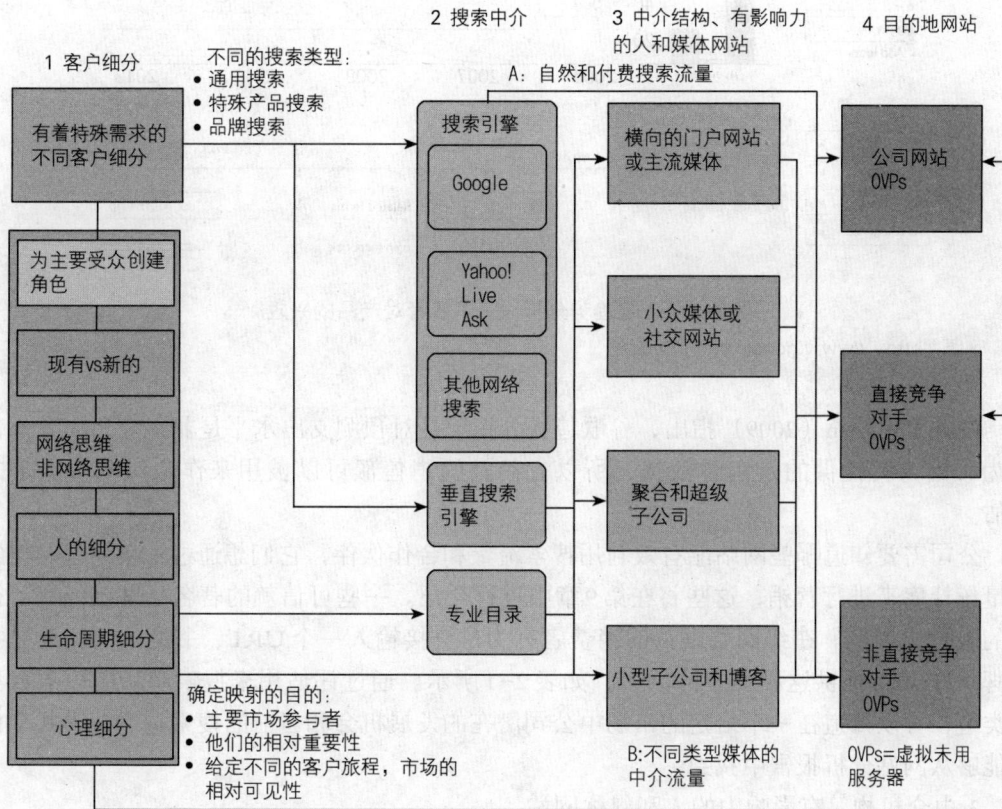

图2-3 线上市场示意图

1.客户细分

市场分析人员应该识别和总结不同阶段在线业务的目标，以此了解线上消费、买家行为的内容和类型。他们可以从中介和网站上找到这些信息。

2.搜索中介

这些主要的搜索引擎分布在诸多国家，通常包括 Google、Yahoo!、Microsoft 和 Live，但是还有一些别的引擎也很重要，例如中国的百度、俄罗斯的 Yandex 和韩国的 Naver。你可以用听众面板根据专栏 2.1 中不同供应商的信息得出它们在不同国家的相对重要性。谷歌趋势分析工具（见图2-4）是一款免费软件，可以用来评估网站受欢迎程度和使用什么搜索可以找到相应网站以及它们周期性变化的原因，这对学生完成作业是有用的。图2-4中的例子显示了其相对偏好的三个社交网站。

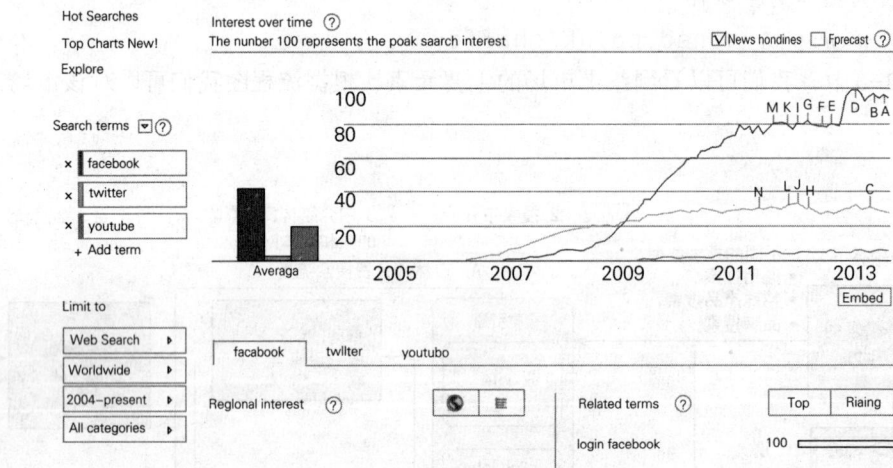

图 2-4　谷歌趋势分析——消费者对产品的兴趣
来源：http://www.google.com./trends/

Choi 和 Varian（2009）指出，谷歌趋势分析工具对预测支出水平是非常有用的。他们认为，因为其提供的是实时数据，所以它统计的销售额可以被用来作为对消费需求的预估。

公司需要知道哪些网站能有效利用搜索流量和合作伙伴，它们想通过一个共享的搜索流量统计库来进行营销，这些将在第9章中进行介绍。一些可信赖的著名品牌已经有了很好的客户忠诚度。在线网站常见的消费者行为是直接输入一个 URL、书签、邮件或寻找品牌。Hitwise 提供这种类型的洞察，如表2-1所示。通过评估用来搜索产品的短语数量和类型，可以知道在一个给定的市场中公司潜在的发展机会和当前的搜索词。搜索共享信息能够从网站分析报告中找到。

3.中介机构、有影响力的人和媒体网站

媒体网站和其他中介机构的博客往往会成功地吸引顾客。公司需要评估潜在的网络媒体和合作伙伴分类，如图2-3所示，分析如下：

（a）主流新闻媒体网站或门户网站，包括传统的 FT.com 或者 Times，或单一业务网站，例如 Google 新闻和 aggregator。

（b）社交网络，例如 Facebook、Twitter 和 LinkedIn、Google+。

（c）垂直媒体网站，例如 SmartInsights.com，SearchEngineLand.com，ClickZ.com，

表 2-1　　　　　　　　　　　　　　　搜索词

搜索词	食品零售商	相对处于顶峰的搜索量	纺织服装和鞋类	相对处于顶峰的搜索量
1	Tesco	100	鞋子	100
2	ASDA	50	靴子	75
3	Tesco Direct	15	连衣裙	55
4	Morrisons	10	衣服	45
5	Sainsburys	10	Next童装	40
6	Aldi	5	连衣裙	35
7	Clubcard	5	耐克	35
8	George ASDA	5	River island（品牌）	35
9	Ocado	5	手表	35
10	Sainsbury	5	Newlook服装	30

来源：Chamberlin（2010）

coveringB2Bmarketing。

（d）价格比较网站，例如 Moneysupermarket，Kelkoo，Shopping.com，uSwitch。

（e）超级附属企业，公司从附属企业取得的收益是以销售或固定比例佣金为基础的。这类附属企业在零售市场也是非常重要的，其销售额贡献十分可观。

（f）小众附属企业、有影响力的人或者博主。这些往往是个体，但其可能是十分重要的。例如英国 Moneysavingexpert. com 的 Martin Lewis 每月的访问量数以百万计。较小的附属企业和博主都可能是重要的。

在专栏 2.1 中，可以评估这些类型网站的相对重要性。

4. 目的地网站

这些网站营销者试图吸引顾客，即便是些事务性网站。图 2-3 指 OVP 或者在线价值定位，这是一个特点总结网站（见第 4 章和第 8 章）。OVP 是在市场上要进行市场分析时需要考虑的一个关键方面，应该评估自己的 OVP 与竞争对手的 OVP。分析和思考如何得到独特的在线体验（竞争对手分析也在第 8 章介绍）。

专栏 2.1

在线市场资源分析

有一个对当前互联网使用和未来财富趋势的研究，战略家们可以使用它来了解市场。在表 2-2 中，我们总结了免费和付费服务，可以用来衡量在线市场搜索信息的人数和不同类型的流行网站的独立访客数量。

表 2-2 评估数字化市场的研究工具

服务	用法
1.谷歌工具 主要提供关键词竞价广告服务 （https://adwords.google.com）	谷歌是用于准确分析市场的工具之一，其包括： ● 布局工具 ● 谷歌趋势 ● 关键词规划
2.Alexa（www.alexa.com）。免费的工具，不过它是基于代表性样本的，可以登录 www.similarweb.com 查看。Google Trends for Websites 给出了使用一个更大的样本量的信息	亚马逊可以提供个人网站的流量排名和与所有网站相比的免费服务，前 10 万个数据最适合网站。用户样本依赖于 Alexa 工具栏，Compete.com 同样可以提供
3.Hitwise（www.hitwise.com）。付费工具，不过在 http://weblogs.hitwise.com 和数据中心有免费的数据可用于研究	付费服务在一些国家主要用于比较用户群体的大小、搜索和站点使用情况，通过不同的 IP 流量监控互联网服务供应商
4.Nielsen（www.nielsen.com）。付费工具，不过在研究引擎和中介机构的新闻稿中可以免费获取数据用于研究	Panel 服务是基于在家里工作的用户，他们已经同意使用软件跟踪他们的网络使用情况。在有些国家排名靠前的网站就是一些最热门的网站
5.ComScore（www.comscore.com）。付费工具，不过在研究引擎和中介机构的新闻稿中可以免费获取数据用于研究	这个服务类似于 Netratings，但是它集中在美国和英国，是一个颇受认同的媒体策划工具
6.谷歌分析	提供免费和付费的服务，可以提供有关网站受众的行为观点
7.Forrester（www.forrester.com）。提供付费研究服务。在一些博客中有一些免费的评论和分析	提供了不同的行业对互联网使用情况的垂直报告和最佳实践，如金融服务。免费研究的部分集中在博客营销
8.Smart Insights Digital Marketing Statistics（http://bit.ly/smartstatistics）	编辑会对统计数据进行定期更新，包括排名前 10 位的统计数据
9.因特网结构委员会或者互联网广告署 美国 www.iab.net；英国：iab.uk.net；欧洲其他国家：www.iabeurope.eu	研究侧重于投资不同的数字媒体渠道，特别是显示广告和搜索营销
10.网络媒体零售集团（IMRG）www.imrg.org	IMRG 已经涵盖了在英国的在线电子商务费用和最流行的零售商

E-consultancy（www.e-consultancy.com）经常会通过其研究，总结一些最新的研究报告，例如"互联网统计纲要"。在第 1 章中我们介绍了通过智能链接能了解消费者的在线消费行为模式（www.smartinsights.com/book-support）。

2.3 电子商务市场

传统市场有一个物理位置，而互联网市场没有物理位置。Rayport 和 Sviokla（1996）使用这种区别创造一个新的术语：电子市场。这影响了不同参与者之间的关系。

新的电子市场有许多可供选择的虚拟地点，组织需要对自身进行定位，并与客户进行沟通和营销。管理者需要了解消费者和不同类型网站的商业互动信息。这部分我们将回顾市场渠道结构、交易和多渠道营销模式的定位，以评估电子商务战略。最后，我们将回顾交易的商业安排。

2.3.1　市场渠道结构

市场渠道结构描述一个制造商或组织向其客户提供产品和服务的方式。典型的企业和消费者之间的渠通结构如图2-5所示。

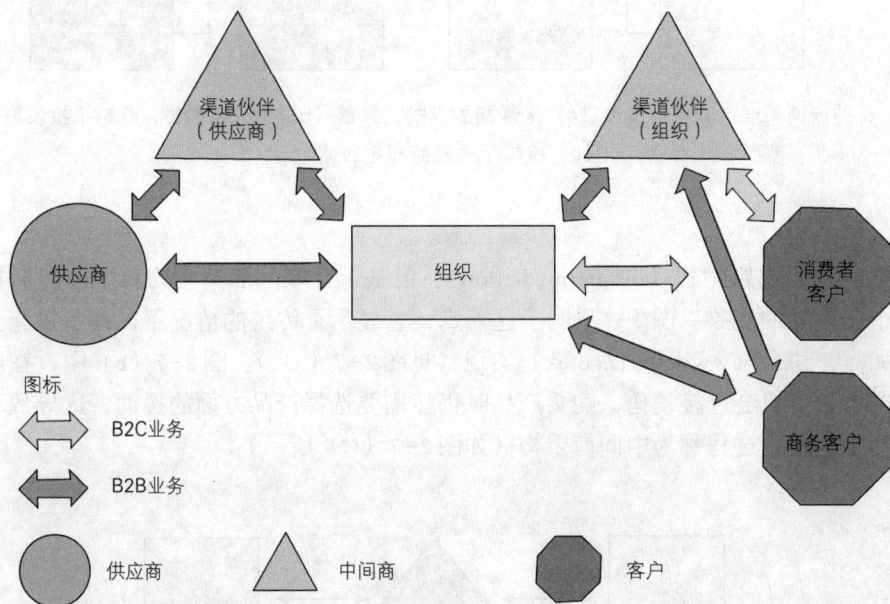

图2-5　组织与其供应商及消费者之间的B2B和B2C交易模式

分销渠道会包含一个或多个中介机构如批发商和零售商。公司及其渠道合作伙伴之间的关系如图2-5所示。这有助于更好地抓住来自互联网的机遇。这是因为互联网经常绕过一些渠道合作伙伴。这个过程被称为"脱媒销售"或"切除中间商销售"。例如，一个音乐公司可以将产品直接分发给ITunes和Napster这种在线零售网站。其渠道战略的这种变化导致许多音乐商店的关闭。乐队甚至可以绕过零售商和发行商，例如，在2008年Radiohead直接把他们的专辑 *In Rainbows* 发布在网站上，让买家给其定价。

图2-6以图解的形式说明了一个简化的零售渠道中的脱媒过程。在以后的公司间电子商务市场中可能会出现一些新的中间商，如新型的分销商。图2-6（a）描述了一个产品的传统销售渠道，图2-6（b）和图2-6（c）说明了两个不同的脱媒销售渠道类型，其中图2-6（b）越过了批发商，图2-6（c）越过了批发商和零售商直接向消费者销售产品。很明显，脱媒销售可以给企业带来利益，这样企业可以节省销售成本。Benjiamin和Weigand（1995）以销售高质量衬衫为例计算出：用图2-6（b）渠道销售产品可以节省28%的成本，而用图2-6（c）渠道销售产品则可以节省62%的成本。由于成本削减、价格降低，消费者也可以从中受益。

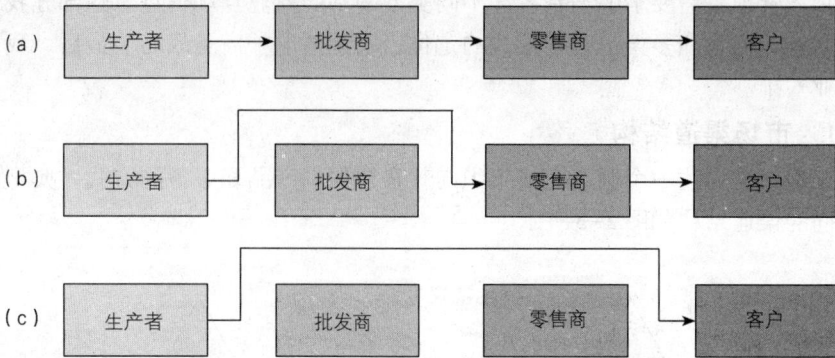

图 2-6　三种分销渠道（其中，渠道（a）是最初的模式，渠道（b）为脱媒销售，跨越了批发商，渠道（c）跨越了批发商和零售商）

虽然产生了脱媒销售（disintermediation），但基于互联网而产生的新型中间商重构也许是一个更明显的现象。图 2-7 说明了这一点，它显示了传统的情况下，许多销售要通过经纪人如汽车协会（www.theaa.co.uk）实现（见图 2-7（a））。图 2-7（b）中，在脱媒销售的情况下，有机会直接销售。购买产品时仍然需要选择产品方面的援助，这导致了新的中介的产生，这一过程称为中间商重构（如图 2-7（C）所示）。

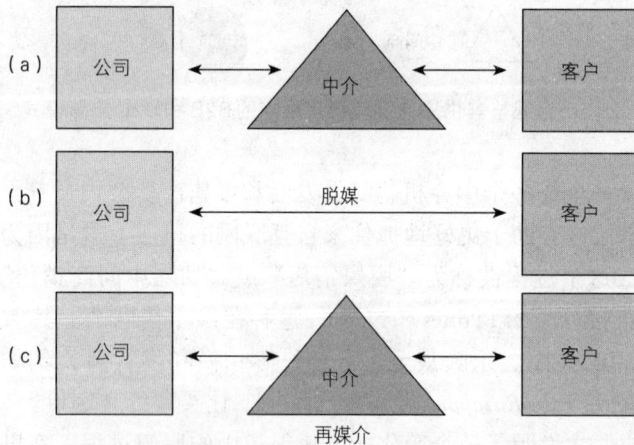

图 2-7　从传统渠道（a）到脱媒销售（b）和中间商重构（c）

英国的 Screentrade（www.screentrade.co.uk）就是这样一个新出现的中介，它帮助顾客以合适的价格在线购买保险和提供建议。如果一个顾客要选择一个经济实惠的保险，他必须访问不同的网站，了解和比较不同的保险公司，最后再确定买哪个。但若有 Screentrade 这样的中介来帮忙，顾客就可以提高效率，节省时间和精力。同样在美国，Esurance.com 和 Insurance.com 也是很明显的例子。

中间商重构对电子商务管理者有什么启示呢？第一，作为生产者，企业必须在目标市场上给自己选一个中间商，它可以利用互联网和包含价格信息的数据库来联合不同的中间商，建立良好的伙伴关系，从而使企业拥有更强的竞争力；第二，在目标市场中关注其他厂商的价格，这很重要（可以通过中介网站监控）；第三，最好建立自己的中介机构。例如，DIY chain B&Q 已经建立了自己的中介机构，这种中介是独立于 DIY 的，它可以为 DIY 培养客户群。这种利用中间商重构的策略有时被称为"再媒介"（countermediation）。Screentrade 是一个例子。还有 Lloyds TSB 采用低风险策略收购现有的在线中介，而不是创立自己的中介机构。再者，如借助 Opodo（www.opodo.com）由包括 Air France、BA、KLM 等在内的 9 家欧洲航空公司联合建立的媒介来进行分销。

2.3.2　市场交易场所

传统的市场是一个真实的场所，而基于互联网的市场却不是现实中确实存在的场所，只是一个虚拟的市场。这对市场中不同参与者之间产生的关系有很重要的影响。新的电子市场是由很多可变的虚拟场所组成的，在这些场所中企业与顾客建立关系并把产品销售给顾客。

Berryman 等（1998）为此提出了一个实用框架，区分了三种不同类型的场所。卖方控制的网站是公司的主页，并且可以进行电子商务；买方控制的网站是由买方来启动市场的媒介，购买者可以通过采购单来确定具体要买什么，并通过电子邮件把信息发给在系统中注册的供应商，然后等待产品发送（也有群体购买：一组购买者一起购买一大批产品，从而降低购买成本）；第三种为中间网站，它是独立的评估中介，可以对产品和价格进行比较。

McDonald 和 Wilson（2002）继承并发展了 Berryman 等（1998）的框架，引入了两个有用的购买场所（见表 2-3）。

表 2-3　　　　　　　　　　　网上市场交易的不同场所

购买场所	网站举例
A. 卖方控制	• 卖方网站，为企业销售产品的主页，如 www.dell.com
B. 卖方导向	• 第三方控制的中介网站，像分销商和代理商，如 Opodo（www.opodo.com）代表了主要的空运公司
C. 中间网站	• 不被买方控制的中介，如 EC21（www.ec21.com） • 具体产品搜索引擎，如 CNET（www.computer.com） • 比较网站，如 MoneySupermarket（www.moneysupermarket.com） • 拍卖市场，如 eBay（www.ebay.com）
D. 买方导向	• 买方控制的市场，如 Covisint（www.covisint.com）（过去是摩托生产商的主要代表）。虽然它们现在有很多交易场所，但每个生产商都通过这种网站获得供应商 • 购买代理机构和购买群体
E. 买方控制	• 公司自己的采购订货网址，如 GE

来源：McDonald 和 Wilson（2002）

我们将在第7章看到，最成功的采购中介往往是那些并不独立存在的中介，它是为使用者专门设计的或受卖方控制的。

正如第1章中指出的，有关如何利用电子商务获得竞争优势，Evans和Wurster（1999）认为有三个重要方面需要考虑：市场范围、丰富化和协作性。

2.3.3 多渠道市场模式的重要性

消费者在购买商品时都有自己的购买方式，他们不会单独利用互联网，而是会同时利用其他媒介，如报纸、杂志等印刷品以及电视、信件和户外广告。消费者都是生活在现实中，而不是虚拟世界中，所以传统媒介对厂商来说还是很重要的。因此，把互联网的应用作为多渠道营销策略的一部分比较妥当。这就要考虑怎样把不同的市场渠道整合在一起并使其互相支持，同时要考虑各个渠道商观点、看法的变化以及对于顾客和公司的价值。

McDonald和Wilson（2002）在分析互联网市场变化时说，发展"渠道链"（channel chains）是一项很强的技术，可以帮助我们理解多渠道行为。一个渠道链为顾客提供了不同的渠道选择，从而催生了不同的购买方式。图2-8给出了一个渠道链的例子。这张市场图可以说明，通过传统中介和新型中介分销，生产商或服务提供商与消费者之间的收入流的变化。Thomas和Sullivan（2005）给出实例：美国一个多渠道零售商给每一个顾客配置一个独特的识别器，通过交叉渠道购买追踪程序计算出渠道选择比例：63%的顾客只在传统组织中购买，12.4%的顾客只在网上购买，11.9%的顾客只购买特定类别的产品，11.9%的顾客双渠道购买，1%的顾客三渠道购买。这说明了未来购物的发展趋势，因此，不同的企业也要根据自身情况制定不同的战略。

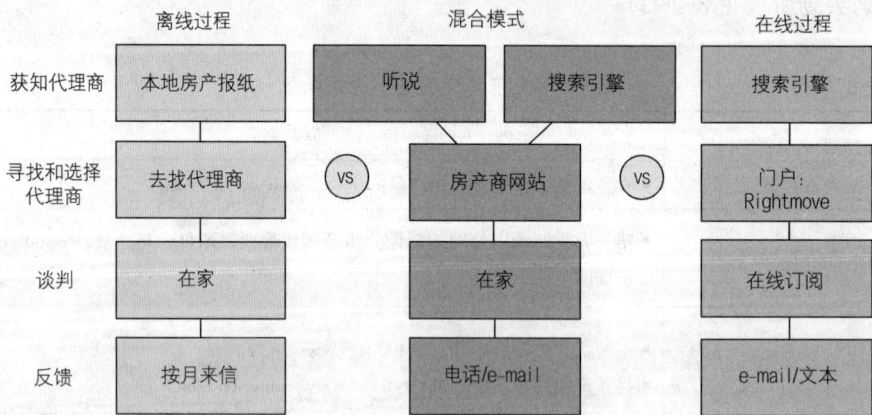

图2-8　消费者寻找房产代理机构进行房产投资的渠道链图

2.3.4 电子商务的商业活动

我们可以从另一个角度考虑市场，这种类型的市场可以从买卖双方在商品和价格方面达成一致的商业活动角度来考虑。商业活动的主要类型如表2-4所示。

每种商业活动都跟传统活动相似，它的原理不被认为已经改变，人们普遍认为它只是随着网络的发展，选择的重点发生了改变而已。由于因特网可以快速地提供新产品及价格信息，拍卖逐渐成为网上交易的重要手段，例如 eBay 的产品拍卖已经达成了数十亿美元的交易额，其就是通过提供像汽车和古董这样的产品进行拍卖交易的。

priceline.com（www.priceline.com）是通过网站创造全新商业机制的典范，其推出的一种全新的商业模式就很成功。这个网站以"定出你自己的价格"的独特模式提供服务。在这里，用户可以键入他们愿意为机票、旅店或汽车租用支付的价格及他们的信用卡信息，如果 priceline.com 有与之相符的价格或者可以从它的合作供应商那里得到匹配该价格的服务，交易就可以进行下去。priceline.com 的这种商业模式在美国很成功，其成功在纳斯达克上市（PCLN），在 2002 年底其已经拥有了超过 1 600 万个用户和 10 亿美元的营业收入。priceline.com 在海外也有业务，在英国有三项核心业务：机票、旅馆和汽车租用，在亚洲也有类似的业务。

2.3.5　不同类型的线上中介

如表 2-4 所示，我们要辨别不同类型的线上中介作为潜在合作者，以保证网上交易是市场分析的主要部分。在这部分，我们将深入了解不同类型的中介、商务和它们认可的收入模型。

表 2-4　　　　　　　　　　　　　　　　商业机构和网上交易

商业机构	Nunes 等（2000）的网上交易机制
1. 谈判协议：可以使用类似的机构来拍卖，例如 Conmmerce One（www. Conmmerceone.net）	谈判——单一的卖方和买方之间的讨价还价。在预先设定的条件下，订单不断补充，不断地实现
2. 撮合交易：中介机构如 Compare The Market（www. comparethemarket.com）	实现通过网上中介机构提供在线拍卖和纯市场交易
3. 拍卖：C2C：网站 eBay；B2B：Industry to Industry（www.business.ebay.co.uk）	卖方拍卖——买家出价确定卖方产品的最终价格。买房拍卖——买家从多个卖家那里要求价格。逆转——买家发帖提出的价格需被卖方认可
4. 固定价格出售：例如所有的电子零售商	静态调用——在线目录调用固定价格；动态调用——在线目录调用不断更新的价格和功能
5. 纯粹的市场：例如电子股票交易	现场——买家和卖家瞬间完成交易
6. 易货贸易：例如 www.intagio.com 和 www.bartercard.co.uk	易货贸易——买方和卖方交换货物，根据国际互换贸易协会统计，在 2002 年的易货贸易额超过 90 亿美元

来源：改编自 The All-In-One-Market，*Harvard Business Review*，pp.2-3

Sarkar 等（1996）提出了如下新中介形式：
- 咨询服务（如 Yahoo!，Excite）
- 搜索引擎（AltaVista，Infoseek）
- 商业街（BarclaySquare，Buckingham Gate）
- 虚拟商店（商品列表和点击购买，如 Amazon，CDNow）
- 金融中介（提供电子货币和支票付费的服务，如 Digicash）
- 论坛、爱好者俱乐部和用户群体（指虚拟社区）

● 评估者（提供评价和比较服务的网站）

Riggins 和 Mitra（2007）有一个最近的电子交易评估，我们将在第7章中看到。一种新的中介是虚拟市场或者虚拟交易社区，它们在 B2B 市场中起着重要的作用。从供应商和生产商的角度来看，它们提供了一个新的产品销售渠道。从 B2B 消费产生需求的观点来看，虚拟市场为顾客提供了较低的价格，因为在虚拟市场条件下定价变得更透明，价格战打得更激烈了。在第7章中，我们将详细讲述这种市场类型。

2.3.6　门户网站的类型

门户网站的大小和所提供的服务各不相同，所以可以把它们分为不同类型。对于市场经营者来说，了解这些不同类型的门户很重要，因为不同的门户就代表了不同的公司。表2-5给出了不同类型的门户。对于市场参与者来说，了解这些是非常有用的，其可以了解不同类型的中介、网络出版商和媒体如何通过网络门户体现出来。

表2-5　　　　　　　　　　　　门户的不同类型

门户类型	特点	例子
通道型门户	与 ISP 有关	● Orange（www.o2.co.uk） ● Sky（www.bskyb.com）
水平型或功能型门户	服务范围：搜索引擎、导航、新闻、个人信息管理等	● Yahoo!（www.yahoo.com） ● MSN（www.msn.com） ● Google（www.google.com）
纵向型门户	纵向型门户是一个涵盖新闻和其他服务的特殊市场	● ConstructionPlus（www.constructionplus.co.uk） ● ChemIndustry（www.chemindustry.com） ● Barbour Index for B2B resources（www.barbour-index.com） ● E-consultancy（www.e-consultancy.com） ● Focuse on e-business resources
媒介门户	主要关注消费者、商业信息或娱乐	● BBC（www.bbc.co.uk） ● Guardian（www.guardian.co.uk） ● ITWeek（www.itweek.co.uk）
地理型门户（地区、国家、本地）	● 水平型 ● 纵向型	● Google country versions ● Yahoo! country and city versions ● Craigslist（www.craigslist.com） ● Countryweb（www.countryweb.com）
市场门户	● 水平型 ● 纵向型 ● 地理型	● EC21（www.ec21.com） ● eBay（www.ebay.com）
搜索门户	搜索	● Google（www.google.com） ● Ask Jeeves（www.ask.com）
媒介类型	● 语音 ● 视频 通过流媒体或文件下载传送	● BBC（www.bbc.co.uk） ● Silicon（www.silicon.com）

2.3.7 搜索引擎的重要性

对于在线营销的企业来说，搜索引擎是门户的一个重要类型。现在搜索引擎已成为搜索有关公司及其产品信息的主要方式。Searchenginewatch（www.searchenginewatch.com）的一项调查显示，90%以上的网民用搜索引擎在网上搜索信息。表 2-2 中说明了搜索引擎的重要作用，其提供了不同网站的导航。第 9 章将讲述公司如何通过搜索引擎销售产品及进行搜索营销的。作为市场分析的一部分，利用谷歌趋势分析和谷歌关键词搜索这种类型的工具分析不同国家的产品需求和品牌偏好是非常有用的（见图 2-4）。例如，它就能告诉我们英国消费者一个月内关于衣服的搜索量。

2.4 电子商务的商业模式

观察一下就会发现，电子商务的商业模式都是在公司现有商业模式的基础上发展起来的，尤其是那些新兴起的公司。现有的企业通过互联网建立新兴的商业模式，同时也要对原有的商业模式进行创新。由 Osterwald 和 Pigneur 制作的商业模式图对于概括电子商务战略是很有价值的。它是一个合作项目，涉及 470 个来自 45 个国家的从业者。我们可以从 The Business Model Generation 的网站（www.businessmodelgeneration.com）上下载这个软件程序。

用一种符合逻辑的顺序来看这个商业模式图的话，它的主要内容包括：

1. 价值定位。这是企业生产的中心环节，也是成功的必要条件。

2. 客户群体。不同的价值主张吸引不同的目标受众。商业模式图选择推荐大众市场、缝隙市场、分割市场。

3. 客户关系。这会形成例如自助服务、自动化服务、社区服务或更多的个人援助服务关系。所有这些一起构成了客户关系。

4. 渠道。公司为公众提供服务的方式。

5. 主要合作伙伴。为了开发线上和线下有价值的网络，形成新的合作关系使我们有机会在现有的组织和线上成员中建立新的听众。

6. 活动。主要的活动就是传递有价值的主张来实现新的收入。

7. 资源。能够形成和传递有价值主张的不同类型的方法和人。

8. 成本构成。不同的成本要素应该根据其资源和活动进行核查。传统的成本被分为固定成本、可变成本和规模经济。

9. 收入来源。企业收入的获得方法。常见的网上收入类型有：广告收入、订阅费用、实物或虚拟商品的销售、附属品销售、许可和租赁其他替代品。

表 2-6 中显示了商业模式的 9 个方面的因素是如何应用的。

这是一个很棒的框架，但是我们也要考虑这个框架中还缺少什么要素。有人说它缺少一个 KPIs 来评估商业模式。笔者认为应该把它加到一些相关的环节中，特别是收入来源、成本构成和主要经济活动中。一般不会认为它会对不同的竞争者造成影响。为了弥补这点，思考这个模型如何在现有市场中找到成功的公司是十分有用的（我们将在第 5 章和第 8 章进一步学习如何定义商业模式的要素，例如价值主题和价值目标）。

表2-6　　　　　　　　　　　　　　商业模式的例子

商业模式的总结			由Smartinsights.com的 Dave Chaffey创建	日期：2013年5月1日 版本：1.0
KP：关键合作伙伴	KA：关键活动	VP：价值主张	CR：客户管理	CS：客户细分
• 专家-部门专家	• 创建内容	• 帮助企业通过使	• 自助服务	企业想通过提高市场营销
• 营销机构和自由	• 创建体验	用书籍、课程和软	• 专门的指导和咨询	获取回报
职业者	• 服务推广	件改善跨渠道营销	• 共同创建博客和论坛	
• 在线出版商	• 销售最大化	从而传播成长价值		角色：
• 出版/会议组织		• 支持个人学习和		• 公司拥有者
• 经营有行业影响		发展		• 市场营销管理者
力的博客		• 提供具体的咨		• 数字化营销管理者
• 贸易组织		询、培训或辅导		• 咨询人员
	KR：关键资源		C：渠道	公司类型/部门
	• 创建内容×2		• 搜索营销	• 咨询
	• 发展×2		• 电子邮件营销	• 商业类型
	• 市场营销×1		• 合作伙伴营销	• 机构
			• 社会化媒体营销	• B2B
			• 付费广告	• 电子商务/零售
				• 不以盈利为目的
C：费用结构 固定支出 • 工资支出 • 托管和软件支出 变动支出 • 内容创作支持 • 代理销售费用 • 广告费用			R：收入来源 • 全年认购的公司和个人 • 个人产品购买 • 广告收入 • 咨询和培训 • 许可内容收入	

来源：Smart Insights

　　一项有关不同在线商务模式的调查与现存的公司有关，尤其是刚刚建立的公司和线上中介。Venkatram（2000）指出现存的公司应该利用互联网建立一个现代商业模式。新的商业模式对于对抗现有的竞争者会有十分重要的优势，同时还能阻止新的竞争者创建类似的商业模式。更常见的是，它们可能只是简单地提供一个不同的收入来源，通过广告或者一种新的收费服务。互联网使商业模式成为可能，它们的收入来源将成为成功的关键，这种公司一般由风险资本家创立。那么什么是商业模式呢？

　　不管怎么定义，重要的是它是战略发展的一部分，公司应该辨别相关的合作者并且制定便于与他们融洽相处的战略。

　　最终，在这一章的相关链接中的最后一部分，Michael Rappa——一个北卡罗莱纳州州立大学的教授——给出了一个在线商务模式的例子。在低一级的层次中，Rappa给出了一个实用程序提供者，它可以提供在线服务（例如网络服务提供者和在第3章中讨论的托管公司)。现在完成实践活动 2.2,评估一下能否简化商业模式。阅读案例学习 2.1,了解这个新的收入模式,我们将在以后的学习中用到它。

图 2-9 给出了一个不同视角下可供选择的商业模式。我们可以从三个不同的视角来看一个商业模式。就像下面这个示例一样,任何个人组织都可以被人为分为三类,但是每一个视角我们都集中看单独的一个分类。这种类型的商业模式可以作为一种公式化电子商务战略的工具。这三种观点的示例如下:

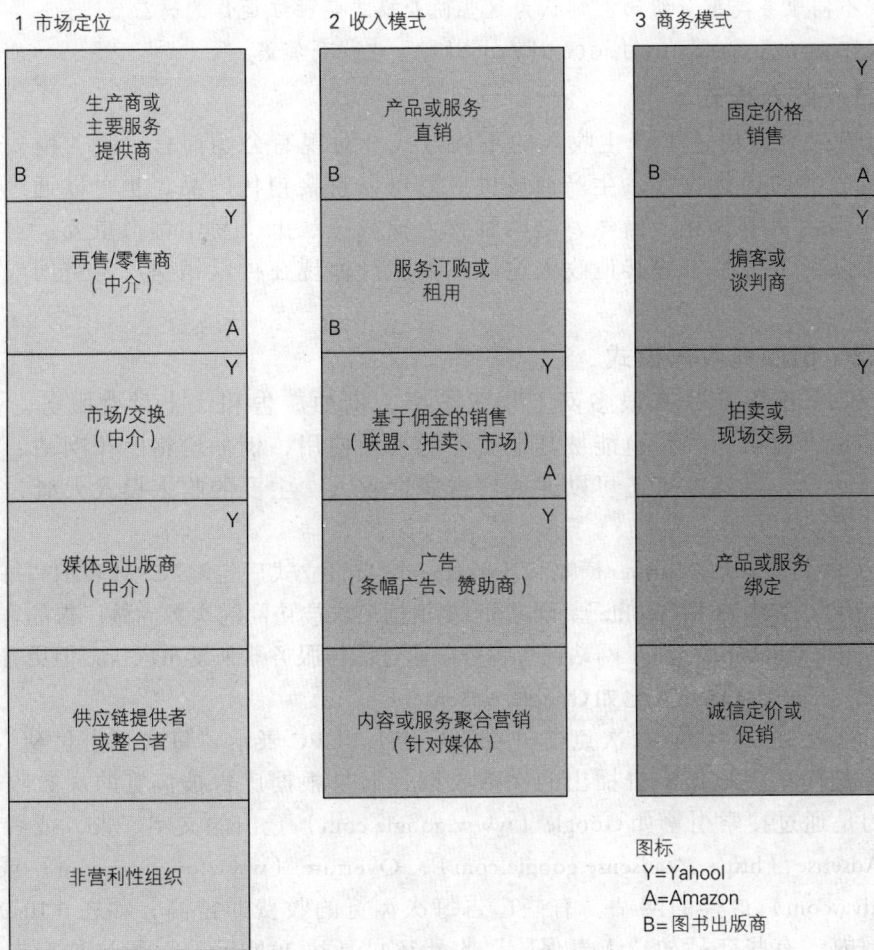

1 市场定位	2 收入模式	3 商务模式
生产商或 主要服务 提供商 B	产品或服务 直销 B	固定价格 销售 B A Y
再售/零售商 (中介) Y A	服务订购或 租用 B	搞客或 谈判商 Y
市场/交换 (中介) Y	基于佣金的销售 (联盟、拍卖、市场) Y A	拍卖或 现场交易 Y
媒体或出版商 (中介) Y	广告 (条幅广告、赞助商) Y	产品或服务 绑定
供应链提供者 或整合者	内容或服务聚合营销 (针对媒体)	诚信定价或 促销
非营利性组织		

图标
Y=Yahool
A=Amazon
B=图书出版商

图 2-9 商业模式的其他形式

1. 市场定位。出版商就是生产者,亚马逊是零售商,雅虎既是零售商又是市场中介。

2. 收入模式。出版商可以利用网络进行直销。雅虎和亚马逊要基于佣金销售。雅虎还有广告这种收入模式。

3. 商务模式。这三家公司都提供定价销售,但是雅虎作为市场中介,还提供一些可供选择的价格。

实践活动2.2

探索商业模式

目的

探索网络上可以获得的不同类型的商业模式，并评估商业模式的构成。

问题

辨别由Timmers（1999）发现的不同商业模型中的重复部分。你能把不同类型的商业模式按不同服务类型分组吗？你认为这些商业模式是独立运作的吗？

可以在www.pearsoned.co.uk/chaffey中找到答案。

2.4.1　收入模式

收入模式具体描述了产生收入的不同方式。对现有公司而言，收入模式主要涉及产品或服务的销售收入。生产商或供应商可以直接销售产品，也可以通过中介销售，中介商会从中获利。当然，这两种收入模式在线上交易中都很重要。但公司也可以获得以前不可想象的其他收入途径，如生产商现在可以销售广告空间或者数字产品。

2.4.2　出版商收入模式

对于一个出版商，有很多网上收入来源，例如广告和线上付费服务。这些方式，尤其是下面第一种，也能被其他类型的公司使用，例如价格比较网站、社交网站和目标站点，目标站点还可以通过广告获取收入。主要的收入模式大概包括以下几种：

（1）CPM广告（如banner横幅和skyscraper网页直立式广告）。CPM表示"每一千次访问的费用"，其中M指"mille"。网站如FT根据广告被访问的次数向做广告的客户收取费用（例如每CPM50欧元）。网站拥有者可以通过广告服务器来发布广告，但更普遍的是利用第三方广告网络服务，比如Google AdSense。

（2）网站CPC广告（每次点击付费的广告）。CPC表示"每次点击付费"。广告费用并不是简单地根据广告播出的次数收取，而是根据广告被浏览的次数收取。比较典型的是通过搜索引擎如Google（www.google.com）登出的文字广告，或者通过如Google Adsense（http：//adsense.google.com）、Overture（www.overture.com）或MIVA（www.miva.com）这样的网站。有些广告每次浏览的收费非常高，如在0.10欧元～4欧元范围内。有些商品如"人寿保险"收费还可高达20欧元，一般这种广告对广告者意义重大。同时，搜索引擎或出版商从中也能获得很大的收益。2005年，Google称其有如下搜索收入：网站收入——Google所属网站收入为1.098亿美元，占总收入的57%；网络收入——Google的合作网站（如my site：www.davechaffey.com）通过AdSense项目收入79 900万美元，占总收入的42%（http：//investor.google.com/releases/2005Q4.html）。

（3）网站版面或内容类型赞助（每段时间有固定费用）。一个公司可以在一个网站或某版面做广告并付费。例如，HSBC银行就在门户Wanadoo/Orange（www.wanadoo.com/www.orange.co.uk）上赞助了Money版面。每年都有大量这种例子，这也许是互惠计划的一部分，或者可称之为"对应式交易"，因为哪一方都不需要付费。

2005 年，Alex 采用的一种固定费用赞助方式很出名。那时 21 岁的 Alex 正为进入英国一所大学的学费而犯愁，但当他建立了 Million Dollar Homepage（www.milliondollar-homepage.com）并在 4 个月内赚到了 1 000 000 美元时，他再也不用为学费担心了。实际上，他也不需要上大学了……他的网页由 100 个像素图（每个大小是 10×10 像素）组成，这 10 000 个像素活页面总共有 1 000 000 个像素。Alex 花了 50 英镑买了域名（www.milliondollarhomepage.com）和一个基础网站支持包，他从一个空白网页开始自己设计网站。嫉妒吗？确实，这是一个了不起的想法，同时他还利用了 PR 方法。他的朋友和家人给了他第一笔钱：1 000 美元。他利用这些钱为他的网站做了广告。BBC 采访时，他曾说："这就像滚雪球，我赚到了钱，很多人开始谈论，而越多的人谈论，我赚的钱就越多。"他还有个想法，就是拍卖最后的版面。他向 Million Dollar Weightloss 售出了 100 像素的广告版面，获得了 38 000 美元的收入。

（4）合作收益（CPA，也可以叫 CPC）。合作收益是以委托销售为基础的，例如，在网站 Davechaffey.com（www.davechaffey.com）展销 Amazon 的书，大约可以从 Amazon 获得全价 5%的销售佣金。这种商业活动有时被称为"cost-per-acquisition"（CPA）。这种方式逐渐替代了 CPM 或 CPC 方式，因为这种方式使广告者获得更大的谈判空间。例如，2005 年制造企业 Unilever 和在线出版商洽谈 CPA 交易，达成了消费者获得电子邮箱地址需要付费的合约，但它们却没有采用传统的 CPM 交易。然而，采用何种模式最终取决于出版商，通常它们能在 CPM 中获得更多的收益。毕竟，出版商不能控制影响广告点击率的广告创意质量或者访问者点击的动机。

（5）交易费用。公司根据达成的交易收费。例如 eBay 和 Paypal，它们从买卖双方的交易中收取一定比例的交易费用。

（6）内容订阅或服务。从出版商那里我们可以在一定的时间内订阅一系列的文件。这些通常被称为优质服务网站。

（7）按次计费。每访问一次文件就会产生一次付费，可以下载视频或者剪辑音乐。也许有密码访问权限或者数字管理权限。如从营销夏尔巴人（www.marketingsherpa.com）你付费访问了网络营销的最佳实践指南。

（8）借助订阅者信息进行电子邮件营销。站长拥有的关于顾客的数据很有价值，当顾客表示他们很乐意收到出版商或第三方的电子邮件时，网站就可以向顾客发送不同形式的电子邮件了。站长可以在发送的电子邮件中附带一些广告或者为广告者发送一条单独的广告信息，并对这些广告收费，有时这被称为放盘租金（list rental）。还有一个类似的方式是对网站顾客进行市场调查。

通过考虑和比较所有获取收入的方式，站长会寻求最好的收入模式组合来使其收入最大化。可以通过两种方法来评价收入模式组合中不同网页或网站收入的有效性。第一种方法是计算每一千次点击的有效收入（eCPM），这要看每个网页或网站总的收费（或广告成本）。收入额随着每个网页上广告数量的增加而增加，这就是有些网站充满了广告的原因。另一种方法是计算每次点击收入（RPC），也可以叫作"每次点击所得"（EPC）。这对那些子公司市场参与者尤其重要，它们通过访问者点击如 Amazon 这样的第三方网站并购买而获利。

精准定位在线商务的收入

网站所有者可以开发潜在的收入模式，这种开发依赖于主要的四种收入来源，就如上面网页中提到的那样。

网站所有者需要考虑是追求最大限度地增加收入还是资本化他们的网站。这个模式是基于假设建立起来的，它假设了流量和页面数量以及不同类型的广告单元。其提高收入的能力将基于如下事实，如表2-7所示：

- 广告单元的数量和大小。在每个网站或者网页上广告单元的数量和大小都有一个微妙的平衡，太过突出的广告会给网站使用者留下不好的使用体验，而广告太少又会减少收入。图2-11给出了每种广告单元的数量参数和每个广告收入类型的大小参数。广告商知道打广告所产生的最大回应存在一种张力，当广告数量足够多且广告位置突出时，它们就能获得最大的广告效应。一个更精确的收入模式将把收入划分为不同类型的网页收入，例如主页和其他类型，其他类型又可以划分为资金部分和交通部分。

- 卖广告的能力。表2-7也给出了广告清单的比例常数，例如，CPM广告收入在清单中只有40%能被售出。这就是出版网站都有自己的主页广告的原因，这标志着其没有售出所有的广告位。加入谷歌广告联盟的一个好处就是这种广告位一般都会被售出。

- 广告费意味着不同的广告模式。这将取决于市场竞争程度和广告空间的需求。对于"pay-per-performance"例如CPC和CPA模式的广告来说，它也取决于市场竞争和广告空间的大小。在第一个案例中，网站所有者只有在广告被点击且目标网站的商品被售出时才会获得收入。

- 流量。更多的访问者等同于有更多的机会通过提供更多的网站或者第三方网站的点击量来获取收入。

- 访问者参加指数。访问者访问时长越长，就会计算为更多的访问量，获得广告收入的机会也就越大。对于一个目的地网站来说，每个访问者的访问量一般是5到10。而对于社交网站、媒体网站和社区将超过30。

把这些收入类型都考虑进来，网站所有者需要进行最好=有效的组合才能取得最大化收入，表2-7展示了各种模式。

网站所有者将使用两种方法评估不同的页面和网站如何有效地使用这些技术使他们的投资组合产生收入。第一个是eCPM，也可以叫每1 000次展示可以获得的广告收入。它计算的是每个页面或网站的总的广告收费（或广告商成本）。通过增加网页上的广告单元可以提升收入。其他评估页面或网站收入有效性的方法有RPC，它是通过点击量和收入的关系评估的。另外，也可以计算每1 000个访问者所能带来的广告收入。对于那些靠访问者访问第三方网站购物，赚取收入的营销者来说，这种计算方式尤为重要。

表2-7 网站的盈利模式电子表格计算案例

广告收入选项	方法	设置
	送达页面	100 000
显示广告（CPM）	CPM	£2
	库存服务百分比	40%
	平均点击率（CTR%）	0.10%
	每页广告单元	2
	点击-CPM广告	80
	收入-显示广告	£160
	每100次点击收入（EPC）	£200
	eCPM-显示广告	£1.6
固定赞助商的运行广告	库存服务百分比	100%
	平均点击率	0.3%
	广告单位送达1	1
	点击-固定	300
	收入-固定赞助	£3 000
	每100次点击收入（EPC）	£1 000
	eCPM-固定	£30
广告语（CPC）	库存服务百分比	100%
	平均点击率（CTR%）	1.0%
	每页广告单元	1
	平均每次点击成本	£0.30
	点击-CPC广告	1 000
	每100次点击收入（EPC）	£30.0
	eCPM-CPC广告	£3
附属佣金	库存服务百分比	100%
	平均点击率（CTR%）	0.50%
	每页广告单元	1
	点击-附属	500
	服务转换率	3%
	平均订单金额	£100
	佣金%	10%
	收入-附属	£150
	每100次点击收入（EPC）	£30.0
	eCPM	£1.50
网站的整体指标	点击量-总和	1 880
	收入-总和	£3 610
	每100次点击收入（EPC）-总和	£192.02
	eCPM-总和	£36.10

左侧表格=输入变量-"如果"分析改变
右侧表格=输出变量（适当的-不适合的）

注释：www.smartinsights.com 可供下载

实践活动2.3探索了一些可能的收入模式。

实践活动2.3

电子商务门户的收入模式

目的

寻找一个在线出版商获得收入的方式。根据门户的三个不同类型，给出出版业的三种不同收入模式。

问题

访问这类网站中的每个网站时，你应该做到：

1. 通过看广告者和该公司的信息，概括每个网站使用的收入模式。

2. 找出对于网站访问者和拥有者来说，不同的收入模式有哪些优点和缺点。

3. 假如有同样多的访问者，试比较下面网站中哪一个能够获得最高的收入。你可以利用以下数据制作一个简单的空白表格模型：

- 每月网站访问者人数：100 000；有0.5%的访问者点了该公司网站，其中有2%的访问者去购买平均定价为100欧元的商业信息或服务。

- 每月网页浏览次数：1 000 000；广告者以平均20欧元的价格登出3个广告（假设所有的广告库存都已经售出，但这在现实中几乎不存在）。

- 每周小广告订阅者人数：50 000；每个小广告每月播出4次，4个广告者分别付费10欧元。

注意：以上关于网站的数据不是实际数据。

这些网站是：

- E-consultancy (www.e-consultancy.com)
- Net Imperative (www.netimperative.com)
- Marketing Sherpa (www.marketingsherpa.com)

实践活动答案参见www.pearsoned.co.uk/chaffey。

2.5　重点：网上创业公司

概括来说，本章评价了新的互联网运营公司（dot-coms）——电子商务公司。它是随着20世纪90年代中晚期由互联网开启的新商业模式和收入模式的出现而产生的。本章还分析了电子商务公司失败的原因。表1-1向我们展示了在2000年网络的创新和发展仍在继续。而且很多网络公司，像电子出版商和社交网络，都发展得非常成功。

一个主要从事网上业务的公司就是我们所说的"clicks-only"公司，与传统的组织或者实体店（"bricks-and-mortar"或者"multichannel business"）相反，这种公司完全进行网上业务，没有零售分销网络。它们可能为顾客提供电话服务，如办公品供应商Euroffice（www.euroffice.co.uk），也可能不提供电话服务，如金融服务提供商Zopa（www.zopa.com），还有的公司可能为更多有价值的客户提供电话服务，如硬件提供商dabs.com（www.dabs.com）等。

2.5.1　评价电子商务公司

对于所有新公司，投资者很难判定其是否能够可持续发展下去。其实，有很多方法可以用来衡量这些公司的可持续性。很多例子表明，那些希望快速地从投资中获得回报的投资者实际上往往高估了电子商务公司。传统公司和电子商务公司相比有很多明显的不同之处。

2.5.2　评价互联网公司

Desmet 等（2000）采用未来现金流折现法评估互联网公司或电子商务公司的潜在价值。他们指出利润不理想，但收入迅速增长时，传统技术就失去了评估的作用。他们认为对于新公司，决定其模式未来成功与否的关键因素有：

（1）通过营销获得顾客的成本。

（2）每个顾客的边际贡献（扣除获得成本）。

（3）从顾客那里获得的平均年收入和其他收入，如横幅广告和合作收入。

（4）顾客的总人数。

（5）顾客的流失率。

可以预料，公司之间相互仿效，利用相似的模式，就有相近的平均顾客收入、边际收益和广告成本，因此，顾客流失率高低才是公司长期成功与否的决定因素。从另一种方式来看，对一个新公司来说，由于获得顾客的成本很高，培养回头客能力的高低就决定了公司能否长期成功，这就迫使电子商务零售商低价、低利竞争以留住顾客。

管理咨询公司 Bain and Company 联合《今日管理》（*Management Today*）杂志对英国互联网公司的成功和可持续性做了结构评价（Gwythe，1999）。有以下 6 个方面可以用来作为评价公司的标准：

1.理念

理念指公司商业模式的优势，包括：

- 产生收入的潜力，包括目标市场规模。
- "高端客户价值"，换句话说就是，是否提供区别于竞争者的差异化服务。
- 率先行动优势。

2.创新

创新标准体现了商业理念的另一个方面，即关注公司的商业模式模仿现实世界中存在的或在线模式的程度。要注意，如果一个商业模式适用于不同的市场或顾客，这时模仿并不是问题。

3.执行

当然，一个好的商业模式并不一定会成功。如果计划在实施过程中出现了问题，公司也可能失败。一些公司执行过程中可能出现的失误有：

- 促销——在线或离线技术不足以吸引足够多的访问者。
- 绩效、供货和安全——有些网站恰恰扼杀了自身的成功，因为它们不能快速发货或者由于技术问题而使服务不可用或不安全。有些网站尽管有大规模的广告宣传活动，但由于不能尽快建立网站和基础支持设施而失败。
- 实施——网站本身可能非常完美，但是如果产品没有及时、准确地分发出去，可能会严重影响服务，甚至品牌形象。

4.流量（traffic）

这个标准是根据网页印象和在线收入来衡量的。网页印象或访问不是成功的必要条件，其取决于商业模式。对于一个电子商务公司来说，商业模式经过可行性测试后，如何很好地推行是最重要的，这就需要拥有大量的服务使用者来使公司收回投资。如果想获得大量的顾客，在零基础上进行促销很困难，并且成本也很高，如何恰当地投资在线促销和离线促销就变得至关重要了。令人惊奇的是，传统的广告好像可以给消费者提供大量关于公司和产品的信息，从而开辟更大的市场。Boo公司在电视和报纸上做了大量的广告，包括通过在线横幅广告进行在线促销。其他一些公司，如Lastminute.com和QXL.com，最初没有进行广告投资也成长起来了，它们的成长是借助于由传统广告支持的报纸宣传。所有这些公司的促销好像都表明互联网只是传媒中新增的一个要素，而传统的广告方式还是必要的。

5.财务

这是指公司吸引风险资金或其他资金的能力。财务管理特别重要，因为实施新的理念要花费很高的成本。

6.形象

这是指公司在其目标市场中进行公共宣传和提高产品知名度的能力。

电子商务公司失败的案例

我们可以从失败的案例中学习。这个例子并不是随便给出的，因为一般来说人们不愿意分享失败。

Boo.com是一个很有意思的例子，它展现了一个电子商务公司的发展潜力和遇到的困难，还有成功的标准，或者可以说是"如何不去做某些事"。Boo.com成立于1999年11月，其成长过程中出现了两次重大的考验。据报道，在2000年1月由于圣诞节期间的最初收入只有令人失望的60 000英镑，这导致了公司400名员工中的100名被裁员。促销与网站发展成本和收入之间的不平衡使Boo面临着高"消耗率"问题。于是，它就改变了战略，对换季服装打折销售，折扣率高达40%。2000年6月Boo.com倒闭，其被一个美国企业收购，但boo.com的名称仍继续使用，这些信息可以在www.boo.com上查到（Boo.com将在第5章作为一个案例来学习）。Boo.com销售高档的服装品牌，如North Face、Paul Smith和Helly Hansen。其创始人都在30岁以下，包括退役模特Kajsa Leander。投资者共投入了7 400万英镑，这在一定程度上是受了相对成功的在线售书商bokus.com的两位创始人的影响。

案例学习2.1

i-to-i——初创公司的全球市场

这个案例有关一个专业的旅游和教育公司，其主要提供在线TEFL（把英语作为一门外语进行教学）教育。这个案例说明了市场分析的重要性。

i-to-i的背景资料

i-to-i（www.i-to-i.com）是一个全球组织，在英国、美国、爱尔兰和澳大利亚均设有机构。2万人在旅游时会选择i-to-i，它在5大洲有500个支持项目。它还培训了80 000多人作为TEFL老师。这项服务即通过主页提供，也通过专业网站提供。

i-to-i 的历史

Deirdre Bounds，i-to-i 的创立者曾经在日本、中国和希腊教过英语，而且她还在悉尼开过背包客公司，这之后她受到启发创立了 i-to-i。这个公司最初是通过讲授 TEFL 课程创立的，最终变成了一个志愿者组织。

从 2003 年起，这家公司就开始支持 i-to-i 终端。在 2007 年，i-to-i 成为 TUI 旅游组织中的一员。

主题

i-to-i 英语教学的主要特征包括：

● 国际认证：i-to-i 通过了 ODLQC 的外部认证，以保证其教学课程能满足行业高标准。

● 世界级的声誉：i-to-i 在全球有 4 个办事处，它在英语教学方面有超过 12 年的经验。

● 伙伴关系：i-to-i 是 STA Traval、Opodo 和 Lonely Planet 外语课程的首选提供者。

● 对学生的全力支持：学生可以得到如何出国工作的建议，以及如何最好地安排时间，还能得到近期工作机会的建议。

● 非常有经验的导师：所有在 i-to-i 工作的导师都有超过 3 年的国际教学经验。

以下关于 i-to-i 英语教学的特征是由这个组织自己提供的：

1. 我们将比任何和我们等价或比我们便宜的课程提供更好的教学。

2. 如果付款 7 天之内学员有任何的不满意，我们都会全额退款。

3. 我们的经验、学术水准和教学质量意味着 TEFL 的证书在全球范围内被数千家学校认可。

受众细分

按地理位置划分：

● 英国

● 北美

● 欧盟

● 澳大利亚和新西兰

● 世界其他地区（像英国这种）

在每个地区都会提供不同的手册。

这些信息的收集一般基于一些供选信息，例如潜在顾客的年龄和地位等，尽管这些不会被作为邮件目标。他们的社会地位分为以下几种：

● 学生

● 雇员

● 自由职业者

● 暂时离职的人

● 失业者

● 退休人员

由于供选信息对特定的引导工具是保密的，所以它不能用来锁定邮件。对于周末的英语教学课程来说，邮政编码/城市被用来锁定潜在的顾客。

竞争者

在线英语教学的主要竞争者集中在英国和澳大利亚，包括：

- www.cactustefl.com
- www.teflonline.com
- www.eslbase.com

在美国，也有一些英国和其他国家运行的公司，例如：

- www.teflcorp.com/
- ITTP（International Tefl-Tesol-Online）、www.tefl-tesol-online.com

媒介组合

i-to-i运用这些数字媒介的组合来驱动访问、领导和销售：

- 每点击一次支付相关费用（主要是谷歌的广告）
- 利用Facebook、Twitter和i-to-i自己的社区
- 自然搜索
- 从属营销
- 展示广告
- 电子邮件营销

转换过程

有一些细节信息帮助访问者选择网上课程，这包括课程模块和常见问题解答。具体的登录页面没有被用来从付费搜索或者其他联号中转换访问者。相反，相关网站中访问者的目标网站是主要的网址类型，这个产品偏好的结论是通过搜索结果得出的。

一些相关的设备用于可生成线索，包括小册子、电子邮件指南和宣传促销等。

系统随访通过一系列的欢迎电子邮件完成。结果被监控，但邮件没有积极跟进。没有电话随访是由于产品的价值较低，但网站访问者被鼓励回访，这样可以提高转换率。

市场挑战

i-to-i面临的主要市场挑战如下：

1.在竞争激烈的市场中的不同地区调高它的存在和转换效果：

（a）在英国一级市场i-to-i有很高的曝光度，但是这个市场较为混乱，以价格的不同为主要的区别。

（b）调查表明在美国有很好的机会，但是因为点击付费的广告方式和目前美国人喜欢的搜索方式，曝光度会受到限制。

（c）世界上的其他国家和地区（除了英国、美国、加拿大、爱尔兰、澳大利亚、新西兰）的销售量一直在增长，而且其将成为可持续增长的市场。i-to-i正寻求开发这些市场，但是从成本效益来看，其不会转移对主要市场的关注。

2.通过接触和教育那些考虑旅行而不知道英语教学课程和机会的人，他们打开了市场。

问题

1.选择一个i-to-i公司所在的国家，用市场地图（图2-3）总结其网站和商业活动的主要类型。

2.通过 i-to-i 的自我审查，查看不同因素，评估不同地域网上业务的商业效益。

2.5.3　网络公司失败的原因

在第 5 章结尾部分，我们会回顾电子商务战略失败的原因；在案例学习 5.2 中，我们将讲到一个发展势头良好的网络公司——Boo.com——失败的原因。我们将看到在很多案例中都存在不完善的商业战略或思想超前的错误。很多网络公司都是建立在创新思维的基础上的，这就需要消费行为有重大的转变。一份严密的需求分析报告显示，那时有较少的互联网用户，且其中大部分是拨号连接上网，所以那时没有对这种服务的需求。在 Boo.com 的例子中，我们可以看到公司在实施过程中也有失误，由于技术基础设施不够好而导致服务传送速度太慢。

然而，很多公司在利基（niche）市场中缓慢成长而发展了起来，销售儿童玩具的 Firebox 网站是一个很好的例子。

迷你案例学习 2.2

Firebox.com 作为网络公司的迅速成长和成功

Firebox.com（图 2-10）1998 年以一个互联网零售商的身份通过 hotbox.co.uk 打开了虚拟世界之门，它是由两个大学室友 Michael Smith 和 Tom Boardman 共同创立的。最初公司在卡迪夫，经营创立者发明的一口杯西洋棋（Shot Glass Chess Set）使公司取得了初期的快速发展。1999 年夏，公司迁到伦敦，并更名为 Firebox.com。

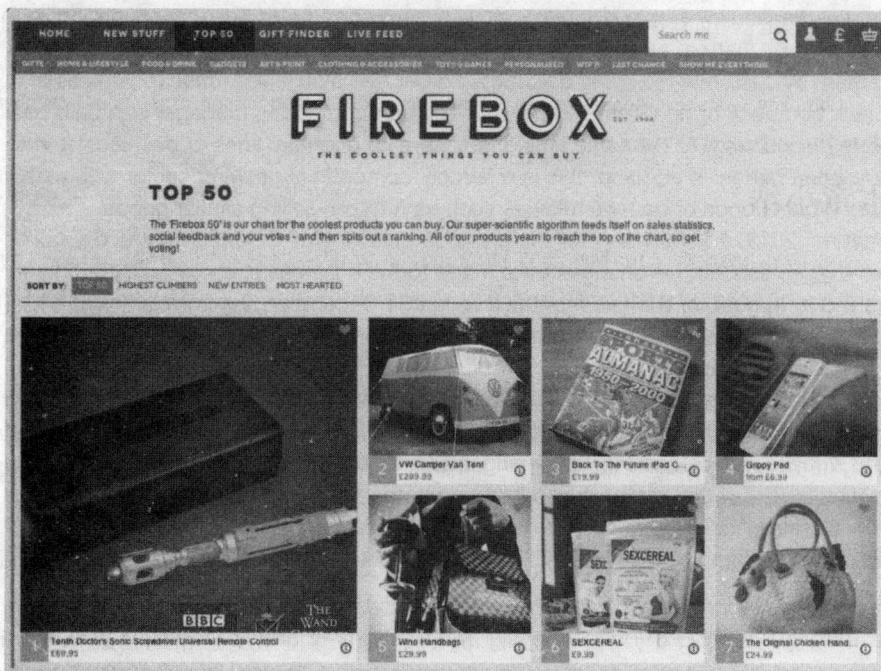

图 2-10　Firebox 网站

来源：www.firebox.com,Copyright Firebox

eSuperbrands（2005）把 Firebox 的产品描述为"世界上独特的、不同寻常的和奇特的产品"，其中包括闪光的闹钟、轻军刀和胶带钱包，当然还有熔岩灯。现在这个领域中有传统零售商和其他利基厂商，Firebox 把自己定位为最先销售创新产品的网上经销商。Firebox 利用了网站间具有合作性的特点和 C2C 的互动性，使顾客可以描述他们对产品的感受，甚至可以用图片和录像的形式把自己的创意表达出来。

Firebox 最初只是一个单纯的互联网公司，现在已是一个多渠道销售商，对它的零售产品和团购产品提供邮件订购服务（如为 Yahoo!、Oracle、Five、Siemens 和 Abbey 及批发商和贸易供应商提供的促销和员工激励措施），把利基产品分销给其他线上和线下零售商。

Firebox 从 New Media Spark 得到了 50 万英镑的投资资金，也从其他的私人投资商得到了投资资金，其销售额年增长 156%，从 2000 年的 26.2 万英镑增长到 2003 年的 440 万英镑，2004 年取得了 175 000 份订单，销售额达到 800 万英镑。同年，它的网页浏览者有 450 万名，每月访问者有 68 万名，这些数据均来自 Nielsen//Nettrating panal（eSuperbrands，2005）。2001 年，Firebox.com 开始成为盈利公司。

Firebox 成功的原因是它把传统销售渠道引入了新兴市场。公关 Charlie Morgan 在 Silicon.com 中解释说：

在一个迅速发展的市场中，必须扩大顾客基础并保证品牌发展，Firebox 通过削减产品类别计划获得了很多过去不以互联网为购买媒介的顾客，增加了营业额，当然也提高了品牌知名度。

2003 年圣诞节，Firebox.com 发放了 100 万份产品目录，这些目录带来了 10 000 名新顾客，公司认为这是一份很丰厚的回报。因为公司曾经给老顾客发了上百万份这类目录。经过 3 个月的目录发放促销，公司售出了价值 60 万英镑的产品。

来源：Company website, About Us, eSuperbrands（2005）and Silicon.com（2004）.With thanks to www.firebox.com

2.6 本章小结

（1）企业应该时刻关注电子商务环境的变化，并能够对社会、法律、经济、政治和技术因素的变化，中介市场中由消费者需求以及竞争者和中介公司产品变化所带来的变化迅速做出回应。

（2）电子商务市场涉及的交易类型有组织对消费者（B2C）电子商务、组织与组织间（B2B）电子商务、消费者之间（C2C）电子商务及消费者对组织（C2B）电子商务。

（3）互联网使企业实现了脱媒销售，即越过销售渠道合作者，如批发商或零售商。另外，互联网又创造了再媒介，起不同作用的新的中介组织把虚拟市场中的买者和卖者及市场空间连在了一起。评价这些变化的影响和"再媒介策略"的实施对企业战略制定的重要性。

（4）市场交易类型有卖方导向（卖方市场）、买方导向（买方市场）或者中介市场。

（5）商业模式是对公司如何获得收入的一个概括，它确定了公司产品、增值服务、收入来源和目标客户。扩大互联网上的商业模式范围对现实中的公司和新兴公司都很重要。

（6）互联网提供了新的收入模式，如委托其他网站销售或做标题广告等。

（7）新商业贸易机遇，包括谈判交易、经纪人交易、拍卖、固定价格销售和完全现货市场，还有易货贸易。

（8）网络公司或者互联网运营公司的成功主要依靠于它们的商业模式和收入模式及在传统管理上的新实践。

习　题

练习答案参见 www.pearsoned.co.uk/chaffey。

自测题

1. 叙述组织和消费者之间交易的主要方式。
2. 解释特殊行业中脱媒和再媒介的概念以及它们对该行业中企业有何影响？
3. 描述电子市场交易的三个主要场所。
4. 通过互联网或传统商业进行的商业贸易类型有哪些？
5. 电子商务涉及重新评价价值链的活动，电子商务使价值链发生了什么变化？
6. 列出 Timmers（1999）确定的不同商业模式。
7. 描述一个杂志出版商网站的不同收入模式。
8. 以图表的形式概括不同的在线市场类型。

讨论题

1. 讨论"在一个给定的市场中，脱媒销售和再媒介销售同时存在"。
2. 找一个你熟悉的企业，考察它在互联网上可选择的其他商业和收入模式，并评价其电子商务的类型和选择定位。
3. 选择一个生产商或零售商，分析它如何在与门户网站合作和通过自己的网站提供同等服务之间达到平衡。
4. 比较 B2B 和 B2C 拍卖的市场潜力。
5. 选择一个中介网站，考察其如何利用互联网上的商业模式和收入模式。

考试题

1. 举例说明脱媒销售和再媒介销售。
2. 描述一个门户网站的三种不同的收入模式，如 Yahoo!
3. 什么是买方电子商务、卖方电子商务和基于市场的电子商务？
4. 有哪些不同的在线拍卖机制？
5. 描述两个利用电子商务改变公司价值链的方式。
6. 结合一个主要从事互联网业务的公司解释什么是商业模式。
7. 找出一个公司电子商务环境包括的因素并解释这些因素和组织的关系。
8. 给出一个行业市场中买方和供应方进行交易的三个不同的交易类型。

网络链接

网络和在线服务采用

这些资源被列于第 4 章末尾及该章相关例子中。

商业模式开发

FastCompany(www.fastcompany.com)

Ghost sites (www.disobey.com/ghostsites)

Paid Content(www.paidcontent.org)

在线商业模式评论

Mohansawhney.com(www.mohansawhney.com)

Michael Rappa's Business Models page(http://digitalenterprise.org/models/models.html)

Dave Chaffey's Smart Insights(www.smartinsights.com)

参考文献

Benjamin,R.and Weigand,R.(1995)Electronic markets and virtual value-chains on the information superhigh-way.*Sloan Management Review*,Winter,62-72.

Berryman,K.,Harrington,L.,Layton-Rodin,D.and Rerolle,V.(1998)Electronic commerce:three emerging strat-egies.*McKinsey Quarterly*,no.1,152-9.

Business Insider(2013)The Story of a Failed Startup and a Founder Driven to Suicide.Blog post by Alyson Shontell,published by Business Insider.com,4 April 2013.www.businessinsider.com/jody-sherman-ecomom-2013-4.

Chamberlin,G.(2010)Googling the Present.*Economic & Labour Review*,December,Office for National Sta-tistics.

Choi,H and Varian,H(2009)Predicting the present with Google Trends,Google Inc,available at http://googleresearch.blogspot.co.uk/2009/04/predicting-present-with-google-trends.html.

Desmet,D.,Francis,T.,Hu,A.,Koller,M,and Riedel,G.(2000)Valuing dot coms.*McKinsey Quarterly*,no.1.Avail-able online at www.mckinsey.com/insights.

eSuperbrands(2005)*Your Guide to Some of the Best Brands on the Web*.Superbrands Ltd,London.

Evans,P.and Wurster,T.S.(1999)Getting real about virtual commerce.*Harvard Business Review*,November,84-94.

Gwyther,M.(1999)Jewels in the web.*Management Today*,November,63-9.

MacDonald,E.,et al.(2012)Tracking the Customer's Journey to Purchase.Harvard Business Review Blog by Emma Macdonald,Hugh Wilson and Umut Konus,17 August:http://blogs.hbr.org/2012/08/tracking-the-customers-journey/.

McDonald,M.and Wilson,H.(2002)*New Marketing:Transforming the Corporate* Future.Butterworth-Heine-mann,Oxford.

Nunes,P.,Kambil,A.and Wilson,D.(2000)The all-in-one market.*Harvard Business Review*,May-June,2-3.

Osterwald,A.and Pigneur,Y.(2010)*Business Model Generation Site:A Handbook for Visionaries,Game Changers and Challengers*.www.businessmodelgeneration.com,John Wiley & Sons,London.

Prentiss,P.(2013)Implosion at Ecomum.An unedited letter by Phillip Prentiss.Published on Scribd at www.scribd.com/doc.137629166/Ecomom-Post-Mortem and later pub lished on Business Insider(2013).

Rayport,J.and Sviokla,J.(1996)Exploiting the virtual value-chain.*McKinsey Quarterly*,no.1,20-37.

Riggins,F.and Mitra,S.(2007)An e-valuation framework for developing net-enabled business metrics through functionality interaction.*Journal of Organizational Computing and Electronics Commerce*,17(2),175-203.

Sarkar,M.,Butler,B.and Steinfield,C.(1996)Intermediaries and cybermediaries.A continuing role for mediat-ing players in the electronic marketplace.*Journal of Computer Mediated Communication*,1(3).Online-only journal,no page numbers.

Silicon.com(2004)Ecommerce sites:'Long live...the catalogue?' 23 November.Author,Will Sturgeon(www.silicon.com).

Smart Insights(2012)In-depth digital marketing case studies.Last updated December 2012.www.smartin-sights.com/guides/digitai-marketing-case-stdudies/.

Thomas,J.and Sullivan,U.(2005)Managing marketing communications with multichannel customers.*Jour-nal of Marketing*,69(October),239-51.

Timmers,P.(1999)*Electronic Commerce Strategies and Models for Business-to-Business Trading*.Series on Information Systems.John Wiley & Sons,Chichester.

Venkatra,N.(2000)Five steps to a dot-com strategy:how to find your footing on the web.*Sloan Manage-ment Review*,Spring,15-28.

第3章

管理数字化经营基础设施

主要内容

本章主题

- 数字化经营的基础设施结构
- 网络技术简介
- 管理创建新的面向客户的数字服务时所面临的问题
- 通过局域网和外联网管理内部数字通信
- 网络演示和数据交换的标准

本章重点

- 网络服务、软件即服务、云计算和服务导向体系
- 互联网治理

案例学习

谷歌的革新

学习目标

学习本章之后，读者应该能够：

- 了解一个企业和合作伙伴建立数字化经营基础设施时所需的硬件和软件
- 了解一般人员网上办公或为其提供数字化经营时所需的软件和硬件

管理问题

- 如果管理者对电子商务基础设施管理不善，将面临怎样的风险
- 我们应该如何评价 Web 服务的替代模式

网站支持

说明以下问题的案例，请参阅 www.pearsoned.co.uk/chaffey：

- 如何选择一个基于网络服务器提供服务的供应商
- 通过 EAI（企业应用整合）整合不同的系统
- 该网站提供了一系列的学习资料，有助于进行更好的学习

章节链接

　　本章对互联网软件、硬件技术进行了简单的介绍，它为第一部分的第1章和第2章、第二部分和第三部分提供了技术背景。其重点在于了解各种互联网软硬件技术的使用，还需了解如何对互联网的基础设施进行管理。其他涉及电子商务设施管理内容的章节有：

- 第10章——变革管理
- 第11章——分析与设计
- 第12章——实施与维护

3.1　本章介绍

对所有启动网上业务和存在数字经营业务的公司来说，定义一个适当的技术和基础设施至关重要。不同类型的基础设施和数字化平台，在速度和响应能力方面，将会直接影响用户对系统服务质量的感受。数字服务范围在市场中的差异，会决定组织的竞争能力。Mcafee and Brynjolfsson（2008）认为要想使用数字化技术竞争，那么 CEO 应该遵循这样的宗旨：

部署合理、创新能力强、传播速度快：首先，选择一个合理、协调的技术平台；其次，通过采取更好的工作方式将自己从定性思维中解放出来；最后，通过这个平台将这些创新性的想法更广泛、更可靠地传播出去。IT 服务的展开在这方面扮演了两个截然不同的角色——创新性想法的催化剂和传播者。

数字化经营基础设施指的是各种硬件的联合，如：管理网络工作和为客户提供服务的计算机，客户可以打开所有应用的窗口屏幕区域计算机和移动装置的联合，以及用于连接这些硬件的网络系统，这些网络系统应用不仅用于在商务中向工作同事传递服务，同时也向其合伙人和客户传递服务。基础设施还包括网络、硬件和软件。当然，也可以认为基础设施包含了发布数据的方法和通过应用访问的文档。管理这个基础设施的关键是在公司内部找准定位决定用哪些要素，在公司外部为方便经营管理决定用哪些要素。

如果意识到基础设施存在潜在问题，一个组织的管理者能够通过与他们的合作伙伴进行合作解决这些问题，不论是内部还是外部的，无论谁在使用数字化经营基础设施，都能确保给每个人提供良好的服务。为了更好地了解一些在基础设施管理不正确的情况下可能会出现的问题，请完成实践活动 3.1。

实践活动 3.1

数字化经营基础设施管理风险评估

目的

探讨如果数字化经营基础设施管理出现失误，将会给企业的顾客、合作伙伴和员工带来哪些风险。

活动

一是以你在使用某个公司网站时的实际体验为基础，把数字化经营基础设施管理过程中可能出现的问题列出来。二是考虑电子商务使用者所面临的问题，对于这个组织而言它既不属于外部也不属于内部。你的问题应该基于你在使用时所遇到的实际问题，可以是网络、软件或者硬件的质量问题。

实践活动答案参见：www.pearsoned.co.uk/chaffey。

本章中，我们将集中于介绍如何进行创建一个有效的技术基础设施的管理决策，而不是详细介绍各种技术。我们在以前的版本里详细介绍了 TCP/IP/XML 和 XML 技术，对其不是太熟悉的读者可以翻阅以前的版本。在这一版本，对技术的介绍主要来自对其他版本的介绍，或者采用其他来源和网上材料。通过对本书用户的研究和反馈显示，这些知识通常存在于其他课程、模块或工作中，所以再复制一遍没有什么价值。相反，了解更多有关如何进行部署的技术和决策反而需求更大，例如在表 3-1 中的一些问题。

表3-1 数字化经营基础设施的主要管理理念

主要问题	说明	讲述章节
我们开发哪种类型的电子商务	例如，供应链管理、电子采购、安全订单系统、客户关系系统	第5章，关于电子商务服务与阶段模型 第7、8、9章，关于电子商务的实施
我们采用何种技术	例如，E-mail，基于Web的订单系统，或电子数据交换EDI	本章图3-1介绍不同层级的不同技术 第4章讨论新技术的采用
如何达到应用的服务水平	要求：与业务相匹配，安全、速度、效率和容错	本章介绍ISPs部分 第11章介绍有关设计的部分 第12章介绍有关实施的部分
在哪里装载应用系统	内部或外部构建	本章介绍ASPs部分 第9章讲述与SCM有关的合作伙伴
应用整合	电子商务解决方案整合： ——原有系统 ——伙伴系统 ——B2B系统交换和中介机构系统	第6章介绍供应链管理有关信息系统的整合部分
我们支持哪种平台 我们采用何种技术和标准进行开发	移动技术、数字电视交互技术等，如CGI、Perl、Cold Fusion、ActiveX	第12章介绍接入设备部分
如何管理内容和数据的质量	及时更新，使数据和内容即时、准确、便于查阅和容易理解	本章内容管理部分 第11、12章详细介绍
如何管理员工上网	员工上网怠工或违法	第11章讲述电子商务安全部分
如何使数据安全	内容和数据可能被错误或故意删除	第11章介绍有关安全的部分

3.1.1 支持电子商务平台的范围日益扩大

如果想达到与客户和合作伙伴在线互动的效果，则这些互动可以通过传统的桌面软件和浏览器实现。长久以来，桌面接入平台一直占主导地位，现在依然如此，但随着移动互联网接入的产生，它超过台式机上网也仅仅是时间的问题，届时各种移动平台将变得可用。这些硬件与平台相结合，营销人员可以用它来完成营销，并与他们的观众通过不同的软件平台实现内容营销或广告互动，所以让我们来看看可用的选择范围：

台式机、笔记本电脑和笔记本电脑平台

1.桌面浏览器为基础的平台。这意味着消费者选择传统浏览器进行Web访问，代表有IE浏览器、谷歌Chrome，或Safari浏览器。

2.桌面应用程序。这个平台并不常被提及，但随着苹果的推出，不少苹果用户从桌面访问付费和免费的应用程序，也通过苹果软件商店访问这些程序。这给了品牌通过这些平台宣传的机会。

3.邮件平台。虽然传统意义上邮件并不被认为是一种平台，它确实提供了以浏览器和应用程序为基础的方案，可以通过编辑内容或广告与客户沟通，电子邮件仍然被广泛用于营销。

4.数据输入和API数据交换平台。很多用户仍然通过RSS订阅、Twitter和Facebook的状态更新获得使用数据，所以可以考虑以插入视频流的形式进行营销，其中包括插入广告。

5. 视频市场平台。视频流通常是通过上面提到的平台进行递送，尤其是通过浏览器和插件，但视频市场平台代表了一个单独的平台，电视频道通过流和因特网被称为 IPTV 递送，都涉及该平台。可以说，主要的社交网络都具有这种递送功能，如 Facebook、LinkedIn 和 Twitter，其提供了平台的另一种形式，这种技术可以应用在所有这些技术平台上，因此它们没有被单独列出。

手机和平板电脑平台

移动服务的使用已经改变了消费者的娱乐、社交和购买方式。从桌面上看，移动硬件平台的选择在很多方面都是相似的。由于移动设备的使用可以不受地域的限制，就产生了许多新的机会，可以通过基于地域的移动营销吸引消费者。表 3-2 介绍了一些挑战。

表 3-2		创建移动网站存在的五个常见挑战
挑战	问题	解决方案
一个还是两个网站？ 移动应用	是把主要网站转码为一个标准的移动应用，还是来创建一个分开独立的网站，或优化网站为移动应用？移动应用真的需要吗	建立一个网站，指向一个网址，赋予一个 CMS 而不是建立一个单独的网站，这需要重复的内容更新。 如果对于网站而言，移动应用程序是它的一个商业案例，这时就需要建立一个移动应用程序，或者建立一个本地化应用（参见 11 章）
正确的内容	制订一个定义明确的内容计划	提供那些移动用户希望在手机上访问的内容：地图、信息、购物、社会化网络和优惠券
用户体验（UX）	屏幕尺寸较小、缺乏键盘使得容易、简单的设计成为关键	用简单的导航；垂直或水平的导航；图标比文本链接更容易访问，而且看起来更像是一个移动应用程序
个性化	个性化的内容最大限度地提高页面访问量，并且延长停留时间，吸引重复访问	基于地点和时间进行构建（参见 11 章）
丰富化	在移动互联网上，移动用户可以快速、方便地找到你	使用所有媒体通道来驱动流量；使用追踪链接去评估哪些渠道是具有效率的

来源：Smart Insights（2013）

趋势更新：移动应用

移动应用将取代桌面应用。在网站 http://bit.ly/smartmobilestats 中找到关于移动软件应用的最新统计数据。

主要的移动平台有：

6. 移动操作系统和浏览器，其是对移动浏览器与操作系统的整合。

7. 基于移动平台的软件。无论是苹果的 iOS 系统、谷歌的安卓系统，还是 RIM 或者 Windows 系统，它们的应用软件都是基于这些操作系统存在的。选择通过浏览器或特定的应用程序提供服务是一个重大决定，因为它提供了一个更佳的用户体验。

随着消费者使用移动平台频率的增加，公司评估是否利用移动平台来提供与桌面平台相近的业务就变得很重要。表 3-3 显示了公司如何使用评估方法来制定战略。

表3-3　　　　　　　　　　　　例子：为实现移动平台的目标所实施的战略

目标	实体化（例如通过形势分析和洞察）	战略实现目标	关键绩效指标
1.达到目标 每年交付200万个移动网站访客	当前站点上的移动段的增长率和其他数字频道推广增长率是25%的增量	开始投资于谷歌AdWords的移动设备和移动广告网络进行展示。使用设备检测来访问手机网站。店内促销	AdWords上移动特定活动和分享的点击率
2.行动目标 增加转化4%移动用户进行下单	这个转换率中，大约2/3是桌面网站的转化，与有报道的行业例子一致	开发移动网站特定的搜索功能。手机网站销售	移动网站搜索增量和广告下单率 宣传片点击率
3.转换对象 移动平台=£35 移动访问销售转换=2%	这个转换率中，大约2/3是桌面网站的转化，与有报道的行业例子一致	移动结账首次执行。这将在未来几年得到优化	在结账过程中的Microsoft转换。新客户注册流程
4.参与对象 在线的移动用户的满意度为80%。 回顾重复放置的下线用户，客户转化率为80%	预计随着新的移动网站的应用，满意度和重复购买率会降低，但是这是未知的。我们需要检查电子邮件成功生成的评论	策略组合： 电子邮件和移动信息，具体到移动网站购买。 移动优惠券	评论比例

来源：Smart Insights（2013）移动营销框架

　　移动或无线连接提供给它们的用户的好处是无地域限制（可从任何地方访问）、可达性（其用户可以从不正常的位置到达）和方便（不需要一个固定电源或线路连接）。

迷你案例学习3.1

地域性营销

　　如果你认为地域性营销仅仅适用于有较大预算的企业，例如星巴克和麦当劳，那么你需要重新思考这个问题。ClickZ（2010）分析了一个在密尔沃基专门卖汉堡的酒吧（AJ Bombers）如何通过网页获得了110%的销售额增长。在Foursquare网页上，它有1 400个会员，登录次数可以达到6 000次。给Foursquare网页提小建议以后，其中的一人会得到一个免费的汉堡（目前这个人是"艾米"，她在过去60天内有40次登录，而且都是在一个地方登录的）。只需向服务员和收银员出示证据，便可以免费得到小蛋糕。

　　销售增长的数据是基于2月28日161次登录量得出来的，相比其他的周日，我们发现它的增长量是110%。AJ Bombers的老板Joe Sorge为了促销，采取了发徽章的方式：如果一个人所登录的地方多于50个，他就可以获得一枚顾客徽章。

　　餐馆老板表示，Foursquare的成功运营主要依靠以下几点：

- 我们的员工鼓励顾客使用Foursquare参与到我们中来；
- 我们借助Foursquare的特色突出我们的业务；
- 鼓励顾客向我们的工作人员提出问题；
- 对工作人员的教育也是营销得以成功的关键。

　　它们每个用户都进行安全认证，因为每个无线设备都有一个唯一的识别码，相关内容可以根据它们的位置进行定制；与台式PC相比，它们还需提供一定程度的隐私保护。一个额外的优点是即时访问和永远在线。表3-4提供了移动或无线连接的消费汇总。相比于

PC，其有相当多的优点，但它仍然有显示方面的局限性。

表3-4	移动或无线网络连接的消费汇总
命题要素	评价
没有固定位置	例如用户访问需要的页面时是免费的，使随时随地访问成为可能
基于位置服务	可以提供基于手机地理位置的服务，例如在某购物中心提供的服务。未来手机将有全球定位服务集成
即时访问/便利	最新的通用无线通信业务和3G服务可以提供一直在线服务，避免需要冗长的时间进行连接
隐私	手机比桌面访问更加地私人化。更加适合社会使用或某些活动，例如找一份新工作或需要报警服务时
个性化	与PC访问相比，用户更加需要个性化信息和服务，虽然这往往需要通过PC进行访问设置
安全性	手机可以变成钱包，但是手机失窃会使人产生安全担忧

3.1.2　其他硬件平台

除了台式机和移动接入，还有很多不断增长的其他平台能够与客户进行沟通。例如：

1.游戏平台。无论它是一个什么样的游戏机，任天堂或Xbox等，都有越来越多的选择让游戏者阅读广告，例如游戏中的广告。

2.室内和室外亭式应用程序。例如，交互式信息亭和用于帮助消费者选择的增强现实应用。

3.交互式标牌。交互式标牌这种应用程序与现在的书报亭联系最为密切。可以利用不同技术（如触摸屏、蓝牙或QR码）与消费者进行互动。

专栏3.1

移动应用程序VS网站

移动应用程序在移动通信领域是一个非常重要的发展方向，因为它们强调可变的交付方法、交互服务和内容，而且这些都要通过移动电话实现。网页浏览器曾被大多数人视为通过手机传播内容的主要模型，直到应用程序的出现，例如比较流行的苹果手机应用程序。但应用程序也有很多问题，主要关键问题如下：

1.应用程序（apps）对于我们是一个重大的战略吗？大多数组织的目标是通过应用程序增加关注和销售，对于出版商而言，其收入还是来自广告或订阅。对于许多公司来说，这并不是最优方案，因为它们将不得不把预算放在研究使用响应设计或改善它们的社交网络上，以改善桌面或移动站点。但这些平台，也可以通过增加用户的数量而获得更好的回报。数据显示：在销售市场上，应用程序潜在的好处在于内容的高达到度有助于转化潜在客户，尽管后者将一般限于出版商或专业软件开发人员。在这些类型的组织中，应用程序还是优先的。

2.我们是否应该建立自己的apps或利用现有的apps？创建一个app，需要通过营销方案、广告、赞助或者其他更具成本效益的方法来建立它的品牌影响力和知名度。通过赞助获得成功的一个很好的例子是佳能赞助的一个叫"The Guardian Eyewitness"的app。此外，还有一些新的选择，如苹果的iAds移动广告服务和谷歌开发的Adsense广告传播程序。

3.免费或付费？零售商通常会提供免费的apps来增加选择便利性，以换取品牌忠诚度；或者通过提供免费的娱乐节目以增加客户参与度从而提高品牌认知度。但对于出版商或软件公司而言，一个免费app可以提供一些免费增值的服务，但用户如需对应用的功能和内容进行修改或定制，则需进行付费。

4.定义哪种类型的应用程序作为目标？正如你所期望的，可以通过apps访问社交网络和流行音乐。

5.如何最好地促进移动应用程序的发展？尼尔森研究了营销应用程序的常用方法，结果发现最流行的方法主要有：

- 应用程序商店搜索排行
- 来自朋友和家人的建议
- 设备或网络运营商页面推广
- 电子邮件推广
- 电视和纸媒推广

6.如何根据反馈来完善apps？apps的成功非常依赖于应用程序商店以及不断改善修正错误，而增强竞争力的方法之一就是通过反馈进行持续的开发与频繁的更新。应用程序的分析和新的解决方案无疑将是开发的一个全新领域，这也是一个挑战，类似于在它们面前Flash apps，需要事先进行量度才能得出。障碍率取决于谁使用应用程序或它不同用户群的比例，在这里需要建立一个KPI进行仔细审查。

3.1.3 虚拟现实

虚拟现实（AR）可以帮助公司增强客户体验，解释如下：

1.用户带上眼镜就可以看视频的软件。

2.宝马用AR技术使人们能够在桌前进行Z4的模拟驾驶。

3.拉亚展示了可以使用手机进行拍照以避免花冤枉钱，类似的程序还有谷歌街景地图应用。

迷你案例学习3.2给了一个未来的示例。

迷你案例学习3.2

乐购（Tesco）在韩国地铁站的虚拟商店特效主页

在韩国，乐购实体商店加起来大大少于市场领导者E-mart。根据研究显示，许多韩国人倾向于在家附近的商店购物，乐购尝试建立虚拟商店来接触这些购买者。

虚拟显示以类似的方式实现了实体商店的功能——从商品的展示开始。但随着智能手机的应用，购买者通过二维码结账后，还可以用它从商店代运货物（见图3-1）。

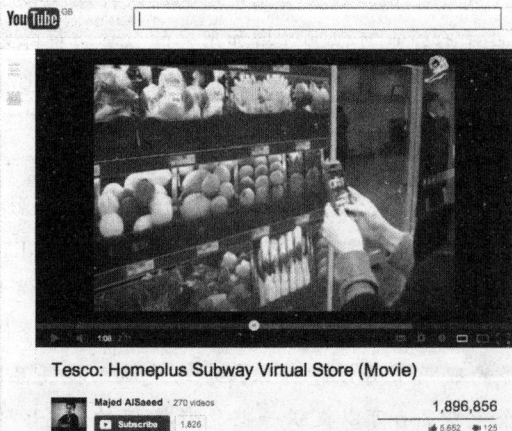

图3-1 乐购虚拟商店

来源：韩国地铁虚拟商店

3.2　数字化经营基础架构

　　图 3-2 总结了本章所提及的数字化经营基础设施之间的相互关系,我们可以抽象地把它们想象成具有上下层进行对接的层次,在数字化经营系统的用户执行某项操作时体现为各个层次之间的相互配合。比如,一位员工想要提前申请一个假期,他可以打开用于人力资源管理的应用程序(图 3-2 中的第 1 层),然后选择假期申请的功能。在完成假期申请表的填写以后,该应用程序会把假期请求信息存入系统并且把它传送到企业管理者和人力资源部门等待批准。要进入假期申请应用程序的界面,员工将使用一个类似于 Microsoft 互联网浏览器的软件,使用类似于 Windows XP 或 Apple Osx 的操作系统(图 3-2 中的第 2 层)。这些应用程序将会通过网络连接或者说是传输层(图 3-2 中的第 3 层)来传送员工的假期请求。信息会存储在 Web 服务器的存储器内或长久保存在存储介质中(图 3-2 中的第 4 层)。然后,记录员工假期请求信息的网页或者其他查看工具将会把信息显示出来(图 3-2 中的第 5 层)。

	例子
I 数字化经营服务-应用层	CRM、供应链管理、数据挖掘、内容管理系统
II 系统软件层	网络浏览器、服务软件、标准、网络软件和基础数据管理系统
III 传输或网络层	物理网络和 TCP/IP
IV 固件或物理层	Web 服务器上的永久磁性存储或 RAM
V 内容和数据层	企业内部、外部、网站的网页内容,消费者数据、交易数据、点击数据

图 3-2　数字化经营基础设施的五层模型

　　Kampas(2000)把互联网框架称为"信息系统功能链",并认为它有以下 5 个组成部分:

　　(1)物理存储:内存和硬盘部分(相当于图 3-2 中的第 4 层)。

　　(2)处理过程:信息处理器的运算和逻辑处理过程(发生在图 3-2 中的第 1、2 层)。

　　(3)基础设施:这主要指的是互联网系统的用户接口和外部接口,也包括由连接设备组成的整个网络(相当于图 3-2 中的第 3 层,尽管其中没有提及用户接口和外部接口)。

　　(4)应用程序:主要指应用程序把数据转化为信息的过程(相当于图 3-2 中的第 5 层)。

　　(5)智能:互联网系统的逻辑能力能够把信息转化为能为人们所用的知识(相当于图 3-2 中的第 1 层)。

　　上述基础设施的每个层次或部分都有与之相对应的管理问题,后面的章节中会对它们进行单独讨论。

3.3   网络技术简介

众所周知，互联网让全球数百万的电脑使用者能相互交流，但是它是如何实现数据的无缝传递的呢？用户通过客户端发出请求信息，移动设备的使用者通过服务器接受请求服务。因此，我们可以把互联网看作一个大型的客户端/服务器系统。

图3-3展示了家庭和企业的客户机如何通过**互联网服务供应商（ISPs）**连接至互联网。这些互联网供应商在连接这些客户机的同时，还与其上层更高级别的互联网供应商进行高速连接，从而间接地把这些客户机连在互联网基础实施的主干上。这些高速连接可以看作信息的超级高速公路，这些由互联网服务供应商提供的与客户之间的连接与慢速的乡间公路一样。

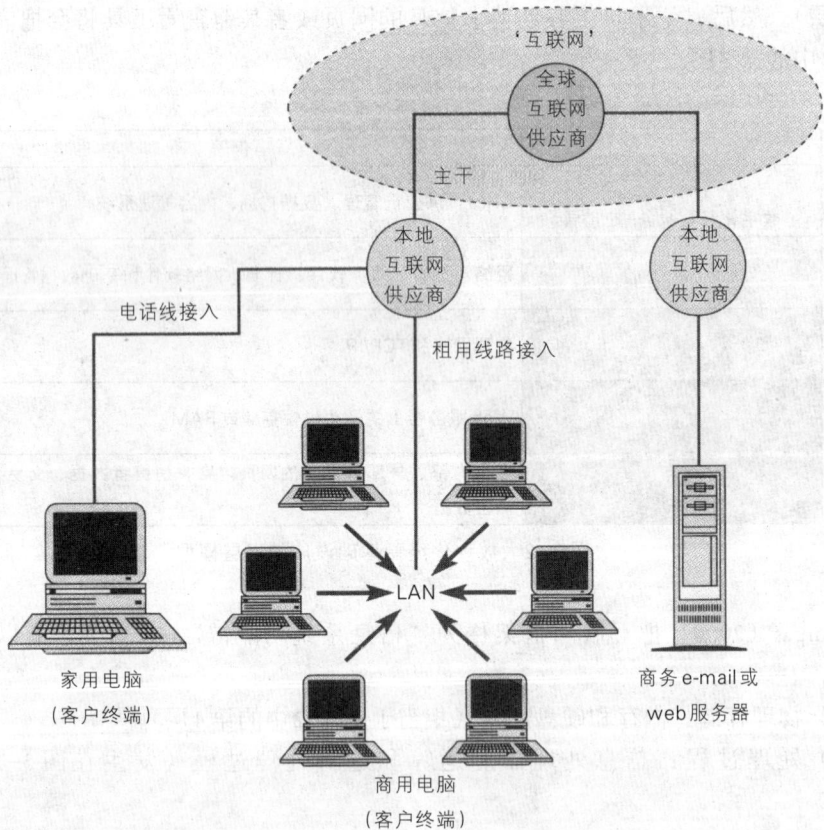

图3-3   互联网（图3-2的第3、4层）物理和网络架构

从全球角度来看，海底电缆组成了国家间的主干网，这些电缆是十分容易损坏的。例如，在2008年1月，一艘船的船锚在地中海割断了一根电缆，这大幅减慢了印度、斯里兰卡、巴基斯坦和中东地区人们的网络连接速度！

3.4   管理创建新的面向客户的数字服务所面临的问题

本节我们将考虑管理者在提出新服务时所面临的一些需要注意的问题，包括：

- 域名选择
- 托管服务选择，包括云计算供应商
- 附加的软件服务平台选择

3.4.1　域名选择

我们从这个简单的相关决定开始，因为有些基本的术语管理者应该知道。公司一般都提供代表性的数字服务，这些服务有不同的域名，尤其对那些需要对不同国家使用不同域名的公司来说。网络上所用的域名指的是网络服务器的名字。一般企业都会选择企业的名称作为网站的域名，然后扩展名会标明企业的类别。扩展名通常是全球顶级域名，常用的全球性顶级域名有：

- .com 代表一个全球性或者美国的公司，比如www.travelagency.com
- .org 代表一个非营利组织，比如www.greenpeace.org
- .mobi 在2006年因为移动手机的网页安装而产生
- .net 代表网络供应商，比如www.demon.net

还有一些特殊的国家顶级域名：

- .co.uk 表示一个在英国建立的公司，比如www.thomascook.co.uk
- .au，.ca，.de，.es，.fi，.fr，.it，.nl，等等，代表了其他国家（co.uk语法是不规则的！）
- .ac.uk 代表一所英国的大学或者更高级的教育机构，比如www.cranfield.ac.uk
- .org.uk 是一个国家的非营利性组织，比如www.mencap.org.uk

网址中的"文件名.html"部分指的是单个网页的名称，比如"product.html"网页指的就是一张归集了公司产品信息的网页。

公司定义一个统一资源定位符（URL）是十分重要的，这对于顾客和合伙人在打印线下交流用的广告和小册子时十分有用，他们可以找到相关的网页，包括一些特殊产品和活动的引用。

3.4.2　统一资源定位符

网络上的网址指的是网页在其服务器上的地址，定位每个网页网址的技术称为统一资源定位符（URLs）。URLs可以被想象成定位网页地址的标准，用邮递服务作比喻，它相当于邮局的邮政编码，它便于对网页进行直接访问。

在一些有很多网站的大公司，开发统一资源定位符是十分重要的。因此有些通用的标记服务和资源的方法。

专栏3.2向我们进一步展示了统一资源定位符的术语，在网站实现和数字市场活动中我们也会提及它。

专栏3.2

统一资源里有什么？

为解释不同的统一资源定位符的组成，谷歌的工程师 Matt Cutts 提供了一个很好的例子。例子如下：

http：//video.google.co.uk：80/videoplay？docid=-7246927612831078230&hl=en#00h02m30s

以下是统一资源定位符的一些组成：

- http是协议。其他的协议包括https，ftp等。

- 主机或者主机名是 video.google.co.uk。
- 子域是 video。
- 域名是 google.co.uk。
- 最高级域名或者 TLD 是 uk（也可以称作 gTLD）。Uk 这个域名也是国家最高级域名或者 ccTLD。例如 google.com 中，它的 TLD 就是 com。
- 第二级域名（SLD）是 co.uk。
- 端口是 80，它是网络服务的默认端口（在统一资源定位器中当它是默认的时不会被经常使用，尽管所有的网络服务器传播都是依靠端口进行）。
- 路径是 /videoplay。路径通常会连接到一个文件或网路服务。例如 /directory/file.html。
- 统一资源定位器的参数值是−7246927612831078230。它通常被认为是'名字，赋值'。统一资源定位器还有许多其他参数。参数通常以一个问号（?）开始，并用和（&）的记号标记与其他部分分开。
- 节点或者分片是'#00h02m30s'。

3.4.3 域名注册

多数公司有多个域名，分别给不同的产品线、不同的国家或特定的市场活动之用。当一个个体或者公司想注册一个域名的时候，另一个公司则宣称它们也有权或者已经注册了该域名，这就产生了域名争议，有时我们称它为域名抢注。

管理者或者代理商一般都由其托管公司负责定期检查他们的网站域名及更新（如今大多数公司都是如此）。例如 .cocuk 这个域名必须每两年更新一次。没有这个过程的公司就有丧失域名的潜在风险，因为一旦域名失效，其他公司就可以注册它。

迷你案例学习 3.3 向我们展示了域名的重要性以及保护它的重要性（在第 4 章中我们将进行详细的学习）。

迷你案例学习 3.3

域名值多少钱？

在 2008 年的欧洲，德国一家旅游公司（NeesReisen）以 560 000 英镑的价格出售了域名 cruises.co.uk，成为了域名交易历史上的最高价交易之一。Guardian（2008）报道 cruises.co.uk 的新主人希望给这个域名新的用途，主要用于克鲁斯爱好者的线上中介或者作为线上社区，而原有的 cruise.co.uk 将致力于航海交易。为了解释其中的价值，cruise.co.uk 的总经理 Seamus Conlon 说：

'Cruises'经常排在谷歌首位，而'cruise'则在它的后面。我们想要第一的位置，这样当网络用户搜索克鲁斯交易、评论、新闻时，我们将出现在所有端口的第一位。

在美国，现在有许多记录在案的域名价值都要高于 20 世纪 90 年代时所交易的价值，包括：

- Sex.com 价值 1 200 万美元
- Business.com 价值 750 万美元
- Beer.com 在 1999 年价值 700 万美元

3.4.4 硬件和系统软件的管理

对技术设施的管理即要对图 3-2 中第二、三、四层作出管理决策。

　　第二层——系统软件

　　这一层的主要管理决策是对整个企业组织实施标准化管理。标准化有利于减少用于企业管理系统支持和维护的费用，并且能够有效地降低采购价格。在客户端方面，管理决策可能涉及采用何种浏览器软件和插件。在操作系统的选择上，并不一定要使用 Microsoft 公司的产品，企业可以根据自己的需要进行选择，比如 Linux 也是可选的对象。在考虑服务器软件时，要注意一个全球性企业应该有多个服务器，它们既可用于互联网，又可用于内联网和外联网。使用类似于 Apache 的标准化网络服务器将有利于公司网络的维护和管理。也需要一些其他相关的网络软件进行辅助。

3.4.5　数字化经营基础设施应用管理

　　数字化经营基础设施应用管理关注的是如何把恰当的应用程序分配给所有数字化经营服务的使用者，也可以称之为遍及整个公司的数据和应用程序的分配。信息系统管理者长期以来一直关注这个问题。传统企业一般选择需要什么服务就购买安装什么软件，结果发展成信息孤岛或者应用软件集，如图 3-4（a）所示。这表明上述软件体系具有以下三种不同的水平：（1）在不同的功能领域可能采取不同的技术设施，其中涉及的问题在前面部分有阐述；（2）不同的功能领域可能有不同的应用软件和独立的数据库；（3）不同的功能领域的处理过程和形式也是不一样的。

　　这些软件体系通常致使企业信息管理系统的控制薄弱，原因可能是其太过分散，也可能是由于不同的管理人员从不同的软件供应商处购买不同的软件。从相互独立的供应商购买应用软件通常要耗费更大的成本，而且这通常会增加软件维护和更新的成本，更糟糕的是这些相互独立、功能分散的应用系统通常会导致各个功能中心的相互孤立。例如一个顾客致电给一个 B2B 公司查询一个定制的项目，虽然公司负责客户服务的人员可以接触到该顾客的个人详细资料，但是他们没有顾客所定制项目的详细工作细节，因为这些数据存储在另外一个负责生产单元的信息系统中。问题还可能出现在企业的战略和战术层面上，比如一个公司正试图分析某个顾客的重要性，然而该顾客的消费历史可能存储在市场信息系统，而顾客消费支出的数据则又存储在公司的另一个信息系统中，比如财务信息系统。要从这些不同的部门调用数据和协调管理通常是比较困难的。

　　要避免上述的应用系统分散所带来的一系列问题，这些企业整个 20 世纪 90 年代都在致力于对企业的整个信息系统进行整合，以期达到更加综合的目的，如图 3-4（b）所示，为了达到这个目的，很多公司管理者把目光投向了 ERP（企业资源计划）供应商，如 SAP、Baan、Reoplesoft 和 Oracle 等公司。

　　由于电子商务应用体系包括对公司供应链到价值链的全面整合，所以通过 ERP 对公司不同应用系统进行整合可以全面保证电子商务原则的一致性和连贯性。值得注意的是，许多 ERP 供应商把自己公司的产品的改造划定为电子商务解决方案的一部分。为了获得或保持公司的竞争优势，公司可能求助于那些提供类似于知识管理方案和销售管理方案的新渠道和新技术的公司。但是，这些电子商务公司只有在供应商开发出这一系列功能的产品以后才能采用这些新技术。因此，电子商务公司的管理者必须在标准化其信息管理系统时，注意保持公司的核心产品与信息技术二者之间的平衡。图 3-5 解释了这种困境，它表明了应该如何使不同种类的应用系统在不同领域保持优势地位。

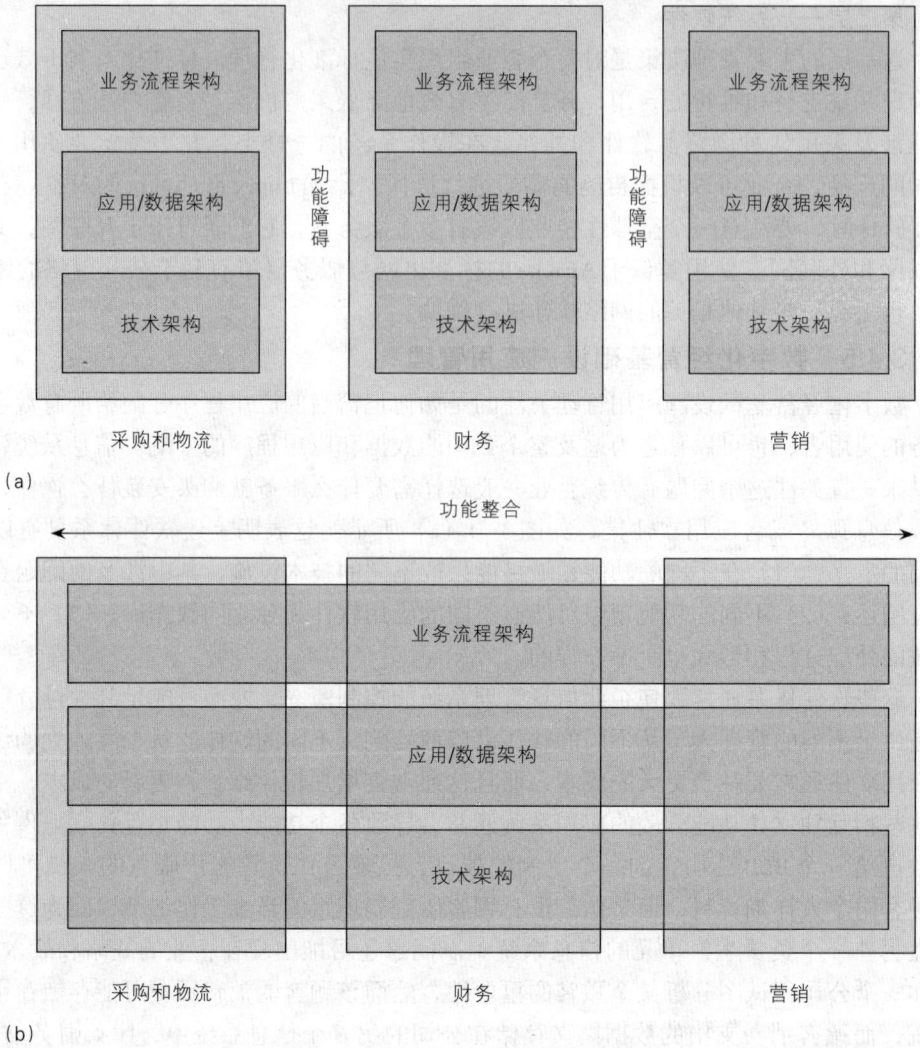

图3-4　（a）分散的应用系统；（b）整合的应用系统

来源：改编自 Hasselbring(2000)

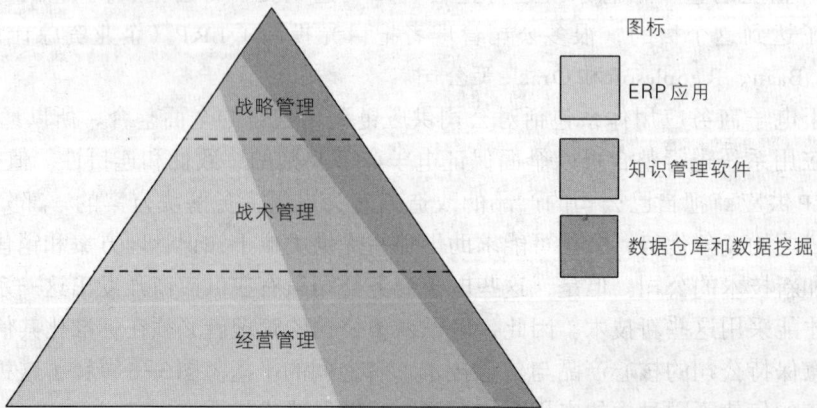

图3-5　公司对应用系统的不同管理水平

ERP 系统最初用于整合企业各个层次的应用系统，后来发展的其他解决方案主要侧重于互联网业务的战略决策应用，如商业情报、数据仓库和数据搜集等方面的应用。使用知识管理软件也是为了跨越不同层次的管理需要。图 3-6 只给出了这其中几个方面的应用，但专业的 ERP 应用与通常集成的 ERP 应用功能基本相同。

讨论 3.1

单项优势和单一来源系统

与使用单一供应商的解决方案相比，从多个系统供应商处选择适合不同电子商务应用（如企业资源计划、客户关系管理、电子商务交易和供应链管理）的"单项优势"应用程序对高效数字化经营基础设施来说是更好的方法。

这一节介绍了一些关于数字化经营管理的观点，这些管理问题在本书以后的章节中还会陆续有详细的介绍，图 3-6 对本章所涉及的管理问题进行了一个简单的总结。

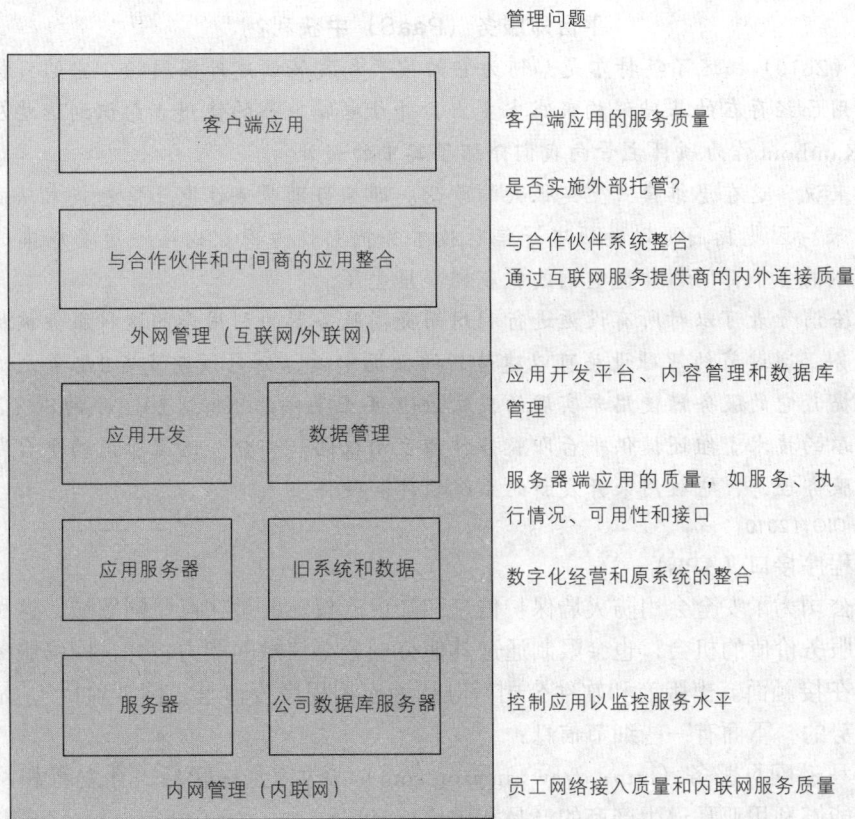

图 3-6　数字化经营基础设施各层次所对应的管理观点

3.5　重点：网络服务、软件即服务、云计算和服务导向体系

"网络服务"或者"软件即服务"（SaaS）是指一种在电子商务时代对软件和数据进行高级管理的模式。网络服务模式包含通过使用网络服务器来处理和参与各种形式的商业活动和过程，而不是传统意义上的在用户自己的电脑上安装软件的工作。

3.5.1 网络服务、软件即服务的优势

软件即服务通常需要通过支付进行订阅，所以它既能开启也能关闭，根据使用的不同情况来付费，因此它也被熟知为即期付费软件。这些系统的主要商业价值就是它的安装和维护都是外委的。供应商和客户都能省掉一部分费用，因为供应商的软件和数据库都是外接的，客户服务端软件通常由浏览器传输或者通过网站下载一个单独的应用程序传输。

美国和加拿大电脑经济学（2006）的调查显示，91%的公司公布了第一年软件服务的投资回报率（ROI）。其中57%的公司获得的利润超过了软件服务的成本，37%的公司在第一年就破产了，80%的案例公司总支出在预算内或者更低。传统应用程序只有极少的案例预算与支出一样。阅读迷你案例学习3.4，进一步详细了解软件服务的优势，思考软件应用的观念如何也能应用到硬件基础中去。

迷你案例学习3.4

英特尔公司如何从软件即服务（SaaS）、基础设施即服务（IaaS）和平台即服务（PaaS）中获利？

CIO（2010）描述了英特尔是如何为它的搜索和发展创建外围网的。它的目标是通过更多地使用已经存在的基础架构来减少支出，并让电脑服务的使用者意识到这些应用的花费。Das Kamhout作为项目主管向我们介绍了其中的好处：

总的来说，这在思维模式上是很大的改变。即期自助服务让电子信息技术从商业模式中解放出来。因此我们可以升级电子信息技术并把它作为商业战略。随着成本的日益透明，英特尔的各个部门都知道它们的钱花到哪里去了。

提供给消费者可以对所有设施进行利用而提高服务器的利用率的这种服务被称作基础设施即服务。通过节约基础设施可以建造新的数据中心，公司预期节省2亿美元。这个收获是通过提升它的服务器使用率实现的，从2006年上半年的59%到2010年的80%。

英特尔的技术小组还提供平台即服务作为主动权的一部分。这里所说的平台即服务源于软件即服务理念，它被用来开发新的系统软件和硬件。

来源：CIO（2010）

应用程序接口（APIs）

一般公司为了安全会用防火墙保护信息和知识产权。但是在互联网领域，这种战略会限制增加服务价值的机会，也会限制通过其他公司分享信息的能力，并且网络服务会扩大它们的潜在接触面。出版商和软件公司有时认为应用程序接口是'网页项目'，是用来增强竞争优势的，下面有一些细节信息：

- 亚马逊网页服务（http://aws.amazon.com）。AWS允许联号，开发者和网络出版商能够利用亚马逊生产商的产品和定价信息。
- 脸书网和推特的应用程序能够帮助其他网站嵌入社交内容。
- 《卫报》开放平台（www.guardian.co.uk/open-platform）便于人们分享它的报道内容和统计资料。
- 谷歌应用程序的存在可以满足很多服务需求，尤其是谷歌地图，调查（来自www.programmableweb.com/apis/directory）显示这个由应用程序创造的插件是最受欢迎的程序之一。谷歌分析程序让很多企业和第三方的软件开发者能够看到更专业的网络程序数据。

- Kayak 是一个聚合模块，它能够让第三方的网站把自己的网站、桌面程序和移动程序与 Kayak.com 的研究结果整合到一起。

3.5.2　软件即服务的挑战

尽管软件即服务（SaaS）的成本节约能力很有说服力，这种方法也有它的不足。它显然不能像定制系统一样精确地满足各种商业需求（它的利弊就像第 12 章的外包问题一样）。

使用 SaaS 要依赖于第三方的网络传播，这其中有以下几点明显的不足：

- 如果网络连接出现问题或者托管的服务器出现问题就会造成停机或不能连接。
- 比本地数据库的性能低。尽管谷歌邮箱和微软电子邮箱都能够使用，但它们的性能不如自带的电子邮件。
- 降低了数据的安全性。由于一般情况下数据都会保存在内部信息中，SaaS 的存在使数据的安全性大大降低。由于系统不可避免地会出现崩溃的情况，使用 SaaS 的公司就需要清楚备份和恢复管理是如何实现的，这种方式可用来处理问题，这在服务级别协议中有所定义。
- 数据保护。客户的数据存储位置不尽相同，所以充足的安全保障、始终如一的数据保护以及第 4 章将要讨论的隐私法都是数据保护的基本要求。

当选择 SaaS 时对潜在问题的评估需要具体分析。软件瘫痪后的恢复十分重要，因为像客户关系管理和供应链管理这样的软件都是关键性的任务。管理者需要评估服务等级，因为对各种客户的服务都是通过来自一个服务器的共享程序实现的。这类似于我们之前讨论过的关于虚拟主机的共享服务器或专属服务器的问题。专栏 3.3 中有一个实例。

专栏 3.3

SaaS 是独享的还是共享的？

Smoothspan（2007）曾经为不同的网络共享服务做过评估，这也取决于每个服务器的使用者和席位的数量。据他估计，2006 年 Salesforce 运行的 40Dell PowerEdge 服务器拥有 6 700 个客户和 134 000 个席位。这相当于每个服务器有 168 个租用者，每个服务器有 3 350 个席位！这些数据表明了共享服务的劣势，同时他的评估认为共享服务只需花费相当于独享服务 1/16 的成本。

一个文字处理的顾客服务软件，其中包含了网页访问程序，它可以运行软件但不用像本地的微软文字处理软件一样，需要执行文字处理软件的应用程序才能打开。最广为人知的在线文字处理和电子表格是谷歌文档（http：//docs.google.com）。2006 年，谷歌刚刚创建文字处理软件（www.writely.com）的时候就买了它。谷歌文档的用户可以通过谷歌离线应用开发工具离线浏览和编辑文件，这个工具是一个开源浏览器的扩展。微软办公生活软件是由微软主创的一个类似软件。

谷歌软件能让使用者完成很多任务。它的基础服务对于第一使用者是免费的，每增加一个使用者一年要交付 50 美元的费用，它包括了更多的存储空间和更高的安全性。

一个最新的网页服务概念是效用计算。效用计算包括对信息技术的所有方面都像对待日用品一样，根据使用情况收费，例如水、气或者电力。这种订阅一般按月付费，根据不同种类的用量、使用者数目、数据存储的体积和宽频耗费来缴费。这不仅包括软件的按使用次数付费的基础，还包括类似于主机代管这样的硬件服务。早期术语叫作"应用服务提供商"（ASP）。

图3-7向我们展示了最大的软件服务或者效用提供商Salesforce.com，在这个网站上每个顾客都要根据设备使用情况按月付费。这项服务通过Salesforce.com的服务器用15种语言向超过50 000个顾客提供服务。Salesforce已经通过采集其他服务软件在自己的服务中加入了新内容。例如，为了创建营销云应用程序，2011年3月花费3.26亿美元建立了社交媒体监督工具Radian6，在2012年5月花费了6.89亿美元创建了广告服务软件Buddy Media，在2013年花费25亿美元创建了电子市场服务软件Exact Target。

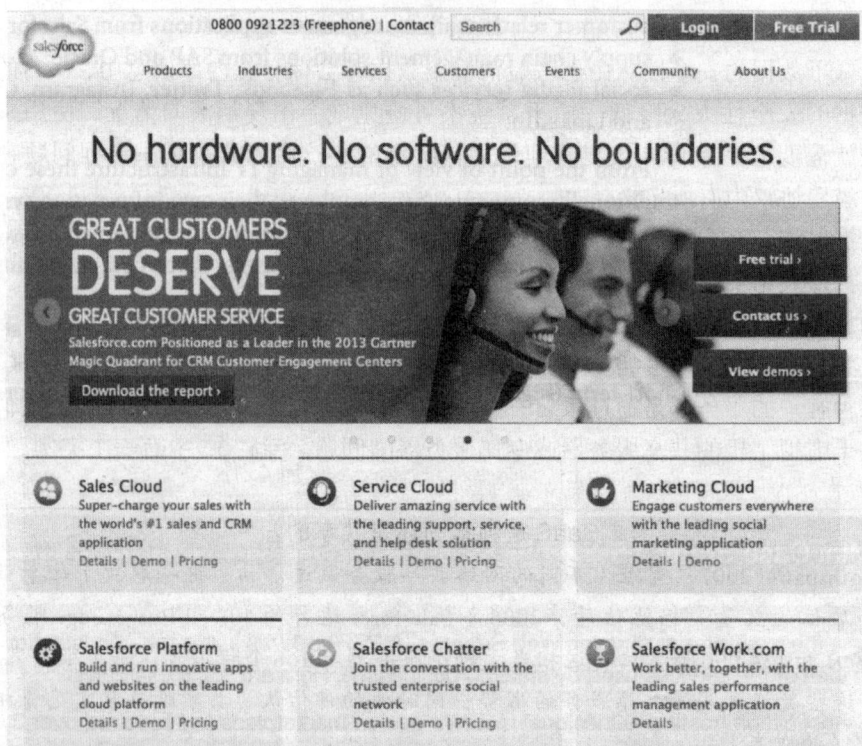

图3-7 Salesforce.com

来源：www.salesforce.com

3.5.3 云计算

在网络服务中，你经常会听见有人说他们连接了"云"，或者听见"云计算"这一术语。云是指一个公司把网络体系连接起来，它拥有数据存储的硬件和托管软件，一般会通过单独的服务器或者分散的服务器连接到网络上。所以，谷歌文档将被存储在云的一个地方，但我们并不知道它在哪，怎么存储的，因为谷歌的数据存储在很多服务器中。当然了，你在任何地方都能连接到自己的文件。但是关于云存储也有一些问题："它安全吗？它被备份了吗？它的连接性如何？"Pandia（2007）指出了谷歌云的大小，他估计谷歌有超过100万的服务器执行开源的Linux软件。没有更多的关于官方提供的数字，不过谷歌已经开放了个人数据中心。在2009年3月，它从芬兰造纸公司斯道拉·恩索购买了Summa Mill。在经过2亿欧元的投资之后，它把60岁的造纸厂转化成了数据中心。50个公司的2 000（基本是芬兰人或当地人）多人为这个项目工作。图3-8是其中一个服务器的房间。

图3-8 谷歌Summa工厂数据中心的服务器机房

来源：Connie Zhou/Google，Alamy Celebrity/Alamy

云计算服务的例子

如果你或者公司正在使用这种云计算，你就会发现对于你和公司来说它是多么地重要，例子如下：

- 网络邮件阅读器；
- 在亚马逊网站设立电子商务账户或采购管理设施；
- 谷歌服务，例如谷歌地图、谷歌邮件、谷歌的相片处理工具和谷歌数据分析工具；
- Salesforce.com和Siebel/Oracle的客户关系管理；
- SAP和Oracle的供应链管理问题；
- 社交服务，例如Facebook、Twitter、Instagram、Google+、Pinterest、Tumblr和LinkedIn。

从电子信息技术基础设施管理的角度来说，这些变化都是巨大的，因为传统的公司已经拥有了自己的信息系统支持工具，并能够用其处理各种商业事务，例如邮件就是这样一种工具。在客户电脑上更新和安装软件的花费和服务器的使用量都大幅减少。

像我们在迷你案例学习3.5中看到的一样，一些小公司和初创的公司运用云计算服务作为网络服务的基础，这种办法在服务器方面拥有较高的灵活性，并且低成本可以满足短期或者长时间的使用。

迷你案例学习3.5

亚马逊的网络服务能够支持初创公司的成长

看一下亚马逊网络服务的例子（AWS）（http://aws.amazon.com/solutions/case-studies)，想出一个初创公司可以用的服务。以下是一些例子：

- 应用托管：99designs的大型设计市场已经收到了310万件独一无二的设计作品，它们分别由全世界53 000名设计者设计出来，并在亚马逊网络服务中使用。
- 备份和存储：ElephantDrive求助于亚马逊S3来储存其客户信息。每周其都能扩容20%，而且并没有增加主要开支。
- 内容分发：HyperStratus和硅谷教育机构一起进行亚马逊的云计算内容管理，在硅谷地区服务于13 000个老师。
- 电子商务：Talk Market用亚马逊灵活支付服务来支持自己的信用支付方式。
- ERP：Singapore-based Electra是一个电子信息技术服务提供者，主要在东南亚为客户提供SAP系统的实现和运行服务。Electra利用亚马逊的网络服务提供给顾客灵活且容易获得的SAP云环境，这比本地设施节省了22%的费用。
- 高速计算：哈佛个体化药物研究所（LPM）用亚马逊EC2运行Oracle AMIs，测试基因模型。
- 新闻：建于旧金山的社交新闻网站reddit提供了一个网络平台reddit.com来投票选举。在亚马逊网站上运营的这个平台可以支持每月40亿次的网页浏览量。在2012年奥巴马总统现场问答环节，它在几分钟之内就让服务器容量翻倍。
- 随需而变的劳动力：使用亚马逊制造的"机械的土耳其人"，渠道智慧等同于全球人智慧，这减少了85%的特殊开支。
- 流媒体：Netflix是一个领先的在线订阅服务器，它能够用来看电影和看电视节目。它已经在全球发展了数百万个用户。通过使用亚马逊网络服务，Netflix能够几分钟之内配置数千台服务器并储存百万兆字节。
- 社交媒体：HootSuite是一个网站和社交媒介，它能够通过多重社交网络例如Twitter、Facebook和LinkedIn帮助用户传递信息、组织会谈并跟踪结果。来自200万个用户的好友动态能被可靠安全地传播到世界各地，而这一切都是通过Amazon Elastic Compute Cloud、Amazon CloudFront和Amazon Route 53完成的。
- 虚拟主机：在线移动贸易供应商Gumiyo用亚马逊网络服务运行了一个完整的生产环境，它所使用的亚马逊服务包括网页服务器、数据服务器和负载平衡器。

实践活动3.2

B2B公司使用网络服务的机会

目的

强调网络服务方式的优势和劣势。

问题

针对一个具体的案例，为公司的管理层解释网络服务领域内包括的服务内容，并总结它的优势和劣势。

虚拟化

虚拟化是另外一种能够有效管理电子信息技术资源的方法。然而它主要由一个组织研发。VMware是先驱者之一，它可以提供虚拟化服务，它的解释如下（VMware, 2008）：

VMware的虚拟化方法是在电脑硬件或在操作系统中插入一层软件。这层软件能够提供虚拟机器，它包括一个虚拟机器屏幕或者一个能够动态明确地分配硬件资源的管理程序，这样一个复杂的操作系统就能在无人知晓的情况下正确地操作一台电脑。

然而，虚拟一台电脑只是一个开始。VMware提供了一个健康的虚拟化平台，它能够测量数百台互相连接的电脑和装置，然后形成一个完全虚拟的结构。

它进一步解释了通过多种环境分享一台电脑的资源，虚拟化真的能够让一台电脑做很多台电脑才能做的工作。虚拟的服务器和虚拟的桌面让你能够管理很多操作系统和各种软件。

因此虚拟化有如下优点：

- 通过服务器合并（参见迷你案例学习3.6）降低硬件耗费
- 降低维护费用
- 降低资源费用
- 具有可扩展性，能够容易地增加资源
- 标准化和个人的桌面方便使用者在任何地方访问，因此使用者不必局限于一台个人电脑
- 提高了商业连续性

迷你案例学习3.6给了我们一个例子。

迷你案例学习3.6

虚拟化降低了成本，提高了服务质量

ATL用虚拟化不仅削减了硬件开支，还能够快速更正系统错误并维持商业连续性。ATL是一个独立的注册组织，它的专业协会代表在英国独立的幼儿园、小学和高等教育机构有接近160 000个老师、员工。

Ann Raimondo是ATL的技术主管，他的职责是为组织管理这些信息技术设施，包括装备升级、技术支持和150个员工培训。除了伦敦Belfast和Cardiff两个办公室以外，ATL有一个大型志愿者组织，它由英国有信息系统知识和支持经验的人远程参与。在她的职责范围内，Raimondo面临如下挑战：

- 50%的服务器存储空间未使用。
- 已购买的72%的存储空间未使用。
- 存储空间不能被重新分配给额外需要的系统。
- 物理上，数据受限于服务器。如果操作系统或者应用程序坏了，就不能轻易地从其他服务器重新连接以前的数据，必须恢复系统重新存储。

运行的好处：

- 服务器合并。ATL把22个服务器合并为11个，减少了50%的硬件装备费用。
- 灵活性和响应能力。在ESX服务器之前，部署新的服务器将需要大约3周时间以采购、公开和实现硬件。通过VMware虚拟基础设施，这个过程只需要到1个小时。
- 崩溃修复成本降低。VMware虚拟设施硬件的独立性帮助减少了失败和硬件错误、用户下载和连接失败造成的崩溃所带来的损失。

服务导向体系（SOA）

服务导向体系是指前面述及的用于建设网络服务的技术体系，是企业根据需求而安排和布局且相互联系的一系列应用系统。

SOA主要是通过提供某项具体的功能来为其用户服务，这种功能通常包含以下三个

特征：

（1）具备一个独立于平台的服务界面（不依赖于某一特定类型的软件和硬件）。这种界面通常是在开发某种语言程序过程中一并开发出来的，比如 Microsoft.Net 或者 Java。

（2）服务于动态应用的定位和引用，即一项服务可以通过目录查询提供另一项服务。例如利用电子商务服务，我们可以查询某公司是否存在信用卡授权服务。

（3）服务具有自我调控能力。一项服务不会受到其他服务的影响，而是一个回复结果对应一个服务请求。在不同的网络服务之间，信息和数据交换通常遵循 XML 标准。

前面所提及网络服务的例子都意味着用户和网络服务之间是可以互动的。有了正确的业务规则和可遵循的模式，即便没有任何人干预，不同的应用程序和数据库之间也可以进行实时的沟通。一项网络服务，比如第 2 章中讨论的 Kelkoo.com，可以通过 XML 标准与所有的参与者进行信息交换。前面提及的语意网络和很多商业应用的网络服务也是基于 SOA 应用的，比如 CRM、SCM 和 ebXML 等。

3.5.4　选择托管服务器

通过自己的互联网服务提供商（ISP）或者自己公司的设备，能够通过创建网页服务器管理自己的服务。使用特定的托管服务器管理服务是十分常见的。例如，Rackspace 是最大的管理服务器提供商和云服务器公司。从 1998 年起，它就已经将网站开发层次的公司服务托管到服务器了，到了 2014 年，已经服务于 205 000 个顾客。它被分析师 Gartner 评价为一个领导者，其还能够审查托管服务器所托管的不同程序。

3.5.5　选择网络服务和云托管提供商时需考虑其服务质量

服务供应商通常指的是互联网服务供应商或者 ISPs。互联网服务供应商除了提供专门的互联网连接以外，还提供一些专门的网站管理。很多公司选择一个独立的托管服务器，方便管理公司网站和顾客及合作伙伴访问的电子商务网站，例如外联网。所以选择一个合适的托管服务器十分重要。

3.5.6　ISP 连接方式

图 3-3 展示了公司或家庭用户连接互联网的方法。这个图是被极度简化了的，因为 ISPs 是有很多层的。一个用户可以连接到一个 ISP，这个 ISP 能够把这个请求传送到另一个连接着互联网主干的 ISP。

高速宽带取代了以前的拨号上网方法，成为家庭用户主要的网络连接方式。然而公司应该考虑还有大量的用户采用速度较慢的拨号上网的方式。Ofcom（2010）报道，在英国个人使用宽带上网的比例为 71%。

宽带通常使用的技术是非对称数字用户线路（ADSL）。这种称为 ADSL 的连接方式使得传统电话线也可用于数字数据传输。之所以把这种技术称为非对称技术，是因为它把普通的电话线分成了电话、上行和下行三个相对独立的信道，从而避免了相互之间的干扰。并且它的数据下载速度要远快于数据的上传速度。相比之前，小公司和中等的公司获得了更好、更快、更持续的连接方式。

宽带技术不仅带来了高速的网络连接，它还改变了互联网的传统使用方式，实现了互联网的"永续连接"。这样用户使用互联网就变得更加频繁了，并且它使得用户可在互联网上获得更加丰富的内容（如数字视频），操作性上也有所增强。

ISP关系管理要点和托管关系

在商业中，管理ISP和托管服务器的要点就是要保证以合理的价格获得安全有效的服务。因为顾客和合伙企业越来越依赖于网页服务，我们必须把停机时间缩短到最短。但是严重的停机问题依然会出现，像专栏3.4展示的一样，这些问题应该尽量避免或解决。

连接速度

如果不能为用户提供一个可接受的下载速度，一个网站或数字业务服务就是失败的。在宽带世界，连接速度仍然很重要，因为电子商务应用程序越来越复杂，而且媒体网站的内容也越来越丰富。但是，可接受的连接速度在什么范围内呢？

Akamai（2006）调查显示，网站应该在4秒之内就将有关内容加载出来，否则登录网站的体验就会受到影响。调查还显示价格多少、邮费多少和邮寄方式等问题要比连接速度更重要。所以，如果很多网站意识不到或者表现不佳，购物者就不会再光顾这个网站（64%）或者从零售网站买东西（62%）。

2010年，谷歌提出把连接速度作为网站排序算法的标志之一，有效惩罚低速网站的方式就是放缓它的上线速度，公告显示这只会影响1%的网站（Google，2010）。公告还总结了Akamai最近的研究成果：对于电子商务网站的使用者而言，低于2秒的下载速度是可以接受的。由于谷歌把网页下载速度计算在内，当给一些特别慢的网站分等级的时候，其还会与其他网站比较网页权重或者膨胀情况。

专栏3.4

多久你就失去耐心？

用户体验设计专员Jakob Nielsen指出（Nielsen，1994）人机交互的应答时间在30年来都没有改变。

他描述了对这些反应的需求：

●0.1秒是让使用者感觉系统能够即刻应答的一个界限，它意味着除了显示结果没有特别的反馈。

●1秒钟是用户的思路能够不间断的界限，尽管这时用户已经意识并注意到这种延迟。通常情况下在多于0.1秒少于1秒时也不会有特殊的反馈，但是使用者会失去实时操控数据的感觉。

●10秒是保持使用者的注意力集中在对话上的一个界限，使用者在等待电脑完成期间会想执行其他的作业，所以在等待期间应该给他们一个反馈提示。如果应答时间难以预测，延时反馈提示就变得十分重要，因为使用者无法知道会得到什么应答，甚至能不能得到应答。

顾客、员工和商业合作伙伴连入企业服务器的速度取决于两个方面的因素：一方面是服务器的处理速度；另一方面是连接服务器的网络速度。网站的速度是指其对终端用户信息请求的响应速度，取决于它所依附的服务器速度以及服务器处理信息的速度。如果服务器只有小部分的用户接入，那么用户就不会出现等待网页显示的情况。然而，如果同时有大量的用户对网站信息发出请求，那么用户就需要等待一段时间。网络服务器所应用的软件对网络速度的影响不大。服务器的处理速度主要取决于服务器内存的大小和服务器硬盘的大小等，比如内存为1 024Mb的服务器处理速度快于内存为512Mb的服务器。二者相比内存的作用更明显一些，现在很多著名的搜索引擎网站把它们的数据索引都存储在内存中，这样比存储在硬盘上的读取速度更快一些。这里值得关注的问题是，企业网站所使用的服务器是专用的还是合用的。很明显，如果公司网站和其他公司网站共享一个服务器，那么对其他公司网站的访问毫无疑问会影响对本公司网站的访问速度。

托管选择的一个重要方面就是服务器是专用的还是共享的。如果服务器是共享的，那么性能和停机时间都会被其他网站的负载量所影响。但是专用服务器的花费是共享服务器的5到10倍，所以小公司最好选用共享的方式，同时也要采取相应措施来降低操作失灵带来的风险。

对于高速网站而言，服务器可能由很多电脑构成，并由许多处理器来满足负载量。Spinrad（1999）总结了托管内容新的分类方式，他认为应该在全球范围内通过对服务器内容的分类来为大的合作网站提高网页服务的速度，其中被广泛使用的服务是 Akamai（www.akamai.com）。其主要被雅虎、苹果等其他热点网站使用。

网站的速度还与网络连接的速度有关。通常又把网络连接的速度称为"带宽"，网站连接互联网的带宽和顾客电脑连接到互联网的带宽二者都会影响网页及相关图像到达顾客电脑的时间。之所以把它称为带宽，主要是因为它指的是某个电磁频率或者模拟数字信号在某一特定传输介质中所占的宽度范围。

像专栏3.5描述的一样，宽带意味着速度的大小，它可以让数据沿着特定的媒介在网页服务器中传播。简单来说，宽带所传送的数据可以看作一个管道沿线中的信息流，更大的带宽，即更大直径的管道，就能以更快的速度把信息传到用户的电脑中。很多ISPs都有宽带限制，甚至为那些对宽带要求很高的使用者提供的'无限制'互联网连接计划也是被限制的。

专栏3.5

带宽设施

数据传送设备的带宽的衡量标准是每秒钟所能传送的字节数。比如说数字"1"等同于8个字节，所以调制解调器的带宽大约为每秒钟传送57 600个字节（57.6kbps）。公司在选择ISP时，一个重要的考量因素是该ISP与互联网连接的带宽，可提供的选择一般有：

- ISDN——56kbps至128kbps。
- 帧中继——56kbps至1.55Mbps。
- 专用点到点——56kbps至45Mbps，连接至互联网主干。

注：1kbps相当于1 000bps（调制解调器的传输上限为56.6kbps）。

　　1Mbps相当于1 000 000bps（公司网络的传输上限为10Mbps，或者更高）。

　　1Gbps相当于1 000 000 000bps（光导纤维或者卫星传输速度）。

公司在选择ISP时还有一个重要考量因素是，所选的ISP是为某单一公司服务还是同时为多个公司服务。如果公司对网络要求很高，那么最好是选一个专门为单一公司提供服务的ISP，但这通常会支出更高的费用。

可获得性

可获得性通俗来讲就是一个网站对用户的服务时间。理论上讲，可获得性应该是100%，但有时因为某些技术原因，可获得性达不到100%，例如服务器硬件崩溃或者软件升级时。专栏3.6介绍了一些潜在问题和公司常用的评估方法。

专栏 3.6

防止摇晃的购物车

电子商务服务水平问题的严重程度可以用一篇题为"摇晃的购物车摧毁了英国电子商务"的文章来说明。研究显示尽管顾客已经决定购买了，但交易可能还是会失败。文章报道："英国商务网站宁愿拍顾客的脸，也不愿握顾客的手。一但发现顾客决定购买后就不再理会顾客的行为无异于自杀。"调查表明了以下问题：

● 每个月 12 个小时或者更长的时间里购物车没有被消费者使用过。

● 在 99.9% 的正常运行时间中，75% 的服务达不到有效的服务水准。

● 在不同的应答时间里，80% 执行不一致，超时或者出错可能会让顾客手足无措，甚至使其无法完成购买。

一个网页测试专家 SciVisum 对来自 100 个英国机构的营销专业人士（他们来自零售、金融、旅游和在线游戏行业）做了一项调查，75% 的人认为网上购物公司会被网页崩溃影响，14% 的人认为失效会严重妨碍公司目标的实现。超过 1/3 的失败问题被列入严重失败，因为顾客会抱怨交易甚至无法完成交易。卖方经常把它看作技术问题，他们通常认为这些问题是由其他方面导致的，但是卖方应该找到解决问题的关键。接近 2/3 的市场营销专业人士不知道他们的网站能支持多少人同时交易，只是了解每笔交易的价格都在 50 到 100 英镑之间，因此他们也不会把这种考虑加到公司计划中去。37% 的人不能评估网络交易失效所带来的货币价值损失。1/4 的组织因为部门之间缺乏沟通而经历了网页过载和崩溃。

SciVisum 建议公司可以按下面的方法去做：

1. 定义网站的访客峰值和吞吐量，即定义每个客户在体验过程中的访客峰值和吞吐量。例如，网站应该同时支持下面几点要求：接近每秒 10 次的结账访问，每秒 30 次的加入购物车访问，每秒 5 次的注册登记访问，每秒 2 次的检查我的订单状态的访问。

2. 服务水平协议。每个交易阶段都应该提出更具体的技术需求。如主页递送时间和服务器更新时间。

3. 建立一个反馈程序，能够每天 24 小时、每周 7 天地测算和报告成功的交易。

服务水平合约

为了保证网站能够具有最佳的可获得性和速度，公司应该在开始为顾客提供网络服务时，就拟定一个明确的服务水平合约，用来表明公司网站的服务可获得性和速度应该保持一个什么样的水平。当信息由一个节点传送到另一个节点时，SLA 将会定义网络可获得性和衡量标准。SLA 还应包括当网络服务不可得时，公司将向顾客说明原因，以及网络可重新使用的时间。

安全性

安全性也是衡量网络服务优劣的一个重要因素，比如如何控制网站服务的安全性和防火墙的使用。这在本章稍后有详细介绍，更多与网络安全性相关的讨论见本书第 11 章。

3.6　通过内联网和外联网管理内部数字通信

第 1 章中，我们介绍了内联网和外联网的概念。

3.6.1　内联网的应用

内联网被广泛应用于卖方电子商务市场，它的应用有利于形成一个有效的营销网络。除此之外，内联网还应用于供应链管理。这方面的应用与下面对外联网的描述相类似。营销内联网通常具备以下优势：

- 缩短产品生命周期——公司不同产品的发展信息和营销渠道都是相互联系的，并且日趋合理，这有利于加快产品的销售过程。
- 较高的生产率可以降低企业的生产成本。
- 更好地为客户服务——公司员工可以通过网络向顾客提供个性化的服务。
- 可以通过远程化的方法面向全国或全球发布信息。

内联网含有下列信息使其得以应用于组织内部市场交流：

- 工作人员电话目录。
- 工作人员的工作流程和质量手册。
- 代理商需要的多种产品信息（如产品规格、产品清单、折扣价格、竞争者信息、工厂作业时间表和存货水平等）。这些信息需要经常、及时更新，企业可能要为此付出较高的费用。
- 工作人员的公告或简讯。
- 培训课程。

内联网不仅仅用于发布信息，现在很多网络浏览器也为传统的、可独立使用的商业应用软件程序平台提供接入服务，这就有利于降低企业管理和维护信息系统的费用（total cost of ownership）。由于基于网络浏览器的内联网不需要对终端（个人的电脑）进行系统安装和配置，所以信息系统的维护费用更低，面临的问题也少多了，并且更容易进行软件升级。比如，Chrysler公司应用内联网来提高其40 000名员工的工作效率，以降低信息获取成本，从而降低总成本。内联网的应用范围包括项目团队组织管理工具、人力资源自助服务（如预定假期或安排工作检查）、财务建模工具、建造项目跟踪系统等。当然，很多传统的商业信息也可以通过内联网来获取，比如竞争情报、公司新闻和生产质量数据等。

专栏3.7

12种使用内联网节省开支的方法

IBF提供了以下指南，它具有处于世界领先水平的内联网：

1 建立内联网客户之间的联系。驱动内联网项目的业务单位会先受益。他们认为：实现内联网成本节约的动力往往来自业务部门或功能，而不是中央内部团队。人力资源部门、生产单位和客户服务等业务部门，在各自的领域是确定最优效果的实践部门，可以向内联网团队寻求帮助。

2 调查使用者的需求。显然，这是任何一个信息系统工程成功的先决条件。IBF建议："这个领域的领导者应该以建立一个蓝图为目标来执行相关调查，让其核心员工、合作伙伴都能知道他们遵循的工作流程，以及详细了解他们目前正在使用的内联网，这可以帮助他们更有效地工作。"

3 实施或扩大自助服务。有关在重组流程中加入自助服务，IBF建议："内联网为公司节约开支最有效的方法是让管理流程能够重组，尤其在人力资源领域，通过内联网实现移动实时在线，这使流程更低耗。"下面给出了 British Airways（BA）通过重组建立自助服务内联网所取得的成绩：

- 所有的内部招聘都通过内联网执行。
- 所有的差旅费都通过内联网登记。
- 33%的培训费通过内联网缴纳。
- 88%的员工在内联网上更新联系方式。
- 最受欢迎的自助服务程序是一项简易的支付工具，员工可以通过它获取他们的工资单。仅这一项 BA 每年就节省了 90 000 英镑。

4 确定进一步的设计、印刷和发行的节约目标。通过实行"无纸化办公"节约实物成本。

5 提高可用性。通过改进信息构架和可发现性更快地寻找信息。

6 改进人力资源相关内容。通过上面的例子可以知道，对于人力资源部门的改善，雇员和公司均是受益者。

7 为面向客户的员工创建社群。英国建立的保险群 Prudential 就是这样一个例子。它用内联网为主要员工创建了社群工具，帮助他们快速回应顾客的电话和邮件询问。

8 创建内联网服务内容。在电子信息技术、人力资源和财务方面的成本能够通过内联网得到节约。IBF 认为电话帮助应答的花费为每次 8 到 10 英镑，电子邮件的应答花费为每次 5 英镑。

9 完善员工通讯录。IBF 认为，好的员工社交搜索软件将是非常有用的：很多内联网专家都同意这一点，员工搜索甚至比其他任何东西都重要，因为员工都想用内联网互相联系。

10 高层领导应该保持实时在线。内联网让高层领导更方便有效地和员工沟通，他们可以通过网络交流想法（如博客就可以让员工对帖子进行评论），定期进行线上网络直播或进行问答会话。

11 召开在线会议。这是网络会议技术，尽管不能直接通过内联网实现，它仍旧能够提高沟通效率。

12 衡量节约额。IBF 认为：很少有组织在衡量成本节约方面有进展，一部分原因是因果关系难以衡量。衡量成本节约是整个组成的一部分。研究者给出了几个例子供读者参考：

- 福特估计通过内联网进行在线培训能够把每堂课的平均成本减至 0.21 美元，而之前每堂课的成本为 300～2 500 美元。
- Cisco 公司在处理员工费用报告方面把成本从之前的 50.69 美元降到 1.90 美元。最近 3 年的总节约额达到 700 万美元。处理每个费用报告的平均时间从 21 天降到了 4 天。
- 英国电信 95%的采购额来自电子采购，包括桌面计算设备、信笺、衣服等采购业务。其把采购成本从每年的 56 英镑降到 40 英镑。还有一个例子是几年前的，是关于网上预订房间的服务。总成本从每年的 450 000 英镑降到 150 000 英镑，成本节约的主要环节是减少了一个主管预订的呼叫中心。

除了上述"经典"应用以外，开发者 Odyssey（www.odysset-i.com）介绍了一些涉及企业内部沟通的不太常见的内联网应用：

（1）员工激励机制：公司通过对员工间的匿名投票来推选出最佳员工并予以奖励。例如，在每个季末给最佳员工发放DVD播放机或电视机之类的奖品。

（2）短信：一个有所作为的公司总是会通过各种手段与员工保持着交流与联系。通过内联网进行短信交流是一种简易又高效的方法。

（3）假期预订：一个专门用于假期申请的应用程序会把员工的假期申请转给相关的管理者，并且该应用程序还能自动生成假期申请书。企业高层管理者还可以通过内联网查看所有员工的请假情况。

（4）资源预订：检查和预订会议室，这可以有效地节约时间。

（5）新的视窗：把公司的最新新闻和最近的业绩报告放在一个与网络相连的屏幕上进行显示。

（6）融合企业外部资源：将日程安排、地图和交通路况等信息融入内联网，这也可以为员工带来很大的便利。其中有一个例子是房屋委员会，此机构把产权名单储存在内联网上，每个在案的房子都有一个地图链接，这个链接可以通过邮编显示房子的位置。

在通过内联网进行员工管理时，采取恰当的技术手段来管理信息内容也是必要的。CMS就是构建在内联网和外联网上实现这一功能的系统（见第12章）。例如，微软网络平台服务端就是用来管理内联网的（http：//sharepoint.microsoft.com）。

内联网的实施和维护与外联网相类似，在下一部分，我们总结了外联网的5个管理要素，其也适用于内联网。

3.6.2 外联网应用

尽管外联网听起来很复杂，但其应用其实很简明易懂。比如说，你在互联网上购买一本书或者是一张CD，在购买过程中只要你注册了用户名和密码，那么你就使用了外联网。这是顾客服务型外联网，它同样也为企业用户提供网上服务。如果你访问专门为公司提供财务服务的Ifazone公司的外联网（www.ifazone.com），在打开公司的网站以后，你会发现主页上只有三个按钮——进入、注册和演示。由于有90%的业务现在正依赖于它所提供的资源，所以该公司在标准的制定方面起着举足轻重的作用。对于B2B电子商务公司而言，外联网是极其重要的。Hannon（1998）也赞成这种观点，同时，他还描述了内联网和外联网之间的关系，他把外联网形容成：

任何出于信息和数据共享目的与其他网络连接的内联网，或者两个内联网出于通信和交易目的连接起来，就建立了外联网。

Dell Premier就是一个大公司的企业顾客用外联网的案例。你可以通过阅读迷你案例3.7看出Dell在哪些方面获益。这个系统帮助Dell提高了客户忠诚度，因为一旦形成客户群，客户自己就会考虑转换成本，轻易不会改变供应商。这是一个'软锁定'的例子（第1章中有介绍）。Dell还鼓励顾客对新产品提出建议，顾客必须在头脑风暴服务中注册并增加内容，这被认为是外联网的一种形式，Dell Premier是一个较好的案例，它向我们展示了一种24小时不间断的服务形式。

迷你案例学习3.7

Dell Premier客户外联网提供了电子商务服务

Dell对外开放了Premier Dell.com（原来是Premier主页）为其顾客提供服务。Dell这样向顾客描述这项服务：

Premier Dell.com 是为您服务的采购门户，它能提供所有与电脑购置相关联的高效管理工具，比如购买、资产管理和产品支持等管理工具。

- 订购便捷——线上商城保证了可以为选购的商品定价。
- 跟踪便捷——实时关注订单状态，线上发票和购买历史的细节都可以随时查询。
- 管理便捷——自定义访问组定义了使用者能够用 Premier 访问什么和进行什么操作。

下面解释了 Dell Premier 是如何应用于电子采购的：

Dell 集成了一个自定义的 Premier 目录，在你的购买过程中，这种 ERP 系统赋予顾客更多的控制权，确保交易便捷、安全和有效。

调整顾客的采购系统——Dell 可以用一个多样性 ERP 软件集成很多内容，包括：Ariba、Commerce One、Lawson、Oracle Purchasing、SAP、SciQuest 等。

大幅节约——电子商务集成模块能够减少采购开销，节约订购时间。把购买记录合并到一个系统顺流管理中，电子发票和电子付款节约了员工的处理时间。

给顾客的帮助——将 ERP 系统应用到顾客的购物目录管理中。Dell 的集成平台致力于帮助顾客安全有效地购物，并节省递送时间。

来源：http: //premier.dell.com

Vlosky（2000）归纳了外联网能够带来的好处：

（1）在安全的环境下共享信息。公司可以通过外联网实现与其合作伙伴之间的信息共享。Vlosky 举了这方面的例子，Saatchi 利用外联网使广告客户可以访问广告项目的草案。供应商可以通过注册访问企业数据库共享企业产品供求信息。

（2）节约成本。通过外联网可以使经营管理变得更为有效。比如，Merisel 公司是一个计算机硬件销售商，通过外联网节约了近 70% 的订单处理成本。成本节约来自员工人数的减少、信息处理成本的降低和纸制文件使用的减少。

（3）订货和发货系统。我们把它称为"电子整合效用"。比如说，外联网可以使销售商的销货系统和供应商的供货系统相连接，以保证商品存货水平。这意味着可以减少由于缺货或存储过多导致的销售损失或高额成本。

（4）顾客服务。前面提及的 Premier Dell.com 外联网的例子充分体现了外联网有利于提高公司的服务质量和服务水平。此外，供应商和代理商也可以找到其需要的价格信息或广告材料。例如，3M 为分销商（如 Spicers 和 Euroffice）提供另一个外联网，方便其客户查阅其办公室产品信息。

外联网有很多管理理念和内联网相似，在维护外联网和建设外联网时可能会遇到以下 5 个典型的问题：

（1）外联网的使用程度是否足够高？外联网需要较大的投资，对于一个面向公众的网站，要付出相当大的努力去改变用户行为让用户使用网站及其服务。也就是通过鼓励使用、降低成本、提高效率来取得投资回报。再以 Nfazone 为例，金融咨询专家习惯于使用电话和邮件进行工作，公司需要向他们解释使用外联网的益处，并给予激励，如提高佣金水平。

（2）外联网的使用效率和效果如何？对外联网要进行投资回报率评估，对其工作和运行需要加以控制。例如，需要对不同用户的访问水平和不同类型信息的使用率进行测评。可以用不同类型信息使用的直接费用和间接费用的降低率来评估外联网的使用效果。例如，3M 公司生产的产品很多，包括办公用品等，其通过外联网连接办公用品零售商（参见 www.3m.com/uk/easy），零售商通过网站下载最新的产品价格清单和促销信息（如产品图片），每次下载的文档有助于零售商比较运输成本等，以降低费用。

（3）谁拥有外联网？外联网的功能包括：IT（技术框架）、财务功能（订单、票据交换和支付）、营销（为分销商和客户提供所需的数据和营销资料）、经营管理（存货信息交换）。

（4）应该提供什么样的客户服务水平？因为外联网已经成为企业业务处理的至关重要的部分，外联网的速度和有效性若出现问题会给企业带来很大的损失，因此，其比一般人想象的重要得多。

（5）信息的质量如何？信息最重要的属性是即时更新性和准确性。Vlosky 等（2000）指出如果信息不够准确或外联网瘫痪会使可靠性出现问题。

本书的第 6 章将介绍外联网在供应链管理方面的应用，作为一种来自于供应商方面的资源，它提供了供应商订单、产品和服务。比如，在 Marshall Industries 公司，当通过外联网收到一份来自顾客的新订单时，应用系统会自动生成一份生产订单，并且在此基础上结合企业生产能力生成一份详细的生产和运输单（Mougayer，1998），以促使公司的销售订货系统和存货控制系统等业务相互连接，并且能够同时与其他公司共享部分信息。这就要求公司的内联网能够通过外联网与其他公司的内联网相连接。为了使不同公司内联网的应用系统能够相互交流，中间件技术被广泛应用。

中间件技术通常用于连接不同公司的请求，便于访问对方的底层数据库，通常也被称为企业应用整合（enterprise application integration）（*Internet World*，1999）。这样的应用包括销售订单处理系统和库存管理系统。当然，对于不同的企业包含的内容不尽相同。

最后一个关于外联网的实例介绍是 Mecalux 公司，它是全球范围内的财务应用公司（www.mecalux.com）。Mecalux 公司总部在巴塞罗那，其业务包括产品设计、生产和存货管理，产品从简单的吊件到复杂的仓储支持系统应有尽有。公司自 1996 年成立以来，业务已经拓展到德国、英国、法国、波兰、新加坡和墨西哥等国家。在这种业务的拓展过程中面临的挑战是，如何改善与现有顾客的相互交流和如何提供改善顾客服务的信息。针对上述问题，公司的管理咨询小组决定成立一个无纸化公司，目标是使信息在世界范围内自由流动，使得公司经验丰富的咨询师能够更加方便、及时地提供世界各地的顾客所需要的信息。外联网还可以用于实现异地存储数据的共享。比如，新加坡的客户可以利用存储在西班牙子公司网络服务器上的数据查找产品的相关信息，以获得一些符合当地顾客需求的特定信息（如当地消费者偏好的产品规格和可以接受的价格）。这种方案还使技术人员和工程人员实现了在全球范围内进行产品设计方面的相互协作。

3.6.3　促进内联网和外联网的使用

尽管实践证明内联网和外联网的实施给公司带来了很多好处，但是它们往往与公司传统的管理和工作模式相冲突，所以要鼓励人们，尤其是一些已经熟悉传统工作流程的人，毕竟使用它们不是一件容易的事。从某种意义上讲，这就类似于鼓励顾客使用一个开放的网站进行购物。多数人认为内联网是公司宣传要积极使用的工具,但是如果这些公司积极推荐的网络内容被忽略了,它们的使用率就上不去。KM Column(2002)对内联网和外联网在使用过程中需要注意的一些问题归纳如下:

- 员工对内联网的使用率低,并且没有上升的趋势。
- 大部分的网页内容已经过期或者不完整和不精确。
- 内联网的内容不具有一致性或者连贯性,出现这种情况可能是因为网络的不同部分由不同部门的管理者来管理。
- 内联网上几乎所有的信息都是相关资料,既没有公司新闻,也没有一些最近的更新。
- 大部分公司有关部门对内联网的使用仅局限在发布公司内部信息。

实践活动3.3

克服B2B公司中内联网和外联网的使用限制

目的

阐明解除内联网和外联网使用限制的办法。

活动

B2B公司发现在对内联网和外联网最初的兴趣消减以后,它们的使用频率大大缩减。在KM Column的文章中有很多证据。因此,电子商务管理者应该实现以下目标:

1 增加使用频率

2 增加更多动态内容

3 鼓励客户订购(通过外联网)

答案见www.pearsoned.co.uk/chaffey。

3.6.4 网络电视(IPTV)

IPTV或者说网络电视数量的增长是近些年最令人激动的事情之一。电视和视频可以通过宽带在互联网上转播。像欧洲的Joost、美国的Hulu(www.hulu.com)、Babelgum、Vuze和Veoh这些公司在2007年的时候就提供数百个网络频道。网络电视有时被称为非线性电视或者请求式广播。

网络电视还提供卫星标准频道。数字电视重放时也可以选择网络电视。同时,其还提供传统的广播,例如BBC、Sky、ITV可以通过P2P网络分发,也可以重放。很多使用者会下载或者分享程序块。谁为网络电视使用的大型宽带付费一直备受争论,在下一节关于网络中立的部分进行讲解。

对于市场推销和广告代理来说,学习开发网络电视来接触网上用户是最基本的技能要求。

3.6.5 互联网协议电话(VoIP)

VoIP是一个相对较新的应用。它可以用于在网络上传递语音信息,换句话说,人们可以通过VoIP实现在互联网上打电话。查阅互联网协议中IP标准的内容可知,IP协议是利用一个单一的网络把一台电脑连接到它所需要交流的任何一台电脑上,连接实现的信息包括文本数据、声音和多媒体信息。VoIP之所以越来越受消费者的青睐,主要是因为它极大地降低了人们打电话的成本。管理和经营VoIP系统的成本仅相当于同样规模的传统电信系统管理费用的一半。从长远来看,它还可以用于一些主要的大型电信公司。用IP网络取代现存的电信网络，除了降低管理成本以外，VoIP还能带来以下几方面的益处：

- 简便的点击拨号——用户仅需点击电脑屏幕上的号码或者图标即可完成拨号任务。
- 来电转接和与不同地点的人举行电话会议。
- 集成的短信息服务——电子邮件、语音邮件和传真等信息都可以集中到一个单一的收件箱中。
- 成本控制——审查和查询不同企业的通信操作成本变得更加便捷。

公司要实施VoIP，管理者将面临以下选择：

（1）点对点。最有名的点对点实施方案是由Skype公司（2005年被eBay公司收购）推出的，即提供免费的电话拨打和电话会议服务。这项功能是通过一个"电话软件"来实现的。其中一项被称为SkypeOut的服务可以使使用者通过网络向固定电话和手机用户拨打电话。相对传统的电话呼叫而言，该项操作可以减少通话的成本，但它只适用于中小型企业。对于大型公司而言，其只适用于一些经常出差的员工。

（2）托管服务。这个应用相当于来自ASP（应用程序服务供应商）的服务。这里很多公司可以共同使用基于互联网的一个中心系统提供的服务，便可卓有成效地降低应用成本。但有些公司认为这种做法可能会导致公司现有电信资源闲置。

（3）完全替代原来的电话网络。这可能会导致重建成本偏高，并且这种投资可能在短期内很难看到收益。但是对于新设立的公司而言，这种投资通常来说是最有效率的。

（4）通过使用VoIP系统来更新现有的电话网络。这是现在很多公司乐于采用的最好的方式。

3.6.6 窗口小部件（Widgets）

窗口小部件是一种能在网页或者桌面获得信息或功能的工具。它们能提供一些功能，例如计算，也可以提供实时信息，例如新闻、天气。

网站所有者应该鼓励合作伙伴把窗口小部件放到其网站上，这会让更多的人知道其品牌。为了优化搜索引擎，可以建立反向链接，如果品牌所有者的站点没有你的品牌，也可以加进去。窗口小部件让合作伙伴的网站能够通过这些小部件为使用者提供更多的使用价值，也可以通过和你合作来加入自己的品牌。

主要的窗口小部件如下：

1.网页界面窗口小部件。网页界面窗口小部件早就已经被视作营销的一部分了，但是如今它正变得越来越复杂，包括了网站的搜索功能、实时价格更新，甚至视频流媒体。

2.谷歌界面窗口小部件。不同的目录都能被加到谷歌的"iGoogle"主页。

3.桌面和操作系统的界面窗口小部件。微软窗口使我们能够简单地订阅和创建工具集，并把它们放到工具栏。

4.社交媒介窗口小部件。它让网站使用者能够订阅RSS，能够在Delicious、Digg或者Technorati这些他们非常喜欢的社交媒介中标记某个页面。

5.脸书窗口小部件。脸书已经公开了API让开发者开发小的交互程序，使用者能够添加这些程序让自己的脸书私人化。

3.7　网站和数据交换标准

网站的网页通常是由文本、图像和多媒体等信息形式组成，这些被称为网站内容。文本、图像和多媒体等信息存在不同的标准。

3.7.1　XML 应用举例

都柏林核心元数据发起者（DCMI，www.dublincore.org）是第一个倡导广泛应用XML的组织。自1995年召开俄亥俄会议以来，会议督导小组一直致力于汇总不同的数据处理形式，以支持更好地在互联网上通信。会议的一个重要部分是确定一个包含网络文档和其他资源的标准。这个标准可以广泛应用于搜寻和查找某个作者、使用某种语言、在某个日期发表的文章，并且使得这种信息的查找变得更有效率。直到现在，这一标准还被应用于企业和其他组织的信息管理系统，以促使内联网和外联网有效地支持信息管理，譬如一些文献数据库，然而在互联网的应用却较少。

XML的意义一方面体现在其对供应链管理的贡献上，它给供应链管理带来了极大的便利。比如Microsoft公司的BizTalk服务器（www.microsoft.com/biztalk），其中的B2B集成应用是基于XML的。由于它是一个由Microsoft公司制定的专有标准，所以在不久后，又一个具有世界领先信息技术的半导体制造公司（由英特尔、索尼和诺基亚等组成的财团）开发的通用标准"RosettaNet"（见网站www.rosettanet.org）诞生了。Microsoft公司的BizTalk服务器使不同的公司可以自由交换所需的信息，作为提高供应商管理效率的一部分，Microsoft把BizTalk带来的益处归纳为：

（1）减少了"时间成本"和应用整合的成本，"时间成本"指开发时间。

（2）几乎整合了所有的应用程序和技术。

（3）任何规模的企业都能恰当地实施和应用，具有良好的适应性。

（4）支持各种工业标准，比如EDI、XML和SOAP等。

（5）可靠的文件传递，包括"一次性到达"的文件传递、综合性文件跟踪、故障切换支持和从系统中自动恢复文件。

（6）安全的文档交换——这并不是XML的特性，但在BizTalk中已经得到了应用。

（7）复杂商业运作中的自动处理功能。

（8）商业过程的管理和监控。

（9）贸易伙伴的自动化管理。

（10）减少企业发展过程中的复杂性。

XML的另一个广泛应用是ebXML（www.ebxml.org），这个标准是由Oasis（www.oasis-open.org）负责制定的。Oasis是一个致力于促进互联网标准制定的非营利性组织。该组织的最初计划是用以下5个标准界定商业交流过程：

- 商业过程（支持包括网上买卖实践活动在内的交易或事项）。
- 核心数据组件。
- 合作议定书的协议。
- 短信。
- 信息登记及存放。

Oasis 定义了形成商业过程的 3 种交易：

（1）商业交易，在双方之间达成的一个简单的商业交易，如下订单或发货。

（2）二元合作，一系列经营业务由双方完成，各自履行相关职责。

（3）多方合作，由来自不同团体的人员完成的一系列二元合作。

ebXML 被成功应用于许多企业信息系统，其中一个典型的应用是制定了一项使不同类型的会计数据包与在线订单处理系统相互交流协作的标准。这个新标准受到了会计行业、万维网社团及联合国的高度认可。此外，有 120 多家国际软件开发公司公开表示它们正在开发接口。Exchequer 软件公司（www.exchequer.com）是第一家在其产品中采用该项技术的公司。这意味着使用该软件可以直接通过电子邮件把订单导入公司的会计系统中，从而使公司的订单处理成本节约了近 30%。电子商务模块中的会计软件，可以用来提供一个远程操控的电子商务采购系统，用以定期更新股票市值内容、定价矩阵、账户资料以及企业的交易数据，比如一些特殊的订单和发票等重要信息。

政府也可以通过 XML 来制定不同部门之间数据的传输标准。该方面的应用可以参见英国政府转移病人资料的例子，详见相关网站（www.govtalk.gov.uk）。

3.7.2 语义网络标准

语义网络这个概念是由 Tim Berners-Lee 和万维网社团基于提高当前的万维网应用范围而提出来的。语义学是有关文字意义和语言表述研究的一门学科。例如，爸爸的语义包括男性、人类和父母；女孩的语义有女性、人类和年轻。语义网络就是关于如何给网络内容定义，使其更容易定位相关信息和服务。如上所述，通过搜索网络在特定的标题中找到相关信息是不精确的，因为描述网页内容的标准不统一。语义网络通过类似于 XML、RDF 和 Dublin Core 这种标准描述了元数据的使用，它可以帮助使用者更容易发现网络资源。语意网络的另一个优势是它使得软件代理商之间可以进行数据交换，这些数据可以在不同的服务器和电脑上进行交换。

agents 是创造的软件程序以帮助人们执行任务。在本文中，它主要是指从互联网上收集信息或者与其他代理商交换数据。

语义网络的应用最好通过实例来解释。Berners-Lee 等（2001）给出了一个病人在特定情况下寻求医务治疗的例子。假设病人的电脑上安装有一个私人软件 agent（最好是一个搜索引擎），该软件用于寻找最好的资料。在病人发出请求以后，病人的 agent 软件根据这些信息与医生的 agent 软件相联系，它会通过不同的医疗保健供应商提供其服务的详细信息，再把这些信息传递给病人的 agent 软件，然后病人的 agent 软件根据这些信息为病人提供不同的医疗方案，包括费用、医疗效果、医疗时间和服务地址等。同样，一个私人 agent 软件还可以用于寻找最佳的航班，一个企业 agent 软件也可以用于参加一个拍卖活动等。

尽管语义网络已经创建十多年，仍然还有一些商务软件在缺乏需求的时候出现问题，但是搜索引擎在回馈相关信息方面已经表现得很完美了。万维网联盟已经编辑了一些例子并在 www.w3org/2001/sw/sweo/public/UseCases/ 中上传。

3.7.3 微格式

微格式是语义网络发展的一个实例。数据可以通过标准微格式进行传递，例如 hCalendar 和 hReview 都被用来把其他网站的数据收编到谷歌清单中（见 www.microformats.

org)。你可以看到微格式的例子，谷歌已经在网站中把它编为星级例子。如果你搜索电影、宾馆或者流行产品，它就会进行索引。

3.8 重点：互联网治理

在第4章，我们将了解到政府通过法律和政策等方式在其管辖范围内对互联网的使用和推广实施控制。本章我们将关注互联网日益成为一种不断发展的全球性流行现象和上一章表述的标准是怎样制定的。从前面部分所描述的标准制定过程可以看出，互联网不同于以前的任何通信媒介，它不易受政府部门的控制，而且它的发展形式具有不确定性。印刷、电视、电话和收音机这些媒介，都受到政府严格的控制以使它们按照政府所能接受的方式发展，而对于互联网，政府只能发布某些规定，但是对其的控制确实是极其有限的。

Esther Dyson（1998）在互联网对社会的影响方面有深入的研究，并提供有关咨询服务，在这一领域有较强的影响力。她认为对互联网的治理是通过管理互联网的发展和使用率来实现的。"治理"一词在传统意义上说一般是由政府来主导进行的，但是互联网的全球化使得原有的政府管制变得不切实际。Dyson说：

现在，随着网络应用的日益普遍，我们可以从一个全新的角度去看待一些公司和机构的职能——其已不仅仅是传统意义上的把商品卖给某个公司或部门，而是还允许这些公司和机构独立于传统的政府之外去充当某种"政府"角色。这些新型的国际规章制定机构行使着以前政府的职能，去协调日益增多的大型跨国公司之间的利益。与此同时，也对那些在互联网上涉及国际业务的中小企业和个人起约束作用。

Dyson（1998）描述了互联网几种不同层次的管制权，它们是：

（1）某个国家地理范围内的法律约束，比如国家的税收管制、私权管制和贸易广告标准等。

（2）ISPs——现实世界和虚拟世界的纽带。

有很多非营利组织现在正致力于控制互联网的各个方面，因为它们对互联网的控制是没有国界的，它们也被称为"超越政府的组织"。下面我们要对它们进行一一介绍。

3.8.1 网络中立原则

网络中立是在互联网发展的20世纪八九十年代基于基本方法建立的。这个原则的重点就是应能够平等连接到网络和网页，但是这种原则受到两种动因的威胁。第一，网络中立最常见的环境就是通过一些远程通信公司和ISPs提供连接到特定网络的服务。ISPs的愿望是根据顾客付费的多少来提供不同质量的服务，也就是不同的连接速度。所以ISPs能够管理电视频道这种公司，因为它们的视频内容需要高速网络通道。

在美国，对连接层面的考虑越来越多，有两个提议法案来帮助实现中立，它们分别是2006年的《互联网自由和非歧视行为法案》和《促进和增强交流机会法案》，但这两个法案最终都没立法。ISPs强烈不同意这两个法案，后来它宣称互联网提供商Comcast歧视使用者，使他们不能从比特流连接到对等网络。在欧洲像英国这样的国家，ISPs就提供不同等级的宽带服务。

第二，小范围适用但仍需考虑的网络中立是一些政府或其他人员封锁特定服务和内容的愿望。

专栏3.8

在欧美持网络中立态度的Ofcom

Ofcom是英国的网络管理者。在网络中立问题上它的态度很明确，许多潜在的问题需由它治理。

网络中立的问题

网络中立的问题在于需要考虑在不同种类因特网流量的前提下，是否应该建立一个非歧视原则以及这个原则应被应用在哪些地方。

现在已经进入了一个互联网流量迅速增长的新时期，例如新出现的视频和对等网络软件（例如游戏和VoIP）。这种流量的快速增长引发了部分互联网拥堵的现象。此外许多这样的应用程序要求很高的时效性，不能容忍延迟，比如电子邮件或浏览网页。

为了响应这些新软件和它们的附属要求，服务提供商开发了一系列商业模型来控制不同类型流量的优先权。随着互联网技术的发展，网络已经能够允许更高级的软件链接网络数据包，因为它具有较高的优先权。

网络中立的争议

网络中立的倡议者们认为保护顾客的选择权和网络革新是最基本的，他们的提议引用了《美国宪法第一修正案》，其提出网络中立是保证言论自由的必要条件。一些大的网络供应商和内容公司想通过消费者权益组织投票决定网络中立。

反对者认为应该提供不同质量的服务，一方面是为了保证收回投资成本；另一方面是为了确保服务质量，尤其是提高顾客对VoIP和视频流的体验质量。美国电缆公司和现任电信经营者声明：《美国宪法第一修正案》的支持者反对网络中立，且网络中立的支持者们不能强迫他们发表其并不赞同的言论。

欧盟和美国的不同

欧盟与美国的情况形成了鲜明的对比。在美国，大规模访问服务的管制包括网络链接已经引发有关网络中立的争议。欧盟则提供了分类定价的本地循环和比特流访问工具，这些工具被视为解决竞争问题的关键。

因为建议的一部分是修改欧盟现存的规章制度，欧盟委员会提出一些倡议：要保证用户能够获取合法内容，包括顾客能够知晓供应商服务内容的改变和有能力获得违规赔偿。除此之外，委员会提议各国监管机构要确保通信供应商可以履行一项最基本的义务，即提供与欧洲同标准的服务。

3.8.2 域名和IP地址分配机构（ICANN，www.icann.org）

ICANN是一个致力于对域名和IP地址进行分配和管理的非营利机构。因为域名和网址对于网络用户而言所产生的影响是最直观的，所以ICANN也许是这些互联网管理机构中最为大家所熟知的。域名和网址分配最初是由美国政府承包商、IANA（互联网域名管理机构）和其他一些自愿组织进行统一管理。

ICANN记载了网站发展的相关事件（www.icann.org/general/fact-sheet.htm）。

在过去，许多关于互联网关键技术的协调工作都是通过美国政府承包商、受资助机构和大量网络志愿者来完成的。这种非正式组织代表着互联网发展研究机构的一种积极的精神和文化。然而，随着互联网国际化及其在商业应用中重要性的增长，一个技术管理和政策制定机构的建立迫在眉睫，这个机构在形式上应该更加正式，责任更加明确，政策更加透明，并且能够全面反映全世界范围互联网团体的多样化要求。

这种机构的独立性导致了一些问题的产生，比如谁来赞助它们，谁来为它们的行为负责——它们由谁来管？令人难以置信的是，在 2002 年，ICANN 只有由 14 名员工、19 名义工组成的董事局，由被许多人誉为"互联网之父"的 Vinton Cerf 博士担任主席。ICANN 运行所需资金来源于商业公司申请和注册域名所缴纳的费用。一些网站认为ICANN 的政策受其投资商的影响，但是对该组织的控制主要来源于一个独立的观察团队，这个观察团队由 10 名学者、律师组成，他们分别来自美国、新西兰、阿根廷、秘鲁、丹麦、日本等国家。

3.8.3　互联网协会（www.isoc.org）

互联网协会简称 ISOC，是在 1992 年成立的。该组织的宗旨是：

协调解决互联网未来发展所面临的问题，并在问题解决过程中实施统一的领导。它是互联网基础设施标准的组织中心，包括 IETF 和 IAB。

社会目标中一个重要方面是（www.internetsociety.org/who-we-are/mission）：

互联网协会的一个主要任务是确保互联网发展过程中的开放性和独立性，并且保证互联网的发展能造福世界人民。

从上述目标中，我们可以看出，尽管该组织主要关注互联网标准和互联网技术问题，但它同时也关注这些问题所带来的全球性影响。

3.8.4　互联网工程工作组（IETF，www.ietf.org）

互联网工程工作组是一个由网络设计师、操作员、研究专家等关注互联网基础设施和协议标准的人组成的国际组织。它主要的分支有互联网架构委员会（ISOC 的一个技术咨询组织）和互联网督导小组。互联网架构委员会具有广泛的责任，主要负责互联网运作的技术咨询。互联网督导小组负责对互联网标准制定进程实施监督。和其他这类组织一样，互联网工程工作组的运作主要是通过电子通信来进行的，每年仅召开三个主要的会议，一些新的技术手段通常通过电子邮件和论坛的形式进行交流。

3.8.5　万维网社团（www.w3.org）

该组织主要致力于网络标准的制定，由 Berner-lee 领导。现在，万维网社团致力于促进网络标准的制定和发布，比如 HTML 和 XML 协议。XML 是万维网社团在实施语义网络时研发的重要成果。该组织还致力于推动弥补一些网络现存缺陷的工作。比如，它正负责开发一项基于语音的浏览器。

3.8.6　电信信息网络结构联盟（TINA-C，www.tinac.com/）

此联盟与其他的一些组织有所不同，它在应用程序如何通过通信网络进行通信方面具有更高层次的视角。它并不对详细的标准进行定义，其原则是用以目标为导向的方法来简化系统的整合过程。

这些原则的目的是确保软件组件的互用性、便携性和可重复使用性，确保其独立于特定的技术，并分担不同商业利益相关者（消费者、服务供应商和连通供应商）创建并管理复杂系统的重担。

虽然电信信息网络结构联盟早在 20 世纪 90 年代就已建立，但是在建立名为"TINA-

一致性"的解决方案中所取得的成功还是很有限的。

3.8.7 企业对互联网标准的影响和控制

就像我们前面介绍的"超越政府组织"一样，很多公司也试图通过控制互联网来提高和维护公司的竞争力。比如，Microsoft公司就曾试图使用现在被法院判决为"反竞争策略"的 Explorer 网络浏览器以获得更大的市场份额。在5年的时间内，Microsoft公司通过Explorer 网络浏览器获得了75%的市场份额，这也使 Microsoft公司在其他领域获得了极大的收益，比如通过电邮如MSN（www.msn.com）获得的广告收入，通过网站如旅游网站Expedia（www.expedia.com）获得的收益等。Microsoft公司还试图控制类似于HTML的网络标准的制定并出台了对手标准和其他标准的变体。

尽管 Microsoft公司做了很多试图控制互联网的尝试，但是实践表明在全球性互联网标准制定团体存在的情况下，公司要发展自己的标准似乎是不太可能的。现在，像 Microsoft这样的大公司也要借助于类似万维网社团这种独立的机构来制定和实施网络标准。但这并非意味着公司在互联网标准的制定过程中无所作为，公司可以通过向这些组织派遣自己的员工参与标准制定来保护自己的权益。

尽管这样，仍然有很多人担心互联网将来可能被某几个公司所控制。"World of Ends"活动（www.worldofends.com）阐述了如果几家公司控制互联网将可能带来的一系列问题，比如将限制消费者的选择和扼杀互联网技术创新等。

- 没人能拥有它。
- 每个人都能用它。
- 每个人都能改进它。

3.8.8 源代码开放软件

传统观点认为商业利益刺激了互联网软件业的快速发展，一些具有代表性的产品正是应商业的需求而产生的，比如说 Javascript 和 Cookies（Netcape公司），.net（Microsoft公司），Java（Sun Microsystems）。然而，**源代码开放软件**的使用可以说是对公司控制互联网的一种回应，如 Linux 操作系统、Apache 网络服务器系统和 Plone 内容管理系统等。开放源代码的倡导者认为，开放源代码可以使得更多的用户和开发者参与软件的质量监控，这样可以有效地提高软件的质量。源代码开放组织（www.opensource.org）把开放源代码带来的好处总结为：

源代码开放的基本观点很简单，如果程序员能够阅读某个软件的源代码，那么他就能够重新分配和修改软件的源代码，这样软件的功能就能得到改进。人们就会不断地去改进它，而不是被动地去适应它。相比速度缓慢的常规软件开发而言，这种软件的改进速度是非常惊人的。

源代码开放组织认为，对于传统的商业软件，只有一小部分程序员能看到它的源代码，而绝大多数的用户却只能盲目地使用一个自己不懂的东西。如果源代码能够向用户开放，那么软件的发展将达到一个更加惊人的程度。

表3-5归纳了源代码开放的一些优缺点。要知道源代码开放方面面临的问题，请完成实践活动3.4，从一个技术经理的角度思考开放源代码的困境。

表 3-5　　　　　　　　　　源代码开放软件的优缺点

源代码开放的优点	反方观点
①免费	抛弃原有的系统成本可能较高，还可能引发系统崩溃和增加员工培训费用
②升级免费，维护成本低	并没有具体相应的反方观点
③增加灵活性	组织根据源代码可以修改代码，这种合作开发会使系统的补丁不断增加
①与商业软件相比，功能不够强大	简单化可以避免错误增多，便于使用。商业软件的很多功能只被很少的用户使用
②没有经过商业测试，系统可能含有更多的缺陷	没有事实证据支持这种观点。模块设计需要多方合作，问题或是被解决或是被剥离
③缺乏质量保障	组织自身可以接触源代码，自己处理问题。另外，像 IBM、SuSe 和 Redhat 等对 Linux 进行有偿支持

实践活动 3.4

寻找源代码开放软件

目的

本章最后一个实践活动关注的是一个电子商务公司的技术经理会普遍面临的问题：在选择应用软件时，是采用由大型公司开发的标准软件，还是选择源代码开放软件，或者使用其他更便宜的软件？

问题

1 对于技术经理面临的上述不同选择，应该从哪方面进行评价？

如：

（a）是不是现在最流行的软件？

（b）相比 Microsoft 的类似软件而言，它的优势和劣势分别在哪？

2 中小型公司或者大型公司（任选）在选择下列应用软件时，你有什么挑选建议？请给出合理的理由。

（a）操作系统，比如 Microsoft 公司的 Windows 2000/Windows XP 或者 Linux（源代码开放）。

（b）浏览器，比如 Microsoft 公司的互联网 Explorer 浏览器或其竞争对手的产品，比如 Opera。

（c）软件编译系统，比如 Microsoft 公司的 ASP.net 或其他独立的编译语言。

实践活动答案参见 www.pearsoned.co.uk/chaffey.

案例学习 3.1

谷歌的革新

环境

除了成为地球上最大的搜索引擎，谷歌还是一个在数字服务中不断创新的很好的例子，它每天都要提供数百亿次搜索。所有参与的管理数字业务都需要遵循谷歌的最新方法进行试验。

谷歌的使命

谷歌的使命可以压缩为一句话："把全球的信息整合成一个系统……使每个人都能接

触它使用它。"谷歌解释道：要实现这个使命最有效的办法就是把用户放在第一位。提供高质量的用户体验已经给其带来了很好的口碑宣传和流量增长。

著名的谷歌哲学的原则：

● 客户第一，其他第二。

● 一次专注于完美完成一件事。

● 赚钱不需要做坏事。

关于谷歌文化的更进一步介绍可以在 www.google.com/intl/en/corporate/tenthings.html 中发现。

把客户放在第一位可以从谷歌美国证券交易委员会文件中三个重要方面看出：

1.我们会尽己所能提供最相关最有用的搜索结果、独立的财务奖励机制。我们的搜索结果将保持客观，我们不会为了钱而在搜索结果中插入别的东西或进行排名。

2.我们会尽己所能提供最相关有用的广告。广告不会变成烦人的打扰。如果任何搜索结果页面因为广告而受到影响，我们会给客户一个答复。

3.我们绝不会停止在提高客户体验、提升搜索技术和其他重要的信息领域的探索。

在美国证券交易委员会文件的投资者关系中，公司解释了"我们如何为客户提供价值"：

我们用更快速、更易搜索、更易创建、更易组织的产品来服务我们的客户，并和他们分享我们的信息。我们重视产品，对许多人来说，有可能改善他们的生活。

一些主要的优势：全面性、相关性、客观性；全球可访问性；使用简单；提供相关的有用的商业信息；多渠道平台；改善网页。

谷歌服务的详尽信息可以在http：//www.google，com/options/上找到。

谷歌的革新保证可以从如下近期服务中看出：

● 谷歌电视作为和索尼的合作协议的一部分（2010年宣布）。

● Nexus One Phone用了2010年1月发布的谷歌安卓移动操作系统（www.google.com/phone）。

● 谷歌移动广告（尽管谷歌曾发布过文本广告，2009年AdMob的进展让这一项目更为完善）。

● 谷歌操作系统和2009年配备谷歌操作系统的笔记本。

● 谷歌浏览器。

● 谷歌眼镜。最近的一个可视化项目。

2009年，谷歌花费了12%的收入在研究和发展项目上，与2005年相比增长不到10%，比销售和市场营销增长得多（8.4%）。

谷歌收入模型

谷歌关键词广告是收入的主要来源。每点击一次付费的支付方式主要依赖于搜索引擎和谷歌邮件，谷歌网络成员网站上采取的则是每千次点击付费的收费方式。谷歌向其他媒体介绍过传统模式的广告项目，包括：

● 谷歌语音广告（在语音节目中加入广告）。

● 谷歌打印广告。

● 谷歌电视广告。

● 谷歌在YouTube上的推广视频广告、用户点击付费的视频广告。

所以谷歌的收入取决于不同国家电脑和移动设备的搜索量和与谷歌广告有关的搜索比例。comScore（2008）调查显示25%的搜索结果是一个广告链接，而这个链接里面包括赞助商的搜索结果（大约占搜索的50%）。通过和卖主的贸易交流，谷歌也在想办法增加广告量和投资。对搜索词的广告竞争的增加将提高广告价格和谷歌收入。

根据谷歌投资商关系报告，在2013年谷歌1/3的收入来自谷歌合作伙伴的展示网络，包括那些订阅了谷歌广告项目的人。它通过推出一个"跨装置广告新系统"（Enhanced campaigns）优化了广告目标，这个系统的主要收入来源是移动设备。

风险因素

谷歌面临的主要风险因素：

1. 新技术可能会封锁谷歌广告。在将来广告封锁技术会影响谷歌的搜索结果，虽然如今这个技术并没有被广泛传播。

2. 由于点击欺诈而带来的诉讼和信心丧失。当竞争者点击一个链接时点击欺诈可能会发生，不过这只是极小规模的。更大的问题在于结构化的点击欺诈，也就是说谷歌网络的所有网站所有者都会寻求其他的广告订阅。

3. 垃圾邮件会损害谷歌搜索结果的诚信。这会损害谷歌的名誉，还会引起谷歌客户对于其产品和服务的不满。

谷歌认为：

指出垃圾邮件发送者会造成持续增长的影响，它会操控搜索结果。例如，因为我们的搜索技术会根据网站内容与搜索的相关性排列等级，人们会尝试链接一系列的网站来操纵搜索结果。

你可以通过SmartInsihgts搜索谷歌市场更新来找这个案例学习的更新内容。

网页视频解释：www.google.com/howgoogleworks/（第9章搜索引擎市场将进一步介绍谷歌的相关内容）。

问题

解释谷歌的收入来源，在数字技术方面如何进行创新来识别未来收入的增长。同时还要考虑未来收入所面临的风险因素。

3.9 本章小结

（1）企业需要提供一系列数字化经营基础设施，可以支持用户的桌面、移动平台和灵活的改变以满足不同的业务需求。

（2）移动平台决策涉及选择移动操作系统的目标，提供手机服务以及是否需要附加的应用程序。

（3）互联网工程框架的五个组成部分：第一层是应用层，第二层是系统软件层，第三层是传输层，第四层是存储或物理层，第五层是内容或数据层。

（4）使用云计算集成不同的web服务可以使商业软件增加一定的定制开发。

（5）SaaS提供者如同商家一样都要注意减少基础设施的成本，通过外部托管应用程序和数据改进传递服务。

习 题

自测题

1.互联网和万维网的区别是什么？

2.描述互联网服务供应商（ISP）的两项主要功能，它们与应用服务供应商（ASP）的区别是什么？

3.描述内联网、外联网和互联网的区别。

4.描述当一个网页从网络服务器传送到用户的网络浏览器的时候所涉及的网络标准。

5.与员工使用互联网相关的管理观点有哪些？

6.解释下列名词：HTML、HTTP、XML、FTP（可查阅以前版本）。

7.简述 HTTP 的网页内容与有类似于 JavaScript 等脚本语言书写的动态网页内容的区别。

8.在家庭电脑连接到互联网过程中需要的软件和硬件有哪些？

讨论题

1.讨论"如果没有由 Tim Berners-Lee 发明的万维网的发展，互联网不可能成为一个重要的商业媒介。"

2.讨论"在未来内联网、外联网与互联网三者之间的区别将会越来越不明显。"

3.讨论在公司内部建立电子商务网络相比借助于 ISP 或 ASP 发展电子商务业务的优缺点。

4.假设你是一家小型电子商务公司网站建设顾问，请归纳总结建设网站不同阶段的内容和相应的管理问题。

考试题

1.简述公司发展内联网所需的软件和硬件设施。

2.简述家庭用户连接互联网所需的硬件和软件。

3.解释名词"电子数据交换"，它对现在的公司是否还适用？

4.描述下列工具是如何在公司的网页上应用的：HTML、 FTP、 RSS（可查阅以前版本）。

5.HTML 和 HTTP 标准的存在对万维网的成功发展是至关重要的，请解释原因。

6.XML 标准相比 HTML 标准能给 B2B 公司带来哪些好处？

7.解释为什么电子商务投资者要研究应用服务提供商（ASP）。

8.从电子商务的角度解释内联网、外联网和互联网三者之间的不同。

网络链接

一个简短的互联网历史（www.zakon.org/robert/internet/timeline）

CIO 杂志（www.cio.com/research/intranet）

Forrester 营销博客（http://blogs.forrester.com/marketing/）

Google（www7.scu.edu.au/programme/fullpapers/1921/com1921.htm）

Howstuffworks（www.howstuffworks.com）

www.ibforum.com

www.intranetfocus.com

www.intranetjournal.com

www.readwriteweb.com

http://smoothspan.wordpress.com

XML.com（www.xml.com）

参考文献

Akamai(2006)Akamai and JupiterResearch Identify'4 Seconds'as the New Threshold of Acceptability for Retail Web Page Response Times.Press release,6 November:www.aka mai.com/thml/about/press/releases/2006/press_110606.html.

ArsTecnica (2007) Evidence mounts that Comcast is targeting BitTorrent traffic.*ArsTechnica,*The Art of Technology,by Jacqui Cheng,19 October:http://arstechnica.com/uncategorized/2007/10/evidence-mouts-that-comcast-s-targeting-bittorrent-traffic/.

Berners-Lee,T.,Hendler,J.and Lassila,O.(2001)The Semantic Web.*Scientifc American,*May.Published online at :www.sciam.com.

ClickZ (2010) Foursquare Marketing Hits and Misses:5 Case Studies.Christopher Heine,28 September: www.clickz.com/clickz/news/1735591/foursquare-marketing-hitsmisses-case-studies.

CIO(2010)IaaS:Why Intel Dumped the Grid.Article on CIO.com online magazine.By Rick Swanborg,9 June 2010:www.cio.com/article/596387/IaaS_Why_Intel_Dumped_the_Grid?taxonomyId=3017.

Computer Economics(2006)Software as a Service Shows Attractive Payback.Research Report,June.

comScore (2008)Why Google´s surprising paid click data are less surprising.By Magid Abraham,28 February. Published at:www.comscore.com/Lnsights/Blog/Why_Google_s_surprising_paid_click_data_are_less_surprising.

Cutts,M.(2007)Talk like a Googler:parts of a url.Blog posting,14 August:www.mattcutts.com/blog/seco-glossary-url-definitions/.

Dyson,E.(1998)*Release 2.1:A Design for Living in the Digital Age.*Penguin,London.

Google (2010) You and site performance,sitting in a tree...Blog posting,Official Google Blog,2 May:http://googlewebmastercentral.blogspot.com/2010/05/you-and-site-performance-sitting-in.html.

Guardian(2008)Porm?Sex?Britons value cruies much more.*The Guardian,*Richard Wray,6 February.

Hannon,N.(1998)*The Business of the Internet.*Course Technology,New York.

Hasselbring,W.(2000)Information system integration.*Communications of the ACM,*43(6).33-8.

IBF(2008)*12 ways to use your intranet to cut your costs.*Member Briefing Paper,August.Published by the Intrancet Benchmarking Forum(www.ibforum.com).

Internet World(1999)Enterprise application integration-middleware apps scale firewalls.*Internet World,*17 May.

IOD(2005)Voice Over IP.Institute of Directors(www.iod.com),February,London.

Intranet Journal(2009)Creating your Share Point Governance Plan.Robert Bogue,4 June,*Intranet Journal* (online magazine).www.intranetjournal.com/articles/200906/ij_06_04_09a.html.

Kampas,P.(2000)Road map to the e-revolution.*Information Systems Management Journal,*Spring,8-22.

KM Molumn (2002) September 2002 issue:Sixteen steps to a renewed corporate intranet.Published by Step Two Designs at:www.steptwo.com.au/papers/kmc_renewintranet/index.html.

Mcaffe,A.and Brynjolfsson,E.(2008)Investing in the IT that makes a competitive difference.*Harvard Business Review,*July-August,99-107.

Mougayer,W.(1998)*Opening Digital Markets-Battle Plans and Strategies for Internet Commerce,*2nd edn. Commerce Net Press,McGraw-Hill,New York.

Nielsen,J.(1994)Response Times:The Tree Important Limits.Online white paper:www.useit.com/papers/responsetime.html.

Ofcom (2007) The International Communications Market 2007.Report published December 2007.Extract from section 1.3,the regulatory landscape:http://stakeholders.ofcom.org.uk/market- data- research/market-data/communications-market-reports/icmr07/overview/landscape/.

Ofcom (2007)The UK Communications Market Reprt 2010(August).http://stakeholders.ofcom.org.uk/market-data-research/market-data/communications-market-reports/cmr10/.

Pandia(2007)Google:one million servers and counting.Pandia Search Engine News:www.pandia.com/sew/481-gartner.html.

SciVisum(2005)Internet Campaign Effectiveness Study.Press Release,July:www.scivisum.co.uk.

Smart Insights(2010)Our interview with Malcolm Duckett about Magiq dynamic personalization.7 August

2010:www.smartinsights.com/ecommerce/web－personalisation/dynamic－personalization－software－maqiq/.

Smart Insights(2013)Mobile Marketing Strategy Guide by Rob Thurner and Dave Chaffey.April 2013.Published online at:www.smartinsights.com/mobile－marketing.

Smoothspan(2007)How Many Tenants For a Multitenant SaaS Architecture?Blog posting,30 October:http://smoothspan.wordpress.com/2007/10/30/how－many－temants－for－a－multitenant－saas－architecture/.

Spinrad,P.(1999).The new cool.Akamai overcomes the Internet′s hotspot problem.*Wired*,7 August,152－4.

The Register(2004)Wobbly shopping carts blight UK e-commerce:*The Register.Co.uk*,4 June.

Vlosky,R.,Fontenot,R.and Blalock,L.(2000)Extranets:impacts on business practices and relationships.*Journal of Business and Industrial Marketing*,15(6),438－57.

VMware(2007)Association of Teachers and Lecturers,customer success story:www.vmware.com/pdf/atl.pdf.

VMware(2008)Virtualization Basics:www.vmware.com/virtualization.

Wired(2007)The Great Firewall:China′s Misguided－and Futile－Attempt to Control What Happens Online.*Wired* 15.11,by Oliver August,23 August.

第 4 章

电子商务环境

主要内容

本章主题

- 社会和法律因素
  互联网的使用与绿色环境

- 税收因素

- 经济和竞争因素

- 政治因素

- 电子政府

- 技术创新和技术评定

案例学习

- 消费者关于全球化的看法

学习目标

学习本章之后，读者应该能够：

- 确认不同宏观环境因素对企业电子商务和电子营销战略的影响

- 评价法律、隐私权、道德约束和机遇对公司的影响

- 评价宏观经济因素的作用，比如经济环境、政府的电子商务政策、税收和法律因素

管理问题

- 在电子商务环境下制定和实施电子商务战略有哪些瓶颈（如法律问题）？

- 在满足消费者需求和留住顾客的同时，如何保护顾客的隐私和得到顾客的信任？

- 技术的业务相关性评估

网站支持

说明以下问题的案例，请参阅 www.pearsoned.co.uk/chaffey：

- 新加坡政府创造 "intelligent island"（智慧岛）

- OOCL 公司在从事网上服务时做出的改变

- 印刷业的未来在哪里？

- 网络 GP

网站上也包括一些目的在于帮助你改善学习成果的研究资料。

章节链接

主要相关章节

- 第 2 章——电子商务市场分析，介绍电子商务环境下的不同要素

- 第二部分（第 5、6、8 章）所描述的战略方法要求考虑互联网环境下的制约因素

4.1　本章介绍

我们在第 2 章介绍了把握市场变化的重要性及这种变化是如何影响一个企业的。表 4-1 描述了影响企业的主要宏观因素和微观因素。

表 4-1　　　　　　　　　　　　影响企业的主要宏观因素和微观因素

宏观因素	微观因素（互联网市场）
社会	企业
法律、道德和税收	顾客
经济状况	供应商
政治	竞争者
技术	中介
竞争	群众

这一章我们主要讨论宏观因素、微观因素（或者说是网络环境因素，如竞争者、供应商和中间商，这是本书第 2 章、第 4 章和第二部分的重点内容）对电子商务的影响作用。我们将通过广泛使用的 SLEPT 框架来回顾前面学过的宏观环境因素。SLEPT 代表社会、法律、经济、政治和技术因素，这些因素又称为 PEST 因素。但是，从我们开始重视法律对互联网市场活动的影响以后，SLEPT 就代替了 PEST。SLEPT 具体指：

- 社会因素——包括消费者取向、如何影响消费者在不同商业活动中选择网络进行使用。
- 法律和道德因素——决定在线促销和销售产品的方法。政府代表着社会的整体利益，保护个人的隐私权。
- 经济因素——不同国家和地区经济形态的多样性会影响消费方式和国际贸易。
- 政治因素——在互联网的使用、控制及管治规则的制定上，国家政府和贸易组织起着极其重要的作用。
- 技术因素——技术上的改变能给商品带来新的市场机会。

对于每个因素，我们关注的是管理者在电子商务交易中应该承担什么样的责任。

现在我们通过完成实践活动 4.1 来揭示电子商务管理者应该考虑的宏观环境因素。当完成一项调查的时候，不要认为所有的因素都是一样重要的，而应该重点考虑在当前环境中最主要的影响因素，例如立法和技术革新。

实践活动 4.1

社会、法律和道德因素简介

在列示社会、法律和道德问题时，卖方电子商务网站的管理者应该尽力维护与用户之间的关系。这些问题处理不好可能会使你的公司遭到指控。解决这些问题时，你应该以关心你的人、朋友或者家人登录网站时所提出的意见为答案的基础。

实践活动答案参见 www.pearsoned.co.uk/chaffey。

本实践活动中所提到的因素以及经济、竞争压力等其他因素总是快速地发生着变化，尤其是那些与科技进步联系紧密的动态要素。

图 4-1 表明了宏观环境因素的变化频率。"变化波浪"指标反映了随着时间的变化，不同环境因素的变化频率是不一样的。管理者应该不断关注市场环境的变化，并且评价哪些变化会给企业的经营带来影响。从图形中可以看出，社会文化，尤其是流行文化（流行什么，不流行什么）的变化频率很高。新技术的引进如同流行方向的变化一样频繁，我们也需要对它们进行评估。尽管政策法规的变化需要一段较长的时间，但新的法律出台相对快一些。互联网市场经营者的能力就在于辨别并且追踪这些因素，在互联网市场的背景下究竟哪些是重要的，哪些对提高竞争力和服务质量是关键的。我们认为对于一个互联网市场营销者来说，技术和法律因素是最重要的，所以我们应该把重点放在它们身上。

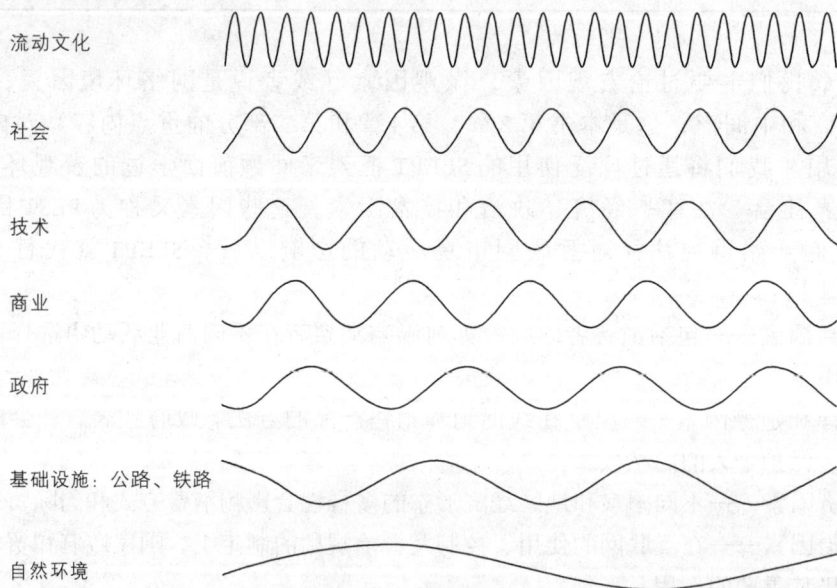

图 4-1　"变化波浪"（waves of change）——各个宏观环境因素的变化频率

由于法律问题对于电子商务经理来说是最重要的，在表 4-2 中列示了最重要的七个法律问题。在本章中每个问题都将详细讲述。一个企业如果不关注这些环境因素，或是对它们的变化不能做出充分的反应，那么企业将失去竞争力，并且可能面临失败。关注环境变化的过程通常被称为**环境观察分析**。这经常在一种被称为"广告热"的过程中出现，在这一过程中许多员工和管理者会关注环境变化并对变化作出相应的反应。该"广告热"的问题在于如果没有报告机制就会有一些大的变化不易被管理层发现。在评估不同的信息和作出相应反应时，非常有必要进行环境分析。

表4-2　　　　　　　　　　　　　控制数字营销的显著法律

法律问题	数字营销活动的影响
1.数据保护和隐私法	✓ 收集、储存、使用和删除个人信息直接通过数据采集和间接通过网络分析的跟踪行为 ✓ 电子邮件营销和短信移动营销 ✓ 使用病毒式营销，鼓励营销信息在消费者之间的传播 ✓ 使用cookies进行网站之间的跟踪，例如根据用户使用行为进行广告的定向投放 ✓ 使用社交网络上的客户信息 ✓ 安装在用户的PC机上，用于市场营销目的的恶意软件，例如工具栏或下载其他工具时附载的软件
2.残疾歧视法	✓ 在不同的数字环境中视觉障碍的内容，如图像的可访问性 ➤ 网站 ➤ 电子邮件 ➤ 手机 ➤ IPTV ✓ 影响残疾人士可访问性的其他形式，如听力障碍和运动障碍
3.品牌和商标保护	✓ 使用商标和品牌名称 ➤ 域名 ➤ 网站内容 ➤ 付费搜索广告活动 ✓ 一个品牌的第三方网站，包括合作伙伴、发行商和社交网络 ✓ 员工诽谤
4.知识产权	✓ 保护数字版权，如通过数字版权管理文本内容、图像、音频和声音
5.合同法	✓ 有关电子合同的有效性 ➤ 取消 ➤ 回报 ➤ 定价错误 ✓ 远程销售法 ✓ 电子商务服务商在不同税收制度下的国际税收问题
6.在线广告法	✓ 传统媒体的相似问题
7.社交媒体	✓ 代表性 ✓ 造成攻击（例如病毒广告） ✓ 通过张贴建议来歪曲公司，尽管员工在该公司工作 ✓ 诽谤 ✓ 客户保密信息 ✓ 社会化媒体上的客户知识产权 ✓ 社交媒体网站内的促销活动和竞赛

4.2　社会和法律因素

从电子商务角度来说，社会和文化因素对网络的影响是巨大的。因为它们会影响线上和其他类型电子商务用户的购买需求和购买倾向。例如，从图1-11和图1-15中，我们可以看出商家和客户适用的不同线上服务类型。

完成实践活动4.2，回顾与互联网相关的几个社会问题。

实践活动4.2

了解消费者选择的动因和阻碍

目的

能够识别消费者和商家选择和拒绝网上购物的原因。

活动

阅读一份你所在国家关于使用互联网及其使用者态度的调查，重点关注顾客使用互联网与否的原因。图4-2列出了欧洲27个国家互联网的使用情况。注意不同的活动有很大不同，如发布社交媒体更新，尽管我们认为互联网是无处不在的。

提供一份近期所有国家的数据是不现实的，因此请读者使用最新编辑的十个有关互联网和技术应用的搜索内容，这些内容请参见www.smartingsights.com/digital-marketing-statistics。

问题

1.总结和解释各种活动下人们使用互联网时间不同的原因。

2.是什么延长或缩短了图中所列各个活动的使用时间？应该采取什么措施来提高互联网的使用率？

另外，你还可以选择设计一份"特别"调查用来研究人们对互联网的态度和使用情况。朋友、家人和同学可以成为你的调查对象。对调查问题可以进行如下设计：

- 你在网上购买过什么物品？
- 如果没有购买过，为什么？
- 你每个月花多少时间上网？
- 你每月发送和接收多少封邮件？
- 是什么原因使你没花更多的时间上网？
- 你最关注互联网哪个方面？

实践活动答案参见www.pearsoned.co.uk/chaffey。

4.2.1　影响互联网使用率的因素

对于电子商务管理者而言，了解影响互联网用户数量的不利因素是很关键的。如果把这些用户视为目标市场中的顾客群，那么管理者就应该采取必要的行动去消除这些不利因素以增加目标市场中的用户量。比如通过营销策略与顾客进行交流可以有效地降低顾客对互联网的使用价值、操作的方便性和安全性的疑虑。Chaffey（2006）认为以下因素在管理过程中是不容忽视的：

（1）接入成本。这对于那些没有计算机的人无疑是一个障碍；对于很多家庭来说，购买计算机是一笔很大的支出。通过互联网服务供应商（ISP）连接互联网和连接设备（电话和电缆）的花费也是使用互联网的另外一项主要费用。如果能够免费接入的话，就能够增加使用量。

（2）使用价值。消费者需要寻找只能通过互联网才能满足自己需求的方面——什么是互联网能够而其他媒介不能提供的？互联网的潜在价值通常包括用户可以获得更多的供应信息和更低的价格信息。

（3）操作方便性。这包括一开始通过 ISP 连接互联网的方便性，以及连接以后使用时的方便性。

（4）安全性。实际上这个问题只限于网上购买，这种对安全的顾虑通常源于一些新闻宣传，比如，当你在互联网上购物时，你的个人信息和信用卡的密码可能有安全隐患。这需要很多年以后，互联网逐渐建立了一套商品买卖的标准才能慢慢消除消费者这种安全方面的顾虑。

（5）抵触新事物。部分人可能会对新的技术和媒介产生畏惧心理，这并不奇怪，因为很多没使用过互联网的人对互联网的印象只停留在互联网的色情、欺骗和侵害个人隐私上。

不同国家对于互联网的利用率也是不一样的，例如据欧盟统计局（2012）统计，个人日常使用电脑的比率为30%到80%，说明对目标国家的网络投资要十分谨慎。

接触和使用互联网的阻碍仍然存在，政府比较关心'社会排斥'，也就是限于有些地区的发展水平还不能使用和接触到互联网。如我们所预期的，互联网的使用与个人电脑的市场份额密切相关。有些国家则通过政府倡议来鼓励在家使用电脑，如瑞典。这似乎比试图通过行政手段降低访问成本影响更大。

了解客户的接入需求

要全面了解互联网使用者的情况，我们还需要了解他们的使用地点、使用动机和使用情况（Webgraphics）。这能帮助我们圈定特定的用户群，且对于网站的设计很重要。网络使用者统计数据是由 Grossnickle 和 Raskin 在 2001 年统计总结出来的。他们认为网络使用者统计数据应该包括以下内容：

- 使用地点（很多国家互联网的使用地点集中在家庭和工作地点，其中在家中使用得最多）
- 使用的设备（便捷式的设备越来越重要）
- 连接速度
- ISP
- 经验水平
- 使用类别
- 操作水平

在宽带供应商的市场竞争中，对于客户和小的公司而言，他们接入互联网的选项越来越多。

网络对消费者的影响

为了促进网络服务行业的高效发展，我们需要进一步了解消费者的**在线需求**（这个观点我们将在本书的第 9 章进行更为深刻的讨论）。就像在图 4-2 中所描述的一样，消费者搜索关于商品和服务的信息是一种很流行的网络活动，企业则是去寻找一些与它们自己的生产或服务行为相关的市场信息。管理者需要理解第2章中介绍的不同种类的媒介、中介和有影响力的网站对顾客的影响，例如博客、社交网络和传统媒介是否更可信？

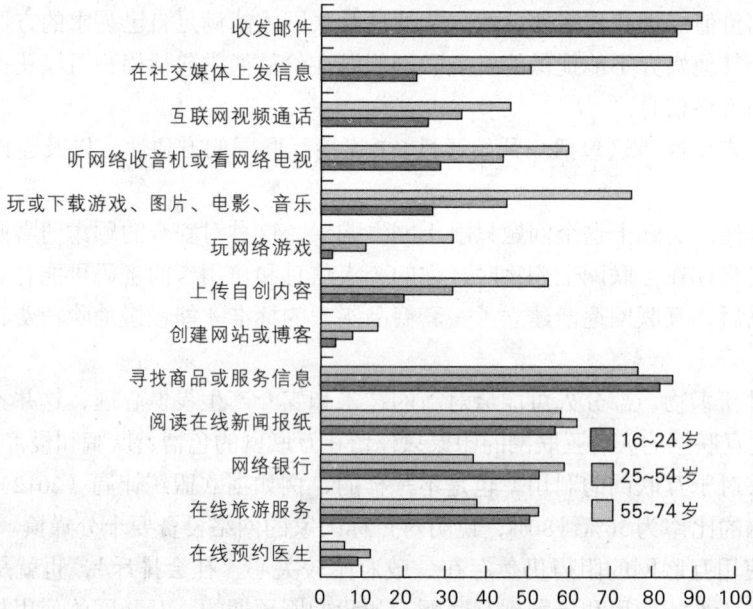

图4-2　互联网的使用情况

来源：Eurostat（2012）

互联网作用在不同的商品身上产生的影响不同，所以有必要针对特定市场评价互联网在购买过程中所起的作用，这对于建立一个合理的电子营销预算无疑是很重要的。图4-3充分展现了不同领域的影响变化，图4-4展现了不同类型的网络购买方式。

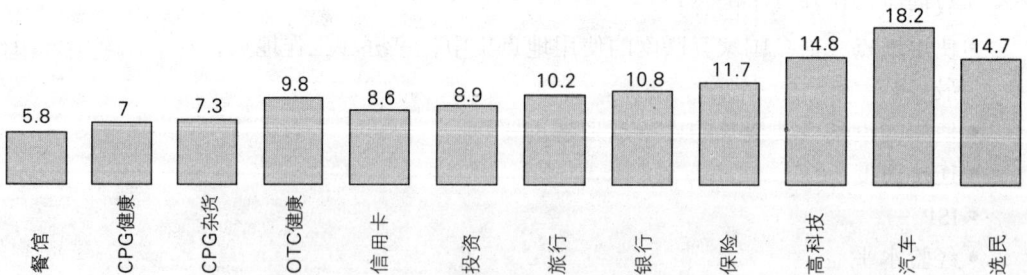

图4-3　用于作出购买决策的信息源数量的变化

来源：Google Shepper Sciences（2011）

在线服务的动机

对于电子商务市场管理者，了解网上顾客的另一条途径是了解消费者的消费心理细分。已经有一些网络用户对互联网上的消费者进行了心理细分。专栏4.1是一个在线广告类型的例子。在后面介绍的消费者分类中，你觉得你自己属于哪一类？

电视广告	37%
在家收到某品牌邮寄的广告	31%
看到在报纸上的广告	29%
报纸文章中的广告	28%
杂志文章中的广告	27%
看在杂志上的广告	34%
某品牌投递的电子邮件广告	23%
在线广告	22%
在家收到零售商邮寄的广告	22%
电视节目广告	21%
户外广告	18%

刺激性广告

用搜索引擎搜索	50%
朋友或家里的产品	49%
在线对比产品	38%
在某品牌网站看到产品信息	36%
在线看到产品信息	31%
在零售商网站看到产品信息	22%
读了一篇产品在线评论文章	22%
成为朋友/跟随者/"联系"品牌	18%

第0关键时刻

（去商店前）

在商店看到产品包装	41%
在商店看到产品宣传册子	37%
询问商店营业员	33%
在商店看商品标牌/展示	30%
在电话里和客服人员沟通	30%
在商店尝试产品样品	19%

第一关键时刻

（在商店里）

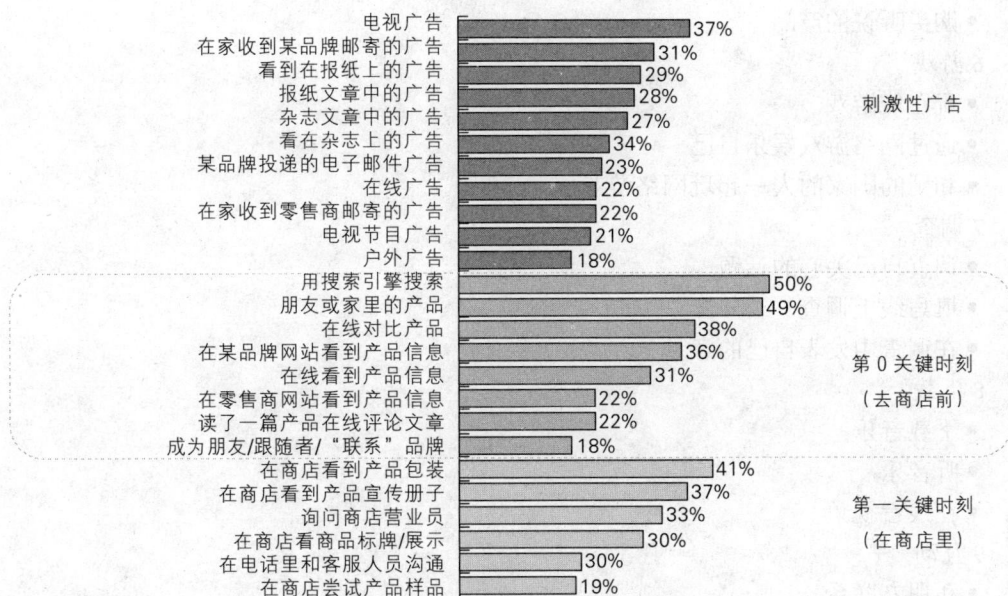

图4-4　不同的信息来源对购买者的影响

来源：Google Shopper Sciences（2011）

　　由Rodgers（2007）修正的网络动机明细表（WMI）对于了解不同的互联网使用动机是一个很有用的框架。跨文化的四个动机是：调查（信息获取）、交流（社交）、网上冲浪（娱乐）和购物，这些可以分解如下：

1 交流
- 了解别人
- 加入网上聊天
- 加入一个组织

2 娱乐
- 娱乐自己
- 使自己娱乐
- 找些信息使自己娱乐

3 产品试用
- 试用最新产品
- 体验商品
- 试验产品

4 信息
- 做调查
- 获取个人需要的信息
- 搜索个人需要的信息

5 交易
- 购买
- 买东西

- 购买听说的产品

6 游戏

- 玩在线游戏

- 通过网络游戏娱乐自己

- 和别的国家的人一起玩网络游戏

7 调查

- 调查自己关心的话题

- 填写线上调查

- 在调查中发表自己的意见

8 下载

- 下载音乐

- 听音乐

- 在线看视频

9 互动

- 和朋友联系

- 和别人聊天

- 和认识的人即时聊天

10 搜查

- 对特定的问题获取答案

- 找到可信的信息

11 探索

- 找到有趣的网页

- 探索新网站

- 网上冲浪娱乐

12 新闻

- 读取最新事件和新闻

- 读取娱乐新闻

专栏4.1

电子交易中消费者心理细分

数字调查中介Digitas（2007）提出了线上广告（OLA）和网络服务应用的消费者心理细分：

1 较随便的消费者（20%）——这种消费者把网络当作一种消磨时间的娱乐。有这种消费行为的消费者总是访问同一个小网站，轻易不会访问其他网络。这一个分层消费者的平均年龄为55岁，这个分层的人最有可能订阅报纸，他们每周都在周报中发现有价值的信息，而且他们相信那些公司永远不会给他们发邮件。

2 任务型消费者（24%）——这种消费者认为技术发展太快了，他们认为网络应用是一种繁重复杂的事情。他们并不关心线上广告，这一分层的消费者在使用互联网时最有可能需要一个助手。他们的网上行为都是任务式的，例如：在线预订或者作旅游安排。

3 调查者（16%）——这类消费者喜欢上网，他们在线下购物前会先在网上进行搜索。他们认为自己是流行引导者，然而他们并不进行网上购物。线上广告对于他们来说是值得信赖的，而且他们可以从中了解新的产品和服务。

4 新兴消费者（19%）——这个分层的人群可以说是线上广告的"甜点"。他们对于线上广告的回应最大，因为他们不仅在网上搜索相关信息，还会在网上交易。

5 既定型消费者（17%）——这类交易者是电子交易的"老兵"了，他们天生就有发展网络关系的天性。他们认为自己是潮流引导者，但是他们并不在意网络广告，而是进行同业互查来得到产品和服务的信息。

6 未来的消费者（5%）——最年轻和有潜力的消费者分层，下一批用户基本是在互联网世界里长大的，并把移动手机看作获得互联网体验的自然存在。这一分层的人享受上网的乐趣，他们最有可能对网络社交工具做出贡献。

在线购物

目前，越来越多的消费者选择在网上购物。据图 4-2 可知，最初的互联网用户只能通过网络来接收邮件和查找信息。通过消费者购买行为的调查表明，消费者对网上购物的信心还有待加强。宽带在互联网上使用的推广也促进了网上购物的发展。然而随着他们对互联网信心的增加，他们开始在互联网上购物，而且所购物品的价值越来越高，购物次数也越来越多。当然网上购物的发展和宽带互联网的发展是分不开的。因此随着互联网的进一步发展，尽管选择网上购物的人口比例已经趋于稳定，但网上零售业还是有很大的发展空间的。

通过图 4-5 可知，消费者需要通过较长一段时间才会放心地在网上购买一些高档、价值高的商品。图 4-5 表明对于精致程度不同、价值不同的商品，人们在互联网上的购买态度也是迥然不同的。对于一些类似于剧院、电影院和旅行社的门票之类的商品，大部分消费者是在互联网上购买的；而其他类似于衣服和保险之类的商品，则多数消费者不会选择互联网。然而通过图 4-5 所反映的趋势来看，人们这种在互联网上对待不同商品的态度比起前几年差异变得更小了。数据表明由于商品类别的不同，公司所采取的网上营销策略也大相径庭。有些商品，像汽车和类似于抵押等的财产商品，网上营销的主要作用是提高消费者的搜索率；而对于标准化商品，搜索率和促销手段同样重要。

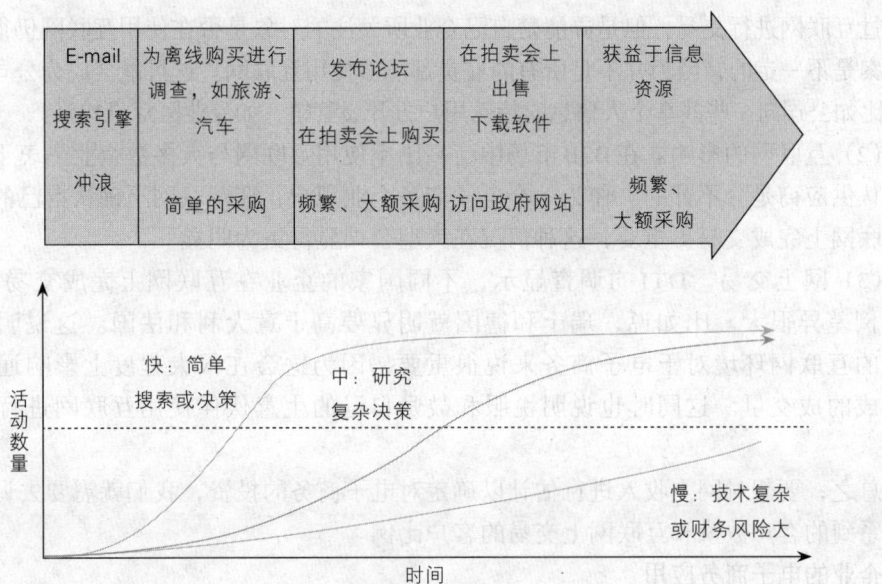

图 4-5　互联网使用经验的发展

Bart 等（2005）发明了一种将网页和消费者类型、网络信任和行为相联系的概念模型。我们在消费者行为这一节的图9-5中总结了八个信任动机。

电子商务服务的在线需求

B2B 比 B2C 更加复杂，因为一个企业的需求会因为企业类别和企业中的人员的变化而变化。分析企业的这种特征对于把 B2B 作为目标市场的企业来说也是很重要的。我们应该根据以下特征对企业进行分类：

（1）企业特征的不同

- 企业的大小
- 企业的部门和产品
- 企业的类型
- 企业的分工
- 企业所在的国家和地区

（2）个人的角色

- 工作头衔和职能以及分管员工数量
- 在购买决策中的作用
- 所在部门
- 产品兴趣
- 人口特征：年龄、性别和社会层次

B2B 框架

我们可以用和个体消费者描述相类似的方法，对互联网上的企业用户进行描述：

（1）使用互联网企业的比例。在 B2B 市场中，使用互联网的企业比率明显比 B2C 中个人比率要高。2004 年，英国贸易工业部（DTI）的国际基准研究表明，有 95% 的大型企业在使用互联网。尽管相对于中小型企业特别是小型企业来说，这个指标要低一些，但对于 B2B 的市场运营官来说，了解不同的企业客户在互联网上的表现也是很重要的。绝大多数的企业都在通过互联网进行交易，但是弄清楚自己企业所关注的对象是否在使用互联网仍很关键。而且答案是不一定的，因为并不是所有的雇员都能够使用互联网。这可能会成为公司的发展障碍，比如公司向一些共享个人信息的特殊用户去开展营销，如专业医疗机构等。

（2）互联网的影响。在 B2B 市场中，高比率使用互联网与大多数企业热衷于在互联网上确认供应商是分不开的。作为一个电子商务企业用户，在互联网上确认自己的供货商比在互联网上完成交易更重要，这种情况在大型公司显得更为明显。

（3）网上交易。DTI 的调查显示，不同国家的企业在互联网上完成交易（图 4-6）的比例差异很大。比如说，瑞士和德国就明显要高于意大利和法国。这说明了解不同国家的互联网环境对于电子商务来说很重要，因为这会在很大程度上影响通过电子渠道达成的成交量。这同时也说明说服和鼓励自己的生意伙伴使用互联网进行交易很有必要。

总之，要想对网上收入进行估计以确定对电子商务的投资，我们就需要去调查自己能够联系到的客户数量和互联网上交易的客户比例。

企业的电子商务应用

欧洲委员会对欧洲采用电子商务的企业进行了调查，见图 4-6。令我们意外的是，如今很多公司都有互联网，但一些电子商务服务却并没有广泛应用，尤其对于小公司来说更是如此，如 ERP 或者 CRM 的使用。这明确表示了来自个人的机会，事实上报告显示了公司对 ICT 专家的需求。

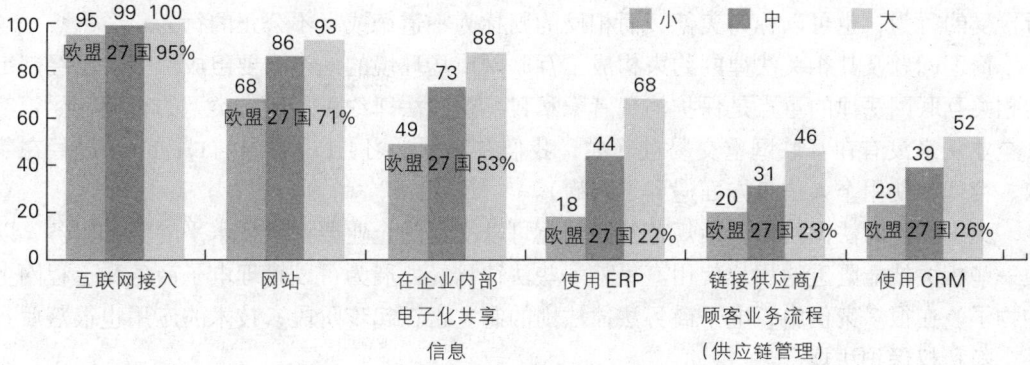

图 4-6　按大小分类，欧盟 27 国 2012 年企业采用的数字化业务的技术

来源：Euro Stat（2013）

图 4-7 总结了公司采用电子商务的障碍。缺乏相关性和对电子商务的需求是最大的障碍，除此以外，组织治理问题也很重要。

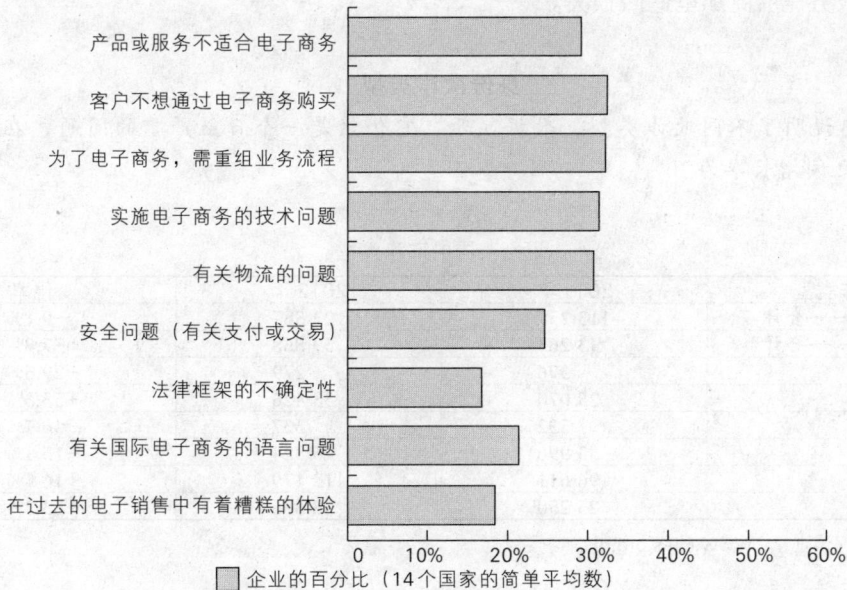

图 4-7　欧洲国家采用电子商务服务时遇到的障碍

来源：European Commission（2010）:http://ec.europa.eu/information_society/digitalagenda/documents/edcr.pdf

Daniel（2002）对英国中小型企业电子商务应用状况进行了研究，给出了一个阶段模型（在第 5 章进一步学习），分为四个环节——①公司作为开发者，开发服务，但处于研发阶段；②公司作为沟通者，通过互联网与客户和供应商进行通信沟通；③网站展示；④公司作为交易者。

小型公司在制定和实施公司的互联网战略时，由于不能享受互联网上丰富的资源（这些资源一般都是针对大型公司的），导致很多小型公司的管理者对互联网交易并不关心。

4.2.2 电子商务中的隐私与信任

伦理标准是个人或企业的一种被社会所认可的行为规范。它可以简单地形容成为社会所接受的行为，也可以称为美德，而相反的则称为不道德或者不公正的行为。

伦理问题及其相关法律的约束构成了互联网市场环境的一个重要组成部分。已经制定的相关互联网法律的重点是保护消费者隐私权，这些法律约束了所有类型的企业，尽管部分企业从来没有在互联网上交易过（如，我们在案例学习1.1中看到的Facebook已经在获取、管理和使用个人信息方面遇到了阻碍）。

更进一步的法律约束包括规范互联网上可以交易的企业要提供低水平的操作服务，以便一些相关技能匮乏的用户使用。另外一些法律已经发展为可以管理电子商务和远程网上购物了。在很多案例中，电子商务法律法则的制定正在起步阶段，技术的应用也很落后。

隐私权保护法规

隐私权指的是个人避免他人涉入其个人事务的道德权利。消费者的特征、好恶等私人数据是了解消费者的重要数据，尤其是在现在这个身份盗窃盛行的年代。所以在消费者使用电子商务服务时关注自己的私人信息是否安全，这并不是没有根据的。对于很多顾客而言，他们最关心的是当他们使用电子商务服务时，他们的隐私和身份是否会被盗用。由专栏4.2可见，这并不是多虑，这种身份盗窃令人不快，尽管在多数案例中的受害者最终都能从金融服务提供商那里追回损失。

专栏4.2

身份欺诈类型

表4-3说明了不同欺诈类型，数据显示，它仍然是一个日益严重的问题，在2009年和2010年之间增长率为20%。

表4-3   识别英国的欺诈类型

欺诈类型	2011年	2012年	变化率
确认的欺诈——合计	113 259	123 587	+9.1%
申请的欺诈——合计	43 263	39 868	−7.8%
虚假索赔	396	279	−29.5%
机构欺诈	25 070	38 428	+53.3%
资产转换	532	337	−36.7%
滥用设施	53 996	45 824	−15.1%
冒充受害者	96 611	112 179	+16.1%
接待受害者	25 250	38 686	+53.2%

更多数据请查看：www.cifas.org.uk

注释：

• 确认的诈骗案件包含假欺诈和身份盗窃

• 申请的欺诈/假保险索赔涉及申请的欺诈或影响重大的虚假索赔

• 当一个人非法获得访问受害者的细节时就可以发生机构欺诈，即可操作账户持有人或保单持有人的账户或政策，实现自己的利益

• 资产转换涉及出售资产时存在信贷协议，其中贷款人保留金融资产所有权

• 滥用设施就是一个账户、政策或其他设施被冒用、滥用

来源：CIFAS（2013）

为什么个人信息对于电子商务来说是有价值的?

因为在网上消费者的一些私人信息与他的消费和购买习惯有着内在的联系，所以这些信息对于互联网市场运营官来说特别重要。通过了解消费者的需求、特征和购买习惯及联系方式，有利于更好地制定企业的销售战略，而且企业可以通过邮件等方式向消费者推销自己的产品，在某些网站上给企业的产品做广告以达到增加销售收入的目的。然而企业要想得到消费者的私人信息比较困难，企业如何才能解决这个问题呢? 企业的市场行为必须要符合消费者信息保护相关法律的规定，尽管遵守相关法律听起来很简单，但在很多时候对同一条法律的解释可能是不同的，尤其是有些新的法规刚刚发布，还没有经过实践检验时。结果，很多公司试图通过规避法律规定，甘冒牺牲企业信誉的风险制定特殊的市场营销策略为企业谋得经济利益。

在法律和道德约束以内，电子商务市场运营管理者经常用到的消费者信息一般包括:

(1) 联系信息

姓名、通信地址和电子邮件，对于 B2B 而言，还有公司的网址等联系信息。

(2) 个人详细信息

这些信息包括可用于对消费者进行分类的信息，包括消费者的年龄、性别和社会层次、企业的特征及企业中个人对电子商务交易的作用。关于特殊类型的信息及其是如何使用的在本书的第 2 章和第 6 章有阐述。在 2005 年，沃德教授针对澳大利亚的消费者提供上述私人信息的意愿和企业提高这种意愿的有效性鼓励措施进行了研究，他们发现消费者在得到恰当鼓励的情况下愿意提供自己的信息，但不包括个人的财产状况。

(3) 平台使用信息

通过网页分析系统可以收集网站使用者的电脑、蓝牙和浏览器的类型等信息。

(4) 行为信息 (单个网站)

它指的是购买历史，而且包括整个购买过程。网络分析 (第 12 章) 可以用于评价网站和分析个人的电子邮件内容。

(5) 行为信息 (多个网站)

这可以反映用户进入多个网站的方法和途径，以及他们如何通过网站寻求帮助的。一般这种数据的收集和使用是通过匿名配置文件或者用户 IP 地址完成的，而这种文件一般都找不到。完成实践活动 4.3 找出更多目标广告行为，并形成是否需要严加管制的意见。

实践活动 4.3

对目标广告行为的态度

假想自己是网络使用者，你刚刚发现了目标广告行为。

通过这些行业的信息资源来形成自己的观点。和一起学习的伙伴讨论是否应该禁止目标广告行为或者是否应该接受它。

相关资源信息:

● 网络广告代理会引导广告行为和收集隐私 (www.youronlinechoices.com/)。如果浏览这个页面，你就会发现有很多网络广告，你很可能成为它们的目标。你发现多少目标广告? 你对此有什么感受? 参见 www.youronlinechoices.com/uk/your-ad-choices。

● 数字分析协会 (www.digitalanalyticsassociation.org/? Page=privacy）。一个贸易协会的在线跟踪供应商。

●谷歌"基于兴趣的广告"：它的运行方式可以从下面解释的过程和优点中看出（www.google.com/ads/preferences/html/about.html）：

很多网站，像新闻网站和博客会用谷歌的广告联盟程序在自己的网站上打广告。目标是让这些广告尽可能与你相关。它所展示的广告内容都基于你所浏览的页面内容，它也会开发新的技术来展示一些基于你兴趣的、可能会用到的广告。下面的案例一步一步解释了这个新技术：

Mary最大的爱好是园艺。通过谷歌"基于兴趣的广告"提供的技术，Mary会看到很多关于园艺的广告，这是由于她曾访问过很多相关网站。它的工作方法：当Mary访问由谷歌广告联盟提供广告的网页时，谷歌会在她的浏览器中存储一个数字来记住她的访问记录。这个数字会像这样：114411。由于Mary浏览的很多网页都是和园艺相关的，谷歌会把她的数字（114411）放入园艺兴趣相关中。结果就是，Mary浏览使用广告联盟内的网站时谷歌会给她提供更多的园艺广告（通过她的浏览器）。

活动问题答案见www.pearsoned.co.uk/chaffey。

表4-4总结了关于不同类型的消费者信息的收集和使用方法。营销人员需要考虑的首要问题是解密信息追踪类型和追踪技术的使用。表格中前两种信息类型通常会通过信息收集中的隐私概述解释。然而，其他类型的信息，使用者只有在使用cookie监控软件或者在提供广告的网站看到了隐私陈述时才会发现自己的隐私被泄露了。

表4-4　　　　　　　　　　　互联网上信息的类别及相关技术

信息类别	获得和使用信息的途径和技术
联系信息	通过鼓励消费者填写，在互联网上获取所需信息 把信息储存在与网站相关的数据库里，存储在终端机上的小文本文件可以用于记录来访的用户信息
个人详细信息	也是在互联网上获取的。存储在终端机上的小文本文件可以用于分门别类地记录消费者的信息，然后再把文本文件连接到与该消费者类别相关的数据库上进行数据存储
单个网站的行为信息	购买历史纪录被存储在销售订单数据库内 网站分析软件会把相关网页的点击率存储在网站的一个文件中，一个单一的GIF（可交换的图像文件格式）像素用于辨别用户是否打开了电子邮件。存储在终端机上的Cookies也同样被用于监控用户初次以及以后的访问行为
多个网站的行为信息	网站分析可用于追踪消费者先前访问的网站。网络横幅广告和ISPs（互联网服务供应商系统）可以暗地里获得消费者所有访问的网站信息

在1986年，Mason总结了与消费者个人信息相关的4个方面的道德因素：

●隐私——什么信息属于个人信息？

●精确——是否准确？

●所有权——是谁拥有这些信息？并且这种所有权是怎么转移的？

●可访问性——谁允许获得这些信息？在什么条件下？

Fletcher在2001年提出了不同的观点，他把市场管理者也考虑了进去：

●透明——谁在收集？收集什么信息？

- 安全——如何保证信息被公司收集后的安全性？
- 责任——如果信息被泄露或者被滥用，谁来承担责任？

关于市场运营者如何获得消费者的私人信息和获取信任，这些内容都会在下一部分进行详细的阐述。

《资料保护法》主要是用于保护消费者个人：保护他们的隐私权和私人信息不会被滥用。事实上，欧盟指令95/46/EC就体现了对个人信息的保护：

成员国声明将会保护公民的基本权利和自由，特别是个人数据信息方面的权利。

在英国，与之相关的法律是分别于1984年和1998年颁布和修改的《资料保护法案》，由英国信息委员会起草，在网站 www.informationcommissioner.gov.uk 可以查看相关内容。这部法律与许多国家典型的信息保护法规相类似。任何一个在电脑或是文件中拥有关于客户和雇员个人信息数据的企业都被要求在登记册上登记（虽然一些小型企业会有例外），这个过程被称为通告。

1998年，英国实施的《数据保护法案》大纲中的八条数据保护准则是整个法案的基础，这些准则规定个人信息的获得与存储应该做到：

（1）处理过程公正、合法

"获得和存储个人信息必须公正、合法，只有在满足下列条件时，企业才允许此操作：至少满足条款（2）中的条件之一，如果涉及个人敏感信息，则至少要满足条款（3）中的条件之一。"

信息委员会出台了公正、合法的处理操作过程应该满足的条件，这些条件大致包括：

- 企业应该指派对信息保护负责的数据控制者来管理这些私人信息。
- 在网站上提供私人信息管理者的详细信息，如电子邮件等，使资料主体能够联系数据控制者或其代理人。
- 在信息存储之前必须获得信息主人的允许，否则不能存储。
- 敏感信息需要特殊的管理，这些信息包括：
    - ——种族或道德起源方面的信息
    - ——政治观点
    - ——宗教信仰
    - ——贸易团体中的会员信息
    - ——身体和心理上的健康状态
    - ——性生活
    - ——带有冒犯性、攻击性的言论
- 不触犯其他的法律。

（2）获得和存储私人信息的目的合法

"私人信息的取得和存储的单个或多个目的是合法的，并且在以后的处理过程中不会与之前的使用目的相背离。"

这意味着企业必须明确自己取得和存储这些私人数据的动机和目的。比如，当你在网站上参加抽奖时，网站的管理者要求你提供一些细节信息的同时，必须标明他要求你提供这些信息的用途。而且如果今后网站的管理者想要和你联系的话，需要得到你的允许。

图4-8列举了一些在数据存储过程中关于如何使用数据必须考虑的几个问题，包括：

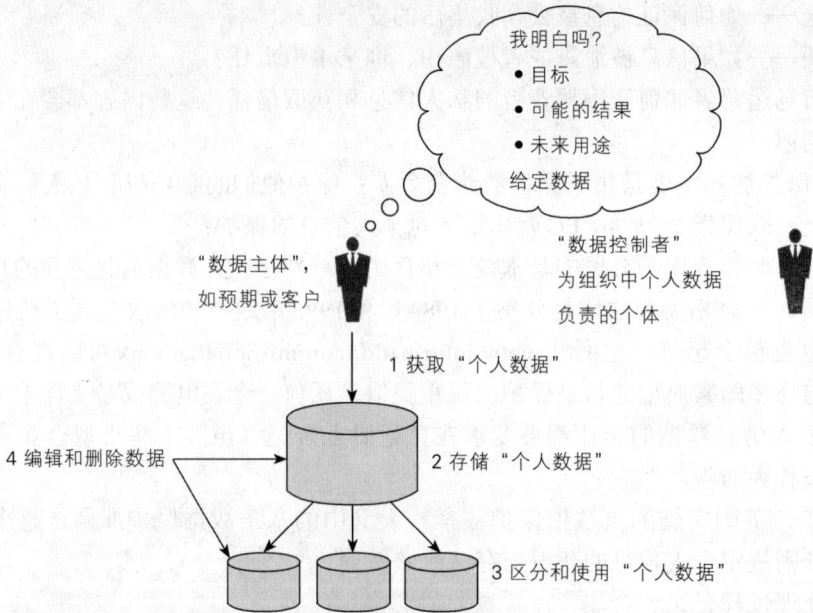

图4-8 数据存储过程中必须考虑的因素

- 以后是否会再次与信息提供者取得联系？
- 这些数据是否会出现在其他的地方？
- 这些数据将会保存多久？

（3）信息必须是完整、相关和符合使用范围的

"私人数据必须是完整的、相关的，并且这些信息的使用是在所宣告的使用范围之内的。"

这具体阐明了企业应该获取和存储数据的最小数量。要协调个人和企业二者的需求是很困难的，企业对顾客的信息掌握得越多，就会越了解顾客的消费倾向。但同时，消费者只有在对产品和市场细节充分了解的情况下才愿意提供更多的信息。

（4）信息必须是准确的

"私人数据必须是精确的，并且如果可能，应该随时更新。"

对于企业来说，与顾客建立持续的、永久的联系是有益的，这种联系可以帮助企业保证顾客信息的精确度和及时的更新，这样就可以充分了解顾客消费倾向的变化。此外，在法律规章中不精确的数据是这么定义的："数据不正确或者对事实产生错误的理解和推断。"

准则进一步讨论了保证信息时效性的重要性，当然这主要是针对那些与顾客有持久联系的公司和那些如果私人信息没有及时更新会影响消费者利益的公司。比如，一些信用认证公司就应该随时更新顾客的信用积分。

（5）私人信息在不需要使用时不应该继续保存

"在使用信息的目的达到以后，这些使用过的私人数据不应该在使用公司里继续保存。"

准则指出："要遵守这条规则，私人数据的管理者必须做到经常检查这些信息，并且

把不再使用的数据删除。"

公司可能会乐于删除和存档那些已经没有用处的和不相关的数据，比如说如果一个顾客已经十年没在该公司购物了，则他的信息没有保存的意义了。但是，也有可能在十年之后顾客会再次购买，这样的话顾客的信息就变得很有用。如果企业和它所保存的私人数据之间的联系已经结束了，那么这些私人数据就应该删除，这种情况比较常见。例如，一个员工离开了公司，则这个员工在公司中的记录就应该删除。与其他行业相比，汽车制造商就会较长时间地保存顾客的信息。

（6）私人信息在以后的使用中不应该损害信息对象的合法权益

"私人信息的使用不能损害信息对象在法律中所规定的合法权益。"

信息对象的合法权益的一个方面就是他们有权要求公司提供一份自己信息的拷贝文件，这也被称为**对象访问请求**。比如说顾客支付了 10 英镑或是 30 英镑的费用，他有权利要求收款公司在 40 天之内提供所有与此次支付相关的信息。如果你是在和银行打交道，那么这些信息被打印出来的话，可能会有好几箱子。

法律保护信息对象的其他权益是为了避免以下问题的出现：

- 造成伤害或不安（比如不断给一个已经去世的顾客发信件，给其家属带来的伤害）。
- 被用作直接营销（比如通过信件、电子邮件和电话等联系方式向信息提供对象推销公司产品或者服务，给信息对象的生活带来不便）。
- 用于制定一些决策——比如说自动信用核查，这可能导致在贷款中的不公正决策——如果你觉得这种自动决策不公正，可以控诉他们。

（7）私人信息的安全性

"私人信息的处理机构应该采取必要的技术和措施保证私人信息不会被非授权地或非法地泄露、丢失和破坏。"

该准则规定企业要避免内部不相关人员和外部人员使用公司所存储的私人信息，并且要保证它不被修改和破坏。当然，因为这些信息对很多公司而言是有价值的，所以公司一般会尽自己所能对它们进行保护，管理这些信息相关的技术和方法在本书的第 11 章有阐述。当然，安全措施的成本是与所需要达到的安全水平直接相关的。法案制定了下列条款：

①*在任何时候都要将技术发展水平和实施信息保护的方法的花费考虑在内，来实时保护信息安全，同时必须考虑到：（a）破坏信息安全所带来的危害；（b）数据被保护的本质。*

②*信息管理者必须采取一定的措施来保证有关职员合理进行数据处理。*

（8）在没有充分的安全保护措施的情况下，私人信息不允许被传送到其他国家或地区

准则规定："私人信息不能被传送到欧盟以外的国家或地区，除非这个国家或地区能够保证这些信息的安全性。"

跨国公司很可能把私人信息传送到欧盟以外的地方。这条准则尽力避免公司向那些不具备完好的数据存储法律制度的国家输出私人信息，如果这种信息的输出是符合销售合同要求的或者是在信息对象同意的情况下发生的，就不违反准则。

《反垃圾邮件法》

许多国家都颁布了保护个人权利的法规，其中包括减少类似于**兜售信息**的垃圾邮件和

未经请求的商业邮件。垃圾邮件这个词英文单词的原意是罐头猪肉（一种类似于火腿的食品），后来被引申为"不断发送的令人讨厌的电子邮件"。垃圾邮件的制造者经常连续发送上千万个垃圾邮件，并期待即使只有0.01%的接收者回复，他们也可以从中获利，虽然这并不能使他们变得富裕起来。

《反垃圾邮件法》并不意味着电子邮件不能应用于电子商务的市场营销中。就像下文提及的，"选择性加入"是电子邮件市场营销成功的关键。根据欧洲、美国和亚太一些电子商务发达国家的法律规定，在公司给顾客发送电子邮件之前，应该先询问顾客的电子邮件地址，并且让顾客自主选择在将来是否愿意进行进一步联系（这称为电子邮件的"选择性加入"）。在顾客自愿接受电子邮件"选择性加入"的情况下，电子邮件地址名册也是可以用于出售的。企业拥有的个人信息通常用于给潜在的顾客发送电子邮件以推销企业的产品或服务。

合法的"选择性加入"邮件地址和顾客名册信息可以通过有关数据库获得，其一般被称为**"冷名册"**，之所以这么称呼是由于你的真实姓名将被隐藏在公司（你购买过）的"选择性加入"客户数据清单中。

电信与隐私方面的规则

在数据保护令95/46和《数据保护法案》给消费者提供合理保护的同时，政策的制定者很快就惊叹于垃圾邮件的技术进步和数量增长。所以在2002年欧盟通过了2002/58/EC法令，对先前的《数据保护法案》进行了补充，这个法令是在制定委员会充分了解通信技术及其发展的情况下制定的（可见专栏4.3）。本法令专门针对的是电子通信中像电子邮件等技术和网站使用的监测技术，如小型文本文件。

专栏4.3

英国和欧盟的电子邮件营销法

例如，在市场营销中，欧洲的隐私法就涵盖了电子邮件、SMS和cookies。我们回顾英国颁布的关于隐私和电子通信的2002/58/EC法令。我们将其与其他欧洲国家的法律进行对比。

在英国，这个法令在2003年12月11日就已经面世，在2012年更新为《隐私和电子通信条例》（PECR）。英国的消费者营销还需要遵从广告标准机构的广告实践的代码标准。

PECR是一些令人惊讶的常识性文件，许多营销人员都已开始遵循类似的原则，第22至24条有关电子邮件通信的主要条文如下：

1.使用电子邮件或短信使之适用于消费市场。22（1）适用于"个人用户"，目前指的是消费者，虽然信息专员已声明：在未来的审查中，这可能也包括企业用户或者国家，例如意大利和德国。

虽然这听起来对B2B营销来说是一则天大的好消息，但是它也是很危险的。广告标准局发现，针对B2B组织，不知情的消费者收到了电子邮件后，会认为他们在B2B客户名单中。

2.选择性加入制度。该法适用于未经请求的通信（22（1））并且期望减少垃圾邮件，虽然其影响将限于在欧洲以外的垃圾邮件发送者。收件人必须以前被通知过（22（2）），同意发件人发送邮件或者已主动同意接收商业电子邮件，这就是"选择性加入"。

可在线或离线询问人们是否愿意接收电子邮件，这通常是通过一个复选框完成的。事实上，PECR 不强制要求，也没有明确表示复选框中有"同意"选项，故需要通过点击"同意"按钮完成选择。

在某些时候，由法律规定的条款已被许多组织所遵守，其也认为发送未经请求的电子邮件是不道德的，对公司最佳利益也没有帮助，而且还有惹怒客户的风险。事实上，符合法律既定的方法称为"许可营销"，这是一个由美国评论员 Seth Godin 创造的"术语"（参见第9章）。

3. 要求在所有通信中可以"选择性退出"。一个选择性退出或者退订方法是需要的，让收件人不再收到以后的通信邮件。在数据库中，这意味着一个不需要电子邮件的字段必须被创建。不再接收通信邮件的一个简单的办法是在每个通信邮件的开头和末尾两次收集信息用于标记。

4. 销售类似产品并不适用于现有客户。这个常识性条款（22（3）（a））规定，如果在产品销售过程中或服务过程中获得联系，默认的选择是不需要类似产品的销售或者服务。这一条款在不同的国家有着不同的解释，这就需要营销人员在整个欧洲的广告管理活动中，将差异考虑在内。

5. 必须提供联系方式。营销团队或网络团队发送一个简单的电子邮件是不够的。法律规定的名称、地址或电话号码必须附上，邮件发送之后，收件人可以投诉。

6. 发件人必须明确。伪装电子邮件的初始目标是发送垃圾邮件。法律规定，发送邮件的人的身份必须被识别，不得伪装或隐藏，并且一个有效的地址只可以发出一个请求，并应提供该通信。

7. 适用于直接营销传播。该条款是针对直销通信的。这表明，参与客户服务通信不包括每月的电话声明电子邮件，所以选择退出在这里可能不需要。

8. 限制使用 cookies。一些隐私倡导者认为，读取用户计算机上的 cookies 或电子标签，用户就不存在隐私了。该 cookies 及其相关法律的概念并不简单，所以值得单独讨论（见专栏4.4）。

讨论 4.1

在多大程度上应该采用选择性加入？

在下列情况下，公司应始终使用选择性加入的隐私政策：

（a）电子邮件的前景和消费者

（b）使用网站分析软件监控网站访客

（c）用 cookies 识别客户行为

世界范围内电信隐私方面的规则

在2004年1月，《CAN-SPAM 法案》在美国开始实施，它主要用于控制未经允许就闯入的电子邮件系统。《CAN-SPAM 法案》代表"控制和防御那些未经允许闯入电子邮件系统的色情和营销行为"。这个法案有效地协调了不同地区间相互独立的法律条文，但比起加利福尼亚州等一些地区的法律来说还是不够严厉。这个法案要求那些擅自闯入的电子邮件应该标明发送者的信息，并且提供发送者的地址和拒收选项。这有利于避免一些互联网上的欺诈行为。其他一些国家关于反垃圾邮件的法案可以在网站 www.spamlaw.com 上查阅。

这些类似的法律明显地站在消费者利益一边，一些公司认为这些法律限制了它们的行为自由。2002年，包括IBM、Oracle和VeriSign在内的10家公司一同游说欧盟，它们认为这些法律过多地强调个人权利的保护，而忽视了信息在公司之间的自由流动。

专栏4.4

了解cookies

存储在终端机上的小文本文件通常被称为cookies，cookies通常是一些用于标识你的计算机而存储在计算机上的数据文件。

cookies的种类

cookies的主要类型有：

- 持久性的cookies——访问者离开网站后，依然保留在计算机中的cookies，以用于再次访问。

- 临时性的cookies——主要存在于用户计算机的多线程中，它最大的使用价值在于帮助用户确认和记录那些被多次访问的网站地址。

- 第一方cookies——由当前使用的网站提供，尤其是电子商务网站。这可能是持久性的Cookies，也可能是单线程、临时性的cookies。

- 第三方cookies——由被访问网站之外的其他网站提供。它的代表有广告网站远程追踪分析软件。

cookies作为个人文本文件存储在个人计算机的结构化名单中。对于每一个使用过的网站都存在一个文件。比如说dave_chaffey@british-airways.tex，这个文件所包含的信息如下：

FLT_VIS\K：bapzRnGdxBYUU\D：Jul-25-1999\british-airway.com\045259904 2935746 1170747936 29284034*

cookies尽管也可用于存储其他的信息，但通常用于存储一些标识性信息和关于一些界面最后访问时间的信息。

cookies一旦被使用，就只对该使用者的计算机和应用的浏览器有效，所以如果使用者使用其他的计算机或者其他的浏览器再次登录网站，cookies记录的信息就失效了，网站将不会把他确认为使用者。

cookies的用处

cookies的市场应用主要有：

（1）为用户设计个性化网站。cookies用于确定特定的网站用户，并且通过它上面记载的标识信息从网站数据库里找到顾客的个人设置。比如说，我订购了互联网咨询服务（www.e-consultancy.com）以获得最新的关于电子商务的信息；每次登录这个网站时，我不用费力地去寻找我上次下线时的记录和状态，因为cookies帮助计算机"记住"了我上次访问时的记录和状态。很多网站有"记住我"的选项，这就是在提醒用户通过cookies记住登录过的网站。类似于亚马逊书店这样的零售网站可以通过cookies记住一些回头客，并且可以向他们推荐一些其他顾客购买的书籍。这种做法对顾客和公司都有益。

（2）在线预订系统。这使得类似于Tesco.com的网站能够知道你已经选择了什么商品。

（3）网站内跟踪。类似于Webtrends的网络分析软件可以通过持久的cookies得知消费者访问某个网站的频率，由于第一方cookies有信息记录更精确和不容易被阻止的特点，Webtrends和其他一些网络分析工具现在更多地使用第一方cookies。所以互联网市场营销商应该考虑在它们的网站上使用第一方cookies。

（4）网站间跟踪。网络广告公司通常使用cookies来记录某广告在特定用户计算机里出现的次数，它们还可以通过广告网络来跟踪了解网络上的广告服务。

一些寻求网络广告合作和按点击计费的搜索引擎公司（如谷歌和雅虎）都在使用第三方cookies——通常是以目标公司即销售公司的网站点击率作为计价基础，这种点击率的计算就是通过cookies来完成的。这里所用到的是第三方cookies，例如当用户通过谷歌搜索点击某广告时，谷歌就会设置一个cookies用来记录，如果这个用户购买了该产品，那么购买确认界面就会包含由谷歌公司提供的代码程序，它用于检测在这个购买过程中是否存在由谷歌公司植入的cookies，如果存在，那么这项交易就有谷歌公司的功劳了。然而这种使用第三方cookies跟踪的途径也是可选的，不同的搜索引擎、广告公司相互竞争，它们通过在与目标网站链接的过程中设置不同的参数或代码来相互区分，以便于用户能够确认是由哪个公司的cookies来促成交易的，然后以此为基础计算报酬。

然而，由于很多公司对点击计费市场和合作营销投入了大量资金，在计算销售公司点击率的数据变得不精确以后，市场运营者越来越关注cookies的应用了。即使cookies被阻止或删除了，买卖活动也不会因此而终止，网络广告和点击计费市场的投资回收率比预期低就充分体现了这一点。

cookies使用过程中涉及的隐私问题

尽管cookies有上述诸多应用，然而让互联网市场运营者头痛的是cookies被越来越多的用户禁用了，比如被浏览器屏蔽、安全软件禁用或用户直接将其删除。在2005年，丘比特研究机构公布：有39%的用户每月从自己的计算机中删除所有cookies文件，尽管这个数据的真实性现在还存在争议，但也充分说明了这一现象的广泛性。

尽管有很多cookies标榜自己是用户的"好弟兄"，但是其中一些正在不断地监视着你的计算机，所以很多用户不信任cookies，还有些用户担心自己的隐私和信用卡信息被其他的网站盗取而不愿意使用cookies。但是这些担心都是多余的，因为现在所有想要连接到你计算机数据库的cookies都必须经过验证，任何人要想通过cookies连接你计算机的数据库都必须输入你设置的密码，否则其访问就会遭到拒绝。其实cookies并不像很多人想象的那样，其本身包含密码、私人信息和信用卡信息等内容，这些内容其实是存储在由防火墙保护的网络服务器上的，上面存储了你的用户名和密码。在大多数情况下，别人最多能通过你的cookies知道你登录过的网站。

如果用户知道正确方法，是有可能阻止cookies的，但是有很多用户并不知道自己的隐私可能被侵犯或者根本就不在乎自己的隐私是否被侵犯。2003年，在英国1 000多人参与了关于cookies使用与否及对其态度的一次有趣的调查，调查结果显示：

（1）50%的用户在最近3个月不止使用了一台计算机。

（2）70%的用户说他们的计算机不止一个人使用过。

（3）尽管有20%的人认为他们只接受单线程的（session）cookies，但有94%的人认为即使他们接受了cookies，别人也不知道他们的情况。

（4）71%的人了解cookies，并且准备接受它们，而这其中只有18%的人不知道如何删除cookies，有55%的人每月定期删除他们计算机中的cookies。

（5）89%的人知道cookies是什么，如何删除它们，并且说他们在最近的3个月中曾经删除过。

cookies相关的法律约束

PECR限制了cookies的使用，它规定：

任何人不能在订阅者或用户的终端设备中存储信息或者获取电子信息，除非满足以下条件：

（a）使用者提供清晰完整的信息存储、访问和使用目的的信息。

（b）信息的提供者可以选择拒绝提供相关信息。

条件（a）认为使用者提供一份详尽的隐私保护声明是很重要的；条件（b）认为需要提供"选择性加入"cookies。换句话说，在用户初次访问网站时，就应该有个提示框来征得用户是否使用cookies的意见。这主要是考虑到有很多用户可能并不愿意在该网站使用cookies。有一个条款进一步阐述了这个内容，它规定：订阅者和使用者出于对信息社会服务的需求迫切需要这些存储信息。这就意味着在不需要选择性进入的情况下，对于电子商务服务而言，现在使用临时的cookies是合法的。但是存在争论的一个问题是，我们是否需要对这种多次访问者进行身份识别，这也是为什么许多网站在登录界面时会出现一个"记住我"的提示框的原因——这样它们就遵守了法律。使用cookies进行客户跟踪是不违法的，但是我们还要关注以后案例法将会怎样发展。

"病毒"营销

在网络环境下，"传给朋友"的电子邮件用来在人与人之间传递促销信息，这也被称为"网上会说话的嘴"。这种营销方式在PECR中没有明确规定。在这种营销中，电子邮件可能被用来传播病毒，就像传播流感病毒一样。关于**"病毒"**营销的内容在本书的第9章有详细的讨论。

已经有一些组织针对网络用户担心自己的信息安全而采取了措施。最早的是由IBM公司赞助的TRUSTE组织（www.truste.org），还有普华永道（PWC）和毕马威（KPMG）。有关法律监管人员将会监察各个网站的隐私声明，确保它们是合法的。那么网站的隐私声明具体指什么呢？通常来说，一个网站的隐私声明包括下列内容：

- 网站是如何收集信息的。
- 信息是怎么使用的。
- 这些信息会与谁共享。
- 用户如何能接触并纠正这些信息。
- 用户如何能把他们的信息从该网站或其他共享其信息的网站中删除。

在英国，一项旨在保障顾客信息的措施是ISIS（全称为：互联网购物是安全的），它是一个作为电子零售商的交易集团提出的。另一项举措是针对教育的，涉及一个由政府建立的网站，叫作GetSafeOnline，它帮助顾客理解并保障他们的网络隐私安全。

政府在这方面的努力也是很重要的，政府制定的相关法律可以保证企业的行为符合规范。在英国，1999年的《欧洲数据保护法》也涉及互联网上的个人隐私保护问题。根据相关法律的规定，我们把电子商务企业要做到的互联网上的个人隐私保护相关事宜罗列了出来，它们是：

（1）在当地所有的市场上遵守消费者权益保护法的各项规定，必要时需要使用当地的权益保护和安全证书。

（2）在向用户索要信息前，通知用户以下事宜：

- 是哪个公司在索要信息。
- 收集的是什么个人信息，存储过程是怎样的。
- 收集个人信息的目的何在。

（3）收集敏感信息前需要得到用户的允许，并且最好是做到收集任何数据时都要这么做。

（4）向顾客提供详细有效的隐私声明，并且阐明数据收集的目的。

（5）让用户知道什么时候使用cookies和其他隐藏的软件进行数据记录和追踪。

（6）除非企业非常需要这些数据，否则不能轻易对私人的数据进行存储。比如，在一次互联网交易议价的过程中，不应该要求用户提供个人的真实姓名和详细的联系地址，如果在交易的过程中出于市场交流的需要要求客户提供其他的信息，这种信息的提供与否也必须是可选择的，而非强迫的。

（7）在用户要求及时修改不正确的信息时，要通知使用者，并且在网站上提供修改信息的途径。

（8）只能把信息用于信息提供者允许的用途上（选择性加入）。

（9）赋予用户可以选择不再收到信息的权利（选择性退出）。

（10）在存储用户信息的网站上采用恰当的安全技术进行信息保护。

4.2.3　其他电子商务法规

Sparrow 在 2000 年划分出与互联网市场运营者相关的 8 个法律层面，尽管之后法律又有了一些新的发展，但其仍然是在考虑互联网市场运营者行为的法律规范时的一个有效的框架。

（1）公司利用电子商务业务进行市场营销

在 Sparrow 进行论述的时候，他使用这个类别主要指的是公司为自己的网站购买一个域名的过程，现在有其他的一些法律限制也包含在这个类别中。

A.域名注册

很多公司可能拥有多个域名，这些不同的域名可能用于不同的生产线、不同的国家或特殊的营销活动。当一个人或公司注册某个域名，别的公司宣称对这个域名已经有所有权时，就会产生域名纠纷。

一个相关的问题就是品牌和商标保护。当一个品牌的相关评论在网上发布时，在线品牌声誉管理和报警软件工具就可以提供实时警报。一些基本工具包括：

- 谷歌警报工具（www.googlealert.com）和 GigaAlerts，当在任何新的页面出现与您公司或品牌名称相关的短语时，它就会发出警报。
- Copyscape（www.copyscape.com）用于定位可能出现剽窃或者重复的内容。Blog Pulse（www.BlogPulse.com）可以将被看到的个人发布的任何短语列表（见图 4-9）形成一个趋势分析。

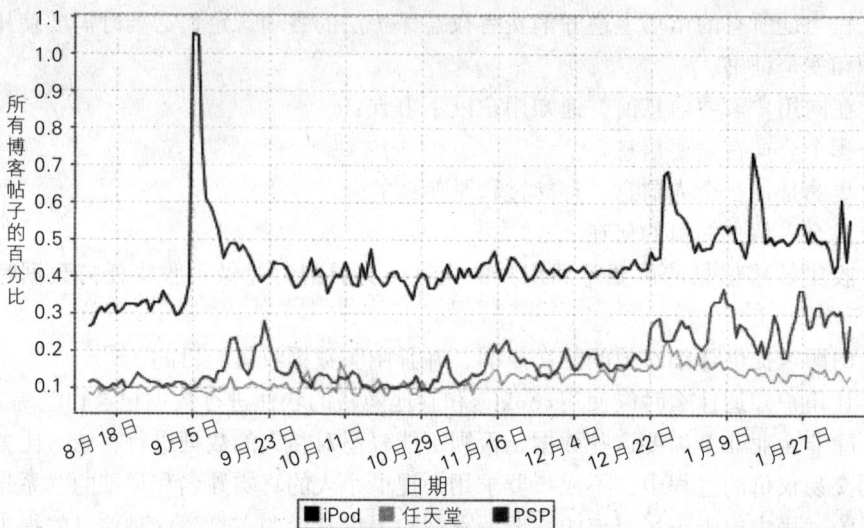

图4-9　三个消费品牌发布的博客数量对比

来源：Blogpwlse（www.blogpulse.com）

B.在元标识中使用竞争者的名称和商标（主要是为了产生更高层的搜索信息列表）

元标识是公司网站HTML页的关键字，它在网站中的目的是使得公司搜索引擎在搜索信息的过程中能够识别该网址并把它列于搜索信息列表中（见第9章）。有些公司试图把竞争公司的名称也放在自己公司网站的元标识中，这种行为已经不合法了，在案例法制定委员会发现公司存在这种行为以后就颁布了相关制约法令。

C.在点击计费广告中使用竞争者名称及商标

公司可能会暗地里在点击计费广告中使用竞争者的名称和商标。例如，当消费者在搜索"戴尔"时，出现的广告中出现的却是"惠普"的字样。这方面的案例法规比较少，只有美国和法国对这方面做出了相关规定（在法国这种广告是不允许的）。

D.可访问性立法

互联网可访问性是指允许一个网站的所有用户进行互动，不管他们是否具备使用互联网的能力，也不管他们使用的是什么浏览器或平台。决定一个网站作用人小的是它能提供的内容。许多国家现在都有明确的互联网可访问性立法。它们通常都包含在法案中。在英国，相关的法案包含在1995年通过的《英国残疾歧视法》中。

无障碍网页指的是所有该网站的用户，无论是否为残疾人士，他们都可以在网络浏览器或平台进行访问和互动。设计一个可访问的网站，主要受众群应包括有视力障碍或失明的用户（对网页的设计要求需要可以覆盖无障碍人士使用，详见第7章）。

互联网标准制定组织比如说万维网在推动互联网可访问性的纲领制定中就起着很积极的作用。本网站描述了几种常见的辅助功能问题：

图片没有可以替代的文字；缺乏替代文本图像映射热点；误导性页面使用结构元素；无字幕的音频或视频；对不能访问框架或脚本的用户缺少替代信息；线性化的表很难译解密码；网站颜色对比度差。

www.bobby.com向我们描述了下列一些有关可访问性的问题。

BOBBY 是一个用来评价万维网标准的工具。下面这个例子强调了互联网可访问性的需求。

Bruce Maguire，一个盲人互联网用户，在 2000 年，利用巴西的一个新修订的法案状告了悉尼奥组委。Maguire 宣称该网站内容少，不能满足他的需求，也未能得到有效的改进。后来，他得到了《1992 年澳大利亚残疾歧视法》的保护，并且得到 200 000 澳元的赔偿。这种情况在世界上还是首例，它表明任何公司的组织如果没能遵守相关法律就会受到处罚。在美国和英国等国家已经有了类似的法案条文。这些针对网上歧视的法案现在已经在很多国家得到了修正。

（2）签订电子合同的过程（合同法和远程交易法）

我们可以看看签订电子合同过程中的两个方面。

A. 产地国原则

在网站上签订电子合同的买方和卖方都将适用于各自国家的法规。在欧洲，很多电子合同方面的法规都具有地域性，然而在不同的国家对法规又有自己不同的解释。这导致了一个问题：应该采取哪个国家的法规——是卖方国家的法规，还是买方国家的法规？比如买卖双方的网站一个位于德国，一个位于法国，究竟适用哪个国家的法规呢？这是不明确的。所以，在 2002 年，欧盟针对这个问题采用了"产地国原则"。这意味着电子合同将以卖方网站所在国的法律规定为基准。

B. 远程交易法规

Sparrow 建议通过不同形式的要约放弃纸面规定来保护销售商的权益。比如，如果销售商在要约中在定价和商品细节的描述上出现了错误，则它不必为公布的与该商品相关的销售合约负责，因为这种要约只是关于商品交易的一种磋商，而不是确定了要达成交易事项的合同。

一个在这方面有名的案例是发生在一个互联网销售商身上的事情，它把 299 英镑的电视机价格误写成 2.99 英镑。事情发生后有大量的消费者签订了购货合同，但是后来电子零售商宣布合约并不能简单依赖于接受网上的订货来达成，尽管很多消费者不赞成这种观点。但是不幸的是，当时对这种情况并没有相关的法律规定。

当网站服务发生错误时，要约放弃纸面规定的同时可以用来减少销售商的责任。比如说由于错误操纵所产生的财务损失。Sparrow 还进一步建议合约生效的时间应该为发货的时间，合约条件应该包含关于商品发生损坏及其损失的内容。

在欧盟，远程交易的官方指令与电子商务合同也有一些关系。它最初主要适用于保护消费者用电子邮件订购商品时的权益。它的主要规定是电子商务网站必须明确申明以下内容（这也是很多有信誉的互联网零售商所一直推崇的）：

- 公司本身的具体特征，包含公司的地址。
- 公司提供产品或服务的主要特征。
- 价格信息，包括价格中所包含的税收，如果可能的话，提供发货的成本。
- 商品销售信息的有效期间。
- 支付和发货的具体方式。
- 消费者退货的权利和时限。
- 合约的有效期限，如果恰当的话，说明关于产品或服务的合约是永久性的还是暂时性的。

- 消费者所预购的商品是否可以退货或者换货，如果发生了这种情况，卖方是否承担相关的退货费用。

在合同订立的过程中，供货方会被要求提供上述信息。只有在合约的双方都接受以电子邮件作为合约的情况下，通过电子邮件确认交易才是合法的。在交易的过程中，通过电子签名来验证合约双方身份是比较可取的，因为这在交易纠纷发生时是很有价值的。默认情况是，服务一旦发生就不能取消。

（3）支付和接受付款

对于交易性的电子商务网站而言，与之相关的法律主要是规范销售商、买方、信用卡发行者之间的权利和义务。作为卖方，应该明确自己在各种交易情形中承担的责任，比如说顾客在交易过程中出现错误的情况下卖方的责任是什么。

（4）互联网认证合约

这种证明通常指的是对买方身份的确认。比如，为了验证一张信用卡的合法性，很多网站通常会要求信用卡持有者提供一个独立于信用卡号之外的三位数密码，这样有利于减少一些欺骗性的购买行为。使用电子证书也是确认购买人身份的一种有效方法。

（5）电子邮件风险

电子邮件的一个主要风险是对个人隐私权的侵害。很多国家都制定不少旨在减少垃圾邮件和未经授权的商业邮件数量的法规，以更好地保护人们的私人权益。这在前面章节已有讲述。

电子邮件的另一个问题就是人们可以通过它进行诽谤宣传。比如说，在电子邮件中包含有中伤和诋毁某个人或某个公司的内容。一个有名的例子就是发生在 2000 年的诺威奇联合医疗保健所（Norwich Union Healthcare，NUH）针对其竞争对手 WPA 的事件。NUH 公司给用户发送邮件，错误地宣称 WPA 公司正处于调查之中，并且说执法者已经禁止该公司发展新的业务。尽管这些邮件只是发给了 NUH 内部网络，没有扩展到网络之外，但是 WPA 公司认为这种行为严重损害了其利益。最后，这个事件在当时没有任何相关法律约束的情况下，以 NUH 公司向 WPA 公司赔款 415 000 英镑而结束。尽管如此，这样的事件还是很少见的。

（6）知识产权保护

知识产权保护的对象主要是指设计、理念和发明，现在还包含了以服务于电子商务而发展起来的一些内容。与之紧密相关的是版权法案，这主要应用于保护作者、制作者、广播者和表演者的权益，确保他们能够从自己的每次劳动中获得报酬。欧盟在 2003 年就在欧盟许多国家强制执行了 2001 年制定的版权法案。这是法律体系一次重要的更新，反映了新技术、新方法的要求。

知识产权在互联网上可能会受到两种形式的侵害：

首先，组织的知识产权可能被滥用。组织应该采取措施避免知识产权受到侵害，比如，从某个网站上拷贝内容，然后复制到别的网站上去，这个过程是很容易完成的，并且对于一些小型的商务组织来说这并不陌生。而对于有名望的公司来说，在日常管理中应该经常去调查企业网站上的内容和**商标**等信息是否被其他公司盗用过。

其次，企业可能会在不经意间侵犯他人的版权。有些不懂法律的员工侵犯他人版权的可能性更大一些。另外，有些交易方式也会被别人设计为专利，比如说亚马逊书店就把顾客的购买选择——"点击购买"确认为自己公司的专利，这也是为什么在别的公司网站看不到这种购买方式的原因。

（7）在互联网上给自己的产品做广告

由类似于英国广告标准制定委员会的独立机构制定的广告执行标准同样适用于互联网环境（尽管它们通常不具有很强的政策性）。

（8）数据保护

数据保护法规在前面的章节中已经有了详细的阐述，这里不再重复。

4.3 互联网的使用与绿色环境

这个星球的未来状态是社会广泛关注的内容之一。技术通常被认为可以危害环境，但也有一些观点认为电子商务和数字通信有环境效益。公司也能在一些事情上节约成本，然后让自己努力成为一家环保的公司——例如专栏4.5。

专栏4.5

汇丰银行的客户虚拟森林

汇丰一直致力于改善环境，2005年11月它在全球范围内成立了一个气候中立公司。汇丰银行通过使用绿色技术和排放抵消交易，抵消其建设运营和商务旅行产生的所有二氧化碳排放量。2006年，其35%的北美业务是单独的风力发电，由可再生能源证书投资抵消。

汇丰银行绿色政策的另一方面是它的网上银行服务，它鼓励电子（无纸化）账单。例如在英国，2007年有超过40万的客户从纸质报表转到了在线交付，并且每一次均可创建一棵虚拟树。汇丰承诺每有20棵虚拟树，将种植一棵真实的树木。见图4-10。

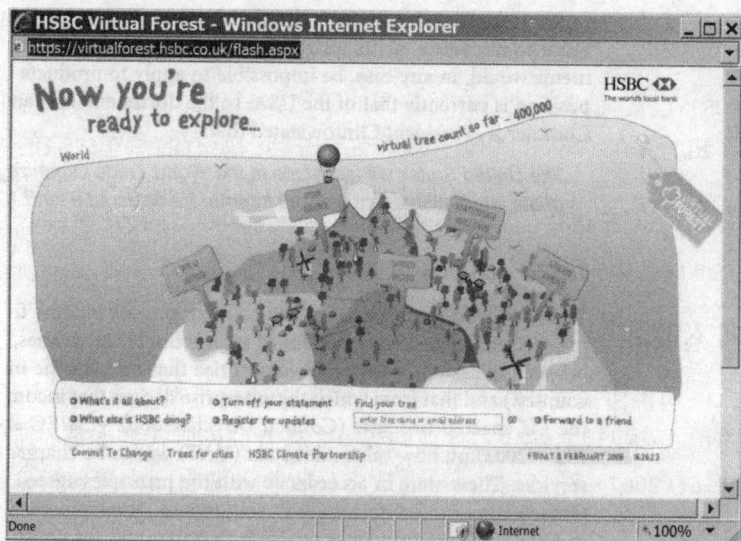

图4-10 汇丰银行的虚拟森林

来源：www.hsbc.co.uk

可能，网上购物也可以有益于环境。想象我们不再前往商店，在家里或在工作中就可以完成100%高效交付，这将减少相当多的交通运输量。虽然这种情况是不可想象的，但是在线购物正在以非常有冲击力的速度增长着。据英国电子零售协会的网络媒体调查显示：电子商务的重要性日益增加，现在英国在线交易额占到零售额的10%以上。2007年英国电子零售协会推出了绿色消费、在线消费的活动，它有六个理由认为电子商务是绿色的：

1 车辆、里程数较少：在英国，出行购物是驾车最常见的原因，数量占全部出行的20%，总里程占12%。一项由瑞士在线杂货商leshop.ch的研究显示：如果每一个客户决定在网上购买，而不是驾车去购物，将减少3.5千克CO_2排放量。

2 较低的库存：戴尔通过在网上对产品进行预售，然后预测走势，如果它们最后没有被卖掉，即可被取消，这样可以避免生产过多货物而在能源和自然资源相关方面造成浪费。

3 较少的印刷材料：网络电子通信和宣传册代替它们的实体材料，从而节约了用纸及分销成本。

4 更少的包装：理论上，如果一个项目是在网上销售，是有必要进行花哨包装的，但是这种说法是不太可信的。大多数项目，如软件或电子项目仍在包装，但至少数十亿个音乐曲目不需要任何包装或塑料。

5 更少的浪费：互联网可以贯穿从采购到生产到销售等整个供应链环节，有助于缩短产品配送周期。甚至有些人声称，如eBay和亚马逊的拍卖市场服务还能促进回收和再利用。

6 去物质化：更好地称为"数字化"，这种产品是可用的，如数字化的软件、音乐、视频。

鼓励企业在网上交易时，解释这些优势给客户，例如汇丰银行所做的，那么这可以发展这些网上渠道。

但电子购物能减少多少温室气体排放？一项由芬兰研究人员所做的研究显示（限于电子杂货购物）：理论上，减少18%至87%的家庭成员去商店购物的数量，这将导致芬兰的所有温室气体排放量减少多达1%。但实际上这个数字要低得多，因为只有10%的杂货店支持在线购物。

Cairns（2005）已经完成了一项有关英国的研究，该研究证明了英国杂货店在线购物的重要性。开车出行采购食品和其他生活用品约占英国所有的汽车之旅的40%，约占所有汽车的5%。她认为，汽车旅行可以通过面包车旅行直接替换，可以减少70%以上千米里程。Ahmed和Sharma（2006）进行了一个更广泛的研究：使用价值链分析评估网络的作用，可以改变供应链中每个部分的能量和材料的消耗量。

4.4 税收因素

如何改变本国的税法来支持以互联网为代表的全球化是很多政府致力于解决的问题。很多国家的政府担心如果现有法律不体现购买模式在互联网时代的变革，那么很可能导致税收的骤减。Bsau（2007）注意到约1/3的政府税收收入源自国内消费税，进口税收收入约占17%。政府显然希望收入得到保障。

政府财政收入通常是受保护的，以英国为例，当进口非欧盟地区的货物时，征收关税的税率与增值税相同。管理空运和海运进口的货物是件不容易的事，必须与所有供应商达成一致的协议。

在欧洲，原先在赌场里进行的赌博活动，现在被一些诸如 Gibraltar 的低税负的网上赌博所代替，这导致原来赌博场所应向所在国缴纳的高额税负收入不见了。这种情况使得原先有高税负门槛限制的线下赌博活动转到了低税负的网络赌博，并且变得更猖獗了，破坏了原先被认为是良性的互联网商业模式，例如英国大型出版商 William Hill 和 Victor Chandler，就可以在"离岸"位置提供网上赌博。零售商在 Jersey 建立零售业务，出售如 DVD 和 CD 等物品，它的成本都不到 18 英镑低价值货物减免的门槛，所以就没有增值税或消费税需要支付。

这种趋势被 Mougayer（1998）称为互联网上基于位置优化的电子商务（LOCI）。

因为电子商务是在全球市场上发展起来的，所以在互联网上贸易时征收商品关税是很不明智的。这种行为会给互联网贸易带来极大的障碍。任何情况下，这都不适于电子交付的产品。美国正在寻求解决这个问题的方法。在文件《一个全球化电子商务的框架》中，前克林顿总统曾宣称：

美国将向世贸组织和其他国际性组织倡导这么一个理念：让互联网贸易成为一个零关税的领域。

4.4.1 税收管辖权

征税权限决定了哪个国家能够从一项商业贸易中征税，在早先的电子商务国际税务体系中，收入取得企业所在国和收入来源企业所在国同时拥有征税权。在 2002 年，欧盟制定了两条法律（欧盟理事会指令 2002/38/EC 和理事会规则（EC）792/2002），以解决如何对互联网上的服务征收增值税的问题。这和 1998 年在渥太华会议上，电子商务合作发展组织（OECD）制定的框架是基本一致的。它认为这些由消费而引发的税种（如增值税）应该在消费发生所在国征收，这些法规加强了欧洲企业在电子商务中的竞争力。其中一条规定如下：

在新的法律规定下，欧盟的供货商不用再因为在欧盟以外的市场上销售货物而缴纳增值税。前《电子商务国际税法条例》规定欧盟的销售商在非欧盟国家出售销售商品时必须向欧盟缴纳增值税。这一新法律消除了一个欧盟国家电子商务发展的显著竞争障碍。

这份提议使非欧盟供应商缴纳与欧盟供应商一样的增值税税率，这也是很多欧盟企业一直所要求的，并利于消除原来对欧盟本地供应商不公平的竞争状况。

电子商务合作发展组织也认为他国公司在为其电子商务销售收入报税时应该只填写一张简洁的登记表，这也是欧盟委员会现在倡导采纳的。欧盟 2003 年执行的电子商务相关税法的准则中规定需要征税的电子商务服务内容如下：

- 网站提供的服务或以网络为平台提供的服务。
- 下载软件（包括更新软件）。
- 下载文本、图像或者其他信息，这其中也包括有偿使用数据库资源。
- 电子书和其他电子出版物。
- 下载音乐、电影或者游戏。
- 网上拍卖及其他相关网上交易。

英国规定的增值税条例如下：

- 如果供应商所在国和顾客所在国都是英国，则供应商应向欧盟缴纳增值税。
- 供应商所在国不是欧盟而顾客所在国是欧盟，则供应商应该在英国和供应商所在国二者取其一进行纳税。

- 供应商所在国是欧盟而顾客所在国不是欧盟，则供应商不用缴纳增值税（但是进口则必须征收增值税）。

- 发生进口业务时，不管供应商所在国是否为欧盟，都要征收增值税或者是关税。

- 在电子商务产生以前，增值税的征收主要是以供应商所在国为基准的，但是在电子商务盛行以后，这种做法在电子商务方面就不适用了。

4.4.2 自由限制立法

尽管政府纷纷制定了保护消费者个人权益的法规（该方面的法规在前面的章节中已有详细阐述），不过有一些公司和个人认为这些法规过于严格，因此根本不把它们当回事。因为很多公司考虑到其公司网站和网络信息的安全性，所以加强了通过互联网服务供应商对所有电信监控的能力，这导致网络基础设施供应商必须负担高额成本，进而导致从事电子商务的公司间竞争越来越残酷。与此同时，很多公民和员工也时常抱怨自己的电子通信受到了监视，这种状况迫使政府在几年前开始制定新的电信法案和调查权限法案。

人权组织认为政府对电子通信的监控法案过于严格，该组织创建的"自由之家"（www.freedomhouse.org）致力于减少政府对个人的监控。自由之家在2000年的一篇报告中指出很多国家，包括发达国家和发展中国家，正在不断加强对互联网内容的监控力度。关于互联网通信的自由程度，据其调查仅有69个国家的互联网是完全自由的，51个国家的互联网是部分自由的，66个国家的互联网受到政府严格的监管。监管措施包括实施准入许可制度和正规的法令约束，主要是针对互联网上的一些言论和内容进行过滤和审查。在许多亚洲和中东国家，政府总是以道德保护和当地价值观为由对互联网通信实施严格的监管。互联网受到政府严重监管的国家包括阿塞拜疆、白俄罗斯、缅甸、古巴、伊朗、伊拉克、哈萨克斯坦、吉尔吉斯斯坦、利比亚、朝鲜、沙特阿拉伯、塞拉利昂、苏丹、叙利亚、塔吉克斯坦、突尼斯、土库曼斯坦、乌兹别克斯坦、越南等。

美国政府在1996年也曾经试图通过《通信规范法案》（Communications Decency Act）来监管互联网，但是没有成功。参考实践活动4.4以便了解此问题。

实践活动 4.4

政府和企业对电子通信的监控

目的

考察政府和企业对电子通信的监控应该达到何种程度。

活动

找出以下每条阐述中包含的论点，并且对此进行个别或者分组讨论：

（1）"该联盟认为企业没有权力对员工使用电子邮件和互联网实施监管。"通过Moreover网站（www.moreover.com）阅读一些关于员工因为在电子邮件或网络活动中涉及被认为不恰当的内容而被解聘的案例。这能成为解聘员工的理由吗？

（2）"该联盟认为政府没有权力通过互联网服务供应商监控任何在互联网上进行的交流。"通过Moreover网站观察你所在国家针对互联网进行监控所采取的措施。

（3）你认为公司的管理者应该采取何种措施对员工的电子通信进行监控？国家需要制定相关的法律吗？企业需要采取一些措施吗？

实践活动答案参见www.pearsoned.co.uk/chaffey。

4.5 经济和竞争因素

一国的经济情况和竞争环境决定了其电子商务的发展潜力，跨国公司管理者在制定电子商务发展战略时优先选择的是那些互联网使用技术最发达的国家。Booz Allen Hamilton在2002年发表了他对电子经济框架的评价报告，在报告中他把电子经济定义为：

一个国家的公民、企业及政府间利用网络技术相互作用，实现社会经济更好发展的动态系统。

这个框架是在环境、准备、吸收和利用、影响四个层次，公民、企业和政府三个参与者的基础上建立起来的，见图4-11。

关于政府如何努力改进电子商务环境的阐述包含在本章后续内容对政治和电子政务表述中。

对不同国家经济条件进行了解也是对该国销售收入预算准备的一部分。

全球化趋势可以使公司在一定程度上免受区域性经济波动的影响，当然这不包括全球性经济萧条的特殊情况。发生全球性经济萧条时，每个公司都不可避免地要受到冲击。作为一个公司的管理者，要努力学习发达国家的电子商务经验，预测本国电子商务的未来发展方向，这对一个公司的电子商务发展历程很重要。

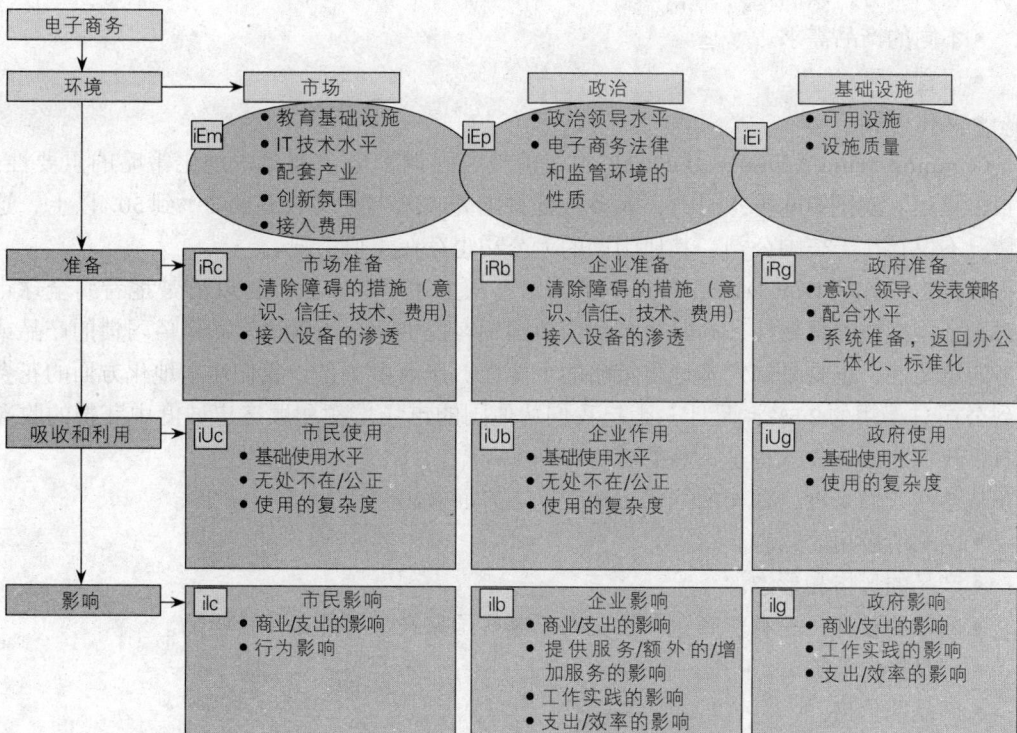

图4-11 电子商务的框架

来源：International E-Economy：Benchmarking the World´s Most Effective Policy for the E-Economy，11月19日出版，伦敦，www.e-envoy.gov.uk/oee/ns5/sections/summit_benchmarking/s5ile/indexpage.htm（BoozAuen Hamicton,2002），版权材料是根据使用许可协议的条款授权转载的

4.5.1　电子商务和全球化

全球化指的是将目标市场从本土向全球转移的运动，同时也是一个社会和文化差异逐渐融合的过程。有些人把它形容为"西方化"或者是"美国化"。从第 1 章中我们看到，不论是中小型企业像 North West Supplies，还是大型跨国公司和国际组织，比如 Easyjet 和思科（Cisco），都通过电子商务在全球市场上增加了自己的份额，获得了更大的发展机遇。

Quelch 和 Klein（1996）指出全球化的一个显而易见的成果是使全球范围内的市场竞争成为可能。他们认为，一个国家要参与全球性的市场竞争，它必须做到以下几点：

- 具备 24 小时为客户提供产品或服务的能力。
- 在处理国际业务时能够娴熟地了解各国的法规和风俗。
- 深刻了解各国的市场环境，能够充分挖掘和发挥自己公司产品或服务的优势。

在发展全球化的电子商务过程中，语言和文化的沟通可能仍然是个大问题。对于一些中小型的公司而言，不可能去构建一个多语言的电子商务平台，也不可能花费大额成本去雇佣精通多门语言的员工。Quelch 和 Klein（1996）指出，从另一个角度说，电子商务的发展将有利于推动英语成为国际贸易中的首选语言这一趋势。在这里，我们把为单个国家定制电子商务服务的策略称为**本地化**。电子商务公司的网站可能需要对某一类国家的顾客定制一系列服务，以满足其：

- 不同的产品需求。
- 语言差异。
- 文化差异。

Common Sense Advisory（2002）的一份报告强调了电子商务本地化策略的重要性。该报告指出：美国 500 强公司中，大多数都是国外收入占据其收入的 20% 到 50% 以上，这种情况不仅存在于美国公司，其他国家的大公司也存在类似情况。

该报告的作者 Don Da Palma 进一步指出，从上述事实中我们可以清楚地看到全球市场对于公司发展的重要性，同时也看到为他国顾客提供适合当地语言和风俗习惯的产品或服务的重要性，也就是制定本地化策略的重要性。然而事实是，我们在本地化方面的花费不到公司总费用的 2.5%，而且，比起我们从他国的市场份额和顾客忠诚度中获得的收益来看，我们的国外收入也是不高的。

从这些方面来看，公司的网站应该在以下方面做出改变：

- 网站所应用的语言。
- 产品的风格和形态。
- 网站的设计——有些颜色和图案对于某些国家来说可能是不恰当的。
- 产品供应范围。
- 产品的价格。
- 有效的促销措施，鼓励客户提供其电子邮件地址（便于进行互动），但这可能要受到当地数据保护法规的影响。
- 与本土交流的要点。

无法避免的是，公司的本地化策略必然会存在上述问题。当然，不同的公司面临的情况也不尽相同。比如，某公司的产品可能适用于不同国家的消费者，则在产品及其相关的宣传方面无需做太多的改变，它所要解决的问题仅是建立适用于当地环境的网站。然而，如果要建立有效的当地网站，绝不仅仅是对原来的网站进行简单的语言翻译，因为对于不同的国家，促销方式、顾客的接受方式都不一样。这方面的典型案例有经营B2C业务的杜蕾斯公司（www.durex.com）和经营B2B业务的3M公司（www.3m.com）。杜蕾斯在发展全球业务的时候，发现语言差异和人们对性爱的讨论范围不同对地区销售收入的影响很大以后，就对许多国家制定了本地化营销战略，其战略的制定同时考虑了上述两个问题。而对于3M公司而言，仅对其网站使用的语言进行了本地化，比如在网站上增设了法语、德语和西班牙语。对于大型跨国企业而言，本地化战略是它们的一个重要战略，不同地区的本地化程度要视当地市场的大小和重要性来定，因为公司实施地域化的成本很高，所以可能只有在大的市场上进行本地化投资才能获得可观的回报。

Singh和Persira（2005）提供了一个评估本地化水平的框架：

1 标准化网站（不局限）：一个单一的网站服务于所有的客户（国内外）。

2 半本地化网站：一个单一的网站服务于所有客户，然而，可为国际客户提供外国子公司的联系信息。

3 本地化网站：将网站的语言翻译为特定国家的语言便于为客户服务。

如何确定本地化程度是企业管理的一个艰难的挑战，因为它的建立与当地人们的喜好密切相关，并且通常在成本和转化率上难以平衡。

参照案例学习4.1，我们可以分析出顾客导向型公司的全球化战略的内涵。

案例学习4.1

消费者关于全球化的看法

本例以关于反对全球化的讨论为开端，紧接着探讨在全球化商业进程中不同文化特征改变所带来的影响，最后总结人们对全球化的态度和国际商业贸易的意义。

有关全球化和反全球化，不管是反世贸组织的游行，还是关于McDonalds（麦当劳）取代Ronald McDonald（罗纳德·麦当劳）的新闻报道，都是近几天热议的话题，但是全球化究竟是什么概念呢？我们可以通过几个市场原则对它进行描述：世界变得更小，消费者差异越来越小，公司可以在不同的地区和国家通过类似的促销手段销售相同的产品。在这种市场理念的驱使下，跨国公司一直念念不忘要推动全球化进程，对任何与反全球化相关的活动和言论深恶痛绝。的确，在1985年，正是这些把自己标榜为"地球的朋友"的人举着正反两面印着"推动全球化"标语的旗帜，大肆宣扬全球化，力图克服那些影响全球化进程的阻力——尤其是来自环境保护方面的阻力。

然而，全球化与本地化相结合，在一定程度上缓解了人们反对全球化的情绪。因此，很多跨国公司在扩大自身业务的同时很注意两者的结合。其具体原因包括：首先，对于很多欧洲人来说，全球化和美国化的意思是差不多的，他们没有意识到在这个过程中人们物质观的扭曲，本国文化的流失和英语对本国语言的渗透。它的极端就是会驱赶一大批的反全球化的积极分子。当这些问题被充分地认识以后，就会在当地产生反全球化的浪潮，因此，一个公司如果在进入某个新兴的市场时忽略了本地化问题，就会破坏自己产品的品牌形象和信誉。其次，虽然消费者之间存在很多相似的地方，但是他们之间存在更多的不同之处，研究这些不同之处远比研究相同点更有价值。只有明白了消费者之间存在的不同之处，新的产品和服务才有打入这个市场的可能。认识到这一点，企业才会真正体会到为什么同一个市场上的顾客会在不同的产品之间进行选择。

反全球化倾向在欧洲似乎已经成了一股很强的暗流，随时都能爆发，企业如果想进入一个新的市场，应该考虑一下如何去应对这种倾向。据报道，在最近十年内有近一半的欧洲人认为"我们的社会太过美国化了"（67%的西班牙人赞同这一观点，英国人中则有44%的人持这种观点），这种心态必然对消费者的购买行为产生显著的影响。在这种影响下，跨国公司在欧洲消费者的消费信任投票中排到了第27位。

而且我们还注意到，不仅是消费者在反对全球化，有很多全球品牌也日益受到地方品牌的威胁，并且这种威胁在相当长一段时间都将继续存在下去。但是，虽然存在这些不利条件，这并不说明全球品牌就没有发展空间了，有相当一部分的全球品牌还是成功地通过本地化战略融入了不同的地区文化并赢得了消费者的喜爱。所以说，一个公司如果要在本国外的新地区建立市场，必须保证其市场战略是真的适合当地的市场。

世界并没有因为全球化变得更小、更相似，尽管全球化给商业带来了更多的机遇，但同时也提醒企业在开拓国际业务时要充分了解消费者的偏好，公司在全球化的大环境下不仅要制定多国市场发展计划和编制资金预算，而且还要为不同的市场制定不同的产品服务措施和适合当地消费者的市场营销战略。

The Henley Centre 近期对欧洲消费者的消费态度进行了研究，研究结果充分说明了在一个大的范围内对消费者进行分类的复杂性。比如说，在某个水平上，调查结果显示所有的消费者都对自己的家庭充满了自豪感，所以全球性广告就应该把家庭作为安全的主题。在某种程度上这种做法是对的，但是，如果进行深入的分析，我们就可以发现不同的群体对家庭的定义是不一样的，所以，人们引以为豪的只是他们自己所定义的家庭，把这种水平上升到整个国家，这种差异就更大了。

公司要想通过发展他国业务来扩展经营规模，必须从战略水平上考虑自己对消费者需求了解的程度，首先对这种需求进行简单的概括，然后再深入地进行研究，单纯地把消费者按国家进行归类就过于简单了。除此之外，我们要做的不仅仅是找出消费者之间存在的差异，而且还要研究这种差异对消费者需求的影响。

问题

以这篇文章和你的经历为基础，对下述观点进行简要的论述：

对于公司发展全球化战略来说，为什么对其网站实施本地化战略至关重要？

4.5.2　电子商务对国际B2B贸易的影响

Hamill 和 Gregory（1997）在其文章中突出了国际B2B电子商务的战略寓意，他们指出随着国际B2B电子商务的发展，会有更多的公司意识到价格之间的差异，新的价格标准将会不断被制定。而且，他们预测，基于互联网的直销方式的发展，代理商和分销商等传统中介结构的重要性将会被慢慢削弱。

大型跨国公司显然在全球市场上竞争力更强，它们不仅拥有雄厚的资金实力，还具备丰富的人力资源。在这种情形下，中小型公司如何生存呢？很多国家的政府都鼓励中小型企业通过电子商务平台打入国际市场业务，并且为此提供了相应的政策支持，但是中小型企业要想得到政府的政策援助和指导，必须致力于发展出口业务。Hamill 和 Gregory 对中小型企业在国际贸易中面临的障碍的归纳如表4-5所示，完成实践活动4.7，寻找出克服这些障碍的方法和措施。

最近很多相关研究表明中小型企业对互联网的热情相对要低一些。Arnott和Bridgewater（2002）的研究表明中小型企业在互联网的使用上很多程度上是受到了技术的限制，通过调查测试部分中小型企业使用互联网的熟练程度，他们发现大多数中小型企业使用互联网更多的是用于获取外部信息，而不是通过互联网与别的企业进行业务交流。对于同一竞争行业的企业而言，公司规模越小，使用互联网工具的比例越小。在英国，Quayle（2002）调查了中小型企业认为的影响经营战略的重要因素。首先，被调查的298个公司中，市场营销、领导者才能和减少浪费被认为是最重要的战略因素；其次是供应商的发展、财务管理、市场和供应链管理；再次是技术和研发、顾客管理、电子商务和其他与电子商务相关的活动。

实践活动4.5

消除中小型企业发展国际电子商务的阻力

目的

强调中小型企业在发展电子商务时遇到的阻力以及政府为消除这些阻力所采取的措施。

问题

观察表4-5中所列示的4种阻力，从管理的角度说明各种障碍产生的原因以及政府对此采取的措施。就你所在国家对鼓励中小企业发展电子商务所做出的努力进行简要的评价。

表4-5 小型企业发展电子商务的阻力

阻力	产生原因（管理角度）	障碍消除方法
1．心理阻力		
2．实施阻力		
3．组织阻力		
4．产品/市场阻力		

来源：Hamill和Gregory（1997）；Poon和Jevon（1997）

4.6 政治因素

电子商务的政治环境是由政府机构、公共观念、消费者组织和产业组织共同构成的。前面章节中已经提到政治环境是建立个人权益保护法规和税法的推动因素之一。

通过政府机构来控制互联网的政治措施包括：

- 通过提高使用互联网的消费者的利益来改进国家的经济状况。
- 通过颁布法律来保障互联网上的个人权益和调节税收。
- 在进行法律约束的同时，通过专门组织对企业进行电子商务应用方面的指导和帮助。

- 设立互联网政策机构来协调互联网与其他一些控制互联网技术的独立组织之间的关系（本书的第3章有详细阐述）。

政治机构涉及电子商务活动的主要目的是提高该国的经济竞争力。Quayle（2002）总结了英国政府为提高本国产业竞争力而针对电子商务所采取的措施：

（1）建立国内和国际知名的电子商务品牌。

（2）对现有的企业进行改革。

（3）扶持电子商务的发展，鼓励电子商务相关的技术创新。

（4）拓宽电子商务的人才培养机制。

（5）对国际电子商务政策制定机构给予充分的权利。

（6）优先发展电子政务。

很多国家都把上述目标当成本国电子商务发展的关键。除此之外，政府还有一些特殊的措施用于鼓励个人和企业使用互联网。在这个时候，企业的管理者应该迎合政府所做出的努力，抓住政府提供免费培训的机会以提高公司电子商务的操作水平。另外，政府引导电子商务的发展，还可能对发展电子商务的企业有税收减免措施，企业也可以利用这些优惠政策发展电子商务。

欧盟委员会提供了政府组织促进和规范电子商务的一些例子：

- 从1998年起欧洲委员会开始努力推进欧洲电子商务发展（见网站http：/europa.eu.int/information_society/index_en.htm），其目的在于增加公众对**信息社会**的认识，提高人们参与互联网活动的能力和积极性，增加电子商务所带来的社会经济利益以及提高欧洲在世界信息化进程中所发挥的作用。欧洲委员会在1997年对信息社会的定义如下：

一个在公民每日生活、企业和工作场所都能够有高水平信息集中度的社会；在商业及交流中广泛地存取及传输数字信息的社会。

- 联合国教科文组织（UNESCO）同样也在积极推动欠发达国家的信息社会发展进程。

- 欧洲委员会还设想了2010年欧洲的信息社会目标：信息化社会给够为公众提供一个包含法规、研究、发展和消除文化差异的信息交流平台。

- 1998年，新的数据保护条例开始实施，它有利于保护消费者的权益，可以有效地减少公民选择网上购物的安全顾虑；新千年后，欧洲法规中又出台了新的法律来保障消费者的个人隐私和规范电子销售行为。

Booz Allen Hamiton（2002）归纳了政府推动互联网发展的措施中的5个重心，分别为：

（1）增加互联网硬件设备的覆盖面。政府不仅可以通过税制调整来提高个人和家庭使用互联网的比率，而且还可以通过加大公共场所互联网设备的建设投入来增加互联网硬件设备的覆盖面。比如，法国2003年在全国增设了7 000多个互联网入口，该国还提供了税收鼓励措施，使得公司在为其员工提供个人计算机时可以免税。

（2）提高人们使用互联网的信心和技能，这样能有效地吸引那些潜在的非互联网用户。比如，法国曾花费1.5亿欧元进行员工互联网操作待岗培训，日本IT业也依靠IT资深专家进行了很多员工培训项目。

（3）建立资格认证机制，法国、意大利和英国都开始颁发IT资格证书，这将有效地带动公众学习互联网技术的热情，尤其是那些技能低的、长期没有工作的人。

（4）建立互联网上的信任机制，减少人们对互联网的不信任感。与之相关的例子是英国在1998年颁布的《互联网儿童保护法案》，通过法律制度为互联网提供安全网络通常是不错的选择。

（5）直接的互联网宣传。一些资料显示，目前仅有英国政府在互联网的运作和宣传过程中直接面向公民宣传。

4.6.1 互联网管制

互联网管制指的是对互联网的发展和使用进行管理，政务原来一般都是用在某国政府身上的，但是由于互联网从一产生开始就是面向全球的，所以让某个单一的政府对其运作进行管理是不切实际的（我们已在第3章详细讨论）。

Dyson（1998）描述了不同层次的司法权，它们包括：

（1）物理空间。主要指的是每个国家自己适用的法律，比如说税法、个人隐私法和贸易法等。

（2）互联网服务提供商——连接现实世界和虚拟世界。

（3）域名管理和交流（www.icann.net）。

（4）类似于TRUSTe的机构（www.truste.org）。

该管理基础架构的组织也有显著的治理作用。

4.7 电子政务

电子政务和互联网治理是两个完全不同的概念，我们曾在第1章中介绍过电子政务，它是欧洲国家相对其他地区而言的一项主要的优势。不同国家的电子政务组织结构不一样，有些国家的电子政务包含买卖双方的电子政务，而有些国家把这两方面分开了。在英国，政府建设电子政务的主要目标是：到2005年，所有政府机构只要有需要，就应该有能力处理所有发生的电子事务。

尽管这个目标制定的出发点是美好的，但是我们不能忽略政府为实现这个目标而花费的成本。而且，虽然政府花巨资把各项电子政务功能开发出来，但是在实践中真正使用的还是很少（从这个角度看，政府还必须花费资金为这些功能进行宣传）。

在澳大利亚，为信息产业服务的市政机构NOIE为电子政务设计了战略框架，这也充分展示了政府在鼓励本国电子商务发展过程中所能采取的措施，这个框架具体包括：

（1）接触、参与和技能——鼓励各个政府部门、团体积极地参与信息产业。

（2）广泛开展电子商务——政府致力于为本国企业提供更多高效的交流合作机会。2002年，澳大利亚通过了一项鼓励公司，尤其是中小型企业和中介公司接纳和采用更广泛的电子商务的政策。

（3）信心、信任和安全——政府致力于建立互联网上的社会信任机制，以扫除影响消费者和企业对互联网信任的所有障碍。

（4）电子政务的战略和实施——政府应该积极采用与政府信息的收集和发布、服务和管理等日常政务管理相关的信息技术，这有利于促进政府的改革，提高政府的行政效率。NOIE提供了一个其他政府都可以借鉴的用以支持该机构的框架。

（5）信息产业的环境——对信息产业的变化进行研究，促进信息产业的创新和发展，并且对其未来发展进行预测。

（6）国际方面——通过与政府机构合作，在世界论坛上发布澳大利亚制定的与国际信息产业利益相关的政策。

迷你案例学习4.1

SourceUK网站

SourceUK网站是一个成功电子政务网站，可以负责支付和管理最繁忙的电子通信、采购、英国政府及其他公共部门的部门管理，而且符合政府现代化议程的法律。约有250 000名高级管理人员、预算持有者、决策者有权访问来满足他们在一分钟收集新闻和信息的需求，并为他们的货物和服务进行采购。

SourceUK网站被证明是一个被认可的、受尊重的、知名的、繁忙的门户网站，并被提供给这个市场，目前这个网站每个月有平均500 000个访客进行访问。

来源：SourceUK邮件通告，2008

4.8　技术创新和技术评定

对于电子商务的管理者而言，技术创新和技术评定所面临的一个重要的挑战就是如何去评定一项新技术提高自身竞争力的能力，什么是下一个大事件。事实是没有人能预测未来，很多企业都误解了市场产品：

将"电话"视作一种通信手段，其有太多的缺点，需要认真考虑。

——西盟内部备忘录，1876年

到底是谁想听演员说话？

——H.M.Warner，华纳兄弟，1927年

我想可能有五台电脑就可以涉足国际市场了。

——Thomas Watson，IBM主席，1943年

毫无疑问，任何人家里都将拥有一台计算机。

——Ken Olson（Digital Equipment Corportation总裁），1977年

我个人认为最好的企业可以做的是分析当前形势，并迅速在适当情况下作出反应。就像加拿大科幻作家威廉·吉布森所说：

未来就在这里，它只是分布还不广泛。

一个稍微不同的，但更具前瞻性的观点，出自Bruce Taganizzi，他在苹果公司成立了人机界面研发团队，并开发了第一个界面指南：

成功的技术预测是基于不间断的检测，并且预测趋势将由他们引领。

他给了一个例子，苹果的iPhone采用基于手势的界面，其他设备也将遵循并跟随。

除了在网站上部署技术，吸引顾客到网站上，还必须评估所用新方法的适用性，例如付费搜索引擎、横幅广告或电子邮件营销等新形式的注册和使用（第9章）（在第5章中涉及战略决策）。

当一种新技术被引入时，一个管理者将要面临不同的困难，把这些问题展开，可以归纳为以下几条：

- 如果新技术研发和推广的成本过高，或者是管理层认为采用这项技术所带来的收益不能弥补与之相关的成本，是否放弃这项技术？
- 如果管理者认为这项技术必须采用，是否在没有一个详细的项目评估方案的情况下积极地采用这项技术？
- 是否在决定采用新技术之前对该项技术进行收益评估？

以管理者对上述问题的态度为标志，可以把管理者的态度分为以下 3 类：

（1）小心谨慎、"观望"态度。

（2）冒险、"早用早受益"态度。

（3）折中态度。

Rogers（1983）把新产品从研制到投入使用、推广的过程按照使用者参与时间的不同分为 5 个阶段，具体为创新者阶段、早期采纳者阶段、早期多数跟随者阶段、晚期多数跟随者阶段和落伍者阶段，如图 4-12 所示。

图 4-12 还可以作为一个帮助企业管理者进行决策的分析工具，它能够给企业管理者提供以下两方面的信息：首先，它可以用于了解某种产品或技术在顾客中的使用阶段。比如说，互联网作为一个成熟的工具，已经在全世界范围内得到推广，尤其是在发达国家，那么我们可以把它的发展归类到晚期多数跟随者阶段，这说明利用互联网作为媒体进行市场营销将起到很大的效果。而与之相反的是，对于 WAP（无线应用协议）技术，由于我们把它归类到创新者阶段，所以这项技术是否能给投资者带来足够的回报尚不得而知。其次，管理者还可以通过该曲线了解其他企业对于某项技术的采用情况，比如，对于"个性化"技术，一个互联网超市就可以利用新技术推广过程曲线去判断在某时段使用该项技术的竞争对手数量，并以此作为自己是否也采用该项技术的衡量标准。

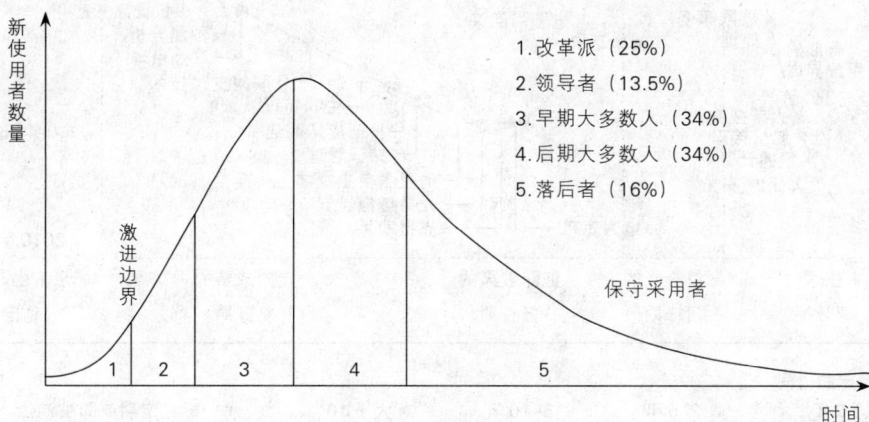

图 4-12　新技术推广曲线

技术分析专家 Gartner 曾经针对不同技术的成熟度、应用情况还有企业应用进行评估，并且得出了技术成熟度曲线。Gartner 将一个循环划分为以下几个阶段，图 4-13 给出了2010年这一发展趋势。

（1）技术萌芽期。循环的第一个阶段是"技术萌芽期"，该时期是产品推广、发生重大技术突破或其他事件产生了巨大的压力和引起兴趣的时期。

（2）期望膨胀的顶峰期。在这个阶段，一系列的名声导致了过度热情和不现实的期望，可能会存在技术应用成功的例子，但是大部分还是以失败而告终。

（3）泡沫破灭的低谷期。技术应用进入到泡沫破灭的低谷期阶段，是因为它们没有能够达到预定的期望并且快速变得落后，结果就是压力过大导致人们放弃这项技术。

（4）走向成熟的复苏期。尽管有一些企业屈服于巨大的压力而放弃了技术应用，但还是有一部分企业经受住了考验，享受到了技术应用带来的好处。

（5）带来生产力的稳定期。一项技术到了该阶段，就意味着它已经得到广泛应用和认可。技术开始变得很成熟，并且进化出了第二代、第三代。该阶段的巅峰高度取决于技术是否得到广泛的应用或者它的市场应用广度有多大。

Trott（1998）在其对企业采用新技术态度的研究中指出，企业在有效应对技术创新和变革时应该充分考虑以下因素：

- 成长空间——当然长期要比短期好。

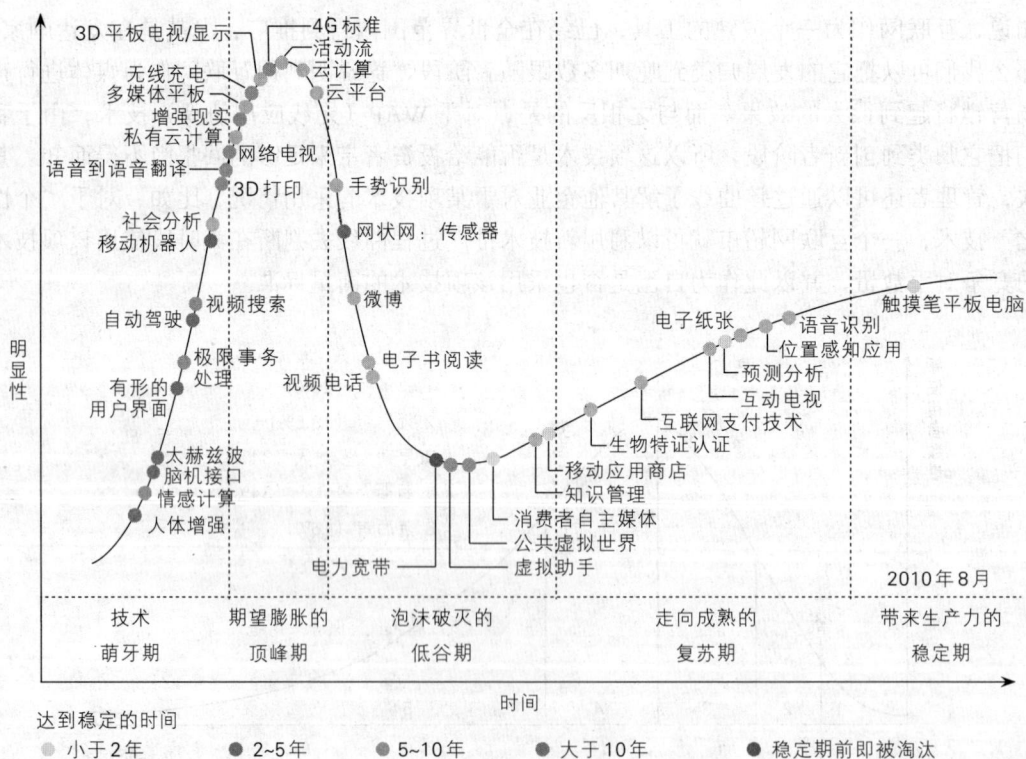

图4-13 Gartner新技术炒作周期

来源：Gartner（2010）

- 时刻对新技术保持敏感——注意原有技术使用环境的变化。
- 对新事物的态度——要有扶植新技术的心态。

- 风险承受能力——要敢于承担风险。
- 跨职能合作——具备多地区、多部门协作的能力。
- 对技术的感知——能及时地感觉到技术的发展。
- 缓冲期——为技术的研发提供时间和机会。
- 适应期——能有接受变化的心理准备。
- 其他各种各样的技能——主要是指技术、商业技能和经验。

企业如若能成为新技术的早期使用者，通常也能成为该技术所带来的新产业和新领域的领导者，但是这同时也面临着所有投资付之东流的风险。新技术可能存在很多的瑕疵，从而导致它可能不能充分融入到现有系统中，也可能其实际收益要远远低于预期的收益，这些都是作为新技术的使用者将要面临的风险。当然，有些公司敢于承担这些风险，原因是率先采用新技术可能带来巨额的回报，如果你引入新技术的同时，你的竞争对手依然在使用陈旧的、缺乏效率的老技术，那么你用不了多久就能把它们远远地甩到后面了。

4.8.1 新兴技术的识别方法

PMP（2008）介绍了四种对比识别新技术的方法，这可能会给公司带来竞争优势：

1.技术网络：可以通过个人网络与技术侦察检测个人喜好趋势，然后通过分享基础设施和流程而支持信息共享。PMP（2008）解释说，诺华的内部和外部专家之间共享的特有技术有助于应对外联网和面对面的事件。

2.众包（Crowdsourcing）：众包有利于从客户市场获得想法，解决合作伙伴或发明者寻求的具体问题。乐高让客户参与新产品开发讨论而被众所周知。InnoCentive公司（图4-14）是众包的最大商业典范之一。它是连接管理者和解决者之间关系的在线市场。管理者研究和开发新的解决方案，寻求应对公司遇到的挑战和抓住遇到的机会。解决这些问题的是InnoCentive公司17万个注册会员，解决各种领域的问题即可赢取从5 000到10万美元的现金，包括业务和技术等领域。

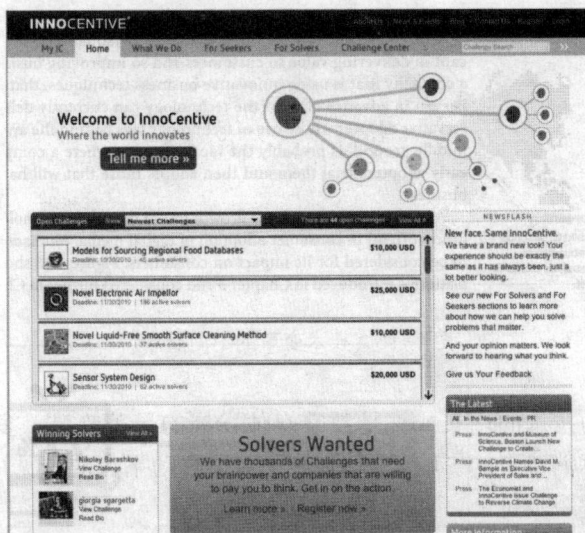

图4-14　InnoCentive公司网站（http://www.InnoCentive.com/）

3.技术狩猎：这是通过回顾创业公司的能力对新技术的结构化审查。例如，英国电信每年要对多达1 000家的初创企业进行结构化审查，以评估相关性来提高自己的能力，这可能导致最终可以正式合作的公司仅有5家。

4.技术挖掘：这是一种在公开的文献中描述技术的传统文献综述。德国电信公司可以通过自动化的软件，对这种传统文献综述进行自主搜索，比如可以在专利、文章、杂志、技术报告和趋势研究等方面进行自主搜索以找出潜在的技术解决方案。

在考虑是否采用某项新技术时，对新技术推广的速度进行了解也是很必要的。如果一项新产品或新服务推广速度很快，我们通常把产品的快速扩张称为"爆炸式蔓延"。互联网的使用就是"爆炸式蔓延"的很好例子。在发达国家，互联网的推广速度要远远快于电视机，而大家认为推广速度快的手机，比起互联网和电视机又显得要慢一些了。

因此，电子商务管理者在面临技术创新时应该采取什么措施呢？这方面没有现成的经验和法则，需要靠企业在实践中摸索，但是企业在这方面绝对不能马虎，因为在你放弃某项技术的同时，很可能你的竞争对手已经从这项技术中获益了。等待别人进行技术创新，这种试图坐享其成的做法只能使企业在发现新技术带来的好处时已经落后半年甚至一年了。

图4-15反映了不同管理者对新技术的选择，图中呈阶梯状的曲线反映的是技术随时间的变化。有些技术可能是在原有基础上的小幅变化，例如，在现有操作系统的基础上开发出来的一个新的操作系统，还有一些技术能对消费者购买方式起到显著的影响。按照对待新技术的态度不同，可以把公司分为三类：A类公司积极采用电子商务新技术，且总是能较早地采用新技术，甚至能在新技术推广之前就采用它；B类公司通常是在A类公司采用新技术之后，在理想的条件下选择采用那些能明显给公司带来积极影响的技术；C类公司是新技术采用的落后者，往往很晚才会考虑是否要在自己公司采用新技术。

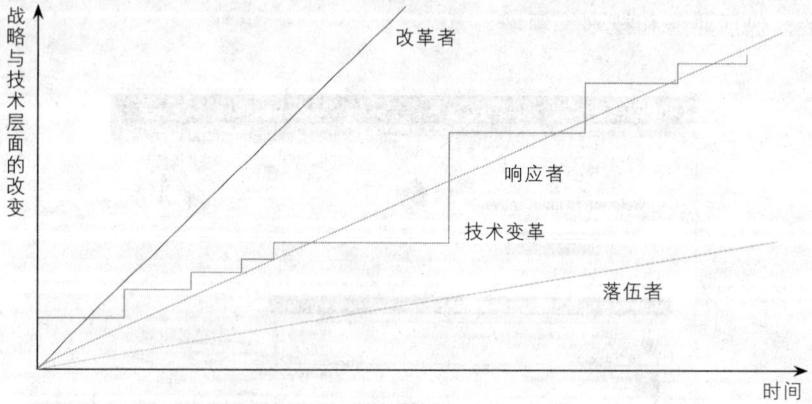

图4-15 技术变革的不同反应

消费者使用移动技术的增长或许是数字媒体发展的显著趋势。多屏同样也是一个趋势，也需要考虑其对消费者的影响。图4-16显示了移动平台的常见用途，我们在第3章已介绍并在第11章进一步讨论。

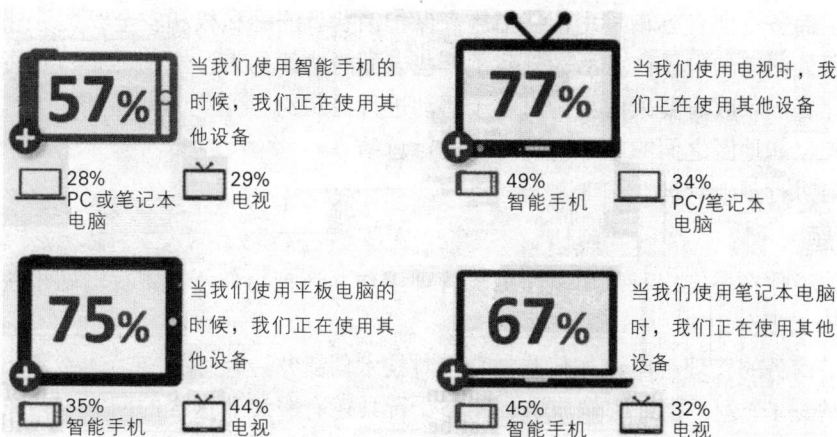

图4-16 多屏使用模式

来源：Google（2012）

4.9 本章小结

（1）公司应该进行互联网环境观察分析，只有这样才能对互联网环境的变化及时做出反应，并且在法律和道德的约束范围内开展活动。

（2）互联网的环境因素包括微观环境和宏观环境因素。

（3）社会因素是信息社会发展的动力之一，它包括消费者的行为特征，比如消费者接触互联网的途径，消费者对互联网作为交流工具的态度和消费者对网上购物的态度等。

（4）道德因素包括对消费者隐私权的保护和个人信息安全的保护。消费者隐私权包括对消费者信息的收集和使用、Cookies和商业邮件的使用。

（5）电子商务管理者应该考虑的法律因素包括：可访问性、域名约束、版权和数据保护法案。

（6）经济因素对于互联网贸易来说存在很强的地域性，电子商务企业应该考虑不同市场的不同经济条件来决定自己的发展战略。

（7）政治因素包括政府对电子商务发展的鼓励措施，同时也包含政府对电子商务的控制措施。

（8）互联网技术的快速变化要求企业不断监控新技术的发展和竞争者对技术变革的反应。

习 题

自测题

1.为什么电子商务企业必须对互联网的环境实施监控？

2.举例说明各个宏观环境因素对电子商务产生的影响。

3.总结影响消费者使用互联网的障碍，并且说明电子商务公司应该如何协作以消除这些障碍。

4.电子商务管理者应该采用什么措施来保护消费者的隐私权和安全？

5.你所处国家的电子商务活动受到了哪些方面的法律约束？

6.为什么国家政府要采取措施对电子活动进行控制？

7.对国家和地区之间的电子商务合作进行总结。

8.如何进行创新管理？

讨论题

1.假如说你在一家银行从事电子商务管理工作，请把与你所在银行网站相关的各种法律和道德因素罗列出来。

2.电子商务的管理者应该如何监控和应对技术创新？

3.试举 3~4 个例子，证明像旅游、图书、玩具还有服装业这样的网上零售商能够确保顾客的隐私安全。

4.讨论"大多数国家的互联网使用率不可能超过 50%"这一观点。

5.找一项最近两年才出现的互联网连接技术，谈谈它将来是否会成为人们连接互联网的首选方式。

6.评述英国颁布的资料保护法案中的八条准则（www.dadaprotection.gov.uk）与公司网站建设的影响。

考试题

1.解释互联网治理的不同层次。

2.总结一个企业需要监控的宏观环境因素。

3.解释环境监控的目的。

4.试举三个例子说明网站是如何保护使用者个人隐私的。

5.影响顾客使用互联网的三个关键要素是什么？

6.解释以扩散采纳的理念采用新技术的意义：

a.消费者购买技术革新

b.企业部署技术革新

7.为了遵守法律和道德，电子商务管理者应该采取哪些措施？

网络链接

http://bit.ly/smartstatistics/

http://www.google.com/think/tools/databoard.html

www.oii.ox.ac.uk

有关互联网使用的政府资源

http://ec.europa.eu/eurostat

OECD（www.oecd.org）.

www.statistics.gov.uk

Ofcom（www.ofcom.org.uk）

US（www.usa.gov）

在线观众媒体消费和使用数据

comScore（www.comscore.com）

Hitwise（www.hitwise.com）.Hitwise博客（http://weblogs.hitwise.com）

Netratings（www.netratings.com）

其他主要的在线研究提供者

www.eiaa.net.

www.itu.int/ITU-D/icteye.

www.pewinternet.org.

隐私

www.privacy.gov.au.

http://europa.eu.int/comm/justice_home/fsj/privacy/index_en.htm.

www.ftc.gov/privacy.

www.getsafeonline.org.

www.identitytheft.org.

iCompli（www.icompli.co.uk）.

www.ico.org.uk.

www.marketinglaw.co.uk.

www.out-law.com.

www.privactyinternational.org.

参考文献

Ahmed,N.U.and Sharma,S.K.(2006)Poter's value chain model for assessing the impact of the internet for environmental gains.*International Journal of Management and Enterprise Dvelopment*,3(3),278-95.

Arnott,D.and Bridgewater,S.(2002)Internet,interaction and implications for marketing.*Marketing Intelligence and Planning*,20(2),86-95.

Bart,Y.,Shankar,V.,Sultan,F.,and Urban,G.(2005)Are the drivers and role of online trust the same for all web sites and consumers?Alarge-scale exploratory empirical study.*Journal of Marketing*,October,133-52.

Basu,D.(2007)*Global Perspectives on E-commerce Taxation Law*.Ashgate,Aldershot.

Booz Allen Hamilton(2002)*International E-Economy Benchmarking.The World's Most Effective Policies for the E-Economy*.Report published 19 November,London.

Cairns,S.(2005)Delivering supermarket shopping:more or less traffic?*Transport Reviews*,25(1),51-84.

Chaffey,D.,Mayer,R.,Johnston,K.and Ellis-Chadwick,F.(2009)*Internet Marketing:Strategy,Implementation and Practice*,4th edn.financial Times Prentice Hall,Harlow.

CIFAS(2013)CIFAS(Credit Industry Fraud Association)Press release:Fraud continues to pose problems in 2012.

Common Sense Advisory(2002)Beggars at the Globalization Banquet.White Paper available at :www.commonsenseadvisory.com.Editor:Don Da Palma.No locale given.

Daniel,L.,Whilson,H.and Myers,A.(2002)Adoption of e-commerce by SMEs in the UK.Towards a stage model.*International Small Business Journal*,20(3),253-70.

Digitas(2007)Segmenting Internet Users:Implications for online advertising.White Paper published at:http://digitalhive.blogs.com/digiblog/files/WebDotDigitsa.pdf.

Dyson,E.(1998)*Release 2.1.A Design for Living in the Digital Age*.Penguin,London.

E-consultancy(2007)E-business briefing interview.Bruce Tognazzini on human-computer interaction.Interview published November.

eEurope(2005)Information Society Benchmarking Report.From eEurope(2005)initiative.

EuroStat(2012)Internet use in households and by individuals 2012.*EuroStat*,50.Published December 2012. Available from:http://epp.eurostat.ec.europa.eu/portal/page/portal/product_details/publication?p_product_code=KS-SF-12-050.

EuroStat(2013)Enterprises making slow progress in adopting ICT for e-business intergration.Published February 2013:http://epp.eurostat.ec.europa.eu/portal/page/portal/product_details/publication?p_product_code=KS-SF-13-006.

Fletcher,K.(2001)Privacy:the Achilles heel of the new marketing.*Interactive Marketing*,3(2),128-40.

Freedom House(2000)*Censoring dot-gov report*.17 April:www.freedomhouse.org/news/pr041700.html,New York.

Gartnet(2010)Gartner's Hype Cycle:Special Report for 2010.Report summary available at www.gartner.com/it/page.jsp?id=1447613.

Godin,S.(1999)*Permission Marketing*.Simon and Schuster,New York.

Google(2012)The New Multiscreen World:Understanding Cross-platform Consumer Behavior.Available at:http://services.google.com/fh/files/misc/multiscreenworld_final.pdf.

Google Shopper Sciences(2011)The Zero Moment of Truth Macro Study.Publisher April 2011:www.google.com/think/research-studies/the-zero-moment-of-truth-macro-study.html.

Grossnickle,J.and Rasking,O.(2001)*The Handbook of Online Marketing Research:Knowing Your Customer Using the Net*.McGraw-Hill,New York.

Hamill,J.and Gregory,K.(1997)Internet marketing in the internationalisation of UK SMEs.*Journal of Marketing Management*,13,9-28.

Mason,R.(1986)Four ethical issues of the information age.*MIS Quarterly*,March.

Meckel,M.,Walters,D.Greenwood,A.and Baugh,P.(2004)A taxonomy of e-business adoption and strategies in small and medium sized enterprises.*Strategic Change*,13,259-69.

Mougayer,W.(1998)*Opening Digital Markets-Battle Plans and Strategies for Internet Commerce*,2nd edn.

Commerce Net Press,McGraw-Hill,New York.

Multilingual(2008)Localizing a localizer's website:the challenge.Jan/Feb,30-33.

Nitish,S.,Fassott,G.,Zhao,H.and Boughton,P.(2006)A cross-cultural analysis of German,Chinese and Indian consumers' perception of web site adaptation.*Journal of Consumer Behaviour*,5,56-68.

NMA(2008)Profile-Travis Katz.Author:Luan Goldie.*New Media Age magazine*,published 31 January.

PMP(2008)Supply Chain & Manufacturing Systems Report.PMP Research Report published at:www.conspectus.com.March.

Poon,S.and Jevons,C.(1997)Internet-enabled international marketing:a smaill business network perspective.*Journal of Marketing Management*,13,29-41.

Qualye.M.(2002)E-commerce:the challenge for UK SMEs in the twenty-first century.*International Journal of Operation and Production Management*,22(10),1148-61.

Quelch,J.and Klein,L.(1996)The Internet and international Marketing.*Sloan Management Review*,Spring,61-75.

Rodgers,S.,Chen,Q.,Wang,Y.Rettie,R.and Alpert,F.(2007)The Web Motivation Inventory.*International Journal of Advertising*,26(4),447-76.

Rogers,E.(1983)*Diffusion of Innovations*,3rd edn.Free Press,New York.

Siikavirta,H.,Punakivi,M.,Karkkainen,M.and Linnancen,L.(2003)Effects of e-commerce on greenhouse gas emissions:a case study of grocery home delivery in Finland.*Journal of Industrial Ecology*,6(2),83-97.

Singh,N.and Pereira,A.(2005)*The Culturally Customized Web Site,Customizing Web Sites for the Global Marketplace*.Butterworth-Heinemann,Oxford.

Sparrow,A.(2000)E-Commerce and the Law.*The Legal Implications of Doing Business Online*.Financial Times Exeutive Briefings,London.

Trott,P.(1998)*Innovation Management and New Product Development*.Financial Times Prentice Hall,Harlow.

Ward,S.,Bridges,K.and Chitty,B.(2005)Do incentives matter?An examination of on-line privacy concerns and willingness to provide personal and financial information.*Journal of Marketing Communications*,11(1),21-40.

第二部分

战略与应用

第 5 章

数字化经营战略

主要内容
本章主题
- 数字化经营战略
- 战略分析
- 战略目标
- 战略制定
- 战略实施

本章重点
- 数字化经营战略的调整和影响

案例学习
- Debenhams通过移动商务创造价值
- 网上营销对Sandvik Steel的贡献
- Boo hoo——从欧洲最大的数字化经营公司失败中得到的启示

学习目标
学习本章之后，读者应该能够：
- 为数字化经营制定一个合适的战略程序模型
- 运用工具创造和选择数字化经营战略
- 概述实现数字化经营的替代性战略方针

管理问题
- 怎样使数字化经营战略区别于传统商务战略？
- 怎样使数字化经营战略与已有的信息系统融为一体？
- 我们应该怎样评估我们的投资重点以及数字化经营带来的回报？

网站支持
说明以下问题的案例，请参阅www.pearsoned.co.uk/chaffey：
- 互联网汽车销售市场的数字化经营模型

该网站同时包含了许多学习材料，这些材料专为提高学习效果而设计。

章节链接
主要相关章节
- 第6章和第7章——审查了与供应链和采购管理流程相关的数字化经营策略的具体制定
- 第8章和第9章——解释了数字化营销、客户关系管理以及数字化经营、电子商务和数字化营销计划的概念和联系

- 第10、11、12章——研究了数字化经营战略的实际执行情况

5.1 本章介绍

制定数字化经营战略要求融合现有商业、市场营销、供应链管理和信息系统战略发展的策略制定方法。除了传统的战略制定方法，评论家们还力劝企业实行技术创新以获取竞争优势。随着新千年的开始，由于数字化经营公司炒作，许多人极力对公司的CEO们灌输"要么创新，要么灭亡"的理念。对许多现有企业来说，实行数字化经营战略还不是很适宜或者不是很必要。Cisco（思科）、戴尔、General Motors（通用汽车）、汇丰银行和IBM计算机以及欧洲的EasyJet和British Telecom（英国电信）等一些企业已经通过传统的战略方法成功地实现了数字化经营转型。同时，在前面的章节中有一些精选的创业案例如eBay、Lastminute.com、Zapa.com等都通过创新商业模式获得了成功，但是这些公司如果采用既定的商业策略和原则、规划与风险管理，或许同样能取得成功。

在本章，我们力图展示在遵循既有原则的情况下如何制定数字化经营战略，同时也会仔细探索如何识别和利用新的电子渠道及其所带来的差异。数字化经营并不应该仅仅被定义为"如何做网上生意"，而应被定义为"如何与众不同地做网上生意"。数字化经营战略则会告诉你怎么做到这一点。本章以数字化经营战略的制定流程为框架，围绕以下4个阶段来制定模型：

（1）战略评估。

（2）战略目标。

（3）战略制定。

（4）战略实施。

对上述每一种战略制定阶段，管理者的审查应侧重数字化经营整体战略的发展。随着消费人群的扩大和社交媒体的发展（在第4章提到过），更多人要求创造一种更能适应消费者需求的社会化商业模式（将在第10章进一步讨论这个问题）。

5.2 数字化经营战略

战略指一个组织或者组织内各部门未来发展的方向和行动规划。Johnson 和 Scholes（2006）将企业战略定义为：

一个组织在较长的时期内要在一个变化的环境中通过资源配置取得优势，以满足市场需要和实现利益相关者的期望而制定的行动策略。

Lynch（2000）将战略描述为企业的未来规划。即便如此，他也指出单纯的规划并不是战略，计划和行动策略是必不可少的。

数字化经营战略与企业战略、业务战略和市场战略是有很多共同点的。这些引文总结的本质策略可能同样适用于每个策略：

- "是否基于现有的市场业绩"；
- "明确我们该如何实现目标"；
- "合理进行资源配置以满足目标"；
- "选择首选战略以参与市场竞争"；
- "为组织发展提供长远战略"；

- "通过合理定位和针对不同消费群体进行价值定位来确立竞争优势"。

Johnson 和 Scholes（2006）指出每个组织都有不同层次的战略目标，尤其是较大的跨国组织。图 5-1 是对此类组织的总结。他们提出企业战略是组织的总体目标和行动策略，业务单位战略应明确如何在一个特定的市场成功地竞争，操作战略与达成企业战略和业务单位战略密切相连。另外，也有一些文章把在不同领域的业务流程中被成功实施的战略称为"职能战略"。职能战略涉及市场营销、供应链管理、人力资源、财务和信息系统战略。

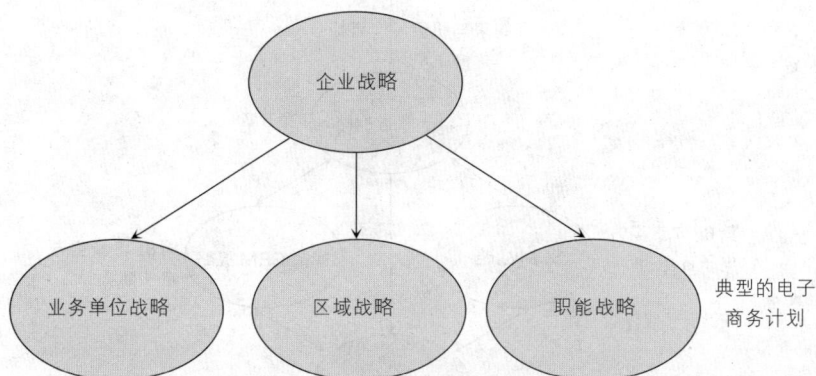

图 5-1　不同形式的组织战略

到底哪个环节适合制定**数字化经营战略**呢？鉴于不同的组织都会讨论这个问题，图 5-1 没有显示数字化经营战略应该制定在哪一环节。我们可以看到，现在有一种数字化经营战略被纳入职能战略的趋势，比如纳入市场营销计划、物流计划或者作为信息系统战略的一部分。这种做法的潜在风险是数字化经营战略在组织规划中不能得到足够的重视。在数字化经营的标杆企业中，如思科、戴尔、汇丰银行、easyJet 和通用电气公司，数字化经营战略被管理层作为企业发展战略的基本要素，得到了充分的重视。

虽然 Doherty，McAulay（2002）和 Hughes（2001）这样的权威专家提出，利用企业战略推动数字化经营战略的发展是很有意义的，但是，关于数字化经营战略与现有战略整合的研究还是十分有限的，我们将在本章稍后的部分讲到。

5.2.1　数字化经营战略的当务之急

想一想，如果不能给数字化经营战略明确下一个定义，那么就会产生下面的后果：

- 由于对机会的评估不当或者没有把握数字化经营的主动权而错失机遇，这将导致理性的竞争对手获得竞争优势；
- 不适当的数字化经营战略方向（不明确的目标，比如，在买方、卖方或内部支持过程中侧重点发生错误）；
- 数字化经营战略在技术水平上整合不够，导致各自为政的不同子信息系统；
- 数字化经营不同功能的重复设置和有限资源共享，导致资源浪费。

为了使传统企业在实施数字化经营时避免上述问题，企业应该根据公司目标来制定数字化经营战略。正如 Rowley 曾经指出的，数字化经营战略应该支持企业战略目标，而且还应当支持市场战略和供应链管理战略。

虽然如此，这些公司在制定发展目标时必须考虑到在电子网络应用中出现的机遇与威胁，这些可以从企业制定的数字化经营战略的环境分析和目标中识别出来。公司通过环境分析来确定数字化经营战略目标，所以可以说数字化经营战略不仅仅支持企业战略，更影响企业战略。图5-2解释了数字化经营战略是如何与职能战略联系起来的。它也表明了本书所涵盖的主题。

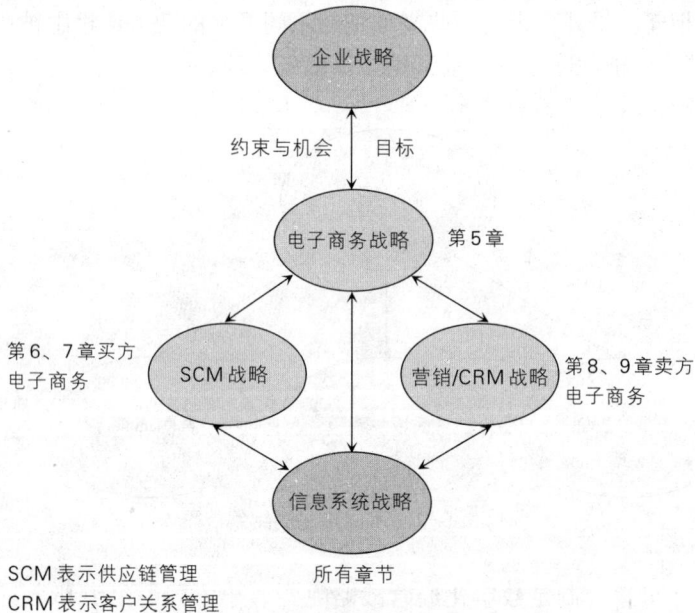

图5-2　数字化经营战略和其他战略的关系

5.2.2　电子化渠道策略

数字化经营很重要的一方面就是它为组织创造新的**电子化渠道策略**。

电子化渠道策略，是指一个公司应如何为互联网、电子邮件和无线媒体等媒介制定具体的目标，并制定与客户和合作伙伴沟通的差别战略。

电子化渠道策略为使用电子渠道确定具体的目标和途径。这是为了防止通过电子渠道简单复制现有的业务流程，它虽然能提高效率，但是并不能发挥出组织通过数字化经营提高效率的全部潜力。从新的数字化平台和技术投入使用起，我们就使用了电子化渠道（数字信道）。公司应该在买方、卖方或内部基础设施相关方面争取主动，数字化渠道的例子有：

- 总体数字信道、有特殊项目的多信道战略
- 移动商务战略
- 社交型CRM战略
- 供应链及ERP
- 电子采购战略

在任一时点上，会有很多财务方面或运营方面不太可能实现的潜在项目。所以，应该在了解一些要点的基础上制定蓝图。这些要点将在本章末尾进行介绍。

作为多渠道数字商业战略的一部分，数字化渠道战略需要确定电子渠道如何与其他渠道协同运作。这定义了不同的营销和供销渠道需要基于各自的客户和公司的不同优缺点，在其发

展、建议和交流方面进行整合并提供支持。最后，我们还需要了解数字化经营战略如何在组织内部通过网络来创造价值。Myers等（2004）提出了一个关于多渠道营销决策的实用结论。

多渠道数字化经营战略的特征：

- 数字化经营的具体目标需要放置到电子渠道基准选择中。
- 数字化经营战略明确了我们应该：

（1）明确传播使用电子渠道的优缺点；

（2）将使用电子渠道的客户或合作伙伴区分优先次序；

（3）确定通过数字化经营优先出售和购买的产品；

（4）实现我们的电子化渠道目标。

- 电子化渠道策略促使交易各方创造差别价值。
- 电子化渠道各自独立存在，所以我们仍然需要整合渠道，并认识到电子渠道将不会适合所有的产品或服务的销售，也不会满足所有合作伙伴。这种按产品或利益相关者偏好选择采用电子渠道的业务有时也简称为"**合适渠道**"。合适渠道可以归结为：

（1）找出正确的顾客；

（2）使用合适渠道；

（3）拥有或提供正确的信息；

（4）选择正确的时间。

数字化经营战略还明确了一个组织怎样利用电子网络来获取内部价值，比如通过分享员工意见或者通过内联网提高业务流程效率。

- 在迷你案例学习5.1中，英国航空公司问："你点击了吗？"这是一个展示电子化渠道策略是怎样实施并且传播给观众的案例。该公司面向一群年轻的、专业的观众使用"合适渠道"，同时利用电话和邮政等传统方式与部分更喜欢这些媒体的很少上网的观众沟通。这个例子显示了英国航空公司是怎样将它的电子化销售理念传播给它的消费者，以向消费者展示他们使用电子渠道得到的差别化服务，从而改变人们的消费行为。

迷你案例学习5.1

你点击了吗？

2004年，英航（British Airways）推出网上服务，使客户能够使用在线预订系统，可以付出低成本获得新服务。为了推广这一服务，英航决定发起一个在线广告活动，以提高顾客消费意识，鼓励顾客使用这项服务。英航的英国市场经理说起这个目标时谈道：

英国航空正在创新技术，以简化我们的服务流程，这场活动的作用是要发出一个强烈讯息，在线网络提供的远不止门票预订业务。

这次活动的目标是实现顾客理念更新和改变英航客户以前的消费习惯。这次活动侧重于宣传新的在线服务的优势——快速、舒适和便利——并改善网上支付方式以及在网上打印登机牌的业务能力。主要的目标受众是早期和那些偶尔但是并不相信它的使用者。T3.co.uk，newscientist.com 和 digitalhomemag.com 等主要定位于早期使用者。而偶尔使用者则通过 jazzfm.com，pooh.com 和 menshealth.com 等网站的广告来获得。

　　传统的媒体，包括印刷、电视和户外媒体等，习惯于发送"你点击了吗？"等字样来为其做宣传，印刷广告把这项服务描述为：

　　你的计算机现在就是飞机。网上支付，打印你的登机牌，选你您的位置，改变你的订票卡，甚至找到租用汽车和酒店这些事情，都变得非常简单。

　　一系列数字化媒体的使用，包括自动取款机（ATM）和户外液晶显示屏，比如那些在伦敦火车站外带有蓝牙技术的液晶显示屏，使得往返者在那里可以利用蓝牙手机获得视频。65万名消费者使用了ATM。在线广告还包括在这台计算机上向一个消费者显示覆盖物、摩天大楼、打印机票和步行横跨机场等场景。如此丰富的媒体宣传产生17%的搜索和15%的互动作用。该活动使用的网页见图5-3。

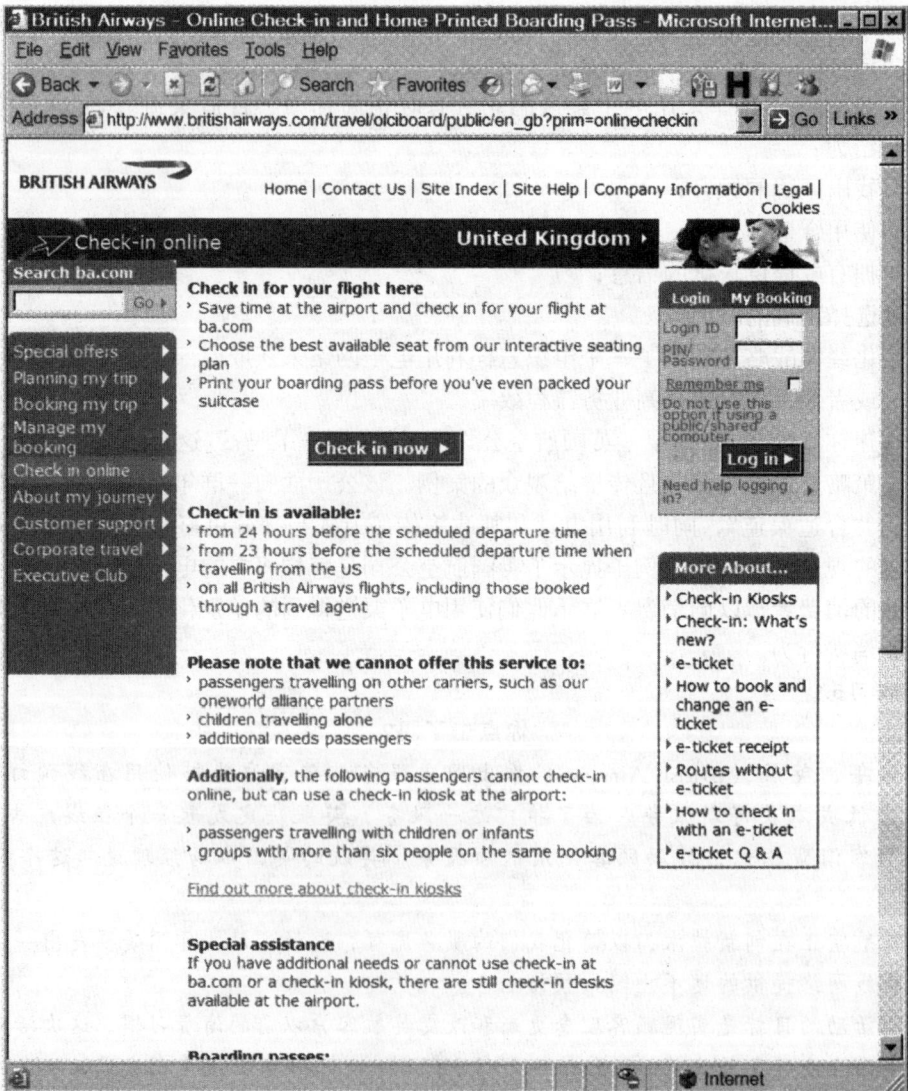

图5-3　英航传播它的在线服务（www.britishairways.com）

来源：基于《变革》（2005）

5.2.3 数字化经营战略程序模型

在制定任何类型的战略以前，一个管理团队需要就他们即将生成的程序达成一致，然后才能实施战略。**战略程序模型**提供了一个框架，这个框架给出了逻辑顺序，以确保将数字化经营战略发展的所有关键活动包括在实施活动中。这个框架还保证了数字化经营战略能在持续改进过程中得到发展。

数字化经营产生之前，许多前面描述的战略程序模型已被开发完成。管理团队能在多大程度上在数字化经营战略发展中运用这些模型？尽管战略程序模型有不同的侧重点和术语，但是它们有诸多共同的要素。完成实践活动 5.1，讨论这些共同要素是什么。

实践活动 5.1

选择一个数字化经营战略程序模型

目的

测试现行数字化经营战略程序模型的适用性。

活动

评论 3 个或 4 个你在其他单元见过的战略程序模型。参考表 5-1 中的模型分类，注意：表中的每一列都是独立的，每一列的模型都不一致。

表 5-1　　　　　　　　　　多种战略程序模型

Jelassi 和 Enders（2008） 数字化经营战略模式	Johnson 和 Scholes （2006）企业战略模型	McDonald（1999） 营销战略模式	Smith（1999） SOSTAC 序列性营销战略模型（见第 8 章）
战略实施 包括组织内部、 供应商和用户或消费者间的关系		资源分配和监控（预算、 第一期执行计划）	战术 行动 控制

问题

（1）每个模型有哪些优缺点？

（2）各个模型有什么共同特点？列出一个理想战略程序模型的要素。

实践活动答案参见 www.pearsoned.co.uk/chaffey。

通过观察多种战略程序模型，表 5-1 的共同之处显而易见：

（1）需要进行内部和外部环境观察和分析。为了应对竞争对手，环境观察和分析不仅在战略制定中存在，也要在实施数字化经营时将它一直保持下去。

（2）要求制定清楚的目标和远景规划。向员工和市场传播战略意图时要求做到清晰明确。依据已经制定的目标可以检测一个战略是否成功。

（3）战略制定可细分为战略的选项制定、评价和选择。一个有效的战略需要建立在一系列审查方案的基础上，并由此在既定标准上选择最好的。

（4）战略形成以后，在战略实施过程中制定战略实行条例。

（5）需要对经营和战略的效率以及一致性问题进行控制。

共同要素包括：

1.对内部环境和外部环境的扫描和分析是必要的。这种扫描在战略发展过程和战略后续执行中（出于回应竞争对手的考虑）都要进行。由于新数字化平台是针对业务和客户而创造的，它需要对机会和威胁进行持续的检查。

2.要求有清晰的远景规划和目标声明。鉴于数字化经营需要一个长期的转化过程，明晰性就成了与员工和市场沟通战略意图的必要条件。目标设定作为一项检查战略的执行是否到位的标准，也是至关重要的。

3.战略发展可以细分为战略形成、战略评估和战略选择。

4.战略发展滞后，战略制定以战略执行的形式出现。

5.战略控制是必要的，因为当战略执行效果不佳时，需要通过控制进行战略调整。在数字化经营环境下，通过数字分析学，最优化成为可能（就像第12章中描述的那样）。控制包括通过桌面服务和移动服务追踪消费者行为和由社交媒体获得的定期定性的反馈等。控制有助于改善战略的实施效果，例如针对如何提高电子化贸易服务的转化率收集意见。

此外，这些模型表明，这些要素虽然大体上是有逻辑顺序的，但也有重复，需要参考以前的阶段。在现实中，这些阶段之间存在着重复现象。

这些传统的战略能在多大程度上被应用到数字化经营中呢？下面我们将阅读一些关于数字化经营战略该如何应用的建议。

Jelassi和Enders（2008）认为，确定一个数字化经营战略有三个维度：

1.组织在何处竞争（外部微环境包括哪些市场）？

2.组织创造何种价值（选择通过增加收入或降低成本来创造价值）？

3.应该如何设计组织结构以便传递价值（包括内部结构、资源、与外界的接口等方面，这些将在第10章中讲到）？

注意图5-4中使用了双向箭头，以显示每一个阶段不是孤立的，各个战略要素前后期都是相互联系的。每一个战略层面都会反复几次。图5-4中的箭头突出了战略程序模型应用方式的一个重要的差别。该图参考了Mintzberg和Quinn（1991）、Lynch（2000）的理论，将传统的规范战略制定方法同应急战略制定方法区分开来。在传统规范的战略制定方法中，企业先进行战略分析以确定战略，然后进行实施。换句话说，战略是预先制定好的。而相对的，在应急战略制定方法中，战略分析、战略制定和战略实施是相互关联的。

实际上，大多数组织数字化经营战略的制定和执行具有传统战略制定和执行的元素。传统的战略制定方法适用于中长期的战略制定，比如半年期、一年期或更长。而在短期中，企业则需要应急的战略制定和快速应对市场变化的能力。E-consultancy（2008a）试图通过对数字化经营从业者进行调查，来发现灵活的应急战略，详见表5-2。

Kalakota和Robinson（2000）提出了一个数字化经营特有的动态应急战略程序。这个程序的要素通过图5-5显示出来，该图与图5-4有共同之处，但是更侧重于持续审查的灵敏性和对新应用程序的优先投资。

表 5-2　应急战略制定方法

应急战略的方面	用于支持应急数字战略的方法
战略分析	鼓励员工留意行业内外竞争对手的新方法 定期用第三方标准评价竞争对手的新动向 用于建议或评论网站功能的用户面板 定期用纵向测试评价关键任务的完成情况 订阅反映线上消费倾向变化的相关数据
战略选择	制定灵活的预算分配制度 使用专用预算或环围预算（ring-fenced budget）来缩短审查周期 每月召开数字化渠道战略小组会议，确定采用哪些新的网络功能
战略实施	应用快速开发的方式实现快速发展 展示试验中的新工具（去 http://labs.google.com 查看例子）

来源：E-consultancy（2008a）

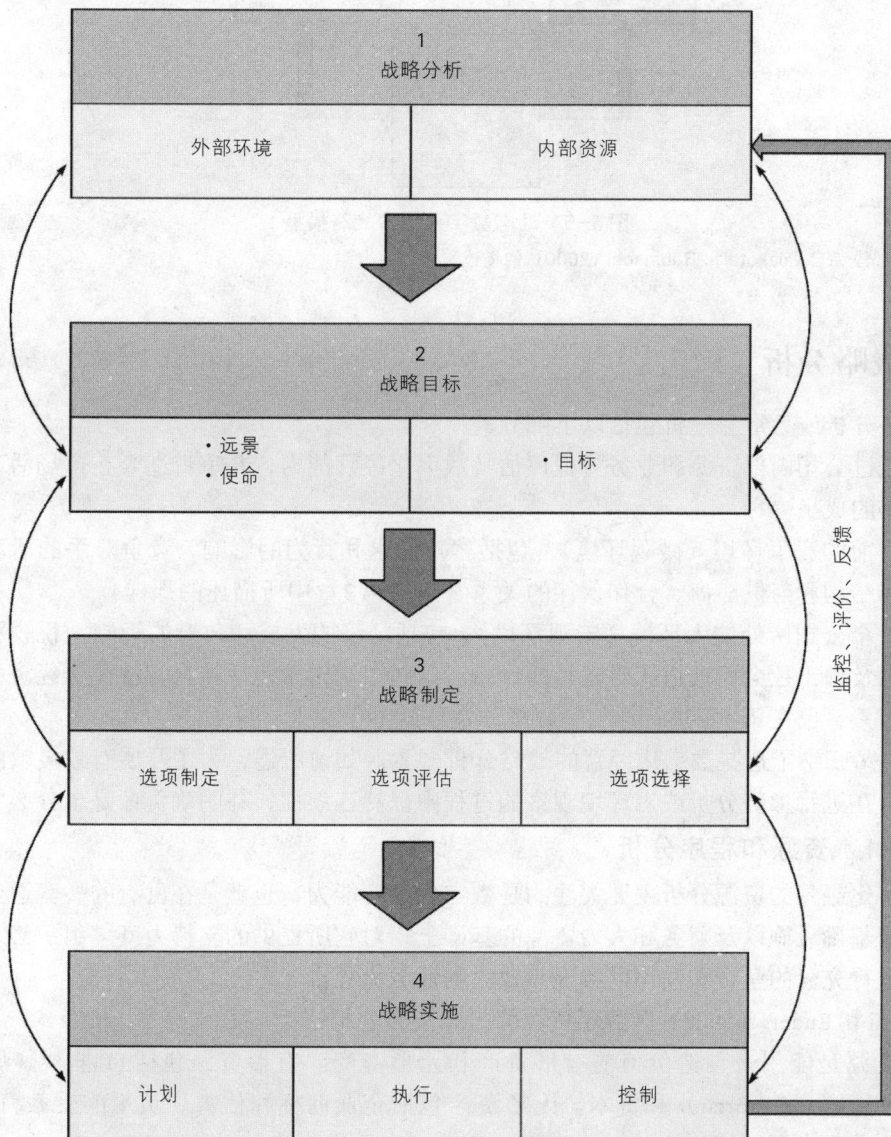

图 5-4　一般战略程序模型

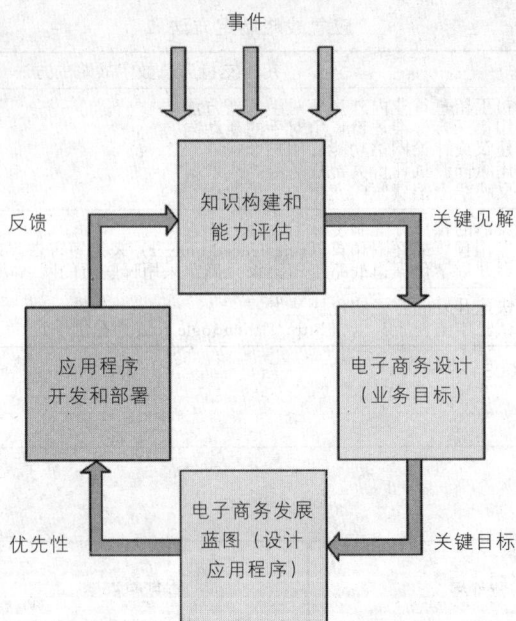

图5-5　动态数字化经营战略模型

来源：改编自Kalakota 和 Robinson（2000）的描述

5.3　战略分析

战略分析或者形势分析包括以下部分：

- 通过公司内部资源和业务流程评估其数字化经营能力，并审查迄今在市场活动中取得的成果。
- 当前的竞争环境（微观环境），包括客户需求和行为的影响，竞争对手的活动，市场结构和与供应商、合作伙伴的关系（正如第2章中所描述的那样）。
- 一个公司所处的大环境（宏观环境），包括经济的发展和政府的管制、税收和法律以及出于社会伦理道德对隐私的保密。这些宏观因素包括社会、法律、经济和政治因素，已在第4章进行详细的分析，本章就不予深入讨论了。

图5-6归纳了这些数字化经营的战略分析要素。如前所述，为了开展有效灵敏的数字化经营，在进行形势分析或者环境观察的过程中保持连续性，并明确责任是十分必要的。

5.3.1　资源和程序分析

数字化经营的**资源分析**主要关注的是数字化经营能力，也就是在已有的一套适当的技术和应用基础设施以及财务和人力资源的基础上，对它所提供的支持力度。组织必须对这些资源进行充分的整合和利用以实现高效率的业务流程。

Jelassi和Enders（2008）区分了资源分析和能力分析：

- 资源是能用来创造价值的有形资产和无形资产。有形资源包括IT框架、原材料（bricks and mortar）和资本。无形资产包括企业商标和信誉、员工的受教育程度、证书和专利权。

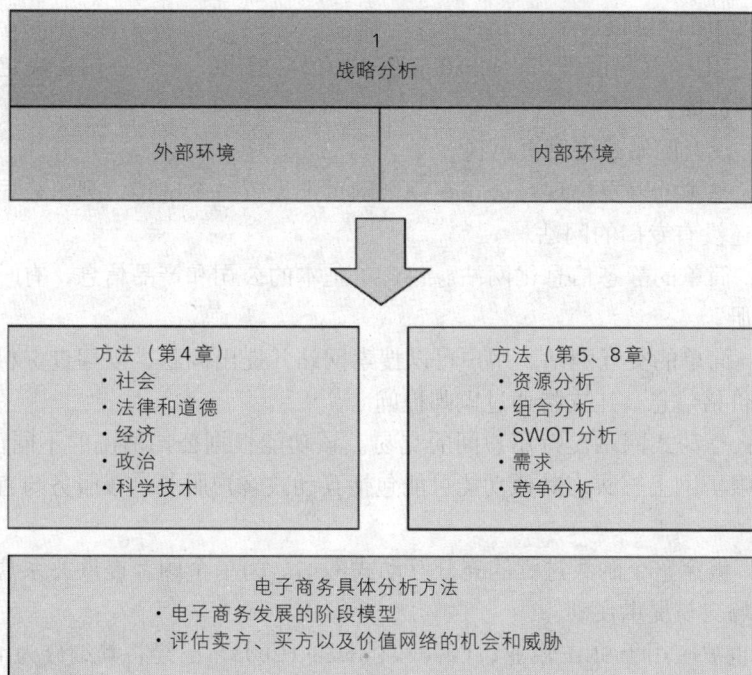

图 5-6　数字化经营战略形势分析要素

- 能力具体是指企业高效利用自身资源进行价值创造的能力。能力取决于企业管理数字化经营的结构和过程。

数字化经营发展的阶段模型

阶段模型有助于我们评价一个公司利用信息与通信技术（ICT）的程度。阶段模型在一个组织分析商业信息系统（BIS）的当前应用中很流行。举例来说，Nolan（1979）的 6 阶段模型中就提到，组织中的信息系统的开发利用最初就是从简单的数据处理开始一直发展到成熟的集成、控制系统（图 1-13 中介绍了一个关于阶段模型的简单例子）。

在评估一个公司现阶段信息通信技术使用情况的时候，分析公司数字化经营科技基础设施和支持结构的程度是具有建设性意义的。在一个早期侧重于卖方网站开发的模型中，Quelch 和 Klein（1996）提出了一个卖方数字化经营的 5 阶段模型。这些阶段划分现在看来依然适宜。研究表明（在第 1 章和第 4 章引用过），很多公司的数字化经营能力依然十分有限，处在该模型的初级阶段上。对于现有的公司，该阶段划分是：

（1）产品信息及形象——在线目录中的一个商品宣传册网站或类似的东西。

（2）信息采集——问卷调查采取在线调查的形式。

（3）客户支持和服务——通过被频繁提出的问题和在线上论坛提问来鼓励"在线自助服务"。

（4）内部支持和服务——用一个营销内网来辅助支持流程。

（5）交易——诸如在线销售等财务事项和 e-CRM 系统等，消费者可以通过外网获得详细的产品名录和订单信息。

从卖方数字化经营角度考虑，Chaffey 等（2012）指出，一个公司在决定提供哪种市场服务时有 6 种选择：

- 第 0 级：没有网站或者网页出现。
- 第 1 级：基本的网页出现。公司在一个网页上设置一个链接，列出公司的名称。在此阶段还没有专门的网站。
- 第 2 级：简单的静态信息化网站。包含了基本的公司和产品信息，有时被称为"商品宣传册"。
- 第 3 级：简单的交互网站。用户可以搜索网站并提出问题，以翻查资料，比如产品供应和价格信息，还支持通过电邮提问。
- 第 4 级：互动式网站支持用户间的交易。该功能根据公司情况的不同而有所差别，通常仅限于网上够买。其他功能可能包括互动式客户服务，该服务与直销目标紧密联系。
- 第 5 级：贯穿整个购买过程的充分互动式网站。为单个顾客提供关系营销，为一系列的市场交易提供便利。

阶段模型也被应用于 SME 商业，Levy 和 Powell（2003）已经将其细分为 4 个不同的采用阶段：（1）出台；（2）互动；（3）交易；（4）整合。

从买方数字化经营的角度考虑，相应层次的产品资源采购可被定义为：

- 第 1 级，没有使用网上采购，并且没有与供应商实现电子一体化。
- 第 2 级，利用中介的网站、B2B 交易或者供应商网站来对相互竞争的供应商进行评价和甄选。订单是由传统合约方式产生的。
- 第 3 级，通过电子数据交换（EDI）、中介网站、交易或供应商网站来设置电子订单。组织之间的系统和供应商的系统没有进行一体化整合。密钥更新的订单，有必要纳入采购或会计体系。
- 第 4 级，订单以与公司的采购系统一体化的电子方式产生。
- 第 5 级，订单以公司的采购、生产需求计划和库存控制系统全面整合的方式产生。

（第 6 章的 BHP Steel 的案例是这种阶段模型的范例。）

我们应该记住几种典型的阶段模型，比如上面提到的那些最适合通过数字化经营进行在线销售的公司的阶段模型。事实上，阶段模型可发展成为一系列不同类型的、具有不同发展目标的网络在线商业模式。公司还可以制定一个增加每一个领域的精密性的战略模型。表 5-3 对本节进行了小结，它呈现了一个数字化经营发展的阶段模型。企业可以在 4 个阶段中找到自己所处的位置。

当公司通过修改战略和战术以实现其目标时，它们可以参照这个阶段模型以明确它们希望在未来实现哪一阶段的革新。

应用组合分析

对当前的商务应用组合业务进行分析，可以评估公司现有信息系统的能力，并预知信息系统的未来发展战略。一种适用范围较广的框架由 McFarbility 和 McKenny（1993）提出，Ward 和 Griffiths 于 1996 年对其进行了改善。图 5-7 显示了 B2B 公司在数字化经营环境

表 5-3　　　　　　　　　　　　数字化经营发展的阶段模型

	第1阶段：网页出现	第2阶段：电子商务	第3阶段：一体化电子商务	第4阶段：数字化经营
可得服务	提供商品宣传册或利用产品目录和客户服务进行互动	贯通买卖双方的电子商务	买卖双方一体化于企业资源计划（ERP）或传统系统中；提供个性化服务	内部组织程序和价值网络所有因素的全面整合
组织范围	独立部门，比如市场部	遍及组织	遍及组织	遍及组织内外
改革	技术基础设施	电子商务技术和新责任制的明确	内部业务流程和公司结构	改变数字化经营文化，与合伙人连接商业程序
战略	有限	卖方电子商务战略，没有与业务战略很好地整合	电子商务战略与业务战略通过价值链方式实现一体化	数字化经营战略作为业务战略的一部分

下应用组合分析的结果。可以看出，目前如人力资源、财务管理和生产线管理系统的应用将会继续支持商务运作，但并不会成为未来投资的优势。相反，为了获取竞争优势，发展在线客户、在线销售和进行顾客购买行为的市场情报收集将变得更为重要。数字化经营业务，类似于物流与采购的应用将依旧很重要。当然，由于公司类型不同，这种分析也会有很大程度的差异；对于一个专业服务公司，或一家软件公司而言，其员工无疑是一个重要的资源，因此，推动旨在获得和保留高素质的员工的人事制度调整将具有重大战略意义。

组合分析也常常被用来选择未来最适当的网络项目工程。组合分析的一个缺点是现在的应用程序是通过单一的数字化经营软件或者 ERP 来推动实施的。鉴于此，它可能更适合通过部署信息系统来为外部和内部客户提供服务。

在 E-consultancy（2008a），我们以投资组合分析作为评价数字化经营能力和战略重点的基础。包括 6 项基准：

（1）数字化通道战略。一个明确的发展战略，应该包括现状分析、目标设定、关键目标市场、受众的识别和发展在线服务为关键点进行确认。

（2）取得在线用户。可以获得新用户的策略，提供多样化的数字媒体通道（如图 5-7 所示），包括搜索引擎营销、伙伴营销和广告展示等。

（3）线上用户转换和用户体验。用来提高在线服务水平，提高转换销售率或其他在线成果的方法。

（4）用户发展和增长。能够鼓励访客和用户继续使用线上服务的战略，包括电子邮件营销和个性化营销等手段。

（5）跨渠道整合和品牌发展。通过物理通道整合可以与用户进行交流和服务交互的线上销售和线上服务策略。

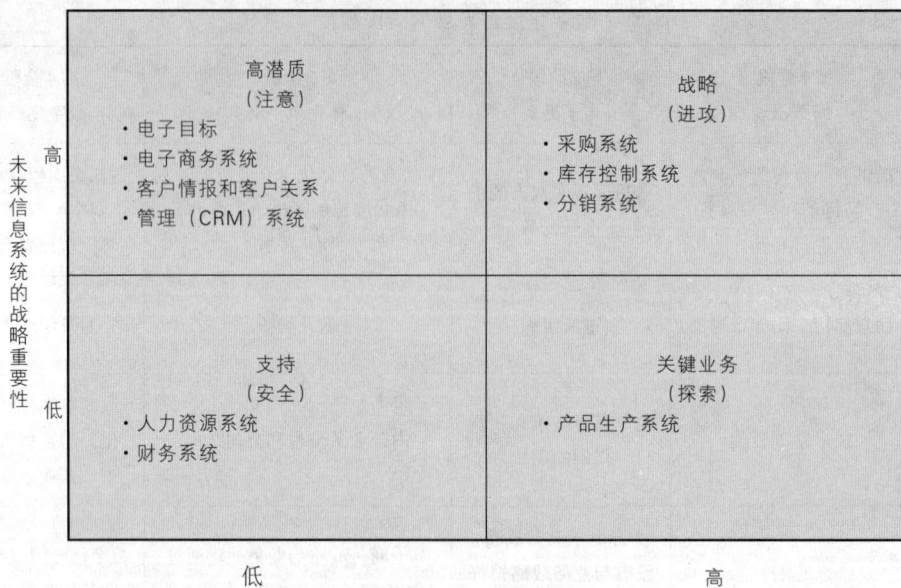

| | 高潜质
（注意）
· 电子目标
· 电子商务系统
· 客户情报和客户关系
· 管理（CRM）系统 | 战略
（进攻）
· 采购系统
· 库存控制系统
· 分销系统 |

图 5-7　B2B 企业的组合分析的应用总结

（6）数字信道管理。管理包括结构和资源的数字化经营服务管理，具体来说，有人力资源管理和硬件、网络设备等技术基础设施。

组织和信息系统SWOT分析

SWOT分析是一种简单而强有力的分析工具，它能帮助企业分析内部资源优劣势并将其与外部机会和威胁相比较或结合。SWOT矩阵不仅仅在分析当前形势时体现出巨大的价值，而且还是制定战略的一个重要工具。为实现这些目标，如图5-8中将列举的优势、劣势、机会和威胁这些结合起来的分析是非常有用的。SWOT分析能够用来对抗威胁和利用机会，然后可以将其写入数字化经营战略中去。图5-9给出了一个数字市场的SWOT分析的例子，其中用到了图5-8中所展示的方法。

人力和财务资源

资源分析需要考虑以下两个方面：

（1）人力资源。为了抓住战略分析中的机遇，数字化经营解决方案中所需的资源必须可得。

（2）财务资源。执行信息系统的财务资源评估通常是加强新系统投资评估和编制预算的一部分，本章稍后将介绍这一方面的内容。

对内部资源进行评估也要考虑外部资源。Perrott（2005）为这项分析提供了一个简单的框架（图5-9）。他认为数字化经营的可接受程度取决于自身资源和外部资源的平衡。图5-9建立了一个包括四部分的矩阵，矩阵中的内容为一个市场上的商家所占有：

- 市场驱动战略（marketing driving strategy）（自身资源多外部资源少的情况）：此种情况多见于市场的早期进入者。
- 能力建设（capability building）（自身资源少外部资源多的情况）：此种情况多见于市场的后进入者。

组织	优势（S） 1.现有品牌 2.现有客户基础 3.分配现状	劣势（W） 1.品牌影响力 2.中介使用 3.技术和技能 4.跨渠道支持
机会（O） 1.交叉销售 2.新市场 3.新服务 4.战略联盟	SO战略 平衡优势以使机会最大化，这是一种进攻战略	WO战略 通过利用机会来弱化弱点，这是一种为进攻战略积蓄力量的战略
威胁（T） 1.用户选择 2.新竞争者 3.替代品 4.渠道冲突	ST战略 平衡优势以减少威胁，这是一种防御战略	WT战略 控制弱点和威胁，这是一种为防御战略积蓄力量的战略

图5-8 SWOT分析

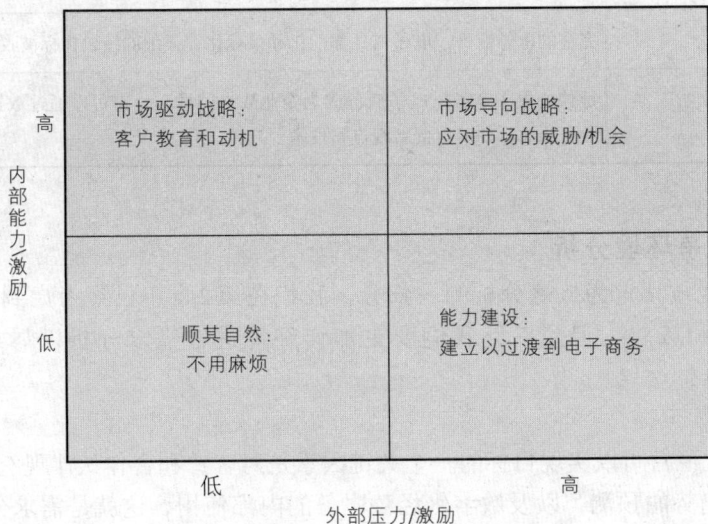

图5-9 外部能力对内部能力的评价矩阵

来源：Perrott（2005）

- **市场导向战略**（market-driven strategy）：自身资源和外部资源都很多的情况。
- **顺其自然**（status quo）：由于本身和外部资源都很少，所以没有什么可以改变的。

Perrott（2005）提出的外部因素基准可以确定一个组织在矩阵中的位置，这些基准包括：竞争对手通过数字化经营传递的产品或服务的比例；竞争对手通过数字化经营进行客户沟通的比例；不同的消费者群体（或供应商）被数字化经营活动吸引的比例。需要被评估的内部因素包括：在内部或外部IT服务商之间技术沟通的能力；放弃遗留系统的意愿或能力；员工能力（知识、技能、态度等）；实施的成本差异。

这一阶段模型也可以用来评估企业能力和内部结构。例如，Atos Consulting（2008，表5-4）构造了一个能力成熟度框架模型。这一模型是根据卡内基·梅隆软件工程学院（Carnegie Mellon Software Engineering Institute）制定的能力成熟度模型改进而来的，目的在于帮助企业加强它们的软件开发实践（在第10章中将介绍不同阶段变化时如何进行管理的具体细节）。

表5-4　　　　　　　　　　　　　　电子商务的能力成熟度框架模型

卡内基·梅隆软件工程学院设定的成熟度	Atos Consulting 的电子商务能力框架
第一级：最初等的	没有成型的计划，这是一个特别的阶段，企业的电子商务缺乏计划甚至是混乱的。组织缺乏履行承诺的必要能力
第二级：可重复的	电子商务雏形。基本的电子商务程序已经可以支持早期的业务，但仍算不上计划流程。重点应放在发展组织能力上
第三级：确定的	电子商务成型。通过中央电子商务战略建立一个集中的过程模型
第四级：管理的	完整的电子商务。电子商务部门化和单元化，详细的绩效指标被收集和用于控制
第五级：最佳的	延伸的电子商务。电子商务成为企业战略的核心，它可以通过数据的反馈实时评估业务状态，并给出创新观点和技术

5.3.2　竞争环境分析

外部因素也被认定为战略分析的一部分。我们在第2章中已经考虑到了营销环境中一些外在机会和威胁，但是在此我们要更加详细地进行需求分析以尽早察觉到竞争威胁。

需求分析

推动数字化经营可以实现目标的一个关键因素是对客户和合作伙伴现有水平的分析和对其将来发展趋势的预测，以及数字化经营服务的内部使用，这就是**需求分析**。请注意，这是制订适应数字化经营战略的网络营销计划的关键行动。在第8章将对此进行更为详细的探讨。

即使是一个买方的电子商务公司，它也需要考虑其上游供应商提供的电子商务服务，例如有多少供应商提供电子商务服务和它们的位置在何处（第7章）。

5.3.3　评估竞争威胁

Michael Porter 在1980年提出经典的五力分析模型，向公司提供了可以检验的在数字化经营试点中产生了哪些威胁。表5-5概括了影响互联网的5种竞争力，Michael Porter 就是通过分析互联网对数字化经营的影响总结出了五力分析模型。

表 5-5　　　　　　　　　　　　　　影响互联网的 5 种竞争力

购买者的 讨价还价能力	供应商的议价能力	替代产品和 服务的威胁	进入壁垒	现存竞争 对手之间的 竞争
• 在线购买者的议价能力正在不断增强，因为他们有广泛的选择，所以随着消费者知识和价格透明度的增加，价格可能需被迫下调，也就是说，鼓励转换行为 • 对于一个 B2B 企业来说，与顾客形成稳定联系，可以加深相互之间的信任关系，而这会增加转换成本，导致"软套牢"	• 由于电子市场商品增多，当一个组织团购时，供货商的议价能力会由于客户选择范围的广泛性而受到削弱 • 购买方则正好相反	• 替代产品是一个重大的威胁，因为新的数码产品和替代产品随时有可能进入 • 为了避免市场份额的流失，应谨慎地监控新产品或服务的进入 • 互联网技术使得新产品服务以更快的速度进入 • 与新商业模式带来的威胁有关，本章将在下一节详细介绍	• 进入壁垒的降低使新的竞争者产生，尤其是那些习惯性要求流动销售队伍的零售商和服务企业 • 为了避免市场份额的流失，应谨慎地监控新进入的竞争者 • 互联网服务比传统方式更容易被模仿，因此新技术更容易拥有"紧跟者"	• 互联网鼓励商品化使得它不太容易使产品差别化 • 产品生命周期的缩短和新产品研发时间缩短使得竞争更加激烈 • 互联网使向国际市场移动更容易，增加了竞争者的数量

　　以数字化经营为背景，图 5-10 显示了最新的主要威胁，重点强调的是数字化经营竞争威胁。威胁被分成了 3 类，买方（上游供应链）、卖方（下游供应链）以及竞争威胁。该模式与波特的五力模型主要的不同之处在于来自买卖双方的中介或者合作伙伴的差别。下面我们将更详尽地来学习这些威胁。

竞争威胁

（1）新竞争者的威胁

　　对传统的"砖块+水泥"的公司而言，比如出售书籍和提供金融服务的零售商，这是一个共同的威胁。举例来说，欧洲传统的银行已经受到像 Zopa（www.zopa.com）这样新进入的竞争者的威胁。荷兰国际集团公司（ING）是另一个现有的金融服务群，成立于 1991 年，总部设在荷兰，也同样利用因特网促进了市场发展。这些新加入者在很短的时间内就获得了成功，因为它们没有花费巨额费用开发和维持一个分销网络来销售其产品，而且这些产品不需要一个生产基地。换句话说，进入市场的贸易壁垒很低。然而，要想成功，新进入的竞争者就必须在市场营销和客户服务方面成为"领头羊"。要实现这个目标的成本很高，这可能就是所谓的成功的障碍，而不是进入市场的壁垒。这种充满竞争的威胁在涉及制造生产业如化学或石油业时是不常见的，因为进入这些行业的投资壁垒要高得多。

（2）新数码产品的威胁

　　这种威胁在新老公司里都会出现。互联网作为一种低成本的提供基本信息的载体尤其

买方威胁　　　　　　　　　　　　　　卖方威胁

供应商的威胁 → 中介的威胁 → 组织 ← 中介的威胁 ← 客户的威胁

新的数码产品　　　新进入者　　　新的商业模式

竞争威胁

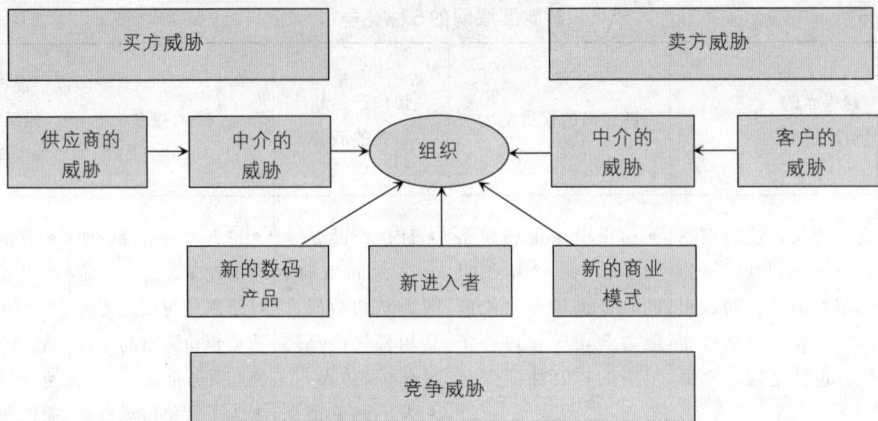

图 5-10　数字化经营中的竞争威胁

突出。威胁极容易通过因特网在数码产品充斥的地方产生，分发股利、购买数码产品或软件等也是如此，这可能不会影响很多行业，但是对诸如报纸、书刊出版商、音乐软件的经销商等的影响却是致命的。在照相业，柯达针对消费者对传统胶片需求的减少采取了措施，通过扩大数码相机的销售量以增加这方面的收入，并为顾客提供在线打印和分享数码照片的服务。衡量这种威胁的程度见图 5-10。

（3）新商业模式的威胁

这种威胁在新老公司里都会出现。这是与交货服务的新方式有关的竞争威胁。现有竞争者的威胁将持续，并且它们借助互联网可能使争夺变得更激烈，因为价格比较变得十分容易，而且对手的数字化经营能够创新，其会尝试新产品开发，并有多种可选择的商业和收入模式可供引进，而且这些都能在较短的时期内完成。因此，请再次注意：组织必须要继续关注商业环境，第 2 章就以商业和收入模式为例分析了这一威胁。

卖方威胁

（1）顾客议价能力和知识

这也许是对数字化经营交易构成的最大的威胁。当顾客在互联网上评价产品和进行价格比较时，他们讨价还价的能力被极大地激发了。这对那些中介比价搜寻网站提供的标准化产品来说特别适用。拿商品来说，企业对企业（B2B）的拍卖活动也会对降低价格产生类似的影响。购买一些不是传统意义上的商品可能对价格更敏感，这个过程就称为"**商品化**"。电子产品和汽车正成为商品化的产品。我们将在第 8 章讨论网上定价的问题。

在企业对企业（B2B）的领域内，更深层次的问题是互联网的便利性使消费者在不同供应商之间的选择变得容易起来——转换成本降低了。互联网通过浏览器提供了一个更加标准化的购买方式，降低了消费者在不同供应商之间的转换成本。因此组织有必要在公司间建立一个特殊的电子数据交换链（EDI），但有可能公司不愿意改变这种方式（归咎于转换成本的软套牢）。评论家经常说："有了网络，你与你的竞争者之间的竞争变成了鼠标的一次次点击。"但请记住，**软套牢**效应仍然存在，在供应商之间仍然存在着交易壁垒和成本问题，因为一旦消费者花时间学会了在网上选择和购买某一特定类型的产品，他们就可能不愿意去学习另一项服务了。

（2）中介的力量

一个至关重要的下游渠道威胁是，由于脱媒销售导致的渠道冲突将会导致大量合作伙伴或分销商的流失。中介之间的紧张局势——特别是整合和解决方法——将在专栏 5.1 中通过直接保险公司 Direct Line（www.directline.com）和整合者 Moneysupermarket（www.moneysupermarket.com）的公开讨论来说明。

专栏 5.1

品牌和整合者之间的权力平衡

Guardian（2007）报道了一场持续性的争执，争执的几方是 Direct Line、Moneysupermarket、Confused.com 和 Go Compare 这样的比价购物网站。Direct Line 的所有者，同时也是苏格兰皇家银行的策略总监，Roger Ramsden 说道：

Direct Line 绝不会像那些站点一样去当中间人。它们是商业部门而不是公共服务部门，根据广告宣传的反馈结果，消费者称其对此并不知情。

他的说法是部分可靠的，Moneysupermarket 占据了 80% 的汽车保险市场份额，当然这不算 Royal Bank of Soctland、Direct Line、Churchill、Privilege、Tesco Personal Finance 和 Norwich Union 这样的大型保险公司。

Richard Mason 是 Moneysupermarket.com 的主管，在一次抗辩中，他提到了 Direct Line 的策略：

完全绝望的意味。Direct Line 不喜欢我们这些街区里的新孩子。我们害它们丢掉了市场份额。它们目前的处境是，消费者认为我们是在进行竞争并且会持续更新政策。它们在广告上投入了大量的财力，但现在消费者能找到更便宜的替代品了。

来自 Hitwise（2006）的数据支持了 Moneysupermarket 的观点。数据显示，该网站 1/3 的点击量来自寻求低价的访问者，他们的搜索关键词有"汽车保险""便宜的汽车保险""比较汽车保险"等，公司也在诸如电视广告、印刷品、户外媒体等传统品牌推广手段上投了资。

处在下游渠道的另一个威胁是连接买卖双方中介（另一种形式的合作伙伴）的大量增长，包括消费门户网站，如 Bizrate（www.bizrate.com）以及企业对企业（B2B）的交易网站，如 EC21（www.ec21.com）。如果一个公司的竞争对手在该公司"缺席"的时候，在门户网站上"露面"，并且签订独家合作协议，就会导致该市场被大比例垄断。

买方威胁

（1）供应商的议价能力

这可被视为一种机会，而不是威胁。公司出于降低成本和提高供应链效率的考虑而坚持与其主要供应商进行电子化联系，如通过电子数据交换链（EDI）或互联网 EDI 来生成订单。此外，随着 B2B 交易时代的来临，更换供应商的壁垒降低，互联网将削弱供应商的议价能力。但是，如果供应商坚持用专有技术来与公司联系的话，就会产生由更换供应商及随之产生的复杂性而引发的"软套牢"。

（2）中介的力量

来自买方中介的威胁，如 B2B 交易的威胁，可以说其威胁程度是不低于卖方中介所带来的威胁的，但要考虑使用这些服务所带来的风险，包括与中介整合的成本（尤其是每一个中介要求的整合标准不同时）。它们一经建成，就可能面临手续费增长造成的威胁。

根据上面的观点，可以看出这种威胁的程度大小在很大程度上依赖于公司经营市场的特定性。一般而言，这似乎对以零售分销、在网上销售或邮购的方式来销售商品的公司产生的威胁最大。案例学习5.1将重点关注公司应怎样分析它所带来的竞争威胁并制定相适应的战略。

5.3.4　合作竞争

Jelassi 和 Enders（2008）认为，除去五力模型中市场参与者对商业活动的消极影响外，同业竞争者之间的正相互作用会对盈利能力产生好的影响。合作竞争的例子有：

基于技术和其他行业标准制定联合标准。例如移动运营商能促进像3G这样的新应用的发展，这有助于吸引潜在消费者和转换现有消费者。

为提高产品质量、需求或电子采购而共同发展。例如克莱斯勒、福特和通用等具有竞争关系的不同汽车生产商设立了一个叫作Covisint的通用购买平台。

联合游说通过贸易协会建立《互利法案》。

5.3.5　竞争者分析

竞争者分析也是数字化经营发展环境分析的一个重要环节，但是由于它也是电子营销计划中的一项重要的生产活动，故本书将其纳入数字化经营战略，将在第8章有更详细的阐述。

资源优势描述

组织一旦对外部机会和内部资源进行了评价，就可以针对外部机会对企业内部的优势资源进行规划，如识别竞争者的劣势进行攻击。确定内部优势的方法之一就是确定核心竞争力。Lynch（2000）解释说，核心竞争力就是资源，包括能给消费者带来特别利益的知识、技能或技术。Deise 等（2000）对客户价值观下的定义是依赖于产品质量、服务质量、价格和完成时间的价值。因此，要想理解核心竞争力，我们必须了解在这些方面与竞争对手的区别。就像在第8章中描述的那样，这里提供以竞争对手为基准的数字化经营服务是很重要的。一个公司的成本基础也是很重要的，较低的生产成本意味着较低的价格。Lynch（2000）认为，应该在制定目标和战略时就明确组织数字化经营的核心竞争力。

5.4　战略目标

一个组织**战略目标**的制定和传播是每个战略模型的关键因素，因为：

（1）战略的制定和实施必须针对如何最有效地实现这个目标来确定。

（2）数字化经营战略是否成功需要通过实际结果与战略目标的比较以及战略改进程度来综合评估。

（3）一个明确的、切合实际的目标有利于数字化经营的发展，并有助于向雇员与合作伙伴传播数字化经营的目标和意义。还应注意到，目标的制定通常与数字化经营战略分析、数字化经营远景、战略规划过程同步进行。

图5-11总结了在这章中出现的一些制定战略目标的关键因素。

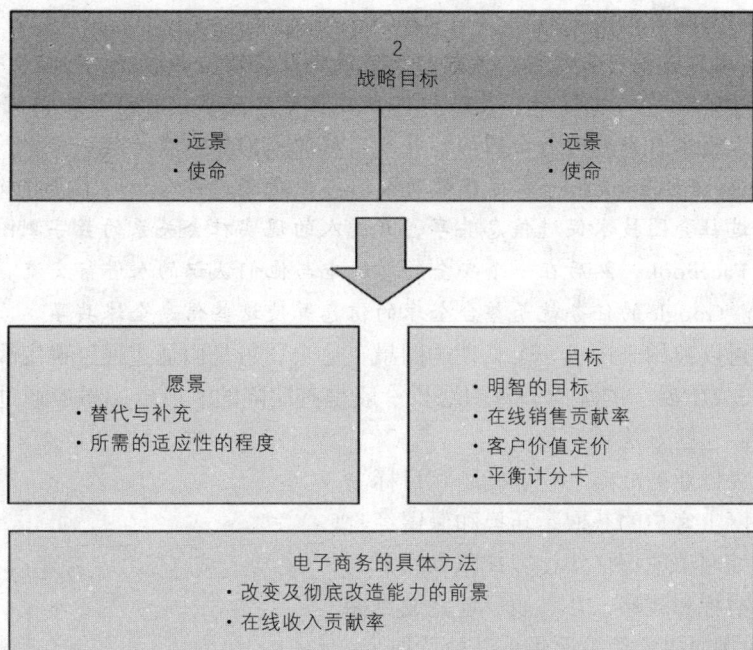

图 5-11　数字化经营中制定发展战略目标的要素

5.4.1　制定愿景和使命

Lynch（2000）对企业愿景下的定义是："企业愿景规划是大脑中企业未来的、可能的、可完成的形象。"在数字化经营环境下，公司的愿景将以经理对未来互联网对他们所在行业将会产生怎样的影响的看法为基础。**情境分析**是一种用于目标制定的、讨论可供选择的愿景的有用的方法，它为企业发展的目标和战略提供了蓝图。

数字化经营的愿景或使命是一个有关企业未来数字通道远大目标的简单概括，这将说明数字化经营如何有助于组织和支持客户和合作伙伴。Jelassi 和 Enders（2008）认为建立一个使命宣言的要素有：

- 营业范围（哪里?）。公司将参与哪个线上市场的竞争，这个市场应包括生产者、消费者和市场环境。
- 独有能力（怎么做?）。一个关于公司如何从其他竞争者中脱颖而出的高级策略。
- 价值（为什么?）比较不常见，这是一个情绪化的元素，可以表明是什么激励了组织或其数字业务的积极性。

许多组织有一个用于划定公司经营范围和突出企业成功因素的顶级战略宣言。专栏 5.2 举出了一些例子。

专栏 5.2

数字化经营中愿景与使命的例子

这里列举了一些在本书的案例研究中用到的知名数字化经营公司，让我们评估一下它们在愿景宣言中在多大程度上达到了我们讨论的标准。

Amazon.com。我们的愿景是做世界上最以消费者为中心的企业，任何人都能在我们这里找到他们想要的任何东西。

Dell。Dell听取客户的意见，并且向客户提供可信任的和有价值的最新技术。

eBay。eBay在持续的信任、灵感和机会的基础上建立先锋群落。通过eBay的网络平台，将成千上万来自当地的和全国的，甚至全球的人们联系在一起。

Facebook。Facebook是一家旨在帮助人们与其朋友、家人和同事更有效交流的社交网站。公司通过社会图技术促进信息共享，开发人的现实社会关系的数字测图技术。每个人都可以注册Facebook，然后在一个安全的环境中与他们认识的人进行交流。

Google。Google的任务就是整合全球的信息并使这些信息全球共享。

愿景也可以被用来确定一个长期的图景，这个图景是由通道通过确定战略优势来支持的。如专栏5.2所展示的那类简单的愿景一般是有缺陷的，所以愿景应通过一些方法做得尽可能细致。这些方法包括：

- 引用关键业务战略、产业问题和目标。
- 引用网上客户的获取、转换和保留经验。
- 使用缩略语或记忆法让客户印象深刻。
- 连通目标和战略，并高质量地完成目标。

专栏5.2中Dell的简单愿景可以被扩展为：

我们的核心业务策略是建立我们的直接客户模型、相关的技术和解决方案，高效的制造和快捷的物流；我们正在通过添加新的分配信道吸引更多的商业客户和全球的消费者来扩大核心策略。采用这种策略，我们致力于通过提供优越的、高价值的和高品质的商品，提供相关技术、定制的系统和服务；通过提供优质的、易于购买和使用的产品和服务来取得最佳的客户体验。

下面是一个关于愿景的真实的例子，来自我所工作的多通道企业（multichannel company）。员工称这一愿景为：

$1 \times 2 \times 3$

- 通过XXXX提供欧洲最大的在线观众分享平台。
- 通过XXXX，1/2的总销售额将在线完成。
- 1/3的用户会喜欢我们的线上服务并且会推荐给他们的朋友。
- 通过XXXX，2/3的用户服务合同将会是电子形式的。

你会发现这是一种简单实用的可以与未来目标相结合的方法，不同于许多模糊的目标声明。大多数公司都在使用如同"天生的数字""数字化优先""数字DNA"这类普通的目标声明。

一个更为详细的公司愿景可能是这样的：

我们的数字通道将会通过结构化的营销方式让购物者更容易找到，并比较和选择他们喜欢的商品从而提高销售转化率。这一措施将会满足大部分用户的需要。

在与同事讨论愿景的各个方面时，可以做如下展开：

- 数字通道是由电子邮件和移动信息网站支持的。
- 容易找到就是改进网站搜索功能。
- 比较和选择就是使用详细的产品信息、丰富的媒体信息和评级信息。
- 销售转化率就是通过商品展示，支持自动交付，最大限度提高转化率和平均订单价值。另外，如 AB 测试和多变量测试等技术将会被使用。
- 最佳客户体验就是定期检测用户满意度，通过与直接竞争对手的比较来促进网站的升级。

基于场景的分析是一种从多种情形中选定目标情形的有效方法。Lynch（2000）解释说，情境分析是要关注在企业环境下将可能出现的模式。他说：

"该方法的目的不是预测，而是要探索出一系列可行的方案，根据不同的出发点选择不同的情境。"

他把情境分析的定性规划与基于需求分析的定量预测做了区分。从数字化经营的角度来看，可以设想的情境如下：

（1）我们公司中的一名员工可以通过使用互联网成为行业主导者（"Amazon"部门）。

（2）大多数消费者因为组织壁垒而不能使用电子贸易。

（3）大多数脱媒营销（第2章）产生于我们的行业中。

（4）B2B 市场在我们的行业中不一定能成为主导者。

（5）新加入者和替代产品会改变我们的行业。

通过这种形式的分析，能够更好地了解决策者对公司前景的不同看法，产生一些新的战略并可以对战略风险进行评估。

Simons（2000）在谈到巴克利银行的前景时提到了要发展数字化经营必须改变思维方式。他指出，银行愿景的制定必须考虑"高度承受不确定性的能力"。巴克利的首席执行官（Matt Barrett）说：

"我们的目标是使用技术来开发全新的商业模式……同时改造我们的内部结构以提高我们的工作效率和效益。任何不能同时实现这两点的战略都是有根本缺陷的。"

事实证明，批发商业模型的改变往往是不需要的。相反，数字化经营的成功依赖于战略灵活的平台。这一平台可以快速优化、提高竞争力、客户转化率和客户满意度。E-metrics（2008）解释了巴克利银行是如何使用数字技术来使它的数字化经营更加有效的：
- 使用预测网站分析（将在第12章中讲到）。它可以通过分析现状对未来事件进行可靠的预测，并将得出的结论用于在线数据和有效作业。
- 先进的回归追踪系统和不同在线媒体对用户接触点的应用，特别是像 Google Ad-Word 这样的付费搜索占到了 Barclay 数字媒体营销费用的60%。
- 使用 AB 测试和多变量测试计算转化率来促进销售效率的提高。

2006年，在付费搜索方面的利润提高了5%（这显示了付费搜索市场的巨大潜力和开发这样一种搜索引擎的重要性）。额外6%的网站流量是通过提高搜索营销产生的，这相当于增加了 £130 万的收入。

从卖方数字化经营角度来看，一个关键的目标是利用互联网来补充还是来代替公司的其他销售渠道。与员工和其他利益相关者（如消费者、供应商和股东）讨论采用补充还是替代的策略是很重要的。

电子技术对不同的行业有着不同的影响。Kumar（1999）提出极有可能更换销售渠道的情形如下：

（1）消费者更多地使用互联网渠道（这是目前很多市场上的实际情况）。

（2）互联网可以比其他渠道提供更好的价值比例（消费者更倾向于网上购物）。

（3）可以在互联网上交付产品（也有人认为这不是采用替代战略的必要条件）。

（4）产品是标准化的、统一的（用户不必看了再买）。

如果以上Kumar提出的情形至少出现了两个，那么就会有替代效应。例如，在线购买旅游服务或保险时就满足了上述的第（1）、（2）、（4）种情形。因此，这些产品的实物销售网点可能不再可行，因为互联网能以一个更方便、更便宜的方式来提供服务。这些条件的满足程度会随着时间的流逝而有所变化，例如互联网的普及和网上购物的增长。类似测试还有de Kare-Silver（2000）提出的电子购物测试。

类似的愿景还可以扩展到买方活动，如采购。公司还能作一个规划：在一段时期内，是否选择电子采购或电子供应链管理（SCM）作为补充或直接代替人工的采购和供应链管理。

5.4.2 数字化经营如何创造商业价值

Chaffey和White（2010）强调，数字化经营创造的大部分商业价值都归功于对信息的有效使用和可以在价值链的不同环节产生新的增值服务。所以对一个组织而言，可以利用图5-12来分析信息资源管理对企业战略的重要性，并作为愿景的一部分。由Don Marchand教授设计的这个分析工具显示了信息为企业创造价值的不同方式。主要方法如下：

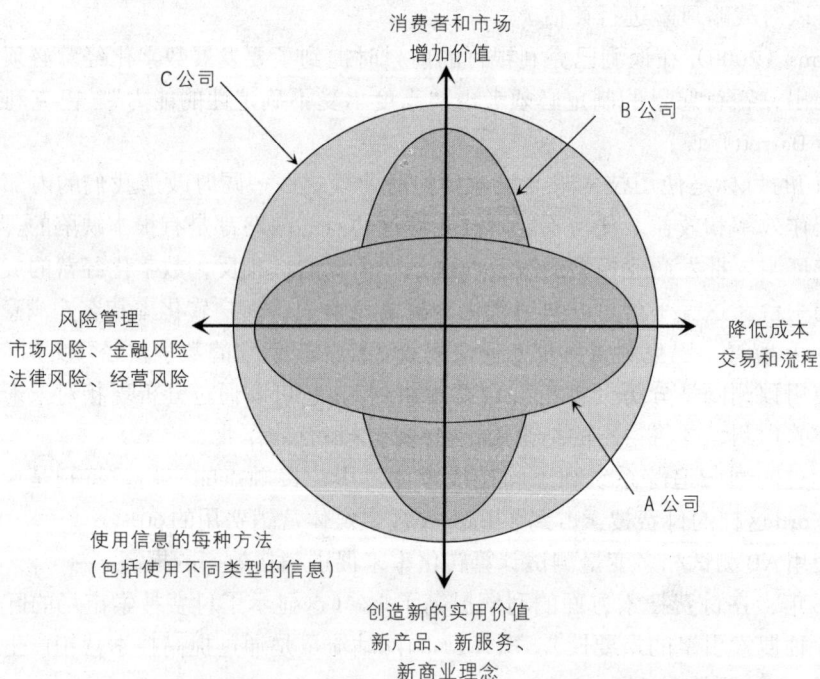

图5-12 有关商业信息价值的评估工具

注：企业使用信息的效率高低可用数字1（使用信息的低效率）到10（使用信息的高效率）来表示。

来源：Marchand等（2002）

（1）增加价值。为消费者提供更高质量的产品和更好的服务来增加附加价值。信息可被用来更好地了解消费者的特点、需求和对服务的满意程度。信息也可以用来感应市场并对市场变化作出反应。公司必须对需求动向、竞争对手的产品和活动信息进行监控,这样才能不断完善战略以参与市场竞争。例如,所有企业都使用数据库来储存消费者的特征及他们的历史交易细节信息,如他们何时购买了不一样的产品和对市场营销活动的反应,甚至是何时使用了不同的在线服务。分析数据库中的这些信息可以了解消费者的喜好,并了解什么样的产品更能满足他们的需求。企业可以利用**信息收发机制**完成这些分析。典型的例子是亚马逊根据消费者的个人建议提供的个性化设施。不断增加的移动服务使用量是公司获得附加价值的一个重要途径,它们也需要考虑如何保持现有的收入。像 Facebook 和 Google 这样依靠广告收入的电商们,不得不改变它们的广告服务来确保它们能不断地从每个用户处得到平均收入,因为使用移动设备的用户更多了,其他公司也在使用移动业务来增加价值及收入。例如,有实体店的零售商们使用移动应用市场来提升它们的市场地位,就像案例学习5.1中提到的那样。

(2)降低成本。通过改善信息使用、提高(见图10-2)业务流程制定效率,进而降低成本。高效是通过使用比现在更少的资源来实现信息收集和促进交易完成。

(3)风险管理。Marchand(1999)注意到企业的风险管理可以在金融、会计、审计及企业绩效管理方面为企业创造不同的价值。

(4)创造新的实用价值。Marchand提出通过创新技术和改进产品或服务的方式"创造新的实用价值",这对于在线企业尤其适用。

案例学习5.1

Debenhams通过数字化经营创造价值

2013年,一项由 Episerver 进行的调查显示,英国的主要零售商 Debenhams 在数字化经营中排名第一。Debenhams 之所以能得高分,是因为它虽然只关注了英国最大的零售商的 apps 和移动站点30%的消费者的需求,却能够满足90%的消费者的需求。排在 Debenhams 之后的分别是 Argos、Expedia 和 Tesco,它们也得到了较高的分数。

Debenhams 在 www.debenhams.com/mobile 上充分展示了它的移动服务价值。它在各种平台上都提供应用服务,包括 iOS、Android、Nokia 和 Blackberry。

你可以在苹果应用商店中发现,Debenhams 已经发展成了适宜在各种场合使用的个性化工具。

1.在 Debenhams 的应用中,在家就可通过手机购买商店里的商品。

2.使用手机里的条形码扫描软件来获取更多的商品信息或评论,可直接购买商品或将商品添加到购物车中。

3.在"我的 Debenhams"选项中通过建立分类等方法进行个性化设置和使用。

4.阅读产品说明,这些说明应该包括产品的全部细节,如可放大的图片、产品评论和评级等。

5.在购物车添加喜欢的商品,它会在商品库存量低时发出提醒。

6.用 Facebook 或电子邮件将商品分享给朋友。

7.观看 Debenhams 电视台的最新视频。

8.使用 store finder 发现附近的商店,查看商店的具体营业信息。

9.接收 Debenhams 发来的最新的产品信息和独家特别优惠。

5.4.3　目标制定

　　一个高效的战略发展进程能够把整体目标、战略、具体目标和绩效管理结合起来。实现这种结合的方法之一就是列表法，如表5-6所示。每一项目标都应建立专门的关键绩效指标（KPI）以便与整体目标保持一致，而且，每项目标还应有一个实现该目标的时间节点。

表5-6　　　　　　　　　　　　　　B2B公司的目标、战略和业绩衡量

目　标	目标实现战略	重要的业绩衡量指标（成功的关键因素）
①从新的地区市场上增收	①为标准产品创建数字化经营基础设施并指定这些市场的代理人	①年底实现联合营销收入100万元，在线销售贡献率为70%
②从零售商的小批量购买中增收	②为标准产品创建数字化经营基础设施	②通过零售增收15%～25%，两年内网上营销收入贡献率达到30%
③确保留住核心客户	③通过开发企业外部设施实现软套牢，并继续支持销售代理	③保留5个重点客户，这5个客户网上营销收入贡献率达到100%
④提高原材料采购效率	④开发电子采购系统	④年底前降低5%的采购成本，下一年降低10%，实现80%的网上营销收入贡献率
⑤减少新产品开发的成本和销售时间	⑤利用协作和项目管理工具	⑤3年内平均减少10%的成本和销售时间
⑥保持并提高分销商和合作伙伴的收益	⑥创建外联网合作伙伴和电子支持目标	⑥主要的5个地区市场中每个市场减少30%的销售成本

　　数字化经营是动态的，其中一些目标更是要求重新设计一个业务流程，不能一蹴而就。应该以哪些目标为先导？先导目标应该有助于向员工传播数字化经营的发展愿景，还应有助于进行资源分配。目标制定应遵循SMART原则，并应同时包含效果和效率。简单地说，效果就是"正确地做事"——利用尽可能少的时间和最少的资源来完成业务。效率就是"做正确的事"——进行正确的活动，为实现竞争优势采用最佳的战略，从程序角度来看，就是它正在生产市场所需的产品或服务，换句话说就是为满足目标客户群的需求而进行的活动。多数组织为数字化经营和电子贸易制定目标时，总是倾向于效率尺度，比如规定完成目标的时间以及要削减的成本，这些措施往往不能体现电子贸易的整体价值。比如，一家航空公司（如BA.com），可以利用其电子化渠道的服务降低成本（即增加了效益），但可能面临网上订单下降的风险（即减少了效益）。效益，也可指通过网上销售以及改进内部流程或供应链创造收益。迷你案例学习5.2以一个在线花店为例，给出了一些卖方数字化经营SMART绩效指标的例子。

专栏5.3

制定"聪明"的目标

　　SMART原则用来评价战略设定的目标是否合理及业务的改进。

　　①具体性（S）：设定的目标是否充分考虑了现实的问题和机会？

　　②可度量性（M）：一个量的属性或质的属性能否被归结为一个可度量的指标？

　　③可实现性（A）：信息能否被用来提升绩效？

　　④现实性（R）：信息能否被应用于解决管理者所面对的具体问题？

⑤时限性（T）：目标或手段是否有一个明确的时间进度表？

表5-6中关于关键绩效指标的一列内容也给出了SMART数字化经营目标的例子。

迷你案例学习5.2

Arena Flowers通过关键绩效指标控制它的发展

Arena Flowers（图5-13）是一家位于伦敦的在线花商。其业务于2006年7月被并入，其交易网站在同年9月上线。公司第一年的净销售额就达到了200万英镑，在12个月内就收回了成本。在接受采访期间，公司预计在第二年，其销售额将达到400万英镑，并获得可观的利润。产品设计与开发的负责人Sam Barton透过各项新举措看到了达成销售额和利润双丰收的机会。例如，公司15%的点击量是由公司开发的在Facebook平台上的应用所提供的，而它的大多数对手都错过了这一机会。

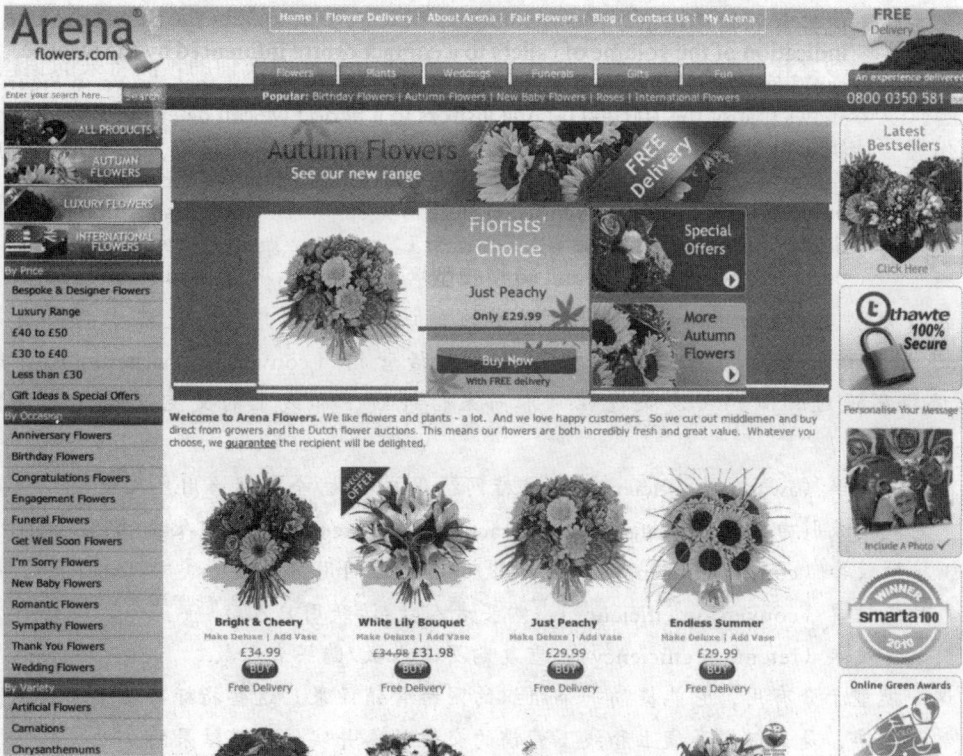

图5-13 Arena Flowers

来源：www.arena flowers.com

平均订单值（AOVs）一直在逐月增长，已经从最初的30英镑涨到了现在的42英镑。提高AOV的方法主要有提供花瓶、提供豪华包装的花束和与Prestat的巧克力捆绑销售。

Arena Flowers如此繁荣的秘诀就在于它剔除了所有的中间商，直接从花农处购买花卉。公司没有转卖的费用，又得益于高存货周转率，直接将花店的新鲜花卉销售给顾客。Arena Flowers对所有商品免费送货，而且是英国首家FFP授权的在线花店。这是一项独特的卖点，使得Arena Flowers能够提供与其他竞争对手不同的服务。

　　一个组织任何方面经营业绩的改善都需要利用业绩管理系统来监测、分析。如何系统地使用并实现对目标的分析将在第12章作全面讲解。

在线收入的贡献

　　通过考虑需求分析、竞争者分析以及Kumar（1999）指出的其他一些因素，组织应该制定一个网上营销收入贡献目标。这种目标可以直接反映网上交易的收入占公司总收入的比重。然而，许多公司（如B2B服务公司）期望一个很高的在线收入比重的想法是不切实际的。在这种情况下，就应该规定一个间接的网上营销收入贡献指标，这里考虑的是销售受网上订单的影响，购买还是需要通过传统渠道进行的。比如说，一个客户在网上选好了产品，但是却可以打电话向厂家购买。网上营销收入贡献的目标可以根据产品、客户阶层和地理位置的不同进行细分。它们还可以通过不同的数字渠道实现营销，比如网站、电话和交互式数字电视。

卖方数字化经营的转换模型

　　有经验的数字化经营经理会建立关于网络营销的瀑布模型来辅助预测将来的销售量。通过这种方法，可以估计特定市场的在线服务量需求，进而可以确定公司在该市场可以获得的份额。营销策略是把尽可能多的潜在用户转换成实际的用户，接着，这些实际用户可以带来更多的用户（见专栏5.4）。

专栏5.4

转换模型

　　转换模型是由Berthon等（1998）提出的，该模型应用广泛，是基于购买决策过程的产业营销模型和效果层级模型（用于对话营销（conversion marketing））建立的。该模型通过预测购买决策过程的不同来估计线下和线上的交流效率。该模型的主要指标有：

　　1. 知觉效率（awareness efficiency）：目标网络用户人数/全部网络用户人数

　　2. 地域或吸引力效率（locatability or attractability efficiency）：访问人数/搜索人数

　　3. 接触效率（contact efficiency）：活跃用户人数/访问用户人数

　　4. 对话效率（conversion efficiency）：购买者人数/活跃用户人数

　　5. 保留效率（retention efficiency）：重复购买者人数/购买者人数

　　这一模型十分有用，它能提高一个组织的网络营销效果。这些指标有助于理解不同种类的对话效率，是如何提高线上和线下营销的交流效率并实现营销结果的。

　　所以，要评估数字信道潜在的影响，在购买过程中安排追踪和调查是有用的，这种调查能够评估不同阶段的交错频道（corss-channel）对话。例如，网站上电话的接待量可以用来衡量网站影响访问者数量的指标。然后，它可以被用于衡量销售等级的预算模型，就像图5-14显示的。该图显示在一定时期内，100 000个独立访问者中有5 000（5%）名访客进行了线下询问。

　　电子渠道服务的贡献（e-channel service contribution）给出了一个评价数字信道实现的服务型进程的比例的指标。具体的例子有电子服务（使用网上自助服务的用户比例）、电子购买（不同类型的网上购买的比例）和建立在内网和外网上的管理程序。

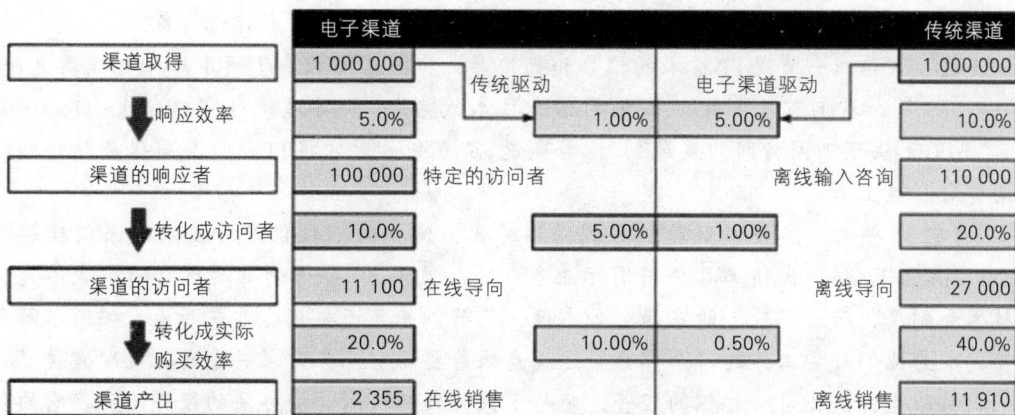

图5-14 一个在线零售商的转换模型的例子

ROPO——线上搜索线下购买，这一术语被用来描述由Google公司推出的搜索服务。下面的案例回顾了互联网在移动端和宽带端的决策过程，其中的数据来自于16 000份关于意图和购买的问卷调查。对于这两种服务，有1/3的人选择了在线直接签约，而另有相当一部分人选择了线下签约。图5-15是一个很好的评价多通道行为的框架，它也显示了那些线下搜索线上购买的情况。在评估消费者购买行为时，这类行为十分普遍，例如购买手机。案例学习5.2为在相对早期阶段，一个特定公司制定目标的例子。

		研究	
手机购买者		线上	线下
购买	线上	22%	9%
	线下	37%	32%

图5-15 在线购买的研究例子

来源：Google

案例学习5.2

网络营销对Sandvik Steel的贡献

山特维克钢铁公司（Sandvik Steel），是一家产品可以销往国际市场的公司，它为讲述如何在不同的地区制定不同数字化经营的战略目标来增加营销收入提供了一个很好的范例。

当网络热潮达到顶峰时期时，所谓的旧经济公司（如瑞典的山特维克钢铁公司）已经被阴影所笼罩，因为新兴的网络企业出尽了风头。不过，随着一些网络技术公司股票的崩溃，这些旧经济公司又回到了现实的股票市场和商业环境中，许多老公司又重新获得了市场的宠爱。

建于1862年的山特维克公司，就是巧妙地利用因特网极大地改善了公司与顾客、供应商的关系，大大节约了部分成本。

山特维克公司的总部设在桑德维肯的斯德哥尔摩，该公司的所有经营活动似乎离虚拟的互联网世界很遥远，公司主要生产切削工具、特种钢以及采矿和建设设备。

不过，该组织一直是IT技术的倡导和拥护者，其信息技术年度预算是10亿瑞典克朗。"1969年，我们首次制定了我们的信息技术战略"，其首席执行官ClasAke Hedstrom 说。"我们无法预测因特网的发展"，他补充说，"直到最近才将IT从为公司服务转移到增加消费者利益上来。"

"将它30年的信息技术经验转移到网络时代，需要的不仅仅是对技术的深刻理解"，Arnfinn Fredriksson，代销工具公司国际业务部的总监说，"公司面临的最大的挑战不是信息技术和制度，而是'软'的东西，如态度、见解，并且还要让这些东西为人们所了解和接受，成为他们日常工作的一个部分。这就意味着要注重业务需求并在网上大肆宣传。"

山特维克钢铁公司特种钢的经营，超越了仅为顾客找到解决办法的经济活动。它的外部网络，使全世界用户能得到股票资讯、产品目录和自助培训，并且还可以参与网上讨论。

在山特维克集团旗下的可乐满公司（Coromant），其数字化经营活动主要是加强与客户的联系。Fredriksson 说："我们的产品在被使用时才产生客户价值，而不是购买的时候。"

因此，Coromant 使客户通过网络不仅能购买工具，还能设计他们自己的工具（在Coromant 设定的参数内），并且帮助他们最有效地利用它们。选择适合的刀具并有效地使用它们，能够节省10%的生产成本，数字化经营战略必须考虑到这一点。

另外一点就是必须避免渠道冲突——绕过其传统的销售网点。大多数 Coromant 工具都被直接卖给消费者，但有40%是通过经销商销售的。此外，销售额还有很大的地区差异：80%的销售额在北欧地区是直接完成的，而在北美市场的销售额基本都是间接完成的。

该公司的做法是利用传统的销售渠道进行协同经营。Fredriksson 说："很多公司试图借此绕开传统渠道，这将失去销售商以及客户"，他还说，"与客户的关系——包括向更个性化和国际市场扩展——从长期来看，是数字化经营战略最重要的支柱，是真正的竞争优势。我们需要做的是把老顾客转到网上，继续赢得新的顾客并节省成本，但是其他公司也会这么做。"

目前，Coromant 只有一小部分订单是在网上交易的。北欧的国家正在引领这种方式，丹麦所有订单中约20%来自网上，瑞典是31%。

美国的比例却只有3%，因为大多数业务是通过销售商完成的，并由目前的数字化经营的网络手段——电子数据交换执行。

在未来6个月内，该公司希望能将美国的网络销售比例提高到40%。Fredericksson 先生希望两年里，网上订单将达到总订单的40%~50%。

为了提高在线客户服务质量，Coromant 计划为每个客户提供一个个性化的网页。这可以让公司得到有关新产品和提高生产率的建议。培训也是扩展网页的一部分，Coromant 打算今年晚些时候将其推出。

对于 Coromant 来说，网络的关键价值在于加强和扩大与客户的关系。在 Coromant 的案例中，提供了25 000个标准产品，有不少顾客进行小批量购买。但是，对 Coromant 来说，顾客进行批量购买的比例还是较低。

"我们的目标是在6月底，有200个核心顾客使用外联网"，山特维克钢铁公司的市场经理安妮卡·鲁斯说，"在年底，我们要从至少80%的核心顾客那里得到证实，证实他们认为外联网是与山特维克公司交易的一个重要渠道。"

使互联网处于业务的中心地位，山特维克集团打算把这一思想深入到客户的思想和意识里。"我们所面临的挑战不仅仅是做数字化经营，它正在变成一种电子的商业"，她补充说。

来源：Andrew Fisher，山特维克钢铁，2001年6月4日

问题

（1）根据这篇文章，总结山特维克钢铁公司的数字化经营战略。

（2）为什么山特维克在不同国家的网上购买比例不一样？

实践活动5.2

评估数字化渠道的重要性

目的

通过例子评估网上数字化经营的适用性。

活动

评估以下每种产品和服务是否适合在互联网上交易，它们的位置在图5-16中，并在表5-7中为5年或10年时间里不同国家的不同产品直接或间接的网上营销收入贡献作评估，给每个目录选择具体的产品。

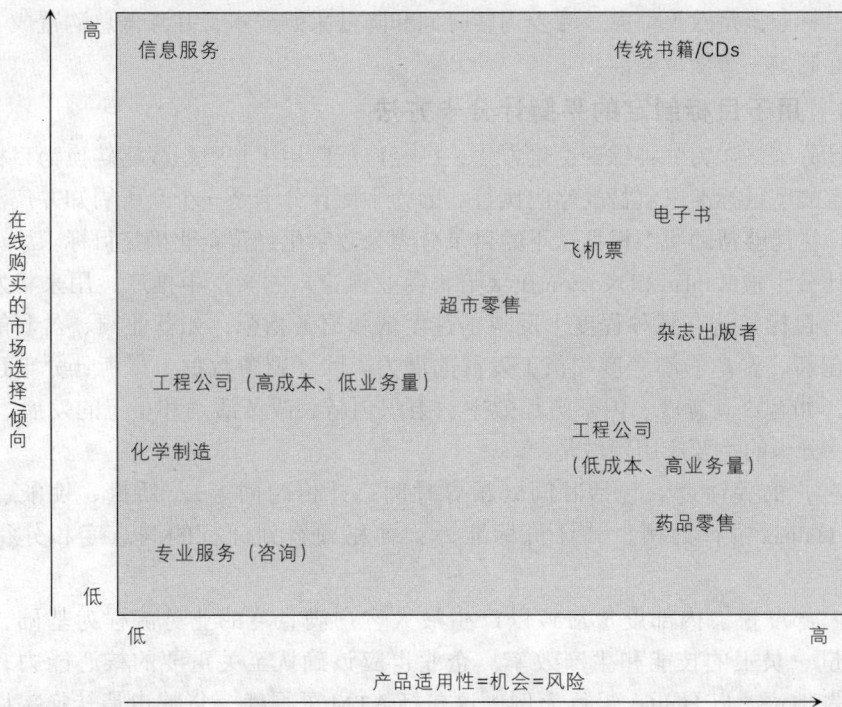

图5-16 产品适用性——数字化经营活动市场选择网格图

表 5-7   B2B公司网上营销收入贡献前景

商品/服务	现在	2年内	5年内	10年内
例子：汽车，美国 直接网上销售 间接网上销售	 5% 50%	 10% 70%	 25% 90%	 50% 95%
金融服务 直接网上销售 间接网上销售				
服装 直接网上销售 间接网上销售				
商务办公用品 直接网上销售 间接网上销售				

一个用于评估网上营销收入贡献的指标是网上采购比例。这又可以细分为订货、开发票、交货和付款等在电子交易中的比例，详见第7章。Deise（2000）指出，物资采购和服务的三个目标应该是改善供应、减少周转时间和降低采购成本，并降低总购置成本。可以为这些目标制定一个衡量标准。

5.4.4 用于目标制定的平衡计分卡方法

平衡计分卡，作为一种综合度量方法，已经广泛应用于把组织战略转换为目标，然后再提供一定的度量标准来监督战略的执行。因为平衡计分卡是一个众所周知并广泛应用的基准体系，它能够帮助组织根据以下的目录分类为数字化经营企业确定目标。

平衡计分卡被 Kaplan 和 Norton 在《哈佛商业评论》的文章中推广，用来将发展愿景和战略变为目标。这在某种程度上反映了过度依赖财务指标，如营业额、盈利能力，而没有注意创新、客户的满意度和员工发展的潜力。除了财务数据，平衡计分卡还可用作评价标准，如客户满意度、内部流程效率、组织创新、改革活动和员工的发展。

平衡计分卡的主要应用领域是：

（1）客户的关注度。包括时间（领导时间、开价时间等）、质量、性能、服务和成本。以 Halifax 银行为例，其评价标准为：神秘顾客到分行的满意度和分行的客户调查。

（2）内部度量。内部度量应该以产生最大客户满意度的业务流程为基础，如时间周期、质量、员工的技能和生产效率。企业也应该确认至关重要的核心能力，并保证市场的领先地位。以 Halifax 银行为例，这包括 ATM 可得性、贷款申请转换率以及贷款拖欠。

（3）财务指标。传统的指标，如营业额、成本、盈利能力和资本回报率，对于上市公司来说很重要。以 Halifax 银行为例，这包括毛利润、按揭和贷款额。

（4）创新和员工发展。创新可以通过时间价值的改变来衡量（员工价值、股东价值、新产品销售的百分比和价值），如管理业绩、培训绩效、新产品开发。

对上述四个方面，管理团队都需制定目标、具体标准以及实现这些目标的措施。有些公司，如 Skandia 保险公司，平衡计分卡方法不仅远远超过其他业绩测量系统，还为整个业务战略提供了构架。Olve（1999）指出平衡计分卡的另一个优势：它不是仅仅纯粹地注重结果，还考虑了评价推动者积极影响结果的标准。如在技术和员工培训方面进行投资能够推动并获得多少的业绩量。

最近，随着平衡计分卡的广泛应用，还有人指出它为调整业务和信息系统战略提供了一个非常有用的工具。请看 Zee 和 de Jong（1999）提供的例子。

表 5-8 概述了如何在 B2B 公司部署平衡计分卡系统，以及支持其数字化经营发展需要制定的战略。关于如何将平衡计分卡用于特定的电子业务处理流程，如网络营销，详见第8章。

表 5-8   B2B 公司的数字化经营平衡计分卡

计分卡内容	目标度量
客户方面	客户获得率 客户保留率 客户满意指数
内部经营过程	新产品开发的平均时间(月) 采购时间 销售周转时间
财务业绩	网上收入贡献 网络渠道的利润 采用电子化服务从合作伙伴那里获取的成本节约
创新和员工培养	每年新产品的数量 每个员工培训的时间：30 小时/年

5.5 战略制定

战略制定是由前面几节讲述的目标和愿景推动的，因为战略是在目标和愿景的基础上形成的，所以有必要频繁地重新审查并不断修改。

在这一节中，将考查一个管理团队在开发数字化经营时所面临的关键性战略决策。对涉及制定战略的每一个领域，管理人员都会作出不同的选择，就需要对它们一一审查，如图 5-17 所示。我们先由数字化经营的卖家方面开始分析，然后再回顾买家方面。

3 战略制度		
选项产生	选项评估	选项确定

8个关键的数字化经营战略决策
- 决策1：数字化经营渠道优先导向
- 决策2：市场和产品开发战略
- 决策3：自我定位和差别化战略
- 决策4：商业、服务和收入模型
- 决策5：市场结构重组
- 决策6：供应链管理能力
- 决策7：内部知识管理能力
- 决策8：组织的资源和能力

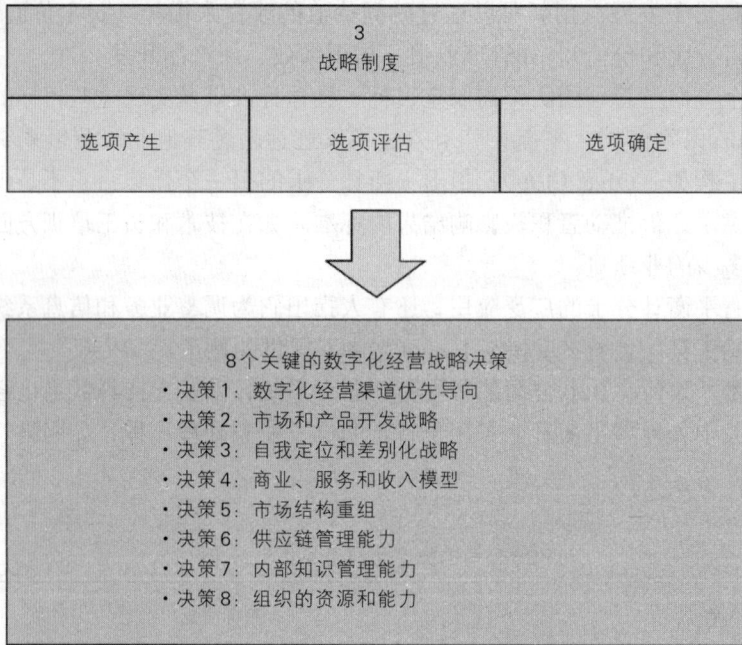

图5-17 数字化经营战略制定的决定因素

数字化经营的战略选择

通常情况下，在选择数字化经营战略的选项时，公司需要评估一系列不同的数字化经营服务。由于资源的局限，只有一部分应用程序可以变为现实。一个拥有chureware站点的组织，其典型的战略选项包括：

- 数字化经营交易设施；
- 在线目录设施；
- 网络客户关系管理系统——领导生成系统；
- 网络客户关系管理系统——客户服务管理；
- 网络客户关系管理系统——用户的个性化服务；
- 办公用品电子采购系统；
- 外联网经销商或代理商合作关系管理；
- 社交网络或用户论坛。

组合分析（portfolio analysis）可以用来选择最合适的数字化经营计划。Daniel（2001）指出应该以公司的价值而不是交付的能力来评估潜在的数字化经营机遇。McDonald和Wilson（2002）认为应使用消费者喜好矩阵而不是公司喜好矩阵来进行评估。

Tjan（2001）为网络应用程序提出一个可行性（投资回报）−适应性（与组织的能力相适应）评估矩阵。他为每个应用程序列出如下标准。适应性层面有：

- 以核心能力为基准；
- 以其他企业的行动为基准；
- 与组织结构相适应；
- 与企业的文化和价值相适应；

- 实施科学技术的便利性。

可行性层面有：

- 潜在的市场价值（投资回报）；
- 实现现金流为正的时间；
- 人才需求；
- 资金需要。

如果笔者创作一篇关于电子资讯（2008a）的报告，笔者会推荐使用组合分析（图5-18）作为评价当前数字化经营能力和重点战略的方法。相关的评价标准有5项（包括有效性的评分）：

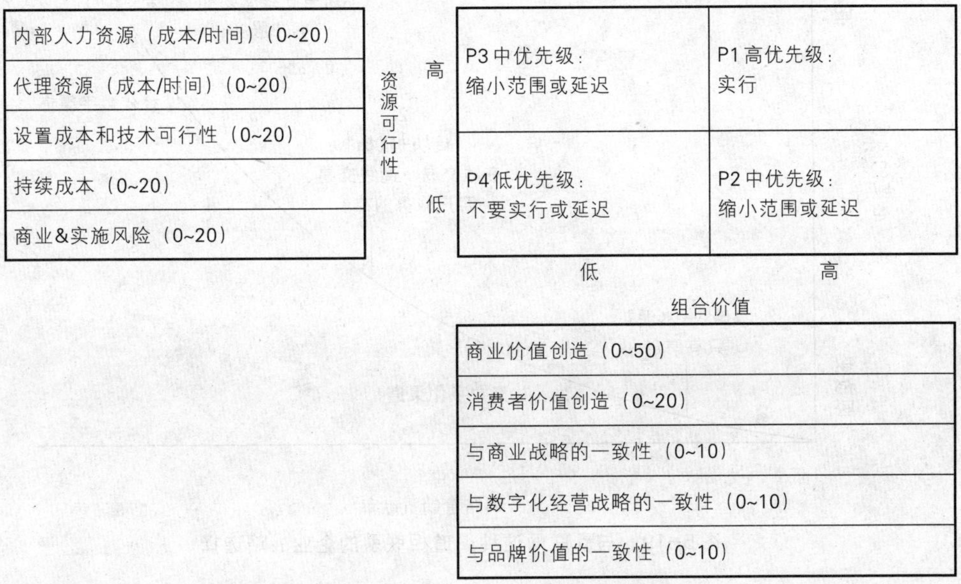

图5-18 用于评估数字商业战略选择的矩阵

来源：电子咨询〔2008a〕

- **商业价值创造（0~50）**：这一指标应建立在财务利润增值基础之上。可以根据转换模型中的新访客的估计变化量、转换量和转换结果来获得相关数据，终身价值也应考虑在内。
- **消费者价值创造（0~20）**：这是一项比较"温和"的工具，用来估计已经送达的规划对消费者心理的影响。他们是更愿意还是不愿意去推荐的这个站点？是否会增加再次访问或购买的可能性？
- **与商业战略的一致性（0~10）**：直接支持现行商业战略的计划会得到额外的加分。
- **与数字化经营战略的一致性（0~10）**：和数字化经营战略一样。
- **与品牌价值的一致性（0~10）**：与品牌价值保持一致。

潜在的数字化经营规划的费用要素有：内部人员的需求、代理资源、设立成本、可行的技术、持续经营成本和实施风险等。

5.5.1 决策1：数字化经营渠道优先导向

数字化经营战略必须以不同战略目标的轻重缓急为指导次序，如表5-6所示，如果是卖方下游渠道优先，那么战略必须成为这些目标的直接资源；对于一个已经被市场广泛了解的B2B公司，如果不能给市场提供新的产品，那么对买方上游渠道数字化经营进行投资和实施价值链管理可能更为适合。

数字化经营渠道战略的优先次序，可以归纳为这两个词"gualti"和"garino"——"使水泥和砖头正确混合"。这一概念通常指的是卖方数字化经营。一般的"砖头+水泥"混合选择如图5-19所示。图5-19中的内容总结了一个组织对数字化经营的战略及其传统渠道的选择，并定义了战略要素用来说明在线收入目标是如何达成的。

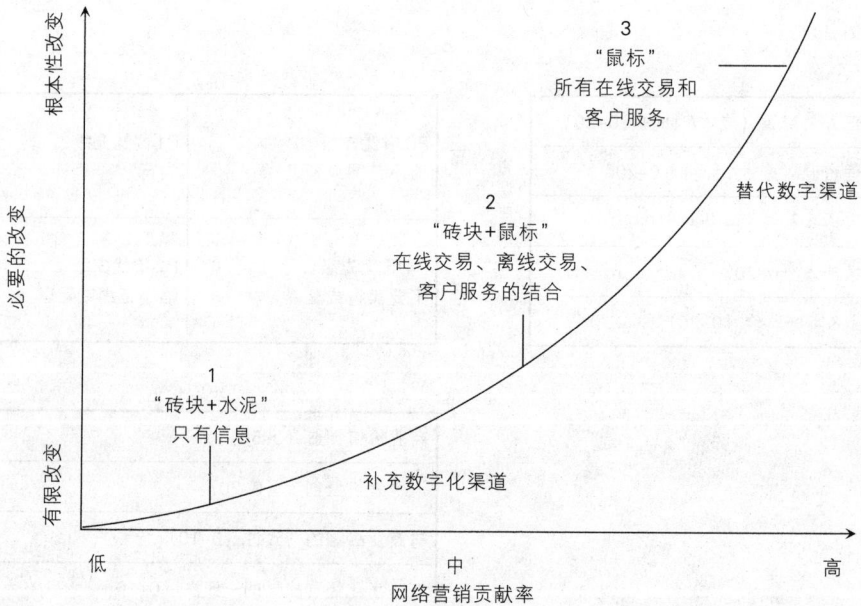

图 5-19　与互联网这种渠道相联系的企业战略选择

de Kare-Silver（2000）制作了一个类似的图，他指出，企业战略性的数字化经营方案应根据能被劝说转向使用电子化渠道的目标市场的比例来选择，公司鼓励转向的优势则以预计销售量以及最初客户的获得和保留成本为准。

对大多数公司来说，转变为只在网上提供服务的公司是不太可能的，但是它们正朝着这个方向发展。在英国，由于订单大量通过互联网和电话支付，汽车协会和英国航空公司已经关闭了大多数的零售网点。这对两家公司都有意义，因为它们本就没有实体产品出售，但这两家公司由于互动的需要，仍然广泛地运用电话渠道。在本质上，它们跟随"砖块+鼠标"的方法。实际上，大多数公司仍需要一些人工服务，如在销售商销售手机或者其他电子产品的时候，许多消费者还是希望能比较产品的性价比或者从销售人员那里得到建议。

甚至像lastminute.com这样的数字化经营公司都成立了虚拟呼叫中心，在机场或者火车站建立数据客户接入点，这么做可以获得核心客户并提升品牌形象。另一个关于实体存在的重要性的例子由Tse（2007）提出，该例子是Charles Tyrwhitt公司，该公司在伦敦制作衬衫，并且极其注重在线渠道：

把 Jermyn Street 的图片放在我们的网站上与实际拥有实体商店同等重要。Jermyn Street 对于消费者来说意味着很多东西，尤其是那些来自美国的消费者。

数字平台的多样化

如今，问题已经不再是简单地决定在传统渠道还是在数字渠道中进行投资，公司必须在多种数字平台中选择首要的投资和支持性的投资（在第 1 章中讲过）。公司必须做出关于如何把能带来最高访问量的数字平台同带来最高商业回报的数字平台结合起来的决策（表 5-9 列出了相关的选项）。单独投资是不现实的，也不会带来最佳的收益。下列决策必须优先确定：

表 5-9 应用合适渠道的范例

合适渠道的范例	实现渠道采用的应用程序和战术	典型的部门和公司
①通过网上渠道给中小企业提供服务和销售	通过外联网向那些无法直接接受财务管理服务的中小企业客户提供服务与销售。 渠道的便利性以及客户的别无选择推动了渠道的采用	B2B。硬件：戴尔，提供诸如杀毒、阻挡垃圾邮件、电邮管理等软件服务。商业银行：汇丰银行
②直接或通过合伙人公司同大型企业建立好账户管理关系	战略 1 的逆向战略，通过财务主管用面对面或者电话会议的方式与高业务量的客户联系。通过不同水平的个人服务协调能力以及期权的购买来鼓励客户采用合适渠道	B2B。戴尔的大客户的财务主管。银行"客户关系经理"与高收入个体讨论金融管理
③鼓励顾客通过网上渠道购买	网上购买的顾客享受更低的购买成本，但是在销售过程中需要承担一定的风险，这种风险是顾客在对竞争者的产品进行评估以及很低的转化率中产生的。通过提供比离线渠道更低的价格、更多样化的消费选择以及便利性来吸引顾客使用该渠道	保险公司：DirectLine.com 和 morethan.com。零售商：乐购和彗星
④在销售过程中提供网外销售期权	网上销售流程中提供电话回拨或者在线交流的设备，因为战略 3 的转换率可能比店内或呼叫中心低。通过在网上提供清晰的联系编号来鼓励使用该渠道	保险公司：DirectLine.com 和 morethan.com
⑤引导顾客使用自助服务	鼓励消费者用网络管理账户，可以降低公司服务成本，如电子邮件通知单和电子账单。 营销活动促进电子渠道的采用，由此促使消费者采纳适合的渠道	B2B 服务的提供商，如移动电话公司、公共事业单位、银行以及政府部门（纳税申报）
⑥对不同类型的顾客提供不同水平的服务	运用客户关系管理系统（第 9 章），公司可以决定顾客价值，然后评估应将其安置的位置或者归属于哪一个呼叫中心	大多数公司在公共场合不同意这种渠道，但实际上这种渠道广泛存在于商务服务公司、手机网络供应商以及一些游戏公司

- 投资于桌面平台还是移动平台；
- 在移动平台中，选择移动化的桌面站点（mobile-optimisted desktopsites），而不是反应式的设计（像在第 3 章和第 4 章中所讨论的那样），以及平台以支持系统（IOS、Android、Windows 和 Blackberry 等）。
- 在社交网络平台上投资，例如 Facebook、Google+、LinkedIn、Twitter、Pinterest 和在其他的社交网络进行投资。

5.5.2 决策2：市场和产品开发战略

在网络市场战略中，决定进入哪类市场是一个关键战略，也是营销战略的重要组成部分。采取数字化经营战略的经理需要决定是否用新技术改变交易的范围来开发新的市场和产品。对于决策1来说，这个决策是对什么都不做选项的担忧和选择战略却害怕投资失败之间的平衡。安索夫模型（1957）对市场经理决定是否采用电子科技来开拓市场及改进产品仍然适用。这一决策在第8章还将从电子营销角度加以讨论。市场和产品开发的矩阵（图5-20）能够帮助通过产品多样化的办法来制定提高销售量的战略（图5-20中的水平轴的产品部分）以及销售给谁的战略（市场部分的Y轴）。为了使这些战略产生销售业务量，组织还必须制定具体的目标，以使这些决策与目标的制定紧密相连。现在让我们深入分析这些战略。

市场增长 \ 产品增长	现有产品	新产品
新市场	市场开发战略 利用因特网定位 • 新地域市场 • 新顾客单元	多样化战略 利用因特网支持 • 相关业务多元化 • 无关业务多元化 • 上游一体化（供应商） • 下游一体化（经销商）
已有市场	市场渗透战略 利用因特网实现 • 市场份额增长 • 客户忠诚度提高——引导现有的顾客到网上，增加产品、服务、品牌的价值 • 客户价值提高——通过降低服务成本和增加购买的频率和数量增加客户价值	产品开发战略 利用因特网实现 • 增加现有产品的价值 • 开发数字产品（新配送/使用模式） • 改变支付模式（订购、捆绑） • 增加产品范围（尤其是电子零）

图5-20 利用因特网以支持不同的增长战略

（1）市场渗透。这一战略包括使用电子化渠道来增加销售业务量。互联网有促进销售增长的潜力，或者说能够通过市场渗透的战略维持现有销售业务。作为起点，许多公司都会利用互联网在现有市场上销售产品，但是它们会在矩阵中的其他部分失去机会。图5-20展示了互联网在市场渗透中的几个重要的方法。

- 市场份额增长——如果有更多可以有效吸引浏览者购买的网页，并能掌握在线营销传播技术（详见第9章），比如搜索引擎、合作营销以及在线广告等，公司就可以更加有效地参与网上竞争。
- 消费者忠诚度提高——公司可以通过提高其顾客满意价值来提高忠诚度，还可以通过开发其网上价值来增加现有产品、服务和品牌的价值并由此提高顾客忠诚度（见决策6）。

- 提高客户价值——可以通过减少服务成本（和消费者分担的费用）和增加消费者利益来提高购买和使用的频率和质量，从而提高顾客给公司带来的价值。这种结合会增加销售业务量。

（2）市场开发。这里，网络渠道能用来在新的市场销售产品，充分利用广告的全球性降低成本，而且不需要在消费者所在国家设立销售网点。

现有商品也可以在新市场单元或者不同阶层的消费者中销售。这在作为一个网站的副产品的销售过程中很容易发生。举例来说，某种商品可以在销售给大企业的同时吸引中小企业，而它们以前由于专业的销售队伍的费用限制无法进入中小企业市场。同样，产品的目标消费群是年轻人的，也可以吸引老年顾客；反之亦然。许多公司已经发现网上的客户和消费者不同于传统的客户和消费者。

（3）产品开发。对大多数公司来说，互联网还可以用来增加和扩大现有产品的价值。比如汽车制造商可以通过网页展示汽车的同时，提供服务信息。事实上，产品和服务通过网络传播只适用于某类产品，通常是指数字化媒体或者信息产品。如唱片和书籍零售商可以扩大产品范围，提供在线捆绑销售选项。

（4）多样化。在这部分，需要开发新产品在新市场上销售。互联网本身虽然不能降低这种选择的风险系数，但可以降低成本，包括：

- 相关业务多样化。例如，航空业可以使用低成本的网页和电子邮件来提供旅行相关服务，如酒店预订和旅行保险。
- 无关业务多样化。网页可以用来提供相关度较低的产品给消费者。
- 上游一体化——供应商。通过制造商或零售商与其供应商之间的数据交换来实现，以此促进公司更好地管理供应链。
- 下游一体化——经销商。也是通过网络中介商的数据交换来实现。

亚马逊公司已经证明了新产品多样化的风险，该公司尽管有数十亿元的销售额，而盈利水平却有限。Phillips（2000）报告了亚马逊的书刊和唱片在 2000 年持续盈利，但是其随后推出了一个产品多元化战略，包括玩具、工具、电子产品以及厨房用具。这个战略在推出新产品的成本和后勤服务方面产生了问题。亚马逊正在通过反对网络商店变成"商店小站"来平衡这个问题。

一个紧密相关的问题是讨论一个公司如何改变它的目标市场战略。这得从对有相似特征的消费者群体的细分和识别开始，定位还包括选择性地与各个阶层进行沟通。这个话题将在第 8 章中深入讨论。网络消费者目标的确定因素包括：

- 最有利可图的顾客——利用互联网来给前 20% 有利可图的消费者提供合适的产品，可以带来重复购买和相关销售业务。
- 大型的公司（B2B）——利用外联网为这些客户服务以提高他们的忠诚度。
- 小型的公司（B2B）——大公司一般都是通过销售代理和财务主管来盈利的，但是小公司没有正式的财务主管。互联网可以使同小公司的联系更加紧密。但对于这种方式，小公司客户的数量就显得很重要了。因为虽然每个小公司的销售收入极其微小，但是通过互联网可以实现所有相关收入加总，这个总和是巨大的。
- 购买组合中的特殊成员（B2B）——网站可以为支持购买该项决策的不同利益群体

提供详细的信息。例如，商品使用者电子文档，关于信息系统电子采购或采购经理成本节约的信息，或决策者创建公司信誉的信息。

- 对其他难以获得的客户，使用其他的手段——把年轻的司机当作目标市场的保险公司，可以把网页当作传播工具。
- 具有品牌忠诚的顾客——正如 Aaker 和 Joachimstiler（2000）建议的那样，提供高水准的服务来吸引对品牌忠诚的顾客，并支持他们品牌忠诚者的角色。
- 非品牌忠诚者——相反地，可以尝试着利用网络上的刺激、促销、高水准的服务来引导这类消费者。

5.5.3 决策3：自我定位和差别化战略

一旦确定了目标市场，公司将通过分析竞争对手的四个方面来定位自己的产品：产品质量、服务质量、价格和实现时间。

Chastoh（2000）指出在网络市场上一般有四个战略选项可以用来给一个公司定位，且需建立在已有的优势基础之上，但是可以通过如下网络设施来提升地位：

- 产品性能优化。通过网上产品定制、提供合理意见和详细商品信息（像 www.appliancesonline.com 那样）来提升地位。
- 价格优化。像 Amazon 公司那样提供有竞争力的价格。由于拥有的消费者购买力强大和实体店较少，Amazon 立志要在价格上建立竞争优势。但它只打算在畅销产品（而不是全部产品）中应用这一手段。它在不太受欢迎的长线产品中需要保持较强的生产能力。
- 交易优化。硬件和软件电子零售商 Dabs.com（www.dabs.com）通过将定价信息与动态的产品信息、数量和订单相结合以达到交易最优化。
- 关系优化。这与创造非凡品牌体验相关（像图 11-8 中所描述的那样）。它由情绪的因素、受设计影响的因素、基于简易使用的理性因素、内容质量和绩效组成。利用个性化特征来鼓励消费者评价购买的产品、服务和重复购买，比如 B2B Euroffice（www.euroffice.co.uk）和 RS Components site（www.rswww.com）。这些因素之间是相互影响的，将在第11章和第12章中讲到通过用户搜索和反馈技术来获取有关消费者体验的信息是十分重要的。

这些定位选项和波特的成本领先战略、产品差别化和革新战略（Porter，1980）有共同之处。波特的观点受到批判，因为许多评论家都认为为了保持竞争优势，有必要联合所有领域的优势。对于卖方数字化经营同样是适用的。这些不是相互排斥的战略选择，是成功的先决条件。

顾客评价业绩的标准可以作为建议的基准。表5-10总结了作为基准的典型性标准。可以看到这些标准与 Chaston（2000）的定位选择战略相一致。值得注意的是，目前最好的分销零售商，比如 Tesco（杂货零售商）、Smile 公司（网络银行）和亚马逊（书商）都被视为市场的引领者。

Plant（2000）也指出了四个不同的定位战略方向，分别是技术领先、服务领先、市场领先和品牌领先。笔者认为这些不是孤立的，但很有意思的是学者没有认识到价格差别也是很重要的，其只看到了品牌和服务对于网络交易的重要性。

第8章将深入讨论如何细分、定位和创造不同的优势。我们也会看到数字化经营服务中差别优势和定位是怎样通过发展**在线价值主张（OVP）**得以明确和传播的。

表5-10　　　　　　　　　　　　　电子零售商的计分卡标准

计分卡目录	计分卡标准
①使用的便利	• 功能说明 • 开设账户和交易过程的简便 • 设计和引导的一致性 • 坚持当地与使用者相联系的原则 • 对消费者提供的信息资料可方便地获取
②消费者信赖	• 消费者服务选项的可得性、深度和广度，包括电话、电子邮件和分支机构 • 准确、快速地解答关于消费者服务问题的能力，包括通过电话和电子邮件提出的简单的技术和专业问题 • 隐私政策、服务保证书、费用和说明 • 每5分钟就需监控每个不同等级的网页的速度和公共安全方面的可靠性(如果需要的话) • 财务优势、技术能力和独立性、从事商务活动的年数、在线年数和组织成员关系
③网上资源	• 特殊商品的适用性 • 每种商品网上交易的能力 • 在线寻找服务要求的能力
④关系服务	• 在线帮助、辅导、汇编、频繁地发问 • 建议 • 个人资料 • 定制网页的能力 • 消费者资料的重复利用以使以后的交易变得容易 • 支持商务和个人需要，比如税收报告或者重复购买 • 刺激购买者重复购买
⑤全部成本	• 一系列典型的服务和销售 • 因为"装运和操作"增加的费用 • 结余最小化 • 利息率

为了证明数字化经营战略中的这一点，请阅读实践活动5.3中的有关数字化经营战略的不同观点。

5.5.4　决策4：商业、服务以及收入模型

与产品的开发选项密切相关的网上战略制定的更深层面是在新的商业模型和**收入模型**中寻找机会（第2章介绍过）。与新商业的收入模型一样，不断地创新服务、提高体验的质量对数字化经营的发展非常重要。例如，假日酒店Thomson（www.thomson.co.uk）在顾客购买过程中为其提供新鲜的体验。这些创新体验包括：旅游向导、景点和酒店的录像、个性化的假期、使用电子邮件以及RSS（Really Simple Syndications，第3章）。这种创新可以使自身提供的服务与竞争者的服务相比具有差别化，从而提高网上消费者的忠诚度。

实践活动5.3

B2C公司的数字化经营战略

目的

评估不同数字化经营战略的可行性。

内容

许多行业分析机构如Gartner Group、Forrester、IDC Research以及五大咨询公司都在研究数字化经营战略。大多数战略都没有广泛实行，所以应对报告中的方法进行评估，然后选择合适的方法并使其发挥重要的管理职能。

问题

1.评估下面的IDC研究（Picard，2000）推荐的方法。你认为这些战略中的何种因素对B2C公司是最重要的？

2.为你熟悉的公司评估前面提到的6个战略制定的选项。

数字化经营中IDC方法的摘要

Picardi（2000）为卖方数字化经营制定了6个战略。这些方法很有趣，因为它们还描述了为了保持竞争力需要作出何种回应的时间表。

这6个战略是：

（1）**攻击跟随者**。顾名思义，这好似一个与竞争者进行的价格竞争，试图与之抗衡或者超越它们。这种方法在互联网上很重要，因为像Shopsmart（www.shopsmart.com）和Kelkoo（www.kelkoo.com）这样的购物比较网页，定价等有效信息都是透明的。由于消费者大量使用这种方法，公司保证良好的价格定位是很重要的。繁华商业街的大型家用电器零售商早就使用抗衡竞争者的价格这种方法，而互联网使这种方法进一步发展。能在Buy.com（www.buy.com）和Evenbetter.com（www.evenbetter.com）这样的购物网站的一个目录里找到所有可比较项目的价格，但是它们保证一定打击提供最低价格商品的供应商。

（2）**防御跟随者**。这是传统的公司用来应对攻击跟随者的战略性方法。它包含了除价格方面以外的品牌以及其他方面的差别化。Picardi（2000）引用的IDC调查显示，互联网的商品的总体平均价格越低时，提供的可靠的资源信息越多。也就是在线价格离散度增加时，却只有不到一半的顾客购买最低价格的商品。低价并不会增加销售量的原因是：

• 使用网页和下订单的便利（比如亚马逊"一键通"（one-click）使得用亚马逊下订单比用新的供应商下订单更方便）。

• 辅助的信息（比如，顾客提供的书评改善了亚马逊的服务）。

• 售后服务（及时履行和亚马逊的送件通知增强了它在销售市场的信任程度）。

• 保证安全和客户隐私。

这些因素使亚马逊的商品比竞争者的价格高，但其在网络书商中却占有最大的销售量。总之，诚信变成了差别化和忠诚度的手段。结果，使用价格对比提供独立评价整体服务的网站（如Bizrate（www.bizrate.com））被使用顾客意见来评价服务的网站（如Epinions（www.epinion.com））所替代。

（3）**全程一体化（end-to-end）**。这是用互联网来降低成本、提高产品质量和缩短邮购时间的有效战略。这个战略是通过转向自动供应链（第8章）和内部价值链实现的。在转变成自动供应链时所要面临的主要问题是确定哪一流程应该内部拥有，哪一流程通过合作或外购来实现。

（4）**开拓市场**。Picardi（2000）把开拓市场定义为："在网络上提供市场清理和辅助服务，以此产生供应商的一体化生态系统的商务活动。""生态系统"是在新千年创造的，以突出一个组织与既定供应商、合作伙伴和客户的相对静止供应关系正在向一个更动态的有机联系的环境转移。更清楚地说，这个战略包含了整合和不断修订市场开拓者之间的网站，如 B2B（第 8 章）之间的供应链。

（5）**客户设计者**。这个战略利用科技使得客户可定制个性化产品，这又是一个差别化的手段。这种战略尤其适合信息产品，但是制造性产品比如汽车现在也可以为客户量身定制了。

（6）**源代码开放**。最有名的例子是在全球有 300 000 个合作者的应用系统 Linux 的创造和商业上的成功。Picardi（2000）认为组织会更多地使用外部资源来解决问题。

实践答案参见 www.pearsoned.co.uk/chaffey。

新的模式和方法的评估是很重要的，因为公司如果不抓住机遇创新，竞争者和潜在的竞争者则会创新。英特尔的 Andy Grove 说："多疑才能生存。"暗指要不断寻找新的机遇并时刻留意对手的创新，而且组织还有必要对新的模式进行测试及检验。Dell 公司是另一个定期检查和改进其商业模式的例子。处在技术最前沿的公司，像 Google 和 Facebook，则是通过并购其他公司来实现创新。

迷你案例学习 5.3

戴尔商业模型的创新

戴尔公司在制定和创新商业模式方面为我们提供了一个典范。戴尔公司是 20 世纪 90 年代第一批在网上销售个人计算机的公司之一，已经获得了市场领先者的优势。公司的计算机及其他产品的销售额从 20 世纪 90 年代中期的每天 100 万美元增长到 2000 年的每天 500 万美元。以这些成果为基础，公司发现可以用自身品牌效应向已有客户提供新的服务并发展新的客户，这是一种新的商业模式。2000 年 9 月，戴尔宣布了一个计划，与软件供应商方面的企业资源计划专家、系统集成商以及商务咨询公司联合提供互联网咨询服务。这种活动使戴尔最重要的 B2B 用户外部网络与 ERP 系统采购部分实现了一体化，比如 SAP 和 Baan，因此避免了产品重复营销并降低了成本，戴尔的商业方案对它今天的业务有重大作用。

在另一项议案中，戴尔在 2000 年推出 B2B 市场（以前是 www.dellmarketplace.com），旨在提供折价的办公用品和服务，包括计算机、外围设备、软件、文具以及旅游消费等产品。后来的发展证明这种战略是行不通的，但却检验了一个商业模式的可行与否——其仅运营了 4 个月就关闭了卖场。这是戴尔电子商务公司的灾难。尽管这样，它仍提供了一个相对低成本的购买方法——戴尔的经销店，主要经营计算机退回和翻新。

最后，我们需要指出公司会不断尝试对互联网的收入模式做不彻底的改变，这是值得的。例如：

● 数字化经营交易网站（比如 Tesco.com、lastminute.com）可以出售广告位置、联销经营网上品牌或者通过电子邮件简讯或清单将权利转给第三方。

● 零售商或者媒体拥有者会通过网络提供白色标记服务，比如互联网服务、电子邮件服务和图片共享服务。

● 公司可以通过出售互补商品（对自身商品不构成竞争）得到佣金。例如，出版商可以通过电子零售商的分支机构出售图书。

● 制造商可以通过整合市场或提供"在哪儿买"服务实现直接销售或鼓励购买。例如，消费者和B2B制造商3M现在为消费者提供一个商店，但并不提供其全部产品（迷你案例学习5.4）。Royal Canin是一个宠物食品品牌，现在提供在其商店内网上购买的方式。同样的，手机制造商Nokia也开发了一款可以在其他移动设备上购买其产品的应用。这些系统都需要制造商和零售商之间的深度整合。

5.5.5　决策5：市场结构重组

在第2章中，我们看到电子通信为通过非居间化、再中间化和反仲裁实现市场结构重组提供了机会。应该复习一下这些内容。

迷你案例学习5.4

3M在电子市场中的革新

1902年，3M在明尼苏达州双港区的上级湖小镇成立，当时5个商人正要去开采一种矿藏，但后来发现这种矿藏没有什么用。所以新成立的明尼苏达州矿山和生产线就转而专注于砂纸产品的生产。

如今3M已经是一个多元化的科技公司，以产品创新而闻名，客户和办公室，演出和画展，电信和交流，健康服务，工业和交通业，安全、健康和保护服务遍布世界。2005年销售额达到210亿美元，拥有69 000名员工，其产品遍布于世界200多个国家，60%以上的销售额来自美国以外的地区。3M已经发展成为一个利用电子渠道在全世界范围内扩展产品和服务的公司。

下面是3M利用电子渠道改变与市场的关系的几个战略决策。

卖方

● 直销战略：3M公司既有传统的零售合作伙伴，又在网络商店上销售商品。

● 新的网上中介战略：3M由于产品的多样化并没有采取这种战略，反而专注于自己的目标网站www.3m.com，该网站是提供帮助潜在的顾客选择产品的有效工具。在许多国家或地区，只要键入"在哪里购买"就可以搜到这些国家供应商的部分相关内容。中介机构战略的例子还有巴克莱银行创建门户网站，可以在网上实现小规模的快捷交易。

● 与已存在的或新的中介机构或零售商合作的战略：3M已经与欧洲办公室（www.euroffice.co.uk）这样的零售商共同发布了产品目录。如果一个客户在3M的网页上浏览产品，当他选择"在哪里购买"时，就被直接链接到欧洲办公室的相关网页上，从而指导消费者购买。数据库信息通过XML数据组在3M和欧洲办公室中交换。

● 无所作为，这种战略不是对任何公司来说都是现实的。3M在10年多时间里已经过渡到了数字化经营。已有的分销优势证明3M应该进一步确定客户使用网页的时间，可在网上提供新的服务项目，这一点会因市场的不同而不同。

买方

在保持创新的市场地位方面，3M是首先接受大规模电子采购的企业之一。20世纪90年代中期，3M采用电子采购的方式采购不同的产品，完成了从许多国家的供应商处取得大量产品的艰巨任务。我们将在第 7 章学习电子采购的优势，比如遵守公司的采购政策以节省开支、控制基本供应商，与首选供应商建立战略性合作关系等；统计费用信息以利于供应商的发展；归集预算费用以实现财务控制。3M 在整个商务活动的采购中采用了 Ariba 的企业开支管理方案。

- 脱媒（直接购买，绕过分销商）。3M 用其采购系统直接从供应商那里购买更多的服务。为了通过数字化经营维护新商业模式和产品服务，3M 已经建立了自己的基于射频识别（RFID）的产品套件 HighJump，以使委托人更容易获得复杂的、全球的供应链源头以更好地生产、开发和分销产品（www.highjumpsoftware.com）。

- 通过 B2B 交易平台这样的中介机构购买。3M 已经在 2000 年成为戴尔 B2B 市场的一个供应商，但这并不代表戴尔、3M 和其他像 PitneyBowes 这样的制造商获得了成功。正如我们在第 7 章将看到的，在这些市场应用得并不广泛，直接电子采购更具有持久性。

- 无所作为。

5.5.6 决策 6：供应链管理能力

（供应链管理和电子采购将在第 6 章和第 7 章中做进一步的讨论。）需要复习的重要数字化经营决策包括：

- 如何进一步与供应商进行整合？如通过建立外联网来节约成本同时减少营销所需时间。

- 在电子采购中，我们应支持与供应商的何种交易？

- 我们能否通过参与线上市场来降低成本？

5.5.7 决策 7：内部知识管理能力

组织应该对其内部数字化经营能力进行检查，尤其是知识是如何被分享的和流程是如何提升的。应该考虑的问题有：

- 应如何扩展内联网以便支持不同的业务流程，如新产品开发、客户管理和供应链管理等？

- 应如何宣传和促进知识在员工中的传播，从而提升竞争力？

（请复习在第 3 章中讲到的内联网管理问题和预习在第 10 章中重点提到的知识管理问题。）

5.5.8 决策 8：组织的资源和能力

一旦选定了数字化经营战略，组织就需要决定如何对组织进行调整，以便实现之前设定的数字化经营目标。

表 5-11 介绍了要提高组织适应数字化经营战略的能力所必需的组织能力，具体包括：

- 战略流程和绩效提升。选择、实施和调整数字化经营积极性的程序。

- 结构。关于数字化经营和技术能力的定位。其中，技术能力是通过软件、硬件结构和员工能力体现的。

- 高级管理人员聘用。数字化经营战略是不断变化的，因此需要外聘高级管理人员。

- 市场整合。使用正确渠道整合客户和合作伙伴进行交流是非常重要的。达成这一目标需要负责技术和营销的员工进行更紧密的合作。

- 在线营销的重点。战略重点应放在三个核心作业上，它们是：客户获取（吸引访问

表 5-11　　　基于 E-consultancy（2008a）调查的数字化经营能力成熟度模型

等级	战略流程和绩效改善	结构：数字化经营定位	高级管理人员聘用	市场整合	在线营销重点
1级：无计划	受限制。在线渠道不参与商业计划的过程。网站分析收集到的资料，不太可能审查或处理	实验。没有明确地集中在业务的数字化经营资源上。主要责任通常在IT方面	受限制。在计划中没有直接的参与或没有预见到参与的必要性	整合情况较差。一些感兴趣的商家可能会尝试电子通信工具	注重内容。在线宣传册和产品目录的创作。采用第一套准则
2级：散布式的管理	低等级。引入在线规划，但缺乏具体渠道的目标。一些感兴趣的员工会做战略分析	分散的。小中心数字化经营集团或单一的经理，可能由营销指导小组来控制。很多独立网站和独立线上活动，都采用搜索营销、电子邮件营销等工具	意识到的。管理人员意识到支出和在线渠道的潜力	单独的。电子通信工具的应用有所增加，独立网站和小网站持续发展	关注流量。加强进行按点击付费的搜索营销及相关营销
3级：集中管理	明确的。设立明确的渠道目标。网站分析能力没有整合到给出统一的活动有效性报告的程度	集中的。用于内容管理和网络分析的通用平台。首选电子代理供应商名单。其具有集中的、独立的数字化经营功能，但有一些由国家、产品或品牌具体负责的数字职责	包含的。直接参与年度审查和确保合理结构形式。涉及负责营销、IT、业务和财务的高管人员	保持距离。营销与数字化经营在规划过程中一般同时起作用。对活动的审查有限。高级数字化经营团队成员负责鼓励整个组织采用数字营销	关注转换和用户体验。这个阶段改进可用性、可访问性和内容管理系统（包括搜索引擎的最优化）是常见的
4级：分散管理	精确的。数字化经营和市场营销的密切合作。每月进行目标审查和绩效审查。倾向于统一报告。对任务执行情况进行简报	分散的。随着数字化经营整合进计划过程和公司层面或国家层面的执行，商业进一步发展。电子零售商普遍接受直接渠道组织只用电子渠道这一个渠道。在线渠道的利润或损失有时被相关企业或品牌所控制，但在电子通信的预算之内（搜索和附属的电子通信）	强劲的。至少每月进行绩效评审	合作关系的。市场营销和数字化经营全年都密切合作。数字媒体开始在沟通企业和客户的在线渠道中显示出重要性	关注保留度。对顾客购买、响应特性和侧重电子邮件营销的良好接触策略实施分析。忠诚度被普遍知晓并被有效管理
5级：整合的和最优化的	多渠道的过程。充分了解相互作用的不同渠道的财政贡献，并给予了相应的资源和改进	整合的。业务中和数字化经营团队中的大部分数字化技巧在营销或直接销售活动中得到充分的应用。前台系统（front-end system）的一些技巧也保留在了数字化经营团队中	完整的。不再需要频繁的深度介入。只需要年度、半年度或季度审查	完成的。市场已实现电子营销技巧的全部应用，但仍需要代理机构或核心数字化经营的独有资源。传统的预算过程不会影响在线的潜力	关注最优化。根据建设接入平台和客户体验技术采取提高采集、转换和保留的措施。可以使用临时的跨学科团队来提升绩效水平

者）、转化（形成先导和销售）和保留（刺激数字化通道的继续使用）。

●与其他组织合作。一些服务可以在同其他组织合作的过程中得到更好的传播。

在一个企业中，要改进内部能力，需要讨论的问题有很多。我们将在第10章"变更管理"中对这些问题进行更深入的探讨。

5.6　战略实施

战略实施包括实现战略目标的所有战术。图 5-21 对其主要的策略和行动进行了总结。这些行动在本书第 2 部分和第 3 部分将作进一步叙述。

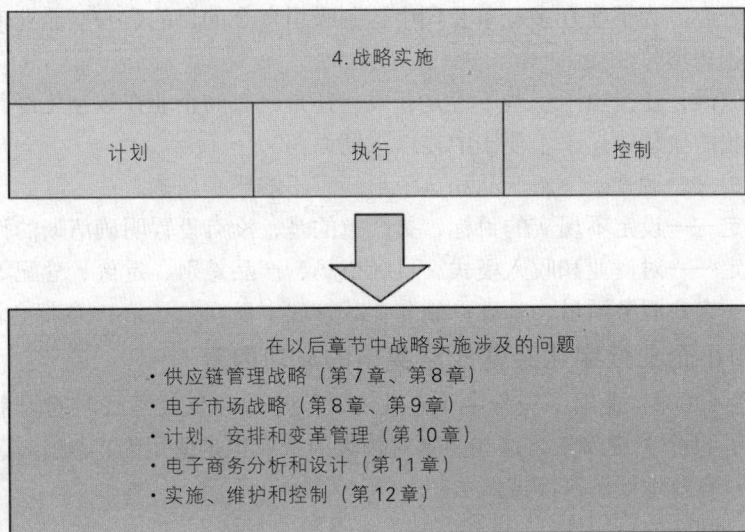

4. 战略实施		
计划	执行	控制

在以后章节中战略实施涉及的问题
- 供应链管理战略（第 7 章、第 8 章）
- 电子市场战略（第 8 章、第 9 章）
- 计划、安排和变革管理（第 10 章）
- 电子商务分析和设计（第 11 章）
- 实施、维护和控制（第 12 章）

图 5-21　数字化经营战略实施的因素

第 10 章将重点关注与变革管理有关的管理发展问题。图 10-2 总结了需要根据消费者的获得、转换和保留活动来改组网上零售完成市场活动。

5.6.1　失败的数字化经营战略

毫无疑问，极少有公司希望自己的错误被详细公开。然而那些战略失败的公司名字仍众所周知，如 Boo（服装零售商——详情看案例学习 5.3）、eToys（零售）、CDNow（零售）、Peapod（网上超市）、VerticalNET 网（在线 B2B 市场）和 Mondus（B2B 市场）。除了这些熟悉的名字外，还有许多其他失败的网络公司或被收购的网上公司，许多现存的公司投资数字化经营也未能取得令人满意的投资回报（第 2 章结尾处的迷你案例学习给出了最近的例子，该例子讨论 Ecomum 战略失败所造成的严重后果）。

我们可以从失败中学到什么呢？实际上，导致公司失败的往往是更深层次的问题。Miller（2003）分析了多个公司的失败分析报告，从中总结它们的错误。他认为这些公司最大的失误是"过于高估市场上数字化经营公司革新的速度"。此外，它们普遍假设创新的模式将迅速取代现有的产品供给，例如认为网上超市将迅速取代传统超市。然而即使是 Tesco 网站——最成功的在线零售商之一，其网上零售增加的个位数的销售比例，也是多年的时间才实现的。还有一些其他原因：

- 时间错误。例如，从高速宽频网上下载数码娱乐的服务。需要吸取的教训是有关网上产品的需求调查研究做得不够充分。
- 缺乏创造性。许多服务效仿或照搬现有商业模式或其他在线零售服务模式。我们需要吸取的教训是细分有关竞争对手的能力以及明确它们能否促使消费者改变。另外，对供应商的研究也是不充分的。

- 提供免费的服务：网络通过提供许多免费服务来获得浏览量。如果一个好的设施在网上免费提供，那么就很难促使消费者购买旁边更好的服务了，这是一个需要摆正的困难的平衡。
- 过度的野心。为了在众多竞争公司中达到吸引资金的目的，一些企业家夸大了产品需求和销售增长。

除了这些原因，还提出了一些不管是新成立还是已有的企业在数字化经营战略程序的各个阶段中所犯的典型错误，主要集中在以下层面：

- 形势分析——调查研究新产品和竞争形势时不够严密精确。
- 目标制定——设定不现实的目标，更严重的是，没有设置明确清晰的目标。
- 战略制定——对商业和收入模式、目标市场、产品差别、定价、分配等决策失误。
- 执行——客户服务质量、基础设施和变革管理出现问题（第10章将会详细阐述）。

5.6.2　中小企业数字化经营战略实施的成功因素

Jeffcoate 等（2002）提出了一份中小企业成功实施数字化经营战略的因素考察研究报告。他们提出了11个关键因素，这些要素对较大的企业也是适用的：

（1）内容：有效地展示产品或服务。

（2）方便：网站的可用性。

（3）控制：企业确定的它们能够控制的程序范围。

（4）互动：与单个客户建立联系。

（5）社区：与志同道合的个人建立组织关系。

（6）价格敏感度：一个产品或服务引起网上价格战的敏感性。

（7）品牌形象：建立一个可信的数字化经营品牌的能力。

（8）贡献度：使用互联网的强烈动机和创新意识。

（9）合作：数字化经营企业利用合作伙伴（价值链关系）来帮助自己开展和拓展业务范围的程度。

（10）业务流程改进：可以改变业务流程到何种程度。

（11）一体化：把实施IT系统支持企业战略合作和对流程进行改进相连接。

5.7　重点：信息系统战略与数字化经营战略

考虑如何利用信息系统战略支持改革是任何数字化经营战略中必不可少的一部分。Willcocks 和 Plant（2000）重点强调了利用信息系统来管理信息对于数字化经营成功的重要性。他们对美国、欧洲以及澳洲的58家大型公司进行了研究，发现领先的公司都会突出信息和技术的贡献以及单独应用它们。竞争优势不是来自技术本身，而是怎样收集、存储、分析和运用它。

信息系统战略中被公认的一点是侧重研究**经营与信息系统协同战略**和**经营影响战略**。在经营协同战略方面，用于考查信息系统的一种自上而下的方法可被用于辅助一个已定形的商业战略。提到数字化经营战略，Pant 和 Ravichandran（2001）说：

"协同战略侧重于将信息系统计划、组织战略的重点与商业目标结合起来。"

数字渠道战略的优先次序原则体现了协同的重要性，将信息系统与目标和关键成功因素（CSF）（表 5-6）联系起来是利用协同战略的一个途径，另一个途径是利用信息系统计划理论，其重点是通过分析现有的业务流程得出需要的数据和应用程序。

在经营影响战略方面，采用自下而上的方法来判断在使用可能有积极影响的商业战略信息系统时是否有新的机会。信息系统经理监控新的软硬件技术，其他经理评估他们能否实现竞争优势。Pant 和 Ravichandran 说：

"经营影响战略侧重于信息技术对组织任务和程序的潜在影响，以此作为识别信息系统利用中是否存在商机的根据。"

经营影响战略也包括进行业务流程重组从而便于与合作伙伴进行整合。Sultan 和 Johm（2004）根据对三个公司的调查，提出了使互联网战略与商业目标相协同的不同形式，他们制作的框架包括下列战略目标：

- 成本控制和价值链效率。例如，B2B 供应商 AB Dick 使用互联网销售打印机耗材，从而减少了服务电话的数量。
- 创造收入。Reebok 直接用互联网销售像跑步机这种没有很多分销协议的商品。
- 渠道合作伙伴。使用外联网与分销商合作。
- 沟通和品牌化。汽车公司 Saturn 建立了 MySaturn 网站来培养与客户的亲密关系。

价值链分析法（第 6 章）是能够分析经营影响战略的方法之一。例如，用它来分析电子采购的需求，可以达到降低成本、提高效率的目标，是企业经营战略的部分内容。该技术的优点在于它不仅考虑了内部使用的信息系统，还考虑了如何能够使其与外部组织信息系统整合，例如供应商和潜在的新销售途径。

经营与信息系统协同战略和数字化经营战略不会互相排斥。在数字化经营战略形成的初期，可以采用经营与信息系统协同战略以保证信息系统战略（IS）辅助数字化经营战略。经营影响战略在审查信息系统产生的新机遇方面也同样有作用。比如，管理者能够借此判断怎样利用新技术，典型的例子是他们利用工作流程管理软件（第 11 章）来提高工作效率和改善客户服务。

也许最终利用信息系统以影响经营绩效的方法是业务流程重组，我们将在第 10 章中讲述这部分内容。

是采用经营与信息系统协同战略还是信息系统的经营影响战略，最终取决于信息系统在企业里的地位。

5.7.1　信息系统战略要素

Ward 和 Griffiths（1996）指出，一个信息系统战略计划包括以下三要素：

（1）业务信息战略，指信息将如何支持业务，包括管理特殊业务时信息技术的应用。

（2）信息系统功能服务战略，即战略可以提供哪些服务。

（3）信息系统和信息技术战略。在本书前面部分已提到提供合适的技术、应用软件和基础设施（第 3 章）。

数字化经营的出现明显地提升了一个企业信息系统资源的战略重要性。尽管如此，开发信息系统战略与最终实现数字化经营的目标之间还有一个十分复杂的过程，需要从多个层面去考查。表5-12是一个信息系统不同层面的基本要素，信息系统管理者在将其运用到数字化经营中时必须考虑这些方面。该表还总结了部分管理和技术问题的解决方法。

表5-12　信息系统战略的不同要素

信息系统战略要素	需要明确什么	支持选择战略的方法	详细说明
业务贡献 （第5章）	该应用程序如何实现数字化经营目标	影响和协同 投资组合分析 投资类型	关键系统的实施
信息管理战略 （第10章）	信息整合和知识管理战略	审查信息管理和内外部资源的知识管理要求 安全审计	公司信息规范委员会 企业资源计划、知识管理、数据仓储、内联网和外联网工程
应用前景 （第3章、第11章）	优先获得应用	投资组合分析 投资评估	同上
数字化经营供应链角度 （第6章、第11章）	应用程序和基础设施如何支持业务处理以及价值链活动	流程图和分析 价值链分析	企业资源计划与交易性数字化经营活动
部门角度 （功能性） （第3章、第10章）	哪些用于辅助不同的部门	投资组合分析	应用程序的标准化
基础设施 （第3章、第11章）	网络性能以及服务水平	应用程序成本、利润可行性分析	所有者的管理总成本 外包
沟通 （第9章）	使用技术提高流程效率和顾客服务质量	检查通信量，复杂问题优先处理	电子邮箱，群件，工作流程系统 知识管理
用户服务 （第9章）	内外部系统用户的帮助服务平台	审查服务水平、业务影响，然后优先处理	外包 调查管理系统
客户和合伙人关系管理 （第6章和第9章）	系统中管理客户和合伙人关系的投资	客户关系管理以及合伙人关系管理系统 统一使用标准:EDI 和 XML	客户关系管理促进 网站整合
资源搜集 （第10章）	怎样学习和发展相关的信息系统技术	技巧稽核以及行业比较 终端用户计算	技术伙伴 外包 招聘策略 电子学习和技能转化
变革管理 （第10章）	怎样管理组织的文化和为实现数字化经营而进行的结构转变	采用现有的管理变动方法	风险管理 工程管理
内部整合 （第3章、第11章）	价值链总体应用结构	分析信息的约束性、加密	企业资源计划
外部整合 （第3章、第11章）	怎样将内部应用程序与合伙人管理连接起来	分析建立连接的熟练性，优先处理	系统集成外包 通过 ERP 标准化 信息系统与买卖双方中介的整合
法律规范 （第4章）	怎样确保公司始终在法律与道德的约束之下	寻求专家建议，比如 www.itcompliance.com	专业律师和隐私申诉

下面章节我们将更加详细地考虑投资评估，这也是信息系统管理者面临的最重要的问题之一。

5.7.2　投资评估

在数字化经营环境中，投资评估涉及以下几方面：

- 支持数字化经营信息系统的整体成本。
- 有关投资哪个应用程序的决策（即投资组合分析）。
- 单个应用程序的成本效益估计。

1.有关投资哪个应用程序的决策

首先选出那些需要进一步投资的战略和周转的项目目录，然后通过组合分析判断哪个项目应用程序为先导，图 5-7 中的 B2C 公司就是很好的例子。确定了数字化经营目标应用程序先导之后，选择不同应用程序的优先性和投资金额也就确定了，如表 5-4 中的范例。

通常，在信息系统中的投资是根据重要性和对组织的贡献程度进行分类的，例如，Robson（1997）列举了四种 BIS 投资方式：

（1）运营价值的投资。这些投资是指投入那些关系到组织日常运营系统中的经费，比如电话订购的货物所需的加工交易程序系统花费或者管理订票工作人员的培训和休假的业务流程系统花费。此类系统在提高效率、降低成本方面是很有价值的，但是不会对业绩有直接贡献。

（2）战略价值投资。战略投资会提高业绩并且增加收入。一个客户关系管理系统就是一个战略投资，它有利于提高客户忠诚度，以从现有顾客身上获得额外的收入。

（3）门槛投资。这是指综合业务系统方面的投资，是公司经营业务必须制定的。该投资可能会有反面效应，但是应当是竞争的生存所需。

（4）基建投资。这是为获得中长期发展最基本的投资。最典型的就是外部网络投资，包括与供应商、客户以及合作伙伴的电子链接、新的硬件设施，如客户个人电脑和服务器。

作为开发数字化经营战略的一部分，公司应该能够按照系统对业务的影响程度，优先处理有潜力的信息系统。类似的方法还有如何明确应用程序组合（形势分析部分详细阐述）。很显然，优先权应该给予图 5-7 中那些有战略性并且有巨大潜力的项目应用程序。接下来，请完成实践活动 5.4。

实践活动 5.4

数字化经营投资类型

目的

一个项目应用程序如何在信息系统投资获得优先权。

思考

（1）参考 Robson 的四种投资分类，分组讨论以下投资分别属于哪一类投资：

①电子采购系统；

②数字化经营交易网站；

③为公司和员工提供互联网服务；

④处理复杂消费者订单的工作流程系统；

⑤更新公司网络。

（2）假设你只有足够的资金投资其中两项，你会选择哪两项？

实践活动答案参见www.pearsoned.co.uk/chaffey。

2.生产率悖论

信息系统中所有的投资评估都应该承认**生产率悖论**。20世纪80年代末90年代初，Brynjolfsson（1993）和Strassman（1997）的研究表明，公司信息系统投资与股票投资回报率都可以衡量公司业绩，但它们之间很少甚至几乎没有关联。Strassman的研究以468个北美和欧洲主要的公司为基础，显示了平均员工信息技术费用与股权回报之间只存在随机联系，无必然联系。

现在存在很多关于生产率悖论的说法。Carr（2003）指出，信息技术已商品化到如此地步，它已经不再具有竞争优势了：

"是什么使一项资源具有战略意义，使它成为具有持续竞争优势的根基？是独特性，也就是说，你只有具有竞争对手所没有的优势才能获取利润。现在的信息技术核心功能——数据库、数据处理和数据传输已经变得随处可得，且多数企业也负担得起，或者说它们正在变成做生意时不得不支付的成本，但又没有显示出任何特殊性。"

Carr的论点与生产率悖论相一致，因为尽管信息技术投资可能提高生产率，但是假如所有竞争者都热衷于类似的信息技术投资，那它就不一定是竞争优势了。

现在，绝大多数作者，如Brynjolfsson和Hitt（1998），Mcafee和Brynjolfsson（2008）反对生产率悖论并且将生产率悖论归因于错误衡量、投资与收益方式的滞后以及信息系统工程的管理不当。Mcafee和Brynjolfsson（2008）指出，使用数字技术支持公司竞争的准则应该是：

"配置、改革、传播"：首先，配置是一个保持不变的技术平台。接着，通过使用更好的工作方式把自己解放出来。最后，使用该平台去广泛传播这些业务创新。就这一点而言，配置IT担当了两个明显的角色——创新观点的催化剂和传播创新观点的发动机。

越来越多的进一步研究，如Sirar等（2000）的研究，证明Brynjolfsson和Hitt观点是正确的，他们宣称：

"销售、资产、权益都与信息技术和公司投资有着很强的正相关关系，但净利润则不然。不过值得注意的是：信息系统人员和员工培训的开支与公司业绩正相关，甚至超过计算机资本。"

他们还总结说：

"信息系统人员和员工培训的价值相当明显甚至超过了计算机资本，这正好印证了许多金融评论家的观点——有效地使用信息技术远远比仅仅在信息技术上开支重要得多。"

《金融时报》就曾强调公司在应用信息技术时费用分配不当的问题：

"Prof Brynjolfsson和同事们发现，在企业资源计划系统2 000万美元的成本中，只有300万美元给了软件供应商，可能有100万美元直接用于购买计算机。另外1 600万美元都花在了程序设计、外部咨询、培训以及管理耗时等方面。信息技术投资和'配套'支出的比例依项目和公司不同而各异，但它应超过对信息技术工程的投资，*Prof Bryniolfsson* 相信 10 : 1 才是正确的比例。这些投资的回报通常得花 5 年才能获得。"

摘录中提到的信息化管理实践的总投资与信息技术投资比例为 10 : 1，这还表明采用技术只是实现回报的很小的一部分，寻找正确的方法以推进改革、创新商业模式、改变管理更为重要，而且可以说更难或者不容易被效仿。许多大牌公司就随着商业战略不断调整数字化经营投资，并采用了这种独特的收益模式。

比如，戴尔使用了前面章节中提到的一系列 IT 技术，如在线订购、服务于大客户的外联网、供应商库存管理、自动调整供应链、按单定制生产等并已获得竞争优势。

所以，生产率悖论的总结高度强调了在做数字化经营战略以及实施计划时将信息、人力和技术资源放在一起综合考虑的重要性，它还指出数字化经营投资只有同业务流程重组、组织变革管理和创新等相结合才能产生收益。

5.8　本章小结

（1）数字化经营战略程序模型有这样一些共同特征：
- 要求持续的内外环境观察分析；
- 要求清晰的愿景和目标报告；
- 战略开发细分为战略制定和选择，很关键的一点是评估数字化经营渠道为公司和利益相关者提供的不同的利益，然后为不同的经济活动和合作伙伴选择最适合的渠道；
- 战略形成以后，还要制定战略和实施战略；
- 必须进行审查，以及时发现问题并做出相应的战略调整；
- 必须能够应对市场变化。

（2）本章把 4 阶段模型作为数字化经营发展的框架，并接着就框架的关键问题作了概述。

（3）战略分析。必须进行持续的微观和宏观环境观察，并重点留意消费者需求的改变、竞争对手的行动、新商业模式以及新技术带来的机遇。

（4）战略目标。组织必须对数字化媒体是否能取代其他媒体以及它们的变化能力有一个清晰的预想。必须制定明确的目标，特别是网上营利收入贡献目标的制定。

（5）战略制定。回顾数字化经营战略的 6 个关键要素：
- 数字化经营渠道优先性——它对企业的重要程度（即是替代还是补充传统销售渠道）以及侧重点是买方市场还是卖方市场；
- 组织结构重组形式；
- 业务和收入模型；
- 市场的结构重组；
- 市场及产品开发战略；
- 自我定位和差别化战略。

（6）战略实施。详细情况在第 2 部分和第 3 部分里。

（7）在信息系统战略中，应该使用冲突和合作相结合的技巧来管理、控制数字化经营战略。信息系统战略应该拥有多重视角，侧重于信息和知识管理，并且应用技术和应用程序基础设施最为重要。

习　题

自测题

1.数字化经营战略模型最关键的特征是什么？

2.选择一个零售商或者制造商，讨论其现状分析应包括哪些主要内容。

3.针对上题的同一零售商或制造商，为它们制定数字化经营目标并提出不同的方案和衡量标准。

4.针对上题的方案、标准，评估数字化经营不同的战略选项。

讨论题

1.评估现有"砖块+水泥"企业重组为"砖块+点击"或"只有点击"企业方案的范围以实现较高的在线收入。

2.向一个有意发展数字化经营的公司解释主要战略制定选项和决策。

3.1994年至1995年间，亚马逊损失了5亿多美元，但是这段时期后期，它的总价值仍然超过200亿美元。在2000年初，亚马逊经历了第一轮裁员，解雇了150名员工或者说它2%的劳动力。2000年年末的时候，它的价值下跌了一半。

查找相关历史资料，就成功与失败的不同标准，写一篇关于Amazon.com的论文。参考Wired杂志刊登的亚马逊概况及档案。

4.分析导致Boo.com失败的根本原因。研究和评价新Boo.com模式的可持续发展性。

5.现有企业能从数字化经营公司的商业途径中学到些什么？

6.业务流程重组的概念与数字化经营有什么相同点和不同点？数字化经营会遭遇与业务流程重组一样的命运吗？

7.讨论下面一段巴克莱银行的首席信息官David Weymouth的陈述：

"成立数字化经营公司没有可取之处。5年内，成功的企业将在整个企业大规模地利用和部署现在我们所熟悉的数字化经营的流程和技术。"

8.比较制定数字化经营战略的不同方法。

考试题

1.阐述数字化经营战略的主要因素。

2.如果你是民航的现任数字化经营经理，你会利用什么方法来为企业制定目标？提出三种典型的目标并指出你将如何评价它们是否达成。

3.阐述生产率悖论以及它对经营的影响。

4.主管对实施数字化经营的时间表和范围有何选择？

网络链接

Smart Insights.com（www.smartinsights.com/digital-marketing-strategy/）

E-commerce Times（www.ecommercetimes.com）

Knowledge@Wharton（http://knowledge.wharton.upenn.edu/www）

Financial Times Digital Business（http://news.ft.com/reports/digitalbusiness）
McKinseyQuarterly（www.mckinsey.com/insights）
E-consultancy（www.econsultancy.com）
Mohansawney.com（http://mohansawhney.com/）

参考文献

Aaker,D.and Joachimsthaler,E.(2000) *Brand Leadership*.Free Press.New York.

Ansoff,H.(1957)Strategies for diversification.*Harvard Business Review*,September-October,113-24.

Atos Consulting(2008)Ebusiness maturity framework.Published 4 November at www.maxx-online.nl/?p=273.

Berthon,P.,Lane,N.,Pitt,L.and Watson,R.(1998)The World Wide Web as an industrial marketing communications tool：models for the identification and assessment of opportunities.*Journal of Marketing Management*,14,691-704.

Brewer,J.(2008)Analytics Meets Targeting Meets CRM.Presentation to eMetrics Marketing Optimization Summit.London,20-21 May.

Brynjolfsson,E.(1993)The productivity paradox of information technology.*Communication of the* ACM,36(12),67-77.

Brynjolfsson,E.and Hitt,L.(1998)Beyond the productivity paradox.*Communications of the ACM*,41(8),49-55.

Carr,N.(2003)IT doesn´t matter.*Harvard Business Review*.May,5-12.

Chaffey,D.and Ellis-Chadwick,F.(2012) *Digital Marketing：Strategy，Implementation and Practice*,5th edn.Financial Times Prentice Hall.Harlow.

Chaffey,D.and White,G.(2010) *Business Information Management：Improving Performance Using Information Systems*,2nd edn.Financial Times Prentice Hall,Harlow.

Chaston,I.(2000) *E-Marketing Strategy*.McGraw-Hill,Maidenhead.

Daniel,E.,Wilson,H.,McDonald,M.and Ward,J.(2001) *Marketing Strategy in the Digital Age*.Financial Times Prentice Hall,Harlow.

Deise,M.,Nowikow,C.,King,P.and Wright,A.(2000) *Executive´s Guide to Digital business.From Tactics to Strategy*.Wiley,New York.

de Kare-Silver,M.(2000) *EShock 2000.The Electronic Shopping Revolution：Strategies for Retailers and Manufacturers*.Macmillan,London.

der Zee,J.and de Jong,B.(1999)Alignment is not enough：integrating business and information technology management with the balanced business scorecard.*Journal of Management Information Systems*,16(2),137-57.

Doherty,N.and McAulay,L.(2002)Towards the formulation of a comprehensive framework for the evaluation of investments in sell-side e-commerce.*Evaluation and Program Planning*,25,159-65.

E-consultancy(2008a)Managing Digital Channels Research Report.Author：Dave Chaffey.Available from www.econsultancy.com.

E-consultancy(2008b)Digital business Briefing.Arena Flowers´ Sam Barton on web design and development,E-newsletter interview,12 March.

Episerver(2013).Mobile Commerce：What Consumers Really Want.Research published 16 April 2013. www.episerver.com/Best-practices-on-the-web/7-Steps-to-the-Perfect-Mobile-Commerce-Strategy/

Financial Times(2003)Buried treasure.Article by Simon London.*Financial Times*,10 December.

Google(2010)New GfK ROPO study with Vodafone.Published on Google Barometer Blog October 20th. http://googlebarometer.blogspot.com/2010/10/new-gfk-ropo-study-with-vodafone.html(no longer available).

Guardian(2007)Beware when you compare Harriet Meyer,Friday 22 June,*Guardian*,www.theguardian.com/money/2007/jun/22/insurance.

Gulati,R.and Garino,J.(2000)Getting the right mix of bricks and clicks for your company.*Harvard Business Review*,May-June,107-14.

Hitwise(2006)Paid and Organic Search：Profile of MoneySupermarket.*Hitwise blogposting*.http://weblogs.hitwise.com/heather-hopkins/2006/09/paid and organic search profil.html(no longer available).

Hughes,S.(2001)Market orientation and the response of UK financial services companies to changes in market conditions as a result of e-commerce.*International Journal of Bank Marketing*,19(6),222-31.

Jeffcoate.J.,Chappell,C.and Feindt,S.(2002)Best practice in SME adoption of e-commerce.*Benchmark-*

ing：An International Journal，9，122-32.

Jelassi，T.and Enders，A.（2008）Strategies for digital business：Creating Value through Electronic and Mobile Commerce，2nd edn.Financial Times Prentice Hall，Harlow.

Johnson，G.and Scholes，K.（2006）Exploring Corporate Strategy：Text and Cases，7th edn.Financial Times Prentice Hall，Harlow.

Kalakota，R.and Robinson，M.（2000）Digital business.Roadmap for Success.AddisonWesley，Reading，MA.

Kaplan，R.S.and Norton，D.P.（1993）Putting the balanced scorecard to work.Harvard Business Review，September-October，134-42.

Kumar，N.（1999）Internet distribution strategies：dilemmas for the incumbent.Financial Times，Special Issue on Mastering Information Management，no.7，Electronic Commerce.

Levy，M.and Powell，P.（2003）Exploring SME Internet adoption：towards a contingent model.Electronic Markets，13（2），173-81，www.electronicmarkets.org.

Lynch，R.（2000）Corporate Strategy.Financial Times Prentice Hall，Harlow.

Mcafee，A.and Brynjolfsson，E.（2008）Investing in the IT that makes a competitive difference.Harvard Business Review，7/8，98-107.

McDonald，M.（1999）Strategic marketing planning：theory and practice.In The CIM Marketing Book，4th edn，M.Baker（ed.）.Butterworth-Heinemann，Oxford，pp.50-77.

McDonald，M.and Wilson，H.（2002）New Marketing：Transforming the Corporate Future.Butterworth-Heinemann，Oxford.

McFarlan，F.and McKenney，J.（1993）Corporate Information Systems Management.Prentice Hall，London.

Malmsten，E.，Portanger，E.and Drazin，C.（2001）Boo Hoo A Dot.com Story from Concept to Catastrophe.Random House，London.

Marchand，D.（1999）Hard choices for senior managers.In Mastering Information Management，D.Marchand，T.Davenport and T.Dickson（eds）.Financial Times Prentice Hall，Harlow，pp.187-92.

Marchand，D.，Kettinger，W.and Rollins，J.（2002）Information Orientation：The Link to Business Performance.Oxford University Press，Oxford，UK.

Miller，T.（2003）Top ten lessons from the Internet shakeout.Article on Webmergers.com，www.webmergers.com/data/article.php?id=48（no longer available）.

Mintzberg，H.and Quinn，J.（1991）The Strategy Process，2nd edn.Prentice-Hall，Upper Saddle River，NJ.

Myers，J.，Pickersgill，A.and Van Metre，E.（2004）Steering customers to the right channels.McKinsey Quarterly，no.4.

New Media Age（1999）Will boo.com scare off the competition?By Budd Margolis.New Media Age，22 July. Online only，www3.telus.net/kim_milnes/boo.com_case.pdf.

New Media Age（2005）Delivering the goods.By Nic Howell.New Media Age，5 May.

Nolan，R.（1979）Managing the crisis in data processing.Harvard Business Review，MarchApril.115-26.

Olve，N.，Roy，J.and Wetter，M.（1999）Performance Drivers.A Practical Guide to Using the Balanced Scorecard. Wiley，Chichester.

Pant，S.and Ravichandran，T.（2001）A framework for information systems planning for digital business.Logistics Information Management，14（1），85-98.

Perrott，B.（2005）Towards a manager's model of digital business strategy decisions.Journal of General Management，30（4），73-89.

Phillips，S.（2000）Retailer's crown jewel is a unique customer database.Financial Times，4 December.

Picardi，R.（2000）EBusiness Speed：Six Strategies for eCommerce Intelligence.IDC Research Report.IDC，Framingham，MA.

Plant，R.（2000）ECommerce：Formulation of Strategy.Prentice-Hall，Upper Saddle River，NJ.

Porter，M.（1980）Competitive Strategy.Free Press，New York.

Porter，M.（2001）Strategy and the Internet.Harvard Business Review.March，62-78.

Quelch，J.and Klein，L.（1996）The Internet and international marketing.Sloan Management Review.Spring，60-75.

Rovolution（2005）Campaign of the Month，by Emma Rigby.Revolution，October，69.

Robson,W.(1997)*Strategic Management and Information Systems:An Integrated Approach*.Pitman,London.

Rowley,J.(2002)Synergy and strategy in e-commerce.*Marketing Intelligence and Planning*,20(4),215–20.

Simons,M.(2000a)Barclays gambles on web big bang.*Computer Weekly*,13 July,p.1.

Simons,M.(200b)Setting the banks alight.*Computer Weekly*,20 July,p.6.

Sircar,S.,Turnbow.J.and Bordoloi,B.(2000)A framework for assessing the relationship between informa-
tion technology investments and firm performance.*Journal of Management Information Systems*,
Spring,16(4),69–98.

Smith,P.(1999)*Marketing Communications:An Integrated Approach*,2nd edn.Kogan Page,London.

Strassman,P.(1997)*The Squandered Computer*.Information Economics Press,New Canaan,CT.

Sultan,F.and Rohm,A.(2004)The evolving role of the Internet in marketing strategy.*Journal of Interactive
marketing*,19(2),6–19.

Tjan,A.(2001)Finally,a way to put your Internet portfolio in order.*Harvard Business Review*,February,78–85.

Tse,T.(2007)Reconsidering the source of value of digital business strategies.*Strategic Change*,16,117–26.

Ward,J.and Griffiths,P.(1996)*Strategic Planning for Information Systems*.Wiley,Chichester.

Willcocks,L.and Plant,R.(2000)Business Internet strategy–moving to the net.In *Moving to Digital busi-
ness*,L.Willcocks and C.Sauer(eds).Random House,London,pp.19–46.

第 6 章

供应链管理

主要内容

本章主题

- 什么是供应链管理
- 重构供应链的选择
- 应用数字化经营重组供应链
- 供应链管理的实施

本章重点

- 价值链

案例学习

- Shell Chemicals 对客户供应链的重新界定
- Argos 应用电子供应链管理给顾客带来便利
- RFID：从开始跟踪到快速跟踪

学习目标

学习本章之后，读者应该能够：

- 识别供应链管理主要构成因素及与价值链和价值网的关系
- 评估潜在信息系统以支持供应链管理和价值链

管理问题

- 供应链管理需要发展哪方面的技术以及应该如何优先考虑
- 在组织的供应链中，哪些因素应该管理以及应该怎样运用技术促进它的发展
- 在线供应链管理的实际问题有哪些

网站支持

说明以下问题的案例，请参阅 www.pearsoned.co.uk/chaffey：

- Sainsburys 运用电子模型的简短历史
- 电信的供应链
- 该网站还包含了一系列用于提升学习效果的学习材料

章节链接

主要相关章节

- 第 1 章介绍了供应链的主要因素之一是数字化经营
- 第 7 章将介绍供应链中的电子采购

6.1　本章介绍

商业最终都可以归结为供应链对抗供应链。

——Robert Rodin，世界最大的电子元件经销商之一 Marshall Industries 的前 CEO

供应链管理的重点是对组织运作中的物流和相关信息流进行优化，现今数字化经营的运作主要是使需求、供给、采购、库存和产品配送同步，实现这些物流和信息流的有效管理。供应链管理在本书第 2 部分中将作为数字化经营的重要应用提出，因为它结合了电子采购（第 7 章）和卖方数字化经营（第 8、9 章），并形成了一个统一的概念。通过运用信息系统，企业可以加强或者快速提高供应链的诸多方面。图 1-4 介绍了数字化经营的概念，供应链管理可以通过加强买方数字化经营、内部交流、合作伙伴和卖方数字化经营间的关系得到改善。数字化经营技术可以重新定义信息流，且可以用比以往更低廉的成本在合作伙伴间进行信息共享。

供应链管理因在实现盈利中的重要性而为人所熟悉。例如，AMR（2008）在报告中说，Nike 是一家以其营销策略出名的公司——通过完善自身的供应链，在过去的 4 年中每年都实现了 10%～15% 的营业毛利增长。不过，对于像 Nike 这样不断推出新产品的公司来说，选择正确的策略来"协调供给、需求和能把带来利润的新产品推向市场的产品管理"是十分重要的。管理数字化经营网站的反馈是一个更大的挑战。根据 Internet Retailing（2010）报告，主流零售商的平均反馈率高达 10%，而在英国这一比率则高达 22%。

因为公司的数字化经营通过提高整个供应链的效率而创造利润，所以它成了一个让人激动的字眼。像 Arogs 这样热衷于运用技术管理供应链的公司，已经从中获益多年。

数字化经营也可以让供应链管理变得很简单，如迷你案例学习 6.1 所展示的那样。

迷你案例学习 6.1

Pebble 手表在没有供应链的情况下发家了

Pebble 手表的案例同时说明了两件事：集体融资的力量和创造新产品、进行供应链管理的挑战。Pebble 是一种"智能手表"，它可以通过蓝牙与手机相连，接打电话、收发短信，还可以在其有着高分辨率的电子屏上显示应用通知。它还可以实现双向通信，比如播放或暂停手机上正在播放的音乐。这款手表是由 5 个工程师花了 5 年时间研制出来的，其资金就来源于集体融资。

图 6-1 显示了 Kickstarter 网站上受到其支持者追捧的 Pebble。一开始每个人需要支付 99～150 美元，68 000 名支持者在 1 年中贡献了 1 000 万美元。尽管融资是成功的，但当它在 2013 年第一次上市的时候还是遇到了挑战——由于 Kickstarter 不允许退货，开始发售几个月后，论坛上就怨声载道了。来自美国的订单由美国分销中心通过 UPS 发货，而其他地区的订单则从中国香港分销中心通过新加坡邮局或瑞典邮局发货。

Kickstarter 建立于 2009 年 4 月，目的是通过"大众力量"来帮助有创意的网站新生项目，其主要流程为群众外包、概念测试和实现盈利。该网站使得一些新的、富有创意的项目在没有外部融资渠道的情况下通过社区融资等方式快速发展。用它自己的话来说，这些项目被"来自全世界的了不起的人们所资助"。Pebble 最初没有得到社会的风险投资，仅在 Kickstarter 上得到了 1 500 万美元的投资。

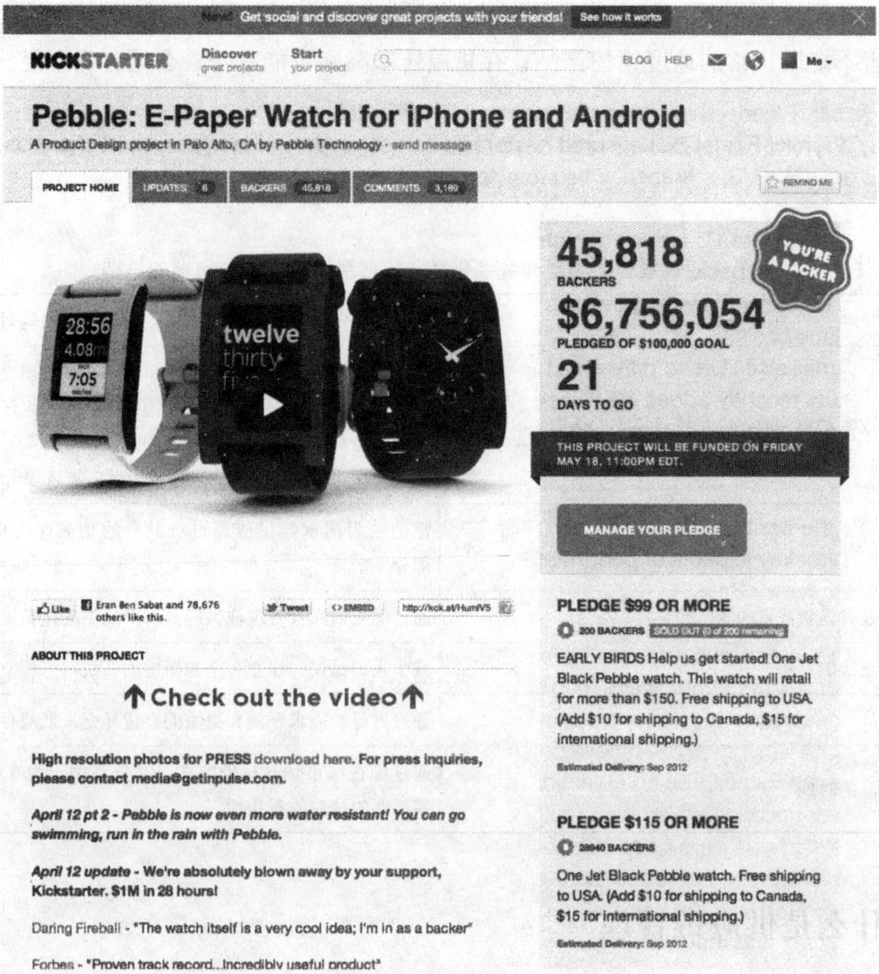

图6-1　Kickstarter的智能手表Pebble

来源：www.kickstarter.com

6.1.1　供应链管理中的问题

美国商务部（US Department of Commerce，2013）通过定期梳理供应链不同环节的存货比例，总结出供应链中的存货管理所面临的挑战。

根据其调查，各种形式的商业存货总共价值16 530亿美元，其分为三个部分：

- 制造商：6 280亿美元；
- 零售商：5 220亿美元；
- 中间商：5 030亿美元。

要提高供应链的效率，就要减少其中的存货，同时实现最大化销售。该报告显示，当时的总体的存货/销售为1.31。令人惊讶的是，在2004年至2013年，存货/销售相对稳定，这表明存货量的减少空间已经很小，这些商家还应避免因为库存不足而损失掉销售额。

在私人企业中，存货周转率常常被用来衡量一个公司在一段时期（如1年）中，存货被卖出或耗用掉的次数。该指标的计算为销售成本除以平均库存。存货周转率低表明库存积压或者不能以正常的速度销售产品；存货周转率高则可能意味着公司存货不足，错失了一些销售机会。

　　使用数字化经营的技术支持供应链管理可以避免供应链中的一些问题（表6-1）。它介绍了很多技术可以有效提高供应链管理的效率。

表6-1　　　　关于供应链管理的问题和数字化经营如何帮助解决这些问题的总结

供应链管理的问题	电子技术如何减少供应链管理中的问题
降低制造成本和销售成本以保持竞争力的压力	通过电子渠道传送发票和提货单，以减少纸质文件 通过更好地了解需求来减少必需的库存量 减少信息和零部件通过供应链的时间 通过使用在线服务（SaaS）来减少供应链管理所需的费用
需求预测	把消费者需求与供应商进行共享的功能作为ECR的一部分
不能一直及时送货或者缺货	通过供应商库存管理使供应商对产品供应量负责
不能发出正确的产品	减少人工错误，建立一个制衡性的系统
存货费用高	通过更好的需求预测和更快的存货补充来抵减存货量
开发新产品的时间	通过像在线市场这样的方式，来提高关于潜在供应商和零部件的信息的有用性

6.2　什么是供应链管理

　　供应链管理（SCM）是指对组织的产品或服务从供应商到分销商到客户的所有供应活动的合理调控。图6-2介绍了供应链中的主要角色。在图6-2（a）中，供应链中的主要成员是制造商和提供配送服务的组织。

　　对大多数商业组织和非营利机构而言，我们可以区分与买方数字化经营相对应的**上游供应链**活动和与卖方数字化经营相对应的**下游供应链**活动。在这一章和下一章，我们将把主要精力集中在提高上游供应链活动的效率上，而第8、9章则主要关注从市场方面提高下游供应链活动的效率。

　　同样从图1-4中我们还应了解供应链管理不仅包括供给方和买方，还包括一些交易中介，诸如供给方的供给方和客户的客户（图6-2（b））。图6-2（b）其实是一些公司的简易图，这些公司实际上可能有第一层供应者、第二层供应者，甚至是第三层供应者，或者第一、二、三层以至更高层的客户。因为每个公司为不同产品设置了单独的供应链，所以"供应链"的意义是有局限性的，更精确地概括**供应链**的应该是组织与合作伙伴间的**网络关系**。

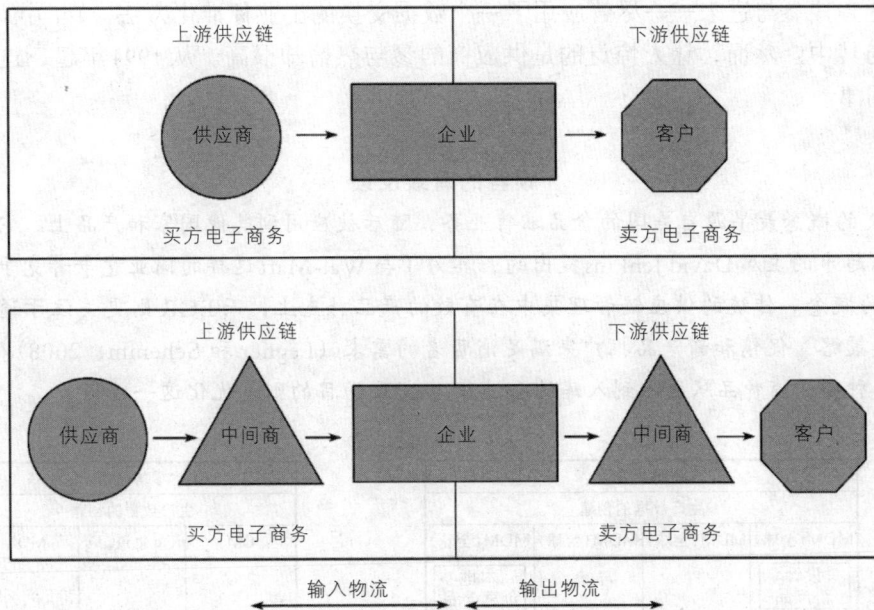

图6-2 供应链成员：（a）简图；（b）包括中间商

技术对于供应链管理来说是至关重要的，因为管理企业与客户、供应商和各种中介之间的关系是以信息流和交易信息为基础的。改进供应链的重点是提供给顾客价格优势，它的方法之一就是得到有效的顾客反馈（ECR，见专栏6.1）。看看有效的客户反馈表就知道供应链的效果了。正如第5章介绍的，提高客户价值包含提高产品质量、客户服务质量，降低价格和缩短完成时间。换言之，提高从供应商获取资源和将货物分销到客户的效率是非常重要的，当然这些工作的核心是降低操作成本以提高公司效益。

6.2.1 技术支持下的供应链管理——举例

澳大利亚的必和必拓（BHP）钢铁公司给我们提供了一个引进信息系统可有效改善供应链的例子，它将基于PC机的技术应用于供应链管理。这种方法可追溯到20世纪80年代，当时数字化经营代表着一种商业重心的转变，而非一种根本意义上的新手段。Chan和Swatman（2000）分析了这家公司数字化经营实施的不同阶段。其指出电子供应链管理和数字化经营在这家大公司中被很好地建立起来。笔者分析了供应链管理发展的3个阶段：

（1）早期实施阶段：1989—1993年，基于PC机的EDI（电子数据交换）采购系统时期。在这一阶段，有4个目标：①数据处理零错误；②管理费用减少；③提高管理控制；④缩短命令下达时间。这一阶段使其合理管理12个主要合作伙伴（占全部发票的60%）；到1990年止，80%的发票实现电子存档；基于需求从供应商直接得到供给，仓库中削减了7 000个项目。在日常程序中缩短命令传达时间——通过标准合同使项目供应时间从10天降到26小时，直接购买项目时间从42天降到10天。这一阶段实施的主要难题是技术方面的障碍。

（2）数字化经营阶段：1990—1994年。这一阶段还是基于EDI的应用，但是它涵盖了企业内（市场、销量、财务、采购和法律）外（从供应商到客户）更广阔的领域。其目的是建立一个上下游相结合的供应链管理系统，使所有的参与者受益。这一过程的主要问题是很难让客户参与进来——尽管应用了一个数据交换的工业标准化方法，4年中只有4个客户参与其中。然而，让人惊讶的是供应商的参与热情却很高。从1994年起，这个系统已无人问津。

专栏6.1

顾客的有效反馈

ECR的概念最早源自美国的食品零售业务，随后被应用到其他国家和产品上。它最早是由Shaw's超市的主席David Jenkins提出的，其为了与Wal-Mart这样的同业竞争者竞争而提出了ECR的概念。传统的供应链管理集中在有效的产品补充上，而ECR则更关注于通过优化产品分类策略、促销和新产品推广来满足消费者的需求（Legner和Schemm，2008）。图6-3展示了一种新的消费品从引入到入库的全过程。ECR的目的则是优化这一过程。

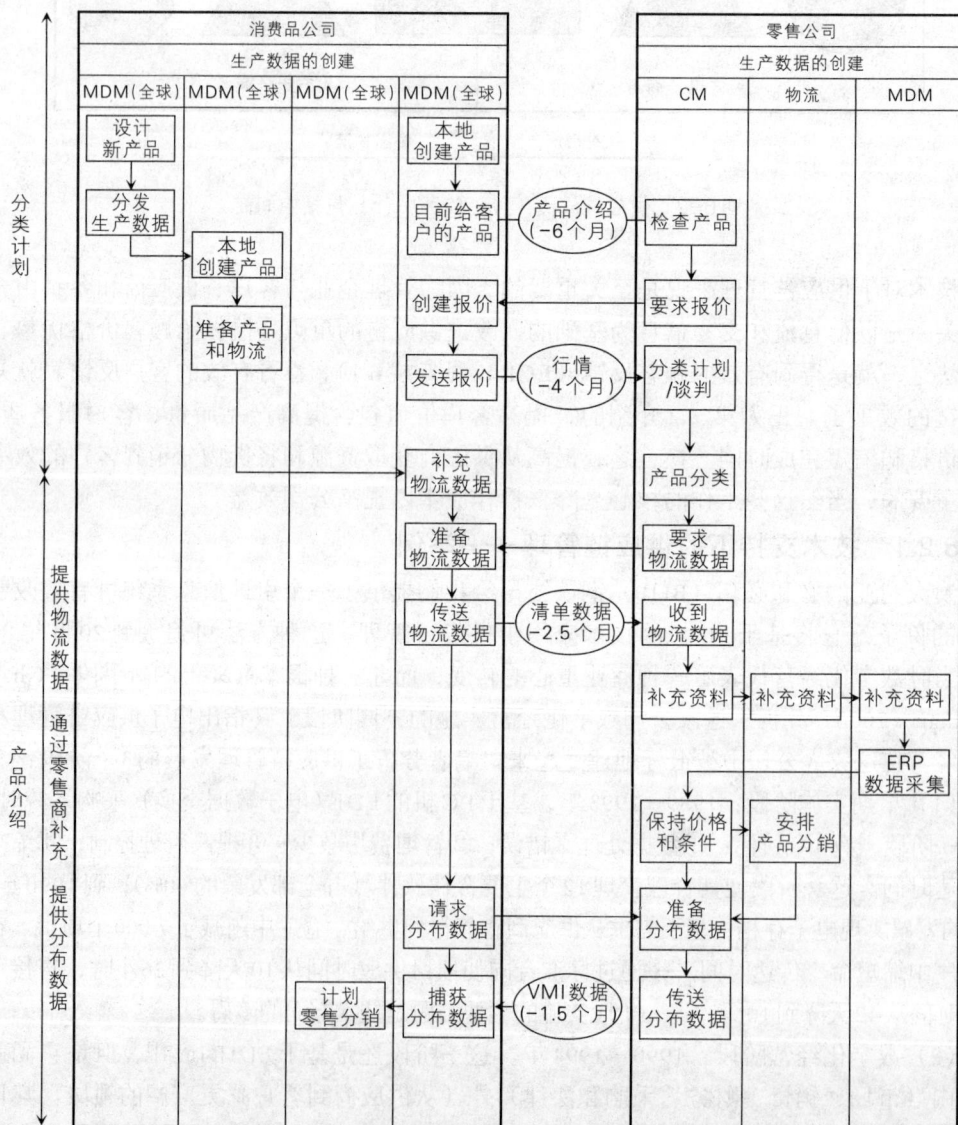

图6-3 引入新产品的跨组织流程

表 6-2 表明产生有效客户管理的一些目标和战略手段也同样适用于商业客户管理。

表 6-2　　　　　　　　　　　　　有效客户管理的目标和战略

目　标	战　略
准时、准确、无纸化信息流	在信息系统支持下修正组织程序
不同消费层次的产品形成平滑连续生产流	参考以下战略
有效利用零售空间和存货	有效的库存分类
订货过程中有效利用时间降低成本	有效替换
促销效率最大化	把促销融入整个供应链管理中
新产品开发(NPD)效用最大化	新产品开发程序改良，与合作伙伴更好地合作

（3）网络贸易发展阶段：1996 年至今。与传统的基于较小规模的供应商和客户系统相比，利用互联网这种低成本、高效益的网络系统可以节约更多成本，所以这个系统工程的目标之一就是拓展与供应链合作伙伴的电子交流范围，另一个目标是拓宽交流的形式以归集目录清单及优化货物运送和管理客户订单。此阶段的战略将交易分为三种类型：①战略交易（高数量、高价值、高风险）——设计一个合理的专用 EDI 线路；②战术交易（中等数量、中等价值、中等风险）——EDI 或网络 EDI 结合使用；③客户交易（低数量、低价值、低风险）——运用基于网络的低成本技术。这一阶段实施的主要障碍是商业问题，即支付给第三方多少整合费用和如何管理整合过程。

最近，BlueScope 钢铁公司设立了 bluescopesteelconnect.com（图 6-4），这是一个安全的互联网钢铁采购方案，它使客户能够订购和确认产品的状态。同时，它也能让用户及时查询报表信息和下载发票，简化账目核对程序。

SCM 在 BlueScope 钢铁公司的应用反映了在更大范围的工业变化和发展。这些在专栏 6.2 中做了总结。

6.2.2　供应链的一个简单模型

一个组织的供应链以系统的观点可以看作是资源的获取（输入）、产品的加工（过程）和向客户分销（输出）的流程系统。这种观点表明，作为数字化经营潮流的一部分，组织可以监督产品或服务的流转过程，并使之优化，从而高效率、低成本地将产成品分销到客户。值得注意的是，供应链管理的应用领域已经超出了组织的范围——它不仅涵盖内部流程改进，也包括与供应商、分销商、客户相连接的外部流程改进。然而，这一流程化观点忽略了供应链管理的战略重点——它同时也为改进生产工艺和提高客户价值提供了广阔的空间（图 6-4）。总之，供应链管理在企业盈利上发挥了重要作用。

图 6-4　Bluescope 钢铁公司网站

来源：www.bluescopesteelconnect.com

专栏 6.2

供应链管理的过去、现在和未来

LCP Consulting 的 Alan Braithwaite 教授，在 PMP（2008）中确定了供应链管理技术的发展阶段：

20 世纪 70 年代的特点是批量处理大型机，手动输入数据和主要程序定制。这些系统是仅包含财务和几乎没有其他有用的管理信息的海量纸质文件所驱动的。

80 年代是微型计算机和个人电脑出现的时代，较强的计算能力变得更容易获得，这一时期争论的焦点在于是采用打包的软件还是定制的解决方案。自定义代码仍是多数人的首选，但信息而不是数据出现了。

90 年代，以 Windows 为基础的计算机能力急剧膨胀，由于技术的成熟，打包软件取代了定制软件，ERP 的雏形也出现了。这一时期争论的焦点在于是采用最佳软件还是一体化整合软件。

到了90年代末期，由于"千年虫"问题，许多公司替换掉了过于老化的系统，ERP成为这一时期的最大赢家。

21世纪的前20年里，互联网作为新的交易媒介，开启了一个新时代。互联网具有指数增长的计算能力，它鼓励引进更多和更复杂的供应链解决方案和管理信息。

Braithwaite继续做出了一些关于未来的供应链管理的发展预测：

供应链管理的一个首要的基本原则是保证点对点的可见性和事实的唯一性———一些指标的预测：库存、订单和账单等；ERP也追求实现这一目标。

第二重要的原则是点对点的可见性，包括扩展到重点企业及其ERP之外的存货和过程。互联网提供了这项在10年前几乎是不可能的能力。

从ERP和互联网的发展来看，笔者预测供应链系统的发展有三个关键点：

第一点是通过整合ERP来管理整个供应链是一个毫不相关的问题。未来的系统会更加开放，把核心的和扩展的所有集成和优化的供应链包含在内。相比之下，ERP就显得不够好，而且数据结构不再按照扩展的供应链来组织。

第二点是多数系统不能提供最大化的商业利润，因为供应链过程还不够优化，而且这些系统在设计之初就不是一种良好的做法。

第三点是会有惊人数量的公司仍然搁浅在它们陈旧的系统上，这些系统难以向新的基于"最佳实践"过程的系统转变。这些公司必须决定如何重新设计它们的业务并且迁移它们的系统。就目前来看，它们还不具备轻易使用智能优化和扩展供应链的能力。

这些趋势表明，企业发展的长期方向将是建立一个以ERP系统为核心的、扩展的和开放的系统。成熟的应用和数据交换是存在的，行业内普遍重视服务型架构（SOA）。对现在来说，实际的挑战在于过程设计和简化，能够应用于供应链系统。

所以，未来的供应链系统会在最新的平台上达成更多的、更好和更具适应性的共识。它将为管理提供更好更清晰的执行过程，并利用系统的不同功能提高管控能力。任何新事物都可能带来一份意外的惊喜，只要它们不与核心概念相去甚远。

来源：PMP（2008）

图6-5描绘了一个基于B2B企业数字化经营模式的更具代表性的供应链。请完成实践活动6.1，并思考如何改进供应链以适应数字化经营的发展。注意，虽然这个例子是基于B2B数字化经营模式的，但供应链管理对B2C服务行业管理同样至关重要。对于服务型企业比如财务服务企业，资源管理并非指向实物产品，而是人力资源、财务资源和信息资源。利用数字化经营技术加强供应链管理活动的相关原则对其同样适用。

案例学习6.1展示了Shell Chemicals公司是如何发展出一套管理库存（VMI）的供应链管理系统，来更好地满足相应顾客的需求的。VMI是电子供应链和采购管理中的一个重要概念，包括日常的库存管理任务、采购和订单追踪等功能。

上游供应链-B2B公司

下游供应链-B2B公司

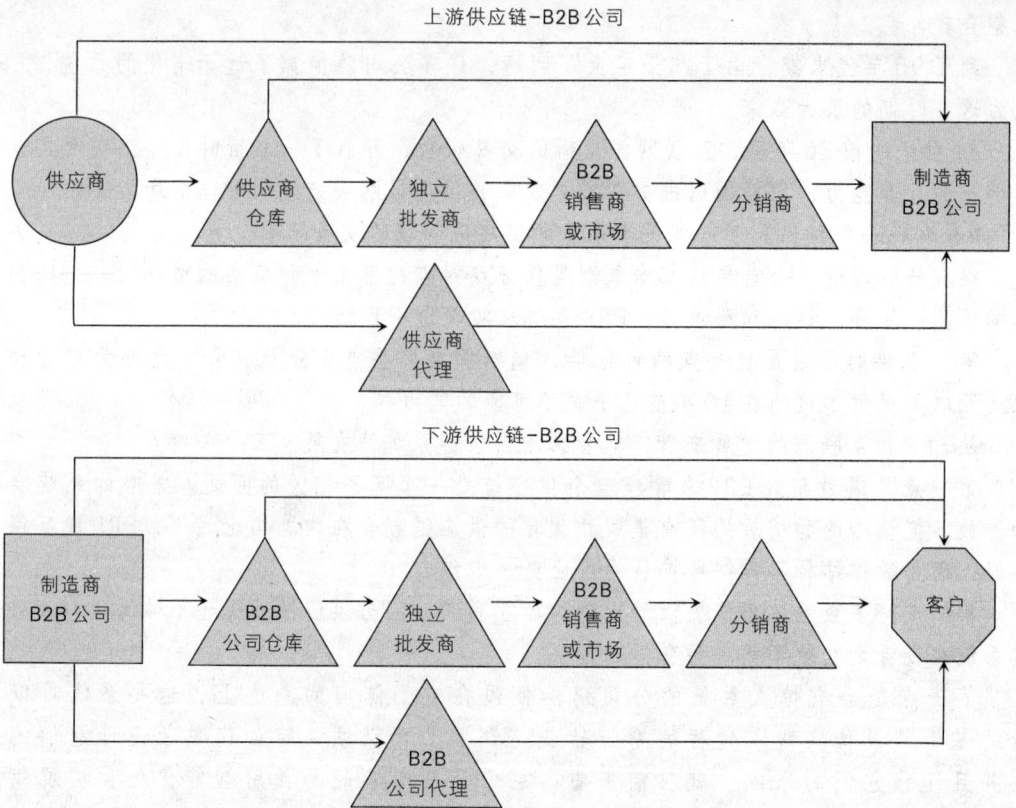

图6-5 典型的供应链流程（以B2B公司为例）

实践活动6.1

B2B企业的供应链

目的

探索B2B供应链的本质，可通过重建和补充数字化经营应用使其得以改善。

问题

（1）回顾第2章中的脱媒和新型中间商重构部分的内容，讨论B2B企业为推动数字化经营发展重建供应链的可能性和与之带来的相关利益。

（2）为实现问题1中所分析的变化，信息系统将起到怎样的作用？

实践活动答案参见www.pearsoned.co.uk/chaffey。

案例学习6.1

Shell Chemicals公司对客户供应链的定义

这是一个买方数字化经营应用的案例。Shell Chemicals公司引进新系统SIMON来管理客户的存货目录，这些来源于客户的目录显示了客户化学物质的利用情况和未来需求情况。接着，SIMON系统又被用于上游供应链管理。最终，Shell Chemicals用Elemica市场门户进行供应链管理，因为这一系统被认为比内部系统更为划算。

SIMON简介

Shell Chemicals（www.shell.com/chemicals）公司是一家化工产品制造商，生产的化工

产品被销售到许多工业生产企业，同时也直接提供给客户使用。公司的客户用其生产的清洁剂、溶剂、塑料制品、弹胶物和环氧基树脂来生产从汽车涂料、飞机构架到尿布、塑料瓶等多种产品。

根据 Shell Chemicals 的 SIMON 系统的开发者 IBM（1998），其对建立 SIMON 的观点为：

了解客户的生产计划，这样我们就可以保持现场库存供应充足和尽可能低的成本，并达到客户需求的服务水平，不论顾客想要今天或下一周拿到产品，我们都能够满足要求。

在这样的一个组织体系中，供应链管理对体系的下游有着显著的影响。Shell Chemicals 公司引进了 SIMON，即 "Shell Chemicals 的网络库存管理"，来管理供应链的上游和下游。

SIMON 出现于 1995 年，当时它使用 IBM 的应用服务器，是最早的数字化经营应用程序之一，体现了应用电子数据交换（EDI）、电话订货和纸质发票的标准工业运作方式向与客户交互式运作方式的转变。然而，EDI 并没有给 Shell chemicals 公司在管理和流程中带来所期望的协调数据。

SIMON 带来的优势

一开始，Shell Chemicals 用 SIMON 来管理下游供应链过程，包括通过客户经销它们的化工产品。该系统使得 Shell Chemicals 能够从客户的角度评估存货管理。一旦取得成功，该系统就会被用于上游供应链（从供应商那订购原材料）流程中。

对于客户来说，SIMON 系统的优势就在于，SIMON 使存货目录管理的责任从客户转移到了供应商，Shell Chemicals 公司的客户没有必要自己下订单，相反的，由 SIMON 来管理客户生产场所的货物存量。在引入 SIMON 之前，有很多客户的交易都是人工交易，需要打很多电话或发很多传真才能完成。Shell Chemicals 公司的客户可能有重要化学原料不能得到及时补充的风险，以致生产停工，利润丧失。为了避免这种情况，企业会有一定的安全储备。当存货数量很接近安全储备量的时候，企业就会再次订货。问题在于从订单制定到货物重新得到供应大约需要两周的时间。这种延迟是因为工厂必须对化学物质进行称量、装货，之后再运往客户所在地，客户在货物验收入库之前还要进行称量，误算和其他错误时有发生。

要使一个供应商通过 SIMON 来进行存货管理，客户需要提供三个方面的信息：当前的存货量；存货需求的预期；航运详情，如地址、日期和数量等。

除了分析库存和消费，SIMON 也产生了需求预测、计算库存、跟踪货物状态和生成重新供应计划。

SIMON 系统的优势可以通过供应链和定时提取的物流信息进行总结。这些优势包括：

- 过去 24 小时中生产消耗数量；
- 在同一时间内新产品运抵及装卸数量；
- 订单和装运的状况；
- 时间表的已知变化。

基于网络的交互措施被用来同步不同地址的信息。客户的存货水平信息直接反馈到在得克萨斯州休斯敦的 Shell Chemicals 客户服务中心，在那里，Shell Chemicals 公司将这些信息调节到它们的企业资源计划（MRP）软件中。Shell Chemicals 公司的账户外务员会自动配置一个重新供应计划。如果计划显示客户的库存水平很低，销售代表就会填制电子订单，准备向客户发运货物。

从客户的角度来看，升级版的供应链管理系统的优势包括：

- 削减额外存货，提高资金利用效率；
- 准时、低成本地提高供应链效率；
- 确保不断货；
- 确保建立适应条件变化的快速反应机制；
- 减少交易成本（例如订单和数据输入成本）；
- 消除不一致的订货方案；
- 减少订货过程开支；
- 流程化财务报表并使前后期报表一致。

客户能够访问订单和发货情况，估计抵达日期、运载量、收到和装卸数据和目前的库存和消费水平。SIMON 为客户提供了一个"调整"选项——它可以对估计的消耗量和实际的消耗量进行比较——一个"站点合议"选项——它可以显示在存货管理上达成的共识。每个月（而不是每次运货）生成一张发票。该发票是由消耗数据生成的，而不是运载数据。

与 Elemica 市场门户集成

到了 2005 年，Elemica 化学工业门户（www.elemica.com，图 6-6）已经成为了 Shell Chemicals 公司的数字化经营战略的重要组成部分。根据 Shell Chemicals 杂志的报告，Shell Chemicals 有 30% 的业务是在线完成的，并且公司希望在 2008 年在线完成的业务量达到 50%。

Elemica 是由 22 位世界化学工业的领军人物于 1999 年建立的，到 2005 年已经拥有了 1 800 名贸易伙伴，它提供的标准化带来诸多优势。

如今，Elemica 每年处理来自超过 6 500 名贸易伙伴的价值大约 2 500 亿美元的交易。它的客户包括 BASF，BP，Continental，The Dow Chemical Company，DuPont，The Goodyear Tire & Rubber Company，LANXESS，Michelin，Shell Chemicals，Solvay，Sumitomo Chemical 和 Wacker。Elemica 的目标非常简单：

使客户可以全面控制其全球的供应商。

给这一目标加上更多的细节，就是：

作为加工业供应链运营网络的主要运营商，通过整合信息、应用和分析来驱动一个市场的供应链。

Elemica 说明了市场的原则，现在作为供应链运营网络供应商，可以用以下文字进行描述（www.elemica.com/about）：

Elemica 公司能够通过使用自动化系统和智能商务过程来替代复杂的方案，从而实现卓越的运营。利用先进的技术和专业知识，Elemica 把不同的业务系统和过程整合为一个统一的包含网络，包括所有的客户、供应商和第三方服务提供商。

Elemica 的这一革命性的业务流程网络（BPN）提供了一个摒弃交流障碍的完全联系在一起的运营框架，并且使全球贸易伙伴的信息流变得制度化。通过把无缝接入和可见性融入供应链网络，企业可以用更少的资源做同样的工作，更有效地减少在当前过程中用于解决这些问题的人、库存和资产。

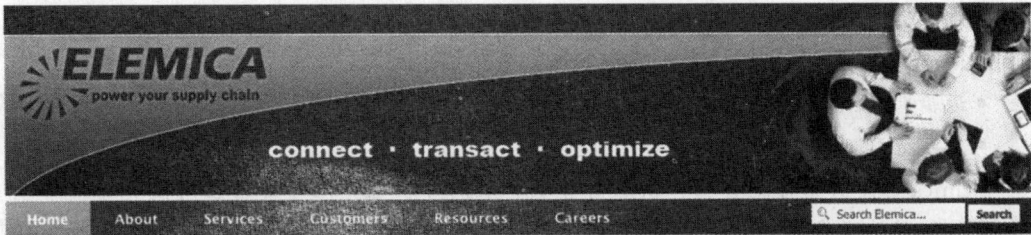

图6-6 Elemica的交易平台

来源: www.elemica.com

Elemica把Shell Chemicals和其他客户试用的用户管理程序的优势描述为:

- 自动订单处理
- 优良可靠的日常供应链服务
- 增加"完美订单"的百分比
- 降低错误成本
- 提升客户服务
- 减少发票的错误

这些优势是通过管理一系列关键工业管理过程来传递的，比如Shell Chemicals的那些。在客户管理模块中的应用管理下，这些包括:

- 销售订单管理
- 供应商管理库存（VMI）
- 终端管理库存

- 重复订单
- 运输车辆的履行
- 运输时间表
- 发票管理

Elemica还提供像物流管理、供应商管理和采购管理等其他可用的应用模块。

更加细致地考查Elemica，可以发现三个重要优势：

1.全球影响力和连通性

公司的团队是行业中的佼佼者，进行了该行业的大部分买卖交易，创造了大量的初始流动资金。这为Elemica提供了全球影响力和基础的金融稳定，还有迅速扩张能力。这种组合将继续吸引更多的买家和卖家，保证新客户潜在联系库的日益壮大。

2.中性

Elemica是一家有着专业管理团队的独立公司。其网络设计是开放性的，欢迎全行业的买家和卖家根据需求提出基础设施、网络或者数字化经营解决方案来提升其核心商务过程。Elemica并不是一个材料采购的"聚合器"，也不是产品的买家、卖家或所有者，它是交易的促进者。

3.安全性

Elemica已采用最先进的安全措施来保障信息获取和流动的安全性，保证参与者的交易数据不与任何其他公司共享。先进的安全功能和流程，包括高度可见的防火墙和强大的数据保护政策，一个有关客户的保密数据处理资料和加密技术保护机密资料，只有自己和独立审计人员才能访问。

Elemica市场门户网站的整合——这在SIMON早先的生命周期中是不存在的——对Shell Chemicals来说变得重要。

使用外部的、标准化的供应链管理系统意味着Shell Chemicals无须再向系统开发者或像IBM这样的整合者定制解决方案，而是使用一个低成本的和更为标准化的系统。

Elimica提供的类似优势可能有：

- 通过减少人力投入降低交易成本
- 标准化的业务流程
- 减少错误资源
- 缩短响应时间
- 通过快速支付增加现金流量
- 提升客户满意度

这是一个新制度可能带来实际效益的例子：一家欧洲公司直接将产品从Shell Chemicals运送给客户。Shell Chemicals制造产品，那家公司则负责营销、从工厂装载和运送给客户。在应用Elemica之前，下列附加过程或称为运转阶段的程序，必须在等待每辆卡车装货后方可执行，这些程序执行完毕之后，卡车才能运走：

- 工厂发货出库单
- 通过传真发送给伙伴企业
- 人工进入它们的系统
- 回发传真给Shell Chemicals公司——卡车等候的地方

一个进一步的并发症可能是由于伙伴企业的办公室比 Shell Chemicals 的运输办公室下班早。卡车司机们可能要等上数小时，直到发货出库单弄好。在应用了 Elemica 之后，发货出库单传送工作自动进行，而且全天进行。卡车的平均等待时间由2小时缩短至15分钟。

除了实现过程自动运转以创造更好的客户服务，Shell Chemicals 由 SIMON 改用 Elemica 来进行供应链管理，还因为 SIMON 在继续发展和维护成本方面需要持续的投资。作为一种外包的解决方案，Elemica 在持续性的成本和开发方面更有利。由于 Elemica 不是针对特定公司的，它也可以通过促进公司间版本的标准化来帮助企业间的数据交换。

全球定位系统也有助于了解运输产品列车的细节信息，包括当前的位置和预计到达时间等。也包括与公路承运人连接。例如与 Bertschi AG（欧洲最大的公路物流供应商之一）的连接，每月可以使数以千计的运输指令自动下达，取代了人工传真的需要，降低了出错的可能性。

Bertschi 运输的经理 Stefan Bryner 解释这些优势为：

它减少了我们的文件工作，也使得整个过程更加透明。出错的可能性被降低了，解决问题也变得更容易了。

问题

（1）SIMON 系统支持上下游企业的关系。解释它和图6-5的关系，你认为它是数字化经营系统还是电子商务经营系统？为什么？

（2）为 Shell Chemicals 和它的客户画一张表格，总结它们在实施前后的角色。

（3）从 Shell Chemicals 公司的角度描述 SIMON。参考你对问题（2）的回答，说明你认为客户确实能够从中获益还是 Shell Chemicals 向它的客户转移了工作量。为什么？

（4）请访问 Shell Chemicals 的网址（www.shell Chemicals.com）。看看这些系统设施是如何使公司受益的。

6.2.3 什么是物流

物流是一个与供应链管理紧密联系的概念。根据物流和运输科研机构（www.iolt.org）的定义：

"物流是与时间相关联的存货流转或者整个供应链的战略管理。供应链是一系列满足顾客的活动，包括采购、生产、分销和废物处理，也包括运输、储存和信息技术。"

物流的这个定义比较宽泛，反映出它与供应链的关系。在更多的情况下，物流涉及的并不是所有供应链的活动，而是特别强调物流管理、**输入物流**和**输出物流**（图6-2）。物流对于提高供应链管理的效率十分重要。

为了解为什么供应链管理在现代管理中扮演着重要的角色，请阅读专栏6.3。

专栏6.3

供应链管理的发展

为了了解数字化经营如何用于提高供应链和物流管理，有必要先了解供应链管理发展的历史情况和信息系统是如何支持其发展的。供应链管理发展历程可以分为以下几个阶段：

（1）20世纪60年代至70年代：物流配送管理（PDM）

物流配送管理把存货管理、仓储、订货流程和运输看成是一个整体而非独立活动来关注货物的流转。虽然为了管理这些流程而设计了信息系统，然而它们依然基于纸质文本传递，并且没有整合差异的功能。这时，一些领先企业开始选择使用EDI。PDM主要针对已加工完成货物的管理，而不是原材料和分销。PDM受物流管理的监控，物流管理把从原材料到最终消费者的生产、储存和运输看成是整个分销过程中不可缺少的部分。

（2）20世纪70年代至80年代：物流管理（物料需求计划（MRP）和适时生产系统（JIT））

适时生产的观念和现今物流管理的发展不可分离，其目标是在原料供应和客户服务方面尽可能地使原料获取、生产和分销高效灵活。要使客户追求最优的订购数量和存货水平，制造商就应该相应引进灵活的、直接面向客户的生产流程控制系统，以确保客户可以直接订货而不用提前安排以保证存货的准时运送。原料需求计划系统在维持资源供给处于最佳水平方面起着重要的作用。制造技术的设计是用来减少制造过程所需组成部分的数量。然而，以上的所有方法都没有关注整个供应链。随之而来的现象就是，在供应链力图削减浪费、减少存货并有效运行的系统中，出现了产品和供应的短缺。

（3）20世纪80年代至90年代：供应链管理和高效消费者响应（ECR）

有效供应链管理是指将供应商、客户和中介更集中地整合在一起，有时候也指渠道中的一个组织接管一个传统中介机构的职能。供给不足或过度供给都会影响企业的收入。供应链的两个首要目标是：为所有而不仅仅是渠道中的一部分参与者的利益服务，使整个供应链的效率和效益最大化；通过确保渠道中的每一阶段存货水平充足来增加消费者购买的机会。这两个目标都涉及原材料的来源和贮存。如今的一个显著的现象就是最佳供应商的全球资源供给都集中在一些合资企业和跨国公司中。因特网的使用将提高小型企业寻求全球原材料资源的能力，从而提升它们的竞争力。Quelch和Klein（1996）认为互联网将会推动国际贸易发生革命性的变化，特别是它将加快中小型企业的全球化进程。网络将会降低许多行业的规模经济竞争优势，使得小型企业更容易加入竞争当中。

新的综合信息系统，例如，SAP企业资源计划（ERP）系统对企业整个供应链管理都有帮助。ERP系统还包括应用于整个业务并直接面向供应商便于交流的模块。这项技术的应用使得订货、生产和分销系统更加快捷、紧密和灵活，甚至削减了它们所服务的市场附近的仓储需求。

（4）20世纪90年代至21世纪：技术链接管理（TIM）

依Hamill和Gregory（1997）所说，这一阶段，在供应链中供应商、中介和顾客面临的挑战将从实际分销货物的过程转移到收集、整理、研究和普及大量商业信息的过程。企业资源计划系统必须不断更新，以支持供应商和客户连接的直接数据的准确提供，例如支持EDI。一个更近的发展情况是连接ERP系统和B2B公司的中介网站或称交易网站的出现，例如Commerce One（www.commerceone.com）。在第7章将进一步讨论B2B交易部分。SAP也开发了mySAP功能帮助客户管理这些交易并使之个性化。随着技术界面管理的成熟，XML（第3章）渐渐被作为技术手段得到普遍使用（这些新的中介机构拥有的重要资源将是信息而非存货）。Hagel和Rayport（1997）深入研究了这一阶段，认为将来获取的信息将服务于客户而非卖主。顾客在访问网站和做交易时会留下一系列信息，这样的信息获取之后可用于供应商及代理机构来优化供给。然而，当顾客变得更加关注信息的价值，并且随着网络技术进步使得他们可以保护他们个人与访问网站和交易相关的信息的时候，中介机构成为客户代理而不是供应商代理的机会就增加了。

6.2.4 推动型（push）和拉动型（pull）供应链模型

一个从供应链到市场沟通的思想转变就是从销售的推动模型转移到拉动模型，或是两者兼而有之。推动型模型可以在一个可能发明新产品并且之后确立一个合适目标市场的制造商那里得到阐释说明，一个分销渠道随后被建立起来以把产品推向市场。图6-7（a）显示了这种情况。这种推动手段的典型动机是使流程在成本和效率方面得到优化。

与ECR相一致的可选销售途径是拉动型模型，它关注客户的需求并且开始通过市场调查和在新产品开发过程中与客户进行亲密合作来对它们的需求进行分析（如图6-7（b）所示）。这里构建供应链是为了通过降低成本和提高服务质量，并向客户传递价值。图6-7（b）表明技术的运用如EDI可以减少文件传输和再输入，从而实现供应链要素之间更紧密的联系。拉动型模型的典型动力是为响应顾客需求、降低成本、提高效率而优化生产过程。很明显，这样的手段也与价值链观念类似的管理思想相一致。

推动客户

供应商	制造商	分销商	零售商	客户

典型目标：	为降低成本、提高效率，对生产流程进行优化
典型特征：	以制造商为导向的新产品研发，通过应用受限技术而整合的数据质量差，生产周期和反应时间较长，库存水平高
信息系统的使用：	供应链上的各组成部分独立地管理数据，EDI应用有限

（a）

拉动客户

供应商	制造商	分销商	零售商	客户

典型目标：	丰富产品，改进服务
典型特征：	以市场研究为驱动，技术被用于调查研究和数据整合，生产周期和反应时间较短，库存水平低
信息系统的使用：	整合内部系统，供应链成员间共享数据。EDI与电子商务广泛应用于B2B市场和中间商之间

（b）

图6-7 供应链管理的推动与拉动方式

6.3 重点：价值链

Michael Porter提出了很好的价值链概念，他考虑了一个组织可以在操控和管理产品和服务从概念到运抵客户的过程中，进行关键活动（Porter，1980）为顾客提供增值产品和服务。价值链是一个描述连接企业供给方和需求方的不同价值增值活动的模型。在组织经营界限之内的为内部价值链，基于合作伙伴经营活动的为外部价值链。分析价值链的不同组成部分时，管理者可以重新设计内外部流程以提高企业的效率和生产效果，进而降低成本和增加产品价值，为客户带来利益。这些组成部分包括：

- 价值链内部的各个要素，包括采购、制造、销售和分销；
- 价值链要素连接部分，包括销售和分销。

由此我们可导出以下等式：

$$价值 = \left(\frac{各个价值链}{活动的收益} - \frac{各个价值链}{活动的成本} \right) + \left(\frac{各个价值链连接}{部分活动的收益} - \frac{各个价值链连接}{部分活动的成本} \right)$$

电子交流可以使价值链中的活动如采购更加有效（参照第7章），并整合活动之间的数据以优化价值链。根据IBF（2008）的说法，BT应用电子采购完成了其第二价值链中办公用品采购的95%。这使得采购交易的平均成本由56英镑降低至40英镑，当进行大量交易时，这一减少量就变得非常可观。在基本的价值链中，这一利益可能会变得更大。例如，如果一个零售商以电子方式和供应商分享产品需求的信息，可以增强其参与各方价值链的能力，因为这种方式减少了订货循环时间、降低了存货持有量和成本消耗。案例学习6.1说明了这一点。

传统的价值链分析（图6-8（a））对初步活动和支持活动做了区分。初步活动是指直接对运送货物和服务客户起作用的活动（如进货物流，包括采购、制造、营销、运送、售后支持与服务）。

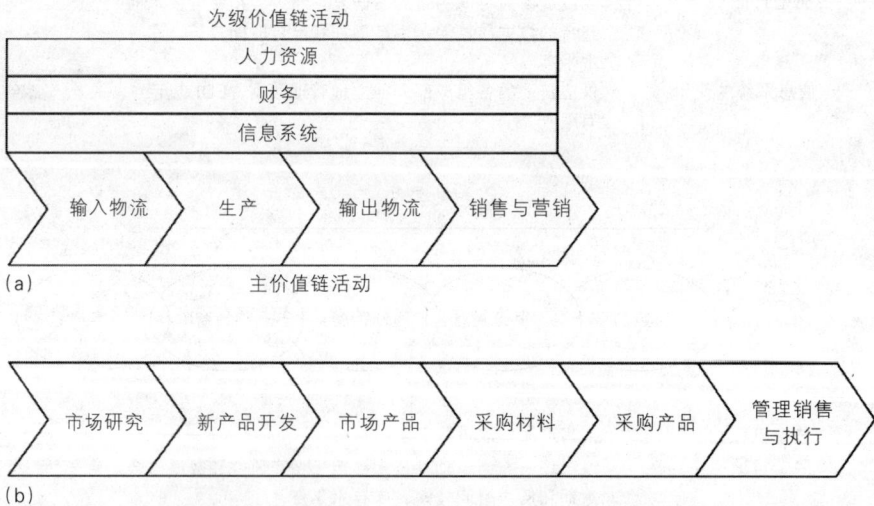

图6-8　价值链的两种可替代的模式：（a）传统价值链模型；（b）改进的价值链模型
来源：改编自Deise等（2000）

支持活动是指提供投入和基础设施以使初步活动起作用的活动。支持活动包括财务、人力资源和信息系统。可以这样说，在数字化经营条件下，支持活动已经远远超越了它本身的含义。事实上，有效的信息系统和人力资源管理对初步活动起着至关重要的作用。Michael Porter肯定了这个事实。

网络技术可以通过增加信息流动整合不同价值链活动，减少生产时间和成本，以使价值链更加有效，对客户提供的服务也可以更加快捷。Rayport 和 Svviokla（1996）坚信互联网通过搜集、组织、选择、整合和分发信息产生价值。相对于实物价值链，他们提出了一个独立平行的虚拟价值链概念。虚拟价值链包括用于协调传统价值的活动，诸如市场调查、采购、物流、制造、市场和分销等数字化经营活动。虽然这个过程基于机器或虚拟的工具而不是纸质的工具，但在实施中仍需人员参与到许多供应链活动中，所以它并不是真正的虚拟，比如采购。随着软件逐渐代替实施这些活动，虚拟价值链的虚拟性将逐步增加。

6.3.1 内部价值链重构

传统的价值链模型（如图 6-8（a）所示）随着全球化电子通信的到来必须重新评估。可以说，传统的价值链模型主要存在以下缺点：

- 它很适合实物制造而不适用于提供服务。
- 它是一个单向的价值链，包括把产品推向客户（参照推动型和拉动型价值链部分），但它没有强调需要通过市场了解客户需求和通过创新开发新产品响应客户需求的重要性。
- 内部价值链没有强调价值网的重要性（虽然 Porter（1980）制作了一张图表来说明其网络关系）。

Deise（2000）提出了价值链的修订形式。图 6-8（b）所呈现的便是这一模型的改编版。这个价值链开始于市场调查，强调了实时环境观察的重要性，因为它使分销商和客户相关的电子交流成为可能。例如重要的电子零售商。现在以小时为单位衡量客户对其网络推广优惠活动作出何种反应，同时关注竞争者的优惠活动并随之作出相应的修改。同样的，制造商（如思科）也会在它们的网站上设计反馈表格和论坛，使企业能从客户和销售渠道那里搜集信息以用于开发新产品。随着新产品开发活动的发展，市场战略将有所调整，同时必要的开发、储存和分销新产品以获取资源和生产更多产品的流程也将实施。通过分析价值链和学习电子交流中加速流程建造是如何应用的，可以了解制造商是怎样缩短开拓市场、推广新产品时间的，同时了解技术的运用是如何增加价值链效率的。

除了价值链活动效率上的变化，数字化经营也可以显示内部和外部的这些活动是否成功实现。这些变化都被称为价值链的分解（Kalakota 和 Robinson，2000）或解构（Timmers，1999）、价值链重新组合（Kalakota 和 Robinson，2000）或重建（Timmers，1999）。价值链分解可以通过解构价值链的主要活动而实现，每一项活动又可采取一条新的途径来开展，例如公司可以与供应商采用不同的方式合作。在价值链重新组合中，价值链精准到可以提高每个价值链阶段的效率。Timmers（1999）把价值链描绘成一系列分离步骤的看法，可能不再站得住脚，因为一些步骤，如进货物流和实施过程通过技术集成变得更加紧密。在这里我们只讨论价值链结构上的变化，因为这些变化可能与供应链结构变化有很大的相似性。这是在商业模型中部分内容的基础上进行纵向整合便于更深入地评估和重新定义价值链。

6.3.2 价值流

价值流是一个和价值链紧密联系的概念，不同之处在于它增加了不同类型的工作并关注如何优化这些工作以提升效率。Womack 和 Jones（1998）把价值流定义为：

一套具体的活动，任何企业都需要通过三个主要管理任务带来具体产品。这三个主要管理任务如下：

（1）解决问题的任务（新产品开发和生产启动过程）；

（2）信息管理的任务（订单编制和调度交货的过程）；

（3）实物运输的任务（原材料运输和完工产品交货过程）。

任务 2 和任务 3 是传统的价值链活动（图 6-8（a）），任务 1 不是。

回到等式显示的 Deise（2000）对客户价值的定义，我们了解到 Womack 和 Jones 提出的精益思想生产手段的目的是通过在这三个管理任务削减浪费而增加生产价值。利用降低新产品开发和生产的时间成本，组织随之可以缩短实现时间、降低价格（如果他们愿意）来增加客户价值或者提高产品和服务质量。明显的，数字化经营在降低市场运作和生产产品的时间成本方面起着关键的作用。

客户价值（品牌认知）=（产品质量×服务质量）÷（价格×实现时间）

6.3.3 价值链分析

这个框架把组织活动分解为若干单个的活动，并对每一个阶段都进行价值分析。通过这种方法，组织可以分析如何在价值链的不同方面有效地利用资源。与信息系统相关的价值链中的每个要素都可利用信息系统去提高在相关领域资源的利用效率。另外，信息系统同样可被用于价值链活动之间以提高组织效率。

组织如何通过投入新的或者升级的信息系统对组织的价值链产生积极的影响呢？Porter 和 Millar（1985）提出如下 5 个阶段：

第 1 阶段　评估价值链的信息强度，即价值链在活动之中和每个活动之间的信息水平和利用情况。它的强度越高，相关信息质量越高，对新系统潜在的影响越大。

第 2 阶段　了解信息系统（IS）在行业结构中所扮演的角色（例如，银行业和采矿业会有很大的不同）。了解行业中买方和卖方的信息联动以及他们与竞争者将受到新信息技术怎样的影响，并做出何种反应也是很重要的。

第 3 阶段　对信息系统创造竞争优势的方法进行鉴别和排序（通过影响一个价值链活动或提高它们之间的联动性）。高成本和关键活动领域可以成为降低成本和改进性能的关键目标。

第 4 阶段　考查信息系统可以衍生出新业务的可能性。

第 5 阶段　制订利用信息系统的计划。这个计划必须是商业驱动的，而不是技术驱动的，优先给信息系统投资（当然应做一个合理的成本收益分析）。

这样的程序也可运用于组织的外部价值链。Womack 和 Jones（1998）提及了价值流分析的相关概念，它包括如何使整个生产和分销过程更加有效。为进行这项分析，他们建议企业应记录发生在产品开发和向客户分销商品、提供服务中的每一个活动，之后将它们分类为：

（1）创造客户所能感受到价值的活动。

（2）虽不能创造价值，但是在产品开发和生产系统中不可缺少，不能立即消除的活动。

（3）不能增加价值而应立即消除的活动。

通过分析，可以制订消除第三类活动的计划，随后管理者可集中精力对第二类活动进行削减并优化第一类活动。Womack 和 Jones 给出了一个关于罐装可乐的价值流的例子。一个表面看来很简单的产品罐装可乐在制造过程中，竟然也有许多活动。事实上，这当中有以下几个价值流：制造容器过程本身的价值流，从甜菜地到蔗糖、从玉米地到焦糖制造过程的价值流，包装物制造过程的价值流。对罐装可乐的价值流进行分析后，可将生产分为如下几个阶段：

（1）采集铁铝矿石；

（2）变形加工；

（3）冶炼；

（4）热轧制加工；

（5）冷轧制加工；

（6）可乐罐制造；

（7）装罐；

（8）区域配送中心；

（9）零售单位存储；

（10）家庭存储。

在价值链分析中，将衡量以上各个阶段的效率。例如，在第7阶段装罐（将饮料装入罐）过程中，Womack 和 Jones（1998）给定了4天的进货储存时间，1分钟的流程时间，5周的完成储存时间。如果整个流程耽搁了大量的时间，例如进货储存时间需要5个月，完成储存时间需要6个月，但是制造过程只需3个小时，从矿山到购买家庭整个循环要将近1年的时间，那么很明显这种分析就非常必要了。并且如果信息管理可以减少储存时间，那么企业由于减少了存储数量而将节省大量成本。这种优势在零售商那里体现得更加明显，如 Tesco 已实行价值流分析，在 Tesco 信息交流平台开展数字化经营以降低在配送中心（RDC）的存货量，并且使各自的存储时间降到仅有两三天，它还可以在24小时内使存货得到持续供给。一家 Tesco 零售商店周一晚上所订的存货会立刻通过区域配送中心（RDC）从供应商那儿发出，并在星期三早上商店开门之前送达。

在实务层面上，价值链的提升是通过销售与运营计划（S&OP）的迭代实施来进行的。Kjellsdotter 和 Jonsson（2010）定义了数字化经营的优势：

（1）创建一个共识预测。通过统计的预测手段，需求计划工具能够为升级后的决策支持整合不同部门和公司。

（2）创建一个初步的交货计划。通过应用于预测的见解，减少计划工作。

（3）创建一个初步的生产计划。集成几个实体，协调不同功能，使用优化的模型找到最可行的解决方案。

（4）调整交货和生产计划。包括信息的可见性、情景分析，例如用"假设分析"来分析资源的可用性和客户需求造成的影响。

（5）确定交货和生产计划。有形成本的降低带来的综合效益，规划和调度的整体效益带来的无形收益。

6.3.4　价值网络

减少市场运作时间和增加客户影响不能简单地看成提高内部流程效率和信息系统成功部署的结果，这样的结果还可能源于企业通过考虑合伙者如何参与其中，去外包一些在传统经营中被看成是企业内部价值链组成部分的流程。Porter的初始工作不仅需要考虑内部价值链，而且还要考虑外部的价值链或网络。随着越来越多的企业开展外包业务，对企业与合作伙伴连接环节的管理变得更加重要。Deise（2000）把价值网络管理描述为：

在基于约束的，基于波动的实时环境中实现外包决策的过程。

电子交流技术向外包的转变，使创造、管理、监督合作伙伴所必需的信息传递成为可能。这些连接环节的协调不仅来自企业，也可通过作为价值链协调者的中介机构完成，结果是管理合作伙伴价值链的观念变得很普遍。

图6-9改编自Deise（2000）的模型，一些价值网络的合作者可被分为：

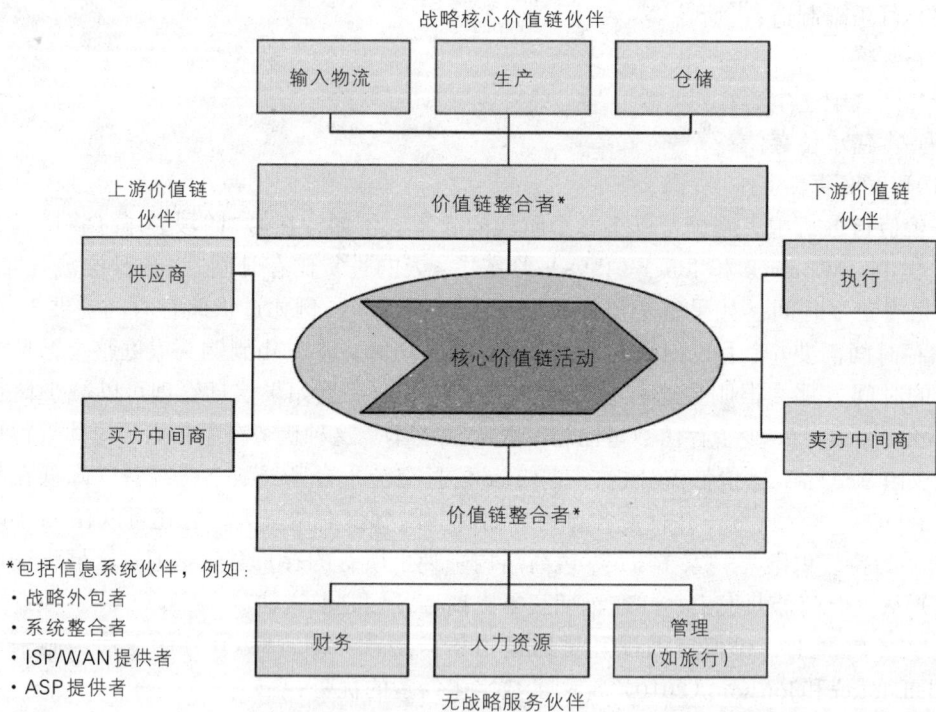

图6-9　企业价值网成员

来源：改编自Deise等（2000）

（1）供应方合作者（上游供应链），例如供应商、B2B交易、批发商和分销商。

（2）实现主要或核心价值链活动的合作者。外包给第三方的核心价值链活动的数量会随着企业类型和组织虚拟化程度的不同而有所变化。在一些企业中，进货物流的管理活动可能外包，在其他企业中制造流程的不同方面可能会被外包，在虚拟组织中所有核心活动都可能被外包出去。

（3）卖方合作者（下游供应链），例如B2B交换、批发商、分销商和客户（图上没显示，它与其他合作者有显著不同）。

（4）提供协调内外价值链服务的价值链协调者或合作者。这些企业大都为一个企业提供电子基础设施。

图6-9中价值网络和图6-5中B2B企业的供应链二者之间有诸多相似的构成要素。但是价值网络提供了一个不同的理念，重点强调：

- 组织和合作者之间、不同合作者之间实现电子链接，这种链接使合作者之间的实时信息交流成为可能。
- 网络本质上是具有活力的，它可以根据市场条件和客户需要迅速做出调整。新的合作者可以被迅速地引入网络，而执行不好的合作者也将被迅速移除。
- 它还可以在不同类型的合作者之间形成不同的连接方式。

把业务大规模地外包给第三方并不是企业唯一的选择。在下一章有关管理合作关系的内容中，我们将会对不同的合作关系更加详细地划分归类，同时要铭记外包确实意味着成本的降低。Michael Dell 说戴尔并不把外包看成是处理不增值的流程的行为，而是把它看成 "为顾客创造更多价值的一种协调活动"（Magretta，1998）。戴尔通过改变与供应商和分销商的工作方式来改善对顾客的服务，以在6天之内按客户的定制要求生产出一台电脑。

6.3.5　关于虚拟组织

Davidow 和 Malone （1992）这样描述虚拟组织：

"在企业外部，它会随着企业、供应商和客户间连接环节的改变而持续改变和渗透——看起来似乎毫无边界；而在企业内部，即传统办公室、部门和执行车间，它应该根据需要不断改革，逐渐改变工作职责。"

核心价值链活动外包的不断增加表明企业正在向虚拟组织转化。Benjamin 和 Wigand（1995）说 "现在想精确地勾画出一个组织的边界变得十分困难。"引进电子网络的一个深刻的影响是企业利用第三方外包生产商品和分销将变得更加容易（Kraut等，1998），这将导致供应商和组织之间的界线逐渐模糊。员工可能在任何时区内工作，而客户可以从任何地点购买和定制商品。在组织中任何严格界线和特权阶级都不复存在，这一切都会促使形成一个更负责任感、更灵活的以及更加以市场需求为导向的企业。

虚拟组织也可能被看成是现存组织转型的一个方向。Malcolm Warner给虚拟组织下了如下定义：

"简单来说，它是一种组织形式，可以帮助企业减少它们的有形资产（巨型总部、集聚工厂等等）；反过来依赖于强大网络交流系统，能连接分散的中小企业。换句话说，企业的老式实体约束和组织构建已被打破，而以前需要通过面对面交流的协调控制活动也正在向网络远程处理转变。"

他指出公司都具备一些虚拟组织的不同特性。这些特性包括：

- 缺少实体结构：虚拟组织有一点或没有实体存在。
- 依赖知识：缺少实体设施和接触意味着知识是虚拟组织的关键驱动因素。
- 利用沟通技术：这意味着虚拟组织更加依赖信息技术。
- 移动工作：对沟通技术的依赖意味着传统的办公室或企业已不再是工作的唯一场

所，逐渐地员工可以在任何地点办公。

- 无边性和包容性：虚拟组织的边界往往很模糊。
- 灵活应变：分散的元素、部门能快速整合成虚拟组织，当特定的商业目标达成时，虚拟组织会被拆散重组。

关于虚拟组织特点的另一种观点（Kraut，1998）是：

（1）流程超越单个组织的界限并不受单个的组织框架控制；

（2）不同时期有不同参与者的参与，生产过程更加灵活；

（3）参与其中单独一种产品生产的合作者经常在地理上是分散的；

（4）鉴于这种分散，合作主要依靠网络。

所有企业往往都有一些虚拟组织的特性。随着这些特性的不断增加，虚拟化也就形成了。Malone（1987）认为网络的出现将会引导虚拟化的普及，因为商品交易的管理和协调可以在更低的成本下更有效地执行。

关于 Pebble 手表的迷你案例学习 6.1 和本章末尾的 PwC（2013）的调查给出了通过外包进一步实现虚拟化的例子。

6.4　重构供应链的选择

作为数字化经营战略定义的一部分，管理者需要考虑如何改进价值链的结构。这些结构起初并不基于网络技术，网络技术提供的是效率更高、发展更快和成本更低的交流方式。

供应链管理可以看成是通过外包实现的供应链要素内外控制的持续过程。持续过程的两个端点部分通常被称作纵向整合和虚拟整合，两个端点中间的形态时常被称作垂直分工或供应链分类，图 6-10 阐释了这一持续过程。

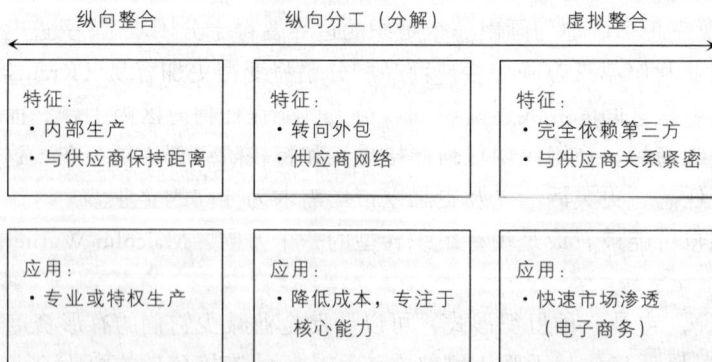

图 6-10　纵向整合、纵向分工、虚拟整合的特征

在 20 世纪下半叶，组织结构变化有一个一般性趋势，就是从纵向整合经过纵向分工到虚拟整合。汽车制造业的变化就是一个很好的例子，传统的汽车制造企业将工厂设立在钢铁公司附近，输入汽车工厂的是纯粹的原材料，产出的是完整的汽车，汽车的其他部件如引擎和乘客用的设备也由该公司制造生产。另外，价值链中的其他活动如营销也在很大程度上由公司自己来执行。现在一种主要趋向是公司逐渐地将越来越多的部件生产（如灯光、室内装饰及装饰材料，甚至引擎）外包给第三方。营销活动如网站的开发、说明书手

册的完成和广告计划也已外包给营销代理。

Hayes 和 Wheelwright（1994）提供了一个分析框架来总结组织进行纵向整合时的考虑要素，框架中三个主要的决定因素是：

（1）扩展的所有方向。一个企业应该把目标定在控制供应链上游，还是供应链下游？控制供应链下游部分（下游纵向整合）经常被认为是一个进攻性的战略举措，因为这一战略使公司面对顾客时变得更加强势。相反，企业也可以选择战略防御性的上游纵向整合。

（2）纵向整合的程度范围。公司的上下游供应链纵向整合需要多大范围？起初，汽车制造商有一个很大程度的纵向整合，但是现在它从一个宽的流程范围转到了一个窄的流程范围。促进宽窄流程变化是数字化经营影响公司纵向整合的主要途径。

（3）纵向整合阶段之间的平衡，即在供应链的每个阶段应该怎样支持即时供应链。如果一个汽车制造商的供应商也为其他企业制造零件，这就是一个不平衡的情况。

结合这种观点，我们可以看一下 B2B 企业（图 6-5）。如果它拥有上下游供应链元素的主要部分并且每个元素都用于支持 B2B 企业的活动，那么其战略应该是协调上下游方向各个元素的纵向一体化，进而使企业拥有广泛流程跨度和高度的平衡。相反，如果改变战略，只关注核心能力，它将就只有一个很窄的流程跨度了。

那么，电子交流怎样支持这些战略呢？通过提高供应链成员之间的信息流动频率，窄的流程跨度战略同样能得到数字化经营的支持。然而，这依赖于供应链所有成员的电子应用能力。如果只有即时上游供应商引入了数字化经营，整个供应链的效率将不会大幅度提高。制造商鼓励企业进一步加快供应链电子化是有困难的，应该由同时处于进攻性和防御性战略地位的企业来引进数字化经营，进而提高整个供应链的效率。如同我们在案例学习 6.1 中看到的，Shellu Chemicals 这样的公司通过和客户共享它自己数据库中的信息来提高供应链效率，进而使供应链电子化。

实践活动 6.2

个人计算机制造中的供应链模型

活动

（1）了解下面提到的两个企业的方法，哪一个趋向纵向整合，哪一个属于虚拟整合？

（2）制作一个表格，总结每种方法的优势，你认为哪一个更好？

（3）信息系统如何应用于各个方法？

方式 1.20 世纪 80 年代至 90 年代期间的 IBM

IBM 在不同的地区制造许多组成部件，如 IBM 硬盘、IBM 磁盘、IBM 监视器、IBM 鼠标和通过 IBM 物流将其运送到企业。

方式 2.20 世纪 90 年代至 21 世纪期间的戴尔

戴尔由第三方在不同的地点制造所有的部件，包括英特尔处理器、希捷硬盘、索尼监视器和微软鼠标。由第三方对最终产品上的一些元件进行组装，例如根据每个订单，把适当的显示器添加到系统单元中。更多有关戴尔的信息参见 Magretta（1998）。

6.5　应用数字化经营重构供应链

使用电子通信方式来提升供应链的效率依赖于有效的信息共享与信息交换。实现标准化数据格式和数据互换的挑战催生了信息供应链（ISC）最优化的研究。这一概念是由

Marinos（2005）；Sun 和 Yen（2005）提出的。March 等（2007）把 ISC 描述为：

一个以信息为中心的物理和虚拟供应链，其中各个实体在正确的时间以一种安全方式向正确的对象提供正确的信息在链条中创造价值。ISC通过收集、组织、筛选、合成和派送信息等方式在相互合作的企业间创造价值。建立ISC的挑战来自于组织层面和技术层面。在ISC中，要想从技术投资中获益，组织内和组织间的业务流程的灵活性是必不可少的。

这一定义显示了运用ISC的概况和所面临的挑战。Legner 和 Schemm（2008）的吊车显示，在零售业务和消费品行业中有两种关于信息共享和协调的问题：（1）协调各种需求和供应链的交易信息流（需求信号、预测、订单、运输、通知和发票）；（2）使零售商和制造商以相同的方式解释数据信息流的语境。他们特别说明了一个可以得到解决的问题，即"牛鞭效应"或者说需求和库存的不一致导致沿着供应链被放大的信息不对称。在本章前面介绍过的ECR的概念也是一种减少信息不对称的方法。尽管信息不对称可以通过技术手段来减少，但缺乏标准和缺乏专业技能等技术壁垒也会阻碍这些方法的实施。组织问题，比如供应链合作伙伴的相互信任程度、由于信息保密带来的竞争优势等，都是同等重要的。

在这一部分，我们先复习一下优化ISC所带来的效果，和应用ISC来进行技术支持所带来的优势。然后考虑公司如何使用技术手段来支持其上游和下游的供应链管理。

6.5.1　供应链管理的技术选项及其标准

我们曾在第3章中介绍过一些使用e-SCM的数据转化的选项和标准，包括：

- EDI是一种成熟的、比较简单的交换订单（订单、送货单和发票）的方法。
- XML或基于XML和EDI的数据转化可以使订单需求之类的更为复杂的一对多的数据转化传递给潜在的供应商。
- 中间设备或软件被用来及时整合或转化外部系统的需求，这些需求可以被内部系统所理解，进而触发后续事项。
- 通过传统的基于网络的B2B数字化经营商店的人工电子邮件下订单或在线购买。

这些机制使得数据可以通过ERP系统（含有用来确定产品未来需求的物料需求计划）从客户传递给供应商，生成一张生产产品所需材料和零件的清单，并使其订购这些材料和零件。

随着软件即服务（SaaS，见第3章）的流行，网页应用已经支持了e-SCM的发展，正如迷你案例学习6.2中所描述的那样（在第3章，我们讨论了SaaS的一些优势和不足，特别是在单边决策和多边决策中的优势和不足）。

迷你案例学习6.2

E2open通过SaaS化的e-SCM实现繁荣

E2open（图6-11）是一个提供多部门价值链解决方案的领先的供应商，这些解决方案通过建立在现收现付制基础上的作为需求的工作业务流程来履行。根据公司的情况，E2open的收益包括点对点的可见性、更快的时间价值比和更低的总费用、全球价值网络的合作和响应能力、持续的价值地图、更容易的内部应用和贸易伙伴（包括供应商、客户、分销商和物流提供者）。在全球，超过45 000家企业正在使用E2open（它有着单边的或多边的选择）。

使用 E2opne 来支持供应链管理的企业包括 Boeing 公司、Celestica、Cisco Systems、Flextronics、Hitachi、IBM、LG Electronics、LSI、Matsushita Electric Industrial（Panasonic）、Seagate Technology、Spansion、Vodafone、Wistron 和 YRC Worldwide 等。

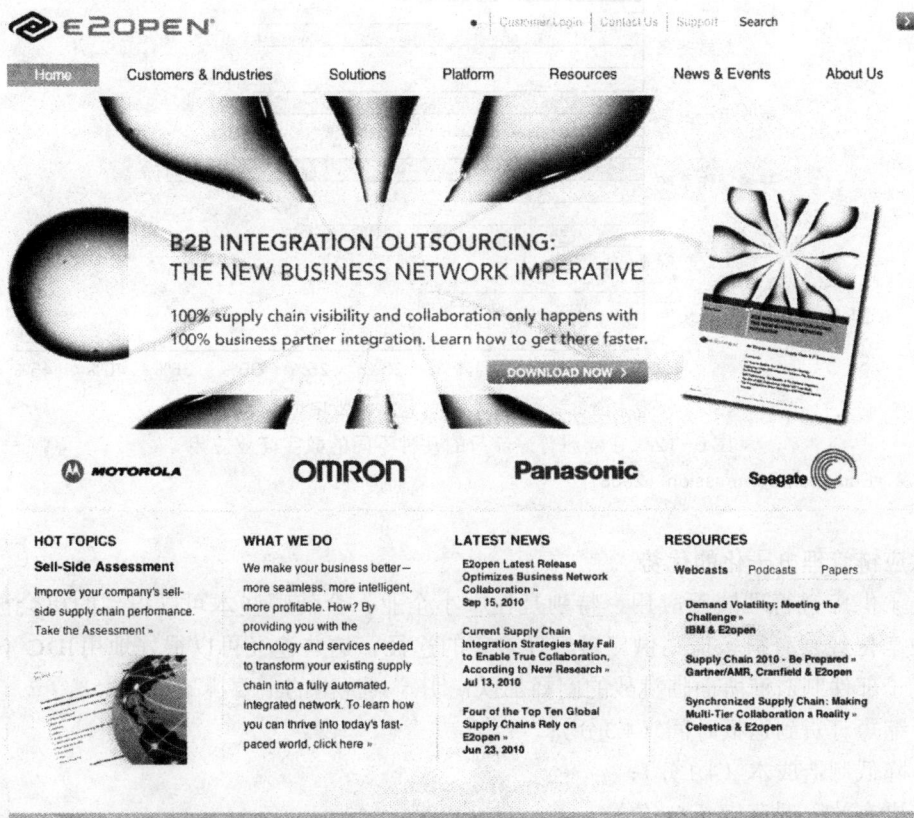

图 6-11 E2open

来源：www.e2open.com

6.5.2 数字化经营技术的使用率

应用于供应链管理的数字化经营技术到底多受欢迎？欧洲委员会的信息社会报告（欧洲委员会，2008）调查显示，利用互联网与合作伙伴进行线上买卖或信息共享的企业比例很低。

在 2006 年，英国为政府门户开发了供应商系统（www.supply2.gov.uk）作为电子政府（e-government）的一部分，这是一个用于政府 100 000 英镑以下采购的在线市场。注册者平常可以收到电子邮件提醒他们有适合的采购项目，其还可以在线寻找项目和收到产品的详细信息。但这一服务现在已经不可用了，表明鼓励和维持这些类型的采购服务非常困难。

令人惊讶的是一份欧盟报告（European Commission，2008），其同样显示了各种数字化经营应用软件应用率很低的现状。图 6-12 显示了不同数字化经营应用程序的受欢迎程度。尽管应用这些软件有很多优势，其实际应用率还是很低，特别是在手工系统或基于桌面电子表格、数据库和账务系统的小型企业中。

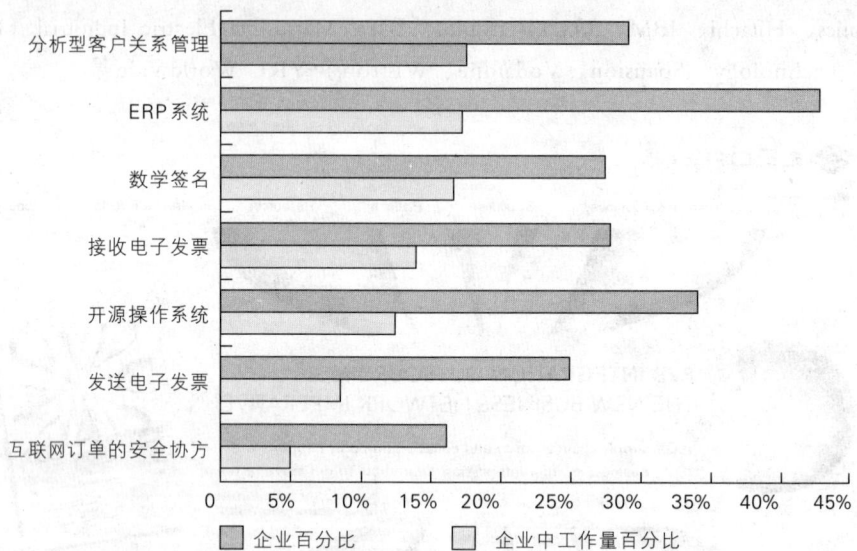

图6-12　在欧洲普遍流行的几种不同的数字商业应用

来源：European Commission（2008）

供应链管理电子化的优势

电子供应链管理缺乏应用，特别是在中小企业，会使哪些本可以得到的机会被错过呢？数字化经营有很多提高供应链管理效率的途径，这些途径可以很好地用IDC（2004）关于电子部件制造商所面临挑战的阐释加以说明。其提出的主要挑战是：

- 缩短订货到运抵时间（4.3分）；
- 降低制造成本（4.1分）；
- 更有效管理存货（4.0分）；
- 提高需求预测（3.9分）；
- 缩短引进新产品的时间（3.7分）；
- 改善售后操作（3.2分）。

我们现在更深一步考虑应用数字化经营对B2B企业的典型优势，它们包括：

（1）提高单个流程的效率。在这里完成流程的循环时间和所需资源减少了。如果B2B企业引进电子采购，将会使企业拥有更短的循环时间和更低的单个订单成本，同第7章所描述的一样。

（2）降低供应链的复杂程度。这是第2章讲到的调节过程。利用网络，B2B企业将方便地从数字化经营网站直接销售而不是通过分销商和零售商销售。优点：降低建立分销和销售渠道的成本。

（3）改善供应链之间各元素的数据整合。B2B企业可以和其供应商在产品需求上共享信息，优化供应过程，与案例学习6.1所描述的Tesco相似。

（4）通过外包降低成本。企业运用外包或虚拟整合去改变资产和消耗，如支付给第三方企业的转移、持有存货成本等。技术也是构建价值网络的促进因素，企业基于成本和质量快速地决定或变更供应商。优点：通过价格竞争、减少生产消耗和持有资产来降低成本，可以相互协调提供更好的服务。

（5）创新。E-SCM可以更灵活地运送更多不同类型的货物，同时减少营销时间。如B2B企业可以用数字化经营使客户明确用于生产塑料的化学混合物和附加物并了解先前的生产形式。优点：更好地响应顾客。

案例学习6.2

Argos应用电子供应链管理给顾客带来便利

零售商Argos是一家在应用供应链管理提升多渠道销售方面处于领先地位的公司。交易型的Argos网站是在2000年建立的，当时其是实践预约服务的先锋。10多年前建立的这一网站带来了销售额的大幅度增长。

根据E-consultancy（2010）的数据，在2009年Argos多渠道销售额为190亿英镑。其中，"核实与预约"服务提供了22%的销售额，增长了36%。该项服务允许客户提前核对哪家商店可用，然后从特定商店预约提货。互联网销售额占到了31%。该系统的一些功能有赖于网站与不同的物流系统的整合，这也是其竞争优势之一。例如，实时库存可用性信息显示：在Argos上预定的商品可以直接提货，而其他一些零售商通常会让顾客在商店收集环节等待好几天。

David Tarbuck是Argos多渠道销售部门的主管。他对Argos所使用的方法进行了说明：

Argos建立的网站在英国市场上非常独特，这一点也使实施"核实与预约"服务变得简单。鉴于客户在商店前面，而存货在后面，我们对存货水平有清晰的认识。这意味着我们可以确信，不论询问哪一家商店的库存情况，系统都会提供准确的信息。"核实与预约"服务立刻就"抓住"了顾客，这一流程在过去两三年里还在加速，这一渠道的销售额已经连续两年达到了36%的增长率。人们喜欢这种方式，他们很享受在离开房子之前就核对完需求订单所带来的便利，这可以避免他们白跑一趟。我们的模型在过去的10年中一直在改进，这会使其他零售商在使用类似系统时变得更加困难和成本高昂。

对于Argos这样的多渠道零售商来说，一个进一步的优势是其可以通过在网站上提供更多种类的商品来拓宽销售范围。Argos计划在2010年增加10 000种只在网上销售的商品。Argos还在商店中提供信息亭服务以帮助顾客安排送货上门。

移动商务为Argos的客户提供了更多选择。在2010年，Argos上架了其第一款iPhone应用，提升了600%的用户流量。2009年12月，Argos有750 000名来自iPhone或iPod的访问者，表明了对这一服务的需求。

iPhone上的应用首先要求你设置家庭地址以使后续的预定更加顺畅。这款应用也可以通过GPS和邮政编码等找到当地的商店。谷歌地图会显示当地商店的所有结果，你可以通过诸如开放时间、方位等细节信息选项来设置你的商店。接着你就可以用搜索按钮来确定符合要求的商店了。Argos的存货检察员像机器一样工作。每张产品信息都包含一些回顾信息，这使得该款应用在人们作额外商品搜索时十分好用。一旦选定了商品，预约程序就直接启动了。

Argos以其商品目录而闻名，这些商品目录也是多渠道零售战略的一个组成部分，因为分类的商品可以同时促进商店购物和网上购物。Argos每年放出两种商品目录，每种要印1 800万份。David Tarbuck对商品目录如何适用于多渠道战略进行了说明：

在很多休息室里的咖啡桌上放置着我们的商品目录，我们的商品目录甚至出现在人们的家里。

商品目录往往是顾客在 Argos 上购物的起点，他们会翻阅商品目录，可能同时还会浏览我们的网页。

我们有超过 11 000 种在线商品没有出现在商品目录中，于是人们就会上线来查看这些最新商品，所以商品目录是用来与其他渠道相结合的。通过商品目录或其他渠道，业务与客户沟通，并通过他们希望的互动方式来为他们服务。

Tarbuck 相信团队的结构和焦点对成功来说也很重要。他说：

我们有一支多渠道的团队，我是发展团队和网站运营的队长，监督线上战略。

我们有数字化经营、营销和商业团队来响应业务贸易方，同时确保广泛的促销活动相互结合，不同渠道间存在着一致性。过去 10 年中，我们有一支独立的、关注互联网的团队，该团队与营销和业务的其他方面联系密切。

问题

（1）说明 Argos 是如何应用电子供应链管理给顾客带来便利的。

（2）你认为有哪些因素促成了 Argos 多渠道零售战略的成功？

适应新商业需求的灵活性是电子供应链管理系统的重要能力，例如，在 2006 年，数字化经营系统供应商的整合者 SAP（www.sap.com）解释了 SCM 解决途径的三个能力：

- 使供给和需求同步——平衡推动和拉动网络计划过程。补充存货和实现基于真实需求的生产。
- 察觉市场并回应以合适的供应链网络——根据实际需要计划生产过程，推动原料分配、生产和销售并与之相适应。
- 提供了网络的可见性、合作性和可分析性——监视和分析企业扩展供应链。

关于这些优点的另一种观点是观察在供应链的末端技术可以给客户带来的利益。对于 B2B 企业而言，这些利益包括：

- 通过 7*24 小时服务提高方便性；
- 增加对供应商的选择以降低成本；
- 通过降低存货缩短执行时间；
- 方便整理存货使之可随时调配；
- 增加关于产品和运输的信息，如技术数据表和订货历史记录。

互联网使企业有两个可选择的运营方式，而供应链的矛盾牵制作用则变成了网络电子调节作用。Malone 等（1987）和 Steinfield 等（1996）认为网络可培育出具有更多短暂关系的电子市场。换句话说，既然形成电子调节关系变得更加容易，那么客户打破这种关系去选择其他供应商也变得更加容易。与之相反的观点认为，由于虚拟世界的架空性和改变供应商所带来的风险性，网络反而可以为特定供应商锁定客户。

一种流行观点认为在运营渠道中引进互联网会产生更短暂的合作关系，这将是一种有更多中介参与的情况，并且会转变成一种购买方式被人们逐渐接受。然而，Steinfield 等（1996）似乎建议 EDI 和互联网应用应趋于巩固现有的关系。进一步说，研究表明在购买中运用网络实际上会降低购买结果，例如公司会遭遇较差的质量、效率和供应商满意度。如果 Steinfield 等（1996）的发现在实践中得到证实，随之而来的就是对 B2B 市场数字化经营应用空间前景的质疑（第7章）。固有买方联盟和供应商成员之间的关系就显得很重要了。

信息系统支持的上游供应链管理

上游供应链管理的关键活动是采购和上游物流。信息系统在数字化经营中支持存货采购的途径是如此重要以至于整个章节都关注它（第7章）。然而，在这一章节中我们也会看到一些技术是如何应用于提高上游供应链管理效率的。

许多商品零售商已经前瞻性地运用技术来管理上游供应链了。最典型的例子就是Tesco 开发的系统。其他的英国零售商也开发了叫作"Sainsbury Information Direct"和"Safeway Supplier Information Service"的类似系统。Tesco 信息交换（Tie）是在与GE 信息服务（GEIS）的结合中被开发出来的，是一个使 Tesco 和它的供应商相互合作、交换交易信息的外部调节方式。TIE 与 Tesco 的主要系统连接以给供应商提供相关即时信息如电子销售（EPOS）数据，方便其去追踪销售和内部电话记录，也方便供应商快速找到通话人。

RFID 与物联网

RFID（无线电频率识别芯片）标签是电子供应链管理（E-SCM）方面的一个创新，已广泛运用于物流。它们附着在仓库或零售商店里的单个产品项目上，运用合适的扫描技术，它们可用于估计存储水平。尽管这一术语是在1999年提出的，这种方法仍被叫作物联网，因为 RFID 可以与一个把项目位置和数据信息上传到互联网的系统相连。创新仍在继续，如软件公司 ThingWorx.com 和无线设备公司 KORE 正在合作发展对机器的应用（M2M）。根据 Thing Worx（2013）提供的信息，一个在手机行业的解决方案将使公司管理 SIM 库存、装置的位置和访问数据会话变得更加容易。对客户来说，他们将能够使用基于位置的服务应用来生成自定义账单。

RFID 仍处在使用的初期，PMP（2008）报告说只有3%的英国公司正在全面使用RFID，有19%的公司在部分使用 RFID，另有3%的公司只在客户有要求的情况下使用RFID，16%的公司计划要使用 RFID。受访企业中，有42%认为 RFID 技术的主要缺点是成本过高，32%认为它缺乏技术标准，23%认为它并不充分了解客户。

Fisher（1997）根据产品的类型和需求规律区分了制造商可以采取的两种不同的战略。对于不需要根据消费者的需求频频变动的基本产品，特别是那些容易判断需求的产品，这意味着供应链要以低成本、高效率为目的来执行。对于更加复杂的产品（包括那些不容易预测需求的产品），Fisher 给出两个对照产品——Sport Obermayer 滑雪衣和Campbell 肥皂来举例说明。每年 Sport Obermayer 有95%的产品是新设计的，且需求预测偏差可能超过200%。相反，每年 Campbell 有95%的产品是相似不变的，并且有可预期的需求水平。对于这些产品，战略上的相应措施为开发一个前期实用高效的且能在后期得到市场反馈的供应链。

降低成本可能立刻导致收益的减少。在这种情况下最大的成本节约可能是通过重新审视整个供应链的结构来实现的。1991年，Campbell 公司实行了被称作"持续供给"的项目，它与主要供应商建立 EDI 连接并且每个早晨零售商都会将它们所有产品的需求以电子方式通知 Campbell。然后 Campbell 基于存货量的上下线限制，利用这些信息来决定产品是否需要补充供给。卡车每天离开 Campbell 的装运厂后直接到达零售商的分销中心。这种方式使零售商的储存时间从4周缩短到了2周，从而降低了成本。这2周的存储减少量相当于增加了1%的销售量。这听起来并不算是一个很大的进步，但是零售商本来追求的就是薄利多销，所以这就使得这些产品的利润率大幅上升。这个例子有很大的启发性，因为它不仅阐释了这一手段节约的可能性，还说明了通过运用EDI可避开存货的陷阱。Campbell面临的难题是当实行价格促销时将导致5倍的需求，这在短时间内很难实现，所以生产者和零售商必须在优化购买上进行合作去满足顶峰时期的需求。

6.5.3 信息系统支持的下游供应链管理

下游供应链管理的关键活动是出货物流及其实现。很明显在B2B的情况下，下游客户的优势当然和组织通过上游自动化获得的优势相同。在第8、9章中，我们将用营销的观点考虑这些问题，但是本章我们将重新审视成功实现数字化经营的重要性。

我们还是用商品零售市场来说明供应链管理中的数字化经营的作用。Tesco不仅是应用技术提高上游供应链管理效率的先驱，也是在下游供应链管理中应用数字化经营的先驱之一。Tesco的下游供应链包括直接向客户销售，换句话说就是通过减少它的分销机构实行战略上的内部整合（第2章）。因为是早期的采用者，Tesco.com已经发展成为世界上最大的在线销售网站之一。

6.5.4 出货物流管理

出货物流管理的重要性与通过网站提供直接销售的期望相关。在一个小的空间里，物流传递对于在网站上建立服务承诺是至关重要的。

亚马逊财富很好地阐释了如何以不同视角看待物流重要性以及它是如何与基层生产线相关联的。Phillips（2000）报告说履行机制因为执行分单装运而增加了亚马逊的成本，其单一订单的实现要求成倍的运送项目。有证据表明，亚马逊可能需要超过三次装运来满足一些订购。这在美国（其销售额占亚马逊收入的86%）是一个棘手的难题。在这里，人群中心之间的距离需要七个装运与分销中心网络。Phillips（2000）解释说实现一个单独的订单要增加多个地点装运项目，这样会增加运输成本和装卸货物的人工成本。而在每个分销地点配备所有货物在财务上是行不通的。一些分析者建议亚马逊应将其分销运作机构分离出来或实行外包以降低成本并改变物流战略。

6.5.5 供应链管理的信息系统基础

信息系统需要提高供应链可见度给那些需要组织供应链信息的参与者，不管他们是组织的员工、供应商、物流服务提供者，还是顾客。既然组织的供应链包含大量的信息，这些信息的需要者必须根据各自的需要选择对自己有用的信息——客户想看到他们的订货情况，供应商想要接近组织的数据库去了解下次需要订货的时间。另外，信息的安全也很重要——如果一个公司有不同的定价，它不希望客户知道定价的不同。

传输这些信息意味着需要提供一个满足不同组织各自要求的完整的供应链数据库，一个典型的传输供应链管理的完整信息系统基础在图6-13中有所描述，可以看到这些信息被划分为用于供应链计划和用于供应链流程执行两部分。案例学习6.1和案例学习6.2都是新的技术如何用于收集需求信息及在不同数据库与应用之间传递数据的很好的例子。现代供应链基础构建的关键要素是能使信息在供应链和应用中共享的中心执行数据库得到应用。这个执行数据库经常构成企业资源计划系统如SPA、BAAN或PRISM的一部分，并经常与这些系统程序一起被购买来用于供应链的计划和执行。一些计划的运用，如网络发展和优化，则更可能由单个的软件供应商提供。利用互联网技术通过TCP/IP协议传递信息正一点点趋于标准化，进而降低租用网络线路的成本（第3章）。在出现问题时，管理者会发出供应链过程受干预的信息，它作为警报被传递或由其他参与者通过连接参与者的外联网的私人内网持续监控获得信息。

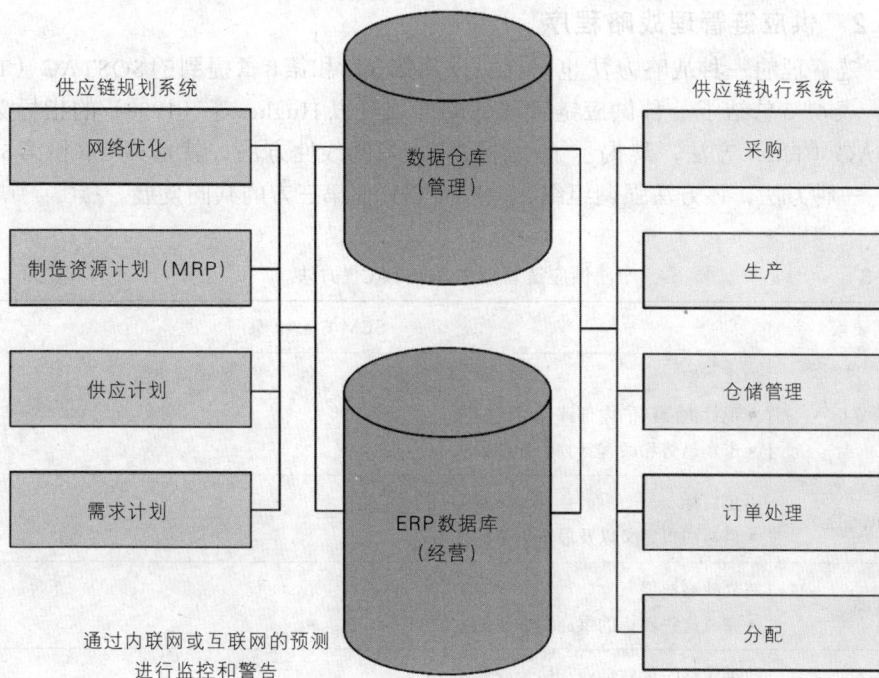

图6-13 典型的供应链管理信息系统架构

6.6 供应链管理的实施

公司中对供应链管理负责的经理人面临的困难在Conspetus（2000）的一些观点中有所体现。例如当被问到"在你的职责范围内，你认为协调分销和物流计划有多难"时，一位来自欧盟的手机运营商回答说："公司的分销和物流的过程可以说是'一场彻彻底底的噩梦'。"另外一位描述道：

"在我们公司里，事事变化不已，以至于寻求供应商和改变我们的处理程序以适应它们成了一场持久战。我们希望我们的供应链管理软件和外联网的不断滚动可以产生连续的投资收益。但是我们很容易忘记我们必须不间断地检测我们的商业模型来确保所做的是正确的。"

6.6.1 数据标准化和数据交换

在互不兼容的系统之间传递信息是非常困难的，这也是限制供应链管理应用的一个障碍。Elemica能在化学工业的市场上取得成功，是由于它与少量合作伙伴在垂直区间上进行合作。但对于有多种产品的市场，标准化就变得更为困难。GDSN是一项近期的发明，其目的在于加速电子供应链管理的应用（见专栏6.4）。

Schemm（2007）总结了这种方法给零售商带来的一些优势：

- 订单和项目管理效率提升了50%
- 结账时的排斥优惠券行为减少了4%
- 数据管理工作减少了30%
- 货架的可用性提高，缺货商品从8%减少到3%

6.6.2 供应链管理战略程序

供应链管理的一种战略方法也同样可以用第5章和第8章提到的SOSTAC（TM）方法定义，表6-3总结了一种供应链管理战略发展（以Hughes等（1998）的指导为基础）的SOSTAC（TM）方法，其揭示了一种战略思考的线性方法，就是第4章和第5章中反复提到的一种方法，该方法强调组织、供应商和其他第三方的共同发展。

表6-3 供应链管理的SOSTAC™方法

战略要素	SCM方法
形势分析	搜集数据 • 现行供应链的内部评估 • 市场趋势和顾客计划的外部分析
目标设定	设定目标 • 目标回报定义以及股东价值的发布
战略	建立战略框架 • 完成这些目标的供应链战略的发展
战术	改善策略的优先顺序和快速获胜
行动	实现改变，挑战思维 • 组织一场供应链战略讨论会来评估现在需要 • 价值增值、成本和供应链业务周转时间的分析 • 专家小组详细查看主要程序 • 定位业务发展战略以支持执行者
控制	评价结果 • 在公司范围内评价供应链的整合 • 设立底线以保持在工作履行上的压力

Hughes（1998）按照改变幅度和速度对供应链改善战略方法进行了分类。改变的幅度类似于业务流程重组和业务流程优化的幅度（Bocij等，2005）。图6-14描述了供应链的四种战略选择，其中两种战略选择可应用于单个处理程序，如购货或出货物流，可被认为是在运营层面上的改善。与彻底的整改相比，小的整改可能在风险最小的情况下带来短期收益；相反，改变的幅度越大，风险也越大，但潜在的收益回报也越大。这些改变包括程序再造或供应链的巨大变化。

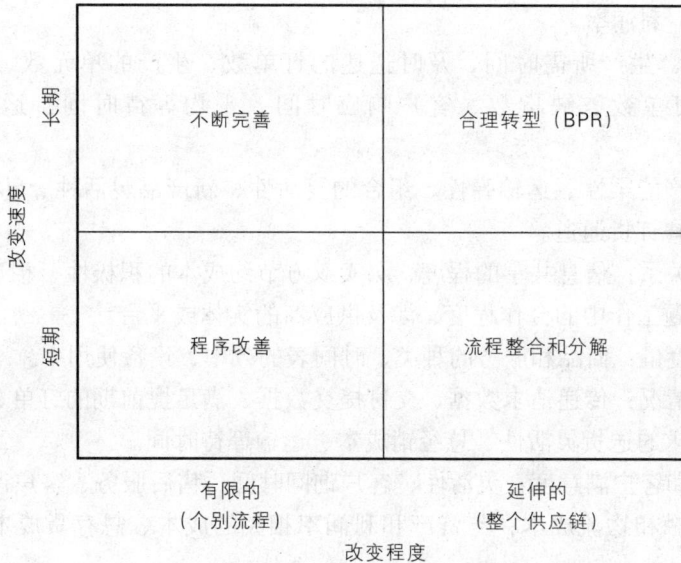

图6-14 数字化经营供应链改进的选择性战略

专栏6.4

GDSN是全球的数据标准之一

每个商业组织都有数据库或者商品目录，里面有它们制造、贩卖或购买产品的信息。但是，它们描述商品信息的方式因内部术语、国家、竞争行业标准的不同而不同，而且随着数据库升级，数据也会发生变化。这也是条形码技术一再升级的原因之一，它被供应链交易组织 Global Standards One（GS1）升级为 Electronic Product Code（EPC），接着是 GDSN。

全球数据同步网络（GDSN）设立于2005年，目的是为分享零售商品信息设立一个标准。截至2008年，该网络已经有超过200万的注册信息。管理这个标准的组织（G1）解释说，要使贸易伙伴相互之间可以实现项目、地址、价格等信息的同步，只需要5个简单步骤：

1. 加载数据。卖家在其数据库中注册产品信息和公司信息。

2. 注册数据。向 GS1 Global Registry 发送一部分数据。

3. 订阅请求。买家通过其数据库请求接收卖家的信息。

4. 发布数据。卖家数据库向买家数据库发布要求的信息。

5. 确认并告知。买家通过每个公司的数据库向卖家发送一条确认信息，通知供应商使用该信息。

6.7 电子供应链管理的目标设定和绩效管理

在之前的部分，我们讨论了应用电子供应链管理的优势。为了高效管理电子供应链，类似节省时间、降低成本和提升客户服务之类的优势应该被制定进一套绩效管理框架内。Sambasivan 等（2009）整理了其他供应链管理研究人员关于绩效管理的研究成果。在他们的测度框架内，有以下类别的标准（就每个标准还给出了例子）：

1. 供应链的成本：总成本、经销成本、生产成本、存货成本。

2.盈利能力：利润率。

3.客户响应：生产所需时间、及时送达的订单数、生产的单元数、供给比率、缺货率、待发货订单数、缺货数、客户响应时间、平均等待时间、运输错误、客户投诉。

4.灵活性：产能柔性、运输弹性、组合的灵活性、新产品灵活性、计划订单灵活性、订货间隔期、客户订货通道。

5.供应合作关系：信息共享的程度、买卖双方节约成本的积极性、相互合作提高质量的程度、解决问题工作中的合作程度、涉及供应商的实体或平台。

6.生产水平度量：商品和服务的种类、时间表的效率、设备使用率。

7.交货执行情况：传递请求数据、交付提交数据、满足提前期的订单、无错误的发票数、满足客户需求的送货灵活性、总经销成本、运输等待时间。

8.客户服务和客户满意度：灵活性、客户询问时间、售后服务、客户评价。

9.供应链金融和物流成本：与资产和利润率相关的成本、总存货成本、总现金流动时间。

10.成本效益：材料成本、人力成本、能源成本、设备损耗、存货和在产品水平、总产能、直接人工生产力、固定资本生产力、间接劳动生产力、营运资本生产力、附加价值生产力。

11.内部和外部的时间绩效：营销时间、分销等待时间、运输可靠性、供应商等待时间、供应商可靠性、制造等待时间、标准运行时间、准备时间、等待时间、移动时间、存货周转、生成订单时间。

12.质量绩效：SPC标准、设备可靠性、修订、质量系统成本、入境质量、销售质量率、客户满意度、技术援助、退货。

13.客户关系管理：供应商关系管理和订单完成过程：非书面的标准。

考虑电子供应链管理是如何提升绩效的，完成实践活动6.3。

实践活动6.3

电子供应链管理的绩效管理框架

目标

突出电子供应链管理的优势，明确绩效的提升和电子供应链管理下的营运管理是如何实现的。

问题

请选取一项指标进行讨论：

1.信息系统是如何帮助提升绩效的？

2.限制绩效提升的因素有哪些？

6.7.1　合作伙伴管理

重建供应链的一个重要原因是要检验与供应商和分销商等合作者的合作模式和关系。借数字化经营的全球化现象风行之际，我们需强调重新审视这种合作模式和关系的必要性。在此部分，我们将主要探讨应该采取什么样的合作模式和关系以及如何利用技术使它们更简便易行。

Stuart 和 McCutcheon（2000）指出在供应管理（主要是上游的供应管理）中，典型的现象是低成本是合作模式和关系管理的主要驱动力。正如他们所述，供应链关系的修正通常被他们描述为一种"吸收智慧"的方法，一些实践者正严格遵循这种方法。该方法要求公司：

（1）关注核心竞争力；

（2）减少供应商的数量；

（3）在剩余的供应商中发展一种建立在共享信息和相互信任的基础上的密切合作伙伴。

Stuart 和 McCutcheon（2000）认为这种方法也许不能满足所有的需求，且相关的需求方式将依赖于最终的目标。当评价合作模式和关系时，公司需要在对供应链的控制程度方面作出选择。表6-4按组织对过程的控制程度列示了合作模式和关系的几种战略选择。相对于选择1的完全内部化处理过程，选择2至选择9则进行了不同程度的外包。在风险分散的合作化伙伴关系（选择1至选择5）和竞争性的外包（竞争性的外包通常可以使商品的价格最符合商品的价值）之间存在一个连续的区间。应注意的是，尽管组织通过外包可能对生产过程失去控制，但通过合同约定仍然可在很大程度上对此过程的产品质量进行控制。

从表6-4可以看出，随着合作者之间关系的不断加深，信息交换的需求量和复杂度都将增加。从长远规划角度，信息交换可能包括：

（1）短期订货；

（2）中长期的产能约束；

（3）长期融资协定和合同契约；

（4）产品设计，包括说明书；

（5）行为监控、产品标准和服务质量；

（6）物流。

一个短期的合作关系只需要一些简单的信息，就像在第3章中提到的 EDI 购买订单交易的例子中的信息。

Stuart 和 McCutcheon（2000）提出了一组更简单的合作伙伴关系的选择方案。他们认为伙伴关系的选择要依据核心目标而定。如果目标是减少成本，就应选择有竞争性的关系（如表6-4中6~9的选择）。但是，如果核心目标是实现价值增值，如提高配货速度、增加附加的设计特征或者进一步满足顾客化的需求，那6~9的这种"加长手臂"方法或许是不适合的。在这种情况下，他们认为利用战略联盟或者合作的伙伴关系是最好的选择。Stuart 和 McCutcheon 指出减少成本来取得竞争优势的做法，只在短期内行得通，公司目标会由减少成本逐渐转向追求价值增值。每个供应者都必须考虑选择哪种形式的伙伴关系是最合适的。

6.7.2　全球化分销管理

Arnold（2000）提出了制造商在借助网络进入海外市场时要遵循的7种做法：

（1）选择分销商，不要让它们反过来选择你；

（2）寻找那些有能力开发市场而不是那些有新的顾客合同的分销商；

表6-4　　　　　　　　　　　　对合作关系的战略选择

序号	合作关系设计	技术基础整合	例　子
1	绝对控股（占公司51%的股权）	合并公司系统的技术问题	Iceland公司（零售商）购买了Booker公司（分销商）。自1993年以来，Cisco已经进行了30多起并购（并非都与SCM相关）
2	投资关系（少于49%的股权）	合并公司系统的技术问题	思科（Cisco）已经完成了40多项对软硬件供应商的投资
3	战略联合	用新产品开发的合作工具和协同	Cable、Wireless、Compaq和微软的新数字化经营解决方法被称为a-services
4	利润分享关系	同上	有时用于信息系统外包的安排
5	长期合同	同上，强调管理服务水平协议的重要性	ISPs的性能和可用性，以及败诉的惩罚性条款
6	优先供应者	与优先合作者的永久性EDI的关系或网络EDI连接	Tesco的信息交换
7	竞争性投标	中介或买者网站的投标	买方安排下的拍卖（如第2章所述）
8	短期合同	同上	同上
9	公开市场拍卖	在中介或买者网站上拍卖	B2B市场。例如：www.freemarkets.com

（3）把当地的分销商看成长期的合作伙伴，而非临时的市场进入工具；

（4）投入财力、经理人和正确的市场理念来支持市场进入；

（5）从一开始，就保持对市场战略的控制；

（6）确保分销商可以提供详细的市场和财务行为数据；

（7）抢占先机，与全国范围内的分销商建立联系。

由PwC（2013）发布的全球供应链调查给出了通过供应链管理来提升竞争能力的机会和对挑战的总结。该调查评估了来自欧洲、北美和亚洲的500位各行各业的供应链专家的意见。下一代的供应链是高效的、快速的和可定制的，拥有取得成功所需的速度和适应性。但是，只有45%的参与者同意将供应链视为其战略资源。该调查十分有益，因为它审查了不同行业和不同地域的供应链管理功能，例如，图6-15中关于零售和消费者的商品的全局和局部的研究所表明的供应链管理模式。在这一部分，公司外包7%的计划、收集和辅助作业，30%的生产作业，10%～55%的运输作业。该行业在领先者中有最高的存货周转率（18.2），和比其他行业更好的运输绩效。该行业中的落后者的平均存货周转率为3.3。

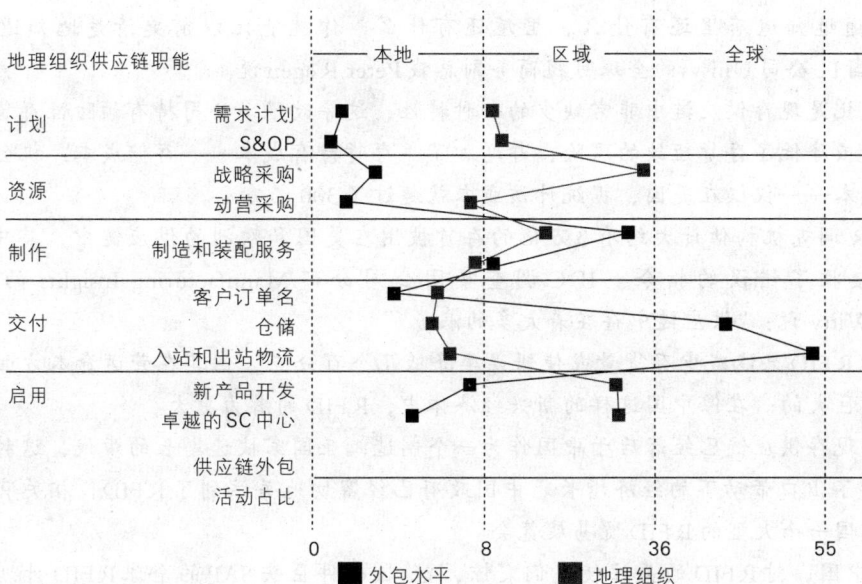

图6-15　供应链在全球、区域和当地外包之间的平衡

来源：PwC（2013）

案例学习6.3

RFID：从开始跟踪到快速跟踪

这些年，人们开发了很多工具和技术来使供应链更有效，但往往因一个简单的原因而失败，这个原因就是很难取得大量准确有用的信息。

RFID技术利用一些小的无线标识来追踪供应链中商品的移动解决了这个问题。这些标识的成本（每个标识需40美分）由于来自美国和欧洲零售商（其中最有名的是沃尔玛）的强制授权而飙升，美国国防部在2005年强制要求大量的供应商把授权标识贴在包裹或物件上。

RFID时代到来的一个显著标志是诺基亚公司开发了一个部件可以把手机转变成RFID阅读器。尽管直到现在RFID才风靡起来，但它其实早已经不是一个新技术了。它最初是在第二次世界大战中被用来识别飞机，这些年来它还被用来标识家畜、收取通行税以及快捷开门，但将RFID用在供应链中却是这项技术的新应用。

一种被称为电子产品密码（EPC）的独特数字与RFID硬件的结合使各种业务从所标识物品上获得了丰富的信息。这种信息不仅比条码信息更详细，而且还可以通过无线阅读器及时阅读和更新。

早期的RFID技术经常出现错误，但是在今天，即使包裹的物品在传送带上或包裹被其他东西挡住，标识信息仍能可靠地获取。

"RFID是一种在类固醇上的条码，"管理顾问公司埃森哲（Accenture）的Lyle Ginsburg说，"由于没有人干扰其运作，RFID预示着巨大的生产力。"

许多专家相信RFID和EPL的结合有可能彻底改变供应链，这包括：人们不用再盘点存货，不再有丢失或运错位置的货物，也不用再估算供应链中的货物有多少价值或还有多少在商店的货架上。

"仅通过知道店里还有什么，里屋还有什么，你就能比以前更清楚地知道存货信息。"美国IT公司Unisys的全球可视商务副总裁Peter Regen说。

可视化是现存供应链中非常缺少的一种特性，这导致很多公司持有预防性存货以及建造仓库，虽降低了存货短缺的风险，却增加了年存货持有成本——存储成本、机会成本以及荒废成本——仅仅在美国，据统计该成本就超过了300亿美元。

AMR调查机构估计大约有3万亿的存货被困在美国和欧洲的供应链中，其中的20%是由于接收了错误的指令。IDC调查集团公司分部 Manufacturing Insights 的分析师 Michael Witty 说："供应链中存在着太多的浪费。"

尽管RFID只能减少存货量或使错误率降低几个百分点，但其在营运资本方面所带来的利益是巨大的。在像中国这样的新兴经济体中，RFID的潜力更大。

中国现存供应链已经落后于中国作为一个制造工业国家快速增长的步伐，这种瓶颈已经威胁到了出口带动下的经济增长。中国政府已经密切地关注到了RFID，相关官员最近参加了美国一个大型的RFID贸易展览会。

"在中国，对RFID的关注使我们震惊，"德国软件巨头SAP的全球RFID计划的副总裁 Amar Singh 说，"这种关注在很大程度上受中国制造商们的驱动。"中国制造商最终需要与西方顾客的RFID授权相符合，最典型的是沃尔玛，它几乎占到美国从中国进口货物的10%。

中国的政府同样把RFID作为一个带动国内供应链升级的战略性技术。几项测试RFID在中国码头物流运作中使用效果的项目已经在进行中。

在过去的三年里，码头已经越来越关注安全性问题。如果海运公司承运一些存在嫌疑的集装箱，它们将面临延期或被拒进入。"'9·11'事件后，人们开始关心集装箱装的是什么。"美国工程业巨头通用电气公司的货物安全部经理 Scott Brown 说。

通用电气公司发明了一种"灵巧的盒子"，它利用RFID来跟踪进入码头的水运集装箱以及用传感器来探测集装箱是否已经打开。这种"灵巧的盒子"已经在进口众多中国商品的通用电气家电部门进行了测试。

"是对安全性的考虑驱使我们做了这项研究，但同时这又存在潜在的供应链利益。"Brown说。但是，他承认设计一个使用RFID单独来获得这些利益的案例是困难的。

按照埃森哲 Lyle 的看法，这个问题影响众多RFID的倡导者。很多潜在的使用者宁愿等，除非被迫遵守一个RFID授权。对许多使用者来说，标准是不断完善的，但技术成本仍是高昂的。同时，数据安全是另外一个重大问题。

一方面，美国安全软件公司，RSA实验室首席科学家 Burt Kaliski 担心盗贼可能迅速发现如何毁坏或改变RFID标识上的信息；另一方面，黑客也可能进行拒绝式服务攻击使RFID供应链产生混乱。

但是，在RFID的投资产生回报前，除去授权方面，我们还有很多障碍需要克服。

"关于RFID的商业案例很具有挑战性。"Lyle承认。

问题

选择一个制造部门，然后估计在这个部门运用RFID的风险和收益。

6.8　本章小结

（1）供应链管理包含一个组织从供应商、合作伙伴到顾客的所有供给活动的协调。上游供应链活动（购买、进货物流）等同于买方数字化经营，而下游供应链活动（销售、出货物流）等同于卖方数字化经营活动。

（2）供应链的管理思想经历了从推动型供应链向拉动型供应链的转变。推动型供应链强调把产品推向顾客使之被动地接受，而拉动型供应链则向与产品或服务有关的顾客传递一种价值。

（3）价值链概念与供应链管理密不可分，它着眼于如何在价值链中各要素上以及各要素连接中实现增值。

（4）电子化交流促使价值网络的产生，从而使外部价值链快速升级来回应市场变化。

（5）供应链和价值链可以通过分解或重组进行修正，分解可能包括把核心的供应链活动外包给外部组织。当公司将越来越多的业务活动外包时，这个公司将趋向于一个虚拟的组织。

（6）电子交流在简化供应链新模型方面起到了重大作用，下列技术应用使供应链管理更简单：

- 电子邮件；
- 电子订单；
- EDI收支；
- 电子单据追踪。

（7）利用这些技术的益处：

- 更高效、低成本地追踪；
- 简化了供应链（中间环节的删除）；
- 供应链要素间完善的数据整合；
- 通过动态外包的便利降低成本；
- 促进更新和提高顾客响应度。

（8）企业内部网络交流的应用，如企业资源计划系统和决策支持数据库，促进了供应链管理，这些系统已逐渐对外部第三方（例如供应商）提供网络支持。

（9）在供应链管理中重要的战略问题包括：

- 重新设计供应链活动；
- 重新构建通过外包或自有支持供应链的伙伴关系。

习　题

自测题

1.给供应链管理下个定义，供应链与下列概念有何联系？

（a）物流；

（b）价值链概念；

（c）价值网络。

2.对价值链而言，推力定位与拉力定位有何不同？

3.信息系统如何支持供应链？

4.在供应链管理中有哪些重要的战略选择？

讨论题

1.电子交流如何促进价值链网络的重建？

2.讨论"线性价值链已经不再适应数字化经营时代的到来"这句话的含义。

3.挑选一个企业，分析一下B2B交易是如何改变供应链的。

4.讨论"业务活动最终归结到供应链问题上"这个观点。

5.选择一个零售商，分析一下其上下游供应链的管理战略。

考试题

1.解释一下删除、重建和对冲中间环节这些概念如何应用在供应链中。

2.假设你被任命为一家制药企业的供应链经理人，总结一下在与你的供应商交流时运用的电子交流手段。

3.电子交流的增长如何促进价值网络的发展？

4.一个虚拟组织的特征是什么？举例说明，数字化经营是如何支持虚拟组织的？

5.说明如何利用信息技术来为买卖过程的不同部分服务。

6.利用工业上的例子，总结使用数字化经营优化供应链的优势。

7.数字化经营如何被用来重构供应链？

8.信息技术在对下列两项的支持作用中有哪些异同点？

（a）上游供应链；

（b）下游供应链。

网络链接

www.supplychaindigital.com

GS1（www.gs1.org）

http://erp.ittoolbox.com

www.manh.com/resources

www.oracle.com/applicatiens/scm/

参考文献

AMR(2008)The AMR Research Supply Chain Top 25 for 2008.Value Chain Report:www.amrresearch.com.

Arnold,D.(2000)Seven rules of international distribution.*Harvard Business Review*,November-December, 131-7.

Benjamin,R.and Wigand,R.(1995)Electronic markets and virtual value-chains on the information super-highway.*Sloan Management Review*.Winter,62-72.

Chan,C.and Swatman,P.(2000)From EDI to Internet commerce-the BHP Steel experience.*Internet Research Electronic Networks:Applications and Policy*,10(1),77-82.

Conspectus(2000)Supply chain management software issue.Prime Marketing Publications,June.PMP Research.www.conspectus.com.

Davidow,W.H.and Malone,M.S.C.(1992)*The Virtual Corporation:Structuring and Revitalising the Corporation for the 21st Century*.HarperCollins,London.

Deise,M.,Nowikow,C.,King,P.and Wright,A.(2000)*Executive´s Guide to Digital business.From Tactics to Strategy*.John Wiley & Sons,New York.

E-consultancy(2010)Multichannel accounts for 43% of Argos sales.By Graham Charlton,4 May 2010: http://econsultancy.com/blog/5850-multichannel-accounts-for-43-of-argos-sales.

European Commission(2008)i2010 Annual Information Society Report 2008,mid-term report published at http://ec.europa.eu/information_society/eeurope/i2010/mid_term_review_2008/index_en.htm (no longer available at current address).

Fisher,M.(1997)What is the right supply chain for your product?*Harvard Business Review*,March-April, 105-16.

Hagel,J.III and Rayport,J.(1997)The new infomediaries.*McKinsey Quarterly*,no.4,54-70.

Hamill,J.and Gregory,K.(1997)Internet marketing in the internationalisation of UK SMEs.*Journal of Marketing Management*,13,1-3.

Hayes,R.and Wheelwright,S.(1994)*Restoring our Competitive Edge*.John Wiley & Sons,New York.

Hughes,J.,Ralf,M.and Michels,B(1998)*Transform Your Supply Chain*.International Thomson Business Press,London.

IBF(2008)*12 Ways to Use Your Intranet to Cut Your Costs*.Member Briefing Paper August 2008.Published by the Intranet Benchmarking Forum(www.ibforum.com).

IDC(2004)Increasing Supply Chain Responsiveness among Configured Electronic Systems Manufacturers,IDC White pape.Author:Meredith Whalen,January.

Internet Retailing(2010)Taking cost out of the reverse supply chain.*Internet Retailing*,4(6),September 2010.

Kalakota,R.and Robinson,M.(2000)*Digital Business.Roadmap for Success*.AddisonWesley,Reading,MA.

Kjellsdotter,L.and Jonsson,P.(2010)The potential benefits of advanced planning and scheduling systems in sales and operations planning,*Industrial Management & Data Systems*,110(5),659-81.

Kraut,R.,Chan,A.,Butler,B.and Hong,A.(1998)Coordination and virtualisation:the role of electronic networks and personal relationships.*Journal of Computer Mediated Communications*,3(4).

Legner,C.and Schemm,J.(2008)Towards the inter-organizational product information supply chain-evidence from the retail and consumer goods industries.*Journal of the Association for Information Systems*,9(3/4),119-50,Special Issue.

Magretta,J.(1998)The power of virtual integration.An interview with Michael Dell.*Harvard Business Review*,March-April,72-84.

Malone,T.,Yates,J.and Benjamin,R.(1987)Electronic markets and electronic hierarchies:effects of information technology on market structure and corporate strategies.*Communications of the ACM*,30(6), 484-97.

March,S.,Raghu,T.and Vinze,A.(2007)Cultivating and securing the information supply chain.*Journal of the Association for Information Systems*,9,pp.95-7,Special Issue.

Marinos,G.(2005).The information supply chain:achieving business objectives by enhancing critical business processes.*DM Review*,www.dmreview.com/article_sub.cfm?articleId=1023896(no longer available at current address).

Phillips,S.(2000)Retailer's crown jewel is a unique customer database.*Financial Times*,4 December.

PMP(2008)Supply Chain and Manufacturing Systems Report.PMP Research Report published at www.conspectus.com,March.

PwC (2013) Global Supply Chain Survey.Report published at ：www.pwc.com/GlobalSupplyChainSurvey2013.

Porter,M.(1980)*Competitive Strategy*.Free Press,New York.

Porter, M.and Millar, V.(1985) How information gives you competitive advantage.*Harvard Business Review*.July-August,149-60.

Quelch,J.and Klein,L.(1996)The Internet and international marketing.*Sloan Management Review*,Spring, 60-75.

Rayport,J.and Sviokla,J.(1996)Exploiting the virtual value-chain.*McKinsey Quarterly*,no.1,20-37.

Sambasivan, M., Tamizarasu, N.and Zainal, A. (2009) Consolidation of performance measures in supply chain environment.*Journal of Enterprise Information Management*,22(6),660-89.

Schemm,J.Legner,C.and Otto,B.(2007)Global Data Synchronisation,Current Status and Future Trends. University of Gallen,Institute of Information Management,Research Report：www.gsl.org/productssolutions/gdsn/ds/retailers.html(no longer available at current address).

Steinfield,C.,Kraut,R.and Plummer,A.(1996)The impact of inter-organisational networks on buyer-seller relationships.*Journal of Computer Mediated Communication*,1(3).

Stuart, F.and McCutcheon, D.(2000) The manager's guide to supply chain management.*Business Horizons*,March-April,35-44.

Sun, S.and Yen, J.(2005).Information supply chain：a unified framework for informationsharing, in *Intelligence and Security Informatics*,P.Kantor, G.Muresan, F.Roberts, D.Zeng, F.-Y.Wang, H.Chen and R. Merkle(eds)Springer,Berlin,pp.422-9.

Timmers, P.(1999) *Electronic Commerce Strategies and Models for Business-to-Business Trading*.John Wiley Series in Information Systems.John Wiley & Sons,Chichester.

ThingWorx(2013).Press release,21 May 2013.KORE Telematics and Thing Worx Partner to Enable Rapid, Network-Ready M2M Solution Delivery.Published at：www.thingworx.com/2013/05/kore-thingworx-partner-m2m-solutions/.

US Department of Commerce(2013)Manufacturing and Trade Inventories and Sales,April 2013.Published at www.census.gov/mtis/www/data/pdf/mtis_current.pdf(no longer available at current address).

Warner, M. (2001) Managing in virtual space.FT Mastering Management：www.ftmastering.com/mmo/mmo03_1.htm(no longer available at current address).

Womack,J.and Jones,D.(1998)*Lean Thinking*.Touchstone,Simon and Schuster,London.

第 7 章

电子采购

主要内容

本章主题

- 什么是电子采购
- 电子采购的驱动因素
- 电子采购的风险和冲击
- 电子采购的实施
- 电子采购的未来

本章重点

- 评价电子采购的成本节约效果
- 电子 B2B 交易市场

案例学习

- Cambridge Consultants 通过电子采购降低成本

学习目标

学习本章之后，读者应该能够：

- 识别电子采购的收益和风险
- 分析电子采购方法，并进行评价
- 评价电子采购中供应商与组织信息系统进行集成的不同选择

管理问题

- 与电子采购相关的风险和收益有哪些？
- 我们应采用哪种电子采购方法？
- 采用电子采购涉及的组织与技术性问题有哪些？

网站支持

说明以下问题的案例，请参阅 www.pearsoned.co.uk/chaffey：

- 全球石油交易——Shell 的观点
- 航空业的电子采购

章节链接

主要相关章节

- 第 2 章介绍 B2B 市场、电子交易模式和 B2B 拍卖
- 第 6 章介绍购买在供应链管理中的作用

7.1　本章介绍

与营销、运营和战略等领域相比，采购并不是传统管理研究重要的课题。然而电子商务强调了它作为战略的重要性，因为采用电子采购能够显著地降低成本，并给顾客带来直接利益。

本章将电子采购的收益和风险与评价这些收益和风险的技术结合起来进行分析。此外，我们也研究如何选择不同类型的电子采购方法，其中包括活跃的 B2B 市场。

7.2　什么是电子采购

"购买"和"采购"这两个词有时可以互换，但 Kalakota 和 Robinson（2000）指出，"采购"的含义更广。"采购"是指与从供应商处获得商品有关的所有活动，它包括购买，也包括运输、入库和商品使用前的储存等内部物流活动。电子采购有时会被看作"战略性采购"的一部分，可以给公司带来重大的商业利益。图 7-1 显示了组织的主要采购活动和相关信息流。在本章，我们将重点研究与采购有关的活动，这些活动包括最终使用者寻找产品并提出详细说明、采购员购买、会计付款以及仓库收发商品等。

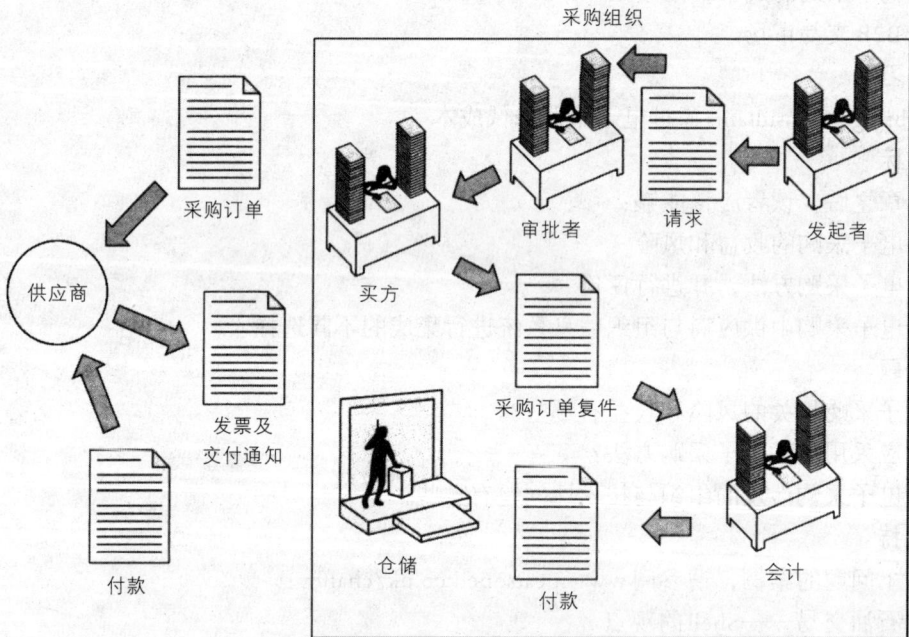

图 7-1　组织的主要采购活动

电子采购应当以实现"购买的 5 个合适"（Baily 等，1994）为导向，其表述如下：

（1）合适的价格；

（2）合适的时间运送；

（3）合适的质量；

（4）合适的数量；

（5）合适的来源。

电子采购不是刚出现的，很多公司都曾尝试使用自动化系统或流程进行采购，如电子采购系统（EPS）、工作流程系统和使用 EDI 联系供应商（第 3 章）等。这些活动都涉及网上填表、使用数据录入表格、自动批准和发出订单、扫描文件和以电子邮件为基础的工作流，可以将这些称为"第一代电子采购"。

专栏 7.1

什么是电子采购？

皇家采购供应协会是这么向它的成员描述电子采购的：

结合使用信息和通信技术，通过电子手段优化外部和内部的采购管理流程。这些工具和解决方案的提供有利于提高采购与供应管理水平。

CIPS 描述了这些优势带来的为提升采购流程的潜在选择范围：

1. 交易循环的过程评估，例如，可以减少循环时间的评估和交易循环的再造；提升的内部购买过程工作流使得终端用户、自助服务和地方分权通过公司特定目录集中起来。提供新的功能，如电子邮件请求在网上拍卖和网上招投标报价（RFQs）。

2. 使用更有效、更便宜的连通方法，比如互联网和 XML。但 XML 并不是电子采购所必需的。

3. 与外部信息资源的连通性，比如门户网站、电子中心（e-hubs）和电子市场。

4. 与外部供应链的连通性，比如外联网、EDI、电子中心、电子市场等，允许共享实时信息，如供应商访问实时销售情况。

5. 纯源化，比如通过互联网发现新的资源，使用智能搜索引擎。

6. 内容管理，比如私人目录、公共目录、内部存货管理、维修管理。

7. 与内部系统和信息源的连通性，如存货管理、维修管理、物料资源计划（MRP）。

8. 支付系统，如采购卡。

9. 多媒体（尽管电子采购可能没有多媒体元素）。

10. 改进本地化供应链机制和联盟，带来共同的利益。

来源：CIPS（2008）

7.2.1 了解采购过程

在电子采购出现之前，公司的采购流程在数十年内基本没有发生变化。表 7-1 显示了基于纸质系统的流程。从表 7-1 中可以看到，这一流程包括产品的终端用户通过搜索进行产品的选择，然后填制纸质申请表并将其送到采购部门（这一申请表通常还需要经理的批准，因此耽搁了时间）。然后，采购人员填写订单并将其发送给供应商。在商品运到后，采购人员需要对商品与运输单、订单和发票进行核对再付款。采购还包括公司内部对收到的货物进行的运输、储存和分配等流程——这些被称为"内部物流"。

IFO-Basware（2012）公布了一项研究，该研究有关电子发票在全球的应用情况，涉及主要市场中较大规模的企业，有来自美国、英国、瑞典、挪威、德国和芬兰的 908 家金融机构参与了调查。在这些调查对象中，平均每个月收到或送出 5 000 份发票。

报告显示了使用电子支票和电子支付的比例在不断增长，到 2012 年，73% 的受访者在某种程度上使用了电子发票，而在 2011 年，这一比例仅为 59%。67% 的受访者相信电子发

表 7-1　　　　　　　　传统的采购流程分析（典型的循环周期：5.5 天）

任务描述	图形符号	时间
搜索产品	●⇨□D▽	1 小时
填写请求	●⇨□D▽	10 分钟
给购买者	○➡□D▽	1 天
购买者留存	○⇨□■▽	半天
购买者输入订单号	●⇨□D▽	10 分钟
购买者授权	●⇨□D▽	10 分钟
购买者打印订单	●⇨□D▽	10 分钟
订单拷贝给供应商和接受部门	○➡□D▽	1 天
供应商交付	○⇨□D▼	1 天
订单拷贝给会计	○➡□D▽	1 天
三方发票核对	●⇨□D▽	1 天
支票付款	●⇨□D▽	10 分钟

票有助于提升运营效率，2011 年这一比例为 50%。对于受访者来说，电子发票最大的两个优势在于可以加速发票循环和减少发票成本。

但是，应用电子支票的一项挑战是对于基本的电子文档和手工过程的持续性依赖。有 58%的受访者收到 PDF 格式的发票，13%的受访者完全不接受电子发票。目前对发票扫描和获取还缺乏重点关注，53%的受访者仍然在内部扫描和获取物理发票，26%的受访者则根本不进行发票扫描。从总体上来看，应用自动化电子发票的水平在上升，但仍需要进一步的提升。只有 15%的受访者明确表示他们大部分的电子发票是通过电子渠道发送出去的（比 2011 年的 9%有所上涨）。

实践活动 7.1 解释了电子采购是如何精简采购过程的。

实践活动 7.1

B2B 公司采用电子采购的优势

目的

指出公司采购中包含的任务以及电子采购带来的潜在优势。

简介

表 7-1 中的流程符号显示了传统典型的采购过程，在第 11 章将对其进行更为详细的介绍。其是基于案例学习 7.1 中描述的 Cambridge Consultants 的真实采购过程。注意：这一流程针对不需要高级管理者授权的价值较低的商品。时间计划针对的是新的商

品，而不是重复购买的不需要搜索的商品。表7-2是新的采购过程流分析。

表7-2　　　　　　　　新的采购过程流分析（典型的循环周期：1.5天）

任务描述	图形符号	时间
调研	●⇨□D▽	20分钟
网上订购	●⇨□D▽	10分钟
供应商交付	○⇨□D▼	1天
产生发票	●⇨□D▽	10分钟
支票支付	●⇨□D▽	10分钟

注：图形符号的含义：

○：处理

⇨：运输

□：检查

D：延误

▼：输入货物

问题

（1）指出传统采购过程中效率较低的环节（表7-1）。

（2）指出通过基于电子邮件的工作流系统的自动处理过程可以改进表7-1中的哪些步骤。

（3）概括表7-2中的电子采购过程效率高的原因。

实践活动答案参见www.pearsoned.co.uk/chaffey。

7.2.2　采购的类型

为了理解电子采购的优点，以及突出引入电子采购面临的现实因素，我们需要简要地考虑商品的采购类型（买了什么）以及订货类型（如何购买）。

首先，考查公司所购买的商品。例如，B2B公司购买制造产品的钢材，钢材经过加工，制成纸夹和钢笔等办公用品。采购可以分为两大类：与产品制造相关的采购（与生产相关的采购）和与经营相关的采购（与生产无关的采购）。其中，经营采购满足整个公司的经营需要。它包括办公用品、设备、信息系统、MRO产品和承办宴会、购物、旅行等普通服务，以及咨询、培训等专业服务。产品生产所需的原材料及MRO产品（用于维护、修理和运行机器设备的物料和服务）尤为重要，因为它们是公司运营的关键。对B2B公司而言，企业主要通过机器设备、网络电缆和计算机来控制这一过程。

再看一下购买产品的方式，公司倾向于两种购货方式：

- 系统订货——与伙伴型供应商洽谈后达成合同，与这样的供应商建立长期合作关系。
- 现货采购——满足即时需要，采购的物品一般是普通商品，供应商的可靠性相对而言不是很重要。

公司订购的一个更为显著的特征是：一般如文具之类的产品，会被重复购买，这类产品要么是确定的商品（直接再订购），要么只需进行较小的调整（调整后再订购）。如果公司一直采用重复订购的采购方式，那么电子采购系统的运用将对购货环节十分有利。

7.2.3 不同种类的电子采购的参与者

在第2章中，我们讲到了不同类型的在线中间商是如何为顾客改变了市场选项的，如价格比较网站。类似的，对新的电子采购的潜在参与者的了解也是有用的。Riggins 和 Mitra（2007）确定了需要检查的8种类型的中间商，以便理解作为电子采购战略一部分的采购选项的变化：

- 传统制造商，它们生产物理产品并把产品销售给其他的公司客户。
- 直销商，与传统制造商相类似，只是直销商绕过中介，通过网页或电话渠道直接向终端客户销售商品。服务类企业也包含在这一类里。对于提供员工航班预定等商业服务类的企业来说，直销是一个成本低廉的方案。
- 增值采购合作伙伴是一种向其他公司销售产品和服务的中间商，比如旅行社和提供办公室解决方案的公司等。
- 网络集线器是针对特定行业的垂直门户网站，如 Elemica（www.elemica.com）是通过 B2B 交易产生收益。
- 知识专家服务为用户提供信息服务，例如 E-consultancy.com 和 Experian Hitwise，它们订阅了创新服务警报、最佳实践和网络统计数据。
- 在线信息服务为用户提供独一无二的特殊信息服务，这些信息要么是其发展过程中所独有的，要么提供了一个独特的编辑角度。从电子采购的角度来看，如同在第6章中所做的那样，SaaS 服务提供商有能力来管理信息供应链，比如 E2open（图6-11）。
- 在线零售商，包括启动数字业务的零售商和更传统的多渠道零售商。Euroffice（www.euroffice.co.uk）是一家单一的互联网公司，以比传统供应商更低的价格提供办公用品。Staples（www.staples.co.uk）是一家该行业内的有销售网络的传统供应商。
- 门户社区寻求建立一种把不同在线信息服务整合为一体的综合性客户体验社区，例如个性化新闻、在线账单提示及付款和社区讨论。这些在线信息服务和知识专家服务有部分服务是重叠的。

Knudsen（2003）和 Smart（2010）总结了关于电子采购的不同类型。主要的类型有：

1.电子采购。在采购过程信息收集步骤中使用互联网来寻找潜在的新供应商。

2.电子招投标。筛选供应商的过程，同时向供应商发出信息请求（RFI）或价格请求（RFP）。

3.电子通告。它不涉及交易，而是处理供应商的质量信息、财务状况或交付能力信息。

4.电子反拍卖（E-reverseauctions）。使采购公司通过互联网技术以最低的价格或与其他条件相结合，来购买商品和服务。

5.电子多区域运行和基于网页的 ERP。这些包括购买和产品供应，是电子采购应用的核心。应用软件管理过程或创造和批准采购请求、订购和接收货物或服务。

7.3 电子采购的驱动因素

Smart（2010）通过对三家公司的调查，完成了一项关于电子采购优势的研究。通过这项研究，他定义了应用电子采购的五种关键驱动因素：

- 控制——提升顺从性，实现集中，提升标准，优化采购和改进审计数据。强化预算控制是通过规则来限制开支的手段实现的。
- 成本——通过增强供应商竞争、降低目标成本和交易成本来改进采购杠杆。
- 过程——合理化和标准化的电子采购过程可以减少采购周期时间，提升管理过程的可见性和有效的发票结算流程。
- 个体绩效——知识共享、生产力增值和生产效率的改进。
- 供应商管理——减少供应商数量，管理、选择和整合供应商。

降低直接成本可以通过提高各过程的效率来实现，如案例学习7.1和表7-1、表7-2所示。缩短搜寻和订购商品、核对运货和发票的时间可以提高各过程的效率。自动确认事先核准的开支预算，同样可以形成成本节约，使每个订单的形成需要更少的人力和时间。另外，通过减少物理材料的成本也可以实现成本的节约，例如减少特殊打印的订购表和发票的成本。

电子采购同样会带来间接收益，表7-1、表7-2展示了怎样缩短采购前置时间带来收益。另外，电子采购还可以根据价值最大化的原则，从不同的供应商处订购商品，从而增加了定购的弹性。这一方法对电子B2B市场尤其适用。电子采购逐步改变着采购部门中购货人员的角色。由于电子采购消除了部分管理工作，如制定订购单，将运货单、发票与订购单核对一致等，因此采购人员可以将更多的精力投入到价值增值的活动中。这种价值增值活动包括：与主要的供应商探讨如何改善产品运送以降低成本，或者对公司的购货行为进行分析和控制。

Riggins和Mitra（2007，表7-3）创造了一个较为实用的框架，该框架可以用来评估电子采购和电子供应链管理所带来的优势。该框架也可以用来审查采购战略，因为它强调了在过程效率和效果以及在公司战略价值方面的潜在价值。该方法的一些主要的价值维度包括：

- 计划——显示电子采购系统对于提升质量和宣传电子采购管理信息方面的潜力。
- 发展——电子采购系统也可以包含在新的产品研发中，用来确定生产成本，有助于加快研发进程。
- 流入——这是无纸交易和更具成本效益的集成采购或更高效率的电子采购的主要关注点。一项战略的利益产生点是供应商管理库存（VMI），其中供应链管理的合作伙伴可能会出售部分或项目，像案例学习6.1中所描述的那样。
- 生产——通过采购系统管理生产系统整合，用来确保生产不会被低可用性的部分所限制。
- 流出——这是一项为客户提供完整商品的管理。通常该项不是由电子采购系统管理的，但要达到有效客户反映（ECR），就必须把这些系统都结合起来。

表 7-3　　　　　　　　　　　　　数字化经营的e-value网格

价值创造 维度	效率	效果	战略
规划	利用富媒体实现全公司互动	提供信息网上执行系统	促进合作伙伴之间的知识管理
发展	跨平台设计标准化功能	合作伙伴之间共享信息的详细要求	支持跨虚拟组织并行设计
流入	支持电子交易与合作伙伴	通过电子商务枢纽产生供给弹性	取消补充责任的合作伙伴
生产	整合内部系统	合作伙伴之间交流产生数据	优化利用全球能力
流出	支持与客户进行交易	提供定制的瞬间订单状态	通过物流合作伙伴直接落实

来源：Riggins和Mitra（2007）

7.3.1　电子采购优势的例子

案例学习7.1阐述了目前许多公司引进电子采购的驱动因素，主要是电子采购能够降低单个订单成本，此案例中每个订单的成本从60英镑降为10英镑。在另外的许多案例中我们可以看到，很多企业的订单成本已经超过了所购产品的价值。在一个另外的例子中，BT公司95%的商品都已应用电子采购系统，包括台式电脑、文具、服饰、旅行和代理，也因此降低了采购交易的平均成本，使之一年之内从56英镑降低到40英镑（IBF，2008）。最后，迷你案例学习7.1给出了一个视频的例子，该例子是某家法律公司的采购经理叙述说明电子采购系统的优势。

迷你案例学习7.1

法律公司的IT采购

Mark Rowley是Herbert Smith的采购经理，该公司是英国十家最大的法律公司之一，他解释了如何应用电子采购系统来管理循环重复的订单和实现预算控制。作为一种面对客户服务的法律公司，项目经理需要对客户的需求做出直接的反应，该系统提供了其预算的实时性和可见性及每一步花费预算，以便他们进行控制。

视频说明：

www.proactis.com/resources/videos/herbert-smith-freehills-llp-video-case-study.aspx

案例学习7.1

Cambridge Consultants通过电子采购降低成本

通过回顾原来的和校正过的购货过程及各项成本来阐述电子采购的潜在优势。本案例中，电子采购系统是连接购买方Cambridge Consultants和其网络供应商RS Components的直接纽带。

Cambridge Consultants是一个拥有300名员工的制造商，主要为工商企业提供技术产品研发服务。企业无论何时都会有120个项目同时进行，每天需要采购各种类型的零部件。

购货流程由公司购货经理Francis Pullen集中管理和控制。由于采购商品的多变性和唯一性，Cambridge Consultants拥有4 000个供应商的数据库，而且每个月新增20个。有些供应商提供的商品十分特殊，Cambridge Consultants每年从其处采购的次数不多于两次。

在全部供应商中，只有400个是可以优先考虑的。当然，在全部的供应商数据库中，只有1%～10%的供应商被列为主要供应商，这其中包括RS Components。Francis Pullen说："由于我们对客户按小时收费，所以如果购货错误或延迟，我们的工程师将不得不等待新部件的到来，这与我们快速处理市场业务的理念不一致。而RS Components对产品类型和服务的高质量保证符合我们公司的经营理念。"

现有购货过程

随着供应商不断运用科技提供新服务，Cambridge Consultants的购货过程也在逐步发生变化和改善，Pullen见证了这一切。首先是订单由纸质纪录升级为CD-ROM，接着变为网上购货卡。网上购货卡是一种具有详细的票据内容、密码和相关控制的记账卡。根据订货和供货特许委员会（CIPS）的指导方针，Francis Pullen分析了订货过程的内部成本。主要考虑从工程师提出请购单开始，到采购过程结束的每一步，包括货物到达后的处理成本、发票的核对和核销成本，以及一式四联的订货单表格的成本。整个采购过程涉及8到10个人，根据订单复杂性的不同，耗费60至120英镑不等。

主要的成本发生在请购环节，工程师和顾问花费大量时间来确认需求，并提供一份报告（相比较而言，集中购货非常有效，每个订单的成本约为50英镑）。

使用RS购货卡可以消除工程师和顾问提供请购单这一环节，这使低价值的订购更加有效。发票核准的成本同样可以较少，因为购货卡会针对每个月的购货情况列出一份清单。

毫无疑问，购货卡是一个大进步，但是它不能独立提供该系统中每天的工作成本。购货卡按月提供清单，这在反映内部项目账户的真实成本方面会有一定的滞后性。

电子采购过程

为了使公司能够尽快地实现网上订购，RS需将Cambridge进行交易之前的交易记录输入到服务器上。这样，订购协定和控制就会以网上订购表的形式自动生成，包括正确的定价和特殊的支付条款。

由此带来的收益是十分明显的。网上订购使用RS购货卡，意味着整个订单被自动核准，并得到恰当的控制。订购的准确性得到保证，购货过程加快，重要的是使用RS购货卡可以降低每笔交易的成本。

Pullen这样描述Cambridge购货过程的变化：

"在我们的购货史上，财务主任第一次看到了分布式购货带来的收益，这归因于其能够降低成本，并且集中购货可以更好地控制购货质量。

这给我们带来巨大的收益。我们已经允许3个部门经理有其自己的购货卡，以便于他们通过网络进行独立订购。

我们已经实施了一套十分有效的电子工作流程请购系统，由购货卡的持有人开始，首先弄清请购情况，然后把订单邮寄到采购中心。这些订单被保存在邮箱里，用来核查实际收到的货物。这样就可以省去订购活动中的多个环节。

在购货过程中，我们不再将时间花费在传送订单上，并且整个过程不会出现纸质材料。这不仅节省了时间和金钱，还使交易氛围更加友好融洽。由于每天传递订单的成本很低，这有益于我们公司内部的员工，因为我们可以把在采购时节约的大量时间用于具有更高价值的工作上。"

员工获益

　　Pullen继续说道："公司员工也更加快乐。我们下午6点下班，但是如果项目快到截止期限，工程师们可能会工作到很晚。由于可以从办公桌上找到网址进行订购（在Cambridge每个人都有上网的权力），他们可以在RS要求限期的晚8点之前增加订单的内容，而不需要我们的批准。但我们仍能借助网上的报告功能对其进行控制。"

　　在Rswww.com设计的第二阶段，某些作业成为可能，如将复合订单在白天公开，并将其分派到不同的内部成本中心。

成果

　　至1999年6月，Cambridge Consultants已经与RS Components完成了1 200个订单，总价值高达62 000英镑。在这些交易中，95%是通过电子采购实现的。通过互联网实现的订单的平均价值是34英镑，相关交易总价值为43 000英镑。其余的60份订单是通过传统渠道实现的，但是订单的平均价值却高达317英镑。

　　Cambridge之前采用的纸质订单成本是60美元，在结合使用了RS的购货卡和Rswww.com之后，订单的单位成本已经降为10英镑。一年内，电子采购为Cambridge节约了57 000英镑，因此，每年Cambridge向RS Components购货仅需花费5 000英镑。

　　Pullen表示："RS已经证实了其对顾客的责任——投资并花费时间来发展世界级的购货系统，为实体客户节约成本、增加收益。我们欢迎RS对购货过程不断进行革新，并相信其今后在这一领域中能够居于前列。"

　　来源：RS Components白皮书（www.rswww.com）

问题

　　（1）鉴于Cambridge Consultants公司的购货交易规模，你认为电子采购会带来怎样的收益？

　　（2）为什么一般的订购成本高达每订单60～100英镑？

　　（3）电子采购是如何降低订购成本的？

　　（4）对Cambridge Consultants公司而言，电子采购的使用给职员带来了哪些利益？

7.4　重点：评价电子采购的成本节约效果

　　计算采购成本的一般方法很简单。首先，计算每次订货的平均采购成本，然后再乘以请购单的平均数量。Tranmit（1999）的报告提供了一些例子：典型的大中型公司每月请购单的数量为1 000～5 000个，每年在购货过程花费的成本是60万～300万英镑，每次订货的中间成本为50英镑。在一些例外的案例中，请购单的数量为每月30 000～40 000个，年购货成本可能高达1 800万～4 300万英镑。

　　使用下面的计算公式计算电子采购产生的成本节约：

　　节约额=请购单的数量×（原始成本-新成本）

　　Cambridge Consultants（案例学习7.1）通过使用RS Components公司的RS购物卡，节约的采购成本计算如下：

　　节约额=1 300×（90英镑-10英镑）=104 000英镑

　　相对而言，典型的采购成本为70英镑，例如，104 000英镑的节约额对应的购货成本为91 000英镑。

7.4.1　成本节约对于收益的影响

Kluge（1997）关于上述问题的研究表明，通过电子采购产生的成本节约，将对公司的收益产生重大的影响。实践活动 7.2 将说明节约额是如何因公司购买特征的不同而发生变化的。最大的节约额和其对收益的最大影响一般发生在从事制造业的企业中。对这类企业而言，购货是主要的成本动因，采购过程中存在很多低价值的订货请购单。相对而言，服务行业在成本节约方面的潜力较小。因此结论就是：企业所处的行业不同，其潜在的成本节约额也会有很大的不同。具体情况如表 7-4 所示。

表 7-4　　　不同行业的采购成本占销售成本的百分比列示（摘自 Kluge，1997）

行业	采购成本占销售成本的比重
消费类电子产品	60%～70%
小型和个人电脑	50%～70%
消费品	50%～70%
汽车	50%～60%
药品	25%～50%
服务行业	10%～40%

我们需要严谨总结这一话题的要点，因为许多模型在计算成本节约额和投资收益时，取得的较好效果必须以相关的假设为前提。

实践活动 7.2

建立电子采购产生成本节约和收益模型

目的

揭示各组织的不同购货特征将决定电子采购产生节约额的大小。

活动

假定你是一位购货经理或者顾问，为了获得电子采购系统的投资批准，你需要向高层管理团队证实电子采购带来的成本节约效应。为两个假定的公司开发一种空白表格模型，来论证成本节约效应，如下所示：

（1）成本节约计算。在表 7-5 中输入两个公司的参数值，再使用空白表格模型分别计算传统购货总成本、新购货成本、单位订单成本以及总购货成本的变化百分比。

（2）收益计算。运用输入变量，如成交额、传统购货总成本、其他成本和购货成本中 5% 的减少额（表 7-6），建立模型并计算引进电子采购前后的收益及其绝对额的变化和百分比变化。

（3）分析模型对某些差异的敏感性，如订单数量差异、购货价值量差异、传统购货成本与工资、资本等其他成本的均衡差异，数据可以使用表 7-5、表 7-6 中的变量值。向管理者解释由于引进电子采购而对收益有重大影响的公司的典型特征。

表7-5　　　　　　　　　　　　为两个公司的成本节约计算输入参数

输入参数（公司A）		输入参数（公司B）	
订单数量	25 000	订单数量	2 500
传统单位订单费用（平均）	50英镑	传统单位订单费用（平均）	50英镑
新单位订单费用（平均）	10英镑	新单位订单费用（平均）	10英镑
订单平均价值	150英镑	订单平均价值	1 500英镑

表7-6　　　　　　　　　　　　为两个公司的收益计算输入参数

参数	公司X	公司Y
营业额	10 000 000英镑	10 000 000英镑
传统采购成本	5 000 000英镑	1 000 000英镑
其他成本	4 000 000英镑	8 000 000英镑
采购成本降低百分比	20%	20%

实践活动答案详见www.pearsoned.co.uk/chaffey。

7.5　电子采购的风险和障碍

当然，应用电子采购是有障碍的。CIPS（2008）为供应商列举了以下的问题：

- 竞争问题，比如使用协同采购。
- 可能对供应商产生负面影响。比如电子拍卖减少了它们的利润。
- 谈判采购利益可能需要与竞争对手交换或共享客户。
- 对供应商来说，设立目录会是一个漫长且花费巨大的项目。
- 组织内的文化，比如对改革的抵制。

这些障碍一般只有采用电子采购时才会产生。在第1章至第4章中，我们也提到了电子商务也存在其他一些障碍，如应用成本和管理上的变化。

如果一个公司想获得前面章节所提到的成本节约，就需要对员工进行重新部署，从不好的角度讲就是要进行裁员。例如 Cambridge Consultants 这样中等规模的公司，5个人的采购团队将减为4人。裁员或重新部署很可能成为引进电子采购系统的阻力，解决这一问题需要采取管理上的措施。购货经理必须认真、仔细地讲解引进新系统的原因，其应从总体上强调可以为公司带来收益，然后具体讲解怎样灵活地引入新系统。

实现电子采购的成本节约，就需要通过发起人（输入订货单的人员）直接购买所需的商品，而不是通过购货部门，因而这就会产生一定的风险，因为发起人可能会利用这种职权损害公司的利益。例如在一定程度上会经常发生单独采购或非合同购货。单独采购是指购买一些不需要或者价格高的商品。完成实践活动7.3，思考降低风险的方法。

实践活动7.3

避免单独采购

目的

确认对单独采购问题应采取的措施。

活动

为了避免单独电子购货的发生，引进电子采购的公司需要对该系统实施必要的保护或限制措施，思考一下，哪些类型的规则应该写进电子采购系统。

实践活动答案详见www.pearsoned.co.uk/chaffey。

7.6　实施电子采购

实施电子采购将会引发管理变化，这种管理变化涉及所有相关的信息系统（见第10章）。如果可以直接拷贝现有的实践，事情会变得十分简单，但这同时意味着需放弃很多优势和新技术。CIPS（2008）强烈表示这一过程需要重组一些工作：

组织不应简单地将现有的采购流程进行系统自动化处理，而应在实施之前考虑如何改变或重组工作和业务流程以适应电子采购。采购与供应管理专业人士应该核实既定的采购流程，测试其是否围绕纸质系统和是否可以更换。CIPS强烈建议，在任何可能的地方，过程都应在实施电子采购前进行重组。

为了引进电子采购系统，信息系统经理和购货团队必须找到一个有效的解决方案，使订货工作和不同的人员有机结合，如图7-1所示。有资料显示，只引进部分订货环节的系统实施起来会更容易一些。图7-2向我们展示了不同类型的信息系统是如何吸纳订货循环中的不同环节的。

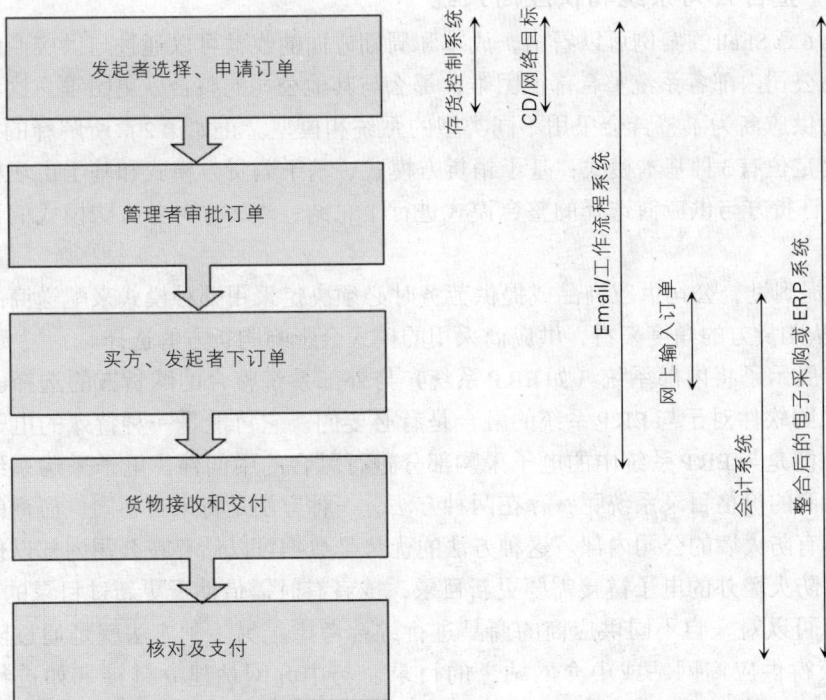

图7-2　针对实施过程中的不同部分，不同信息系统的使用

不同类型的信息系统如下所示：

- 存货控制系统——该系统主要和与生产相关的订货有关，强调当存货数量低于订货

点时要及时地再订购。

- CD/网络目录——纸质目录被电子表格代替，因为这样可以更快地找到供应商。
- Email（电子邮件）/以数据库为基础的工作流程系统——该系统整合了发起人输入订单、经理核准、购货人员安置货物等工序。订单按流程由一个人传到下一个人，并在他们进行下一步前保存。这种系统可能会延伸到会计系统。
- 网上输入订单——购货方有机会在供应商的网站上直接订购，但是这涉及加密问题，并且不能与请购、会计系统整合。
- 会计系统——以网络为基础的会计系统能够使购货部门的采购人员在输入订单后，会计人员以此为据在收到发票时进行支付。IFO-Basware（2012）认为，电子发票报告自动化仍然是有限的，大约一半的公司将发票作为PDF附件来接收电子邮件。大约有一半公司接受XML电子发票服务，或者使用服务提供商提供的系统，还有14%的公司使用自己的系统。
- 整合后的电子采购或ERP系统——这些系统的宗旨在于对上述包括供应商系统在内的所有系统进行整合。

公司在实现全循环的电子采购系统时会面临艰难的抉择，因为它们可以尝试整合原有系统，也可以购买新的功能相当的系统。购买新系统可能是最简单的技术选择，但是这比整合原系统要贵得多，而且还需要对员工进行新系统的培训。

7.6.1　整合公司系统和供应商系统

通过第6章Shell的案例可以看出，成本和周期方面的收益可以通过与供应商的整合来实现。如果公司内部各系统整合都很困难，那么与其他公司的整合就更困难。这种情况的出现是因为供应商为了整合会采用不同类型的系统和模型。正如第2章所解释的，对B2B电子商务的定位有3种基本模式：基于销货方模式、基于购货方模式和基于市场模式。图7-3对可供订货方与供应商选择的整合模式进行了总结，表7-7对各订购模式的优缺点进行了总结。

第2章提到过，公司供应商品或提供劳务时必须决定采用哪种模式来配送商品（或提供服务）。从购货方的角度来看，供应商采用的模式会影响购货方的选择。

图7-4展示了将内部系统（如ERP系统）与外部系统整合的购货方的选择。采用特定的电子采购软件对于与ERP系统的融合是有必要的。它可能是一种特殊的电子采购的应用，也可能是与ERP系统中的电子采购部分进行融合的中间件。电子采购系统怎样才能进入供应商的价格目录系统呢？存在两种方法。一种方法是将来自不同供应商的电子目录储存在具有防火墙的公司内部。这种方法的优势是数据可以储存在公司内部以便随时使用。然而，防火墙外的电子链接需要更新目录，或者有时需借助于更新过目录的CD来实现。购买者可以对来自不同供应商的商品进行综合考虑。另一种方法就是通过防火墙打卡，然后获得供应商网站或中介网站上的目录。与中介网站建立链接（如进行B2B交易）的一个优点就是，这种网站已经收集了来自不同供应商的数据，并建立了永久性的表格。然而，供应商为方便收集信息也同样在做这件事。

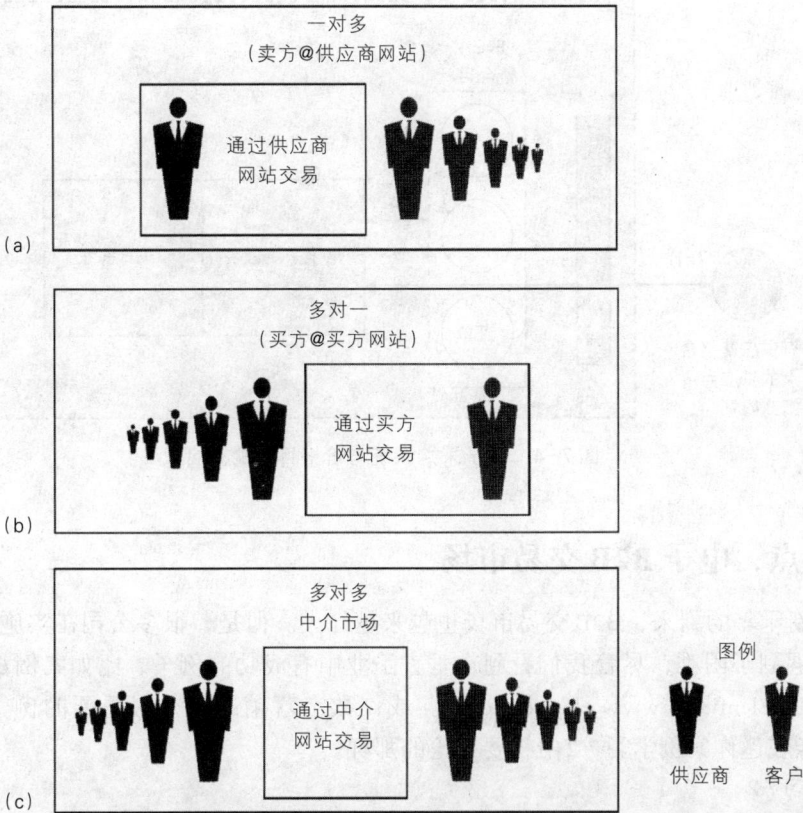

图 7-3　对购货方而言可供选择的三种主要的电子采购模式

表 7-7　　　　　　　　　　对购货方采用不同订购模式的评价

采购模型	买方优势	买方劣势
卖方 例如基于目录的 B2B 供应商，如 www.rswww.com	• 搜索 • 供应商维护数据	• 不同的供应商网站不同的界面 • 选择限制 • ERP/电子采购整合不充分 • 限购控制
买方 私有交易信息被生产商和供应商存储，如解决方案提供者 www.ebreviate.com 和 ERP 供应商 SAP、Oracle	• 简化——单一界面 • 相对于卖方有更多选择，如供应商、产品和价格 • ERP/电子采购整合 • 良好的采购控制	• 买方负责网站维护 • 软件版权费用 • 再培训
独立市场 例如 www.wc21.com、www.eutilia.net	• 简化——单一界面 • 相对于卖方有更多选择，如供应商、产品和价格 • 常有合并条款和条件	• 困难的市场选择（横向和纵向） • 采购控制困难 • 服务水平未知，订单格式不熟悉 • 市场数据界面不清 • ERP 整合困难

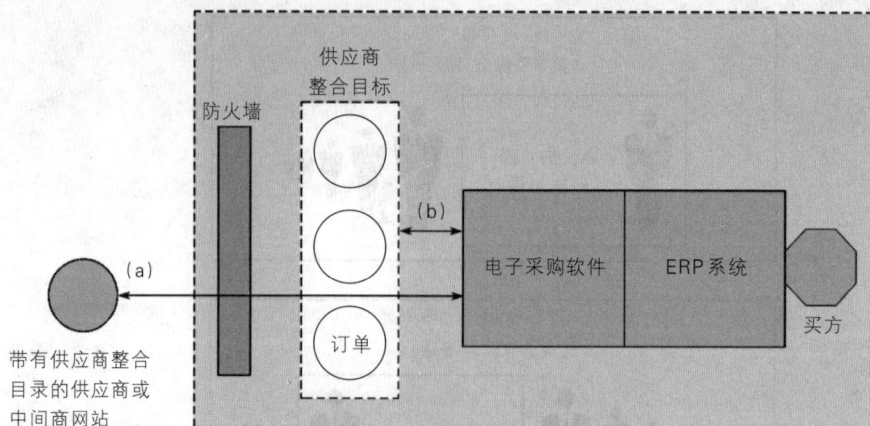

图7-4　电子采购系统与价格目录的整合

7.7　重点：电子B2B交易市场

随着新千年的到来，B2B交易市场也越来越红火。但是，很多公司在实施新商业模式的过程中遇到了困难，尽管我们看到在垂直工业中有成功的例子，比如案例6.1中提到的化学工业的Elemica（www.elemica.com）。或许数字营销的一个最重要的例子是Alibaba.com，就像在迷你案例学习7.2中将要讨论的那样。

迷你案例学习7.2

阿里巴巴为中小企业提供全球市场

阿里巴巴集团是B2B电子商务领域的领导者之一。阿里巴巴集团于1999年由马云等18人创立，马云曾经是杭州的一名英语教师，他希望互联网对每个人来说都是亲切、可靠和有利可图的。现在，阿里巴巴集团（包括其附属的公司）在全球雇用了超过24 000名员工，拥有超过70间办公室，这些办公室分布于中国、印度、英国和美国。

阿里巴巴是一个把来自中国和其他地区的中小型的买家和卖家联系起来的市场。它的网页包括一个国际市场（www.alibaba.com），聚集了全球的进口商和出口商。截至2012年12月31日，该平台拥有超过240个国家和地区的3 570万注册用户，超过280万个店面。

除了消费平台、支付系统和针对中国用户的搜索引擎，它还运行着一个采购批发平台（www.1688.com），该平台主要供中国国内的供应商和买家进行交易。在2012年12月31日，该平台有大约7 770万注册用户和超过850万个店面。1999年，该平台建成一个超过2 400万个注册用户（255 000个付费用户）的社区。在2007年11月，阿里巴巴在中国香港上市，在正式发行之前共筹集了1 310 000万港元，成为亚洲最大和世界第二大的的互联网上市公司。

马云，阿里巴巴的创始人，在1995年第一次接触互联网，当时他在西雅图为一个商业代表团作翻译，一个朋友向他展示互联网时，他们在Yahoo上搜索了"啤酒"一词，发现没有中国的数据。于是他决定建立一个网站，并注册了China Pages的名字。

马云借了2 000美元来建立他的第一家公司，当时他对个人电脑、电子邮件等一无所知，也没有接触过键盘。他把当时的经历描述为"一个盲人骑在一只瞎老虎的背上"。

最初，公司运作得并不好，因为它隶属于中国电信，马云说我们建议的事情他们都反对，就像一只大象和一只蚂蚁在搭档。

他辞职了，1999 年他聚集了 18 个人，花 2 个小时向他们介绍了他的观点。每个人都把自己的钱放在了桌子上，马云得到了 60 000 美元来建立阿里巴巴公司。他选择阿里巴巴这个名字的原因是其容易拼写和与"芝麻开门"相联系。"芝麻开门"来自一千零一夜，是阿里巴巴打开藏有宝藏的洞穴的咒语。

在电商泡沫期间，有一些员工被解雇，以至于在 2002 年公司的资金只能维持 19 个月。有许多会员在免费使用他们的站点而不知道可以以此挣钱。但他们接着开发出了一款产品，使中国的出口商与美国买家在线见面，用马云的话说，这一举动挽救了公司。到 2002 年底，阿里巴巴赚了 1 美元。

如今，马云的观点是建立一个电子商务生态系统，使得买家和卖家全都在线做生意。他们与 Yahoo 合作，已经有了在线拍卖和支付系统。他的思路非常广阔，他说："我想创造上百万个工作，改变中国的社会和经济环境，并使它成为世界最大的互联网市场。"

你可以在 FT.com 上看到马云谈论商业的视频（如图 7-5 所示）。

来源：Ali Baba Press releases Alibaba.com Limited Trading Dubut，7 November 2007：http：//resources.alibaba.com/article/225276/Alibaba_com_Limited_Trading_Debut_.htm

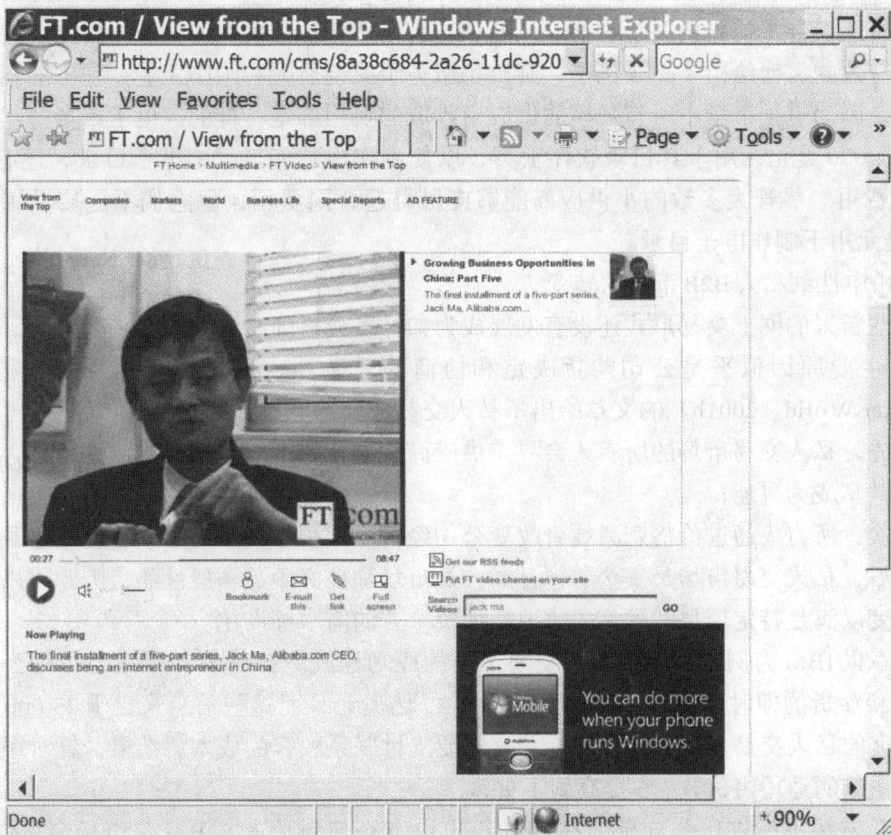

图 7-5　阿里巴巴 CEO 马云

来源：FT.COM

电子B2B市场也被称为"市场""交易场所""中转站"等。一种典型的中介市场，是新型中间商重构的一部分（第2章），并且独立于购货商和供应商。

1. 为什么众多的电子B2B市场失败了

在千年之交的一番炒作后，许多电子B2B市场现在已经关闭了。前面章节中提到的独立B2B市场，如Chemdex（www.chemdex.com）、Vertical Net（www.vertical.net）、Commerce One Marketsite（www.commerceone.com）和Covisint（www.covisint.net），没有一个市场是以原有形式存在的。正如我们在第5章看到的，Dell在2001年1月关闭了一家B2B网上市场（被称为Dell市场），其开业的时间只有4个月，由此可见成熟的电子交易市场的短缺。据Computer World（2001a）报告，2000年年中有900家全球性B2B交易网站，而到2000年年末只剩400余家。尽管如此，人们对B2B交易市场这一概念的热情仍很高涨。今天，用Google搜索"B2B交易"，您会发现仍有少数市场在积极地运行。

B2B交易中介们似乎仍然主要提供商品交易和简单的服务（比如EC21（www.ec21.com）、Elance（www.elance.com）和eBay Business（http：//business.ebay.com））。eBay Business中最大的一类是牵引车，一般在1万美元到2万美元之间；另一项是复印机，有超过3 000份订单，最高价格为6.5万美元。

2. 电子B2B市场应用有限的原因

Johnson（2010）调查了电子B2B市场应用有限的原因。部门采购经理认为最重要的一点是可能误导了的人们关于收益、风险和与合作伙伴信任关系的认知。但是，这些认知可能是有效的。他给出了一个例子，某市场服务于航空航天和国防工业，它不能招募小的供应商，因为电子市场中所有规模的供应商收取的费用都是一样的。电子市场每年向供应商收取4 000美元，用于其目录软件工具，以便制作出它们自己的电子目录，还有390美元合同费用。尽管大多数的小供应商能够支付得起合同费用，但它们不能接受每年花费4 000美元用于制作电子目录。

3. 由中性到私人B2B市场的转变

这些新兴的网上交易形式还没有发展成为如许多分析师所预期的那种公开的、中性的市场。主要原因似乎是公司购货决定和协商的复杂性，以及市场本身的不稳定性。Computer World（2001b）的文章给出了私人交易成功的原因：

首先，私人交易市场的所有人会界定供应商和顾客的准入条件，排除竞争者，使敏感信息的共享成为可能；

其次，所有人通过价格刺激或者改变公司经营方式引导供应商和顾客使用这种市场；

最后，私人交易市场是安全的，且如公开市场那样必须是一般性的，因此可以做出适当的改变以满足特定项目和顾客的需要，使每个人的需求标准化。

文章以IBM为例，阐述了私人交易市场的成功建成。自1993年以来，IBM公司借助于价格和存货的即时信息，已经成功节约了17亿美元，而这些信息来自于25 000个供应商和顾客的私人交易。作为中介交易，公司要支付联系顾客的成本。结果，针对顾客的及时运送系统的运用由50%左右提高到了90%。

交易方法不断进化，分析师在2001年也没有料想到私人B2B交易市场会得以发展。私人B2B交易市场是表7-1中涉及的以买方为中心的交易市场，一般个体制造商或供应商参与其中，该市场提供的服务包括对供应商均有特定限制和保护。例如，任何一个供应商都要经过核准才能成为会员，虽然供应商在进行竞标或参与逆向拍卖时登记的表格是公开的，但是每一过程都须经过再审核以避免参与者之间的竞争。

7.7.1　市场的类型

Kaplan 和 Sawhney（2000）发明了一种对 B2B 市场进行分类的方法。这种方法运用公司购货分类，即公司怎样购买（系统购买和现货采购）和买什么（生产输入和生产资源输入），他们所定义的市场种类见表 7-8。值得注意的是，制造业投入市场对特定的行业如钢铁、建筑或化学品来说趋于垂直市场，同时经营资源趋于水平市场，它们提供不同行业的产品范围。

表 7-8　　　　　　　Kaplan 和 Sawhney（2000）对 B2B 市场进行分类的例子

如何买、买什么		
	业务资源	制造资源
系统采购	MRO 中心 www.barclaysb2b.com	Catalogue 中心 www.sciquest.com
现货采购	Yield Manager www.elance.com	Exchanges www.e-steel.com www.plasticsnet.com

来源：《哈佛商业评论》

随着市场的变化，Kaplan 和 Sawhney 又对分类进行了一些调整，主要依据市场是否直接存在于购买者和销售者之间，或者依据市场上是否存在某种程度上的联合。同样地，对消费者而言，在购买商品时可以联合个体的购买力争取折扣，这一方法对中小型企业也同样适用。Kaplan 和 Sawhney 认为这种联合是"反向联合"，因为它造成了由顾客到供应商的反向供应链。当然也有"正向联合"，那就是供应链按传统方式进行操作时的情况。销售不同制造商生产的计算机的分销商，会对不同制造商的供货进行集中。如果市场可以结合供应链功能（相关内容见第 6 章），那它们也可以充当价值链中的综合者角色。

Sawhney（1999）认为，指望能够创造交易的公司一般都属于表 7-7 中 4 种情况中的一种，虽然一些 B2B 市场既提供目录中转服务，又提供交易机会。

一些市场也会在提供服务的范围上有所不同，如可能提供电子采购之外的与供应链相关的一系列服务。Sawhney（1999）将这种市场称为"中介代理"，例如，Plastics Net（www.plasticsnet.com）提供供应商评估、订购、追踪、市场信息、鉴定监督、拍卖和目录等服务。

7.8　电子采购的未来

有些人认为，未来寻找供应商和产品的工作可能会由代理软件来完成，这种代理软件具有一定相关规则或一定程度的人工智能。代理软件就是一个帮助人类完成工作的软件程序。在因特网上，代理软件已经用于市场，如通过使用搜索引擎搜索产品，甚至购买商品。此类代理软件按预定的规则工作，或者通过使用神经网络技术学习规则，这种规则将决定是否应该进行购货。

Gatarski 和 Lundkvist（1998）揭示了代理软件技术在市场上运用所产生的一些作用。他们认为，代理软件技术可以设计成兼具供应商调查、产品评估和消费者虚拟选择产品的功能。

Tucker 和 Jones（2000）也评论了针对货物来源的智能代理的使用。他们预言，智能代理将担任对可供选择的供应商进行评估的工作，而这项评估工作要借助于事先定义的量化的选择标准，包括价格、可用性和交货。他们相信这种技术是可以利用的，实际上，类似的智能软件已经在财务市场上用于制定投资策略。但是，这种软件如何评价供应商可信度或这些供应商能否胜任公司伙伴或合伙人的角色，仍是一个未知数。

7.9　本章小结

（1）从供应商处订货的订购活动包括购买、运送、收货和储存。

（2）电子采购涉及所有订货作业的电子整合。

（3）使用电子采购后，订购过程涉及的人员和阶段数目都会有所减少，这主要是通过对订单制定者授权和改变购货方员工的角色来实现的。

（4）使用电子采购，可以缩短购货周期和节约成本，原因是它减少了员工花费在购货上的时间，并能降低存货量。

（5）引进电子采购的方式包括：

- 基于销售方的电子采购——直接从销售方网站购货，该网站一般没有与购货方订货系统整合。
- 基于购货方的电子采购——实现了销售方的目录系统与购货方订货系统的整合。
- 市场订购——通过中介与许多供应商（可能实现了与购货方订货系统的整合，也可能没有）进行交易。

（6）在 Kaplan 和 Sawhney（2000）论述中，电子市场的主要类型被归结为：

- 运行资源的系统来源（MRO 中转站——兼具维护、修理和操作功能的中转站）；
- 制造资源的系统来源（目录中枢）；
- 运行资源的即时来源（收益经理）；
- 制造资源的即时来源（交易）。

（7）引进电子采购牵涉的组织障碍包括裁员和对供应商可信度的担心。

（8）引进电子采购系统的主要技术挑战就是如何实现一系列现存购货系统与各种供应商或市场系统的整合或交接。

习　题

自测题

1.概述公司购买供应品的两种主要方法及所需供应品的两种宽泛分类。

2.根据问题 1 的答案，举例说明能满足这些购货需求的 B2B 交易。

3.列表说明传统采购和电子采购的主要步骤和所需要的人员。

4.概述采用电子采购的原因。

5.什么是单独采购？应该在电子采购系统中引入哪些保护措施来避免这一风险？

6.解释基于买方、卖方和市场的电子采购的区别。

7.概述问题6中每种类型的优缺点。

8.电子采购的引入给企业带来了哪些影响？

讨论题

1.Shell Chemical（案例学习6.1）中的Chris Miller说过：

"电子采购并不是要压榨供应商，而是同样为供应商和购货商节约成本，并减少制度中的无效性。另外，电子采购对小公司和大公司都是一视同仁的，它并不是大公司的俱乐部！"

回顾电子采购对购货商和供应商的利弊，并对这段话进行讨论。

2.针对你选择的工业领域，回顾目前可选择的购货方法及公司对B2B交易市场和IS专家的运用，并预测其5年内的发展趋势。

3.精确评估电子采购带来的成本节约和收益的增加。

4.分析你熟悉的一家公司的订购过程。解释电子采购的引入带来了哪些变化以及电子采购过程中可能存在的问题。

5.讨论"终端间完全自动的订购是不现实的"这句话。

考试题

1.列表解释B2B交易的4种不同类型，并区别购货类型和购买商品的不同。举例说明：选择一种可以使用各种购货类型的产品，指出提供不同类型服务的交易名称。

2.描述电子采购系统的不同组成部分。

3.列表总结企业采用传统采购和电子采购的主要区别。

4.概述电子采购的主要优点。

5.解释基于买方和卖方的电子采购的区别，分别指出对购货公司而言这两种类型各自的一个优点。

6.当前，电子采购的运用程度还很低，说明出现这一状况的原因。

7.解释电子采购是如何实现成本节约的。

8.为什么有些评论者认为，电子采购带来的真实成本节约更接近10%，而不是供应商提供的更高的数值？

网络链接

Ariba.com(www.ariba.com)

参考文献

Baily,P.,Farmer,D.,Jessop,D.and Jones,D.(1994)*Purchasing Principles and Management.*Pitman,London.

CIPS.(2008)E-commerce/E-purchasing CIPS knowledge summary.www.cips.org/documents/e-commerce. pdf.Accessed September 2008.

Computer World.(2001a)B2B outlook still ominous.By Gary Kadet,23 April：www.computerworld.com.

Computer World.(2001b)Private exchanges drive B2B success.By Pimm Fox,7 May：www.computer-world.com.

Covisint.(2002)Press release,4 February.Covisint.com.

Gatarski,R.and Lundkvist,A.(1998)Interactive media face artificial customers and marketing theory must rethink.*Journal of Marketing Communications*,4,45-59.

IBF.(2008)12 ways to use your intranet to cut your costs.Member Briefing Paper,August.Published by the Intranet Benchmarking Forum(www.ibforum.com).

IFO-Basware.(2012)2012 Global E-invoicing study：a shift towards e-invoicing ecosystems.Joint research by the Institute of Financial Operations and Basware.Avaiable from：www.basware.com/knowledge-center/2012-global-e-invoicing.

Johnson,M.(2010)Barriers to innovation adoption：a study of e-markets.*Industrial Management & Data Systems*,110(2),157-74.

Kalakota,R.and Robinson,M.(2000)*E-Business：Roadmap for Success.*Addison-Wesley,Reading,MA.

Kaplan,S.and Sawhney,M.(2000)E-hubs：the new B2B marketplaces.*Harvard Business Review*,May-June,97-103.

Kluge,J.(1997)Reducing the cost of goods sold：role of complexity,design relationships.*McKinsey Quarterly*,2,212-15.

Knudsen,D.(2003)Aligning corporate strategy,procurement strategy and e-procurement tools.*International Journal of Physical Distribution and Logistics Management*,33(8),720-34.

Line56.(2004)Compuware buys last of Covisint.Article by Jim Ericson,*Line56*(www.line56.com),6 February.

Proactis.(2013)*Spend control.Spend control for the multi-location,multi-business unit organisation.*White-paper accessed June 2013：www.proactis.com/resources/white-papers/spend-control-for-the-multi-location,-multi-business-unit-organisation.aspx.

Riggins,F.and Mitra,S.(2007)An e-valuation framework for developing net-enabled business metrics through functionality interaction.*Journal of Organizational Computing and Electronic Commerce*,17 (2),175-203.

Sawhney,M.(1999)*Making new markets.Business 2.0*,May,116-21.

Smart,A.(2010)Exploring the business case for e-procurement.*International Journal of Physical,Distribution and Logistics Management*,40(3),181-201.

Tranmit.(1999)Procurement Management Systems：A Corporate Black Hole.*A survey of Technology Trends and Attitudes in British industry.*Tranmit plc,UK.Survey conducted by Byline Research.Report originally available at www.rewww.com/purchasing.

Tucker,D.and Jones,L.(2000)Leveraging the power of the Internet for optimal supplier sourcing.*International Journal of Physical Distribution and Logistics Management*,23 May,30(3/4),255-67.

第 8 章

数字营销

主要内容

本章主题

- 数字营销的概念
- 数字营销计划
- 形势分析
- 目标制定
- 战略
- 策略
- 实施
- 控制

本章重点

- 新媒体通信的特点
- 在线品牌营销

案例学习

- easyJet的品牌标识
- Dell通过网络接近其客户

学习目标

学习本章之后，读者应该能够：

- 评价独立的电子商务及数字营销策略的必要性
- 制订一个概要计划来实施数字营销战略
- 区别传统媒体与新媒体进行市场信息通信的特点

管理问题

- 怎样将传统营销途径与数字营销途径结合起来？
- 如何用电子交流方式彰显产品和服务？
- 怎样将新媒体营销与信息通信进行组合？

章节链接

主要相关章节

- 第4章——电子环境提供了支持数字营销计划的宏观经济基础
- 第5章——引导第2部分及以后章节的电子商务战略，尤其是8种战略决策一节与本章有关
- 第9章——CRM详细地说明了通过改进技术和客户关系管理来实施数字营销计划
- 第10章——讨论组织内部由于引入多渠道营销而导致的管理模式的改变

8.1　本章介绍

在第5章，我们研究了制定电子商务战略的方法。在许多组织中，确切的数字营销计划通常由市场部门或电子商务部门制订。在本章，我们将单独地考察数字营销战略和计划。数字营销或网络营销计划有助于确定具体的数字营销目标及策略，以保证合理地配置资源以便抓住互联网带来的机会，同时应对互联网带来的威胁。数字营销关注公司及其品牌如何使用其网站和诸如移动站点、手机应用、搜索、社交媒体、电子邮件营销等其他数字化平台来与其用户互动，增加其品牌价值和实现营销目标。

图8-1展示了在数字营销中的三种主要的运营活动，它们是：

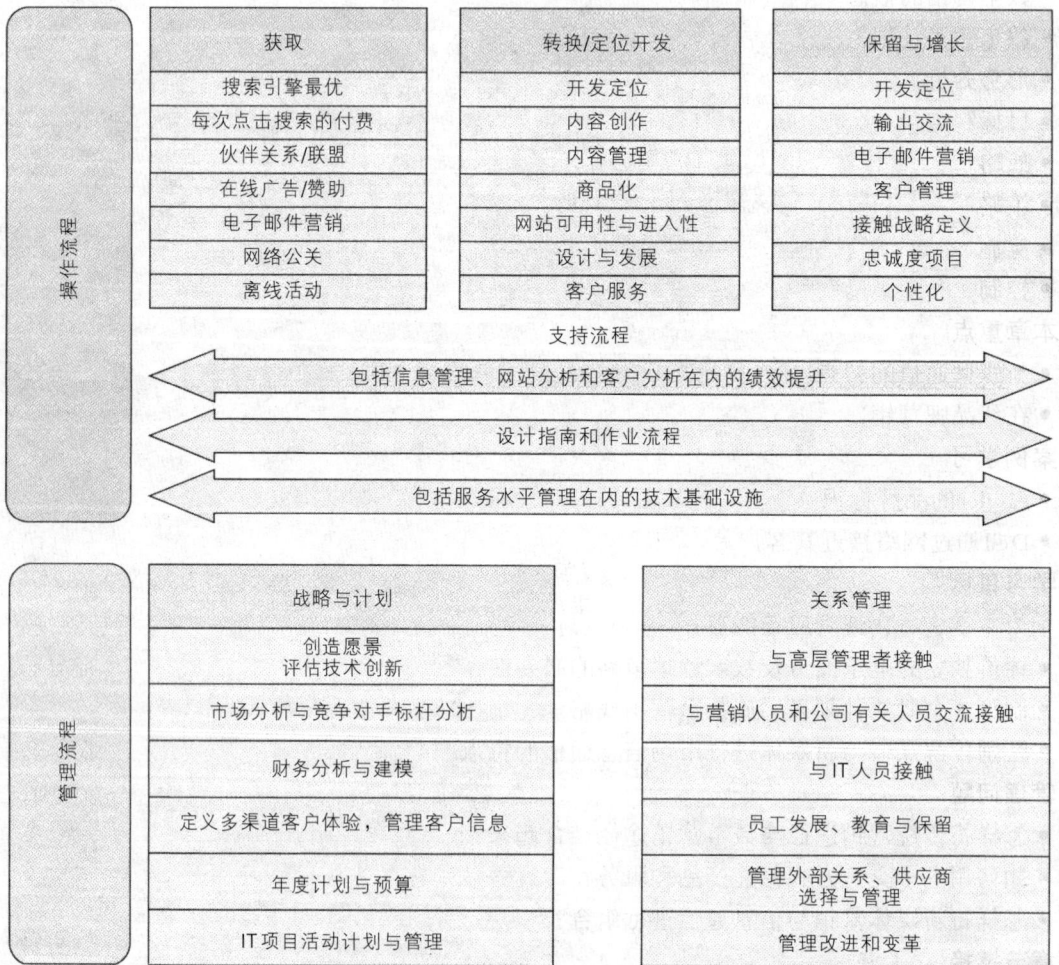

图8-1　数字营销的操作、管理、支持流程

来源：E-consuitancy（2008）

- 获取客户。吸引访问者或者通过搜索引擎和在其他网站投放广告提升品牌知名度。
- 联系客户。与网站访问者互动，实现销售或其他内容浏览。

● 保留与增长。鼓励对交易型数字网站的重复使用和重复销售。

RACE（图 9-3）是在 SmartInsights.com 上开发的框架，用来帮助营销人员管理和提升其组织通过数字营销获得的商业价值。在本章中，我们重点考虑在发展一个数字营销战略时所包含的管理问题。数字营销方案应当考虑营销目标和电子商务战略目标，以保证它们服从于组织目标。图 8-2 显示组织的策略之间存在着等级：公司战略或经营战略指导着营销策略，后者又指导着不同产品或市场区域的具体营销计划。通常公司还有单独的信息交流计划来详细地说明营销活动，以实现营销计划的目标。

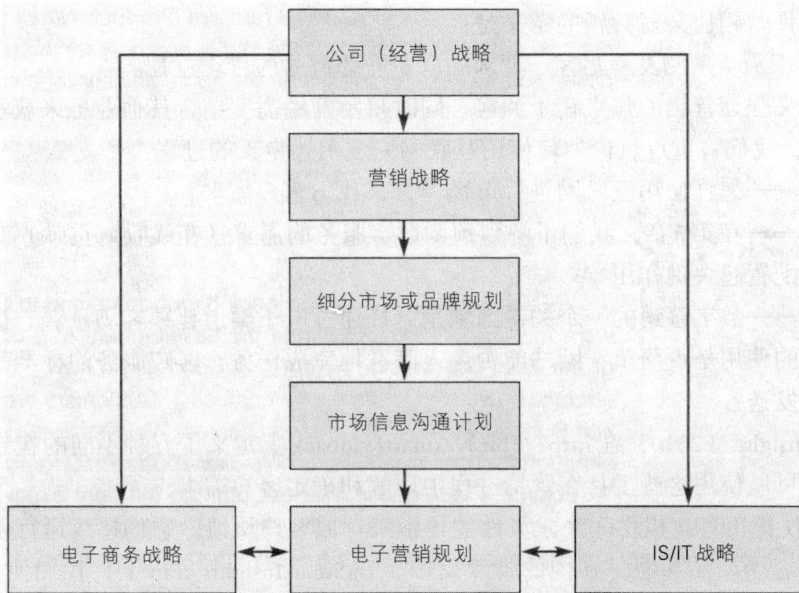

图 8-2　数字营销计划与其他策略的关系

8.1.1　本章结构

本章我们首先介绍营销的概念，阐释营销与电子商务的关系，然后给出一种制订数字营销计划的结构化方法。这种方法是建立在决策过程模型的基础上的。本章还将介绍目标市场、市场组合和品牌营销等概念，当我们使用互联网、互动电视及无线通信等数字媒体时，这些概念有不同的含义。

Sultan 和 Rohm（2004），给出了一家公司将其数字营销战略与商业战略相匹配的典型例子，他们根据对三家公司的调查研究，定义了以下战略目标：

● 降低成本和提高价值链的效率。例如，B2B 供应商 AB Dick 使用互联网销售打印机来减少服务电话的数量。

● 增加收入。Reebok 使用互联网进行跑步机等产品的直接销售，这些产品通常没有很有效的的分销方法。

● 建立合作伙伴。与分销商通过外联网保持合作关系。

● 沟通和品牌化。汽车公司 Saturn 开发了 MySaturn 网站来培养与客户之间的亲密关系。

8.2　数字营销的概念

数字营销被简单地概括为"通过使用数字技术达到营销目标的方法"（Chaffey和Ellis-Chadwick，2012）。这一简洁的定义提醒我们：在网络营销上进行投资是为了利用数字技术取得成果，而不是为了采用这项技术。

8.2.1　营销定义

与许多以"电子"开头的词一样，我们需要回到"数字营销"的词根"营销"上来，以便全面地了解它所涉及的内容。

英国特许营销协会对营销的定义是：

营销是识别、预测及满足客户要求的以盈利为目的的管理过程。

这一定义强调营销的焦点在于顾客，同时暗示营销需要结合其他业务来获利。在本章和第9章中，我们将重点讨论如何使用互联网完成上述定义的过程：

• 识别——怎样使用互联网进行市场调查，找出客户需求。

• 预测——在第5章，我们了解到预测数字服务的需求（在线收入贡献）对管理电子商务的资源配置起关键作用。

• 满足——数字营销的一个关键因素是怎样通过电子渠道让顾客满意。它提出了如下问题：网站的使用是否简单？网站能否令人满意地完成任务？客户服务的标准是什么？实体产品如何发送？

Smart Insights（2010）在http://bit.ly/smartfeedback上定义了五种不同的在线互动反馈工具，企业可以使用这些工具在营销过程中理解和确定客户需求：

1.网站反馈工具。提供一个永久性的设备来存放客户反馈。它们持续运行以维持包括评价页面内容、产品和服务在内的持续反馈。在SmartInsights.com上，我们使用Kamyple（www.kampyle.com，图8-3）。

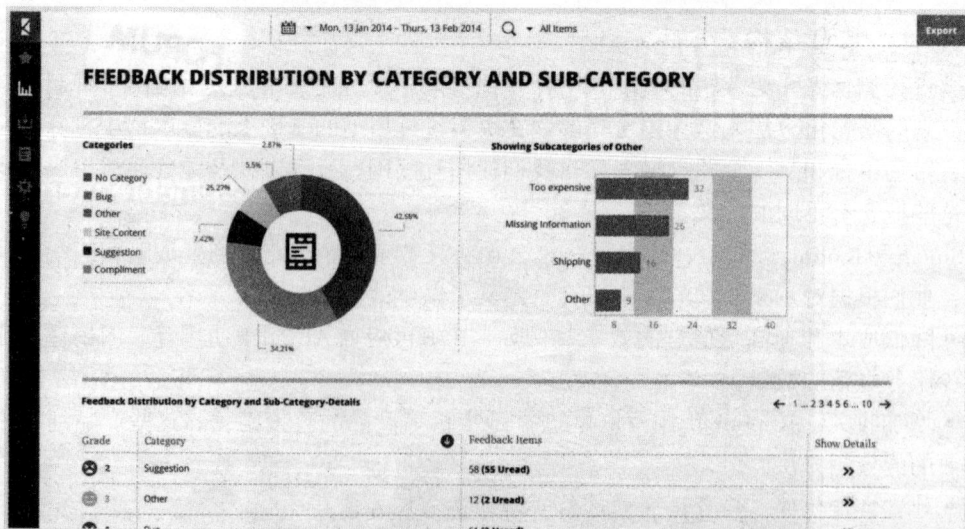

图8-3　kampyle交互式客户反馈工具

来源：www.kampyle.com

2.网站用户满意度调查。这些工具用来衡量用户希望得到的和他们在网站上实际得到的产品或服务之间的差距（我们在第11章给出iPerceptions的例子，它解决了评价网站效果的4个问题，详见www.kampyle.com）。

3.众包产品意见软件。它比网站反馈工具更丰富，使得客户能够对可能的新服务项目进行评价。Dell在IdeaStorm（www.ideastorm.com）中采用了该方法，类似的论坛在Uservoice（www.uservoice.com）上也可以使用。一些客户也会对他们的网站体验和线下体验进行反馈，在这方面Getsatisfaction（www.getsatisfaction.com）是最常见的。

4.简单页面和概念反馈工具。作为众包的形式之一，这些工具通过在线面板给出反馈，包括页面布局、信息和服务等。在SmartInsights.com上，我们使用Qualaroo（www.qualaroo.com）询问人们需要什么样的服务。

5.一般的在线调查工具。这些工具，例如Zoomerang（www.zoomerang.com）和SurveyMonkey（www.surveymonkey.com）使得公司可以以低成本对其顾客进行调查。

8.2.2　数字营销的定义

"网络营销"这个词从外部视角描述了如何结合使用互联网与传统媒体，获得客户并向他们提供服务。可与之互换的词是"数字营销"（例如McDonald和Wilson，1999），它的范畴更广，指利用各种电子技术实现营销目标，包括内部与外部两种视角。它与电子商务这个概念更具有一致性，因为后者同样包括内部及外部信息交流的管理这两个方面。

入境营销

营销专家们通常把基于数字媒体的营销手段称为入境营销（见第1章）。入境营销非常有效，因为它减少了广告费。内容营销和搜索营销可用来确定特定需求的前景，这两者都具有前瞻性和和自选择性。但它的一个弱点是相比传统的交流方式有较少的控制权。在传统的交流方式中，信息被推送给特定的某一个用户，可以帮助产生认知和需求。入境营销的支持者们，比如Dharmesh Shah和Brian Halligan认为，内容营销、社交媒体营销和搜索营销在刺激需求方面也会发挥作用。

内容营销

成功的入境营销需要特殊的、引人注目的内容来吸引访问者并留住他们。不同类型的内容，比如电子商务网站上的视频和买家必读可以通过搜索引擎吸引访问者，而且由于这些内容在社交媒体上可以很方便地分享，这也能吸引访问者，这就是内容营销。为了使内容营销在电子邮件、网站和社交媒体等渠道方式方面可以持续推广，内容营销和内容战略的概念也可以称为获得最佳营销实践的方法。如今，我们所说的内容不仅包括网页所组成的静态内容，还包括鼓励互动的、动态的富媒体内容。视频、播客、用户制作的内容和交互式产品选择都应考虑在内容中。

可以看出，内容战略所面临的挑战就是现今有太多种类的内容，它们以不同的形式通过不同的途径传递到各种不同的地方去，但越来越重要的一点是通过社交媒体吸引客户。

根据定义，在进行内容管理时需要计划和管理以下几点：

1.内容承诺价值。何种类型的内容能够吸引客户，是简单的产品和服务信息、产品说明，还是一款吸引客户的游戏？引导性销售内容在电子采购公司Proactis的例子中可以看到（图8-4）。

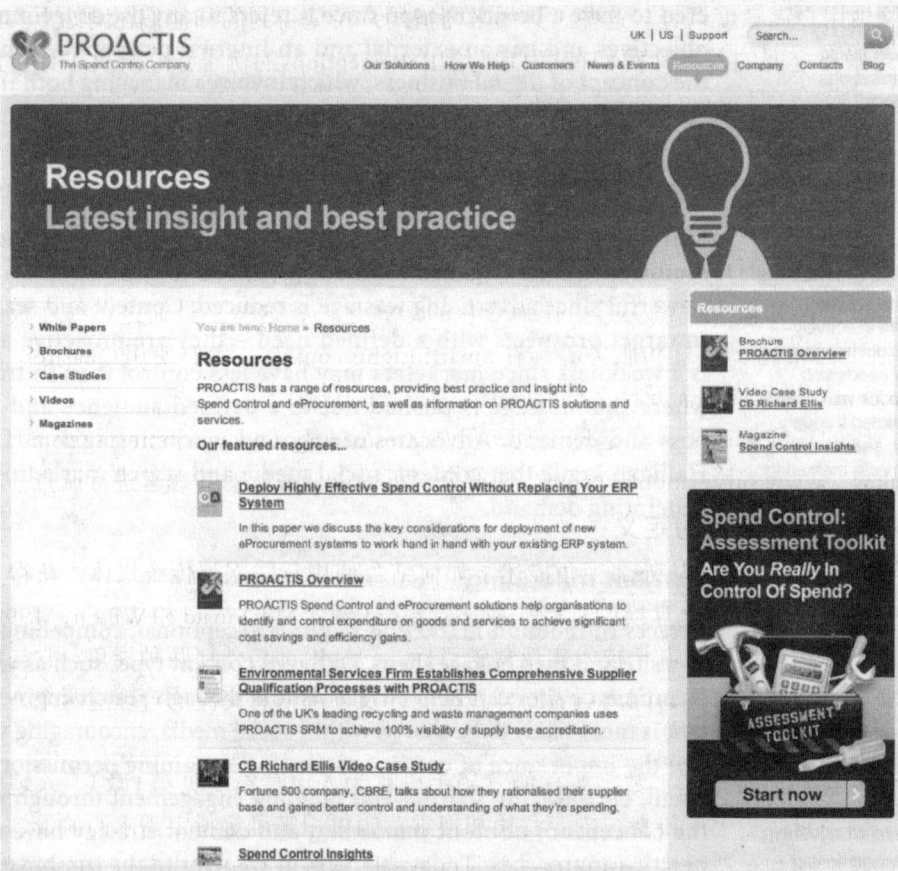

图8-4　Proactis（www.proactis.com）资源部分的内容营销

2.内容媒体。纯文本、动画等多媒体，互联网应用和手机应用（见第3章），音频（播客）和视频。纯文本可以提供不同形式的版本，如HTML文本、电子书文本和PDF文本等。

3.内容聚合。内容进行整合后可通过电子邮件直接投递给各种不同类型的网站，或者通过提供的小工具一次性嵌入网站中。

4.内容参与。有效的内容不是在静态条件下的简单传递，它应该可以被评论和审查。这些也需要对源头和被传递到的其他地方进行监管。

5.内容评估平台。不同的数字评估平台像台式电脑、不同屏幕尺寸的笔记本电脑和移动设备等。对于平面媒体来说，纸张也是一种内容评估平台。

为了回顾内容是如何支持数字化营销的，笔者与Smart Insights（图8-5）的Dan Bosomworth开发了内容营销矩阵。实践活动8.1解释了它如何被用来确定正确的内容类型。

实践活动8.1

使用内容营销矩阵来审查和提高内容的有效性

我们推荐使用内容营销矩阵作为审查现有内容和发现新内容营销的关键工具。

该矩阵的目的在于帮助你考虑不同的内容维度，这些内容的基础是观众如何能找到内容价值和一个企业所要达到的目标。

意识　　　　　　　　　　　　　　　　　　　　　　　购买

情感　　　激励

引起兴趣

比赛　　　小工具　　　明星代言

测验

病毒　　　游戏

品牌视频　　　社区论坛　　　回顾

文章　　　电子书　　　电子新闻　　　文件　　　收视率

图表　　　新闻稿　　　演示视频　　　产品特色　　　案例学习

交互式演示

导引　　　趋势报告　　　　　　　　检查表　　　数据表
　　　　　　　　　　　　　　　　　　　　　　　和定价指导

报告和W/PEPES　　　研讨会　　　计算　　　说服

催眠　　　培养

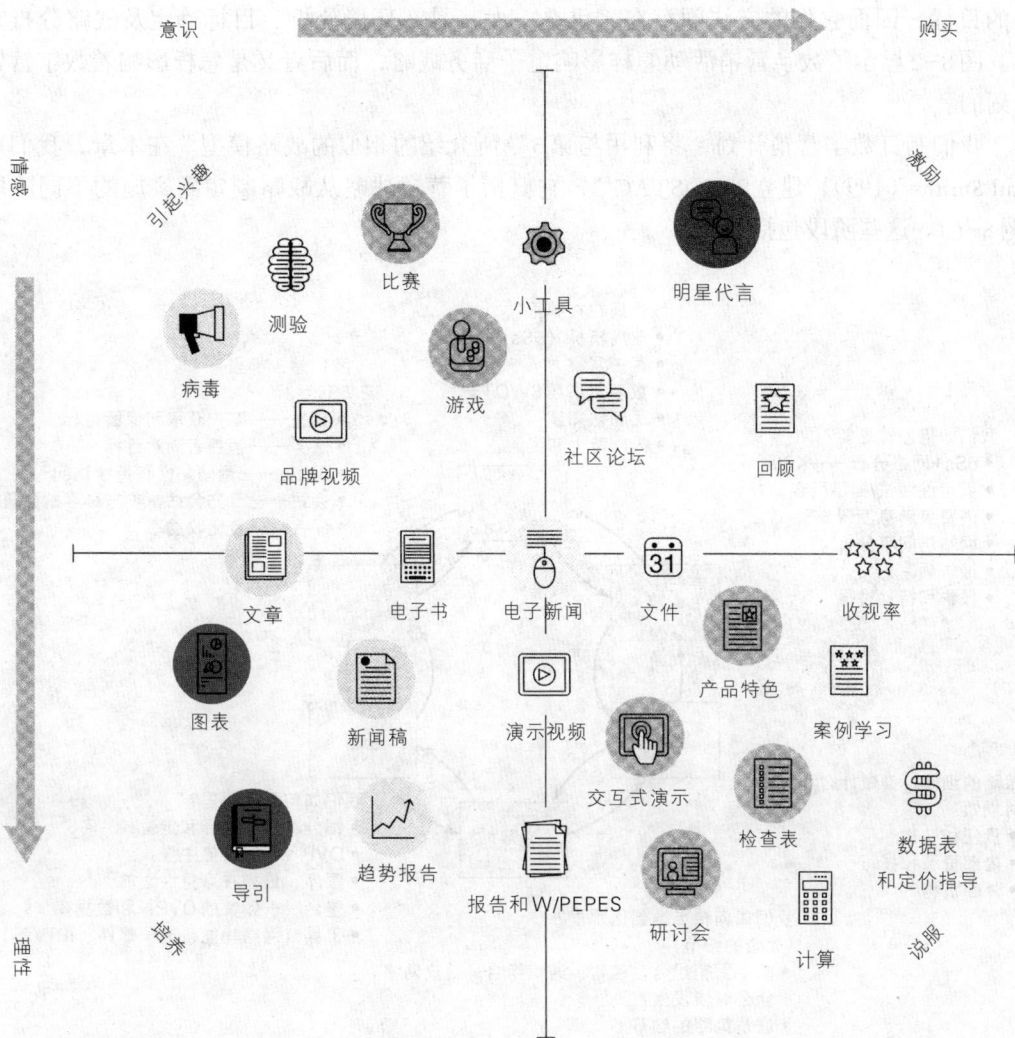

图8-5　内容营销矩阵

来源：Smart Insights（2012）

活动

完成以下程序，审查一个公司是如何使用不同种类的内容来支持其营销的：

1. 通过在表格中描绘不同的内容来审查公司的现有内容使用情况。

2. 对两三个竞争对手执行相同的步骤。

3. 考虑未来可能的内容类型。

4. 确定投资一项内容的标准（比如帮助转换、现有客户）。

5. 使用步骤4中的标准，确定两三项在内容战略中最重要的内容。

8.3　数字营销计划

数字营销计划是电子商务战略的补充，详细地说明通过营销研究及与客户信息交流等营销活动怎样达到电子商务战略的具体目标。数字营销计划是基于电子商务战略或经营战略的目标，因而它们的方法间存在着重叠，尤其是在环境分析、目标确定及战略分析方面。图8-2显示了数字营销活动怎样影响电子商务战略，而后者又是怎样影响着数字营销计划的。

我们制订数字营销计划，将利用与第5章所介绍的相似的战略模型。在本章，我们用Paul Smiths（1999）建立的SOSTAC™，它概括了营销战略从战略制定到实施的不同阶段（图8-6）。这些阶段包括：

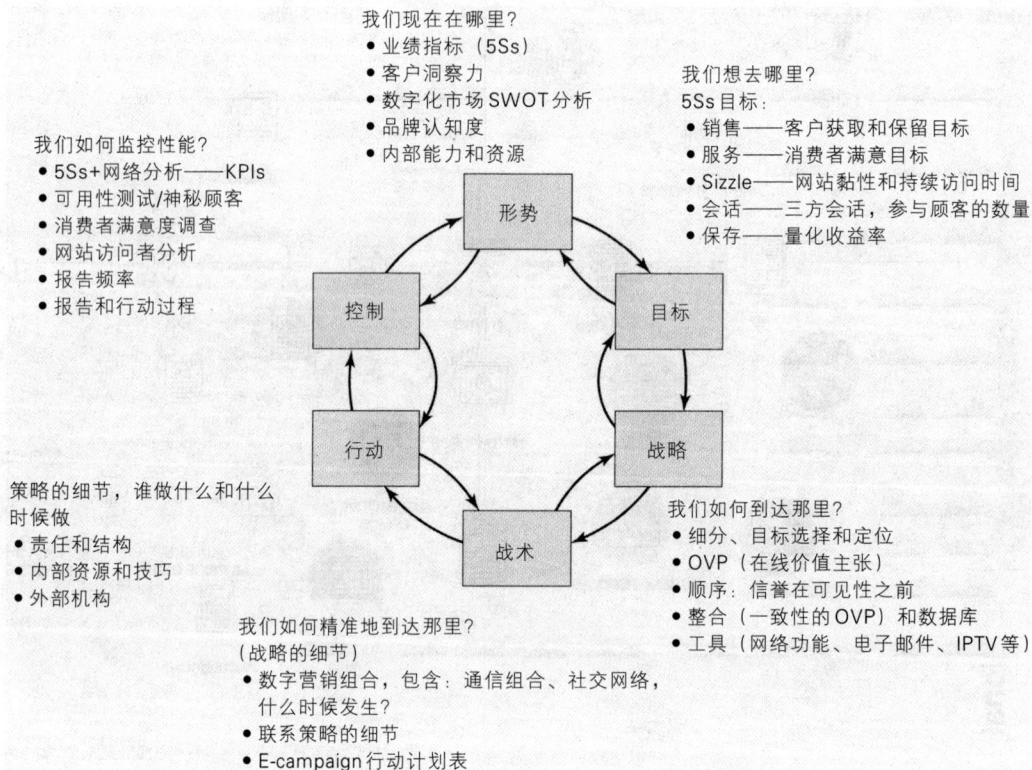

图8-6　SOSTAC®——数字营销计划的基础框架

来源：PR Smith's SOSTAC® Planning Model（1990）

- 形势分析——我们现在在哪里？
- 目标——我们想去哪里？
- 战略——我们怎样到达？
- 战术——我们具体怎样做？
- 行动——我们有什么计划？
- 控制——我们达到目标了吗？

数字营销效果的度量是战略制定的组成部分，可评价是否达到目标。为了对控制阶段收集到的网络分析数据（第12章）进行分析，加强网站及相关的信息交流以持续改进数字营销，需要建立起一个封闭的循环。

以上就是SOSTAC™制订数字营销计划的6个阶段。为了减少与第5章相关内容的重合，将在章节间交叉引用。

8.3.1 是否需要单独的数字营销计划

如果数字营销活动有专人管理，如数字营销或电子商务主管，他们就应负责制订数字营销计划。然而，在许多中小型组织中数字营销职责并不明确，它们基本没有数字营销计划。在营销管理人员少且对单独的数字营销计划的价值缺乏充分认识时，企业通常没有数字营销计划。

当数字营销没有得到清晰的计划及控制时，通常会发生下述典型的问题：

（1）因未做调查而低估顾客对在线服务的需求，没有充足的资源和切合实际的目标以实现在线营销的份额。

（2）如果数字营销没有得到足够的资源投入，企业没有制定清晰的战略，其市场份额将会被现存的及潜在的竞争者抢占。

（3）资源重复投入。例如，营销部门为不同的工具或代理支付费用，进行相似的在线营销活动。

（4）在数字营销计划及其执行上投入的资源不足，缺乏专业的数字营销技能，对竞争威胁难以做出有效的反应。

（5）作为关系建立的一部分，在线收集的客户信息不充分，而且现有系统不能有效利用这些信息。

（6）不能获得在线营销所带来的高效率，如降低交流成本及提高获取和保留客户的成功率。

（7）丧失应用在线营销工具的机会，如搜索营销及电子邮件营销，当使用错误的资源或销售者没有使用合适的工具时，进行数字营销的效率很低。

（8）不能根据不同部门对内部信息技术系统变化的要求，排出先后次序。

（9）不能详细地或高层面地充分追踪在线营销的成果。

（10）高层管理者对数字营销的支持不足，数字营销不能成为主要的战略动因。

但是，管理者要对在互联网站及相关的数字营销信息交流上的重要投资负责，他们当然想确保正确金额的投资及资金的有效利用。出于上述原因及为了防止上述十项问题的发生，许多领先使用电子商务的组织都有一个明确的数字营销计划。

小型组织的数字营销计划不需要十分详尽——用两页的摘要确定目标和战略大纲就足够了。重点是制定清晰的目标和战略，反映电子业务将怎样有助于销售及营销过程，详细说明所需的具体行动，如搜索营销、电子邮件营销或网站重新设计的特征。

长期来看，一旦组织成功地确定了网络营销的方法，就不需要再逐年制定单独的网络营销战略或数字营销计划，因为互联网与其他媒体一样，是现存的信息交流计划的一部分。

8.4 形势分析

形势分析的目标是认清公司现在及将来所处的环境，以使战略目标切合实际、符合市场情况。图 8-7 列出了形势分析得出的、用来制订数字营销计划的参数。它们多与公司外部环境相关。

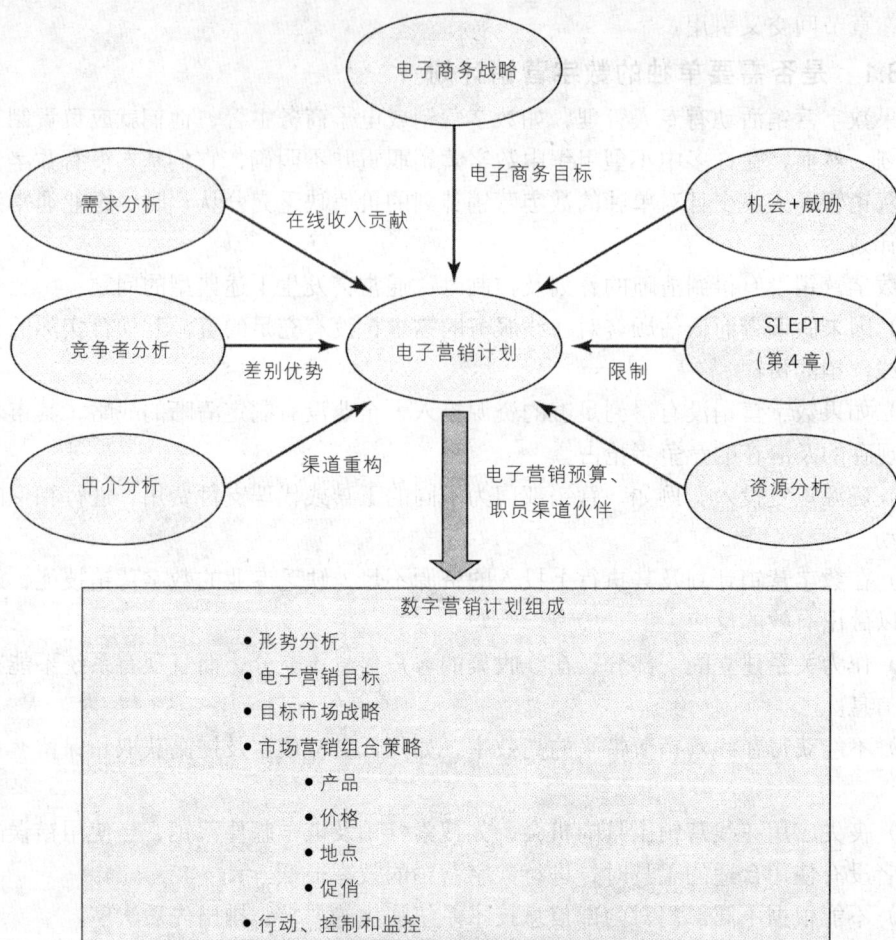

图8-7　来源于形势分析的数字营销计划的参数

图2-1和图2-3已介绍对组织环境的研究，有邻近（微观）环境，包括顾客、竞争者、供应商及中间商，以及广阔（宏观）环境，包括社会、法律、政治、经济和技术因素。形势分析要考虑所有的因素，以形成制定目标、战略及战术的根据。宏观环境因素的研究是第4章的内容。本章重点关注微观市场环境分析，包括顾客、竞争者、中间商及市场结构，还需要对公司的人力、流程和技术等资源发挥的作用进行内部审计。

SWOT分析（在第5章介绍过）也可以用在这一部分的总结中。图8-8给出了一个互联网SWOT分析的典型例子。

8.4.1　需求分析

不同的细分市场中，顾客对电子商务服务需求的现有水平及将来的预期是驱动数字营销及电子商务战略目标的一个关键因素（参见战略分析，第5章）。这将影响网上产品的需求，从而决定企业在不同网络渠道的资源投入。这就需要分析考察在不同目标市场上，顾客现在及预期对各种数字渠道的使用需求。它可以通过下列问题分析确定：

- 多大比例的客户在使用互联网？
- 企业中负责采购的员工有多大比例在使用互联网？

组织	优势——S 1.现有品牌 2.现有消费者基础 3.现有分布	劣势——W 1.品牌感知 2.中介使用 3.技术/技巧 4.跨渠道支持 5.流失率
机会——O 1.交叉销售 2.新市场 3.新服务 4.联盟/联合品牌	SO 策略 利用杠杆作用获取最大化的机会=进攻策略 例如： 1.将客户迁移到网络的战略 2.在整个客户生命周期内重新定义或分割客户联系策略 3.合作伙伴策略（联合品牌） 4.基于网络推出新的产品或增值体验，例如视频流	WO 策略 通过机会减少劣势=通过进攻建立优势 例如： 1.调节策略（建立或收购） 2.搜索营销的收购策略 3.附属收购策略 4.完善客户联络战略
威胁——T 1.消费者选择 2.新加入行业的人 3.新的竞争产品 4.渠道竞争 5.社交网络	ST 策略 利用杠杆作用获取最小化的威胁=防守策略 例如： 1.介绍新的、仅在互联网销售的产品 2.增加有价值的网络服务，完善在线价值主张（OVP） 3.与互补的品牌达成合作伙伴 4.建立新的社交网络/消费者评论	WT 策略 减少劣势和威胁=通过防守策略建立优势 例如： 1.网络差别定价策略 2.以较低的成本基础获得/建立纯粹的企业 3.通过客户参与增加转化、平均订单价值和终身价值 4.在线声誉管理策略/E-PR

图8-8　SWOT分析示例

- 多大比例的客户准备在线购买你的产品？
- 使用互联网的客户中有多大比例不准备在线购买，但受网页信息的影响，会通过非在线方式购买？
- 不同的在线客户互动工具是如何流行起来的，如博客、在线社区和视频等 Web 2.0 的功能？
- 顾客使用互联网业务时存在哪些障碍？怎样鼓励顾客使用？

明智的数字营销者使用搜索引擎（如 Google）提供的工具，根据搜索引擎上使用者输入各种商品的搜索量来估计顾客对产品及服务的需求。表8-1列出了常见的搜索关键词。多数用户会通过使用"免费""便宜"或"比较"等限定词来缩小他们的搜索范围，这也给竞争站点提供了吸引访问者和通过联合营销增加收入的机会。在线零售商可以通过广告服务（比如 Google ADWords 和 Bing）把信息传递给消费者。

通过计算特定市场搜索产品而输入的词条的量，可以推算出被搜索产品的总销售潜力及公司所占的市场搜索份额。"搜索份额"由公司网站的网页分析报告确定，它显示访问者从不同搜索引擎到达公司网站所使用的关键词。

形势分析作为数字营销计划的一部分，需要确定市场上互联网的使用水平及互联网对在线和非在线购买倾向的影响。在营销中，购买倾向是研究顾客行为的一个方面（在线购买过程，第9章）。

表 8-1   单个关键词的单月搜索成交量

关键词	全球搜索总量	英国谷歌搜索引擎上的搜索总量	按点击付费
Samsung tv	201 000	22 200	£0.58
Television	246 000	14 800	£0.65
Led tv	165 000	12 100	£0.77
Lg tv	90 500	9 900	£0.53
Panasonic tv	40 500	8 100	£0.58
Flat screen tv	49 500	6 600	£0.50
Lcd tv	90 500	6 600	£0.67
Samsung led tv	90 500	4 400	£0.68
Lcd	135 000	4 400	£0.65
Plasma tv	33 100	3 600	£0.73
Hd tv	33 100	3 600	£0.67
Samsung televisions	8 100	2 400	£0.57
Samsung tvs	9 900	2 400	£0.79
Buy tv	6 600	2 400	£0.75
Cheap lcd tv	4 400	1 900	£0.55
Sharp tv	40 500	1 900	£0.55
Led tvs	6 600	1 600	£0.81
Blu ray players	6 600	1 600	£0.40
Compare tv prices	2 400	1 600	£0.46
Led tv reviews	9 900	1 600	£0.54

图 8-9 是数字营销策划者需要绘制的图之一。对每个区域市场，公司应掌握以下数据：

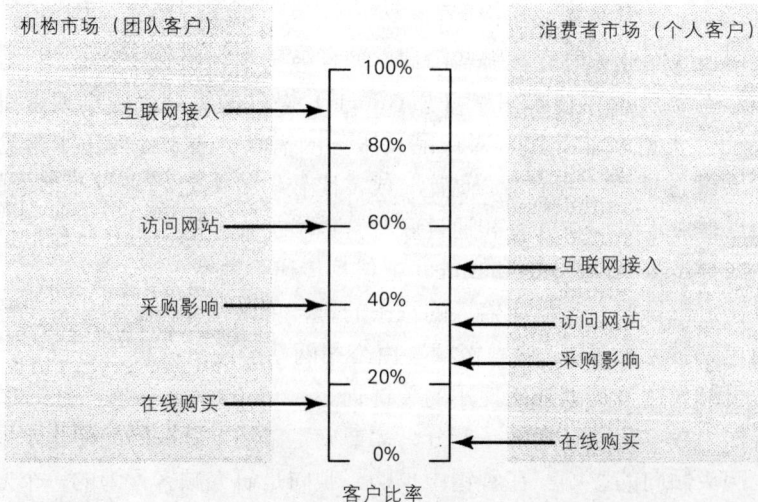

图 8-9　汽车市场客户需求分析

（1）使用互联网（或移动端）的顾客比例。

（2）使用公司网站（并且选择不同的服务或通道，诸如移动端、Facebook 和 Twitter 等社交媒体）的顾客比例。

（3）受到正面影响的顾客比例。

（4）在线购买的顾客比例。

现在来看实践活动 8.2，对汽车市场进行这项分析。从图 8-9 中发现顾客需求会随目标市场的不同而变化，所以我们需要对每个目标市场进行分析。例如，想购买豪华型轿车的顾客与想购买小型轿车的顾客相比，会更多地使用网站，有更强烈的购买倾向。

实践活动 8.2

本国汽车市场的顾客活动

目的

研究如何进行数字营销计划的需求分析，需求分析的类型及方法。

活动

根据本国情况，更新图 8-9 以反映当前状况及未来预期：

1. 公司购买者（即群体市场）中，为提高效率有专门人员协调购买并管理公司的汽车。

（1）使用互联网的顾客的比例。

（2）使用公司网站的顾客的比例。

（3）受到正面影响的顾客的比例（可能难以确定）。

（4）在线购买的顾客的比例。

如果可能的话，试着度量由于公司规模及采购部门的员工不同而导致的以上数据的变化。研究时可以使用政府或汽车交易协会的资源。

2. 个人购买者（消费者）。

（1）使用互联网的顾客的比例。

（2）使用公司网站的顾客的比例。

（3）受到正面影响的顾客的比例。

（4）在线购买的顾客的比例。

如果可能的话，试着度量由于年龄、性别、社会阶层不同导致的以上数据的变化。研究时可以使用政府资源或从销售汽车的交易组织那里获取数据。

无参考答案。

量化顾客调查

顾客分析不能只局限在分析需求数量上。Varianini 和 Vaturi（2000）指出定量研究是为制定战略提供信息。他们建议使用图形描述尝试抓住目标顾客的主要特征，不仅包括人数的统计，还有顾客对互联网的需要、态度及满意度（在 11 章，我们将研究顾客角色及顾客情景是怎样发展起来的，并了解在线购买者的行为）。

表 8-2 总结了组织在应用中对不同顾客的认识。组织内的挑战似乎是选择付费还是免费服务，并确保有足够的时间来审查它们和形成创建数据附加价值的见解。部分数据只有数字化团队会用到，而其他更大的组织则不会用到，因为员工们对这部分数据的存在毫不知情。另一个重要的问题就是隐私保护，组织应该对如何收集和使用数据保持透明，并给

顾客以选择权（见第4章）。

表8-2　　　　　　　　　　根据数字用户的供应商类别对供应商进行观察和抽样

观察类型	描述	抽样供应商
客户声音	在线和多渠道客户体验感知，包括宣传和净推荐值。在线声誉管理工具	www.iperceptions.com www.opinionlab.com www.foreseeresults.com www.bazaarvoice.com
客户档案数据	客户的特点与分布	内部数据库
购买习惯	包括产品类别、近因、频率和货币价值的交易历史	内部数据库
网络分析得到的访问者习惯	客户的访问页面和转入来源	www.google.com/analytics www.adobe.com/solutions/digital-analytics.html www.getclicky.com
观众面板数据	受众量/第三方网站及配置文件	www.experiac.com/hitwise www.comscore.com www.nielsen-online.com/intlpage.html
有竞争力的标杆	独立审查网站功能和特点来自独立评审组或客户	www.globalreviews.com www.psyma.com www.edigitalresearch.com
活动响应	与数字媒体接触结合引入网站访问和转换。广告网络行为定位	www.atlassolutions.com www.doubleclick.com www.lynchpin.com
测试	AB和多样测试。就地行为定位。就地营销解决方案	www.autonomy.com www.adobe.com www.maxymiser.com

与外部资源一样，很多在线企业通过自己的项目来管理客户意见和创新。知名的例子有：

- Dell IdeaStorm（www.ideastorm.com）
- MyStarbucks Idea（http://mystarbucksidea.com）
- Proctor and Gamble Innocentive（www.innocentive.com）
- Lego MindStorm（http://mindstorms.lego.com/community/default/aspx）
- Oracle Mix

你可以看到聪明的互联网公司是如何使用网络进行市场调查的。例如使用网络和电子邮件作为征求反馈意见和建议的通道，目的是改进其服务。

8.4.2　竞争者分析

由于互联网媒介是不断变化的，使用竞争者分析或监视利用电子商务方式获得、保留顾客在电子市场上非常重要。与纸质媒介相比，互联网使得新服务及促销活动可以更快地投放到市场中。在制定战略时，互联网的动态特点要求竞争者标杆分析不是一次性的工作，而需要持续地进行。

清晰了解竞争对手的在线服务和战略的标杆管理是规划活动的关键部分，它也应该建立在一个持续的基础上，以应对价格或促销活动等新的营销方法。根据 Chaffey（2009）的观点，竞争对手的标杆管理有不同的类型，分别服务于不同的目标：

1.重新审视内部能力：比如资源、结构和过程与外部面向客户的站点的比较。

2.从品牌到网络价值主张（OVP）的核心命题。核心命题基于产品种类、价格和促销。OVP 描述了增加品牌价值的网络服务的种类。在本章之后的内容中，我们将会提到关于 OVP 和营销组合方面的内容。

3.客户生命周期的不同阶段：客户获取、转化和保留。竞争对手的能力也应该被所有数字营销活动考虑在标杆分析内，如图 8-1 所示。这些应该根据不同的客户用可用性的试验来进行评价。搜索引擎（使用第 2 章中提到的工具）应该被视为获取客户和建立品牌的一项关键工具。注重营销组合中不同方面的可用性，如之后提到的定价、促销和征求客户意见。

4.由定性到定量：由对焦点小组的消费者调查进行的定性的估计过渡到由独立审计人员进行的定量分析，包括客户获取（例如站点的访问量、获取客户的成本、客户的数量、销售量、收入和市场份额）、转化（平均转化率）、保留（重复转化和活跃用户的数量）。

5.领域内和领域外：对领域内相似的站点进行标杆分析，审查更为先进的其他领域，比如在线出版商、社交网络和品牌站点。标杆管理服务在 Bowen Craggs & Co（www.bowencraggs.com）上是可用的。图 8-10 以其中一份标杆管理报告为例。可以看出，该报告的基础是专家估计的对不同人群的适用性和整个架构背后的方法（包括可用性和可达性）、信息（关键品牌信息和对国际客户的可用性）和联系（对不同客户的整合）。该方法另外提到：这不是一个复选框，每一个度量标准的质量和存在是由对客户的实用性来评价的，而不是单纯的有还是没有。

Pos	公司	建设	信息	联系	服务社会	服务投资者	服务媒体	服务求职者	服务消费者	总数	网址	国家
	最高分	60	48	12	32	32	32	32	32	280		
1	西门子	47	40	10	27	21	28	24	24	221	www.siemens.com	德国
2	壳牌	46	41	7	26	22	21	24	22	209	www.shell.com	新西兰
3	BP	41	39	10	28	27	18	19	25	207	www.bp.com	英国
4	诺基亚	44	36	8	26	24	24	16	25	203	www.nokia.com	芬兰
5	阿斯利康	48	33	9	20	20	27	16	27	200	www.astrazeneca.com	法国
	合计	44	39	11	25	27	12	22	21	200	www.total.com	英国/瑞典
7	IBM	41	36	11	23	26	26	12	24	199	www.ibm.com	美国
8	ING	43	40	8	22	25	21	16	22	197	www.ing.com	新西兰
9	UBS	37	36	6	20	27	22	26	20	194	www.ubs.com	瑞士
10	通用	42	37	10	25	17	19	17	24	191	www.ge.com	美国

图 8-10 企业网站的比较基准

来源：Bowen Craggs & Co（www.bowencraggs.com）

6.财务指标和非财务指标。通过审查有竞争力的资源，比如公司报告和纳税申报附加信息，可能有助于通过数字通道来实现盈利。但其他在平衡计分卡中提到的公司前向能力（见第 4 章）也应该被考虑在内，包括资源、创新和学习。

7.由用户体验到专家评测。标杆管理有两种选择：实际的客户反馈和独立的专家评测。

完成实践活动8.3，理解如何对竞争者的电子商务服务进行标杆分析。

实践活动8.3

竞争者标杆分析

目的

有利于我们了解竞争者网站服务的标杆分析。

活动

公司给你的任务是，与竞争者对比，评价在线服务的营销效果。你要用幻灯片演说10分钟，对竞争者的服务进行讲述及评价并对本公司的营销提出改进建议。

选择B2C公司，例如航空公司、图书零售商、音像店或服装店，或者选择B2B公司，如石油公司、化工厂或建筑公司。通过个人或小组研究，识别应当从网站上获得的信息类型（以及从网站的哪一部分获得），这些信息如何用于竞争者标杆分析。建立评价标准后，进行标杆分析并找出你认为最成功地利用互联网媒体的公司。

此处会用到表5-10的内容。

实践活动答案参见www.pearsoned.co.uk/chaffey。

8.4.3　中间商分析

第2章分析了网络中间商的重要性，例如，组织依靠门户网站将访问者引向自己的网站。形势分析包括识别特定市场的相关中间商。许多不同类型的门户网站（如水平门户、垂直门户）适用于投放广告、发展公关关系，它们也可以作为战略合作伙伴。媒体策划者进行在线广告活动时也要进行中间商分析。

例如，网上书店需要使用如Kelkoo和Shopsmart这类网站提供的服务，与竞争对手进行比较。中间商分析能够回答：竞争对手是否有赞助中间商及是否与中间商合作建立了网站？其他方面的中间商分析要考虑市场运行方式，竞争对手在多大程度上利用或不利用中间商，信息渠道的安排正在发生怎样的变化。

8.4.4　内部营销审核

内部审核是指通过与竞争者比较，评价公司人力、流程、技术等资源实施数字营销的能力（在第10章中，我们将讨论如何进行团队改建和利用资源提供有竞争力的线上营销及顾客体验）。内部审核将考察当前网站或电子商务服务的运作方式。内部审核可以考察电子商务网站的下列因素以便进行改进（这些因素将在第12章的"关注电子商务系统的业绩评价及改进"中进行详细的描述）：

（1）业务有效性。它包括网站的收入贡献、盈利及其他使命，同时要考虑网站的制作及更新成本，进行成本-收益分析。

（2）营销有效性。度量标准有：

- 引导
- 销售
- 吸引新客户的成本
- 保留
- 市场份额
- 品牌强化及忠诚度

• 客户服务

这些度量标准对网站提供的不同产品链进行不同评价。进行网络有效性评价时可考虑使用营销组合各要素的搭配方式。

（3）互联网有效性。它是用于评价网站使用方式及访问者特征的具体标准。如特殊访问者对页面的印象用网络进行分析收集的专业方法，还包括对重点群体和现有顾客进行问卷调查等传统研究技术。从营销角度，还应包括评估网站对顾客的价值的方法。

8.5　目标制定

有效的数字营销计划是建立在明确的目标基础之上的，因为它是形成战略或策略的基础，有助于战略目标的实施和与员工、投资者的沟通。

一种普遍的观点是，战略在支持特定的商业目标时最为有效。把战略和目标结合起来的一个有效技术是把它们和形势分析所取得的结果放在一张表中。表 8-3 给出了这样的一个例子，该表同时展示了客户需求战略、转换和保留以及实现它们的技术（电子邮件营销、搜索引擎营销等在第 9 章中讨论的内容）是如何结合在一起的。

表 8-3　　　　　　　　　B2B 企业的目标、战略和业绩指标之间的关系

目标	实体化	控制目标的战略	关键指标
1.获得目标。这一财政年度获得 50 000 个新的在线客户，每一次获得的平均成本为 30 英镑，平均收益率为 5%	基于目前每年 40 000 个销售量进行预测，但随着新的会员计划和搜索引擎优化的发展同样需要产生销售增量	启动联盟营销方案，基于 PPC 和离线媒体的显示广告，完善优化现有媒体组合的搜索策略	在线销售的 CPA 总成本。来自网络营销方案的递增的销售额数字或百分比。自然搜索结果页面中排名最靠前的战略关键词
2.获得（转换）目标。3 年内，使 40% 现有客户使用在线无纸账账单支付服务费用和进行电子邮件通信	再加上目前的自然迁移外推，线下直销活动越来越多地被采用	鼓励直接采用邮件、电话提示、在线说服进行直接的营销活动	在最初注册后的不同点上，一些老客户注册使用在线服务数量的百分比和积极利用网上服务的百分比
3.转换目标。消费者的每一笔订单增加 42 英镑收入	基于当前的 35 英镑的 AOV 模型进行增长预测，建议在 AOV 中增长 20%	利用新的营销体系，针对不同的产品类别，以展示给用户产品最好的一面	网站访问者对销售/交叉的消息反应比例
4.转换目标。增加网站 3.2% 的转换率	在正确的战略基础上，实行对新的和现有的客户转换的单独增加的策略	策略组合： • 邮件跟踪新客户，激励结账 • 引进更具竞争力的价格策略 • AB 和多种目标网页消息的改进 • 细化通过 PPC 购买的流量的质量	新老客户在不同的产品类别上的变化转换率
5.保留目标。增加 20% 的年度重复新客户转化率	提供有限的个性化,鼓励用户通过电子邮件重复购买	• 通过电子邮件发送个性化的产品 • 5% 的二次购买折扣券	• 保持电子邮件联系计划增加的转换率 • 对于第二次购买折扣活动的转换销售
6.增长目标。通过网络推荐增长新前景	建立每年鼓励 2% 的用户推荐朋友的发展模式	通过直接邮件和电子邮件推荐支持项目	• 直邮活动的反应速率

在第5章中，我们还讨论了SMART数字化经营目标的重要性。我们提到使用标准进行衡量的价值，它结合了效率及效果，并可以应用在平衡计分卡中。表8-4展示了详细的数字营销衡量标准。

表8-4　　　　交易型电子商务网站在平衡计分卡框架下的互联网营销目标举例

平衡计分卡	效率	效果
财务效果（商务价值）	• 渠道成本 • 渠道收益	• 在线分销（直接） • 在线分销（间接） • 收益分配
客户价值	• 在线取得（特有客户占潜在客户的比重） • 取得每笔销售的成本 • 探知客户的购买倾向	• 销售额和每个客户的平均销售额 • 新客户 • 在线市场份额 • 客户满意比率 • 客户忠诚度指数
经营流程	• 转化率 • 订单均值 • 订单数量和质量 • Email的活动情况	• 业务履行时间 • 支持响应时间
创新与学习（人员和知识）	• 创新思维测试 • 内部数字营销教育 • 内部满意度	• 创新思维采用 • 绩效考核

在第5章中，我们还提到了确定在线收入贡献作为衡量提升绩效目标的重要性。图8-11给出了一个把在线收入贡献和在线促销贡献结合在一起用作需求分析和竞争者分析的市场调查预测。完成案例学习8.1，学习easyJet是如何提高在线收入贡献的。

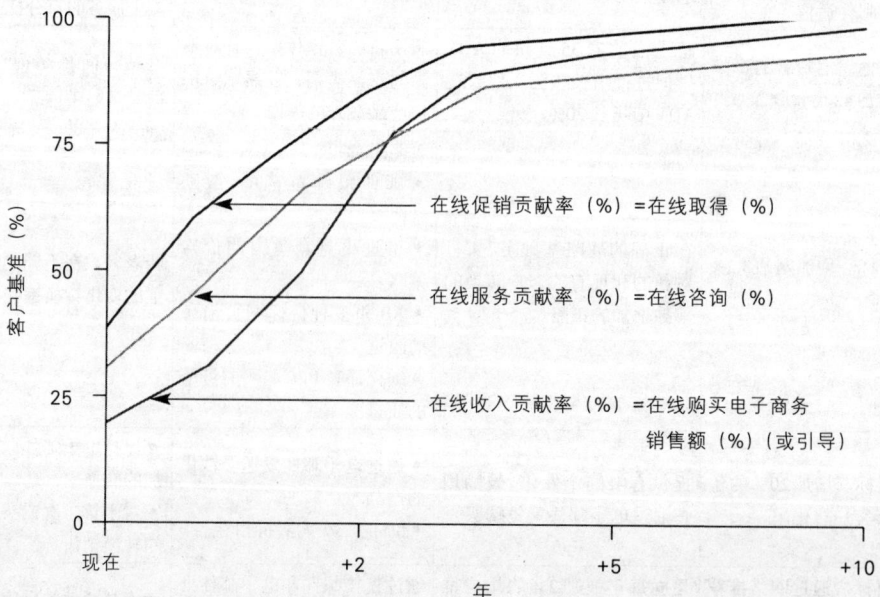

图8-11　B2B公司在欧洲销售A产品的在线促销贡献和在线收入贡献预期

案例学习 8.1

easyJet 在线收入贡献的电子变革

这个案例展示了 easyJet 的网站（图 8-12）自从 20 世纪 90 年运行以来，是怎样成为 easyJet 的主要销售渠道的，同时也描述了如何使用互联网输送服务及使用互联网进行市场信息交流。本案例一直保留至今，是因为它是一个管理营销计划、发展数字频道和试验新在线产品的非常成功的案例。截至 2013 年，easyJet 有 98% 的座位都是线上销售的，easyJet 仍然通过折扣鼓励人们在线预订它们的廉价航班。

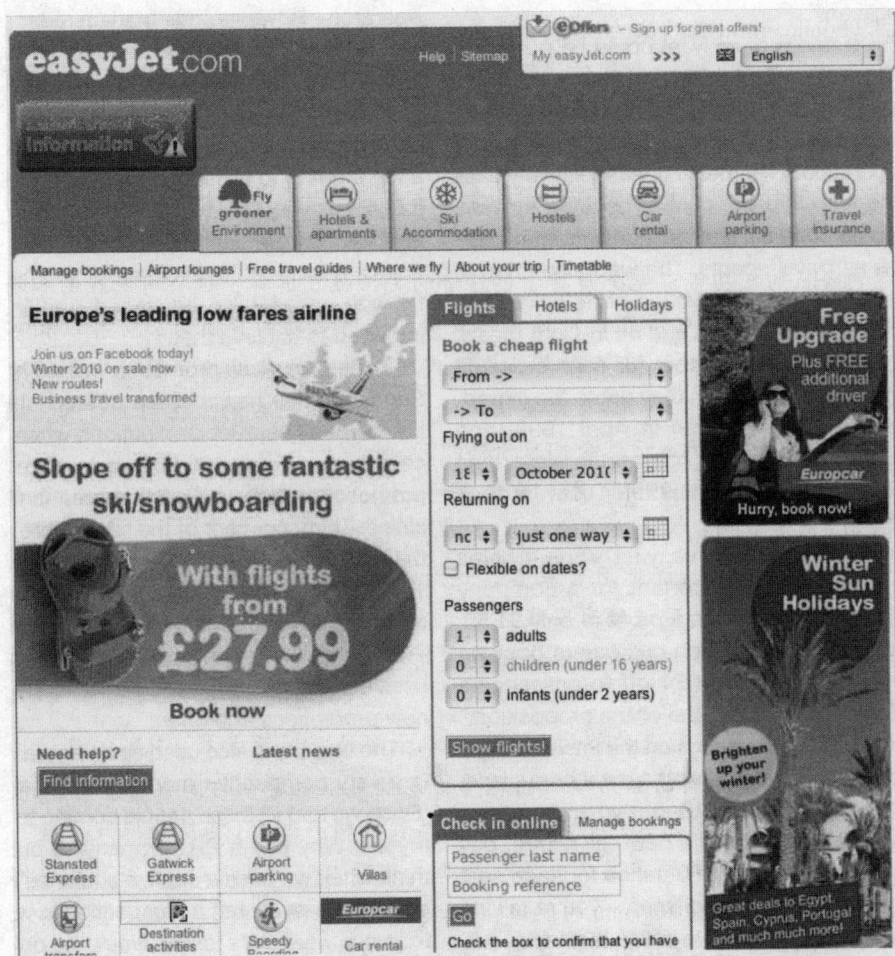

图 8-12　easyJet　网站

来源：www.easyJet.com

easyJet 由 Stelios Haji-loannou 创建，他的父亲是希腊海运大亨，据说是"讨厌互联网"的。在 20 世纪 90 年代中期，据报道 Haji-loannou 说互联网是"给愚蠢的人"的东西，并宣称他的公司绝不会使用互联网。以后的情况并非如此，到 1999 年 8 月，网站的售票占总额的 38%，售出的票数超过了 135 000 张。这超出了公司原本设立的互联网贡献目标——到 2000 年网上售票占总额的 30%。自 1998 年 4 月公司建成并经历一个惨淡的开端

（首个星期两笔销售，首个月1 000笔销售）之后，不长时间就完成了超过800 000次的预订。2000年3月，easyJet将在线折扣增加到单程2.50英镑——这在所有航空公司中是最高的固定折扣。到2000年9月，互联网销售占总销售的85%。在那之后，在线收入份额的增长速度开始放慢。到2003年，公司销售的90%以上是由互联网实现的。

easyJet始建于1994年。作为低成本航空公司，想要与传统运输公司（如British Airways）进行竞争，必须创造高效率的运营模式。为此，Haji-loannou曾决定依靠单一的销售渠道——电话销售。这在当时是创新之举，Haji-loannou这样做是受到Direct Line保险等公司的启发及直销带来的成本节约的激励。

虽然Haji-loannou当时认为没有时间去考虑互联网，而且一个风险已经够了，但他还是为变革做好了准备。当一个基础试验网站启动时，他时刻关注着信息发布及预订电话的受欢迎程度（网页专用的电话号码登在网站上，用于调查网站的使用量）。每周电话预订的数量稳定地增长。网站初期的成功恰逢由于easyJet的发展使电话中心空间不足，Haji-loannou说："我们必须开始互联网销售或者建立新的电话中心，结果我们的交易网站成了一项1 000万英镑的重大决策。"

虽然easyJet的成功可以完全归功于创建者的灵活性及远见，但公司所在的市场及它选择的经营模式（100%的电话直销）对它的成功也是有帮助的，因为公司可以相对容易地将网络纳入中心订购系统，且不存在如旅游代理等潜在的渠道与互联网中介的冲突。同时与公司无票、无代理、无网络及无餐饮的低成本主张是一致的。在网上订购，顾客可得到一个PIN号码，在机场出示这个PIN号码即可。

互联网销售开始于1998年4月，虽然当时easyJet的新媒体业务由Tableau负责，但几个月后easyJet将互联网纳入内部业务。

互联网有助于easyJet降低运营成本，这对从每个乘客身上仅能获得1.5英镑利润的easyJet来说是很重要的。通过顾客在线订购节省的成本，easyJet能向在线订购的顾客提供至少1英镑的折扣。在线购买者得到的利益还包括不需支付拨打easyJet订购电话的国内长途费，而只需支付本地通话费。

企业主说："互联网带来的节约与不提供机上餐饮节约的成本（5至10英镑）相比或许很小，但考虑到建立新的电话中心的花费，以及每张机票向订购代理支付80便士（还未考虑其他中间商）的费用，这远远超过我们给在线购买者的1英镑的折扣。"

失去不愿在线订购的顾客怎么办呢？企业主并不担心。他说："确实有人说他们不能用互联网，只能选择乘坐Ryanair的航班。但我们更关注降低成本，让足够多的人乘坐我们的飞机。我们一年只需要600万个乘客，而不是5 600万个。"

促销

网络营销倡导者说："使企业的网址遍布各处。"easyJet将其付诸实践，它把它的网址印在波音737上。

easyJet经常改变营销手段，例如它曾经利用报纸促销。1999年2月，它在《时代周刊》上首次利用报纸进行互联网促销，取得了显著成效，向读者售出了大约50 000张票，其中20 000张在第一天售出，三天内增加到40 000张。根据营销总监Tony Anderson所述，如果不是通过报纸促销，在时速600英里的飞行中，这些座位大多数只能空着。互联网的可度量性使公司不需雇佣250名话务员来处理客户需求，客户可直接进入网站。但是，为《时代周刊》读者（www.times.easyjet.com）建立的微型网站需要进行风险管理，以防止公司主页超负荷运行。

　　Anderson说："航空公司的促销主要是为了消除空座。"他补充道："如果去Nice的航班还有20分钟起飞，再增加乘客的成本就微乎其微，但每增加1位乘客我们可以得到15英镑的收入。"但促销要避免吸引原本就想要乘坐easyJet航班的顾客，为此easyJet实行机票预订政策。

　　之后，easyJet在《时代周刊》及《星期日泰晤士报》上进行了为期5周的促销。乘客收集18枚印花就可以获得一张easyJet前往任意目的地的便宜机票。在促销期间，总共售出100 000张票，给航空公司带来200万英镑的收入。30%的机票是通过在线售出的，其他的通过电话售出。第一天互联网上的订购达到13 000次，网站同时在线人数达到15 000。

　　网站同时可以作为一种公关工具。利用网站的直接性，Haji-loannou打电话或发邮件给记者，让他们进入公司网站，这样报社可以直接从网站上了解新的促销及产品，而不再需要通过传真。

　　网站在激烈竞争的市场上也是一种强有力的工具。Haji-loannou说："一旦我们使所有的人访问我们的网站，我会自问：'当我们的网站能吸引访问者时，为什么还要雇公关公司来宣传我们的理念呢？'"例如，easyJet举办了一场竞猜活动，要求人们猜测easyJet的对手British Airways将在"Go"上损失多少（后来被证实为2 000万英镑）。在9月7日，BA的结果公布后的几分钟内，easyJet网站从65 000名访问者中选出了50名免费机票得主。网站还有很多相似的活动，如"与瑞士航空之战"，其名字的由来是瑞士航空的高层管理者曾劝说瑞士政府取消easyJet在Geneva-Barcelona航线的经营许可。在1999年，easy-Jet自称是"网上最受欢迎的航空公司"，与British Airways的标语"世界最受欢迎的航空公司"直接相对应，British Airways曾因为此标语被告上法庭。

移动端站点的建立

　　在对Peter Duffy的一次采访中，这位easyJet的市场总监，同时也是将来的移动营销总监强调说（Marketer，2013）：

　　移动端是一片新的增长区域。在一些地中海国家，移动端是上网的主要方式。于是我们做了一个移动端的站点，这样你可以在手机上完成所有可以在easyJet.com上完成的事，但在网站上你可以选择六种不同语言来做一些诸如取消航班、改签之类的事情。我们也看到了对这一项目的巨大需求。这一手机应用已经有了430万的下载量。如今有5%的收入来自于移动端，这对于一个收入40亿英镑的公司来说还不算什么。

　　Peter Duffy还介绍了一个最优转化的项目。他说：

　　当我来到easyJet的时候，第一眼就看到了我们有4亿的在线用户，90%的销售额在线完成。即便我们仅仅能转化其中的一小部分，这也是一件商业上非常有效的事情。

　　基于一系列的如何让公司运作得更好的20个测试实时都在进行，这些测试还有很多，像观察我们的客户或客户在何处离开，或座位分配等。

easyEverything（轻松处理每件事）

　　紧跟Virgin品牌扩展的成功，easyJet提供其他服务作为easyGroup的一部分，也使用"easy"这一前缀：

- easyEverything 是一家容纳 400 个座位的网上连锁咖啡馆，使用费是每小时 1 英镑。它作为一家公司独立经营，向 easyJet 收取标语广告费，2%～3% 的网站间的转接明显可以发挥协同作用。easyEverything 给 easyJet 的唯一优惠是咖啡馆的顾客可以免费登录 easyJet 网站。

- easyRentacar 是一家低成本汽车租赁公司，汽车租赁费每天只要 9 英镑。由于它只提供单一车型且只在网上经营，所以才能以这么低的价格提供服务。

执行

据报道，曾在 easyJet 工作的 Russell Sheffield，也就是现在新媒体代理商 Tableau 的领导者，在网站的初始颜色选择上存在问题。他说："为了防止使喜欢的颜色充满网站而引发了一场争执。"网站应当性能高、设计简单并且没有多余的东西。Russell Sheffield 说："主页（橙色）只有 4 个选项——在线购买、新闻、信息以及一项活动的主题，而且网站的订购系统操作起来应比竞争者的简单。"他还说："我们已努力使导航更清晰明了——例如，使用者能从时刻表直接进入订购专区，而不需要经过主页。"

网站很好地融入了 easyJet 现有的业务流程及系统。例如，将信息输入网站来发布新闻；将新的目的地输入公司信息系统后，它就会自动地出现在网站上。

通过网站专用电话对网站的有效性进行衡量，显示网站具体带来了多少电话，并且网站专用电话在 6 个星期内完成了 6 个月的目标。网站日志分析显示人们每次访问时在网站上的平均停留时间为 8 分钟。更好的是，几乎打专用电话的每个人都会购买机票，与之相比，其他来源打电话的人只有 1/6 的人购买机票。而且专用电话的话务员不需回答顾客问题，只需售票就可以了。

自从网站业务量达到 easyJet 的 2/5 后，网站业务就被纳入公司内部，Tableau 现在作为战略广告商独立经营。

来源: Revolution

问题

（1）实现约 90% 的互联网收入贡献在多大程度上"更靠幸运而非判断"？

（2）解释对顾客使用互联网的主张，说明这一主张对公司的优势。

（3）解释 easyJet 如何利用网站改变营销组合，如何将网站作为营销通信工具运用。

（4）使用 www.ft.com 等信息资源或查看投资者的相关网站 www.easyJet.com/EN/about/investorrelations.html，找出 easyJet 是如何扩展它的互联网应用的。

8.6　战略

数字营销计划的战略部分是为了说明如何实现数字营销目标。战略定义需要与数字营销过程紧密结合，因为数字营销计划是从形势分析到目标制定再到战略定义的不断重复的过程（图 8-7）（电子商务中的重要战略决策在第 5 章中有所描述，为了减少重复，读者可以参考那一部分）。另一种关于数字营销战略的观点是由 E-consultancy（2008）在其报告中提出的，即数字化战略的产出通常是一系列的电子商务战略计划，这些计划贯穿于客户的各个关键领域，包括客户获取、客户转化和客户保留，表 8-5 展示了这一观点。这些电子商务计划通常被认为是重要的，并且作为长期电子商务的一部分，用来确定 18 个月到 3 年不等的发展目标。

表 8-5　　　　　　　　　　　　　　　　主要类型电子商务的相关战略措施的典型总结

数字营销战略措施的类型	解释	战略实施的例子
1.新客户的提案（产品、地点和价格）	这些都直接关系到提供新产品或服务的新网站或其他网络通信交流，从这些新的地方可能产生收入	• 银行——介绍新产品的时候，需要不同的报价 • 门户网站——介绍比价服务 • 服务公司——通过收购公司获得新的功能服务 • 杂志或者音乐服务提供新的价格选择 • 不同渠道的整合
2.消费者获取战略举措	这些都是战略性项目，通过不同的网络营销技巧在连续的基础上提供新的前景。它们可能涉及在网站本身或后端进行投资，与分支机构整合	• SEO • PPC • 附属企业营销 • 整合 • 增强页面类型，例如目录或产品登录页面
3.消费者转换和消费者体验战略举措	针对该网站新客户的特点进行投资，这些将基于一个提高转换率和平均订单价值的商业案例。包括主要的新功能，例如，将一个新的网上商店或多个特定的功能集成到现有的网站，许多战略措施旨在提高品牌的客户体验	• 落实在线商店/安全支付 • 引入用户评论和评级 • 提供量身定制的促销 • 帮助选择产品的互动工具 • 细化在线搜索引擎 • 购买指南包括深入产品内容或富媒体
4.消费者发展、增长战略举措	投资以改善经验和送老客户一些优惠	• 对于现有客户的个性化建议 • 将发展电子邮件战略作为发展集成联系或 e-CRM 战略的一部分，通过个性化的网页、电子邮件和传统的直接沟通 • 引入博客或者 RSS 订阅吸引回头客 • 通过与消费者交流引入更多人参与
5.渠道整合举措	这些可引用任何上述战略	• 线下零售商启动"点击和补充"服务 • 店内推出的数字化设施 • 将手机营销整合进信件和邮件的宣传活动
6.通过网站基础设施的改进增强营销能力	这些通常涉及后端办公功能，不会明显涉及该网站的用户,对在该网站的管理人员或管理有所帮助。通常会涉及提高客户洞察力	• CRM 或者个性化 • 内容管理系统 • 改进管理提高绩效,网络分析系统包括多元和 AB 测试系统 • 改善客户反馈或其他客户调查设施 • 更新发展方式以引入新功能

　　正如目标那一部分所说，投资在互联网上的数额需要由互联网所能带来的收益确定。Kare-Silver（2000）为了证明互联网对于一个公司的战略重要性而发明的电子购物测试（专栏 8.1）在今天仍然有用，因为不论线上线下，其驱动因素总是相似的。

8.6.1　市场及产品定位

　　互联网为在新市场上销售新产品提供了机遇，这需要对各种可选战略进行评价。Ansoff（1957）提出一种评价方法（如图5-20所示），这种评价方法有4个评价选项：市场渗透、市场开发、产品开发和市场及产品开发（多样化），它们的风险各不相同。

新的数字产品，包括由网络传送的信息产品，也是一种选择。这些产品可能不收费，但会增加现有产品的价值。Ghosh（1998）指出在开发新产品或为顾客增加"数字价值"时，公司应当考虑以下问题：

（1）我们能为现有顾客提供额外的信息或交易服务吗？

（2）通过重新包装现有的信息资产或开发新的互联网业务，我们能满足顾客群新的需要吗？

（3）为创造新的收入来源，我们能否利用广告或销售互补品来吸引顾客？

（4）提供相同产品的其他公司是否会严重影响我们现有的业务？

Ghosh（1998）还补充说，公司应当提供免费的数字产品以取得客户的支持。他把这一过程比作建造"客户磁铁"，现在被称为"门户"或"社区"。在B2B公司经营的专业化垂直市场上，"客户磁铁"有很好的潜力。例如，建筑业、农用化学、生物技术或独立的理财顾问之间可以建立"客户磁铁"。如今，这被称为内容营销。

专栏8.1

电子购物测试

该测试是由Michael de Kare-Silver提出的，用于评估消费者在何种程度上愿意通过互联网来购买商品。电子购物测试中包含下列要素：

1.产品特征。产品是否需要在购买前进行试用或挑选。

2.熟悉程度和自信程度。考虑顾客对品牌的识别程度和信任程度。

3.消费者属性。确定买家的消费行为，他们会使用技术手段进行网上购物，还是他们更愿意选择传统线下零售店购物。

在de Kare-Silver的书中，他提到了一个评价产品的方法。产品特点、熟悉度和信任度各10分，消费者属性30分。通过这种方法，他对产品的打分情况如表8-6所示。

表8-6　　　　　　Kare-Silver（2000）中的产品评分，电子购物潜力测试

产品	产品特点（10）	熟悉度和信任度（10）	消费者属性（30）	总计
杂货	4	8	15	27
抵押贷款	10	1	4	15
旅行	10	6	15	31
书	8	7	23	38

de Kare-Silver声称，得分超过20分的产品都是有潜力的，因为消费者属性的分数会随着时间而增长。有鉴于此，他建议公司定期重新为它们的产品打分。

8.6.2　目标市场战略

我们已经知道，公司均期望使用数字媒体取得新市场或拓展现有市场。在这两种市场中，企业需要更详细地分析目标市场，了解它们的需求和潜力，而后制定战略以实现收益

最大化。这就是目标市场战略,它包括图8-13显示的4个步骤。

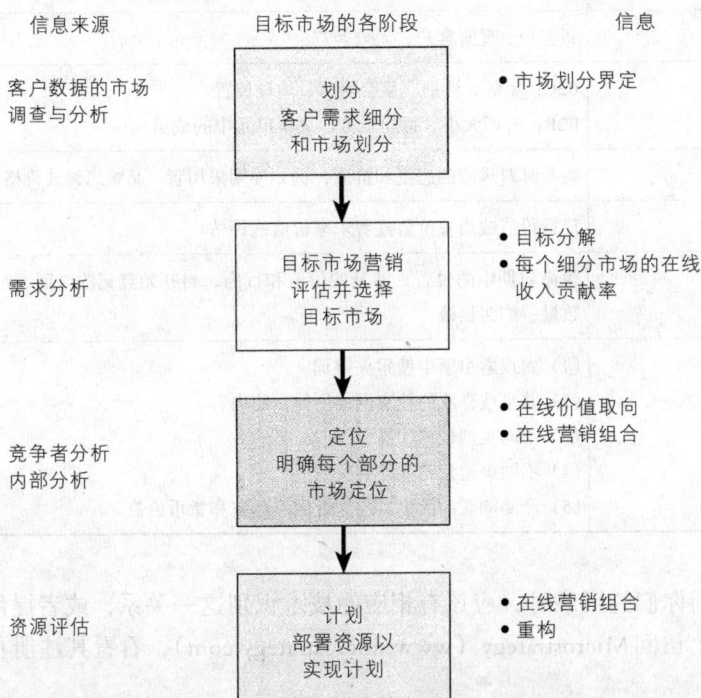

信息来源	目标市场的各阶段	信息
客户数据的市场调查与分析	**划分** 客户需求细分和市场划分	• 市场划分界定
需求分析	**目标市场营销** 评估并选择目标市场	• 目标分解 • 每个细分市场的在线收入贡献率
竞争者分析内部分析	**定位** 明确每个部分的市场定位	• 在线价值取向 • 在线营销组合
资源评估	**计划** 部署资源以实现计划	• 在线营销组合 • 重构

图8-13 制定目标市场战略的步骤

图8-13的第一步是市场细分。它包括认清目标市场的客户并进行划分,了解顾客的需求和带来收入的潜力,以便制定战略来满足这些群体需求并实现收益最大化。Didd等(2000)讲道:

市场细分是制定有力的市场战略的关键……它不仅仅是简单地划分顾客群体……识别各群体、制定目标、定位以及形成与对手差别化的优势是制定营销战略的基础。

在数字营销计划中,我们还需分析细分市场:

(1)市场现在的大小或价值,未来预期的市场大小,公司现在及未来在细分市场所占的份额。

(2)竞争者在细分市场所占的份额。

(3)每个细分市场的需求,尤其是未满足的需求。

(4)在购买过程的各方面,公司及竞争者针对每个细分市场提供的供给和营销方案。

用于获取和保留在线客户的目标计划有赖于现行的细分方法。表8-7对线上的目标客户做了总结。数字技术使得定向的信息能够以比传统方式更为方便和高效的方式进行传播,如由网页或电子邮件来送达。

下面对目标变量进行一些更深入的探讨:

1.与公司的关系。活动的目标总是在于建立新的和加深现有的接触关系。但要记住,有些沟通能够同时做到这两点。营销人员需要考虑的是,单独对新客户、现有客户和无效客户进行沟通更为有效,还是使用不同的内容同时与三者进行沟通更为有效。

表8-7　　　　　　　　　　　　一种数字活动的范围定位和细分方法

目标变量	范围和潜在在线目标属性的例子
1.与公司的关系	新客户、现有客户、无效客户
2.人口细分	B2C：年龄、性别、社会团体、地理位置 B2B：公司大小、行业服务、决策单元中的成员
3.心理和态度细分	购买时对风险的态度和价值，例如早期采用者、品牌忠诚或价格意识
4.价值	现行价值或历史价值或者未来价值的评估
5.生命周期阶段	生命周期中的位置，涉及的价值和行为，自初始登记的时间，购买产品的数量，购买目录
6.行为	（1）到搜索引擎中搜索关键词 （2）共享或喜欢的社交网络所显示的内容 （3）不同类型优惠的反应 （4）不同渠道营销活动的反应 （5）产品购买的历史，包含近因、频率和货币价值

当访问者线上访问你们的网站时，应该有相应的技术识别这一关系，或者提供一些内容来识别不同的关系。访问 Microstrategy（www.microstrategy.com），看看其注册页面是如何识别建立关系的。

2.人口细分。典型的人口细分以年龄、性别或社会地位来划分。在线人口统计常常用于确定哪些站点可进行广告宣传，哪些站点只需租用邮件列表。人口统计数据也可以用来选择重点对哪些人群进行付费搜索广告推广，限制广告不对哪些人群显示。

3.心理或态度细分，包括购买时对风险和价值的态度。不需对目标消费者进行调查分析，因为在人口细分统计媒体那就可以轻松购买。特定的站点可能对有特定心理的客户更为适用，因此客户的心理特点仍然是报告中的一个重要部分，可以得到用户特定的信息。

在网站上收集关于客户态度的信息并将其加入客户档案是可行的。例如 Wells Fargo 要求投资者选择：

- 偏好的投资方式（个人股票或者持有基金）
- 自己是哪种类型的投资者（积极成长型还是谨慎型）

4.价值。价值较高的客户（较高的平均订单价值和较高的客户终身价值）通常会对不同的行动要求进行单独的沟通。数字通道并不是这些客户的最佳选择，关系经理需要与其最有价值的客户进行直接的交流，而数字通道则用于与低价值的客户进行成本较低的交流。对于价值高的客户来说，降低电子邮件的发送频率也是需要考虑的一点。

5.生命周期阶段。对于客户根据特定序列来购买或使用服务（比如网上购物和在线银行）来说，生命周期阶段是非常有用的。可以对此类客户使用自动的事件驱动的电子邮件营销（见第9章）。例如，First Direct 银行使用一项基于电子邮件和直接邮件沟通的为期6个月的欢迎战略。对于其他活动来说，客户的地位可以被用作目标，例如不购买或使用服务的客户、一次性使用服务的客户、使用5次以上的活跃用户、使用5次以上的非活跃用户等。

6.行为。行为目标是电子商务所提供的最好的机会之一，它包括评估客户过去的行为、点击的链接、阅读的内容、使用网上服务或购买过的产品，然后跟进这些与先前的行为倾向更相关的信息。

行为目标的线上选项可以由像 lastminute.com 这样的旅游公司来说明：

- 每次点击付费的搜索引擎营销，比如 Google ADWords，使得根据潜在客户的搜索关键词进行目标设定成为可能。一项与特定度假相关的广告例如"纽约宾馆"就可以看到。
- 展示广告使得行为目标成为可能，因为通过计算机软件可以在不同站点之间追踪用户并投放广告。如果一名访问者正在浏览新闻网站的旅游板块，lastminute.com 的广告就可以在他浏览该站点的其他内容时被递送过去。
- 电子邮件营销可以根据客户表现（他们点击的链接）来进行定位。例如，如果一个用户点击了一个关于北美假期的链接，那么该产品或相关促销活动的一封定向邮件就会被发送到那里去。也可以使用更为复杂的基于 RFM 的分析（见第 9 章）。

当审查哪些变量可以用来进行定位时，计划人要注意他们所选择的变量必须是最后可能影响活动等级的那些。图 8-14 指出了一般的市场反馈提升所需要的变量。该方法被旅游公司 Travelocity 在电子邮件营销中所使用。在 2006 年的互联网零售业论坛上，他们提到了如何集中精力进行内容营销，比如当一名访问者在他们的网站上点击了特定类型的假期后，系统就会向该访问者发送定向内容邮件。

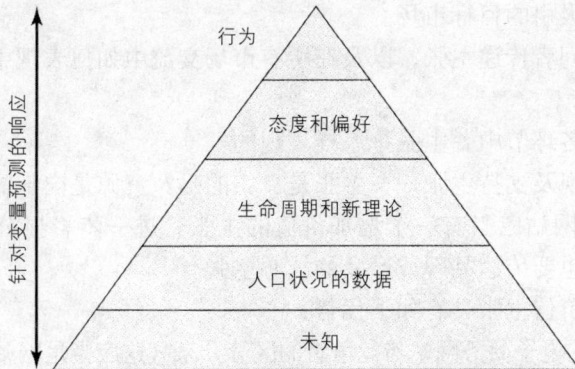

图 8-14　不同类型细分变量的趋向预测的响应程度

Seybold（1999）提出在制定以客户为中心的战略时应该注重的 5 个问题（它们同样可以应用于营销）：

（1）谁是我们的客户？

它包括识别具有共同特点和需求的目标群体。第 4 章介绍了划分群体的各种标准，包括 B2C 市场的人口及区域、B2B 市场的组织特点和采购部门的员工。

（2）客户的需求怎样变化？

当不同客户群体在线购买时，理解他们的需求对下一步向顾客传递有价值的信息是十分重要的。一些群体原本受价格驱动，但在网络世界，客户服务对他们来说可能更加重要。这与第 9 章的消费者行为密切相关。

（3）目标在哪？在数字营销中，这是一个重要的战略决策（我们在第5章的"战略决策2：市场和产品决策"中讨论过）。

（4）如何增加价值？

在第5章和第6章中，我们知道顾客价值主要取决于产品质量、客户服务质量、服务（产品）提供时间及价格构成的组合。对每个顾客群，公司需要决定其中哪个因素是最重要的，然后据此对这些因素做出调整，这是下一节营销组合部分将要讨论的内容。

（5）怎样成为消费者的第一选择？

为了回答这个问题，我们需要知道在相关市场里怎样进行市场定位。市场定位与消费者在上述价值构成因素方面对产品的理解有关，见图8-13。一般首先编制定位报告来概括市场定位，然后，公司需要决定如何突出产品的差异化优势。

对于线上战略来说，一个清晰、高效的定位是非常重要的，这是因为消费者在选择产品的时候可以方便地对商家进行比较。定位对于留住消费者也很重要，对一个品牌的第一印象会决定消费者下次购物时是否再次选购该厂家的商品。

在数字营销环境下（在第5章中提到过），可以通过在线价值主张（OVP）阐明并传达差异化优势及市场定位的思想。OVP与单独的销售方案相似，仅有的区别是前者是为电子商务制定的。OVP以公司服务为核心主张。在制定在线价值主张时，管理者应当明确：

- 在产品特征或服务质量上，公司主张与竞争者主张的明显区别。
- 这项主张将会吸引的目标市场。
- 怎样向网站访问者传递主张，以及在所有市场交流中如何表现主张？提出一个广告语是有帮助的。
- 在购买过程的各环节中，主张是怎样表现的？
- 资源将怎样表现及支持主张——主张是真实的吗？资源是内部的还是外部的？

理想的电子商务网站应当有一个增加价值的主张，进一步彰显公司产品和服务的差异，网站的设计同时也要传达品牌或产品的核心主张。

建立明确的在线价值主张具有如下优势：

- 有助于将公司的电子商务网站与竞争者的区分开来（这应当是网站设计的目标之一）；
- 有助于突出营销的重点，并使公司员工明确网站的目的；
- 可用于公共关系及公司宣传。例如，Amazon网站的清晰主张是价格折扣高达40%，以及可以提供300万种商品；
- 可以与公司或其产品的普通主张相结合。

Varianini和Vaturi（2000）对B2C网络公司的失败进行了研究，并指出从中可以汲取很多经验。他们相信许多问题应归咎于不能成功地运用既定的营销定位方法。他们的总结如下：

首先，识别客户需求，定义明确的价值主张满足客户需求以获得收益。而后，价值主张必须由合适的产品和服务通过合适的渠道传递，而且要持续交流。最终目标是建立一个强大的、持久的品牌，给营销这一品牌的公司带来价值。

相反，Argrawal等（2001）提出，成功的电子商务公司通常归功于其成功地使用价值主张配合细分市场。

在线价值主张对新兴公司尤其重要，这些新兴公司发明了一些很好的广告语，例如：

"比较，购买，省钱。"

——Kelkoo（www.kelkoo.com）

"地球上最大的选择。"

——Amazon（www.amazon.com）

Citibank 网站（www.citibank.com）使用一系列技术来阐述它的核心主张和在线价值主张：

欢迎来到 Citibank：一站满足你所有的财务需要。

寻找一种产品或服务，了解一种金融产品，找到一个位置。

可以针对不同的产品或细分市场制定不同的在线价值主张。例如，Citibank（英国）互联网银行服务的在线价值主张是：

随时随地开展银行业务。Citibank 互联网银行让你自由、灵活地天天理财。它安全，方便，简易。

许多数字化营销战略决策都是根据 OVP 和在线客户的体验来进行的。交互式的 Web 2.0 由于可以提升用户体验、进行股利转化和重复购买而显得对交易站点来说十分重要。关于公司是如何通过交互特征发展其 OVP 的例子有：用户反馈和等级评定、播客产品评论、博客产品评论、用户手册和视频反馈等。

内容战略

很明显，引人注目的 OVP 需要同等的内容和客户体验，这些应当通过网站和其他线上形式如博客、社交网站和移动端平台来实现。如今，我们所说的内容不仅是指网站上静态内容的集合，还包括丰富的鼓励交互的动态媒体的内容。视频、播客、用户形成的内容和交互式产品选择者也应被考虑在接触问题内。

可以看到，内容战略面临挑战，这是因为如今有太多的不同内容在不同的平台上通过不同的方式被送出，但在社交媒体中如何吸引客户已经变得越来越重要。

可以看出，管理创作内容的质量是一个更广泛的客户服务策略，提供高质量、有效的内容在整个客户生命周期中是非常重要的，它也是完整的 CRM 战略的一部分。关于这些内容我们将在下一章中讲到更多细节。

要实现一个引人注目的 OVP 需要很多公司高管改变心态。他们需要像一名出版商一样思考，投资高质量的内容，这要求：

- 引人注目的内容——内容为王！
- 优秀的作家创造高质量的内容，他们可能是内部人员或外部的自由作家。
- 一份可编辑的日历、适当的工艺安排和提供的内容。
- 投资于软件来促进过程实现。
- 投资于客户搜索来决定吸引不同客户的内容。
- 跟踪调查哪些内容有效而哪些无效。

8.7 重点：新媒体营销通信的特点

在这一部分，我们研究进行营销通信时，利用传统媒体（如电视、出版物和广播）与利用新型数字媒体（如网站、互动电视和移动设备）有诸多不同，以 Chaffey（2000）的概括为基础，认清互联网与其他媒体的不同，对渠道的改进以及提高渠道的满意度都十分重要，并会带来渠道的成功及获利。

McDonald 和 Wilson（1999）对新媒体与传统媒体的区别做出了概括，即数字营销的"6Is"。"6Is"的实用性体现在它强调了应用于互联网营销的各种实践因素，例如个性化、直接回应和市场研究，以及产业重组、交流渠道结合等战略问题。通过评价新媒体的各方面，营销管理者可以制订出适应新媒体的营销计划。"6Is"是对以上实践因素的新解释，它通过使用新例子及图表阐释这些概念。

1.互动

Deighton（1996）首次指出，互联网的一个重要特征是为互动提供机会。图 8-15（a）显示了传统媒体主要是"推动型"媒体，由公司向顾客及其他股东公布市场信息。在这一过程中，虽然公司某些时候鼓励互动，如直接回复广告或使用邮件订购等活动，但与顾客的互动还是有限的。在互联网上，联系通常由顾客开始，他们在网站上寻找信息，这是"拉动"机制，电子邮件除外（这被认为是推动技术）。图 8-15（b）显示了如何使用互联网进行两个方向的交流，这可能是直接回应方法的延伸。例如，FMCG 供应商如 Nestlé（www.nescafe.co.uk）把网站作为互动的一种途径，通过提供竞争产品的信息及促销等鼓励顾客提供他们的姓名、年龄和性别、地址及特征等信息。

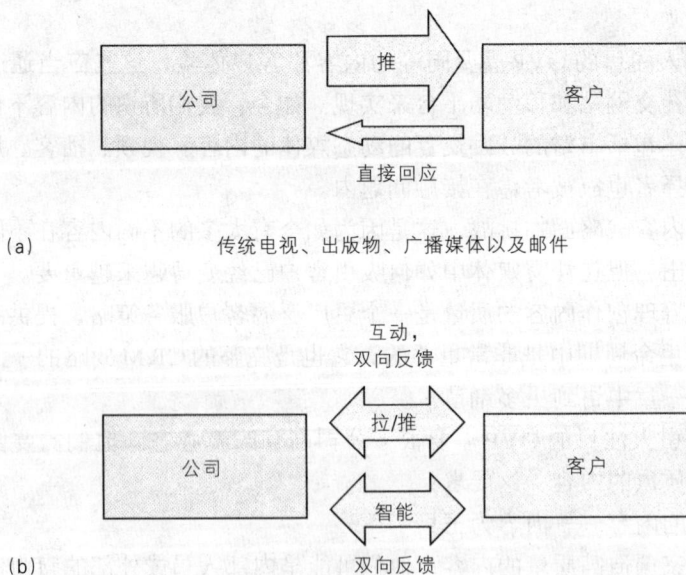

图 8-15　通信模型：（a）传统媒体；（b）新媒体

Hoffman 和 Novak（1997）相信这一巨大的变化足以代表新的营销模式。他们认为包括网络在内的互联网设施代表了计算机媒介环境，互动不再是信息发送者与接收者的交流，而是媒体的自我交流。他们说：

消费者能与媒体互动，公司能向媒体提供产品信息，与传统市场环境最大的不同是：消费者也可向媒体提供商业信息。

消费者能提供的内容可以是直接的贸易信息，例如通过 eBay（www.ebay.com）等网站拍卖他们自己的物品，也可以是对第三方网站（如www.bizrate.com）或终端网站（如www.firebox.com）上的产品或对供应商进行评论（第 9 章中关于社交媒体和赊销客户关系管理部分讲到了使用互联网交互性的更多细节）。

2. 智能

公司可以将互联网作为一种低成本的方法来进行市场研究，尤其是收集关于顾客对产品服务认知的信息。在上面提到的竞争中，Nestlé 通过调查问卷收集客户信息，从而抓住顾客的特征。互联网可用来建立双向的反馈，这在其他媒体中很少见。理财服务提供商 Egg（www.egg.com）通过网站上的客服持续地进行问卷调查，收集关于在线服务水平的信息。更为多见的是公司利用网站回应顾客关心的主要问题，这很好地说明了公司正努力解决回复客户电子邮件所需时间长这一问题。

从网站自身也可以获得市场研究的信息，因为每次使用者的点击链接都会被记录下来，并可用第 12 章所描述的网络分析工具进行分析。公司有实时回应购买者行为的能力，例如，HSBC（www.hsbc.co.uk）和 Lloyds TSB（www.lloydstsb.co.uk）等银行用 Touch Clarity（www.touchclarity.co.uk）提供的服务，它们向最有可能进行评价回应的顾客提供信息服务。

3. 个性化

上述互动市场信息交流的另一个重要特点是可以为个人提供定制服务（图 8-16（b）），而传统媒体是向所有人发出同样的信息（图8-16（a））。定制的过程也被称作个性化，它是在线客户关系管理的一个重要方面。个性化通常由外部网实现，可以建立密钥账户管理销售及售后服务。Dell（www.dell.com/premier）建立了"Dell Premier"密钥账户，像 Abbey 一样，通过密钥账户向客户提供特殊的产品及客户预订的服务。个性化的另一个例子是 B2B 电子销售商 RS Components（www.rswww.com），使用公司系统的所有顾客都会被记录下来。RS Components 根据顾客感兴趣的商品的种类和对应商品采购人在采购部门担任的职务信息，制作顾客档案。当他们下次访问公司网站时，网站将会自动地显示他们感兴趣商品的信息。例如，他们过去选择了办公用品，再次浏览网页时，网站就会显示办公用品及其促销信息。这是规模定制的一个例子，向特定顾客群提供需要的信息，不是为每个人提供不同的信息，而是给有共同兴趣的人提供相同的信息。Amazon（www.amazon.com）使用协同筛选方法，或被称为 Amazon"购买 X 的顾客也购买 Y"的方法。Amazon 还有其他两种个性化特点，它们是"想购买 X 的顾客也想购买……"和"寻找 X 的顾客同时购买了……"。你可以在 IEE（2003）上看到以上方法。

4. 整合

互联网为市场信息交流提供了更多的机会。图 8-17 显示了互联网只是众多媒体渠道中的一种（有些渠道由中间商提供）。在评价网站是否成功时，最好从两方面考虑互联网在与客户及其他参与者的交流中所起的作用。一方面，从组织到顾客方向：互联网怎样与其他媒体一起，向新顾客及现有顾客传达公司产品及服务的主张，如何吸引新顾客以及保留老顾客？另一方面，从顾客到组织方向：互联网怎样与其他媒体一起为顾客提供服务？许多公司正在考虑怎样将电子邮件回复和网站回应合并到现有的电话中心或客户服务部门，这可能需要在培训及新的软件上投入不少资金。

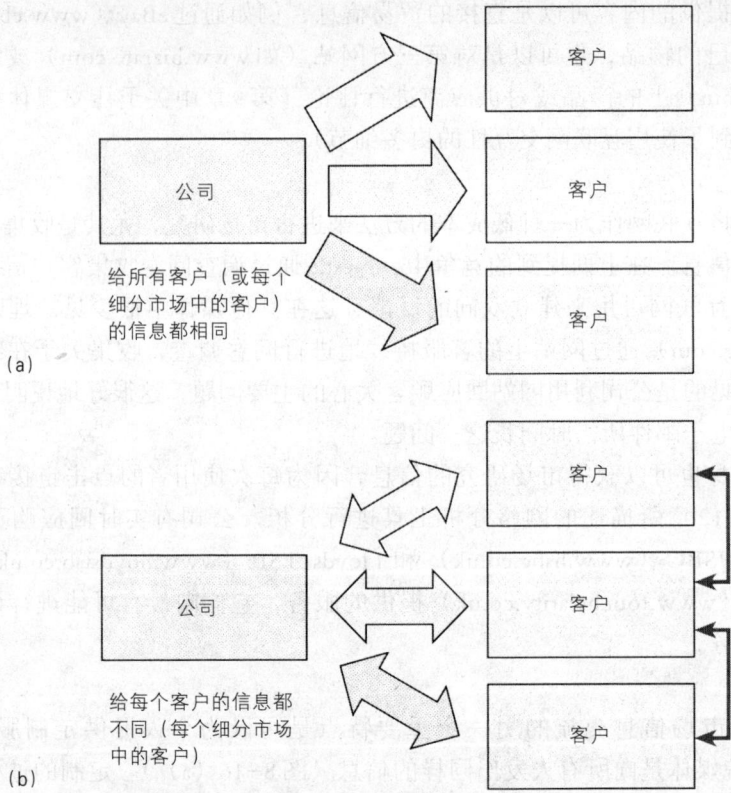

(a)

给所有客户（或每个
细分市场中的客户）
的信息都相同

(b)

给每个客户的信息都
不同（每个细分市场
中的客户）

图8-16 个性化程度：（a）传统媒体（相同的信息）；
（b）新媒体（不同的信息，客户间更多的信息交流）

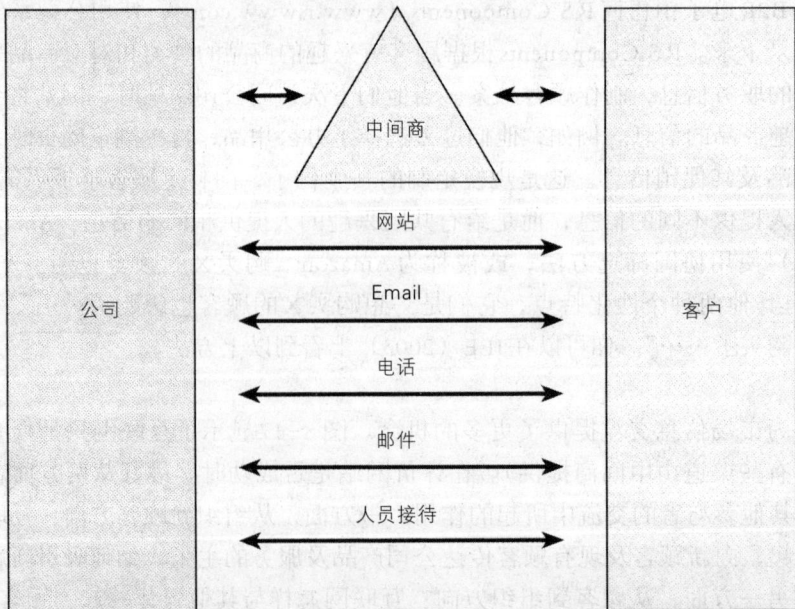

图8-17 作为数字营销战略整体的一部分，需要整合的信息渠道

下面的图 8-18 和实践活动 8.4，说明了互联网作为一种交流工具，是如何与其他媒体结合使用的。

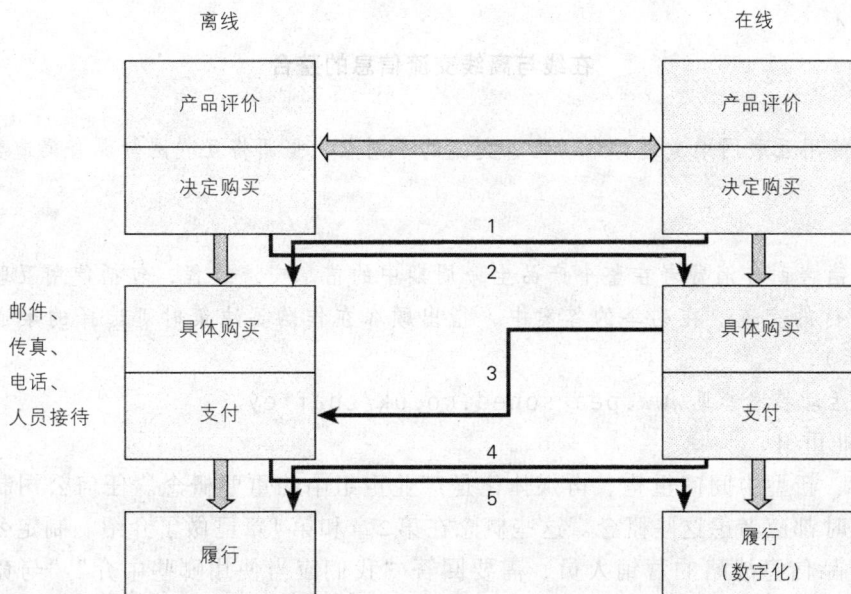

图 8-18　数字营销及混合模式购买需要的渠道整合

- 互联网可以作为直接回应工具，使顾客能够对其他媒体上发布的产品及促销信息作出反应。Dell 使用杂志或其他离线媒体刊登"电子代码"，当人们访问网站时，它直接指向具体的网页（通过搜索代码）。CapitalOne 采用的方法与之相似，代码中包含媒体的代号，以辅助评价哪种离线媒介在辅助网站销售方面最为有效。

- 网站包括直接回应或回叫工具。汽车协会的一个特点是，当顾客在网站填写了姓名、电话号码和合适的通话时间后，客服人员会给顾客打电话。

- 即使顾客不是通过网站购买，互联网也可以影响其购买决策。例如，Dell 网站上有醒目的网站专用电话，鼓励顾客给电话中心的销售人员打电话进行订货。这样做的优点是，Dell 不会失去对网上订货安全存有疑虑的顾客，而且，Dell 可以根据专用电话打进的数量，考察有多少销售得益于网站。这是图 8-18 中的第 3 种选择。顾客在购买过程中由一种渠道转换为另一种渠道，这被称为混合模式购买或者是渠道转换。这是在线市场信息交流设计需要考虑的一个重要方面。市场信息交流设计应当支持顾客从一种渠道向另一种渠道的转换。Bazett 等（2005）给出了一个重要的关联关系，通过跟踪信用卡记录，估计出公司在网上取得 1 英镑的收入，顾客就要在浏览网站后准备支出 3 英镑。所以，公司应当制定目标，通过提供商场的地点及商场内存货的信息，努力帮助这些顾客降低成本。

- 网站上的客户信息必须与客户及订货信息的其他数据库结合使用。例如，电话中心员工用来"对客户 360 度评价"（Seybold，1999）的信息。

- 互联网可以用于支持客户服务。例如，easyJet收到的订单多数是电子的，它鼓励使用者在拨打客户服务电话前，在网上查看常见问题（FAQs）的列表，这个表是根据以往客户的提问编制的。

实践活动8.4
在线与离线交流信息的整合

目的

突出使用互联网渠道进行市场信息交流的不同点，强调将互联网与现有渠道整合的必要性。

活动

列举销售商与消费者在整个产品生命周期中的信息交流过程，包括使用互联网和传统媒体进行的交流。在列举的答案中，指出顾客在作购买决策时可选择的渠道（如图8-18所示）。

实践活动答案参见www.pearsoned.co.uk/chaffey。

5.产业重组

脱媒、新型中间商重构、再媒体化是产业重组中的重要概念。任何公司制定数字营销战略时都应考虑这些概念。这些概念在第2章和第4章已做了介绍。制定公司与客户交流产品信息战略的营销人员，需要回答"我们应当使用哪些中介""与竞争者相比，我们产品的外形、功能、价格如何"等问题。公司在这些中介网站中的表现十分重要。

6.不受地域限制

电子媒体可以增进公司与全球市场的交流，为公司创造在国际市场销售产品的机会，这在过去是不可能实现的。Scoot Bader（www.scootbader.com）是一个B2B的化学制品供应商，为印染厂及服装厂提供原材料。它过去主要依靠当地的代理机构及经销商建立起的销售网进行销售，现在互联网使它可以向更多的国家和地区销售产品，包括当地没有销售点及客户服务机构的国家和地区（虽然有些产品仍然需要当地机构）。在这种情况下，伴随着非中介化和重新通过中介两种体系的协力重组，战略制定者还需要认真地思考由此可能产生的渠道冲突问题。如果顾客直接从国外公司而不是通过当地代理机构购买，就会排挤当地代理的业务，代理机构为此会要求公司对其进行补偿或者转而与公司的竞争者合作。

在第9章，我们将进一步讨论如何利用新媒体的特点进行有效的沟通。

8.8　策略

用来执行营销战略和目标的营销策略，其制定的基础是营销组合的各要素。在以后的章节中，我们会详细讨论制定策略的方法。一种方法是客户驱动策略，它对电子商务网站的设计和服务都会产生影响。构成数字营销策略的更先进的一种方法是第9章将介绍的客户关系管理。

市场营销组合（4P）——产品、价格、渠道和促销，由Jerome McCarthy（1960）首先提出，现在被许多业内人士看作是执行营销战略的重要部分。通过增加能更好地反映客户服务的3个要素，"4P"被扩展到"7P"，新增的"3P"是：人力、过程及物质环境

（Booms 和 Bitner，1981），也有人认为它们原本就包含在"4P"中。企业在制定营销战略时经常使用营销组合，因为它为通过改变产品供给的不同要素以影响目标市场的产品需求提供了一个框架（如图 8-19 所示）。例如，为了增加销售量，可以降低价格、改变促销的数量和形式，或者使用上述要素的组合。

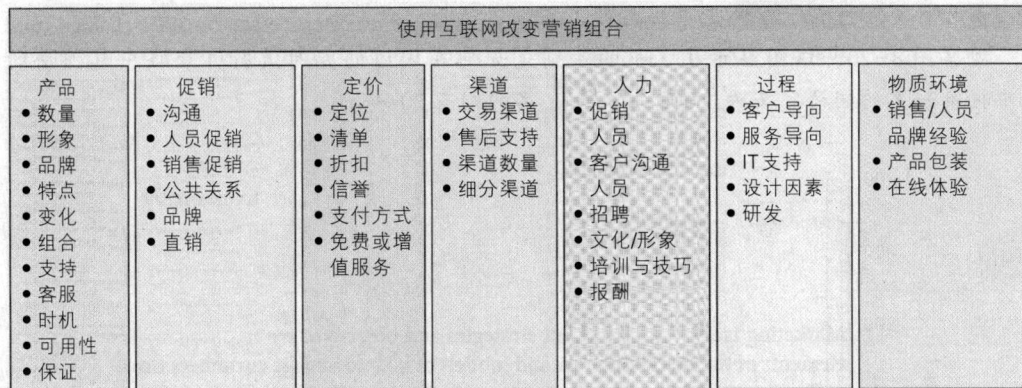

使用互联网改变营销组合						
产品 ● 数量 ● 形象 ● 品牌 ● 特点 ● 变化 ● 组合 ● 支持 ● 客服 ● 时机 ● 可用性 ● 保证	促销 ● 沟通 ● 人员促销 ● 销售促销 ● 公共关系 ● 品牌 ● 直销	定价 ● 定位 ● 清单 ● 折扣 ● 信誉 ● 支付方式 ● 免费或增值服务	渠道 ● 交易渠道 ● 售后支持 ● 渠道数量 ● 细分渠道	人力 ● 促销 　人员 ● 客户沟通 　人员 ● 招聘 ● 文化/形象 ● 培训与技巧 ● 报酬	过程 ● 客户导向 ● 服务导向 ● IT支持 ● 设计因素 ● 研发	物质环境 ● 销售/人员 　品牌经验 ● 产品包装 ● 在线体验

图 8-19　营销组合的要素

电子商务为营销者提供了改变电子商务的新契机，Allen 和 Fjermestad（2001）的研究对它们进行了很好的总结。

在研究互联网对 7P 的各要素的影响之前，我们需要简单地回顾营销组合作为制定营销战略的唯一工具的显著缺点。首先，也是最重要的一点，由于起源于 20 世纪 60 年代，营销组合表现出推动型营销方法的特点，不能清楚地确认顾客的需要。因此，营销组合倾向于产品导向而非客户导向，而后者是关键的市场导向，也是互联网营销的关键理念。为了减小这种影响，Lautenborn（1990）提出了"4C"框架，从客户角度考虑"4P"。在电子商务中，"4C"可以这样理解：

● 顾客的需求（产品）——网站上用于解释产品如何满足顾客需要和要求的系统。

● 客户的成本（价格）——网上的顾客会把网上产品的价格与其他网站及传统购买渠道的价格进行比较。

● 方便程度（与分销有关）——在订货及收货方面顾客的需求被满足的程度。

● 交流（促销）——网站本身以及将访问者引向网站的工具，如第 9 章介绍的搜索引擎及电子邮件。

对营销组合的选取，应当以市场研究收集的购买者行为的详细信息为基础。而且应当记住，营销组合通常需要根据不同的目标市场和客户群进行调整，以便更好地满足这些顾客群体的需要。更具有针对性的策略是制定"一对一营销"，它指的是为不同顾客订制个性化的产品，这也包含在"7P"框架中。

长尾效应在考虑线上的产品、位置、价格和促销时是非常有用的，详见专栏 8.2。

专栏 8.2

应用长尾概念

Anderson（2004）的一篇文章中，提到了如今被称为"长尾"的现象，这一现象最早是由哈佛大学语言学教授 George Kingsley Zipf 通过对单词使用情况的调查（见 http：//en. wikipedia.org/wiki/zipf%27s_law）提出的。他发现，考虑到一种语言中不同单词的变化，单词的使用频率和流行性表现出一定的规律性。Zipf 的法则指出，如果根据流行程度对一系列词语进行排序，第二名的词语的流行程度大概是第一名的一半，第三名的流行程度大概是第一名的 1/3，以此类推。一般来说：

第 k 个项目的流行程度是第一名的 1/k。

观察图 8-20，该图显示了 Zipf 的法则是如何在词语的相对流行性衰减中起作用的，图中把第一名的词语定义为 1 000 分，第 50 名的则有 20 分。

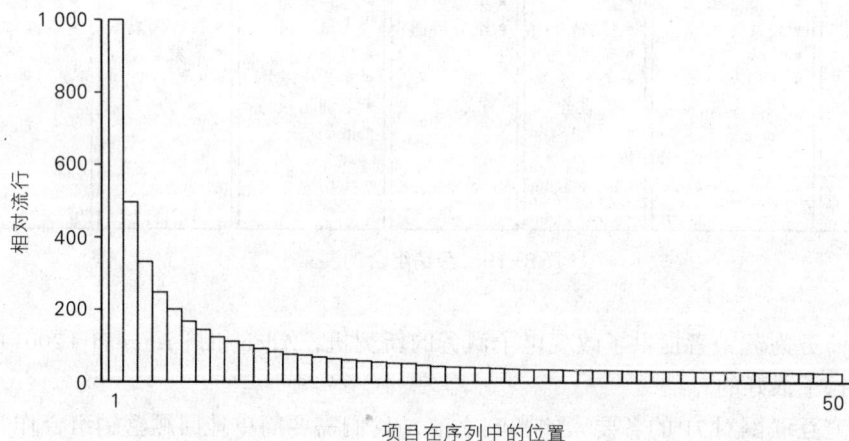

图 8-20　Zipf 法则，在一个有序的序列中显示了项目的流行度下降

在网络环境中，这一法则的应用被 Anderson（2004）称为"长尾"。该原理可以被应用于一组网站或单独网站上的不同产品，它们趋向于一种类似的流行性模式。有一小部分站点十分流行（占有 80% 的访问量），也有一大部分不那么流行的站点，但它们加起来很重要。回到产品环境中，Anderson（2004）认为对于像 Amazon 这样的公司，长尾或者 Zipf 法则可以被用来描述选择或购买诸如图书、唱片、电子产品、旅游服务和财务服务等产品的变化情况。该模式也被 Brynjolfsson 等（2003）所采用，他们发明了一个通过量化电子市场的产品品种的增加，显示其对经济的可用影响的框架。他们说：

互联网商品种类大量增加的原因之一，在于在线零售商们编制目录、推荐和提供大量商品。例如，amazon.com 有比一家 Barnes ＆ Noble 超市多出 23 倍的图书名录，和比正常的大型独立书店多出 57 倍的图书库存。

从另一个角度来看，他们估计 40% 的销售额来自于销售排名超过 100 000 的不太受欢迎的书（如果你访问 amazon.com，你将看到最受欢迎的书排在第一位，而排在 1 000 000 之后则说明该书不受欢迎）。这表明长尾对于 Amazon 这样的在线零售公司来说是十分重要的，因为不流行的书所提供的 40% 的销售额在传统书店中是不存在的（一家大型的传统书店通常有 100 000 本书）。在价格环境中，另一个对于在线零售商的优势是不流行的产品在现实世界中不容易获得，所以 Amazon 可以对它们进行更高的定价。Brynjolfsson 等（2003）估计，Amazon 对于排名在 100 000 名之内的商品的平均定价为 29.26 美元，而对不流行的产品的平均定价为 41.6 美元。

8.8.1 产品

当公司制定产品在线营销战略时有许多可选方案。基于互联网的产品决策可以分为核心产品决策和延伸产品决策。许多公司拥有可供选择的数字信息产品，特别是通过网络提供的信息产品。某些情况下，核心产品会被这种产品取代，例如，钻井设备的供应商把重点转移到对钻井信息的分析和发布上。有时，网上对某种产品的看法对顾客来说更有价值，因为这些信息极具说服力并经常更新。企业名录广告商 BRAD（www.brad.co.uk）提供的产品由纸质版本变成在线版本，还提供纸质版本没有的搜索工具。互联网也为产品的大规模定制提供了机会。Levi's 从 1994 年开始提供个性化服务，那时 Levi Strauss 发起了"个人专属裤子"的活动。女士们愿意比正常价格多花 15 美元，等着去 Levi's 专卖店将她们的数据"数字化"——量尺寸，然后定制牛仔裤，而且她们的裤子尺寸将被储存在数据库中，以便下次购买时使用。

公司也可以考虑怎样用互联网改变产品系列或产品组合。一些公司在网上只提供一部分产品，例如，WH Smith 互动电视服务只提供打折的畅销书。相对地，有些公司在网上提供的产品目录比商品册更丰富。辅助服务也是一种选择，例如 easyJet 开发了一系列与旅行相关的辅助服务，如货运、包装和汽车租赁等。

对许多公司来说，利用互联网改变外延产品更加实际。Smith 和 Chaffey（2008）给出了一些如何利用互联网改变外延产品的例子：

- 认证
- 奖励
- 证据
- 顾客名单
- 顾客评论
- 担保
- 保证
- 退款承诺
- 客户服务（参见人力、过程及物质环境的相关内容）
- 使用产品时的辅助工具

像出版商、电视公司和其他的媒体所有者这些能够提供像音乐或视频等数字产品的公司，相同的产品选择不同的选项具有不同的价格，产生了巨大的灵活性：

- 订阅。这是一种传统的出版商收入模式，但订阅可以在不同时段提供不同的价格点数，例如 3 个月、12 个月或 2 年。
- 按次计费。每次下载或浏览都要计费，与订阅相比，这是一种更为相关的定价方法。音乐供应商 Napster 提供下载代金券，这与移动公司的账单到期即付异曲同工。旅游刊物 *Lonely Planet* 允许访问者以部分价格在目的地下载景点介绍。
- 捆绑销售。与按次计费相比，不同的通道或内容可以作为降价的一组产品来捆绑销售。
- 广告支持内容。出版商的主要收入来源是站点上的广告（CPM 通过横幅打广告，这是一种固定的收入，或者是 CPC（按点击次数付费））。可与第三方网站联合取得收入从而给订阅者权限进行阅读。英国最受欢迎的新闻站点 *The Guardian*（www.guardian.co.uk），曾尝试提供无广告订阅服务，但与许多在线出版商一样，最终其又回归到广告支持内容上来。

另一项与组合相关的产品元素是互联网如何用网站日志（见第12章）、新概念测试、在线调查和焦点小组来估计产品需求，进而促进新产品销售。

Quelch 和 Klein（1996）也提到，在互联网和全球化的环境下，组织要保持竞争力，就需要更快速地把新产品推向国际市场。最近，Malcolm Gladwell 在他的 *The Tipping Point*（2000）一书中，提到了口碑是如何对新产品产生巨大影响的。这种口碑营销方式往往存在一个临界点，超过临界点后该影响经常会通过互联网放大，临界点的含义见专栏8.3。

专栏8.3

临界点如何应用于数字化营销

Marsden（2004）为临界点在营销人员中的应用作了很好的总结。使用大众普遍接受的科学理论，临界点解释了三个简单的法则，来支持观点、产品和行为在人群中的快速传播。他建议营销人员应该为新产品或服务创造一个临界点，该临界点是指多米诺骨牌效应被触发或者社会时尚像病毒一样传遍人群的时刻。

有关临界点有三条主要的法则：

1. 少数法则

该法则是说，任何新产品或服务的传播，都有赖于最初的使用者，他们通常是社交能手，并且能通过语言或者跟风行为来促进新产品的销售。在网络环境中，这些实验者可能会使用个人博客、电子邮件、即时通信和其他社交媒体来传播他们的观点。

2. 黏性因素

一般地，它是指我们对诸如电视和网络这些媒体有多大的依赖性，但在这里黏性说的是对产品特点或者特定品牌的依赖程度。Gladwell 强调在产品可有效推广过程中，黏性的测试和市场调查是非常重要的。

Marsden 认为关键的跨类别的其他因素也会成为产品成功的关键驱动因素，他引用了 Morris 和 Martin（2000）的研究成果，把这些属性归结为：

- 优秀：被认为是最好的
- 独特：具有唯一性
- 美观：外形好看
- 联想：形成正面的联想
- 承诺：培养感情
- 表现价值：用户价值的可见迹象
- 功能价值：满足使用需求
- 怀旧价值：唤起感情联系
- 个性化：有特点，有个性
- 成本：认识钱的价值

可以看出这一列表对于一个理想的网站或在线服务同样适用。

3.环境的力量

Gladwell说，像传染病一样，产品和行为在它们聚合了物理的、社会的和心理的环境之后传递得非常快且非常广。他给出了这样一个例子：纽约发生的在地铁站涂鸦的一波犯罪潮，在简单地检查逃票行为后戛然而止。这说明产品设计应该测试其是否适应它们所处的环境。

案例学习8.2展示了Dell是如何通过加深对客户的理解对其市场营销进行改进的。

案例学习8.2

Dell通过网络接近客户

Dell是一家科技公司，提供非常多的产品，包括台式电脑、存储器、服务器和网络产品、移动产品、软件和周边设备，以及为大公司提供IT框架服务。Dell是美国第一大和世界第二大的个人电脑供应商。

Dell的主张

Dell的主要产品有：

1.台式电脑

5条台式电脑生产线为不同的市场生产、组装电脑。例如OptiPlex是用来帮助商业、政府和学术上的消费者的，这些电脑具有稳定、安全和过渡性的特点，同时价钱合理。Dimension是为小型商业用户和家庭用户设计的，符合他们对最新技术的要求和环保需求。XPS和Alienware则面向要求苛刻的游戏或娱乐消费者。2007年7月，Dell引进了Vostro，用来满足小型企业对于特定技术和服务的需求。

2.服务器和网络

PowerEdge服务器生产线用来为客户提供其负担得起的、可靠的和可扩展的产品。同样的，其对不同的市场提供不同的产品，包括针对企业用户的高性能的架机服务器、刀片服务器和塔式服务器以及针对小型组织或远程办公室的廉价的塔式服务器。

3.存储器

例如存储区域网、网络连接存储、服务器直连存储、磁盘和备份系统、可擦写磁盘备份。

4.移动产品

针对客户需要来提供有着游戏和娱乐体验的笔记本电脑。

5.软件及周边设备

办公软件和硬件，包括打印机、电视、笔记本电脑附件、网络和无线产品、数码相机、适配器、扫描仪和其他产品。

6.增强服务

定制解决方案，帮助客户降低成本的同时提高效益和投资回报，包括基础构架咨询服务、部署服务、安装和集成新系统、资产回收服务、培训服务、企业支持服务和生命周期服务。

7.为美国的企业和个人消费者提供在Dell和CIT Group,Inc之间的金融服务

Dell的商业战略

Dell的愿景是：

努力通过提供卓越的高价值服务创造最佳的客户体验，使用高品质定制系统相关技术、优质的服务和支持，并提供易于购买和使用的产品和服务。

Dell在营销沟通中明显的核心战略元素有：

● 我们为客户简化信息技术。制造高品质的个人电脑、服务器、存储器和客户负担得起的产品。我们关注于使全球的数百万个用户用得起信息技术。我们为有直接联系的或者说亲近客户，提供实施和维护信息技术的服务，为企业和家庭提供硬件、软件解决方案。

● 我们为消费者提供多种选择。客户可以通过电话和我们的网站www.dell.com来购买系统和服务；客户还可以自行选择产品配置。我们最近的零售扩大计划主动加入了新的分销渠道来满足更多的全球消费者和小企业，并通过零售合作伙伴和增值经销商进行销售。

● 客户可以选择定制的服务。灵活的定制生产过程使我们能够平均每五天就把存货周转一遍，从而降低库存水平，并迅速把最先进的技术提供给我们的客户。市场在不断变化，现在我们为了更好地满足客户的需求和缩短生产时间，正在探索远程设计和新的分销策略。我们的目标是把最新的技术以合理的价格和更快的速度提供给全球客户。

● 我们致力于在各个领域使业务对环境负责。我们在Dell产品生命周期的各个阶段都进行了环保的考量，从开发和设计高效节能的产品到减少制造产生的废弃物和产品回收。

Dell的销售和营销

Dell通过专门的销售代表、电话和网站www.dell.com把产品和服务直接提供给客户。客户细分包括大型企业、政府、医疗机构、教育机构、中小型企业和个人用户。

Dell强调这种直接销售方式和从客户处直接获取反馈的重要性，这得益于它们不断改进产品和针对特定消费群体调整营销策略。

在SEC中，戴尔强调如何倾听客户的心声，增加客户信任和重视相关技术及服务。使用Web 2.0参与性技术的证据有，客户可以对Dell目前和将来的产品、服务和在Dell IdeaStorm上的运营提出相应的意见。有关经理说："这种不断的交流是我们直销模式的特征，使我们能够快速测量出顾客满意度和新的目标或产品。"

对于大型企业和教育机构类的客户，Dell在全球保留了专门的现场销售队伍和客户维护团队，其中包括基于域的系统工程师和顾问，以方便为客户提供专业援助和定制的解决方案，以建立长期的合作关系。Dell同时保留了工作站的销售维护和营销程序，它们是针对州和当地政府部门、医疗机构和教育机构提供服务的。

Dell卓越的合作伙伴系统

Dell提供了卓越的合作伙伴系统（http：//premier.dell.com），来为其大型客户提供服务，它是安全的、可定制的，同时支持站点的不断扩展，从而节省时间和金钱。Dell的卓越合作伙伴系统的特点包括：

● 轻便订货——一个定制的在线商店，确保以你的价格访问你需要的产品。

● 轻便追踪——查看实时的订单状态、在线发票和历史消费细节。

● 轻便控制——自定义访问组用户可以在卓越合作伙伴系统中看什么和做什么。

Dell的营销传播

Dell通过电视广告，互联网广告，平面媒体广告，大量的类似宣传页、目录和客户简报等的出版物向其中小企业客户推销产品。在特定的地方，它们也设立Dell商店，如购物中心等，这使得顾客可以亲眼见到它们的产品，也可以在Dell专家的帮助下进行网上购买。

Dell的在线沟通

客户站点的管理出现在E-consultancy（2008）中。Dell有一个三阶段的订单漏斗：

- 由站点访问的营销沟通
- 经验性的站点推销
- 转化式的商店推销

经理解释说，戴尔的目标是理解和执行客户的想法，这是通过管理控制如下一系列程序实现的：在线广告的质量；通过站点的路径质量；销售/报价和转换驱动程序，例如，配置"易用性"；辅助决策支持工具和一致性的消息整合路径。

Dell将用投资战略改善这些杠杆；提到的例子包括新的营销方法，如顾客评分和评论、视频宣传、主要路径或客户行程的变化、决策支持工具——以"帮助我选择"。还有更多的行动帮助传递正确的信息给每个客户，包括定制/个性化的消息。

更多的行动是基于价格变化、位置优化和产品功能的组合进行的。大量不同的活动需要管理推进。这种推进是由每周提供的"截止日期"来驱动的：

- 免费购物
- 折扣
- 免费升级
- 免费附件
- 财务援助
- 服务升级

经理也提到，在整个欧洲，促销组合要随着消费者心理的变化而变化。他总结了主要的消费者区别：

- 英国：全是价钱的问题
- 瑞士：附加价值高于价格
- 德国：高端产品
- 意大利：设计非常重要
- 丹麦：便宜的就是好的
- 挪威：附加价值是关键
- 法国：定制

Dell对数字媒体通道的使用

Dell.com在欧洲主要使用的数字媒体通道有：

- Google AdWords提供的付费搜索适用于在有限的时间内推销产品。
- 广告展示，例如在技术网站上做广告对于公司是十分重要的。
- 联盟营销用来保护Dell的品牌，让盟友对"Dell笔记本电脑"等项目进行竞价，定向于小众，比如游戏机的拥有者。
- 电子邮件营销，这一实时通信手段被用来与现有客户保持联系，并且在他们有更换硬件的意向时提供帮助。

Dell和间接通道

尽管Dell的战略重点是直接销售给客户，在需要的时候它也使用一些间接销售方式。在美国，Dell通过第三方解决方案供应商、系统整合者和第三方销售者来间接销售产品。

在 2008 年，Dell 开始在美国的零售商店提供 Dimension 台式电脑和 Inspiron 笔记本电脑，同时宣布了与英国、日本和中国的零售商的合作关系。Dell 经理说："这些行动是我们零售战略的第一步，这将使我们能够扩大我们的业务模型和接触到那些我们不能直接接触到的客户。"

来源：Security Exchange Commission filing 10-K for Dell，2007

问题

描述 Dell 在其网站设计和推销中所使用的针对不同类型在线客户的方法。

8.8.2　价格

营销组合的价格因素指组织用于确定价格模式并为产品及服务确定价格的定价政策。互联网对许多部门的定价产生了巨大影响，这方面的研究有很多。Baker 等（2001）和 Xing 等（2006）提出了两种普遍应用于互联网定价的方法：新兴公司倾向于以较低的价格获得稳定的客户群体，而现有的公司则把它们现在的价格应用到网上。但是，在案例学习 8.1 中，easyJet 为实现在线收入贡献目标，在网上提供价格折扣。在这种情况下，公司可以降低价格，因为在线与顾客进行交易的固定费用比通过电话进行交易的费用要低得多。相似地，图书零售商为了在网上获得顾客，可能愿意为每一类书籍中排名前 25 位的畅销书提供 50% 的折扣而放弃利润，但对其他书则提供较少的折扣以获取利润。

互联网在营销组合价格方面的主要作用有以下几个方面：

1. 提高价格的透明度，差别定价

Quelch 和 Klein（1996）描述了互联网在定价方面与价格透明度有关的两种相反的作用。供应商可以利用互联网进行差别定价，例如，对不同国家的顾客采用不同的价格策略。但是，如果没有对价格采取保护措施，顾客会很快发现这种价格差异并拒绝购买。所以互联网提高了顾客对价格的认识能力，尤其是对网上零售商销售的标准化商品的价格的认识能力。顾客不仅能访问其他供应商的网站，还能登录价格比较网站，如 Kelkoo（www.kelkoo.com）和 Pricerunner（www.pricerunner.com），对商品进行价格比较。比较网站会列示某种产品的最优价格，并由高到低排序。如果所有顾客知道了这些差异，定价差别就难以保持。现在可能还不是这样，Baker 等（2001）引用的一项研究表明，大约只有 8% 的在线消费者是"有价格攻击性的购买者"。他们指出，互联网价格差异是广泛存在的，网上书店平均有 33% 的价格差异，唱片有 25% 的价格差异。

发生这种情况的原因大概有以下两点：第一，价格只是一方面因素——消费者选择供应商的标准还包括其他方面，如熟悉度、可信度及观察到的服务水平；第二，消费者的行为通常是满意性行为。Herbert Simon 在 1957 年首次使用"满意"一词，他说人们只是"足够理性"，但如果他们感到不再需要理性时，就会暂停或放松。这被心理学家称作"有限理性"。换句话说，虽然消费者在选择产品或供应商时，会寻求某种因素（如价格）的最小化，但大多数人不会为此付出太多精力。Johnson 等（2004）的研究证实了网上也存在这种现象，他们对使用互联网的 10 000 个家庭及 3 种商品（书、唱片和航空旅行服务）进行调查，通过分析调查数据，发现人们在网上的搜索能力其实是十分有限的。平均每个家庭只会在购买当月访问 1.2 家网上书店、1.3 个唱片网站和 1.8 个旅行网站。当然，这些平均数反映的是调查群体的行为。

　　许多公司使用协商方法进行差别定价，即给一个较低的价格，或者根据产品的网络供应定价。现在，Comet 等在线电子零售商，Thomson 等旅行公司，以及在网上提供低价产品的其他公司都在使用这种方法。

　　在线定价必须考虑需求价格弹性。这是一种在衡量经济理论的基础上，指出一个产品的价格变化引起的服务需求的变化；是评价消费者行为的手段。需求价格弹性由产品价格、替代品和收入决定。当一种产品具有弹性时，价格上小的变化会引起需求的大幅度变化。而不具有弹性的产品即使价格波动较大，需求也不会有明显的改变。更多关于需求价格弹性的知识见专栏8.4。

专栏8.4

需求的价格弹性

　　需求价格弹性用来估计价格变动在何种程度上影响需求。计算需求价格弹性，要用到需求量的变化（除以价格的百分比）。不同的产品有不同的需求价格弹性，这取决于消费者的偏好。

　　计算需求价格弹性的公式为：

　　需求价格弹性＝需求量变化的百分比/价格变化的百分比

　　需求价格弹性可以被描述为：

　　● 富有弹性（需求价格弹性＞1）。需求量变化的百分比大于价格变化的百分比。需求富有弹性，需求曲线比较平缓，价格稍一变动就会引起需求量的大幅变动。从盈亏平衡的角度看，当价格上涨时，总收入反而会减少，这是由于增加的收入赶不上销量减少带来的损失；而当价格下降的时候，总收入反而增加，这是因为销量上升的收益弥补了价格下降的损失。图8-21显示了富有弹性的商品的需求曲线（需求价格弹性为1.67）。

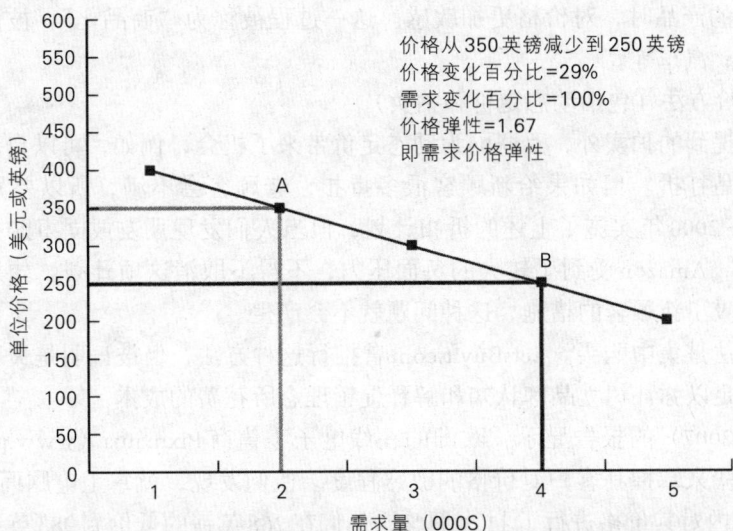

图8-21　富有弹性的商品的需求曲线

　　● 缺乏弹性（需求价格弹性＜1）。需求量的变化百分比小于价格变化的百分比。需求缺乏弹性，需求曲线就十分陡峭，价格的小幅增长并不会使需求大幅减少。从盈亏平衡的角度看，总收入与价格变动呈同向变动。图 8-22 显示了缺乏弹性的商品的需求曲线（需求价格弹性为 0.3125）。

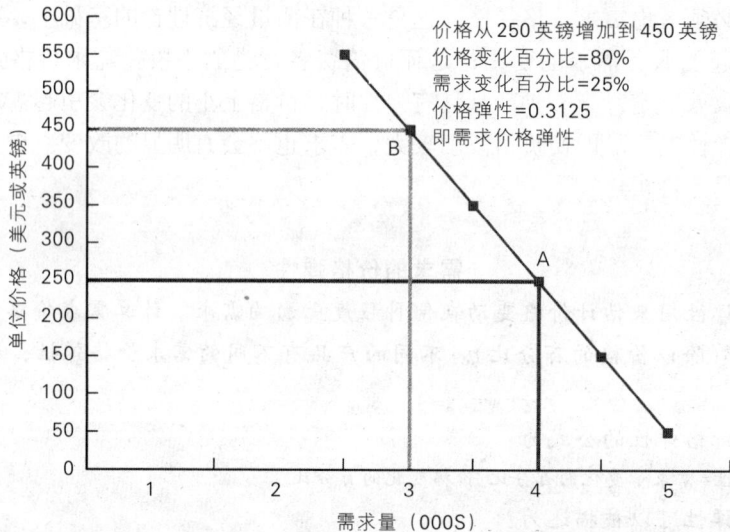

图 8-22 缺乏弹性的商品的需求曲线

2.价格下降的压力（包括商品化）

对于商品来说，拍卖在 B2B 交易中有降低价格的作用（如 Emiliani，2001）。Glaxo SmithKline（制药）、Whitbread（娱乐休闲）和 Daimler Chrysler（汽车）等公司的报告显示，逆向拍卖（参见案例学习 2.1）使产品价格降低了 10% 或更多。消费者在购买传统上不被看作商品的产品时，对价格更加敏感。这一过程被称为"商品化"，被商品化的产品包括电子产品、汽车等。

3.新的定价方法（包括动态定价和拍卖）

除了上面提到的拍卖外，互联网为动态定价带来了机会，例如，可以自动给新顾客购买的前 3 件商品打折。但如果给新顾客很多折扣，老顾客会不满，所以差别定价必须谨慎。Amazon 在 2000 年实施了上述的折扣计划，但当人们发现朋友或同事购买相同的商品却花费更少时，Amazon 受到了较大的负面压力，不得不取消这项计划。如果这项促销计划拥有明确的吸引新顾客的措施，这种问题就不会产生。

另一种方法是集中购买。LetsBuyit.com 曾推行这种方法，但被证明是失败的——所有交易的收入不足以弥补树立品牌认知和解释促销理念所花费的成本。

Baye 等（2007）的报告显示，欧洲的在线电子零售商 Pixmania（www.pixmania.com）使用了价格实验来掌握其客户对价格的敏感程度。他们发现，就掌上电脑而言，Pixmania 在 14 周的时间内对其价格进行了 11 次调整，他们在 268 英镑的低价到 283 英镑的高价之间通过一系列小实验来获取其客户对于价格变动的敏感性。价格战略提供了另外一项战略利益——不可预测性。

Baye 等（2007）推荐在线零售商们在审视其价格时应当考虑如下问题：

①有多少同时的竞争对手？他们建议产品应该在竞争对手减少的时候涨价，在竞争对手多的时候降价。他们同时建议，由于识别线上竞争对手与识别传统的线下竞争对手有所不同，识别关键的线上竞争对手十分重要。

②产品处于产品生命周期的何种阶段？当新的替代品出现时，产品不应有比其所处的生命周期阶段更高的定价。

③产品的价格敏感性或弹性如何？他们建议使用持续的实验来认识产品的价格敏感性。

④价格应定在什么层面上？最理想的涨价因素应该是产品而不是根据价格测试得出的产品等级。他们同时建议转化率的变化和搜索引擎收取的点击费用和产品等级使得对价格进行微观的管理显得十分重要。

⑤竞争对手是否在监控我的定价？如果竞争对手在监控的话，就采用不可预测的方法。如果竞争对手没有关注你，就开发"盲点"。

⑥我们是不是被夹在当中了？中间的定价并非最优的，尤其是在可以瞄准市场底层定价的时候。

4.可选价格结构或政策

互联网上的定价类型可能会不同于传统定价类型，特别是对于数字的、可下载的产品。软件和音乐过去出售的通常是永久使用权。互联网提供了其他选择，例如，每次使用的付费方式、每个月固定的收费方式或按照租赁合约的收费方式，也可能综合使用这些方法。提供网站流量监视等服务（应用服务供应商 ASPs）或应求服务的供应商，也给出按流量定价的新方法。网络分析公司如 Omniture 和 Clicktracks 按访问供应商网站的购买者数量来进行价格等级收费。

因网络而改变的其他价格因素包括：

- 基本价格
- 折扣
- 附加软件或额外的产品及服务
- 保证和授权
- 赔偿政策
- 取消订单的条款

8.8.3 渠道

Allen 和 Fjermestad（2001）指出，由于互联网是全球范围的，所以它对营销组合中的渠道有巨大的影响。但是，考虑到实现国际化的成本和所需时间，再加上国内的信任问题和电话支持的可用性，很多产品仍然是由本地提供的。但数字产品是一个例外，因为这些产品没有物理上的限制，比如说 Apple iTunes 就在成功地为全球提供服务。在这一节我们将研究互联网对渠道的主要作用。

1.购买地点

在 B2B 交易中，电子商务是通过厂商自己的网站、中间商的网站还是客户的网站（第2章）进行的？

2.新的渠道组合

例如，第2章及第5章谈到的，由脱媒、新型中间商重构和再媒介引起的变化。

3. 渠道冲突

互联网渠道带来的一个很大的威胁是，脱媒使公司可以向顾客直接销售产品并获得更高的利润，但是同时威胁公司与合作者的现有销售协议。Frazier（1999）描述了这种渠道冲突并指出对其要谨慎地管理。Frazier提出在某些情况下，互联网只适合作为信息交流的渠道，尤其是当厂商进行高档专卖或严格要求可供选择的分销途径时。例如，制造价值上千英镑的昂贵手表的公司在过去不会采取直销，而是设置总代理通过零售商来销售。如果这个总代理在手表销售业占重要地位，它会反对手表制造商采取直销。总代理甚至会拒绝销售这家公司的手表，并且威胁将只经营竞争对手的手表，因为竞争对手不会通过互联网进行直接销售。而且，直销会损害产品的品牌形象或改变它的价格定位。

其他渠道冲突与销售代表及顾客等有关。销售代表会将互联网看作是对他们生计的直接威胁。Avon化妆品公司及《大不列颠百科全书》（*Encyclopaedia Britannica*）使用的推销模式已部分或全部被互联网取代。在许多B2B公司的采购活动中，销售代表仍然在与顾客接触并在顾客的购买决策方面起重要作用。根据销售人员的指示，互联网也可以当作销售的帮手及顾客获得信息的工具。当不使用在线渠道的顾客知道使用在线渠道的顾客获得了更低的价格时，他们会提出反对意见，但造成的后果没有其他渠道冲突那么严重。

为评价渠道冲突，我们需要考虑互联网采取的不同渠道形式。它们是：

- 仅作为信息交流渠道；
- 面向中间商的销售渠道；
- 面向顾客的直销渠道；
- 以上渠道的组合。

为防止渠道冲突，必须对渠道进行合适的组合。

当然，互联网战略取决于现存的市场分配。如果现有市场是一个没有代理及销售商的新地域市场，就不会存在渠道冲突，这时就可以选择只通过互联网进行销售，还是通过指定新的代理进行销售，或是采用两种渠道的结合。SMEs通常会想到使用互联网销售产品而不是借助代理，但是这种策略只适合于不太需要售前及售后服务的产品的零售。像发动机等价值高昂的产品，它们通常需要技术销售人员辅助购买及售后服务，这时应当设置代理机构。

4. 虚拟组织

第6章已介绍了虚拟组织的概念。从数字营销角度来说，互联网给各方建立互惠互利的合作关系提供了新的选择。

提到中小型企业，Azumah等（2005）指出了中小企业发展成为数字化组织的三个层次：

（1）半融合组织（最低限度地使用互联网和网络技术）。

（2）融合组织（集中地使用互联网和网络技术）。

（3）数字化组织（把数字技术作为管理全局业务的核心技术）。

在制定销售渠道策略时企业必须权衡上述所有的机遇和威胁，从而确定合适的策略。关于销售及送货的问题在第6章中已作介绍。

8.8.4 促销

促销的具体说明通常作为营销通信战略的一部分，它包括选择目标市场、定位及整合不同的通信工具。互联网提供了一种全新的营销信息通信渠道，使客户了解产品的优点并帮助他们做出购买决策。Chaffey 和 Smith（2008）对促销和信息交流组合的主要元素及它们的在线替代品进行了总结，见表 8-8。

表 8-8　　　　　　　　　　　　　　　促销组合的主要内容

交流工具	在线实施
1.广告	互动展示广告、PPC 搜索广告
2.商场	虚拟销售人员、现场销售、聊天和网络营销
3.打折促销	激励措施，如优惠券、奖励、在线忠诚度计划
4.公共关系	在线编辑、博客、feeds 内容、电子邮件、信件、社交网络、各种团体活动
5.赞助	赞助一个在线活动、网站或者服务
6.直接邮寄	使用电子通信和"电子爆炸"选择电子邮件
7.展览	选择虚拟展览或者白皮书
8.商品推销	将促销广告投放在零售网站，进行个性化推荐和电子警报
9.包装	虚拟旅游、在线显示真正的包装
10.口碑	病毒、联盟营销、发电子邮件给朋友、链接

制定促销策略的一种方法是对购买过程的不同阶段需要的通信手段作出具体说明。另一种方法是研究互联网如何辅助一系列的促销活动，如广告、产品促销、公关以及直销，怎样使用通信技术将顾客引向网站，这将在重点关注客户获取环节的信息通信（第 9 章）中详细地介绍。在第 9 章中，我们还会了解如何说服客户回到网站进行再次购买。

营销计划的促销部分同样需要作出 3 个重要决策，决定在线促销或在线信息通信组合的投资：

（1）促销的投资与网站建设及维护的投资之间的比较

因为网站的建设、维护和促销通常有固定的预算，数字营销计划应当对每一项编制具体的预算，以确保平衡并且有足够的资金支持网站的促销。

（2）在线促销技术上的投资与非在线促销技术上的投资的比较

这些技术间应当达到平衡。图 8-23 概括了公司可以选择的策略。你认为哪项是老公司的最佳选择，哪项是新兴电子商务公司的最佳选择呢？据观察，对两者而言，非在线促销技术上的投资通常都高于在线促销技术上的投资。老公司通常使用出版物等传统媒体宣传公司网站，然而，出版物及电视同样会被新兴公司广泛用于吸引顾客访问它们的网站。

当然，根据公司及其客户采用电子商务程度的不同，企业在在线营销工具上的花费也会有所变化。通信影响组织在网络媒体上投入的比例不同的因素主要包括：

- 细分市场使用传统媒体与使用数字媒体吸引顾客的比例；
- 目标市场在线搜索及购买的顾客的比例；
- 顾客通过电话或商场等传统渠道购买产品的倾向；

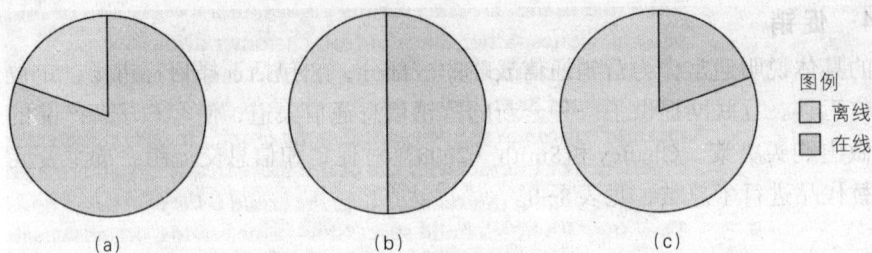

（a）在线>离线；（b）在线与离线相同；（c）离线>在线

图8-23　在线与离线通信组合的选择

- 与电视、出版物等传统媒体相比，搜索引擎营销、联盟营销、网络广告等在线媒体的相对成本有效性。

通信吸引访问者到网站这件事存在着一个微妙的平衡：说服访问者购买产品可能比较困难，但销售的成本也相对较低。所有媒体都有其边际报酬开始递减的临界点。当投资达到这个临界点时，再在这个媒体上增加投入，将不会带来收益的增加。许多公司遵循的策略是逐渐增加它们在数字媒体的投资，因为它们想找到这个临界点，而且大家已经知道了电视和出版物等传统媒体的投资临界点。

（3）不同在线促销手段的投资

例如，为提高公司的网络形象，公司在标语广告和在线公关上的投资应各为多少，搜索引擎注册应花费多少。第9章将介绍上述及其他的网站推广技术。

8.8.5　人力、流程和物质环境

人力、流程和物质环境对提供服务尤其重要。因为提供服务是电子商务网站的重要内容，这与第9章的重点关注内容——卓越的电子商务服务质量相关，管理组织变革是第10章的重点，以客户为中心的设计将在第11章介绍。加强服务也是在线品牌的一个重要部分，将在下面的重点关注内容中描述。物质环境可以用于网站设计或产品运送时的附带包装，附带包装被认为是延伸产品的一部分。

Smith和Chaffey（2001）提出，网上业务与营销组合的人力因素也是有关的，人们的劳动被某些在线业务所取代或实现了办公自动化。下面是一些例子：

- 自动回复。当公司收到电子邮件或网上提交的表格时，它们将自动产生并发出回复。
- 电子邮件通知。由公司的系统自动产生，用于根据客户订单更新资料。例如，收到的订货、库存的商品及发出的订单。
- 回叫设备。顾客在表格中填写电话和方便的联系时间。电话中心会自动地在指定的时间拨打客户电话，费用由公司承担，这在现在很普遍。
- 常见问题（FAQs）。核心是编辑和分类客户的问题，以便顾客能方便地找到：（a）问题；（b）有用的答案。
- 站内搜索。它帮助顾客迅速地找到他们寻找的东西，站内搜索很受使用者的欢迎。网站地图是相关的一种功能。
- 虚拟助手。它具有不同的复杂程度，引导顾客完成一系列复杂的选择。

8.9　重点：在线品牌营销

什么形成一个成功的在线品牌？是高访问量的电子商务网站？具有良好的知名度的品牌名字？利润很高的品牌？还是拥有适度的销售量，但是服务水平被顾客认可的网站？虽然某一品牌只需满足其中几个标准就会被称作一个成功的品牌，但我们知道，一个品牌的成功取决于众多因素。

Erdem 等（2002）提醒到，在他们的研究"消费者的价格敏感性对品牌信誉的影响"中，一个可以信赖的品牌通过以下手段帮助客户得到价值：①降低已识别的风险；②减少信息搜索成本；③建立有利的、可信赖的企业形象。这表明了在线品牌的重要性，因为网站必须给出值得信赖的印象和招人喜欢的体验来鼓励初次购买和重复购买。

品牌看起来像是一个难以理解的概念，因为通常我们使用的是它狭义的概念。许多人认为它只是品牌标识，如公司或产品的名称和标志，但品牌的倡导者好像认为品牌不只包括这些。Leslie de Chernatony 和 Malcolm McDonald 在 1992 年的经典著作《建立强大的品牌》中，是这样描述品牌的：

一种可以识别的商品或服务，通过带给购买者或使用者独特的增值，来更好地满足他们的需要并对产品进行扩张。而且，它的成功来源于在竞争中能够继续保持这些增值。

这一定义强调了成功品牌的 3 个重要特点：

- 品牌取决于客户的认知；
- 认知受到能够带来增值的产品特点的影响；
- 增值特点需要保持。

De Chernatony（2001）对互联网品牌概念的实用性进行了评价。他认为传统的品牌价值和品牌战略的内容在互联网环境下也是适用的。但他指出，传统的品牌营销模式是让顾客被动地接受互联网上提供的价值，这种模式受到在线业务的挑战。取而代之的是，互联网上的消费者主动与制造商合作，通过小组讨论提出反馈意见，为品牌增值。De Chernatony 认为公司应采取宽松的品牌管理形式，应促进而不是控制顾客的议论。

Jevons 和 Gabbot（2000）提出了另一种互联网改变品牌的方法，"对品牌的体验比对品牌的认知更有说服力"。在网络环境下，顾客能对品牌进行更频繁、更深入的体验及交流。就像 Dayal 等（2000）所说的，"在全球信息网上，品牌就是体验，体验就是品牌"。他们指出，要想建立成功的在线品牌，组织应当思考怎样在下述品牌承诺的基础上制订计划：

- 方便的承诺——使购买过程比真实环境或比竞争对手的更方便；
- 实现的承诺——帮助消费者达到他们的目标，例如帮助在线投资者作出决策或辅助商界人士完成日常工作；
- 趣味和冒险的承诺——与 B2C 服务的关系更明显；
- 表现自我的承诺——提供个性化服务，如在 Yahoo! Geocities 网站上，顾客可以建立他们自己的网页；
- 归属的承诺——这项承诺由网络社区提供。

De Chernatony（2001）通过概括在线品牌的要素，提出了一个成功的在线品牌所需要的 3 方面的表现：理性价值、感性价值和承诺的体验（建立在感性和理性价值的基础上）。

Aaker 和 Joachimstaler（2000）提出了对品牌的另一种观点，他们提出"品牌权益"这一概念，并将其定义为：

与品牌及其名称和标志相关的一组品牌资产和负债，它能增加或减少商品或服务给公司和/或公司的顾客带来的价值。

所以，品牌权益表示品牌给公司或顾客提供的价值。Christodoulides 和 de Chernatony（2004）指出，评价网上的品牌权益需要找出计算机媒体环境的特点。他们研究在线品牌权益是否需要特殊的评价方法。根据专家的综合意见，他们找出了在线品牌权益需要的特殊评价方法，表8-9对此进行了概括。正如我们所预料的，这种特殊评价方法包括了数字媒体的特征，如互动和用户化，它们提高了产品的相关性并会带来更好的在线品牌体验。令人意外的是，他们虽然在网站设计中谈到了内容的重要性，并将它作为其他特征（如用户化、相关性和全程体验）的一个重要方面，却没有单独地强调网站的内容。

表8-9　　　　　　　　　　　　　品牌权益的传统评价和在线评价

传统品牌价值度量 （Aaker 和 Joachimstaler，2000）	在线品牌价值度量 （Christodoulides 和 de Chernatony，2004）
溢价	在线品牌经验
满意度/忠诚度	互动
感知质量	个性化需求
潮流领导力	相关性
感知价值	网站设计
品牌个性	客户服务
组织关系	订单履行
品牌知名度	质量或品牌领导力
市场份额	沟通
市场价格和分销覆盖	网站标识

品牌标识

Aaker 和 Joachimstaler（2000）强调了制订计划宣传品牌标识特征及提高品牌知名度的重要性。在这里，品牌标识不只是一个名称，它是一系列与品牌有关的事物的结合，包含着组织向客户做出的承诺。

Ries 和 Ries（2000）提出了为品牌命名的两条规则：①公用名称法则——"一个公用的名称对互联网来说无异于与死亡亲密接触"。一些公用的名称，例如，Art.com 或 Advertising.com 都是失败的，因为它们不够独特。②合适名称法则——"名称是你在互联网上的唯一代表，所以最好选一个合适的"。这表示合适的名称比广义的名称要好。例如，Handbag.com 比 Woman.com 好，Moreover.com 比 Business.com 更适合。好的名称基本遵守以下7条原则：简洁、类别的暗示、独特、押韵、顺口、有震撼力、个性化。虽然这些被看作"永恒的法则"，当然也会有例外。

8.9.1　在线品牌的重要性

互联网对现有品牌来说是一把"双刃剑"。我们知道，如果消费者了解一个品牌，他很可能信赖这一品牌。但是，由于互联网支持消费者尝试其他品牌，因此顾客忠诚度也会降低。这一活动阐明了建立品牌意识对于一家希望实现成本效益和服务品质的电子商务公司的重要性。（第9章中将讲到建立一个成功的在线品牌的要素）创造积极的客户体验的关键方面有：

- 内容质量（客户能否方便地找到相关的、时兴的内容，内容是否有错误）。
- 性能方面的基础设施建设和网站的下载速度。
- 容易向公司请求支持。
- 高质量地答复邮件请求。
- 尊重客户隐私。
- 反映和支持线下品牌的特点。

对技术和客户数据库的管理是数字营销的一个关键方面，而且需要在营销人员和信息系统部门或外部顾问中进行密切的交流。

8.10 实施

数字营销计划的实施部分指的是在管理者的指导下，为执行计划所进行的活动。数字营销计划在具体实施时，需要解决的问题包括：

- 为满足输送服务的需要，在互联网渠道上应投入多少资金？能收回多少？
- 需要对员工进行哪些培训？
- 有效的互联网营销需要具备哪些新的职责？
- 为输送基于互联网的服务，是否需要改变组织结构？
- 建立和维护网站涉及哪些活动？

在这一步骤，数字营销计划将归纳需要发生的实施活动。专栏8.5"典型的数字营销计划框架"显示了典型的数字营销计划内容，它也可以作为本章的一个小结。

专栏8.5

典型的数字营销计划框架

（1）形势分析

内部审核

- 对当前互联网进行营销审核（经营、营销及互联网营销的有效性）；
- 用户的组成及特征；
- 网站的吸引力、对销售和盈利的贡献；
- 面对竞争，用来提供服务的资源是否合适。

外部审核

- 宏观经济环境（第4章）；
- 微观环境——分析新市场结构，预测顾客行为；
- 竞争——来自现有对手、新服务、新公司和中间商的威胁。

评价机遇与威胁（SWOT分析）

- 市场及产品定位；
- 创造数字价值和详细表述客户价值主张的方法；
- 市场定位（买方、卖方和中间市场）；

- 营销功能的范围。

（2）目标制定

- 公司的在线营销目标（使命陈述）；

- 详细地说明目标：有形和无形的利益，具体的关键成功要素；

- 在线营销对宣传和销售活动的贡献；

- 在线价值主张。

（3）战略定义

- 在线渠道的投资及投入（包括有形与无形的投入）；

- 市场和产品定位——目标是增加可达范围、新数字产品、新商业和新的收入模式；

- 目标市场战略——明确细分市场的优先次序、新的细分市场、在线价值主张和差异化优势；

- 变革管理战略（可以获得哪些新的流程、结构和职责，见第10章）。

（4）策略

- 产品。为顾客开发新的核心产品和外延产品，并将其移入在线品牌的方案中；

- 促销。在线和离线促销方法的具体平衡，CRM的作用（使用激励措施获得新顾客，发送"同意参加"电子邮件来保留顾客，见第9章）；

- 价格。在线销售的折扣、定价方案和新的定价方法，如拍卖；

- 渠道。脱媒和新型中间商重构，买方、卖方及中间市场；

- 人力、过程和物质环境。借助网站的支持和特征提供在线服务。

（5）实施

详细说明：

- 任务；

- 资源；

- 合伙和外包；

- 预算，包括开发、改进和维护的成本；

- 时间进度；

- 人员。

执行

- 关键发展任务（第11、12章）：分析业务及消费者需要，基于实施方案的设计，改进网站内容，整合数据库、数据的移动、测试和改革；

- 项目和变革管理（第10章）；

- 团队组织和职责；

- 风险评估（识别风险以及对冲风险的方法）；

- 法律问题；

- 流程的改进和维护。

（6）控制

确定一个可度量的过程，度量标准（第12章）包括：

- 业绩贡献（渠道获利——收入、成本和投资回报）；

- 营销有效性（渠道效果——引导、销售、顾客转化率和渠道满意度）；

● 在线营销有效性（渠道性能——页面形象、访问者、重复访问和转化率）。

8.11　控制

数字营销计划的控制部分可以结合利用市场研究等传统技术获得顾客的评价及看法，以及使用网站日志分析等新技术监控数字营销计划是否达到目标。第 12 章将详细讲述这些技术。组织可以使用内部网实现营销者与顾问之间信息的共享。

8.12　本章小结

（1）数字营销是利用技术实现营销目标的一种方法，特许营销协会（Chartered Institute of Marketing）将其定义为："识别、预测及满足客户要求的盈利的管理过程。"

（2）数字营销可以作为电子商务的一部分，与卖方电子商务等同。

（3）数字营销计划的制订通常独立于电子商务策略。SOSTAC™框架用于介绍数字营销方案的各组成要素。

（4）形势分析——包括分析外部环境，重点是顾客使用互联网的水平、竞争者和潜在竞争者的标杆分析。

（5）目标制定——一个重要目标是在线收入贡献或在线取得收入的百分比。由于产品的特殊性质，直销对于某些公司是不切实际的，它们设定的目标应当围绕网络怎样在营销信息交流、客户服务以及降低成本方面起作用。

（6）战略——通过评价产品是否适合直销，公司相应地制定替换战略（适合直销的产品，如机票）或补充战略（不适合直销的产品，如 FMCG 或咨询服务）。替换战略可能需要改变销售网络，补充战略会涉及把互联网作为新增的营销信息交流渠道。

（7）策略——可以通过改变营销组合要素，即产品、价格、渠道、促销、人力、过程和物质环境，来制定数字营销策略。

（8）实施——通过确定资源和时间进度，制订出数字营销战略的详细计划。

（9）控制——通过网站和传统渠道监测顾客满意度和渠道的实现，达到控制的目的。

习　题

自测题

1.解释数字营销与电子商务的关系，为什么它们应当分开考虑？

2.列举制订数字营销计划的步骤，指出每一步对数字营销特别重要的两个方面。

3.什么是互联网贡献？它对数字营销战略有何作用？

4.哪些因素决定了特定组织的互联网贡献？

5.公司为何使用在线竞争者标杆分析？怎样使用？

6.描述互联网渠道补充和替换战略的含义，举例说明哪些公司对产品使用以上营销战略。

7.概括使用互联网改变营销组合会带来的新机遇。

8.在战略的控制阶段，如何利用在线与非在线技术？

讨论题

1.选择一个特定的行业，评价过去、现在及将来顾客将互联网作为选择和购买商品的媒介的情况。

2.为一个你熟悉的组织制订数字营销计划提纲。

3.试讨论"由于市场的动态性，传统的战略计划对新兴公司没有用"。

4.评价互联网贡献在数字营销目标及其他相关目标中的价值和重要性。

5.阐述电子商务是如何使用各种技术来监督和控制它的运作的。

考试题

1.列举制订数字营销计划的各步骤。

2.解释互联网贡献的含义，简述公司如何确定一个现实目标。

3.当企业使用互联网提供服务时，在什么情况下企业需要改变营销组合中的价格与渠道这两个要素？

4.什么是互联网渠道补充战略？它适合于何种类型的公司？

5.在数字营销的控制部分，需要对数字营销的哪些方面进行监督？列举3个例子说明如何利用技术进行辅助监督。

6.如果公司当前主要在一个国家销售产品，给出它在产品及市场定位上的战略选择。

7.在营销组合的渠道和促销的策略部分，脱媒和新型中间商重构的含义是什么？

8.概述为了进行有效的营销信息交流，电子媒体对策略的制定提出了哪些新要求。

网络链接

Clickz（www.clickz.com）

www.contentmarketinginstitute.com

www.marketingsherpa.com

SmartInsights.com（www.smartinsights.com）

参考文献

Aaker,D.and Joachimsthaler,E.(2000)*Brand Leadership*.Free Press,New York.

Agrawal,V.,Arjona,V.and Lemmens,R.(2001)E-performance：the path to rational exuberance.*McKinsey Quarterly*,no.1,31-43.

Allen,E.and Fjermestad,J.(2001)E-commerce marketing strategies：a framework and case analysis.*Logistics Information Management*,14(1/2),14-23.

Anderson,C.(2004)The Long Tail.*Wired*.12(10),October.

Ansoff,H.(1957)Strategies for diversification.*Harvard Business Review*,September-October,113-24.

Azumah,G.,Loh,S.and McGuire,S.(2005)E-organisation and its future implication for SMEs.*Production Planning and Control*,16(6),September,555-62.

Baker,W.,Marn,M.and Zawada,C.(2001)Price smarter on the Net.*Harvard Business Review*,February,2-7.

Baye,M.,Gatti,J.,Kattuman,P.and Morgan,J,(2007)Dashboard for online pricing.*The California Management Review*,Fall,50(1),202-16.

Bazett,M.,Bowden,I.,Love,J.,Street,R.and Wilson,H.(2005)Measuring multichannel effectiveness using the balanced scorecard.*Interactive Marketing*,6(3),224-31.

Booms,B.and Bitner,M.(1981)Marketing strategies and organization structure for service firms.In *Marketing of Services*,eds J.Donelly and W.George,American Marketing Association,New York.

Brynjolfsson,E.,Smith,D.and Hu,Y.(2003)Consumer surplus in the digital economy：estimating the value of increased product variety at online booksellers,*Management Science*,49(11),1580-96：http://ebusiness.mit.edu/research/papers/176_ErikB_OnlineBooksellers2.pdf.

Chaffey,D.(2000)Achieving success in Internet marketing.*Marketing Review*,1,1-23.

Chaffey,D.and Ellis-Chadwick,F.(2012)*Digital Marketing：Strategy,Implementation and Practice*,5th edn.Financial Times Prentice Hall,Harlow.

Chaffey,D.and Smith,P.(2008)*EMarketing Excellence.Planning and Optimising Your Digital Marketing*,3rd edn.Butterworth-Heinemann,Oxford.

Chaffey,D.,Mayer,R.,Johnston,K.and Ellis-Chadwick,F.(2009)*Internet Marketing：Strategy,Implementation and Practice*,4th edn.Financial Times Prentice Hall,Harlow.

Christodoulides,G.and de Chernatony,L.(2004)Dimensionalising on-and offline brands' composite equity.*Journal of Product and Brand Management*,13(3),168-79.

Dayal,S.,Landesberg,H.and Zeissberg,M.(2000)Building digital brands.*McKinsey Quarterly*,no.2.

de Chernatony,L.(2001)Succeeding with brands on the Internet.*Journal of Brand Management*,8(3),186-95.

de Chernatony,L.and McDonald,M.(1992)*Creating Powerful Brands*.Butterworth-Heinemann,Oxford.

Deighton,J.(1996)The future of interactive marketing.*Harvard Business Review*,November-December,151-62.

de Kare-Silver,M.(2000)*EShock 2000.The Electronic Shopping Revolution：Strategies for Retailers and Manufacturers*.Macmillan,London.

Dibb,S.,Simkin,L.,Pride,W.and Ferrell,O.(2000)*Marketing.Concepts and Strategies*,4th edn.Houghton Mifflin,Boston.

E-consultancy(2008)Managing Digital Teams.Integrating digital marketing into your organisation.60-page report.Author：Dave Chaffey.Available from www.econsultancy.com.

Emiliani,V.(2001)Business-to-business online auctions：key issues for purchasing process improvement.*Supply Chain Management：An International Journal*,5(4),176-86.

Erdem,T.,Swait,J.and Louviere,J.(2002)The impact of brand credibility on consumer price sensitivity,*International Journal of Research in Marketing*,19(1),1-19.

Frazier,G.(1999)Organising and managing channels of distribution.*Journal of the Academy of Marketing Science*,27(2),222-40.

Ghosh,S.(1998)Making business sense of the Internet.*Harvard Business Review*,March-April,126-35.

Gladwell, M. (2000) *The Tipping Point: How Little Things can Make a Big Difference*. Little, Brown, New York.

Hoffman, D.L. and Novak, T.P. (1997) A new marketing paradigm for electronic commerce. *The Information Society*, Special issue on electronic commerce, 13 (January-March), 43–54.

IEE (2003) Amazon.com recommendations: item-to-item collaborative filtering. *Internet Computing*, January-February, 76–80.

Jevons, C. and Gabbot, M. (2000) Trust, brand equity and brand reality in Internet business relationships: An interdisciplinary approach. *Journal of Marketing Management*, 16, 619–34.

Johnson, E., Moe, W., Fader, P., Bellman, S. and Lohse, G. (2004) On the depth and dynamics of online search behavior. *Management Science*, 50 (3), 299–308.

Lautenborn, R. (1990) New marketing litany: 4Ps passes, 4Cs takeovers. *Advertising Age*, 1 October, 26.

Marketer (2009) Shelf Life, a profile of Anna Rafferty, October 2009. The Marketer CIM member magazine: www.themarketer.co.uk/archives/interviews/profiles/shelf-life/.

Marketer (2013) Mobilising the Fleet. Interview with Peter Duffy, published May 2013. www.themarketer. co.uk/in-practice/profiles/mobilising-the-fleet/.

McCarthy, J. (1960) *Basic Marketing: A Managerial Approach*. Irwin, Homewood, IL.

McDonald, M. and Wilson, H. (1999) *Digital marketing: Improving Marketing Effectiveness in a Digital World*. Financial Times Prentice Hall, Harlow.

Marsden, P. (2004) Tipping point marketing: a primer. *Brand strategy*, April.

Morris, R.J. and Martin, C.L. (2000) Beanie Babies: a case study in the engineering of a high involvement/relationship-prone brand. *Journal of Product and Brand Management*, 9 (2), 78–98.

Quelch, J. and Klein, L. (1996) The Internet and international marketing. *Sloan Management Review*, Spring, 60–75.

Ries, A. and Ries, L. (2000) *The 11 Immutable Laws of Internet Branding*. HarperCollins Business, London.

Seybold, P. (1999) *Customers.com*. Century Business Books, Random House, London.

Simon, Herbert A. (1957) *Models of Man*. Wiley, New York.

Smart Insights (2010) Website Feedback Tools Review. Author, Dave Chaffey. Available from http://bit.ly/smartfeedback.

Smart Insights (2012) The Content Marketing Matrix. Blog post by Danyl Bosomworth published 16th May 2013. Available from http://bit.ly/smartercontent.

Smith, P. (1999) *Marketing Communications: An Integrated Approach*, 2nd edn. Kogan Page, London.

Smith, P. and Chaffey, D. (2001) *Digital Marketing Excellence at the Heart of E-Business*. Butterworth-Heinemann, Oxford.

Sultan, F. and Rohm, A. (2004) The evolving role of the Internet in marketing strategy. *Journal of Interactive Marketing*, 19 (2), Spring.

Variani, V. and Vaturi, D. (2000) Marketing lessons from e-failures. *McKinsey Quarterly*, no.4, 86–97.

Xing, X., Yang, S. and Tang, F. (2006) A comparison of time-varying online price and price dispersion between multichannel and dotcom DVD retailers. *Journal of Interactive Marketing* 20 (2), 3–20.

第 9 章

客户关系管理

主要内容

本章主题

- 什么是电子客户关系管理（e-CRM）
- 转变营销
- 在线购买过程
- 客户获得管理
- 客户保留管理
- 客户延伸
- 客户关系管理技术

本章重点

- 获得客户的营销方式，包括搜索引擎营销、在线公关、在线合作、互动广告、电子邮件营销和"病毒"营销
- 社交媒体和客户关系管理战略
- 卓越的数字化经营服务质量

案例学习

- Tesco.com 增加产品种类并使用触发通信以支持 CRM

学习目标

学习本章之后，读者应该能够：

- 罗列利用电子媒介获得客户的方法
- 评价在线顾客的不同购买行为
- 描述使用新媒体保留客户的交叉销售和上行销售的技术

管理问题

- 在客户获得方面，如何平衡在线及离线投资？
- 使用数字媒体使客户获得更有效率的成功因素有哪些？
- 可以利用哪些技术建立和保持在线关系？
- 企业如何提供优质的服务以建立和保持客户关系？

章节链接

主要相关章节

- 第 4 章——CRM 技术受到社会、法律和道德因素的限制
- 第 5 章——CRM 支持数字化经营战略
- 第 8 章——CRM 是实现电子营销计划中既定目标的策略之一

9.1　本章介绍

使用各种电子技术实现客户关系管理（CRM）是数字化经营的一个重要方面。同客户建立长期稳定的合作关系对于任何持续经营的企业都是十分重要的。许多小公司不能成功地建立客户关系，还要为获得客户支付巨额费用，如第2章和第5章所述，这最终会导致它们破产。第4章的典型模型显示出保留客户对长期盈利的重要性。Reicheld和Schefter（2000）的调查显示，获得网上客户的成本很高（比传统企业高20%～30%），以致新兴公司在至少两三年内处于不盈利状态。调查同时显示，如果公司多保留5%的网上客户，就能增加25%～95%的利润。他们说：

如果你能保持客户的忠诚度，盈利的增长速度会比传统企业快得多，为客户提供服务的成本会更少。

值得注意的是，Reinartz和Kumar（2002）通过分析4家公司的数据库，对客户忠诚度与盈利的关系提出了质疑：

对于长期固定地从一家公司购买产品的客户，几乎没有证据表明他们购买服务的成本低、价格敏感度小或者能有效地带来新的交易。

他们指出，如果将营销重点置于客户忠诚度这一简单假设基础之上，公司将失去寻找其他潜在盈利客户的机会。

本章评价了建立客户关系的各种在线及离线技术。本章结构主要围绕经典的客户生命周期的各阶段——选择、获取、保留和延伸，并对其进行设置，如图9-1所示。图中还强调了跨渠道整合客户关系管理活动的重要性。

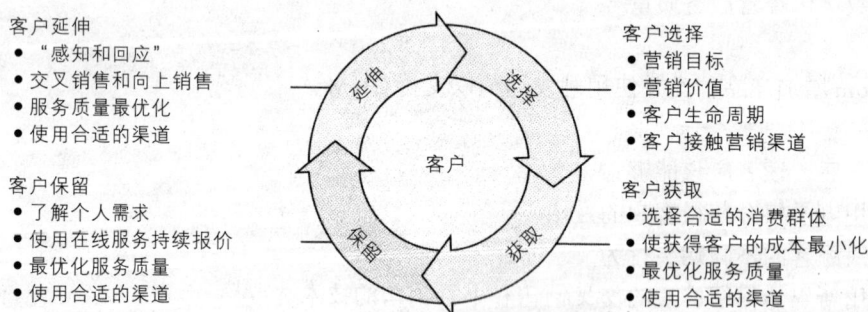

图9-1　客户关系管理中典型的营销活动

组成CRM的营销活动包括以下4个方面：

（1）客户选择指确定公司销售的对象。针对不同客户群，企业在获得、保留及延伸过程中进行产品开发或定位。我们知道，根据客户价值及其所处的具体生命周期来划分客户的方法有多种，如第5章所述，从数字化经营角度来讲，我们会选择采用电子渠道的目标客户群。

（2）客户获得指为与新客户建立关系、降低获得成本及寻找高价值顾客进行的营销活动。服务的质量及针对不同顾客选择合适的渠道在这一步骤甚至整个生命周期中都是十分重要的。

（3）客户保留指为保留现有客户所进行的营销活动。根据客户的不同需求和具体生命周期定位（如购买的数量/价格）辨识相应的产品是很重要的。

（4）客户延伸指增加客户购买产品的范围或种类，这一过程通常又被称为"发展客户"。

下列为实现 CRM 的一系列客户延伸技术，这些技术对网上零售商尤其重要：

（1）再销售。向现有客户销售相似的产品——在 B2B 环境下，再购买或变相再购买特别重要。

（2）交叉销售。销售与之前的产品密切相关但非必需的附加产品。

（3）向上销售。交叉销售的一类，但它指的是销售更昂贵的产品。

（4）激活。对于一段时间没有进行购买活动的客户或流失的客户，采取措施鼓励他们再次购买。

（5）推荐。通过现有客户的推荐带来销售。例如，让会员推荐其他朋友加入。

我们注意到，虽然 CRM 在当今的营销理念中普遍存在，并为制定策略、提高顾客忠诚度及盈利提供了重要框架，但也应当看到，CRM 或许不能准确地反映顾客是如何看待与公司的这种交易活动的。消费者可能把与公司的交易简单地视为一种交换关系，不相信他们会与任何公司紧密地联系在一起，他们会说"我们不想要这种关系"。O'Malley 和 Tynan（2001）指出长期关系或伙伴的概念更适于 B2B 市场而非消费者市场。他们认为消费者：

不会将这种虚假的亲密看作人际关系，这种情形的形成动因不是信任、承诺、交流和共享价值，而是便利和个人利益。

在企业制定用于帮助建立及维护客户关系的策略时，记住消费者对这种关系的看法是很有用的。

9.1.1 客户关系管理的营销应用

支持上述 4 项活动的 CRM 系统由多种营销手段组成：

（1）销售人员自动化（SFA）。通过利用安排和记录客户查询及访问的工具，销售代表在客户管理和电话销售上获得支持。

（2）客户服务管理。联络中心的销售代表使用内部网进入包含客户、产品和以往查询记录的数据库，回复客户对信息的询问。

（3）销售过程管理。这可以通过数字化经营网站实现，在 B2B 环境下可以由销售代表记录销售过程（SFA）来实现。

（4）活动管理。管理广告、直接邮寄、电子邮件和其他营销活动。

（5）分析。利用后面章节将阐述的利用数据仓库和数据挖掘等技术或方法，销售人员可以分析客户的特点、购买行为以及营销活动来优化营销组合。

9.2　什么是电子客户关系管理（e-CRM）

网络互动的特点以及电子邮件交流为发展客户关系提供了理想的环境，同时，数据库能够储存客户的相关信息，并提供信息改进服务使其个性化以加强客户关系。这些实现客户关系管理的联机方法通常称作"电子客户关系管理"，它是本章阐述的重点。虽然图 9-

1提出了整个客户生命周期，但它通常仅用于客户保留及延伸活动。

很难说CRM何时结束，e-CRM何时开始，现在它们都大量使用数字技术及媒体。正如Smiths和Chaffey（2008）所说的：

什么是e-CRM？加上"电子"的客户关系管理？最终，电子客户关系管理不能离开客户关系管理，它们要结合得天衣无缝。但是许多组织没有专门的e-CRM或没有专人负责e-CRM活动。e-CRM和CRM都不仅仅是技术和数据库，它们不只是处理事情的一种过程或方法，而需要基于完整的客户关系管理文化。

更具体地，我们认为电子客户关系管理的重要要求和需要管理的活动有：

- 使用网站发展客户，通过使用电子邮件和网络上的信息鼓励购买，将客户引向在线或离线购买；
- 电子邮件清单质量管理（包括电子邮件地址和客户档案等，从其他数据库获得的用于帮助定位的相关信息）；
- 使用电子邮件营销支持向上销售和交叉销售；
- 利用数据挖掘改进定位；
- 有个性化服务或订制工具，网站可自动推荐"次优产品"；
- 提供在线客户服务工具（例如，常见问题、回叫和聊天支持）帮助实现销售；
- 在线服务质量管理，确保首次购买者得到优质的客户体验以鼓励其再次购买；
- 多渠道客户体验管理，客户在购买过程及生命周期的不同阶段使用不同的媒介。

从电子客户关系管理到社会化客户关系管理

在之前的章节中，我们已经见识了社交媒体在消费者中的流行程度以及作为一种营销渠道的流行程度。于是社会化CRM就自然而然地产生了，它用来界定社交媒体如何应用于客户管理关系。

（我们在第10章讨论社会商业的崛起时将对此作进一步的分析）与e-CRM重叠的区域有通过社交媒体进行搜索客户、发现新客户和管理客户服务。

Sharma和Sheth（2004）强调了由大众营销向被广泛认知的"一对一"或"以客户为中心"的营销转变的重要性（许多人认为"以客户为中心的营销"是重复的，因为当代营销概念就是将客户放在营销活动的中心）。他们指出电子渠道在以较低的成本向客户提供产品和相关信息上存在优势，同时电子渠道支持产品的规模化。他们列举了"Dell模式反向营销"的例子，这个例子中的营销活动从产品供给转向客户需求。转变的另一方面是网络营销者能追踪客户过去及现在的行为，从而提供具有针对性的交流，鼓励将来进行购买。作为反向营销的另一方面，同时也是e-CRM的一个重要概念，这种方法的特点是"感知和回应交流"。经典的例子是Amazon提供的个性化工具——个人推荐。公司在追踪客户行为之后，可以引导或追踪电子邮件以激励购买，例如，追踪报价单（保险公司MoreThan使用）或放弃的购物篮（Tesco.com使用）。

9.2.1 电子客户关系管理的优点

使用互联网进行关系营销需要网站合成客户数据库的支持，使关系更加具有针对性和个性化，因此营销需改进：

- 成本有效的定位。传统的定位，例如，直接邮件的内容基本都是标准的，这意味着不是每个收信人都属于目标市场。如果想要获得新消费者，公司可使用邮编定位合适的人口区域，这个区域的人口是确定的。定位不善的结果是低回应率，可能会低于百分之一。互联网的优点表现在联系清单是自我选择的或先行确认的。公司可能仅想与访问过网站并注册姓名和地址且对产品表现出兴趣的那些人建立联系，访问并浏览网站的行为说明他们是目标客户。因而，这种获得新客户并与之建立关系的方法与原来的方法是截然不同的，它吸引客户访问网站，并且公司需要激励他们在网站上注册。

- 实现营销信息（或产品）的大规模定制。这一定制过程将在随后的一节中描述。信息技术使我们能以比直接邮寄更低的成本发送特制的电子邮件，也能向小群体客户提供特制的内容。

- 增加与客户关系的深度、广度和类型。互联网媒体的功能使企业能应客户的要求提供更多的信息。例如可以建立网页（如 Dell 的主页）为客户提供具体的信息。与客户的联系更加频繁，从而改变关系的类型。与客户联系的频率由客户决定——无论何时，只要他们有访问网页的需求——或根据他们的交流偏好，公司通过电子邮件与他们联系。

- 在客户生命周期中，公司使用不同的工具实现学习型关系。例如，使用相应的工具总结网站上客户在购买产品时及购买产品前的搜索行为；当客户需要免费信息时，填写关于网站或产品的反馈表；通过表格或电子邮件等在线客户服务工具提出问题；填写关于产品种类偏好和竞争者选择的在线调查问卷；新产品研发评价——讨论新产品的样品。

- 更低的成本。使用电子邮件或通过客户对网站的访问来联系客户，成本比实物信件要低得多，更重要的是只需要向对产品表现出兴趣的人们发送信息，这样可以降低邮件的发出量。一旦公司使用个性化技术，就可以自动执行很多与定位和信息交流有关的活动。

客户服务战略

在各类网站上引起关注寻找机会是一个难题，这也导致了客户服务这一概念成为数字营销人员越来越关注的一项关键挑战。cScape（2008）将客户服务描述为：

强化一名顾客对一个品牌在感情上、心理上和物理上的关系的一系列行为。

Haven（2007）则认为客户服务是：

客户与品牌在长时间互动中形成的牵连、互动、亲密和影响程度。

如今，要积极管理与客户的关系，社会媒体的利用也是必不可少的，"关注社会媒体"部分将讨论这一内容。

9.2.2 许可营销

为理解电子客户关系管理背后的理念和措施，我们要将它与许可营销这一概念联系起来考虑，因为许可营销是在客户关系管理上投资的驱动力之一。"许可营销"一词由 Seth Godin 提出，Godin（1999）指出，过去研究显示我们每天被 500 条营销信息轰炸，随着网络和数字电视的到来，这一数字上升到每天 3 000 条！从组织的角度看，这稀释了信息的效果——一个公司的信息如何才能突显出来？站在顾客的角度，时间仿佛总是太少，顾客渐渐地失去耐心并希望他们付出的关注、时间能获得回报。Godin把传统的方式称作"打扰营销"。不论社交媒体营销如何发展，许可营销仍是数字媒体的一项核心概念，当它与社交媒体整合时会有更好的表现。各种各样的公司，从客户品牌到零售商，从旅游公司到新的B2B公司都需要访问者来访问它们的网站和注册电子邮件以通过e-CRM与其加深关系。今天，这更像是境内营销（见第8章），它描述了许可营销是如何与数字营销技术相适应的，像搜索引擎优化和社交媒体。许可营销是在与客户联系之前先取得他们的许可，并提供一些东西作为激励。典型的激励以信息或娱乐为基础，比如一个B2B网站经常提供免费报告或分享客户的部分信息以取得营销许可，而一家B2C网站会提供有价值的产品内容和产品价格以得到客户的许可。

从电子商务的视角看，当顾客表示他们同意收取推送信息时，我们可以认为顾客同意参加许可营销，称之为"决定参加"。当顾客明显地表示不愿再收推送信息时，我们称之为"决定退出"。在第4章的有关内容——在许多国家，《信息保护及隐私法》要求顾客在收到信息前已经"决定参加"，并且"决定退出"成为强制的包含选项——出台这些措施是为了防止兜售信息。制定法律是强制许可营销的最好措施。

Seth Godin强调了许可营销激励的重要性，把它比作约会时获得许可和继续的前提。Godin（1999）提出，与客户交往包括：

（1）给自愿者提供期望的激励。

（2）使用消费者预期带来的关注，不断提供信息，使消费者了解你的产品和服务。

（3）加强激励，保证按照预期维持这些许可。

（4）提供额外的激励以获得消费者更多的许可。

（5）随着时间延长，使用信息交流的许可通过改变消费者的行为来获利。

注重激励在每个阶段的重要性。在开始建立及维持关系的过程中，激励的使用对成功的管理关系是至关重要的。如将在后面章节看到的，电子邮件在许可营销中对维持公司与客户的交流非常重要。

图9-2概括了网络环境下许可营销的过程。它显示了如何使用不同方法吸引访问者访问网站，然后使用激励获得客户的档案，接着用电子邮件交流和直接邮寄鼓励客户再次访问网站并进行购买，或者了解客户更多的信息并将这些信息添加到客户档案中。

9.2.3　客户档案

为使客户融入在线关系，图9-2中收集信息的表格中至少包括电子邮件地址。这一方法首先被Peppers和Rogers网站（www.1to1.com）使用。客户真正需要的是给他们提供更多的、合格的信息引导，尤其是对于B2B网站，这些引导可以帮助我们判断这个客户的预期，是否应在将来的信息交流中把这个客户作为目标，这意味着需要由专业销售人员访问或跟踪电子邮件来实现。Peppers和Rogers网站现在已经升级并能使用这一方法。

为了维持关系，建立详细客户档案说明每个客户对产品的兴趣、人数统计和在购买决策中的角色是十分重要的，这将影响客户保留阶段传送的信息和服务的类型。为了使客户给出这些信息，公司必须提供激励、建立信任和证明信用。档案对选择也很重要——识别潜在客户，他们可能被制成档案并被给予适当激励。《信息保护及隐私法》限制了企业可以收集的客户信息内容，参见第4章。

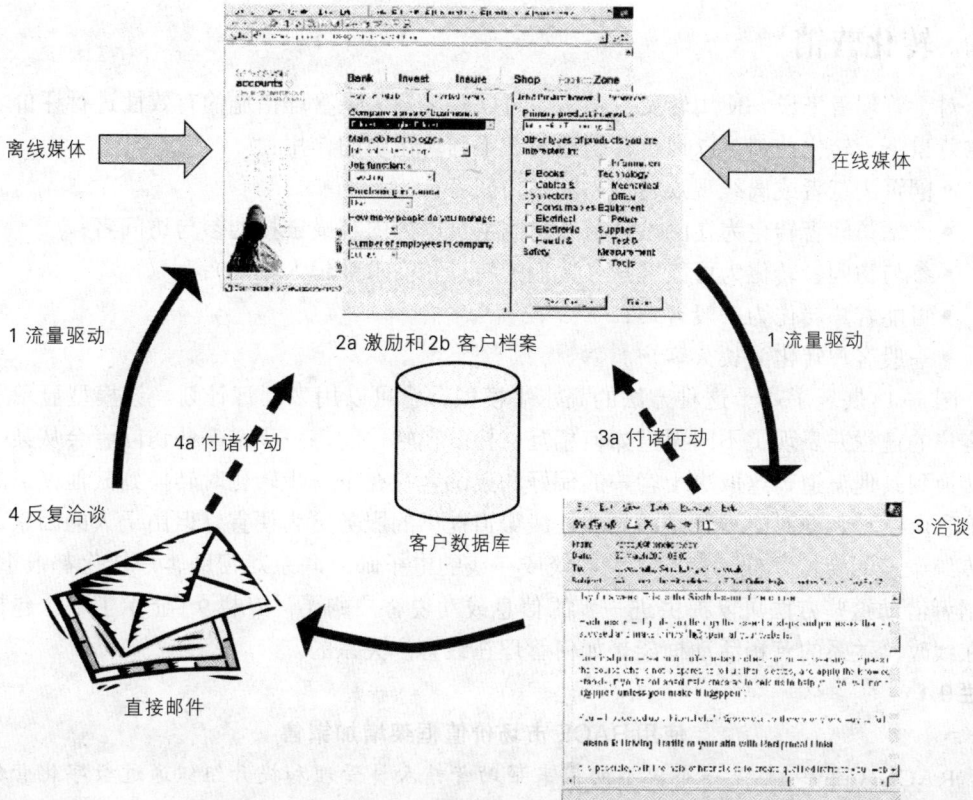

图9-2　网络环境下许可营销的过程

Peppers 和 Rogers（1999）开始开展与网上客户建立一对一关系的业务。他们提出了 IDIC 模式，它是一种可以有效地使用互联网和建立客户关系的框架。IDIC 包括以下 4 个方面：

（1）识别你的客户。它强调了在客户第一次访问及以后访问时要识别每个客户的需要。识别的普遍方法是使用 cookies 或要求客户登录网站。

（2）对客户进行差异分析。这指的是建立档案以便于细分客户。第 4 章阐述了区分客户的特点。

（3）客户保持互动。这指的是网站提供互动，例如解答顾客服务问题或为客户订制产品。

（4）调整产品或服务以满足每个客户的需要。为顾客提供量身定做的贴心服务，针对顾客不同的需求和价值，提供大量定制化或个人化的产品或服务。实现个人化的方法在客户保留管理中介绍。

应当注意，虽然我们说掌握注册信息很重要，但不应过分"直接"。Nielsen（2000）的研究显示，强制注册已经成了客户进入网站的障碍，所以建议企业尽可能地推迟客户的注册。

9.3　转化营销

对于管理者来说，使用转变营销概念可以对客户关系管理措施的有效性进行评价。在网络背景下，转化营销可以评价营销通信在下列转化中的作用：

- 网页浏览者或离线观众转化为网站访问者；
- 网站访问者转化为在网站停留并访问主页以外内容或链接的参与访问者；
- 参与访问者转化为可能客户（他们的特点和需求被记入档案）；
- 可能客户转化为一般客户；
- 一般客户转化为长久客户。

图 5-14 展现了基于这种方法的高水平模型，它可以用来制订计划。该模型显示了获取客户的过程并表现了不同渠道如何相互支持。在转化的每一步，一些访问者会从某个渠道转换到其他渠道，这取决于客户的偏好和鼓励客户在下一步转化时转换到其他渠道的营销信息。营销者面对的难题是，虽然在线渠道提供的服务更为便宜，但由于人的因素，它比传统渠道的转化率低。打电话、面谈或在线的电子邮件联系对帮助客户转化都很重要，营销者借助这些方法可以提供进一步的信息或劝说客户购买。专栏 9.1 显示了一个包括所有在线改善关系的营销活动框架是如何管理在线客户关系的。

专栏 9.1

使用 RACE 市场价值框架增加销售

RACE（图 9-3）是一个典型的用来帮助营销人员管理和提升组织通过数字化营销获得的商业价值的框架。RACE 是 REAN（到达、占有、刺激、培养）框架的进化版本，REAN 是由 Xavier Blanc 开发并由 Steve Jackson 通过其 *Cult of Analytics*（2009）一书流行起来。该框架目的是建立一个简单的方法，来审查在线营销的效果和采取相应措施提高效率（图中所提到的方法将在第 12 章中进行详细叙述，我们将探索使用网页分析来提高营销效果的力量）。

RACE 由 4 个步骤组成，用来帮助在客户生命周期内吸引客户和爱好者。

- 第一步：送达——建立对品牌、在其他离线媒体站点上的产品和服务的认知，刺激网页访问。
- 第二步：互动——通过网站或其他在线形式让消费者认识品牌并鼓励他们与公司或其他客户进行互动。
- 第三步：转化——实现营销目标的转化，像粉丝、引导者或线上和线下的销售量。
- 第四步：吸引——通过时间与客户建立关系，达到保留客户的目标。

整合 RACE

数字渠道往往在与其他通道相整合的时候表现得最好，所以适当的数字渠道应该与传统的线下媒体和渠道结合起来。整合中最重要的方面有：第一是在到达和互动部分使用传统媒体来建立对在线媒体价值的认知；第二是在转化和吸引部分，客户或许偏好与客户代表进行互动。

数字化营销——不仅仅是网页

如今，社交媒体的广泛参与度表明，一个品牌成功的关键在于通过社交媒体送达、互动、转化和保留客户。在 RACE 的每一步中，你需要思考社交媒体是如何帮助实现目标的。另外，你该如何评价其效果。

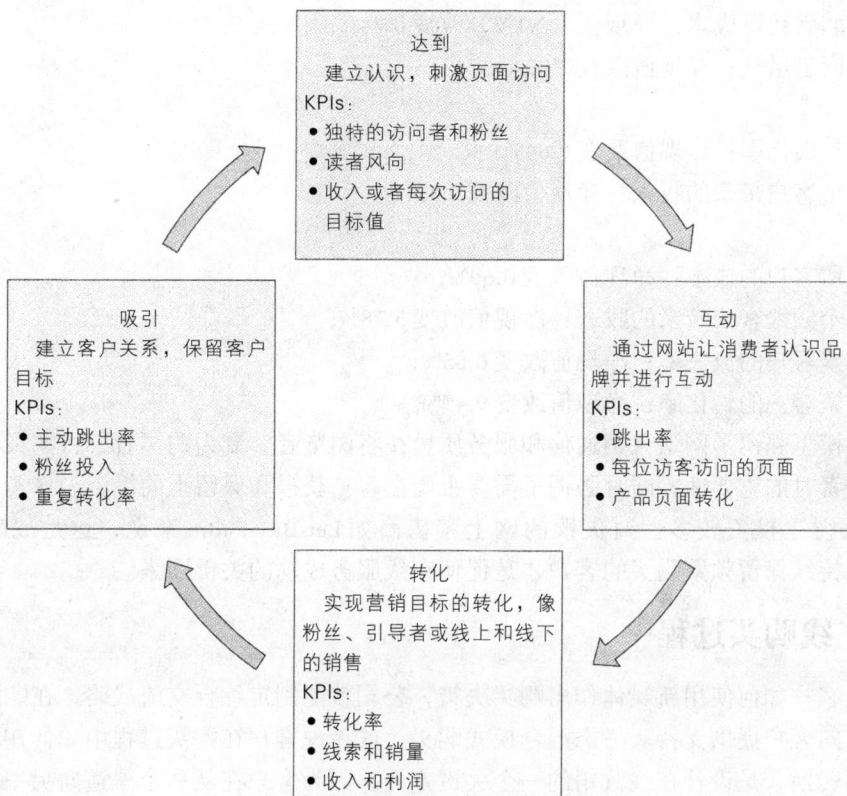

图9-3　达到-互动-转化-吸引模型

Agrawal等（2001）发明了计分卡，用来评价使用纵向研究分析的美国和欧洲的几百家数字化经营网站。计分卡以业绩动因或数字化经营的关键成功因素为基础，例如，获取和保留客户的成本、访问者转化成购买者到再次购买者的比例以及流失率。注意：为了使客户保留最大化、客户流失最小化，有必要基于服务质量对动因进行评价。

这个计分卡有3个主要部分：

（1）吸引。访问者基数的规模、访问者获得成本及访问者广告收入（如媒体网站）。

（2）转化。客户基数、客户获得成本、客户转化率、每个客户的交易量、每笔交易的收入、每个客户的收入、客户毛利润、客户保留成本、客户经营收益、客户流失率和扣除营销费用前的客户经营收益等。

（3）保留。使用与转化相似的指标。

Agrawal等（2001）的调查显示：

公司成功地将访问者吸引到网站，但不能成功地使访问者购买，或将偶然购买者转变为频繁购买者。

Agrawal等（2001）进行了进一步的分析，他们使用模型计算如果业绩动因改变10%，相应的数字化经营网站的理论净现值会同步改变。以下显示了这些动因的相对重要性，也就是他们所说的"杠杆"：

吸引

- 访问者获得成本：净现值（NPV）改变0.74%；
- 访问者增长：净现值改变3.09%。

转变

- 客户转化率：净现值改变0.84%；
- 每个客户带来的收入：净现值改变2.32%。

保留

- 保留客户的成本：净现值改变0.69%；
- 每个频繁客户带来的收入：净现值改变5.78%；
- 频繁客户的流失率：净现值改变6.65%；
- 频繁客户的转化率：净现值改变9.49%。

这个模型强调了网站营销通信和服务质量在将浏览者转变为购买者、将购买者转变为频繁购买者时的重要性，同时强调了需要平衡在客户获得和保留上的投资。许多新兴公司在客户获得上投资较多。对失败的网上零售商如LetsBuyit.com来说，这是战略性的失误，因为持续保留频繁购买的客户才是促使在线服务成功的关键因素。

9.4　在线购买过程

掌握客户如何使用新媒体作出购买决策，公司就能制定综合交流战略，在购买过程的每个阶段向客户提供支持。考虑混合模式购买，或者说客户在购买过程中如何在线上与离线渠道间转换，是设计在线营销的一个关键方面，因为客户在从一个渠道向另一个转换时应当获得支持。

图9-4显示了购买过程的简单模型。模型虽然简单，但对制定策略以支持购买过程的每一阶段依然有价值。

个人使用网络的偏好也会有差异。Lewis（1997）将网络使用者划分为5种不同的类型，他们因为使用网站目的不同而表现出不同的搜索行为：

- 直接信息搜索者。寻找产品、市场或者休闲信息，如足球俱乐部的详细比赛日程。这些使用者多是能熟练地使用互联网、精通搜索引擎和目录的人。
- 间接信息搜索者。这些人常被称为"受害者"，他们会按相关链接的引导浏览网站。这个类型的使用者通常是新手（但不全是），而且他们更有可能点击标语广告。图9-6的调查表明现在他们的这种行为越来越少。
- 直接购买者。他们上网购买特定的产品。对这些使用者而言，提供产品的特点和价格比较的代理网站或网上中介将是他们访问的重要站点。
- 廉价猎取者。这些使用者想获得促销提供的产品，如免费样品或奖品等。
- 寻乐者。使用者与网站互动是为了娱乐，例如他们参加猜谜等竞赛。

同一个人在不同时段甚至是同一时段也可能会作出不同类型的行为。

9.4.1　目标市场购买者行为的差异

如第4章评价数字化经营服务需求一节所述，不同国家数字化经营使用者的比例存在

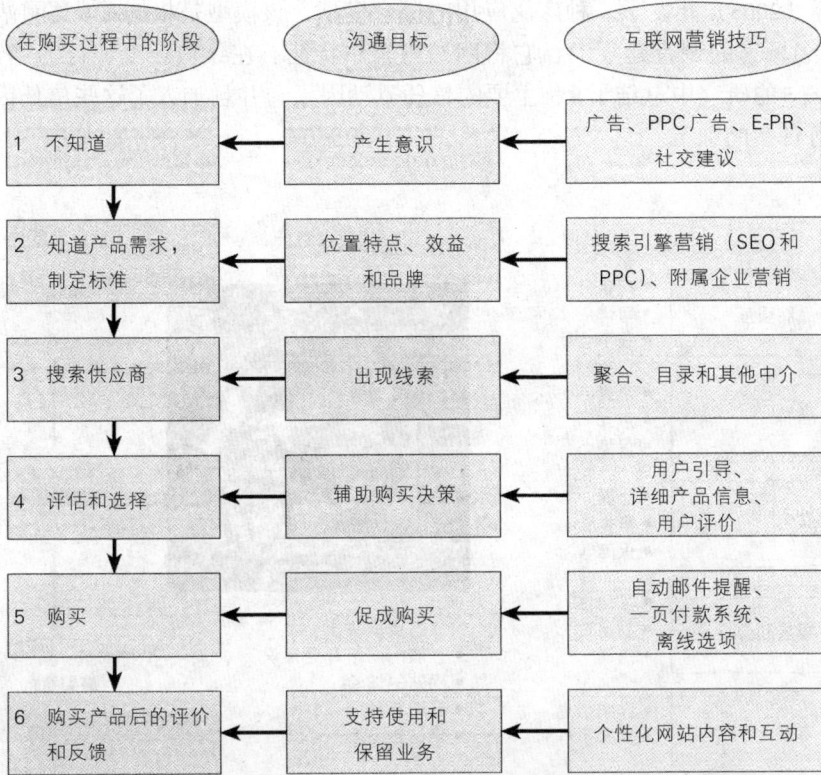

図 9-4　一个新的购买者在互联网上进行购买过程的影响总结

巨大差异，这导致不同国家或细分市场（根据客户使用互联网的熟练程度划分）客户的购买行为存在差异。

9.4.2　B2C 和 B2B 购买者行为的差异

B2B 和 B2C 购买者的行为存在显著差异，电子营销必须适应这些差异。主要的差异有：

（1）市场结构；

（2）购买单位的性质；

（3）购买类型；

（4）购买决策类型；

（5）沟通差异。

B2B 和 B2C 的一个主要区别就在于买家的数量。Kotler（1997）指出，在 B2B 中有一种"少而大的买家"倾向。这意味着供应商应该是知名的，于是通过类似条幅广告或在搜索引擎中列表等手段来推销网站对知名的品牌来说就显得不那么重要了。

对购买的影响

在网络环境中，购物者缺乏像从商店购买或在电话中交谈所得到的安全感。因为欺骗和安全问题，这一现象很复杂。顾客总是在浏览网页时寻找可以信赖的信号，比如品牌熟悉程度、网站的设计、内容的类型、资质和其他客户推荐等。

Bart等（2005）开发了一种广泛应用的概念模型，该模型是根据对8类网站、25个站点、6 831名顾客的调查建立的，它将网站与客户特征、在线信任度和行为结合了起来。我们从图9-5的研究中总结了8种主要的信任驱动因素，并且加入了这些信任因素如何在网站上进行证实的细节。

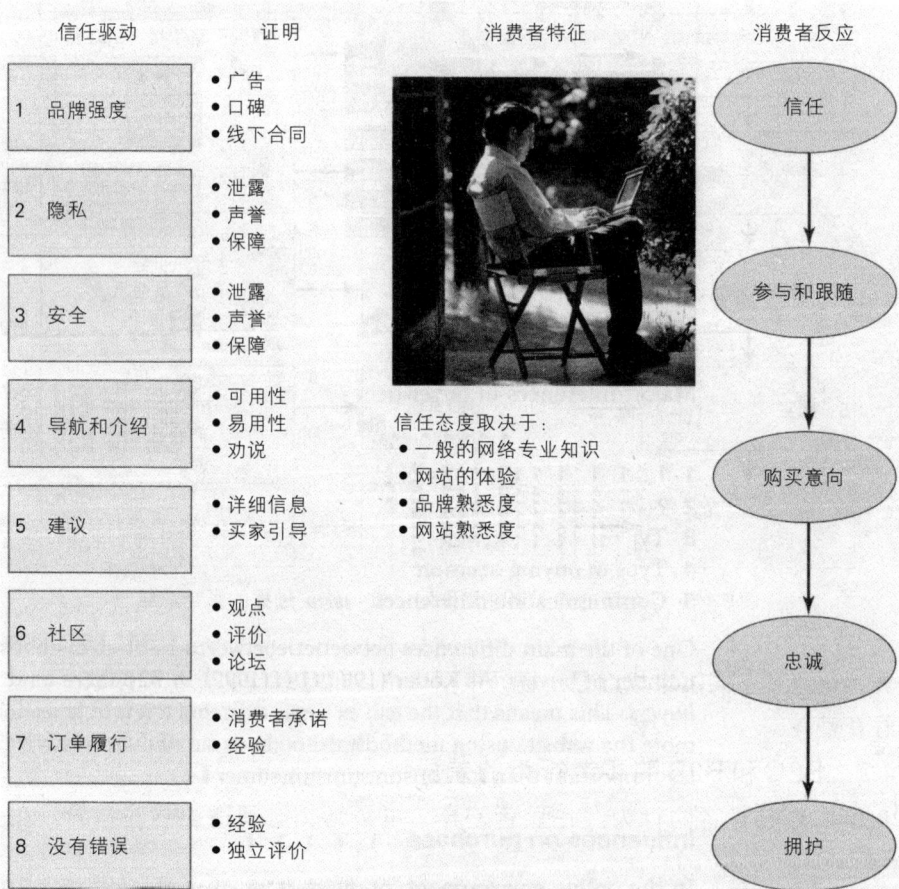

信任驱动	证明	消费者特征	消费者反应
1 品牌强度	• 广告 • 口碑 • 线下合同		信任
2 隐私	• 泄露 • 声誉 • 保障		参与和跟随
3 安全	• 泄露 • 声誉 • 保障		
4 导航和介绍	• 可用性 • 易用性 • 劝说	信任态度取决于： • 一般的网络专业知识 • 网站的体验	购买意向
5 建议	• 详细信息 • 买家引导	• 品牌熟悉度 • 网站熟悉度	
6 社区	• 观点 • 评价 • 论坛		忠诚
7 订单履行	• 消费者承诺 • 经验		
8 没有错误	• 经验 • 独立评价		拥护

图9-5 信任的不同方面和基于该方面的消费者反应之间的关系模型

来源：Bart等（2005）

Bart等（2005）的模型和其他类似的模型都是以网站为中心的，但对信任的认识也可以从外部资源建立，比如社交媒体和朋友所扮演的角色，特别如图9-6所展示的Brand-NewWorld（2004）的搜索对购买有巨大的影响。关于影响在线购买意向的因素，Dennis等（2009）给出了一个实用的总结。他们强调了"主观规范"和"社会因素"在影响购买时的重要性。

9.4.3 净推荐值

净推荐值（NPS）是 Reichheld（2006）通过其 *The Ultimate Question: Would You Recommend Us* 一书提出的。它与客户关系管理密切相关，因为推荐对于客户获取十分重要，同时它也是消费者满意度的最后阶段——需要被留下来。

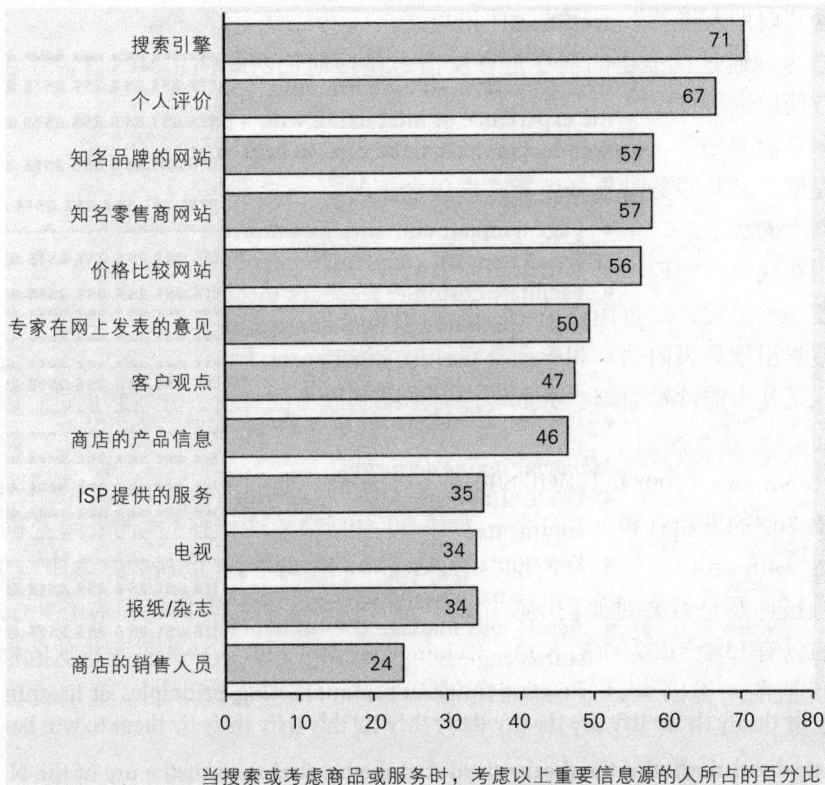

当搜索或考虑商品或服务时，考虑以上重要信息源的人所占的百分比

图 9-6　提供商品或服务的重要信息源的百分比

　　Reichheld 解释了 NPS 的主要过程：

　　（1）将客户系统地分类：发起者、被动者和诽谤者，也可以称为忠实的拥护者、酒肉朋友和敌手。

　　（2）创造一个闭环过程，企业就可以根据客户分类进行调查，了解推荐与否的根本原因。

　　（3）将增加发起者的数量和减少敌手的数量作为首要目标，这样组织的员工就能根据调查到的根本原因来采取行动。

　　在实践中，当问客户"你会把某品牌或公司推荐给朋友或同事吗？"时，答案由 0 到 10，0 表示根本不会推荐，10 表示极有可能推荐。敌手的答案通常是 0 到 6，发起者则为 9 或 10。中间的部分，给 7 到 9 分的，就是被动者。

　　NPS 也可用公司对不同消费群体的经济分析来解释。拿 Dell 来说，Reichheld 估计客户的平均价值为 210 美元（根据未来的终身价值与 5 年的净现值比较），敌手消耗了 57 美元，发起者创造了 328 美元。Dell 使用软件在线收集意见和反馈，以便进行后续行动，减少负面情绪，减少敌手的数量。

　　所以应调查尽可能多的客户（让它具有代表性），来确定品牌互动的哪一部分创造了发起者和敌手。在网络环境中，一些特定的可以用来管理 NPS 的方法有：

　　在线促进宣传：

　　• 包含"向朋友推荐"选项的网页模板。

- 包含"向朋友推荐"选项的邮件模板。
- 促进客户通过标准化的程序进行反馈，包括他们的邮件和NPS值，并让网站所有者方便地进行评价。
- 展示正面的例子，例如零售站点经常提供为产品打分或评论的选项。
- 在提供产品和服务时更多地把客户包含在内。

管理网上的敌手
- 使用在线声誉管理工具来识别负面评论。
- 开发一种工具，对负面评论作出迅速回应。
- 在搜索引擎列表内估计和管理负面评论的影响。
- 实践是基本的营销原则，听取客户对产品和服务的评价，并对它们进行改进以扭转局面。

Kirby和Samson（2008）对应用NPS进行了评价。他们说，"例如有100个样本，NPS为40分，有70%的发起者和30%的敌手（70−30=40分），这和有40%的发起者和0%的敌手是一样的吗（40−0=40分)?"他们也引用了Kumar等（2007）的研究，表明当美国3/4财务服务客户被问及是否会对他们所使用的产品或服务进行推荐时，只有1/3的人会推荐，而被推荐的只有13%会成为新的客户。Keiningham等（2007）认为推荐价值的衡量标准是客户终身价值的关键因素，他们也相信使用NPS可能具有误导性。他们说单纯地关注NPS的后果是：

可能错误地分配提高客户满意度和忠诚度的资源。

9.5　客户获得管理

在网络环境下，"客户获得"有两层含义。首先，它指公司使用网站获得新客户，吸引预期能带来销售的合格访问者。其次，它是指鼓励现有客户在线购买产品或服务。许多公司把重点放在前者，但客户获得管理做得很好的那些公司都在实现在线转化上下了很大功夫。例如，American Express发起了"无纸化"运动来劝说客户接收和阅读网上的账单而不再选择邮寄账单；电话银行First Direct使用电话客服代表劝说客户去体验在线账单。这些公司也鼓励员工间的"电子提议"，例如鼓励他们使用在线服务以充分了解客户的需求。

在通过网站内容获得客户之前，公司必须先制定营销战略把客户吸引到网站。

9.6　重点：获得客户的营销方法，包括搜索引擎营销、在线公关、在线合作、互动广告、电子邮件营销和病毒营销

电子商务管理者一直努力使用最有效的营销组合来吸引顾客访问他们的电子商务网站。各种技术可以被归类为传统的离线营销技术和迅速兴起的在线交流技术。从电子商务的角度，使用这些技术通常是为了获得新的访问者或"建设流量"，如图1-7所示。图1-7列举了用来吸引访问者的各种营销方式。用来鼓励客户频繁访问网站的其他技术将在"客户保留管理"一节中单独地讲述。

9.6.1　互动营销的特点

为了更好地发现数字媒体的特点，我们有必要了解传统媒体和新媒体的不同特点。在这一部分中主要了解它们之间的 8 项区别：

1.由推动型到拉动型

出版物、电视机和收音机等传统的媒体是推动型媒体，只有单一的通道，信息传递基本是单向地从公司到客户，除非建立了直接反应机制。与之相对，网络是一种拉动型媒体，如今作为集客营销广为人知。拉动意味着只有当潜在客户和客户想访问网站（有确定的需要）时，他们才会这样做，他们是主动的，可以自己选择。与传统营销方式相比，拉动营销意味着营销者的控制能力削弱了。拉动型媒体对电子营销意味着什么呢？首先，为使人们访问网站，公司要提供实物激励，需要通过传统广告、邮寄信件或电话提醒等方式进行营销。其次，企业要确保网站在搜索引擎上排在优先位置——已经注册并在关键词搜索上排在前列。最后，电子邮件很重要——它是在线推动型媒体，获取客户电子邮件地址应当是网站设计的一个重要目标，使"选择性加入"邮件能用来把相关信息及时推向客户。

2.由独白到对话

建立互动对话是网络和新媒体的第二个主要特点。由于互联网是数字媒体，交流以管理网页内容的网络服务器上的软件为媒介，它为与客户的双向交流创造了机会。这是这一媒体的显著特点（Peters，1998）。例如，当注册用户需要信息或订购某个产品时，供应商能用电子邮件和他取得联系，详细地介绍他感兴趣的新产品。Deighton（1996）指出互联网互动对话是与客户发展长期关系的手段。

网站、互动数字电视和移动电话使营销者能与客户对话。数字对话也有个不明显的优点——情报。客户的自助互动工具能帮助收集情报——网络分析中的点击量分析能建立有价值的客户偏好图，还能帮助营销者"感知和回应"。

3.由一对多到一对部分和一对一

电视和出版物等传统的推动型媒体是一对多的：从一家公司到许多客户，公司通常向不同的细分市场传递同样的信息，缺乏定位（虽然媒体分段使合理准确的定位成为可能）。新媒体"一对部分"使信息到达目标市场或细分市场更为可行。通过大规模定制，企业为各使用者提供有针对性的网站内容或电子邮件，电子营销者可以根据不同的细分市场进行选择和定位。当公司与客户之间能传递个性化信息时，公司可以采用一对一的交流方式。

4.由一对多到多对多的通信

新媒体也使多对多交流成为可能。Hoffman 和 Novak（1996）指出新媒体是多对多的媒体，客户可以通过营销者的网站或独立社区与其他客户交流。eBay 网上拍卖的成功也体现了多对多的交流。

5.由"后向"到"前向"

新媒体也是敏感型媒体——它们是前向媒体，因为网站往往使访问者聚精会神。这里的敏感指客户想控制并获得对他们需求的流畅回应。

与之相反，电视是后向的——电视可能开着，但观众不一定在看。《金融时报》（2003）以"电视广告——'钱的浪费'"为题研究了消费者对广告的反应。它证明了许多人不看广告这一说法的正确性。研究发现，和家庭或朋友一起看电视的人一般会在广告播出时间段聊天而不是关注广告。还有些人在广告时间做家务、读书或转台。

6. 媒体改变了广告等常见营销工具的性质

互联网不仅使一对一营销成为可能，它还被广泛地用于一对多的广告营销。在互联网上，广告商散发的总体信息变得不重要，使用者寻找的是详细的信息。网站与广告有相似的功能（因为关于某种产品它能告知、吸引和提醒客户，虽然它的付费方式与传统广告不同）。Berthon 等（1996）认为网站是广告和直销的混合体，它能被用来与访问者对话。按时间或版面收费的传统大众媒体对广告的限制不再重要。

Peters（1998）指出，新媒体交流与传统媒体交流的不同主要表现在以下4个方面：首先，交流风格改变了，新媒体提供在线客户服务，使即时或同步的信息传送成为可能。不同步的交流在发送和接收信息之间也仅仅存在时间差，如电子邮件。其次，在社会存在方面，如果传送的是标准的网页，它对社会交流的热情、个人活跃的感觉将会降低；如果传送的是个性化的网页，这种感觉将会增强。再次，通过新媒体，消费者能更多地控制联系。最后，新媒体使用者能通过选择或借助个性化的工具控制网站的内容。

7. 增加了交流中介

在传统媒体时代，广告和公关是通过大量的电视、广播和出版物媒体实施的。在互联网时代，营销者借助新媒体推销他们的服务，同时指向他们网站的链接，所能利用的媒体和出版商数量都在急剧增加。传统的广播电台、报纸等印刷品现在已经被移植到了网上，但还有一些只能在出版商网站上找到，包括搜索引擎等水平门户（第2章）和行业网站等垂直门户。网络营销者需要从众多网站中选择最合适的网站吸引访问者访问他们的网站。

8. 整合依旧重要

虽然新媒体与传统媒体相比有显著不同的特点，但这并不意味着我们一定要将交流只集中在新媒体上。我们应该整合新旧媒体，结合它们的优点，达到协同作用——整体大于各个部分之和。大多数人还是将大部分时间花费在真实世界而非虚拟世界中，所以企业可以结合利用离线促销手段宣传网站。支持多模式购买也很重要。例如，购买电脑的顾客在看到某个品牌的电视广告时，他会开始注意这个品牌，然后看到了去网站可以获得更多信息的印刷广告。但是，这个顾客不想在网上购买而喜欢用电话购买，网站在适当时间提供的电话号码使得他可以采用电话购买的方式。在这里，各种不同的信息交流渠道相互支持。

相似地，公司也需要管理站内交流。让我们想想，如果系统出现问题，客户需要帮助，公司该怎么办。客户首先使用网站诊断，但不能解决这个问题，然后他们拨打客户服务电话。如果客户能在诊断包中写明问题，服务人员就能了解问题的细节，诊断过程将更有效。

9.6.2　评价营销的有效性

如果一项措施能达到获取网站访问者和客户的目标，但花费了太高的成本，那么它是不成功的。通常公司通过简单地制定项目预算（所有项目的必要部分）来对此进行限制。但是除此之外，对于访问者使用搜索引擎等相关链接进入网站的费用以及为使客户访问时达到效果的花费，有具体的目标也是必要的。这些花费被称为每个获得的费用（CPA）。根据网站的环境和市场，CPA可以有不同的结果——取得访问者、潜在客户或销售。

为控制成本，管理者应当定义每获得一个目标允许使用的费用，例如30英镑获得潜在客户，50英镑实现信用卡签单。

图9-7展示了数字营销者为控制通信广告费用所能使用的由简单到复杂的全部度量指标。为了便于记忆，使用VQVC来记忆关键信息，V是数量（Volume），Q是质量（Quality），V是价值（Value），C是成本（Cost）。它们都是互联网访问者或社交媒体相互作用所产生的。用来评价数字媒体的标准一般是：

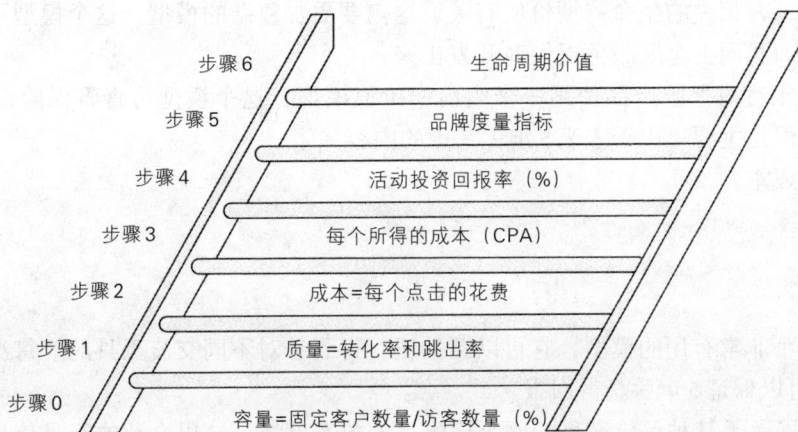

步骤6	生命周期价值
步骤5	品牌度量指标
步骤4	活动投资回报率（%）
步骤3	每个所得的成本（CPA）
步骤2	成本＝每个点击的花费
步骤1	质量＝转化率和跳出率
步骤0	容量＝固定客户数量/访客数量（%）

图9-7　为控制通信广告费用所能使用的全部度量指标

（0）访问者数量。它通常是指对数以千计的不同访客数量的度量。度量效率的较好指标是页面访问或点击（参看第12章）情况，这代表着与单独顾客接触的机会。一个更加复杂的指标是到达份额（%）或在线观众份额（%）。其度量可以通过使用面板或受众数据工具来实现，比如www.netratings.com或www.hitwise.com。

实例：一个网上银行每月将有100万个不同访客。

（1）受众质量或行动转化比率。它是指不同来源的顾客采取某种具体行动实施购买行为的比例，例如访问、购买或认购。也可以用跳出率来估计访问者所访问的页面的吸引力和关联性。

实例：在所有访问者中大约有10%的访问者产生了购买行为，比如登录到他们的账户或请求得到一定数量的某种产品。

（2）花费（每次点击的花费）。为得到顾客，营销企业所需的花费通常由如付费搜索引擎营销等专门工具来度量，因为一个有大量不同顾客来源的整个网站的花费很难估计。

实例：£2 CPC。

（3）花费（每一次购买行动或获得一个顾客的花费）。获得顾客的花费与顾客向实际购买行为的转化比例相结合就成为获得每一次购买行动的花费。

实例：£20 CPA（由于只有1/10的顾客会采取购买行动）。

（4）投资回报（ROI）。投资回报用来评估营销行动或实际中投资行为的盈利。由于盈利计算方法的不同，投资回报的形式也会有所不同。这里我们假设指标计算依赖于销售值或投资回报，而销售值或投资回报则基于每次点击的花费和转换比率。

投资回报=产品信息介绍带来的利润/产品信息介绍的广告花费

一个不考虑盈利的相关度量是广告费用回报，其计算公式如下：

广告费用回报=产品信息介绍带来的销售收入/产品线信息介绍的广告花费

（5）品牌度量。它倾向于仅与交互式广告或赞助有关。它与离线广告度量对应，即品牌意识（辅助式的或非辅助式的）、广告回忆、品牌受欢迎程度和购买意图。品牌度量使用如 Dynamic Logic（www.dynamiclogic.com）等工具。

（6）基于生命周期价值的投资回报。在这里，获得顾客的价值不只是基于最初的购买，而是与顾客相关的生命周期价值有关。这需要更加复杂的模型，这个模型可能很快就被网上零售商和网上金融服务提供商开发出来。

实例：银行对保险产品使用一个当前净价值模型，这个模型可查看保险产品未来 10 年的价值，但是主要集中于未来 5 年，考虑的内容如下：

- 获得成本。
- 保留率。
- 索赔。
- 花费。

这是一个非常有用的模型，它可以帮助银行得到针对不同交流工具的"每次销售的允许成本"，可以保证 5 年后获得回报。

图 9-8 展示了某种保险产品的网上广告战的效率度量。这里介绍的产品信息机会或信息引导是被要求引用时的机会和引导。我们应注意到，此处顾客获得的花费较高，但是营销公司没有考虑网上广告和非网上广告之间的平衡，即被广告影响的人并不都是立即点击网站。

9.6.3　在线营销方法

本节中，我们将使用图 1-7 中的 6 种工具实施网上促销。这些技术常被结合起来使用，被称为"访问量建设工程"，这是一种使用不同在线（和离线）技术增加站点访客数量的方法。

公司为获得顾客，在图 1-7 中的技术上的投资应基于前一节讨论的度量标准，最重要的是减少获取顾客的成本。我们在考虑每种技术方法时，应全面地思考它的优缺点。另一个因素是基于对顾客网上搜索商品信息的评估。图 9-8 展示了本节将要分析的网上促销技术的相对重要性。

搜索引擎营销（SEM）

如第 2 章所述，搜索引擎和名录是发现公司产品信息的主要方法。当要寻找一种新产品或娱乐服务时，我们自然而然地会用到搜索引擎，像 Google、Bing 或那些在一个国家内流行的区域性搜索引擎，如中国的百度、韩国的 Naver 和俄罗斯的 Yandex。由于公司依赖于其品牌和非在线交流手段引导顾客来到站点，如果公司在搜索引擎中的位置不显著，就会丧失许多潜在的销售机会。

结果

电子沟通的获取	21 700 000人	广告效力
	£ 700 000	媒体费用
吸引力效率	0.23%	点击率
	£ 32.26	费用/千里
网站访问	50 000次	点击量（相当于访问量）
	£ 14.00	费用/点击
网站转化率	33.40%	转化率（点击到询价）
引导或产生的机会	16 700次	响应机会
	£ 41.92	费用/机会
引导转化率	10.60%	转化率（机会转化为实质销售）
产出	1 770人	销售
	£ 395.58	每笔销售的费用（CPS）

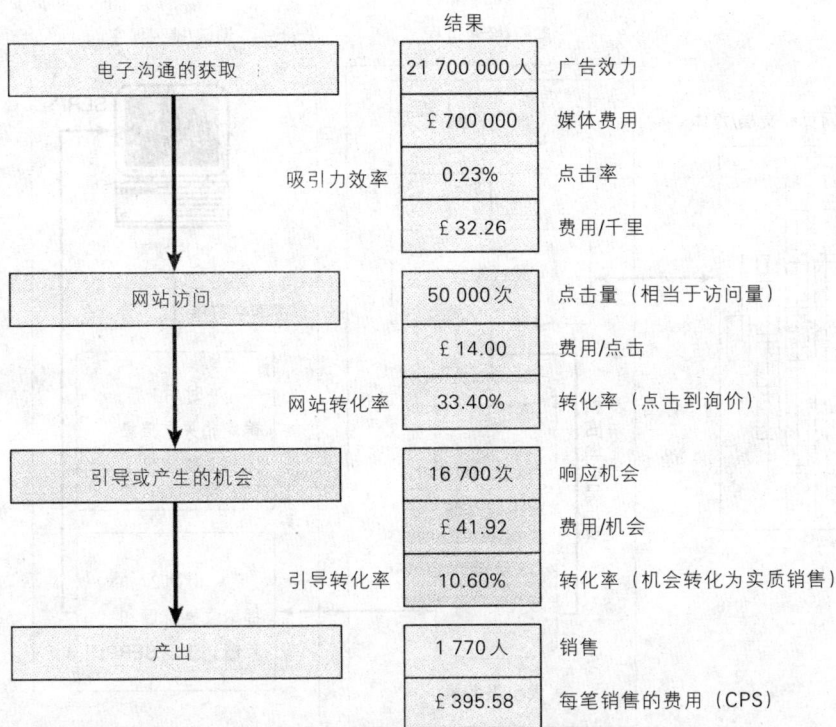

图9-8 在线促销活动的有效性度量

因此，Chaffey 和 Smith（2011）强调了流量建设时机的重要性。他们说：

一些数字营销人员可能会认为流量建设是一项长期的工作，而另一些人则认为它是一项特殊的活动。一些方法长期来看比较好，另一些则是短期方案。短期方案比较适用于站点设立或是网上交易等活动。

Google 是如何工作的？

Google 在其管理和 Webmaster Guidelines（www.google.com/webmasters）中公开的资料可以帮助制订搜索营销计划的经理们理解 Google 背后的技术。图9-9展示了其中的搜索技术：

（1）爬行（Crawling）。爬行的目的是确定相关网页索引和评估它们是否已经改变了。爬行是由"机器人"来完成的，其也被称为蜘蛛。这些访问的网页和网页 URL 会被制作成索引，供以后分析和索引。

像"机器人"或"蜘蛛"这样的术语给人以物理访问的印象，其实机器人是一种在搜索引擎服务器上运行的软件，其主要作用是通过网页上的链接来请求页面，以便用相应的 URL 制作出页面索引。这是一个递归的过程，每一个链接都会衍生出更多的需要爬行的链接。

（2）索引。索引的作用是让搜索引擎能够以最快的速度找到与搜索者输入的问题相关的页面。搜索引擎将产生一个包含特定的词的文件查找表，而不是搜索每个网页的一个查询词。

索引信息存储在文档和其他信息表征的页面，如文档的标题、元描述、网页排名的阶段、信托或权威和垃圾等级。该文档中的附加属性的关键词也会被储存，如语义标记（在

爬行/检索过程　　　　　　　询问/排列程序

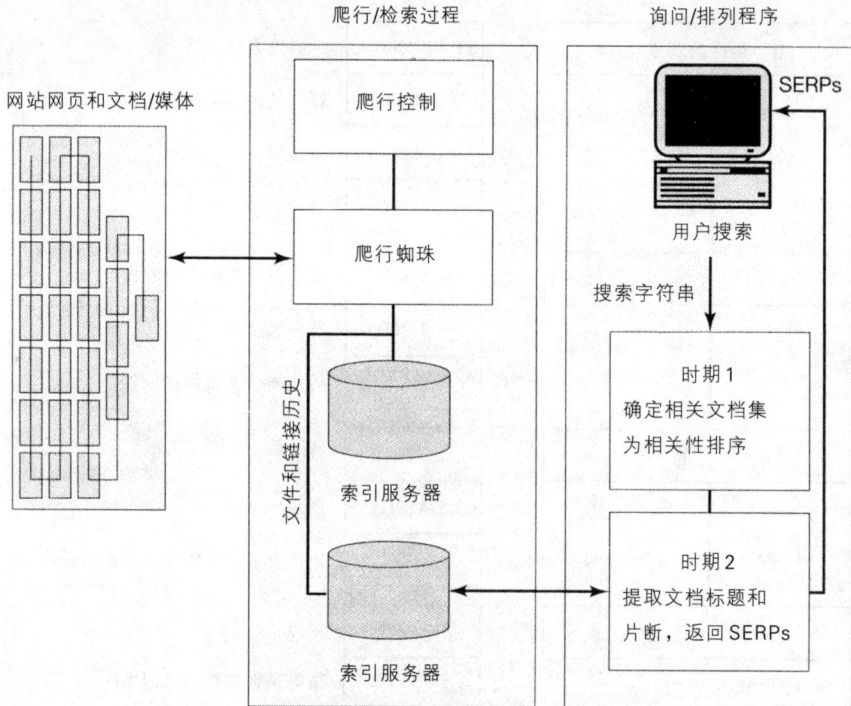

图9-9　自然搜索引擎列表生成阶段

HTML中表示的<h1><h2>标题)、链接的锚文本。

（3）排名或评分。索引过程生成了所有包含搜索关键词的页面，但并不是以相关程度进行排序。当实际进行一项搜索时，SERPs（搜索结果页面，见图9-10）会评估一系列文件的相关性，并对它们进行排序。首先，相关的文件会被从索引过程中在特定的数据库中恢复，然后在搜索结果页面进行排序，该排序基于非常多的排列因素，其中比较重要的几个将在之后的部分作介绍。

（4）反馈与结果。接受访问者询问的搜索引擎界面都是类似的。通过用户IP地址找到其位置，然后将问题就近传递给有关的数据中心，对搜索结果进行排序列表，最后将搜索结果展示在搜索页面上。

Google表示，它的搜索排名算法使用了超过200个因素或信号，包括提高地位的正面排序因素和过滤搜索结果的负面因素（专栏12.2中介绍了更多细节）。

关键短语分析

搜索引擎营销成功的起点是确定正确的关键短语。这里用关键短语而不是关键词，这是因为像Google这样的搜索引擎会针对关键的短语（几个关键词）给出相关性更高的搜索结果。公司应完成的"差距分析"，确定目标客户会用的短语，及每个短语将会吸引访客的数量。

识别客户检索短语是非常关键的，其来源可能是你的产品或知识、竞争对手网站、网站关键词（网络分析）、网站内部的搜索工具、谷歌关键词分析工具。另外，了解客户的搜索行为也是非常有用的（见专栏9.2）。

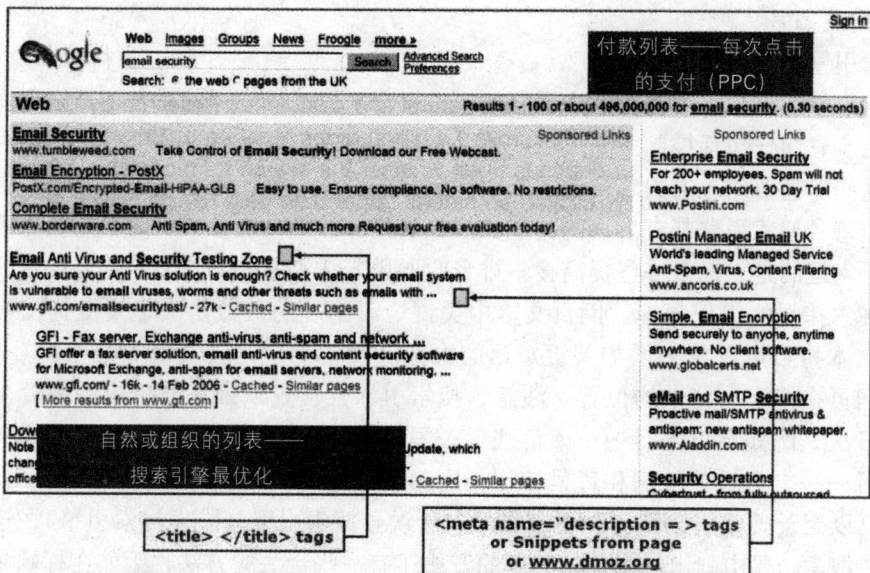

图9-10　搜索引擎显示网页所采用的两种重要的列表方法

专栏9.2

我们如何搜索

当客户进行一项搜索，看到包含了一般链接和付费链接的搜索结果页面时，他们会做何回应呢？GroupeM对Smart Insights提供的280万人的140亿次搜索进行了调查，结果显示客户行为取决于搜索关键词中是否有品牌名词。对于这些关键词，94%的人会选择一般链接，只有6%的人会点击付费链接。要注意这些搜索关键词大都是非商业性的，为他们付费是不值得的。

正如你所想的那样，如果客户在寻找特定的品牌，那么更多的人就会点击最上面的几条搜索结果。

总体上：

- 结果1：48%
- 结果2：12%
- 结果3：8%
- 其他：32%

有品牌的：

- 结果1：80%
- 结果2：6%
- 结果3：4%
- 其他：10%

没有品牌的：

- 结果1：35%
- 结果2：15%
- 结果3：11%

● 其他：39%

搜索引擎优化（SEO）

搜索引擎优化是一种利用搜索引擎的搜索规则来提高目的网站在有关搜索引擎内的排名的方法。它同样包括控制索引目录或尽可能地让搜索引擎包含站点中尽可能多的网页的方法。这些对需要纠正的内容管理或数字化经营系统来说，还存在一些技术上的困难。

虽然每种搜索引擎都有各自的实现算法，这些算法带有许多只有研发人员才明白的权重因素，幸运的是，仍有一些提高搜索排名的通用方法。这些方法按照重要性排列如下：

①文本拷贝的出现频率。网页文本中关键短语出现的次数是决定关键词位置的关键因素。文本拷贝可以用来增加关键短语的次数（技术上说是"关键短语密度"），最终会提高网页在搜索引擎中的位置。注意，搜索引擎会检查以确认一个短语是否在文本中出现过多次，比如廉价飞行……廉价飞行……廉价飞行……廉价飞行……廉价飞行……廉价飞行……。如果关键词和背景使用相同颜色而使关键词被隐藏，或者这个关键词的密度太高以至于搜索引擎认为网页制作者试着误导搜索引擎（滥发搜索引擎），这个网页将不会在搜索结果中列出。增加相关度的方法还有一些合法的方法，比如在标题中增加关键短语（<H1><H2>），或者用超文本链接锚文本以在文档开始处增加使用密度。

②入站链路数（网页级别）。从其他公司的高质量网站获得的链接越多（友情链接），被链接的网页的排名就越靠前。对入站链路或后备链路进行评估以决定网页级别，是Google之所以流行的关键。由于Google将其他页面对某一页面的引用作为一种投票，因此Google使用一个叫作"网页级别"的指标来评价每一个页面，然后再给出相关的结果。但是并不是所有的投票都是平等的——Google给那些等级较高的页面和具有相同内容或标题的页面较高的权重。权重也同样给予那些具有与关键短语相关内容的超链接锚文本或邻接文本的页面，即链接的页面必须在内容上具有相关性。

企业的网站被一些像Yahoo!、Business.com（需要交费）或开放目录（Open Directory）（www.dmoz.org，当前是免费的）这类目录收纳也很重要，因为这样能提高网页级别。连接的另一个关键方面是站内链接的结构。浏览中不同形式的超文本关键词对于Google识别页面内容来说是非常重要的。

③标题HTML标签。出现在网页标题标签中并在浏览器窗口顶部显示的关键字由HTML中的关键字<TITLE>指定，例如，我的网站<title>E-business and Internet marketing articles-DaveChaffey.com</title>。这在搜索引擎结果列表中很重要，因为出现在标题中的关键短语比只出现在正文中的短语排名更靠前。所以站点中的每一个页面都应该有一个具体的标题列出公司、产品、服务或提供物的名称。较大的权重给予在左侧标题标签中具有关键短语和较高关键短语密度的页面。标题HTML标签在搜索营销中也很重要，它一般是在搜索结果页面中被下划线标出的文本并且具有链接至公司网站的超链接。如果出现在搜索结果页面中的标题标签与搜索意图相关，你的公司网站将会得到更多的点击，这等于提高了网站的访问量（Google将顺便监视对你的网站的点击量，以此决定内容的相关性并相应地提高网站在搜索列表中的位置）。

④元标签。元标签是HTML源文件的一部分，由网页生成器产生，并由搜索引擎蜘蛛或机器人读取。它们对用户隐藏，但是被一些使用它们的搜索引擎蜘蛛或机器人用来编辑索引。过去，搜索引擎给那些在元标签中包含关键短语的页面更大的相关度。搜索引擎

对元标签的滥用是一种评价相关性的不准确方法，因此 Google 宣布不对元标签赋予相关度。但是，有些搜索引擎，比如"Yahoo! 搜索"为元标签赋予相关度，所以使用元标签并随页面内容改变元标签是一种很好的行为。有两种重要的元标签，它们在 HTML 源文件的顶部用<meta name="content=">关键字指明：

- 使用"keyword"元标签来突出显示页面中的关键话题。例如：<meta name="keyword" content="E-business，E-commerce，E-marketing">。
- 使用"description"元标签表明将要在搜索结果页中显示的信息，所以使用网页所提供的信息来鼓励搜索者进行点击非常重要。例如，<meta name="description" content="Your guide to E-business and Internet marketing-DaveChaffey.com">。

⑤可选的图形文本。使用大量图形材料和/或插件的站点在搜索列表中的位置不可能靠前。页面中所能索引的内容仅有<TITLE>关键字。为了改善情况，图形、图像可以包含与之关联的隐藏文本，用户看不到它们（除非图像被去除），但是搜索引擎却可以看到并索引它们。例如，关于公司名字和产品的文本可以使用如下的"ALT"标签赋予其公司的标志：<IMG NAME="logo" SRC="logo.gif" ALT="Internet marketing links and articles-DaveChaffey.com">。再者，由于搜索引擎的滥用，这一因素已不再被赋予以前那样高的相关度（除非图像本身也是一个链接），但是由于访问规则仍有这一要求，因此使用它是一个好的做法（盲人和视力受损的人员使用的屏幕阅读器可读取由 ALT 标签标示的文本）。

付费搜索营销

付费搜索营销或付费列表与传统广告相似，当搜索引擎使用者键入一个具体的短语时，一个带有指向公司页面链接的相关文本广告被显示在浏览器中。在搜索引擎原本输出内容的右面、上面或下面，有一系列被标注为"赞助者链接"的文本广告。与传统的广告不同的是，广告发出一方无须为这些文本的显示付费，只有在广告被点击并且引导点击者来到公司站点时才须付费——因此这通常被叫作"付费点击营销"。这些"付费的表现放置方法"所产生的相关等级是基于每一个关键短语最高的每次点击收益。表9-1显示了对一个搜索竞价管理工具客户出价金额的变化。

表9-1　　在宣传活动中 CPC 费用变动，2008 年 1 月美国不同类别的付费搜索

类别	CPC（$）
All finance	2.70
Credit	2.95
Mortgage	2.61
Aoto finance	1.67
Travel	0.65
Automotive	0.57
Retail	0.36
Dating	0.40

来源：Efficient Frontier

但事情并非像大家所想的那样，每次点击付费最多的公司得到最靠前的排位。在对搜索结果进行排序时，搜索引擎也会考虑到相应广告的点选链接率（排位低的广告一般点选链接率也较低），于是那些点击次数较少的广告的排名就会下降甚至消失。采用CTR分析来确定位置是质量分数的一部分，质量分数这一概念又是Google发明的，但现在被整合进了Microsoft Live和Yahoo！的搜索网络。

与在搜索引擎中的付费广告一样，文本广告也显示在第三方网站中（例如，在www.davechaffey.com中的广告），以此形成了像Google Adsense（http://www.adsense.google.com）或Yahoo！的Content Match的"内容网络"。在显示"上下文广告"的地方进行搜索将得到与内容相关的结果。为这样的搜索一般是按照每次点击的成本（CPC）付费，但是广告还可以按照CPM来付费，网络搜索公司和出版商共享收益。它们构成了Google收入的30%。它们使得营销人员能够在可选择的第三方网站上接触到更广泛的客户，但它们需要决定如何利用这些来传递不同的信息。

Facebook付费点击广告

Facebook已经成功应用了Google的点击付费模型，将其客户货币化。迷你案例学习9.1总结了其好处。该案例展示了如何在Facebook上以Google做不到的方式更高效地选择目标和提升对某项服务的认知程度，同时把曝光度限制在CPC投资中。案例中还展示了比Google Adwords低的相应速率。这也是可以理解的，因为客户并不在搜索或购买的模式中——他们在进行社交！所以，即使该案例没有提到，转化率可能会变低也值得注意。

迷你案例学习9.1

Saxo Bank通过Facebook与顾客接触

Saxo Bank是一家国际化的投资银行，其在丹麦的总部专门通过国际财务市场作在线交易和投资。

Saxo Bank使用Facebook的标准广告单元来为三种产品做广告：Forex Trading、CFD Trading和Saxo Premium Account。它采用金融相关的靶向性，当运动和豪华的关键词可用于人的档案时，表达他们的兴趣和激情。通过同时使用这两种目标确定方法，他们在Facebook上接触了600 000人。

Saxo Bank营销部的经理Stuart Rice这样形容这些好处：

Facebook比Google的优势大得多，因为我们可以定位与使用"Rolex""yachting""shooting"之类单词的人。Facebook比Google的定位效果好。

广告使用CPC基础是因为这样便于管理，根据Rice的话：

使用CPC，我能知道有人点击的时候我就要花钱了。如果我有100 000的展现量，我得花费不少时间去检查数据，看看我花钱都得到了什么。

运动结果

平均的CPC要支付1.31英镑，CTR为0.05%。从6月1日至9月1日这段时间里，Saxo Bank在Facebook上的总点击量为4 344，花费了6 000英镑，得到了7 439 276的展现量。

注意伪造点击

当营销者了解PPC营销的原则后，就有人灵机一动："我们可以点击竞争对手的广告来使它们破产吗？"当然，这是不可能的。PPC广告网络如果检测到来自同一台计算机（IP地址）的多次点击，就会将这样的点击过滤掉。但是，利用一些技术，比如工具软件和一些接受付费的服务机构，可以在不同的地点产生多次伪造点击。据估计，在竞争市场上每5次点击中就有1次属于伪造行为。虽然可以监控伪造点击行为并对相关人员进行罚款，但是这种伪造点击最终还是会破坏PPC广告。

网上公共关系（PR）

英国PR研究中心（IPR）这样对PR进行定义：

声誉的管理——在一个组织和其大众之间进行的，有计划地不断努力去建立和维护组织的良好形象。

在线公关或e-PR平衡了Internet的网络影响。记住，Internet是"互联在一起的网络"的缩写。一些在其他网站上的关于你的品牌和站点的评语在形成大众对你站点的印象和引导顾客访问站点方面具有巨大影响。在线公关的主要目的是尽量增加对你的组织、品牌、产品或网站的有利评语，这些评语可能在第三方网站上被你的目标用户阅读。而且，正如我们在引擎优化部分谈到的，从其他站点到你的站点链接越多，你的站点在原始搜索结果或组织化列表中的等级就越高。通过网上声誉管理尽量减少不利的评语也是在线公关的一个重要方面。

可以被看作在线公关的行为有：

（1）与网上媒体（报刊）交流

与网上媒体（报刊）交流就是把Internet看作传播有关你的报道（经SEO优化后的）的新渠道，网站营销者可以通过电子邮件在站点上或者第三方网站上发布这些报道。一个公司需要考虑的选择有：在站点上设置报道区域；创建记者和其他第三方站点引用需要注明签名的电子邮件警告；提交新闻故事或报道从而使其成为网上新闻。

（2）链接建造

链接建造是优化搜索引擎的关键行为。由于其目的是让你的品牌在第三方网站上可见，因此链接建造也可看成是网上PR的一个要素。链接建造是指有计划地努力去完成尽可能多的从其他引用站点（这一般包含相互链接）到你的站点的链接。我们已经发现，如果有高质量的链接指向你的站点的相关内容（不一定是在你的主页上），那么你在搜索引擎搜索结果中的位置就靠前。

McGaffin（2004）提供了一个实现结构化链接建造工作的导引。这一工作的主要原则如下。他说："创建好的内容，链接到好的内容，然后好的内容将链接到你。"他讲述了如何评价到你站点的链接、到竞争者的链接、设置目标，然后主动向合适的站点所有者要求建立到你站点的链接。

你可以在Google中使用语法"link：site"来查看Google所判断的到你的站点页面的高质量链接的数量，例如link：www.davechaffey.com。

需要注意的是这包含内部链接。为了排除内部链接，并且包含URL而没有真正超级链接的页面，或者包含排名较低的页面，这样来使用Google："www.url.com-site.www.url.com"。例如，"www.davechaffey.com-site：www.davechaffey.com"。

（3）博客、播客和内容聚合（RSS）

网络博客或博客提供了一个在网上定期发布网页的便利方法，它也被称为网上日志、日记、新闻或事件列表。它们可能包含从其他网站或网站贡献者那里得来的对站点的反馈评语。博客更新的频率可以是每小时、每天、每星期或不太频繁，典型的是每天。

播客与博客相关，它允许个人或组织使用音频或当前不太流行的视频发表评论。它被媒体公司成功地应用在各个方面，例如BBC把它应用在电影评论或讨论等流行节目上，也把它应用到2005年6月一个月就获得600 000下载次数的Beethoven交响乐等直播记录节目中。Virgin广播公司也使用播客，但是版权约束播客使其不能在写广播音乐的时候使用，因此在写广播音乐时只能使用主持人。使用播客的一个巨大挑战是其内容只能被标签识别并且客户很难评价没听到的播客的质量。播客已经不那么流行了，因为向BBC iPlayer这样的媒体出版商提供的流媒体服务在不断成长。同样的，RSS订阅（第2章）也随着社交媒体的发展而黯然失色。

（4）在线社区和社交网络

互联网促进对等交流自20世纪90年代就已经很明显了（见第8章）。但是直到最近，这种改变公司和客户交流的力量才变得明显起来。人们需要进行社交和分享经验，这是在线社区和社交网络流行起来的内在原因。在大多数国家，由于人们的这种需求，社交网络成为了最流行的网站。于是营销人员会想要"随波逐流"或是在新的环境中与客户进行交流。就像Saxo Bank的例子，在社交网络上做广告肯定是有机会的。但如果营销人员仅仅是把社交媒体看作一个把品牌信息传递给客户，使他们被动接受的机会，就会错失与客户互动并发展更深层次关系的机会。Facebook的目的是使通过它的广告传递这些信息，这些广告通常会把客户从Facebook内引到一个品牌公司的网页上，品牌可以在此收集反馈信息。

于是，对于组织来说，决定他们的客户是如何使用社交网络的和估计与他们进行互动和沟通的机会是非常重要的。Dee等（2007）也强调了社交网络在影响一个品牌、产品和供应商的知名度方面的重要性。他们的调查显示，不同性别和年龄段的人对产品种类的需求有很大的差别，但餐厅、电脑、电影和汽车等在所有类别人群中都很流行。

很多Facebook应用程序正在开发（www.facebook.com/apps/），大部分知名的应用都不是由品牌企业制作的。公司也可以在Facebook内设置自己的品牌页面，但这一般不会送达至很多人。专栏9.3（见稍后部分）描述了应用社交网络进行营销的更多建议。

9.7　重点：社交媒体和社会客户关系管理战略

社交媒体营销是数字营销的一个重要组成部分，其内容有鼓励客户在公司站点或社交平台（Facebook、Twitter等）或特定的出版商站点、博客和论坛上进行沟通。它就像传统的广播媒体，例如公司可以使用Facebook和Twitter向客户或合作伙伴发送信息。但是，要想用好社交媒体，关键的一步是引发和参与到客户的对话中去。这些可以与产品、促销或客户服务相关，目标是更多地了解客户和提供服务，以便提升客户对公司的认知。

Boyd和Ellison（2007）记录下了社交媒体的发展，他们把社交网络站点（SNS）描述为：

基于网络的服务，允许个体进行：（1）在封闭系统中建造公众或类公众的文件；（2）找到可与之分享信息的其他使用者；（3）共享其他系统中制作的东西。

发表评论或其他内容的互动的功能及内容没有出现在这一定义中，这很令人惊讶。

通过社交网络站点、在线社区和公司站点社区与客户交流的机会很大，如今社交媒体战略已经成为了数字化经营战略的一个重要组成部分。但创造一个社交媒体或委托客户战略非常具有挑战性，因为这需要心态上的变化，公司还必须放弃一些信息传递方面的控制，以便与客户进行有效交流。从美国在1999年发起的一项活动中可以看出该方法所要求的变革，这被称为Cluetrain Manifesto（www.cluetrain.com）。Levine等（2000）说：

人类之间的对话听起来有人性，他们是以人声进行的。而多数企业只知道以缓和的、毫无幽默感可言的单调声音来发布任务、销售调研和"您的电话对我们很重要"之类的"忙音"。同样的旧声，同样的旧谎言。毫无疑问，网络营销毫不欢迎不能或不愿言出必行的公司。公司防火墙把聪明的员工限制在里面，把优秀的市场限制在外面。要想拆掉这些墙代价很高。但结果将会是呈现一种新型的沟通方式。它也会变得更加激动人心。

当然，这要求不止一种的心态变化。要想达到这一层面上的变革，需要高级管理层的首肯、投资和过程的变化，像在下一章中的变革管理中所讲到的那样。

你可以看到Cluetrain manifesto是行动的召唤，鼓励经理人改变他们的文化，提供过程和工具来使得组织的员工与客户进行沟通，以负责任的态度听取客户需求。

发展社交媒体战略

发展社交媒体战略，经理们倾向于直接使用他们将要使用的工具——我们要从Facebook和Twitter开始呢，还是直接建一个博客？这是最糟糕的方法，确实，这不是战略，而是战术！社交媒体的战略开发应该由客户渠道适应性的需求分析和该方案的商业潜力决定。

客户对社交媒体工具的适应性会根据客户细分和市场的不同而变化。于是，由完成市场调查（第2章）开始就显得很重要，需要调查哪些社交工具和参与技术对于目标客户来说是最有效的。

然后，社交媒体的商业利益需要重新审查并确定目标。一些营销人员会把社交媒体看作一种首要的手段，通过社交媒体上现有客户评论或推荐来获得新客户。对于其他人来说，利益更多地在于推荐、评论和如何提高转化率。公共关系助理想要听从积极和消极两方面的观点，然后通过增加正面内容和控制负面内容来实现管理。最后，社交媒体可以被看作客户获取和保留的工具。此处社交媒体又可作为电子邮件营销的附属渠道，用来通知客户有关促销和新产品的信息。

迷你案例学习9.2
Best Buy通过多渠道来提供、倾听和回答

Best Buy是一家跨国零售商，主要销售技术产品和娱乐产品，在美国、加拿大、欧洲、中国和墨西哥都有经营。Best Buy的品牌和合作者家族一道创造了每年450亿美元的收入，有Best Buy、Audiovisions、The Carphone warehouse、Future Shop、Geek Squad、Jiangsu Five Star、Magnolia Audio Video、Napster、Pacific Sales、The Phone House和Speakeasy等品牌。提供高质量的客户服务是客户体验的重要组成部分，Best Buy说：

大约有155 000名员工致力于创造收益并把这些品牌带给客户，他们将其才智应用在零售商店、多媒体和网站、家用解决方案、产品递送和社区活动中。

图9-11展示了Bestbuy.com的客户支持页面。你可以看到有很多种客户服务，包括：

• Twelpforce（http：//twitter.com/twelpforce）。大约30 000名客户参与的即时Twitter响应。

• Geek Squad Online Support。"在线业务员帮您维修电脑，49.99美元起！"

图 9-11　Best Buy 消费者服务

- 社区讨论。
- 标准邮件和 Click To Call 选项。

POST 框架对于想要开发社交媒体战略的公司是非常有用的，该框架由 Forrester（2007）提出。POST 是本章开始提到的 SOSTAC 框架的简化版本：

- 人员。了解客户使用社交媒体的情况是一个关键起点。Forrester 社交媒体文件工具显示了不同人口统计分组对于不同社交媒体的使用情况：

www.forrester.com/Groupswell/profile_tool.html

- 目标。为处在客户生命周期不同阶段的不同客户根据其需求定制不同的目标来与之交流并留住他们。Forrester 的 Josh Bernoff 提到："根据你的目标来确定一项技术，然后弄清楚如何使用它。"

- 战略。如何实现你的目标？Bernoff 建议，由于社交媒体是一种破坏性的方法，你应该设想社交媒体如何支持变革。他说："想象一下当你成功之后，事情会有怎样的变化。想象一下终点，然后你就知道该从何开始了。"

● 技术。最后，选择决定最好的社交媒体平台来实现你的目标，我们会立刻审查这些。

社会客户关系管理（CRM）战略

我们已经知道应用社交媒体的方式多种多样，这是一项重要的挑战，在大公司中尤为如此，这是因为成功需要不同角色和功能之间的通力合作。社会客户关系管理是一个新术语，它的目的在于通过客户生命周期和价值链帮助确定社交媒体的范围。

交流可以在一系列的站点中发生，包括像Facebook和Twitter这样的社交网络，但在公司自己的博客、第三方博客和论坛中的评论和评级网站（Get Satisfaction）也可以发生。很多组织开发了社交媒体管理政策来确保交流被倾听和反馈。你可以在http：//so-cialmediagovernance.com/policies.php上阅读相关的例子。

社会客户关系管理的范围可以由图9-12中的六个商业应用区域来说明，这是由Altimeter（2010）提出的。每一个区域的范围是：

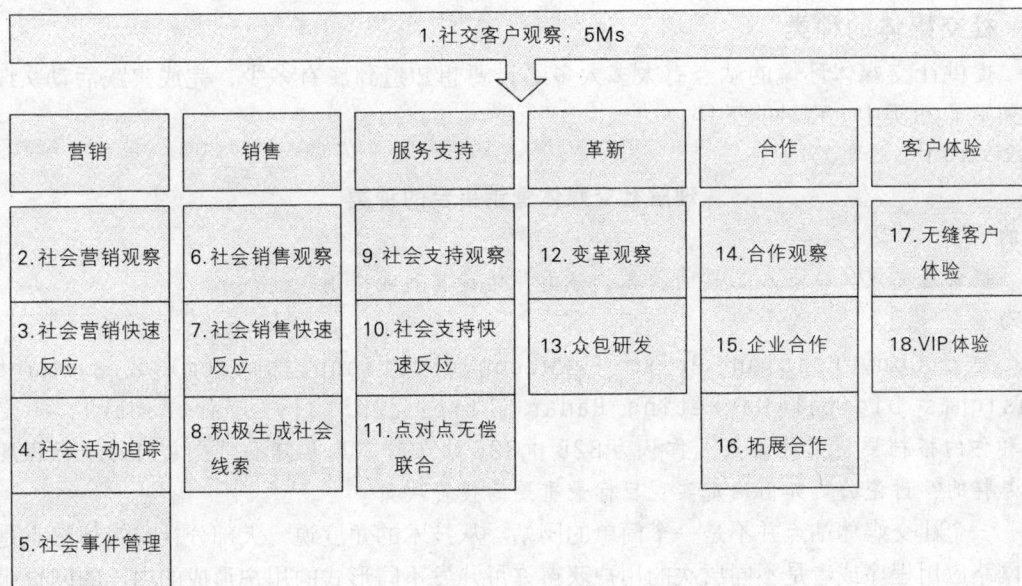

1.社交客户观察：5Ms					
营销	销售	服务支持	革新	合作	客户体验
2.社会营销观察	6.社会销售观察	9.社会支持观察	12.变革观察	14.合作观察	17.无缝客户体验
3.社会营销快速反应	7.社会销售快速反应	10.社会支持快速反应	13.众包研发	15.企业合作	18.VIP体验
4.社会活动追踪	8.积极生成社会线索	11.点对点无偿联合		16.拓展合作	
5.社会事件管理					

图9-12 社会CRM的各个方面

（1）营销。通过社会收听工具来监督、分析和反馈。我认为该报告缺乏一项讨论社会营销和其他如电子邮件营销整合的内容。

（2）销售。了解那里的前景，讨论选择所提供的产品和服务，确定在最佳获得途径参与谈话对销售产生的影响。在B2B里，LinkedIn明显是一个应该被监督的网站。

（3）服务和支持。公司或中立站点提供的论坛为客户提供自助服务。

（4）革新。通过沟通来预测新产品的发展或者增加在线提供是社会客户关系管理的最激动人心的形式。

（5）合作。这是指一个组织内通过内联网和其他软件工具进行的数字化经营合作，同时鼓励有助于商业流程的所有形式的合作。

（6）客户体验。使用社会客户关系管理来提升客户体验和增加品牌价值，这点已经被上述方面点出。例如使用VIP项目，提供客户和已分享的特征之间的合作以增加价值和创造主张。

社会客户关系管理战略可以由将上述6个商业应用进行审查和排序来进行。

Altimeter（2010）的报告中，5Ms提供了另一个实用的框架，可以用来审查战略应用。5Ms是：

（1）监督（Monitoring）。审查社会倾听的方法，派生出洞察力。

（2）绘制地图（Mapping）。找到单独客户和使用不同社交平台的细分客户之间的关系，例如Facebook、Twitter和电子邮件营销。

（3）管理（Management）。用来应用和审查战略的过程。战略管理的细节在这里很有帮助。

（4）中介（Middleware）。用来监督和收集意见的软件工具和APIs。

（5）测量（Measurement）。估计社交营销的效果和ROI的度量方法。

社交媒体的种类

提供社交媒体环境的站点有太多太多了，要想知道到底有多少，完成实践活动9.1，它列举了25类中上百种的工具。

实践活动9.1

理解社交媒体营销平台的种类

目的

探索社交媒体站点和工具的种类，分类并估计其商业应用。

活动

登录Conversation Prism（www.conversationprism.com）或者Smart Insights Digital Marketing Radar（http：//bit.ly/smartradar），确定你和你的搭档要使用的站点。你认为B2B和B2C站点的工具有何不同？它们的流行程度是怎样的？讨论公司如何确定实现目标最重要的投资决策。

一个社交媒体站点并不是一个简单的网站。从技术的角度说，大部分社交媒体站点是由网络应用程序或者是不同层次的用户获得许可开发不同形式的用户形成的内容的网页服务所构成。信息传递也是其重要组成部分，主要的社交网络都会在新内容发布时提示其用户。与其他站点交换数据的APIs也是社交网络的一个重要的方面，使得其用户可以通过与其他站点的联系来扩大影响力。

既然有这么多的社会存在，将其进行简化管理是非常实用的（就像在第1章中所讨论的）。

公司站点和社交网络社区的流行程度意味着公司必须对其进行有效管理。为什么社区很重要？公司应如何对其进行最好的管理？Hagel和Armstrong（1997）指出：

网络上虚拟社区的兴起是由产品和服务的供应商向购买者的空前转移。知晓这一权力转移并且通过建立虚拟社区适应形势的供应商将获得高客户忠诚度和可观经济回报的双丰收。

营销部门可以决定公司建立的B2C社区的类型，以及B2B社区的目的、定位、兴趣和专业。

（1）目的——经过相同的过程或努力达到某个目标的人。例如，像Autotrader等进行汽车调查的人，或者像Motleyfool等进行网上商品调查的人，MySimon、Shopsmart和Kelkoo等提供进行价格和产品比较的社区。在Bizrate、Egg Free Zone或Alexa等网站，可以共享关于公司和产品的评论。

（2）定位——某种状态下（如生病）的人或某个年龄段的人，如专门为年轻人或老年人建立社区。例如，青少年聊天网站Dobedo（www.dobedo.co.uk），提供"50岁以上的人的新视野"的Cennet（www.cennet.co.uk），为家长设计的www.babycenter.com和www.parentcenter.com，与宠物有关的Pet Channel（www.thepetchannel.com）。

（3）兴趣——社区是为有相同兴趣和爱好的人建立的，例如运动（www.football365.com）、音乐（www.pepsi.com）、休闲（www.walkingworld.com）或者任何其他兴趣（www.deja.com）。

（4）专业。对于试图提升B2B服务的公司，这是很重要的。

可以把这些B2B垂直门户看作"网上的专业性报纸"。事实上，许多专业性报纸的发行商也这样做了，如Emap Business Communications为建筑业设计了Construction Plus。每个垂直门户都有有关行业或公司的新闻及岗位信息，而且也有有关网上商店和为买卖双方提供的拍卖服务，并且垂直门户具有讨论主题等一般社区的特点。当然，*Construction Weekly*等专业性报纸也建有自己的门户网站。

如今社交网络使得公司可以以低成本创建一个社区。你会注意到，这些社区大多数是独立于制造商或零售商的中间商网站。在着手建立社区之前，有这样一个重要的问题："独立于公司的社区能最大可能地服务于顾客的利益吗？"

如果回答是肯定的，那么企业最好建立一家与母公司不同品牌的社区。例如，Boots化妆品公司为女性顾客建立了Handbag.com社区。另一种花费更少的推销产品的选择是通过赞助或联合独立的社区网站或门户来参加社区的讨论。

或者，公司可以创办自己的论坛，尽管成功的案例很少，这是由于对客户批评产品导致品牌受损会产生恐惧，适度的节制是必需的。Honda UK（www.honda.co.uk/car）提供了一个在其站点上创建社区的成功案例。该社区与"第二选项"菜单整合在一起，而不是独立的社区单元。有趣的是，一些负面评论被允许发布，以使得讨论更有意义。

公司主办的论坛有一个潜在问题，就是可能会没有充足的人手为社区作贡献。但社区最初的成员可以通过软件服务公司SAP来发展论坛，该方法已经成功创造了数个论坛来支持其业务，有超过100万个软件工程师、合作伙伴和商业人员参与其中（www.sap.com/commmunity）。通过国际慈善援助的捐赠来奖励其贡献。

公司应采取什么策略来加强社区的建设？Parker（2000）提出了公司建立客户社区前应考虑的8个问题：

（1）大多数客户共同的兴趣、需要和爱好是什么？

（2）客户相互间想要分享什么主题或关注的事情？

（3）什么信息会吸引客户的朋友或同事？

（4）本地区中什么类型的业务吸引本公司产品或服务的购买者？

（5）如何在两个或更多合作者提供的组合产品的基础上设计包装和产品？

（6）给现有客户推荐的朋友或同事提供的是怎样的价格、送货服务、理财服务或激励？

（7）给推荐朋友或同事购买的客户怎样的激励或奖励？

（8）怎样成功地追踪朋友间口头推荐的购买效果？

处理好这些事情的一种很好的方法是考虑在建立社区的过程中遇到的问题。典型的问题是：

（1）无人社区。没有人的社区不是社区。企业需要利用在前面章节中提到的流量建设技术来宣传社区。

（2）寂静社区。一个社区可能有很多注册会员，但如果各会员之间缺乏沟通，那它也不能被称为社区。这是个棘手的问题。你可以鼓励人们加入社区，但如何才能让他们参与讨论呢？以下是一些办法：

- 播种社区。通过主持人提问或写出来自客户的每周或每月的问题，由常驻的独立专家来回答这些问题。访问 Monster（www.monster.co.uk）社区了解这种方法的使用并思考寂静社区与喧闹社区的区别。
- 有筛选的社区。仅允许关键账户客户使用或将它建成作为增值但仅服务于有价值客户的外部网服务，会员会更乐于参与这种社区。

（3）批评社区。许多制造商或零售商网站的社区会对品牌进行批评，如 Egg Free Zone（www.eggfreezone.com）。

最后，认清潜伏者——没有贡献、仅读信息的那些人。每个积极参与者对应着 10 个潜伏者。社区也会正面地影响这些人并树立品牌形象。

专栏9.3

社交网络——社交网络营销成功的因素

Microsoft（2007）根据对社交网络人员的调查发现了以下使用社交网络的动机：

- 59%的人是为了与家人和朋友保持联系
- 57%的人是为了查看其他人的空间
- 47%的人是为了与有类似爱好的人接触
- 46%的人是为了对社会事件发表自己的看法
- 20%的人认为这是约会的好方式
- 17%的人有特殊目的，如筹办婚礼和找工作等

在同一份报告中，Microsoft（Facebook 的共有人）发展了下列方法，这些方法被用来通过购买广告空间或制作品牌空间等来利用社交网络，进而是客户能与品牌互动或进行促销：

1.理解客户使用社交网络的动机。如果能够与社交网络的典型生命阶段相吻合或与当下正在讨论的话题相关，广告会非常有效。

2.介绍你的品牌。使用网络来展示品牌的独特性，同时想方设法来表现品牌中很少有人知晓的方面。

3.创造和保持良好的对话。参与话题讨论的广告人员更容易在客户中引起共鸣，但一旦对话开始他们必须进行跟进。

4.给参与者授权。社交网络使用者使用他们的空间或博客来表达他们的观点。同时提供与和品牌相关的内容和窗口小部件是很吸引人的。

5.确定在线品牌主张。使用声誉管理工具来确定有影响力的已经有品牌主张的社交网络成员，直接与其中最重要的人进行接触。考虑与环境相适应的广告方法，比如Microsoft内容的广告或GoogleAdsense，在品牌被讨论时在其空间内展示品牌信息。

6.黄金法则：像一个社交网络使用者一样行动。这意味着：

- 要有创造性
- 要诚实、有礼貌（征求许可）
- 要独立
- 要意识到客户
- 定期升级

一个社区或社交网络的成员会由与他人交流情况的不同而不同。最具影响力的社交网络成员比其他人更有号召力，并且可以与更多的人讨论感兴趣的话题。

PR专业人员通常认为，要想影响市场认知，与社交明星们保持高度联系是非常重要的，因为社区的其他人往往会从社交明星们那里获取建议。但这些人的影响力还有待商榷。调查社区互动的人员相信，一般网络成员的集体互动（适度联系的多数人）是同等重要的。例如Watts和Dodds（2007）表示"有影响力的假说"是建立在未经证实的假设的基础上，而且在很多时候不能适应真实世界的变化。他们评论说"大部分的社会变革并不是由有影响力的人驱动的，而是由容易被影响的人去影响其他容易被影响的人"。

尽管有清晰的在线社交愿望，站点所有者必须记住在线客户是会在不同站点间不断移动的，不是直接吸引来的。只有相当小的一部分会被吸引。迷你案例学习9.3展示了相当一小部分站点访问者会参与。

迷你案例学习9.3

Nielsen的90-9-1参与不平等法则：鼓励更多用户出力

在线社区参与鼓励是一项挑战，因为大部分的社区成员都"潜水"或不参与。可用性专家Jakob Nielsen给出了Wikipedia（只有0.2%的活跃成员）和Amazon（少于1%的事后审查）的参与度：

- 90%的用户在"潜水"（阅读或观察，但不出力）。
- 9%的用户一直有所贡献，但也忙于其他事务。
- 1%的用户经常参与，贡献最大，网站上一有风吹草动他们就会上线，就像没有其他生活一样。

管理好品牌在第三方站点上的形象

作为网上PR的一部分，设立监控服务十分重要。拥有处理负面PR的资源并将其作为网上名誉管理的一部分很有必要。微软公司的PR管理机构被誉为可以对网上PR作出"快速反应"的单位。警告服务的例子包括Googlealert（www.googlealert.com）和一些其他的付费服务，比如Market Sentinel Intelligence（www.reputionintelligence.com）和Brand Intelligence（www.brandintelligence.com）。

创建噪音——网上病毒性营销

从功能的角度看，网上病毒式营销经常包括第4章中所讲的产生一个口碑和将口碑链接到你的站点，所以它被认为是在线公关的一部分。

图9-13对在线PR部分进行了总结。它强调了参与的重要性以及所有的在线PR是如何通过其形成的链接反馈给SEO的。

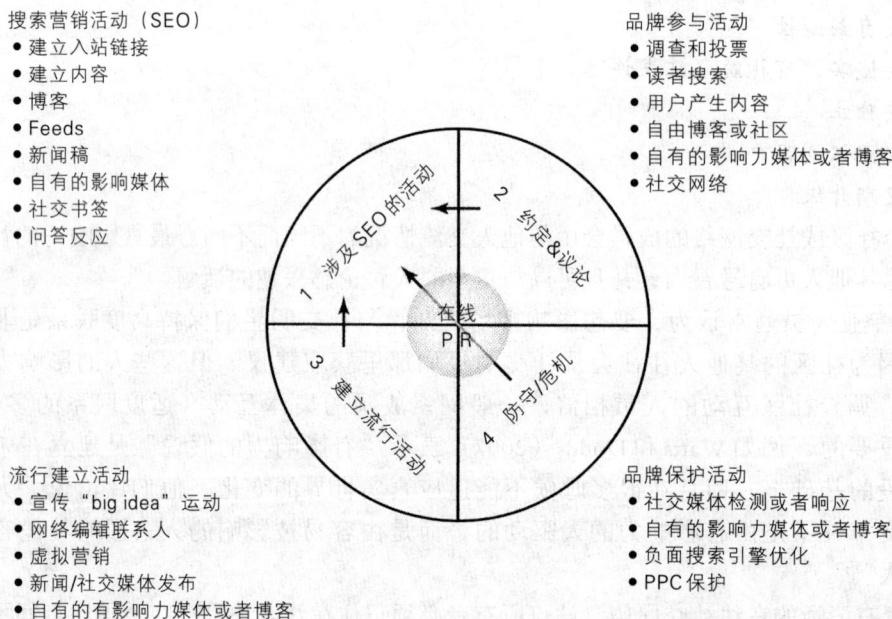

搜索营销活动（SEO）
- 建立入站链接
- 建立内容
- 博客
- Feeds
- 新闻稿
- 自有的影响媒体
- 社交书签
- 问答反应

品牌参与活动
- 调查和投票
- 读者搜索
- 用户产生内容
- 自由博客或社区
- 自有的影响力媒体或者博客
- 社交网络

流行建立活动
- 宣传"big idea"运动
- 网络编辑联系人
- 虚拟营销
- 新闻/社交媒体发布
- 自有的有影响力媒体或者博客

品牌保护活动
- 社交媒体检测或者响应
- 自有的影响力媒体或者博客
- 负面搜索引擎优化
- PPC 保护

图9-13 网络公关类活动

在线合作伙伴

伙伴关系在当今营销组合中十分重要。Simth和Chaffey（2005）说伙伴关系是第8个P（第8章），这在网上也是成立的。有3种需要管理的网上伙伴关系：链接构造（在前一章中已讲到，它也可被看作网上PR的一部分）、联属网络营销和网上赞助。所有这些都包括用结构化的方法管理站点。重要的合作伙伴类型如下：

1.联属网络营销

联属网络营销在电子零售商处十分流行，因为许多商家网上销售额的两成来自于联属网络营销（这也被称作"聚集器"，因为它从不同的提供者那里聚集供给）。对于电子零售商来说，它们是联属网络营销中的广告发布者，产品在销售之前或在搜索结果中排名靠后时不用付出费用。这有时也被称为"零风险广告"（见图9-14）。

Amazon是最早采用联属网络营销的公司，公司现在已拥有成百上千的联属机构，这些联属机构通过链接引导顾客来到Amazon的网站，产品销售的佣金是联属网络营销的回报。据Internet传奇记录，Amazon的创始人Jeff Bezos在鸡尾酒会上闲谈时说，有人想在他的网站上销售关于离婚的书。结果，Amazon.com在1996年7月发起Associates Program，并且仍在不断地发展壮大。为了管理寻找联属机构的过程，更新产品信息，跟踪点击和完

通信费
创意网站

访问者 PC → 访问 → 关联站点 → 点击 → 跟踪软件 → 再直接 → 厂商网站

时限 Cookies 设定
检验购买行为

销售或导购

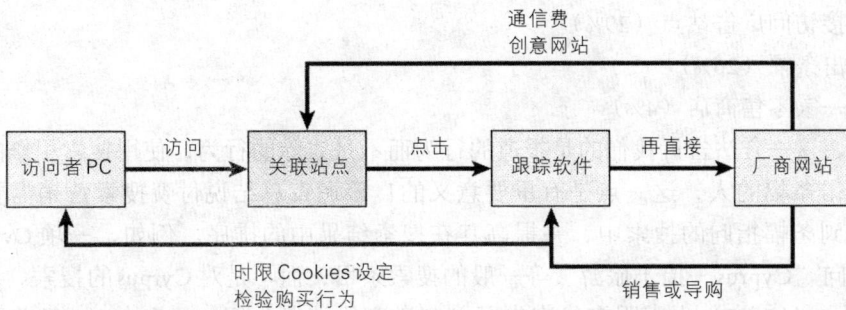

图 9-14 联属网络营销模型（跟踪软件和免费支付系统可能由独立的关联方管理者提供）

成付费，许多公司使用像 Commission Junction（www.cj.com）或 Trade Doubler（www.tradedoubler.com）那样的联属网络或联盟经理。

2. 网上赞助者

网上的赞助关系并不直接。它并不是将"现实世界"中的赞助关系映射到"虚拟世界"中去，虽然这也是一种选择。即使企业没有足够的资金，在网上也有机会找到赞助。

Ryan 和 Whiteman（2000）这样定义网上赞助者：

带有相关内容或上下文的品牌链接，目的是以一种清晰可辨的形式创建品牌的知名度和加强品牌形象，这些品牌链接通常来自旗帜、按钮或其他标准的广告单元。

对广告者来说，网上赞助的好处是可以把自己的名字与访问者熟悉的品牌联系起来。所以对于 ISP Orange 的使用者来说，赞助关系建立于现有的关系之上并且容易获得客户的信任。与此紧密相关的是与两个品牌有关的网上"合作品牌"。

交互式广告

你认为交互式广告作为一种交流工具有多少正面作用呢？即使是现在，也很少有广告者使用交互式广告，其中的部分原因是这种广告有一些流言和糟糕的使用体验。最初在1995 年一个 486×68 像素的标语广告被放置于 Hotwired 上，呼吁"点击此处！"的行动产生了 25% 的点击量。随后，点击率（CTR）开始下跌，这是由于许多消费者都是"广告盲人"——他们会忽略掉网站上所有看起来像广告的东西。Doubleclick 汇编的广告（www.doubleclick.com）回应表明，现在平均的 CTR 是低于 0.1% 的，尽管视频广告的表现要好一些。这样低的回应率，加上相对较高的每 1 000 个广告 20 英镑的费用，很明显使得许多营销者对交互式广告产生偏见。但是我们也看到了许多有新意的交互式广告方法，有数据显示它们可以用来增加品牌的知名度和提高消费者的购买意图。考虑到旗帜广告的局限性，许多媒体拥有者、数字营销公司和工业实体现在提及了"交互式广告"，这种形式提供了更多的选项。

在线广告也提供了媒体乘数和晕轮效应，这有助于其他在线媒体反映率的增长。例如，如果一个网页用户看到了条幅广告，这可能增加他们对付费搜索广告的认识，也可能增加他们的转化率——这是因为品牌知名度和信赖程度可能会有所提高。

该效应由 MAD（2007）提出，他的研究是在旅游市场中进行的，其中问到了回应者他们对于喜欢的在线广告会作出怎样的回应。结果如下：

- 搜索与广告相关的一般词汇（31%）

- 直接访问广告站点（29%）
- 点击条幅（26%）
- 去一家零售商店（4%）

当然，这一方法告诉我们的是报道的行为而不是实际的行为，使用搜索引擎的人两倍于直接点击条幅的人，这一点是有重要意义的！该调查总结说付费搜索营销需要进行优化，参与到条幅指向的搜索中，并提高其在搜索结果中的排序。例如，一项 Cyprus 的度假会产生向"Cyprus 一揽子旅游"等一般的搜索条目，而不是对 Cyrpus 的搜索。

Abraham（2008）也表明在线广告可以刺激离线消费。例如一家有 150 亿美元营业额的零售企业，调查显示在超过 3 个月的周期内其在线销售额（与对照组相比）增长了40%，而受在线搜索营销和广告展示刺激的线下消费增长了 50%。由于其实体店的销售量比在线销售量大，该零售商取得了比百分数所暗示的更多的离线收入。

1. 网上广告的基础

当广告者付费并在其他站点放置广告时，网上广告行为就发生了。其过程通常包含从不同的页面所在的服务器提供广告（广告也可以在目标站点以同样的方式提供）。

广告可能在许多站点处，目的是把流量引导到目标站点、微型站点或媒体所有者站点的嵌套广告内容或目标站点。

2. 交互式广告的目的

Robinson 等（2007）强调了两项在线广告展示的基本目标：第一，使用广告展示作为一种营销手段来提升品牌知名度；第二，作为一种直接回应的媒体，应集中与形成反馈信息。Cartellieri（1997）确立了交互式广告的以下目标：

- 传递内容。一些旗标广告点击的典型结果是引导顾客到达目标站点，从而使顾客了解公司所提供商品的详细信息。目标网点是需要得到直接回应的地方。
- 促成交易。如果点击引导顾客来到如旅游站点或网上书店这样的网点，就有可能直接导致购买行为。这里的网点也需要直接的回应。
- 态度形成。一个与公司品牌一致的广告可以帮助构建品牌意识。
- 请求回应。广告可能是确立新的引导或两步交流的开始。在这种情况下，交互式广告鼓励使用者提供电子邮件地址或其他信息。
- 鼓励保留。广告是为了提醒顾客有关公司和其提供服务的信息，并且第三方网站上的广告可能会链接到目标站点内的促销广告，比如抽奖等。

3. 交互式广告目标选项

可以通过网上的目标人群确定广告放置：

①交互式广告可以放置在某一特别类型的有具体顾客概况或内容类型的站点（或站点的一部分）。汽车生产商可以把广告放置在 Handbag.com 的主页上来吸引年轻女性访问者。金融服务提供者可以把广告放置在站点的理财一节，以此定位对金钱感兴趣的人。为了获得大众市场的访问者，广告营销者把广告放置在像 MSN 这样的门户网站上，因为那里每天都有上百万的访问者（有时他们因接受所有的广告库存而被称为"路障"或"收购"）。

②定位注册用户。一个商业软件的提供者在 FT.com 上面放置广告，目的是定位那些像金融总监或 IT 管理者的注册用户。

③在每一天或每一周的特别时间。

④网上行为。行为性广告定位全都基于相关性——参考站点访问者的特点，动态地提供相关内容、消息或广告。这样的参考是对以往站点访问者的匿名跟踪得来的，跟踪仅限于访问者的一次访问或对站点多个部分的访问。顾客使用环境的另外一些方面也可以确定，比如位置、浏览器和操作系统。

4.交互式广告的格式

和不太流行的经典468×60像素的GIF格式循环广告一样，现在媒体所有者提供了一些顾客更易于注意的、更大、格式更丰富的选择。研究表明，其消息关联度和构建知名度比那些flash广告、多媒体广告、巨大格式矩形广告（多用途单元，MPUs）和摩天大楼广告要更容易一些。社交网站中有特殊的广告形式，例如Facebook Engagement Ads、Twitter Promoted Tweets和YouTubePromoted Videos。

其他能听到的网上广告术语包括"插入式广告"（在其他页面出现前的及时广告）"弹出式广告"（"覆盖"在内容上面，但由于侵犯问题不再被广泛使用）。网上广告者们面临着与使用弹出广告拦截器或较少一点的广告拦截软件的长期战斗，但是他们将坚持使用能够产生大量回应的多媒体格式。

Robinson等（2007）进行了一项关于增加条幅广告点击次数的因素的研究。他们（以及之前的研究）设定的主要变量有：

- 条幅的尺寸
- 文字的长度
- 促销激励
- 动画
- 行动短语（也叫行动号召）
- 公司标志

5.媒体计划——决定广告网上/网下的混合比例

这一决定一般由媒体策划人作出。正如我们在"规划目标营销通信对象"一节中所指的，网上和网下花费的混合必须反映出消费者的媒体消费和每种媒体的成本回应效率。但是，依赖于所使用代理的不同，他们可能出于安全考虑把广告花费放到所熟悉的和从佣金来说最有回报的离线媒体。媒体交叉优化研究（XMOS）发现，对低介入商品最优的网上花费竟然高达全部花费的10%~15%。这不是一个很大的数目，对许多公司来说这比过去的花费水平还降低了1%。

XMOS的研究被用来帮助营销者和他们的代理公司回答以下问题："就频率、到达性和预算分配而言，为达到广告战的目标，实施广告的不同媒体的最优混合比例是多少？"

企业网上和网下的广告混合总花费在不断变化，目的是使获取顾客、品牌意识和购买意图等广告指标最大化。表9-2总结了4个知名品牌的混合方案。例如，Dove发现在交互式广告方面增加15%的投入，将会使全部品牌指标增加8%。网上收益比例很小，这是因为许多公司在网上广告的投资不到1%，这意味着离线广告的使用频率太高，以至于无法在线获取许多消费者。

使用并提高网上广告的原因与Sissors和Baron（2002）描述的使用媒体混合广告的原因一样：

表9-2   XMOS研究推荐的最佳媒体组合

品牌	电视	杂志	在线
Colgate	75%	14%	11%
Keenex	70%	20%	10%
Dove	72%	13%	15%
McDonald's	71%	16%（广播）	13%

- 扩展顾客获得的范围（增加单一媒体或其他媒体没有的展望）；
- 扁平的频率分布（如果观看电视广告的观众持续时间太长，由于存在回报递减的定律，因此最好是把那些预算分配给其他的媒体）；
- 获得不同种类的访问者；
- 提供基于每种媒体的不同特色、强调不同利益这样独一无二的好处；
- 允许有创意的执行被实施；
- 如果其他媒体效率高就会提升整体印象；
- 通过不同的创意刺激来强化信息。

所有这些因素，特别是前3个，解释了为什么XMOS表明在网上媒体方面投入两位数字的百分比是值得的。

电子邮件营销

在制订电子邮件营销计划时，营销者应计划下面几个方面：

- 作出电子邮件营销，电子邮件作为用来鼓励尝试和购买的一种直接营销手段，是CRM交流的一部分；
- 接收电子邮件营销，它主要是管理来自顾客的电子邮件，比如提供服务以支持顾客进行电子查询。

不考虑滥发邮件的增长和大部分的电子邮件都是滥发邮件和病毒（估计超过80%）的话，电子邮件的回应水平还是不错的。这是特别重要的内部列表，所以通过电子通信或定期群发电子邮件是今天的一个重要的营销手段。衡量电子邮件营销的主要标准有：

- 递送比率（用"非跳出"率表示）——如果地址不合法或垃圾邮件过滤器阻塞电子邮件，电子邮件将被弹回。所以网上营销者应该检查邮件的"可递送性"，以此确定他们的消息不会被当作垃圾阻截掉或被认定为是具有"负面反应"的。像Ya-hoo! Mail和Hotmail这样的网络电子邮件提供者引入了发送者身份号和区域密钥等标准认证技术以此保证电子邮件"广播者"的身份正确，并且没有像其他的滥发者那样进行地址欺骗。
- 打开比率——通过图像下载测得的HTML消息的指标。这个指标表明了有多少顾客打开了电子邮件，但是由于许多顾客在电子邮件阅读器中预览邮件文本并最终将其删除，所以这个指标不太精确。还有一些阅读器，比如Outlook Express则会在缺省情况下阻挡图片下载（这将导致在一段时间内邮件的打开比率下降）。

● 点击率——顾客点击收到的邮件中链接的数量（只是严格的单击而不是双击）。你会发现回应比率非常高，大约为10%。

为了获取客户的电子邮件选项

为了从站点获得新的顾客，电子邮件营销有3个主要的选项。从接收者的角度考虑，它们是：

（1）冷电子邮件战。这种情况下，接收者从公司那里接收一些选择性电子邮件，这个消费者的电子邮件列表由发送公司租用得到，虽然顾客同意接收带有提供信息的电子邮件，但是他们对这些电子邮件的实际反应比较冷淡。

（2）合作品牌电子邮件。接收者接受那些亲和力强的公司的电子邮件，邮件里面有公司提供服务内容的信息。例如，同一个信用卡公司可以和移动公司如Vodafone联合，并且把信息发送给顾客（此顾客已经同意接收第三方公司的电子邮件）。虽然也可以被看作一种冷电子邮件，但是由于顾客对其中一种品牌具有较强烈的感情，从而这样做对两个品牌都有好处，因此这种合作方式反映较好。由于顾客与品牌的关系已经存在，合作品牌电子邮件比租用列表的冷电子邮件能够获得更多的回应，因此也减少了邮件发送量。

（3）第三方电子邮件发送者。在这个访问者获取选项中，公司在第三方的电子信件发送者那里公布自己。这种公布可以以广告、赞助或PR（由编辑人员完成）的形式把顾客链接到目的站点。因为许多电子邮件发送者的站点有其固有的版本，所以这种广告可以被设置为交互式广告的一部分。由于这些邮件的接收者倾向于读取标题或在有时间的情况下阅读内容，因此这样的广告放置有相对高的成本效率。

下一部分中将讨论的病毒式营销，也使用电子邮件作为传递消息的机制。电子邮件广泛被作为预期顾客转换和顾客保留的工具，这种工具使用"选择性加入选项"或者"客户数据清单"，客户数据清单中的顾客允许公司对其发送电子邮件以联系他们。例如，Last-minute.com已经建立了覆盖欧洲1 000万个预期顾客和顾客的客户数据清单。成功的电子邮件营销者采用电子邮件营销的战略方法，开发规划电子邮件交流内容和频率的联络或接触策略，这与第4章和第6章解释得一样。对顾客保留方面，公司可以建立一个用以与现有顾客保持电子邮件联系的列表。

社交媒体营销

之前提到的社交媒体营销，通常可以与病毒式营销同时使用，病毒式营销利用了Internet的网络效果，与自然界的病毒或计算机病毒一样，这种营销在快速到达大量人群方面非常高效，这是一种有良好口碑的高效的网上营销形式。虽然病毒行为最有名的是在全世界办公室之间传送图片或笑话，但已经被越来越多地应用于商业用途。Smith和Chaffey（2005）说，理想的病毒式营销是个聪明的想法、游戏、惊人之举或非常有见识的想法，它迫使人们去观看它。它可以是视频剪辑、电视广告、卡通、搞笑图片、诗歌、歌曲、政治消息或新闻条目。它是如此了不起，以至于人们想把它传递下去。病毒式营销对于商业公司来说是个挑战，为了胜利，公司需要挑战传统，而传统的东西可能与品牌配合得不好。

为进行一次有效的病毒营销战，DMC（www.dmc.co.uk）病毒营销专家Justin Kirby建议做好以下3件事（Kirby，2003）：

（1）有创意的材料——"病毒体"。它包括有创意的消息以及传播的方法（文本、图像或视频）。

（2）播种。确定网络站点、博客或发送电子邮件的人，以此开始邮件的病毒性传播。

（3）跟踪。为了监控效果，评价付出的开发病毒体和播种成本得到的回报。

离线营销通信

离线的交流永远都不会消失——它们在获得访问者并鼓励访问站点方面非常有效，它们也作为产生影响的有用工具对迷你案例学习9.4那样的复合主张作出解释。

迷你案例学习9.4

离线交流在Match.com寻找理想合作者时起了重要作用

面向英联邦客户的约会网站Match.com，其会员超过150万人，2004年在全世界促成了20万桩婚姻。Match.com联合其合作伙伴uDate.com和Yahoo! Personals、Dating Direct与传统参与者和许多小的企业进行竞争。由于竞争十分激烈，Samantha Bedford认为企业应当投资于离线交流渠道以取得持续增长。2005年8月，Match.com投资300万英镑用于电视广告以提升品牌的关注度，因为据它的管理者估计，到2008年网络约会市场的价值将翻一番。离线广告除了在扩大客户范围和提高知名度方面有重要作用外，还使Match.com能向潜在客户发送更详细的信息。Focus公司的调查显示，很多单身人士认为他们不需要网络约会服务，是因为他们没有认识到Match.com在约会过程中的作用。

来源：*New Media Age*（2005b）

表9-3对本章中介绍的数字媒体渠道营销的优势和劣势进行了总结。

表9-3　　　　　　不同的通信渠道在提升在线销售业务时的优缺点总结

推广技术	主要优势	主要劣势
1a.SEO	• 目标精准 • 与PPC相比成本低 • 对大的关键词很有效 • 搜索者认为可信度较高	• 激烈的竞争 • 可能会影响网站的外观
1b.PPC营销	• 极具针对性及获得成本可控 • 可以通过内容延伸覆盖网络	• 在具有竞争性的行业相对昂贵 • 与SEO相比量小
1c. 值得信赖的订阅	• 随时更新，以反映变化的产品线和价格	• 相对昂贵 • 主要相关的是电子零售商
2.在线PR	• 成本低 • 目标精准 • 通过建立链接可以与SEO互补	• 在线识别有影响力的伙伴并建立关系是很耗时的 • 需要第三方网站进行监测
3a.附属公司营销	• 可以根据结果支付费用	• 需要支付附属机构设置和管理成本 • 可能会影响子公司权重排名
3b.在线合作伙伴	• 最有效的，如果低成本，可以长期与合作品牌进行合作	• 可能会增加品牌知名度，但不一定直接增加销售
4.互动广告	• 主要意图是实现访问 • 可以增强品牌效应	• 因为遮挡部分导航导致响应率有所下降

续表

推广技术	主要优势	主要劣势
5.电子邮件营销	• 推介——在用户的收件箱不可忽略 • 可用于直接响应链接到网站 • 可以直接将邮件作为一种响应机制	• 要求有效的操作 • 保留客户比获取客户更好？ • 收件箱可以屏蔽消息包括电子邮件 • 输送能力有所限制
6.社交媒体和 虚拟营销	• 用有效的病毒传播可以较低的成本达 成较大的营销效果 • 社交网络影响力显著	• 难以形成强大的病毒营销概念 • 控制目标 • 因为接收不请自来的邮件，可能会对 品牌具有破坏性
传统线下广告（电 视、印刷品等）	• 比大多数在线技术具有更大可能的 创新，导致更大的影响	• 对比网络，目标不易定位 • 获取成本通常较高

9.8　客户保留管理

对于数字化经营网站，在客户保留方面有两个显著目标：

（1）保留组织的客户（经常客户）。

（2）使客户保持使用在线渠道（经常访问）。

这与上节描述的获得客户的两个目标相似，理想的营销都能达到这两个目标。

维持在线客户关系有相当的难度。Laurie Windham（2001）说：

这就是在线环境下客户保留的可怕之处。我们赋予客户的权力很大，没有耐心的客户，他们对网站的关注时间短、选择多并且转换障碍低。

为了保持获得客户时建立的在线客户关系并延长直至成为长期的关系，我们需要分析这些电子客户满意度的驱动因素，因为满意带来忠诚，忠诚带来利润。图 9-15 展示了这一关系。营销人员的目标是刺激客户沿着曲线向喜爱的区域移动。但值得注意的是，大部分客户不在该区域中，而且要留住客户，营销人员必须理解为什么客户会有漠不关心的情绪。

经由图 9-15，我们需要理解影响客户忠诚度的各种因素。Reichheld 和 Schefter（2000）强调了可以采取的方法。他们报告说 Dell 电脑创建了一个客户体验委员会来调查关键的总程度驱动因素，定义了跟踪这些因素的方法，采取了一项行动计划来提升忠诚度（表 9-4）。

鉴于服务质量对于满意度和忠诚度来说是如此重要，请关注本章之后的"重点：卓越的数字化经营服务质量"部分。

现在，我们来看有助于保留客户的重要电子营销工具。可以用许多手段促成客户对网站的经常访问，营销企业通过集体讨论会议可以找到某些方法。通常的对策是定期更新市场上的产品或技术信息，从而帮助客户进行日常活动。我们可以通过如 Dell Premier 等外联网或 RS Components 使用的个性化服务提供这些信息。提供辅助人们工作的信息是 VerticalNet（www.vertical.net）等垂直门户网站的重要内容，这些网站主要是刊登行业信息和事件的在线专业性报纸的平台，它们还提供职业、产品和社区信息等。消费者和企业都

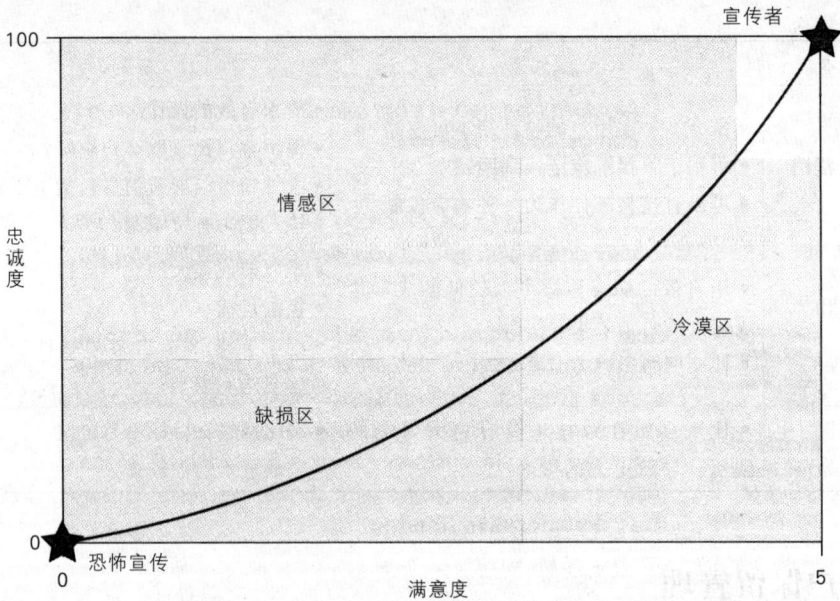

图9-15　满意度和忠诚度之间的关系的示意图

表9-4　　　　　　　　　　　评估驱动戴尔电脑成功的忠诚上的程序和措施关系

忠诚驱动	总结度量
订单履行	送货目标——按时、准确地为客户服务的百分比
产品性能	初始场事故率——客户产品出现问题的频率
售后服务和支持	及时，第一时间修复——达到承诺的第一次服务代表准时到的百分比问题

很欢迎网络社区，因为用户能在上面讨论一些话题或询问问题。例如，UK Net营销组织www.chinwag.com就移动商务等新技术的优点展开了一场讨论并对互联网服务的供应商进行推荐。多数这样的社区因为独立于供应商，所以不太会使用某些功能把用户引向一家公司的网站。最终，传统的促销技术被很好地转到互联网上。RS Components使用折扣销售某些商品，并利用竞赛及奖励的方式鼓励客户频繁访问，这些鼓励顾客频繁访问的活动通常公布在传统的信件广告上。

9.8.1　个性化和规模定制

个性化的潜在力量可以通过引用Evans等（2000）的观点说明，他们指出了传统直接邮件定位不足的缺点：

不喜欢主动提供的邮件……我不需要而且也不感兴趣。

——女性，25～34岁

大多数是不需要的，这些（邮件）没有用而只是被堆在桌子上……你不得不把它们归类以得到"真正的邮件"。

——男性，45～54岁

讨厌收到一些不感兴趣的东西。更讨厌的是他们给你打电话……如果需要什么的话，我会去找。

——女性，45～54 岁

个性化和规模定制可以用于定制信息，客户选择接收的电子邮件可以被用来传送这些信息以增加价值，同时提醒客户关注产品。"个性化"和"规模定制"这两个词通常是可以互换的。它们直接的含义是：个性化指在个人层面上网站根据客户的需要，为其定制信息；规模定制指向有相似兴趣的群体提供定制的内容。规模定制是给对同一主题（如数字化经营）感兴趣的客户发送相同的电子邮件。这种方法有时也被称为"协同过滤"。

所有这些个性化技术都利用了网页内容可动态化的优点。用户的偏好被储存在数据库中，网页的内容也由数据库生成。我们可以通过以下几个动态变量实现个性化：

- 客户偏好
- 日期或时间
- 特殊事件
- 区域

个性化也被用于提供新型服务。网上书店 BOL（www.bol.com）使客户可以从不同类型的旅游向导中选择他们喜欢的部分，例如 Rough Guides 中的历史和 Lonely Planet 中的地图，但没有夜总会和酒店。个性化的书也能按要求由客户的打印机打印出来。

Yahoo! 和 Excite 等门户网站提供了典型的个性化服务。用户可以自己配置主页，这样就能接收他们最感兴趣的信息，例如当地的天气、足球队的比赛结果和购买的股票实时价格等。

而个性化的缺点主要有如下两点：第一，是成本，原因在下节中解释；第二，个性化或许会成为用户使用网站的障碍。例如，一些个性化的网站要求用户登录后才能浏览，如果用户忘记密码，那么个性化将不能实现。同样，申请密码会让网站的新访问者感到厌恶，从而可能会失去这个客户，即这个顾客将不再访问这家网站。有效的个性化应使新访问者即使没有密码也能浏览大量的内容。cookies 在激活状态下不要求用户登录，而是自动执行网站登录。

1. 实现个性化

设计个性化的网站内容比设计静态的内容要花费更多的时间和精力，因为它要求整合数据库和使用专业软件工具，如 Omniture Test 和 Target（现在是 Adobe Marketing Cloud 的一部分）等，以使用户能选择他们想要的内容类型。当用户再次访问网站后，网站获得并显示数据库中的相关信息。

迷你案例学习 9.5 显示了如何应用个性化使得信息更为中肯和提升反应率。

迷你案例学习 9.5

HSBC 使用个性化传递定制的主题

HSBC Bank International（HBIB）改进其网站的时候，它想通过个性化来实现对不同客户提供不同特定服务，同时鼓励客户向更具价值的细分部分移动。这将使它能够把握在其他情况会失去的销售机会。根据 *New Media Age*（2007）的报告，这是一项挑战，因为每周有 60% 的 offshore.hsbc.com 的访问者都登录了网上银行，HSBC 希望对进入这一部分的客户进行更有效的营销，甚至是在不激怒他们的情况下破坏他们的银行体验来改善营销方式。促销活动依赖于客户业务规则中访问的内容类型和平衡水平。

HSBC 成功地实现了目标，结果显示个性化的收益达到了要求。平均来看，*Mew Media Age*（2007）报告新的条幅比之没有个性化的条幅（6.88%对3.67%）点击率上升了87.5%。通过网上银行开设储蓄账户的顾客数量增加了30%（根据个性化运行之前6个月和之后6个月的数据）。从非主要客户升级为首要客户（需要60 000英镑以上）的数量增加了86%（根据个性化运行之前4周和之后的数据）。

2. 外联网

外联网在第3章已介绍过。它们需要用户注册之后才能获得个性化的服务。许多方法可以实现外联网个性化服务。外联网运用的一些例子：网络举办的类似研讨会、交易展示会和用户集体讨论等传统网上活动，如客户用网络传播发言的虚拟研讨会，展示商、发言人和代表用网络联系的虚拟产品展示会。Dell电脑有着专门的品牌差异，如Dell Premier专门为关键账户提供增值服务。其他传统的保留客户的方法也可以移植到网络环境中，如忠诚计划和促销活动。

外联网的使用也存在进入障碍，特别是当使用者忘记密码时。为了减弱这种影响，RS Components发出密码提醒来保留客户。一家荷兰的保险公司整合在线和离线技术使用外联网进行规模定制。现有客户被分为6组，然后营销者用直接邮件与他们联系。给每组的成员6种密码中的一种，所以当客户访问外联网时，网站内容有6种不同的版本针对6个群组的客户提供产品和服务的推荐信息。外联网对营销活动的效果有很强的跟踪能力并能有效地定位访问者。在这种情况下，可以根据电子邮件和购买回访的回复率来监视不同群组营销活动的效果。

3. 许可式电子邮件

同意接收电子邮件在营销中十分重要，无论是产品宣传册的常规电子邮件交流，还是新产品的详细介绍等，甚至在高效的非常规电子邮件交流中同样很重要。电子邮件有传统推动型营销的作用，它能将信息推向已定位的客户，通知和提醒他们，而客户通常会浏览这些在他们收件箱中的邮件。即使客户直接把这些邮件删除了，这种营销方式也不能被忽略。与之相对的是网页——拉动型媒体，顾客只是在有原因或动机时才会访问网站。

虽然电子邮件营销潜力很大，但由于垃圾邮件的影响，使它有了消极的含义（见第3章）。所以，在取得许可的基础上的电子邮件营销非常重要。

收集了电子邮件地址后，管理者必须对电子邮件交流的频率作出安排。需要考虑的因素包括：

- 邮寄常规产品宣传册的频率。例如，每天一次、每周一次、每月一次。最好客户能够选择频率。
- 相关事件。不经常发送，或许3个月或6个月发送一次，通常是在有新产品或优质产品的消息时发送。
- 后续电子邮件。企业可以购买发送一系列电子邮件的软件。例如，在客户订阅一个在线杂志的试用版后的3、10、25和28天，公司发送电子邮件鼓励客户在试用版到期前再次订阅。

9.8.2 管理客户活动和价值的方法

在公司的网上客户中，会有不同程度的使用在线服务或网上购买的客户。银行是个很好的例子——有些客户每周都会使用网上账户，有的不经常使用，有的从来都不用。
图 9-16 显示了活动的不同水平。

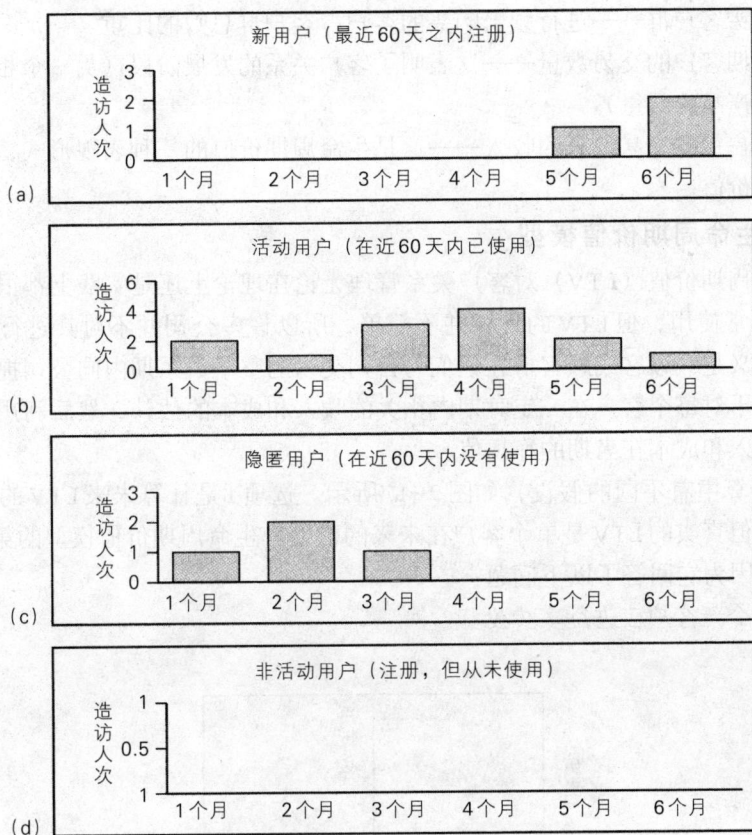

图 9-16 网站注册用户的活动程度分级

为了促进可以降低成本的"网上自助服务"的应用，我们要确定评价活动水平的方法，然后制订通过频繁使用提高活动水平的方案。目标以及相应的方案应符合以下目的：

- 通过推广在线服务吸引服务者到网站，每月或每年新用户增加的数量（应为现有的银行客户和新客户制定不同的目标）。
- 参加活动用户百分比（应当使用合适的阈值——对有些公司可以是 7、30 或 90）。对新客户、未激活和非活动客户使用直接交流，如电子邮件、个性化网站信息、直接邮件和电话交流，增加活动客户的比例。
- 减少未激活客户的百分比。企业应当区分新客户或某段时间未使用网上服务的曾经的活动客户。
- 减少非活动客户的百分比。非活动客户签订了网上服务协议并注册了用户名，但没有使用服务。

针对每个类型的策略制定具体的实施步骤。

另一种重要衡量指标，也是数字化经营网站客户保留的重要衡量指标，被应用于长期交易。Agrawal等（2001）强调了客户保留率指标的重要性。他们提到以下几个主要的指标并指出它们是如何影响盈利的。

- 再次购买客户转化率——首次购买的客户有多少再次购买产品。
- 频繁购买客户群——进行频繁购买的客户占客户群总数的比重。
- 每个长期客户的交易数量——这表明了客户关系的发展阶段（另一个相似的度量是客户购买每种产品的数量）。
- 长期客户每笔交易带来的收入——这是生命周期价值的一种表现形式，因为它给出了订单的平均价值。

9.8.3 生命周期价值模型

理解生命周期价值（LTV）对客户关系管理无论在理论上还是实践上都很重要。虽然这个词我们经常使用，但LTV的计算并不简单，所以许多公司并不对其进行计算。生命周期价值的定义是：顾客或顾客群在他们与公司交易的整个关系期内向公司提供的总的净收益。模型基于对每个客户在一定时期内相关的收入和成本的估计，然后利用整个时期的折现率计算收入和成本在当期的净现值。

在LTV计算中有不同的假设，如图9-17所示。选项1是计算未来LTV的可行方法或合适的代表，但真实的LTV是单个客户在未来的价值。生命周期价值模型的第4个区域对营销最重要，因为它回答了以下问题：

为取得一个新客户应进行多少投资？

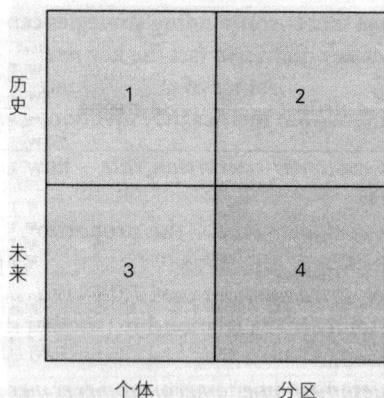

图9-17 生命周期价值计算的不同表现形式

营销者通过对生命周期价值分析可以：

- 计划和衡量在客户获取方案上的投资；
- 识别和比较重要的目标群体；
- 评价可供选择的客户保留战略的效果；
- 确定公司客户群的真实价值；
- 作出产品和服务的决策；
- 对引进新的电子客户关系管理技术的价值作出决策。

图9-18举例说明了怎样使用LTV为不同客户群建立CRM战略。它将客户划分为4个

主要类型——铜、银、金和白金——来显示客户现在和未来的价值。客户群的划分是根据客户现在的价值（现在的盈利能力）和将来的价值（根据生命周期价值计算得到的）。每个群组会有一个基于客户特征的档案，这可以用来选择客户。企业应对4个主要类型中的不同客户群组制定不同的战略。某些铜级客户如图9-18中的A和B组实际上没有发展潜力，而且显然营销企业不能从他们那里获利，所以企业应以降低交流成本为目标，并考虑能否不再把他们作为客户。某些铜级客户如C组可能有增长的潜力，所以对它的战略应当是鼓励这些客户进行购买。银级客户以增加客户供给为目标，金级客户虽然仅有较小的增长潜力，但是还是应当尽可能地增加他们的购买。白金级客户是最好的客户，所以了解这些客户的偏好十分重要，而且除非有事实表明他们将要流失，否则不要和其有过度的交流。

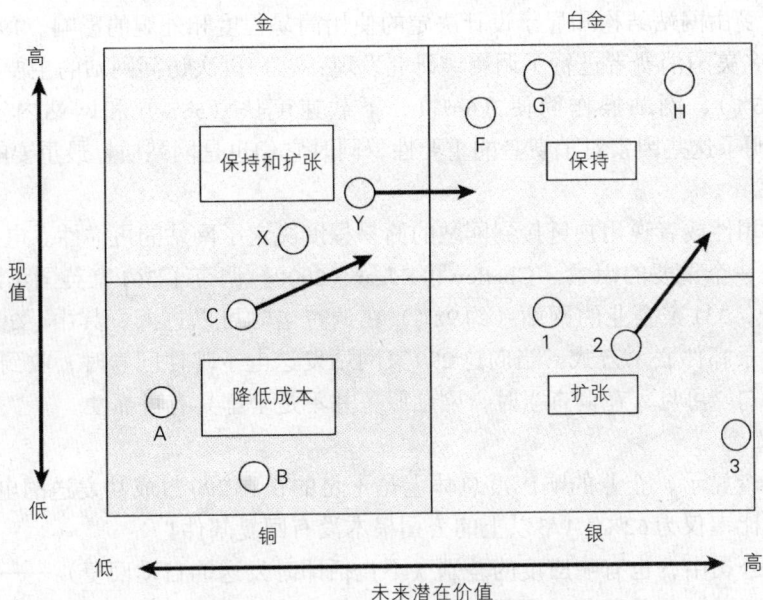

图9-18 基于LTV的区分计划举例

9.9 重点：卓越的数字化经营服务质量

在虚拟世界，服务质量是造成品牌差异的关键因素。Jevons和Gabbott（2000）强调了数字化经营服务质量在决定品牌忠诚度上的重要作用。他们说："对品牌的首次体验比对品牌的感知更能够决定信赖程度。"

通过对各个行业的研究表明，服务质量是决定忠诚度的关键因素。Feinberg等（2000）的报告显示，客户离开公司的原因中，68%以上是"低质量的服务体验"，其他原因如价格（10%）和产品（17%）所占的比重较小。

9.9.1 改进在线服务质量

数字化经营的服务质量可以通过考察服务质量的现有等级体系来评价。最经常使用的方法是基于客户期望的服务水平（来源于以往的经历和见闻）和他们感觉到的实际服务水平之间存在的"服务质量差距"这一理念。

Parasuraman 等（1985）指出影响消费者期望的和实际的服务质量水平的因素有：

- 感知——设施的物理外观和视觉吸引力；
- 可靠性——持续且准确地提供服务的能力；
- 响应度——帮助客户和提供快捷服务的意愿；
- 保证——员工的知识和礼貌以及他们展现信任和自信的能力；
- 理解——提供对个人贴心的关注。

人们对服务质量 SERVQUAL 体系（Parasuraman 等，1985）的有效性有过激烈争论，如 Cronin 和 Taylor（1992）。尽管如此，这一体系仍然是评价在线客户服务质量的重要工具。我们将考查 SERVQUAL 体系的每个因素。

1.感知

感知维度受由网站结构和显示设计决定的使用简易程度和外观的影响。1999 年，Forrester 对 8 600 名美国消费者进行了调查，研究发现：客户再次访问网站的主要原因是高质量的内容（75%）、网站操作简便（66%）、下载速度快（58%）和网站内容经常更新（54%）。这说明了这些因素对消费者的重要性，同时它们也是网站质量最重要的方面。

2.可靠性

网站的可用性或者说用户链接到网站的简易程度决定了网站的可靠性。电子邮件响应的可靠性也是一个重要的因素。Chaffey 和 Edgar（2000）调查了 361 家英国不同行业的网站，在样本中，331 家企业的网站（约 92%）在调查当时可以进入，其中，299 家企业的网站提供了电子邮件联系方式。当向这 299 家网站发送电子邮件问卷时，收到了 9 个无法成功发送的通知。可见，在调查当时，网站服务并不是全都具有可靠性。

3.响应度

同一个调查显示，企业的响应度总体上是不足的：在 290 封成功发送的电子邮件中，28 天内回复的比率仅为 62%，1/3 以上的公司根本没有回复邮件！

在回复的公司中，也有响应度的差别（不包括即时发送的自动回复）——从 8 分钟到 19 个工作日！总体的平均回复时间是 2 个工作日零 5 小时 11 分，所有行业的响应度的平均值（根据最快回复的 50%）是 1 个工作日零 34 分。这一中值结果说明在 1 个工作日内的回复代表了最好的水平，这一数值会成为消费者期望的基础。

网站的运转也反映了响应度——客户提出网页请求到网页传送到客户浏览器所花费的时间。因为信息的传送存在很大的差别，ISP 提供网络服务的质量也是如此，所以公司应当注意监控并在服务水平协议（SLAs）中明确供应商的服务水平。Zona（1999）的一项分析表明，当客户不愿等待信息下载时，经常会"逃离"，致使数字化经营收入损失 43.5 亿美元。有报告显示许多客户的等待时间不会超过 8 秒钟！

如第 7 章所述，高效率地满足客户需要也是响应度的一个重要方面。

4.保证

在使用电子邮件时，保证被认为最能反映出回复的质量。Chaffey 和 Edgar（2000）的调查显示，在收到的 180 封回复中，91% 的是针对个人的自动回复，9% 的是没有针对问题作出回答的自动回复，40% 的回复回答或谈及了 3 个问题（全部问题），10% 回答了 2 个，22% 回答了 1 个，而有 38% 没有回答任何具体的问题！

数字化经营网站所提供的更进一步的保证是对客户信息的保密。遵守 UK Which、Web Trader 或 TRUSTe 规则的公司要比其他公司更有保证。为实现数字化经营网站的保证，可以考虑采用以下建议：

（1）提供清晰有效的私人报告；

（2）在所有地区的市场上遵守隐私和消费者保护条款；

（3）把客户信息安全放在首要位置；

（4）使用独立的证明机构；

（5）强调所有交流中卓越的服务质量的重要性。

5.理解

虽然有人可能会认为实现理解需要进行私人接触，但是实际上通过电子邮件也能从某种程度上实现理解。Chaffey 和 Edgar（2000）的调查显示，在收到的回复中，91%的是针对个人的手动回复，29%（53 封）把询问送到组织的其他部门，其中，调查小组在 28 天内收到了 23 封进一步的回复，有 30 封调查邮件（57%）未收到进一步的回复。

提供个性化设施也是网站促使客户达成理解的一种表现形式，即设计动态网页以满足客户对信息的需要，但网站还要对客户所认知的网页价值进行更多的研究。

评价数字化经营提供的服务质量的另一种方法是，研究网站如何在购买决策的不同阶段提供客户服务，如图 9-4 所示。服务质量不仅取决于购买本身有多方便，还取决于顾客能否简便地选择产品以及获取售后服务，还包括履行的质量。Epson UK 网站（www.epson.co.uk）说明了如何使用网站辅助购买过程的各阶段。用户可以使用互动工具帮助选择打印机，诊断及解决问题，也可以下载技术手册。网站还对这些服务能否满足客户要求征求客户的回馈意见。

这些 SERVQUAL 因素被 Jun 和 Cai（2001）应用于网上银行并进行详细的研究，这证明了传统 SERVQUAL 在网络环境下的重要性。例如，它强调及时、准确地回复客户询问的重要性。它同时揭示了在线服务的一个特点——客户希望看到网站服务持续的改进，也证明如果网站不进行有效的改变，客户满意度将会降低。

最后，对打算在数字化经营中应用 SERVQUAL 等体系的管理者，建议其使用以下 3 个阶段管理这一过程。

（1）理解期望。需要理解客户对某个市场部门的数字化经营环境的期望。SERVQUAL 体系可以与市场调查、其他网站的比较（如第 12 章所述）同时使用，以理解客户对响应度和理解等的要求。管理者也可以使用情景设计来识别客户对网站服务的期望。

（2）制定和宣传服务承诺。理解了客户期望后，管理者可以使用营销通信使客户了解网站的服务水平，这通过客户服务保证或承诺来实现。千万不要许下过高的承诺。承诺 3 天内到货而在 2 天内送到的图书零售商将比承诺 1 天内到货而 2 天才送到的零售商更能提高客户的忠诚度。明智的公司也会说明如果没能实现承诺它会怎样做——客户会获得赔偿吗？同时必须在公司内部宣传服务承诺并对员工进行培训以保证服务能及时地传递给客户。

（3）实现服务承诺。最后，承诺要通过在线服务、员工支持和实物的发送来实现。如果不能，将会破坏网上信用，客户也不会再进行购买。

作为本节的总结，迷你案例学习9.6显示了数字化经营网站是如何提供服务的。

迷你案例学习9.6

Barclays的在线客户服务

在2005年，Barclays开发了网页自助服务来在线解答客户的疑问，这一举措减少了100 000次/月的服务台电话接听。在每一个页面上，通过"提问"选项，Barclays的解决方案使得客户能够提问并得到有意义的、准确的回答，顾客可以就从信用卡服务到公司的信用卡积分等任何主题进行提问。

在头12个月里，"提问"被350 000名客户使用，并解决了超过50万个问题。只有8%的客户通过电话中心询问，这一举措提升了客户满意度，同时使得电话中心的效率得以提高。在2007年，超过200万个客户使用"提问"来寻找他们问题的答案。

"提问"为关于客户关心什么等重要决策程序提供了无价的洞察力。例如，它为个人银行用户对外币结算业务提出了比Barclays已知的更高的要求。这些信息可告诉Barclays客户的需求和动向，同时帮助创造驱动客户的网页内容。

通过网页自助服务提问的用户一般是有购买需求的浏览用户。根据他们在提问什么，把正确的信息和产品提供给这些客户，有可能增加销售转换。"提问"通过广告服务得到增强，通过客户在银行网页上的提问来进行定向广告和促销。广告可以根据客户的问题在促销的产品或服务的相关性上进行调整。例如，当客户问及外币账户的问题时，"提问"可以展示有关旅游保险、国外信用卡和国外抵押贷款的广告。如同根据客户的搜索推销直接相关的产品一样，广告投放也用来对相关产品和服务进行交叉推销。这些广告促使客户行动起来，以完成销售业绩的同时增加反应率。

搜索结果旁边的广告产品提供了高达12%的转化率。"提问"也变得更加有用，客户可以通过一次点击或提问评估所有对他们有用的内容。通过把广告投放和"提问"整合，Barclays可以实现高水平的行为目标，这些目标之前只能通过公共、昂贵且复杂的网页分析工具来实现。由于广告和促销根据客户需求进行投放，就没有必要使用相应的系统来对客户的历史数据进行统计和跟踪，再通过分析这些数据来预测消费者行为以定向递送信息了。这一举措降低了定向递送信息的复杂性，同时增加了销量。

9.10　客户延伸

客户延伸的目标是通过鼓励交叉购买增加客户对公司的生命周期价值，例如Egg为信用卡客户提供了贷款和储蓄账户两种选择。当客户再次访问网站时，公司提供了交叉销售的机会，用来宣传相关的产品。电子邮件是告知客户公司其他产品的很好的方法，也常被用于发布新产品或促销信息以吸引客户再次访问。电子邮件对网络客户关系管理十分重要，因为网站是拉动型媒体——只有当客户决定访问网站时，他们才会进入，除非他们有动机，否则就不会这样做。许多公司现在仅向特惠客户实施推动型营销。Seth Godin（1999）说："关注对客户占有率，而不是市场占有率——除去70%的客户后，你的利润还可以上升！"一家英国理财服务公司分析了具有高流失率的客户的特点，当满足这些特点的新客户与电话中心联系时，他们被自动地阻拦，使用这些技术可以增加客户份额。

9.10.1　高级网络细分和定位技术

电子零售商为了发展延伸客户，经常使用复杂的细分和定位方案（阅读第8章作为导论）。它们掌握客户的详细特征信息和购买历史记录，想通过鼓励客户更多地使用网上服务来增加客户的生命周期价值。这种方法的主要思想也可以用于其他类型的网上公司。电子零售商使用的细分和定位方法以5个要素为基础，要素之间是有层次的。参数的数量，也就是方法的复杂程度，是由可获得的资源、技术能力和机遇三者共同决定的。

（1）识别客户生命周期群组，图9-19解释了这种方法。使用在线服务的访问者可能经历7个或更多的阶段。公司在确定这些群组并为每组客户建立客户关系管理方案后，就可以通过个性化的网站消息或根据不同规则自动生成的电子邮件发送信息。

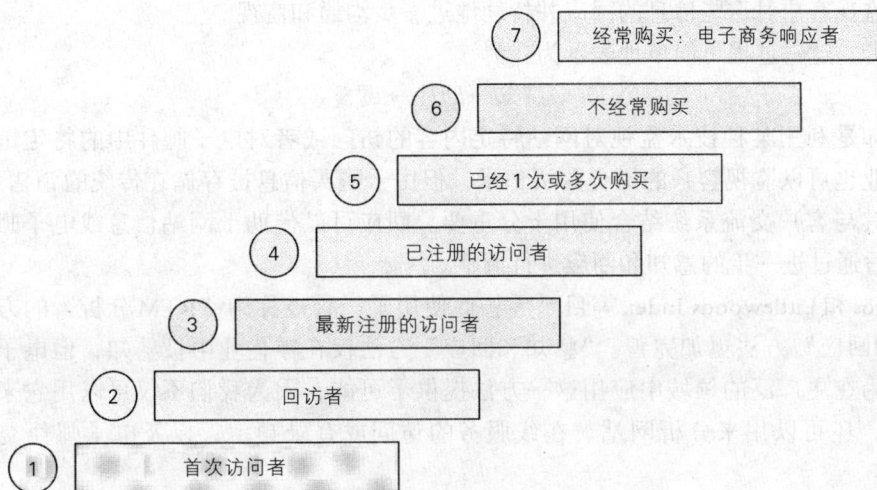

图9-19　识别客户生命周期的不同阶段

（2）识别客户特征。这是基于客户类型的传统划分方法。对B2C网上零售商，客户特征主要是指年龄、性别和地区。对于B2B公司，客户特征包括公司的规模和企业所处的行业领域。

（3）识别回应行为和购买。当客户在图9-19的生命周期中时，通过分析数据库，零售商能够建立起一个详细的回应和购买历史记录，历史记录包括最近一次购买的详情、所有的购买次数、购买价值和购买产品的类型。这种方法被称为"RFM或FRAC分析"，下面的部分将对它进行详细的研究。案例学习9.1描述了Tesco如何定位它的网上客户。

（4）识别多渠道行为（渠道偏好）。尽管公司对网络渠道有偏好，但某些客户会喜欢使用网络渠道，而其他客户则可能喜欢传统渠道。RFM和FRAC分析在一定程度上可以反映这些偏好，因为喜欢网络渠道的客户会更积极地回应并在网上购买。对于喜欢网络渠道的客户，公司可以使用电子邮件等在线交流方式进行定位；对于喜欢传统渠道的客户，公司则要使用直接邮件或电话等传统交流方式进行定位。这就是第5章介绍的"合适的渠道"。

（5）语气和形式偏好。与渠道偏好相似，客户对不同类型的信息的反应不同。有些人喜欢更理性的展现，在这种情况下，详细地解释产品优点的电子邮件会收到很好的效果。

其他人或许会喜欢使用非正式的感性的言语进行展现。精明的公司会对客户进行这方面的测试或者利用客户特征和反应进行推断，然后据此制订不同的方案。公司也会根据调查问卷的结果推断客户偏好的类型。

1.感知、回应、调整——通过监控客户行为进行相应的网上交流

为了识别客户价值、成长、响应或失败风险的种类，我们需要利用他们购买和反馈行为提供的信息来归纳他们的特点，因为过去和现在的行动通常是将来行为的最好"预兆"。通过归纳，我们就能影响他们将来的行为。

数字营销中，营销者建立了一个循环：

- 监视客户举动和行为，然后……
- 相应地给予合适的信息和产品以鼓励期望的行为
- 监视客户对这些信息的回应并持续地进一步沟通和监视

或者，这一过程可简单地表示为：

感知→回应→调整

感知是利用某种技术监视对网站特定内容的访问或者对电子邮件中的特定链接的点击。企业也可以监视客户的历史购买记录，但由于购买信息被存储在传统的销售系统中，因此将其与客户交流系统结合使用十分重要。回应可以借助于网站信息或电子邮件来实现，然后通过进一步的感知和回应进行调整。

Argos 和 Littlewoods Index 等目录零售商使用了一种被称为"RFM分析"的方法，使"感知和回应"方法更加完善。"感知和回应"方法仅在零售业中被熟知，但电子客户关系管理为在更广泛的领域中应用这一方法提供了可能，因为我们不仅可以用它来分析购买历史，还可以用来分析网站、在线服务的访问或登录频率，以及电子邮件交流的回复率。

2.新近行为、频率和货币价值（RFM）分析

RFM 有时被称为"FRAC"，后者代表频率（Frequency）、新近行为（Recency）、数量（Amount）（与货币价值作用相似）、种类（Category）（购买的产品的类型，未包含在RFM中）。现在，我们对在线营销中如何使用RFM方法进行全面的了解，这也会涉及等待时间和突破率等概念。

新近行为

新近行为指客户最近一次的行为，如在3个月前购买、访问网站、登录账户和回复电子邮件等行为。Novo（2004）强调了新近的重要性，他说：

新近行为，或者说客户完成一次活动（购买、登录、下载等）经过的天数，是客户再次进行这种活动的最好的预兆……新近行为是你第一次购买不久后收到公司寄来的其他商品目录的原因。

新近行为分析的在线应用包括：持续监视以识别易受诱惑的客户和成功客户，有选择地定位积极回应的客户以降低成本。

频率

频率指客户在一段时间内完成的活动的次数，如购买、访问和电子邮件回应。如每年购买5次、每个月访问网站5次、每周登录账户5次、每月查看电子邮件5次以及每年点击电子邮件上的链接5次。频率分析通常结合新近行为分析以进行RF评分。

货币价值

购买的货币价值可以使用不同方式进行衡量，例如每份订单的平均价值是 50 英镑，客户全年总购买的价值是 5 000 英镑。一般地，货币价值越高的客户具有越高的忠诚度和较高的未来潜在价值，因为在过去客户购买了很多的商品。货币价值应用的一个例子是在特殊促销中要排除那些 RF 得分高的积极进行购买的客户。频率通常能代表每年的货币价值，因为客户购买的产品越多，总的货币价值就越大。所以，可以简单地只分析新近行为和频率。货币价值分析在客户首次购买金额为大金额时会不准确。

等待时间

等待时间与频率相关，它指在客户生命周期中客户行为的平均间隔时间。例如两次访问网站的时间间隔、第 2 次和第 3 次购买的时间间隔以及两次点击电子邮件的链接进入网页的时间间隔。等待时间在网络的应用是设计激发程序，客户行为异常（如兴趣提升或消退）提醒公司，公司使用在线交流或传统交流方式对这一行为有影响。例如，购买间隔时间长的 B2B 或 B2C 公司会发现，如果某个客户的平均等待时间变长，他或许正打算再次购买（他的新近行为时间和频率也会变化）。企业可以根据他的历史搜索记录提供相关的产品信息并向这个客户发送为他量身定做的电子邮件、电话或直接邮件。

突破率

根据 Novo（2004）的提法，突破率指在一组客户中（在一个群组或名单内）完成某种行动的客户比率。这是一个有用的概念，虽然它的名字不能真正地表现出它的作用。它的价值在于可以比较不同群组的行为或通过网络渠道制定增加客户的目标，例如：

- 在过去 6 个月中 20%的客户访问过网站；
- 在 1 年中 5%的客户进行了 3 次或 3 次以上的购买；
- 在 1 年中 60%的注册客户登录过系统；
- 在 1 年中 30%的客户通过点击电子邮件的链接进入网页。

将客户分为不同的 RFM 类

在上面的例子中，我们根据新近行为、频率和货币价值分别将客户进行了粗略的划分。营销者根据他们对客户的理解划分客户价值范围时也会用到这种方法。

RFM 分析有两种划分客户的方法：

（1）静态 RFM 分析。利用五分位数取 20%（对大型数据库也可以选 1/10），将数量相等的客户放在 RFM 每个组中，如图 9-20 所示。图中还显示了 RFM 的另一个作用，即它可以更有效地使用各种交流渠道。低成本的电子交流方式可以用于与经常使用在线服务的客户进行交流，成本高的交流方式可以应用于偏好传统渠道的客户。这一方法有时被称为"合适的渠道"或"正确的接触"。

（2）客户数据库的专断划分。由于营销者可以根据他们对客户的了解建立取值区间，因此这种方法是有用的。

例如，RFM 分析可以根据客户对数字化经营网站的反应，利用电子邮件进行定位。可以按照如下方法对每个客户取值：

新近行为：

①12 个月以上；

②在最近 12 个月内；

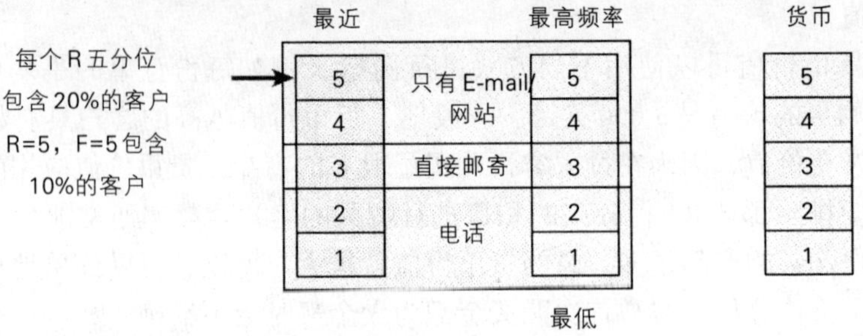

最近		最高频率	货币

每个 R 五分位
包含 20% 的客户
R=5，F=5 包含
10% 的客户

最近		最高频率		货币
5	只有 E-mail/	5		5
4	网站	4		4
3	直接邮寄	3		3
2	电话	2		2
1		1		1

最低

注意：为使每组中的数量相同，此处的界限是随意的。

图 9-20　RFM 分析

③在最近 6 个月内；

④在最近 3 个月内；

⑤在最近 1 个月内。

频率：

①每 6 个月不到一次；

②6 个月一次；

③3 个月一次；

④2 个月一次；

⑤每月一次。

货币价值：

①不到 10 英镑；

②10 英镑～50 英镑；

③50 英镑～100 英镑；

④100 英镑～200 英镑；

⑤200 英镑以上。

这种分析的简化方法更易于管理，例如，一家影院将客户分为 9 类进行直接营销：

一次客户（来影院一次）

- 最近的一次客户　　　　　　　　来影院时间距今<12 个月；

- 一段时间不来的一次客户　　　　来影院时间距今>12 个月，而又<36 个月；

- 长期未来的一次客户　　　　　　来影院时间距今超过 36 个月。

两次客户

- 最近的两次客户　　　　　　　　来影院时间距今<12 个月；

- 一段时间不来的两次客户　　　　来影院时间距今>12 个月，且<36 个月；

- 长期不来的两次客户　　　　　　来影院时间距今超过 36 个月。

两次以上客户

- 当前客户　　　　　　　　　　　本季 2 次以上订票；

- 最近客户　　　　　　　　　　　上季 2 次以上订票；

- 长期不来客户　　　　　　　　　一季之前 2 次以上订票。

产品推荐和倾向模型

倾向模型是一种评价客户特征和行为的方法，尤其是指营销企业通过分析客户过去购买的产品和服务，然后向其推荐合适的产品，又可称之为"向现有客户推荐'其他最好的商品'"。

相关的一种客户获得方法是通过直接邮件、电子邮件或网上广告定位有相同特征的潜在客户。

Duyne 等（2002）给出了下面的一些建议：

（1）创建产品自动关联（如其他更好的产品栏）。技巧较低的一种方法是把每种产品与客户过去购买过的产品合成一组，然后对每种产品按购买的次数来分组以发现它们之间的关系。

（2）阻止或减小对相关产品的"不关注"。在屏幕的一个区域显示"推荐的其他最好的商品"以进行向上销售或交叉销售。但是，如果将其作为产品的一部分出售或许会更有效。

（3）使用相似的"激发语句"。Amazon 等许多网站都使用相似的词句，如："相关产品""个人推荐""相似""购买……产品的客户""前 3 名的相关产品"。

（4）相关产品的评论。例如，对某一产品的说明。

（5）可以快速购买的相关产品。

（6）在确认时销售相关产品。也可以在交易完成后的网页中销售相关产品，例如，在某种商品已经被放入购物篮或购买后。

注意：如果不是大型网站，这种方法不需要昂贵的推荐引擎。

9.11　客户关系管理技术

数据库技术是应用 CRM 方法的核心。通常，员工可以通过内部网进入数据库，客户或合作者可以由外联网提供的客户关系管理系统界面进入。当今，应求网络服务如 CRM On Demand（www.crmondemand.com）和 Salesforce.com（www.salesforce.com）越来越受欢迎。

用电子邮件管理电子客户关系管理系统的流入、流出和内部交流信息。电子邮件交流是 e-CRM 提供的服务之一，如 Siebel 和 Epiphany。小型公司可以使用电子邮件营销 ASP 服务，如 e-mail Reaction。

企业通常使用工作流系统使 CRM 自动化。例如，工作流系统能提醒销售代表与客户联系或可以用来管理服务交付，如用在抵押的各个阶段。以表的形式存储在 CRM 客户数据库中的客户资料主要有 3 种形式：

（1）私人信息和特征信息。它们包括客户的详细联系方式和特征资料，如年龄和性别（B2C）、公司规模、所处行业和个人在购买决策中的作用（B2B）。

（2）交易信息。每笔购买交易的记录，包括购买的产品、数量、种类、地点、日期和时间以及购买渠道。

（3）交流信息。活动所定位的客户信息的记录和客户对它（出站通信）的反应的记录。交流信息也包括流入的咨询记录和销售代表的访问和报告（B2B）。

通过以上第 2、第 3 种类型的信息所获得的客户行为资料对定位客户、更好地满足客户需求十分重要。

Stone 等（2001）调查显示了如何使用 CRM 取得的客户资料进行营销。CRM 取得的资料的类型和它们的使用频率如下：

基本客户信息	75%
活动历史记录	62.5%
购买模式（销售历史）	50%
市场信息	42.5%
竞争者信息	42.5%
预测	25%

CRM 系统的数据主要有以下应用：

目标营销	80%
细分	65%
保留合适的客户	47.5%
趋势分析	45%
提高忠诚度	42.5%
提供用户化的产品	32.5%
增加客户占有	27.5%

Hewson 咨询公司指出，CRM 系统对客户有以下好处：

- 改进客户信息请求的回复时间；
- 提供满足客户要求的产品；
- 降低产品或服务的购买和使用成本；
- 方便客户了解订单的状态和提供更相关的技术支持。

显然，虽然客户可以通过打电话给客服支持人员，由支持人员进入 CRM 系统，也能够获得这些好处，但如果客户通过网络界面直接地获得这些信息，这对客户来说会更加方便并能降低公司的成本。这种方法被称为"客户自助服务"。

尽管如本章所述，CRM 有许多优点，但它的失败率依旧很高。Gartner 和 Butler 小组 2000 年的一项独立调查显示，大约 60%~70% 的 CRM 项目失败了（Mello，2001）。这并不是因为 CRM 理念有缺陷，而是实施这样一项复杂的信息系统的难度很大，它需要组织流程的实质改变，员工对它也有很大的影响。这种失败率在其他信息系统工程中也很普遍。除了第 10 章将讨论的管理上的变革，影响管理者选择 e-CRM 系统的技术因素有：

（1）应用程序的类型；

（2）与办公支持系统的整合；

（3）选择单一供应商还是多个供应商；

（4）信息的质量。

9.11.1 CRM 程序的类型

图 9-21 展现了 CRM 方案的复杂性。CRM 技术的目的是提供客户与员工之间用于交流的界面，以取代直接接触或使其更加方便。无论是从客户的角度，还是从员工的角度，CRM 系统的最终目的都是取得联系，不管客户偏好的交流渠道是电话和传真等传统方

式，还是新型的数字技术方式。因此，理想的 CRM 系统应当支持多渠道或客户偏好的渠道进行交流。无论何种渠道，客户在购买过程的不同阶段有不同的需求（参见购买者行为一节），我们找出了 3 种主要的需求——寻找有关产品的详细信息、订货和获得售后服务。企业应当提供程序以支持这些需求。同样的，员工也需要一些程序来支持客户以实现公司的营销目标。在图 9-21 中这些是销售自动化，由支持系统或知识库完成电话记录、传真或人工订货并解答客户问题。这个系统的核心是支持这些应用程序的数据库存储。第 3 章描述的 IT 设备如服务器、中间件和网络等没有在图中显示。

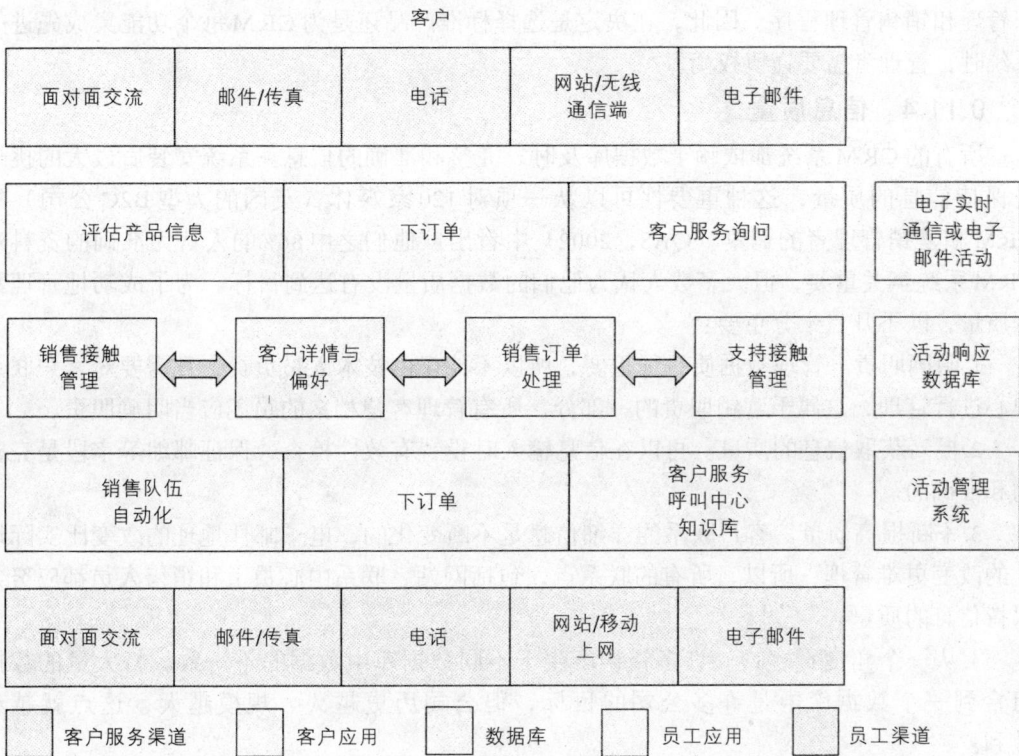

图 9-21 CRM 技术的组成部分

9.11.2 与办公支持系统整合

在引进 CRM 系统前，公司可能已经投资引进了具有其他功能的系统，如销售订单处理和客户支持系统。这些现存的系统会出现在图 9-21 的应用程序层和数据库层。丢弃这些程序对财务不会产生影响，但如果将它们整合起来，可以使组织内的每个人都能获得客户信息，从而提供卓越的客户支持。因此，现有系统的整合是 CRM 系统决策和实施的重要部分。

9.11.3 选择单一供应商还是多个供应商

图 9-21 强调了 CRM 支持系统中决策和设计因素的重要性。理想的情况应当是：
- 客户和员工使用支持所有交流渠道的单一程序；
- 单一的集成数据库，所有员工都能获得客户的全部信息——获得所有的访问、销售和客户支持的历史记录；

● 单一的服务提供商，简化CRM的实施和支持。

现在，考虑到公司实际情况，系统一般会有不同的程序对应不同的交流渠道，且有不同功能的分散数据库以及多个服务提供商，数字化经营系统通常独立于传统系统。这种状况的存在使这些系统的应用和维护成为管理者的一个难题，而且往往会降低客户服务水平。许多公司的解决方案与上面提到的相似，这使得SAP和Oracle等公司提供的企业资源规划系统越来越重要。但问题是，没有一个公司能提供所有领域最好的程序。为获得竞争优势，公司可能需要应用新的系统解决这一问题，如使用支持WAP等的新渠道并提供知识管理和销售管理程序。因此，在决定是选择标准产品还是为CRM每个功能集成先进的系统时，管理者需要谨慎权衡。

9.11.4　信息质量

所有的CRM系统都依赖于数据库及时、完整和准确的信息。系统安装后最大的挑战是保持信息的质量，这种重要性可以从一项对120家媒体（英国的大型B2C公司）的CRM和营销管理者的调查（QAS，2002）中看出。他们之中86%的人认为准确的资料对CRM系统至关重要，但大多数人认为他们的数据质量没有达到目标。为了成功地管理数据质量，以下几点十分重要：

1.明确职责。管理数据质量很重要，所以不能仅由技术人员负责，且需要对客户联系中心进行管理，这属于营销职责的一部分。所有管理客户档案的员工应当明确职责。

2.提高获取信息的质量。可以在信息输入时设置有效性检查，保证邮编等字段是完整的和准确的。

3.不断提高质量。客户联系的详细信息是不断变化的，电子邮件地址的改变比实际地址的改变更难管理，所以，所有的联系点，包括网站、联系中心员工和销售人员都应努力保持信息的质量。

4.从一个角度看客户。许多错误产生于不同数据库中数据的不一致。将大量的数据组合到一个数据库中是许多公司的目标，但公司历史越久、规模越大，这点就越难做到。

5.制定信息质量管理制度。在QAS（2002）调查的样本中，40%的公司没有制定信息质量管理制度，信息质量管理制度对实现上述目标十分重要。

案例学习9.1是对本章的总结，这个例子是有关Tesco公司如何使用CRM技术改进它对客户钱包的"占有"的。据估计每8英镑的食品支出中，有1英镑付给了Tesco，Tesco正在增加其在零售业占有的份额。

案例学习9.1

Tesco.com增加产品种类并使用触发交流以支持CRM

背景

Tesco是英国知名的食品零售组织，同时也是欧洲和亚洲在线销售的先锋。

产品范围

Tesco.com网站是Tesco公司大部分商品的销售渠道。网站上销售的产品包括各种非食品类商品（例如，书籍、DVD和在"更多"标记下的电子产品），Tesco还有个人金融和电信公司业务，以及一些与伙伴关系公司合作的业务，例如减肥俱乐部、飞行及度假、音乐下载、燃气。

竞争者

Tesco 在市场占有率方面领先于英国其他的零售商，这一领先模式也出现在在线销售方面。以下材料来自 Hitwise（2005），括号内的数字来自于 Taylor Nelson Softres Super Panel，它显示的是传统零售市场份额（参见 http：//superpanel.tns-global.com）：

（1）Tesco Superstore，27.28%（29%零售贸易）；

（2）ASDA，13.36%；

（3）ASDA@ Home，10.13%（17.1%）；

（4）Sainsburys，8.42%；

（5）Tesco Wine Warehouse，8.19%；

（6）Sainburys to you，5.86%（15.9%）；

（7）Waitrose.com，3.42%（3.6%）；

（8）Ocado，3.32%（由 Waitrose 拥有，3.6%）；

（9）Lidl，2.49%（1.8%）；

（10）ALDI-UK，2.10%（2.3%）。

有一些公司由于主要销售站点和网络销售站点是相互分离的，需要分开讨论。Asda.com 看起来好像持续了非在线销售的方式。但是，Sainsbury 的在线销售业绩远低于其传统方式的销售业绩。有一些像 Ocado 一样最初局限于伦敦地区的提供者具有较强的局部业绩。

值得注意的是，Tesco.com 的竞争者有一些没有出现在 Hitwise 的列表中，这是由于它们的经营策略集中于零售模式。这样的公司有 Morrisons、Somerfield 和 Co-op。

服务的促销

至于其他的在线零售商，Tesco.com 使用存储型广告和基于顾客的购物忠诚度的会员卡的方式说服顾客在网上购物。*New Media Age*（2005c）引用了 Tesco.com 经理 Nigel Dodd 的话："我们巨大的顾客基础就是我们无价的资源。"但是，对于非食品类商品，超级市场却使用广告中的关键词对其进行索引。

对现有的顾客，通过电子邮件和直接邮件的方式向客户提供商品和促销信息是十分重要的。

根据 Humby 和 Hunt（2003）的分析，电子零售商 Tesco.com 使用一些标准把目标顾客归类为 6 个生命周期种类中的一种，这些标准是：购买的近期性、购买的频率和购买金额，他们把这种划分方法叫作"基于责任的划分"或"忠诚度阶梯的划分"。生命周期的 6 阶段是：

- 登录
- 注意
- 发展
- 确立
- 专注
- 退出（此处的目标是赢回客户）

Tesco然后使用自动化吸引事件形成消息来鼓励持续购买。例如，Tesco.com有一个获得策略，这一策略包含在顾客生命周期内由事件引起的一系列交流。在下面的例子中，事件1后的交流是为了使网站的浏览者变成买家；事件2后的交流是为了让进行了1次购买的顾客变成进行习惯性购买的顾客；事件3后的交流是为了"激活"长期不活跃的买家。

● 吸引事件1：顾客首次在网站注册（但是没有购买）

自动回复（AR）1：在注册电子邮件发出2天后，为顾客提供电话帮助服务和5英镑的初次购买折扣，以此鼓励顾客尝试购买。

● 吸引事件2：顾客初次进行网上购买

AR1：立即提供订单确认。

AR2：在顾客购买5天后，发送一封电子邮件，内含询问从送货司机到分拣员的服务态度的链接（例如，产品质量和替换方案）。

AR3：顾客首次购买2周后——直接用电子邮件为客户提供如何使用服务的窍门，为了鼓励顾客再次购买，另附加5英镑的购买折扣。

AR4：发送每月独家购买信息简讯，以促进交叉销售。

AR5：每两周为顾客提供个性化的购买信息。

AR6：两个月后——再次提供5英镑的折扣。

AR7：每季度邮寄优惠券促进顾客进行重复购买和交叉销售。

● 吸引事件3：顾客长时间没有进行购买

AR1：休眠检测——发送一份激活邮件，内含询问顾客对在线购物服务态度的调查问卷（以此发现问题），再附加5英镑折扣。

AR2：在上面的手段奏效后，使用更大的折扣来刺激顾客持续地进行购买。

Tesco的在线产品策略

New Media Age（2005c）提供了Tesco.com首席执行官Laura Wade-Gery自2004年1月以来的概况，以此可以窥探Tesco.com在线购物事业的运作。第1年，销售额增加了24%达到了7.19亿英镑。40岁的Laura酷爱运动，在牛津大学Magdalen学院获得了历史MA学位，在Insead获得MBA学位。她曾经是Kleinwort Benson的合伙人和管理者、Gemini咨询公司的管理者和资深顾问、Tesco商店的目标市场总监和公司战略总监。

在Wade-Gery的监督下，业绩增长较快，究其原因是多种销售倡议的结合。产品范围的开发是其中的一个主要因素。在2005年早期，Tesco.com每周完成150 000份订单。现在它也提供无形产品的订单，比如电子饮食和音乐下载等服务。

Wade-Gery也专注于改善顾客在线购物的体验——对于一名新的顾客，首次完成订单所需用的时间已从过去的近1小时减少到现在的35分钟，这通过把可用性工作集中于一个主要网站实现。

为了在业务多样化的形势下仍然支持其发展，*New Media Age*（2005c）总结Wade-Gery的策略是使家庭递送业务成为Tesco的一部分。她说："我们所提供的是把Tesco的服务递送到顾客家中——这明显是对家庭递送零售概念的扩展。"到2005年5月，通过伙伴公司Video Island（为竞争对手Screenselect服务），Tesco.com已得到30 000份DVD出租订单。Wade-Gery的目标是加强这一策略的实施，同时扩展散装酒和白色食品这类商品的家庭递送业务。

Wade-Gery 看起来要在公司提供的服务方面实现一致性。例如，通过 Tesco 的购物卡忠诚度方案和一年1 000 万名顾客邮件的发送量，和伙伴公司 eDiets 加强合作。在2004年7月，Tesco.com 有限公司付出200万英镑，取得了在英国和爱尔兰 eDiets.com 的独家域名协议，从而获得了 URL www.eDietsUK.com 和 www.eDiets.ie 的使用权。通过 URL 促进服务的发展，Tesco 可以使用饮食规范化业务来增加 Tesco.com 和商店内的销售业务。

为了把重点放在零售递送业务上，Wade-Gery 在2004年3月以未披露的价格把女性门户网站 iVillage（www.ivillage.co.uk）卖给了美国一家公司。她这样向 NMA 解释：

这是一个与我们所从事的业务非常不同的网站。在我的意识里，我们的业务代表着提供顾客所需要的服务或产品，这与提供信息的业务明显不同。

这些话暗示 iVillage 的广告销售没有获得足够的收入，也没有带来足够多的促进 Tesco.com 销售的机会。但是，iVillage 有非常有用的经验，因为 Tesco 有许多与 iVillage 相同类型的东西，例如消息公告板和社区咨询服务等。

Wade-Gery 也是 Tesco Mobile 的执行官，虽然它也通过商店内宣传和直接邮件的方式促销，但是它主要运行于网络上的随收随付业务。Tesco 也提供宽带和 ISP 拨号上网业务，但是网络电话业务（例如通过 Skype 和 Vonage）仍旧没有被充分地开发利用。Tesco.com 已集中注意力于更多的有需求的传统服务，例如 Tesco Telecom 的固定电话服务，这类服务在第1年就吸引了100万个顾客。

但是，这并不说明 Tesco.com 不在相对较新的服务上进行投资。在2004年11月，Tesco 引入了音乐下载服务，6个月之后 Wade-Gery 预计这项服务将会占有大约10%的市场份额，这是较早地进入市场的好处之一。*New Media Age*（2005c）报告说 MP3 的销量打开了，并且持续上升——即使在圣诞节也是如此！Wade-Gery 说：

数字技术令人激动的是你在将来可以得到它们。随着技术的进步，我们可以把 Tesco.com 变成所有种类的产品的数字下载商店，不只是音乐这一类。很明显，电影（通过视频点播）将会是下一个。

但是，以上状况的实现必须坚实地基于对顾客需求的分析。Wade-Gery 说："对我们来说，首要的考虑是我们所提供的产品是否是顾客想要的，我们是否到达了大众市场感兴趣的程度？"应该还有进一步简化的余地。*New Media Age*（2005c）报道，Tesco 的成功建立在方便顾客和价格便宜的核心前提下，Wade-Gery 相信他们对移动通信的收费、宽带分组和音乐下载所做的工作就是零售商简化销售流程的很好例子。她说："我们实际上正设法使人们使用宽带业务，即使对还没有加入拨号上网服务的顾客也是如此。"

来源：Humby 和 Hunt（2003）；*New Media Age*（2005c）；Hitwise（2005）和 Wikipedia（2005）

问题

基于对本文实例和竞争者的研究，总结帮助 Tesco.com 获得成功的在线经营战略。

9.12 本章小结

（1）客户关系管理（CRM）的目的是提高客户忠诚度以增加盈利。CRM 致力于改进客户服务。

（2）CRM 战略的基础是公司与客户之间理想关系的"获取–保留–延伸模型"。

（3）在数字化经营环境中，获取指公司获得新的客户以及将现有客户转向网上服务的过程。为建立网上关系，公司需要建立客户档案以发现客户的需求和期望，在获得同意接收邮件的许可后可以实现进一步交流。

（4）实现获取、保留和延伸的营销通信技术包括传统的在线大众媒体技术和专门的在线技术，如搜索引擎注册、建立链接、电子邮件营销和标语广告。

（5）客户保留技术包括外联网的使用、网上社区、网上促销和电子邮件营销。

（6）客户延伸包括通过对新产品的反馈更好地了解客户，以及通过提供相关产品的信息和提高购买频率，加深客户与公司的关系。

（7）了解在线购买者的行为，特别是在购买决策的不同阶段的客户的不同需要，这有助于改进 CRM。

（8）客户服务质量对形成客户忠诚度十分重要，SERVQUAL 体系指明了如何使用互联网提高客户服务质量。

（9）CRM 的技术方案目标是为客户和员工提供多渠道的交流机会，同时把所有的客户信息储存在一个数据库中，以使员工看到客户的完整信息。管理者想要减少服务提供商以达到这些目标。

（10）CRM 需要的特殊应用程序是销售自动化技术（联系管理），电话中心程序结合了咨询管理工作和解答咨询的知识库。

习　题

自测题

1.网络环境下，客户获取和保留的目标是什么？

2.说明许可营销和打扰营销的区别，包括"选择性加入"和"选择性退出"。

3.归纳用于流量建设的在线营销通信的主要类型。

4.解释为什么数字化经营网站的管理者要了解混合模式购买。

5.简述网站吸引访问者进行再次访问的方法。

6.个性化和规模定制有何区别？

7.如何使用数字化经营网站实现其在 CRM 中的延伸？

8.在 CRM 中，信息和程序的集成管理有哪些因素？

讨论题

1.营销管理者决定数字化经营网站营销组合的根据是什么？

2.评价网上零售商现在的营销组合，并对将来的交流提出建议，以达到获取和保留客户的目的。

3.说明如何通过了解在线购买过程，改善营销通信。

4.举例解释流量建设在 B2B 和 B2C 公司中的主要区别。

5.对于单纯的数字化经营网站，考察客户满意度、忠诚度和销售之间的关系。

6.指出个性化、社区建设和直接电子邮件的优缺点。选择一家公司，提出如何使用这些在线营销工具的合适的方案。

7.评价是多个供应商还是单个（数量很少）供应商更有利于电子客户关系管理的

实施。

8.为B2C公司推荐一个CRM数据和程序体系，它们可以用来整合现有的相关系统。

考试题

1.结合网上书店，解释混合模式购买的概念。

2.假设你是一家B2C网站的数字化经营经理。在给管理当局的报告中解释为什么需要许可营销方式。

3.网上用户有哪几种搜索行为？这对网站流量建设负责人有什么启示？

4.对于客户获取和保留，分别指出数字化经营网站管理者要求的两个目标。

5.列举建设网站流量的4种方法。

6.阐述影响公司网站宣传在线和离线方式选择的3个因素。

7.如何使用数字化经营网站进行新产品开发？

8.什么是遗留系统？它和CRM是什么关系？

拓展阅读

Chaffey, D., Mayer, R., Johnston, K.and Ellis-Chadwick, F. (2009) *Internet Marketing: Strategy, Implementation and Practice*, 4th edn.Financial Times Prentice Hall, Harlow.

Chapter 6 covers online relationship building and Chapters 8 and 9 interactive communications.

Chatterjee, P. (2010) *Multiple-channel and cross-channel shopping behavior: Role of consumer shopping orientations.Marketing Intelligence & Planning*, 28 (1), 9–24.

This paper explores buyer behaviour implications for multi-channel transactions.

Dennis, C., Merrilees, B., Jayawardhena, T.and Wright, L.T. (2009) E-consumer behaviour.*European Journal of Marketing*, 43 (9/10), 1121–39.

A good overview of consumer behaviour.

Jackson, S. (2009) *Cult of Analytics: Driving Online Marketing Strategies Using Web Analytics.*Elsevier, Oxford.

Møller, K.and Halinen, A. (2000) Relationship marketing theory: its roots and direction.*Journal of Marketing Management*, 16, 29–54.

Sargeant, A.and West, D. (2001) *Direct and Interactive Marketing.*Oxford University Press, Oxford.

An excellent coverage of traditional direct marketing although the specific chapter on digital marketing is brief.

Winer, R. (2001) A framework for customer relationship management.*California Management Review*, 43 (4).

A good overview of CRM and e-CRM.

网络链接

www.dma.org.uk

DoubleClick（www.doubleclick.net）

相关互联网广告链接

ClickZ（www.clickz.com/experts/）

eMarketer（www.emarketer.com）

iMediaConnection（www.imediaconnection.com）

www.iab.net

相关搜索引索链接

ClickZ（www.clickz.com/）

Searchenginewatch（www.searchenginewatch.com）

Webmasterworld（www.webmasterworld.com）

CRM 和数据库营销

www.crm2day.com

www.dma.org.uk

Jim Novo（www.jimnovo.com）

MyCustomer.com（www.mycustomer.com）

www.1to1.com

www.permission.com

参考文献

Abraham,M.(2008)The off-line impact of online ads.*Harvard Business Review*,86(4),28.

Agrawal,V.,Arjona,V.and Lemmens,R.(2001)E-performance：the path to rational exuberance.*McKinsey Quarterly*,No.1,31-43.

Altimeter(2010)Social CRM：The New Rules of Relationship Management.White Paper published April 2010,Editor Charlene Li.Published online at www.altimeter-group.com/2010/03/altimeter-report-the-18-use-cases-of-social-crm-the-new-rules-of-relationship-management.html.

Bart,Y.,Shankar,V.,Sultan,E.and Urban,G.(2005)Are the drivers and role of online trust the same for all web sites and consumers? A large-scale exploratory empirical study.*Journal of Marketing*,October,133-52.

Berthon,B.,Pitt,L.and Watson,R.(1996)Resurfing W3：research perspectives on marketing communication and buyer behaviour on the World Wide Web.*International Journal of Advertising*,15,287-301.

Boyd,D.and Ellison,N.(2007)Social network sites：definition,history and scholarship.*Journal of Computer-Mediated Communication*,13(1),210-230.

BrandNewWorld(2004)AOL Research,originally published at www.brandnewworld.co.uk.

Cartellieri,C.,Parsons,A.,Rao,V.and Zeisser,M.(1997)The real impact of Internet advertising.*McKinsey Quarterly*,no.3,44-63.

Chaffey,D.and Edgar,M.(2000)Measuring online service quality.*Journal of Targeting，Analysis and Measurement for Marketing*,8(4),363-78.

Chaffey,D.and Smith,P.(2008)*EMarketing Excellence：Planning and Optimising Your Digital Marketing*,3rd edn.Butterworth-Heinemann,Oxford.

Chaffey,D.and Smith,P.R.(2012).*Emarketing Excellence：Planning and Optimizing your Digital Marketing*,4th edn.Routledge,London.

Cronin,J.and Taylor,S.(1992)Measuring service quality：a re-examination and extension.*Journal of Marketing*,56,55-63.

cScape(2008)Second Annual Online Customer Engagement Report(2008).Produced by E-consultancy in association with cScape.Published online at www.cscape.com(no longer available).

Dee,A.,Bassett,B.and Hoskins,J.(2007)Word-of-mouth research：principles and applications.*Journal of Advertising Research*,47(4),387-97.

Deighton,J.(1996)The future of interactive marketing.*Harvard Business Review*,November-December,151-62.

Dennis,C.,Merrilees,B.,Jayawardhena,C.and Wright,L.T.(2009)E-consumer behaviour.*European Journal of Marketing*,43(9/10),1121-39.

Emailcenter(2008)Toptable.Utilising Maxemail ROAD to increase bookings by 60%.Case study published at：www.emailcenteruk.com/case%20studies/toptable.php(no longer available).

Evans,M.,Patterson,M.and O′Malley,L.(2000)Bridging the direct marketing-direct consumer gap：some solutions from qualitative research.*Proceedings of the Academy of Marketing Annual Conference*,Derby.

Feinberg,R.,Trotter,M.and Anton,J.(2000)At any time-from anywhere-in any form.In D.Renner(ed.)*Defying the Limits，Reaching New Heights in Customer Relationship Management*.Report from Montgomery Research Inc,San Francisco,CA：http：//feinberg.crmproject.com(no longer available).

Forrester(2007)Consumer Trends Survey North America-leveraging user-generated content.January 2007.Brian Haven.

Forrester Research(1999)Strong content means a loyal audience.Forrester Research report.27 January.

Guardian(2003)TV ads'a waste of money',Claire Cozens.Tuesday 4 February.

Godin,S.(1999)*Permission Marketing*.Simon & Schuster,New York.

Hagel,J.and Armstrong,A.(1997)*Net Gain：Expanding Markets through Virtual Communities*.Harvard Business School Press,Cambridge,MA.

Haven,B.(2007)Marketing′s New Key Metric：Engagement,8 August,Forrester.

Heskett, J., Jones, T., Loveman, G., Sasser, W. and Schlesinger, E. (1994) Putting the service-profit chain to work. *Harvard Business Review*, March-April, 164-74.

Hitwise (2005) Press release: The top UK Grocery and Alcohol websites, week ending 1 October, ranked by market share of website visits, from Hitwise.co.uk.www.hitwise.co.uk (no longer available).

Hoffman, D.L. and Novak, T.P. (1996) Marketing in Hypermedia computer-mediated environments: conceptual foundations. *Journal of Marketing*, 60 (July), 50-68.

Hsieh (2010) Delivering customer happiness. A presertation by Zappos CEO Tony Hsieh with Tony Robbins. www.slideshare.net/zappos/zappos-tony-robbins-business-mastery-011610.

Humby, C. and Hunt, T. (2003) *Scoring Points. How Tesco is Winning Customer Loyalty*. Kogan Page, London.

Jevons, C. and Gabbot, M. (2000) Trust, brand equity and brand reality in Internet business relationships: an interdisciplinary approach. *Journal of Marketing Management*, 16(6), 619-34.

Jun, M. and Cai, S. (2001) The key determinants of banking service quality: a content analysis. *International Journal of Bank Marketing*, 19(7), 276-91.

Keiningham, T., Cooil, B., Aksoy, L., Andreassen, T. and Weiner, J. (2007) The value of different customer satisfaction and loyalty metrics in predicting customer retention, recommendation and share-of-wallet. *Managing Service Quality*, 17(4), 172-81.

Kirby, J. (2003) Online viral marketing: next big thing or yesterday's fling? *New Media Knowledge*. Published online at www.newmediaknowledge.co.uk (no longer available).

Kirby, K. and Samson, A. (2008) Customer advocacy metrics: the NPS theory in practice, *AdMap*, February, 17-19.

Kotler, P. (1997) *Marketing Management-Analysis, Planning, Implementation and Control*. Prentice-Hall, Englewood Cliffs, NJ.

Kumar, V., Peterson, J. and Leone, R. (2007) How valuable is word of mouth? *Harvard Business Review*, 85(10), 139-46.

Levine, R., Locke, C., Searls, D. and Weinberger, D. (2000) *The Cluetrain Manifesto*. Perseus Books, Cambridge, MA.

Lewis, H. and Lewis, R. (1997) Give your customers what they want. *Selling on the Net. Executive Book Summaries*, 19(3).

McGaffin, K. (2004) Linking matters: how to create an effective linking strategy to promote your website. Published at www.linkingmatters.com (no longer available).

MAD (2007) How online display advertising influences search volumes. Published 4 June 2007. MAD Network (*Marketing Week*), Centaur Communications.

Mello, A. (2001) Watch out for CRM's hidden costs. ZdNet online, 15 October.

Microsoft (2007) Word of the web guidelines for advertisers: understanding trends and monetising social networks. Research report.

New Media Age (200a) Product placement. By Sean Hargrave. *New Media Age*, 12 May, www.nma.co.uk.

New Media Age (2005b) Perfect match. By Greg Brooks. *New Media Age*, 29 September.

New Media Age (2005c) Delivering the goods. By Nic Howell. *New Media Age*, 5 May.

New Media Age (2007) Impulse buying. By Emma Rubach. *New Media Age*, 30 August.

Nielsen, J. (2000) Web research: believe the data. *Jakob Nielsen's Alertbox*, 11 July 1999: www.useit.com/alertbox/990711.html.

Novo, J. (2004) Drilling Down: Turning customer data into profits with a spreadsheet. Available from www.jimnovo.com.

O'Malley, L. and Tynan, C. (2001) Reframing relationship marketing for consumer markets. *Interactive Marketing*, 2(3), 240-46.

Parasuraman, A., Zeithaml, V. and Berry, L. (1985) A conceptual model of service quality and its implications for future research. *Journal of Marketing*, 49, Fall, 41-50.

Parker, R (2000) *Relationship Marketing on the Web*. Adams Streetwise, Avon, MA.

Peppers, B. and Rogers, P. (1999) *One-to-One Field Book*. Currency/Doubleday, New York.

Peters, L. (1998) The new interactive media: one-to-one but to whom? *Marketing Intelligence and Planning*, 16(1), 22–30.

QAS(2002) Data Quality-the Reality Gap. Executive summary of a report commissioned by QAS.

Reichheld, F. (2006) *The Ultimate Question: Driving Good Profits and True Growth*. Harvard Business School Press, Boston.

Reichheld, F. and Schefter, P. (2000) E-loyalty, your secret weapon on the web. *Harvard Business Review*, July-August, 105–13.

Reinartz, W. and Kumar. V. (2002) The mismanagement of customer loyalty. *Harvard Business Review*, July, 4–12.

Revolution (2005) Email marketing report. By Justin Pugsley. *Revolution*, September, 58–60.

Robinson, H., Wysocka, A. and Hand, C. (2007) Internet advertising effectiveness: the effect of design on click-through rates for banner ads. *International Journal of Advertising*, 26(4), 527–41).

Ryan, J. and Whiteman, N. (2000) Online Advertising Glossary: Sponsorships. ClickZ Media Selling Channel, 15 May.

Sharma, A. and Sheth, J. (2004) Web-based marketing: the coming revolution in marketing thought and strategy. *Journal of Business Research*, 57(7), 696–702.

Sissors, J. and Baron, R. (2002) *Advertising Media Planning*, 6th edn. McGraw-Hill, Chicago.

Smart Insights (2010) Introducing RACE=A practical framework to improve your digital marketing. Blog post by Dave Chaffey, 15 July. Available from: www.smartinsights.com/digital-marketing-strategy.

Smart Insights (2012) Comparison of Google Clickthrough rate by position. Blog post by Dave Chaffey published September 24th 2012. www.smartinsights.com/search-engine-optimisation-seo/seo-analytics/comparison-of-google-clickthrough-rates-by-position/.

Smith, P.R. and Chaffey, D. (2005) *EMarketing Excellence-at the Heart of EBusiness*, 2nd edn. Butterworth-Heinemann, Oxford.

Stone, M., Abbott, J. and Buttle, E (2001) Integrating customer data into CRM strategy. In B.Foss and M. Stone (eds) *Successful Customer Relationship Marketing*. Wiley, Chichester.

Transversal (2008) UK companies fail the multi-channel customer service test. Research report, March.

van Duyne, D., Landay, J. and Hong, J. (2002) *The Design of Sites: Patterns, Principles, and Processes for Crafting a Customer-centered Web Experience*. Addison-Wesley, Reading, MA.

Watts, D. and Dodds, S. (2007) Influentials, networks, and public opinion formation. *Journal of Consumer Research*, 34(4), 441–58.

Wikipedia (2005) Tesco. Wikipedia, the free encyclopaedia: http://en.wikipedia.org/wiki/Tesco.

Windham, L. (2001) *The Soul of the New Consumer: The Attitudes, Behaviors and Preferences of E-Customers*. Allworth Press, New York.

Zona Research (1999) The economic impacts of unacceptable website download speeds. White Paper, April.

第三部分

执行

第 10 章

变革管理

主要内容

本章主题

- 数字化经营转变的挑战
- 业务变革的不同形式
- 规划变革
- 人力资源需求
- 组织结构的修正
- 管理变革的方法
- 面向社会化商业
- 风险管理

本章重点

- 知识管理

案例学习

流程管理：复杂业务的简化

学习目标

学习本章之后，读者应该能够：

- 区分电子商务变革管理的不同类型
- 开发实施电子商务变革的提纲
- 描述由于组织变化引起的构建组织结构变化的可选方案

管理问题

- 管理变革的成功因素是什么？
- 是否应该修改组织结构来适应数字化经营的发展？如果应该，有哪些可选方案？
- 在实施组织变革时，如何处理员工方面的问题？
- 由于员工的高周转率和市场环境的急剧变化，公司应如何在员工中分享知识？

网站支持

说明以下问题的案例，请参阅 www.pearsoned.co.uk/chaffey：

- Orange 公司发展客户服务使其顾客服务网每周获得 12 000 个访问者
- Netdecisions 公司的员工的获得和保留
- Guinness 的全球管理变革

章节链接

主要相关章节

- 提前阅读第二部分中战略发展的章节，因为这些章节介绍了数字化经营变革的原因。第5章——数字化经营带来的结构转换
- 第11章和第12章——战略的实施，描述了变革管理方法是怎样通过分析、设计和执行来实施的

10.1　本章介绍

我们预期的事情总是很少发生，而我们很少期望的事却总是发生。

——Benjamin Disraeli

Disraeli的格言谈到在政府中的人们应该对变革作出回应。同样，这条格言也适用于企业，即企业必须对数字化经营所带来的变革作出回应。

虽然在一个组织内实施数字化经营可能会遇到许多挑战，但是组织可以从一些实施数字化经营的先锋公司中获悉在实施过程中可能会出现的问题。通过采取合理的行动和运用风险管理增加预见性，从而成功地完成变革。

变革管理就是管理组织流程及结构变化以及这些变化给员工和文化所带来的影响。在数字化经营的引入过程中，公司经常会要求使用者学习如何使用新的内部信息系统，但是公司应该更看重的是新的工作方法。对于那些参与大型转换项目的员工来说，他们所经历的转换是最大的。例如，一项在线销售或是在线购物数字化系统的引入就会给这些领域的员工带来很大的变化，同时这两种系统的引入也给现有员工带来了潜在的威胁。这是由于多年来，员工一直是和顾客、供应商进行面对面的交流，所以当他们现在被要求使用这种目的在于减少交流中人员介入的技术时，就会觉得他们的工作不再像以前那么有趣，甚至会觉得他们的工作受到了威胁。

本章以回顾实施和管理数字化经营面临的挑战、风险作为开头，接着讨论变革管理的不同方面。本章是围绕变革的不同方面来构建的，这些方面包括：

- 时间安排——何时是引入变革的适宜阶段？
- 编制预算——数字化经营需要付出哪些成本？
- 所需资源——需要哪些类型的资源，用它们做什么，从哪里获得？
- 组织结构——是否应该修改组织的结构？
- 管理变革中的人员影响——让员工接受大型的数字化经营变革的最佳途径是什么？
- 支持数字化经营变革的技术——知识管理的作用，对组件和内联网的探索。
- 风险管理——数字化经营项目的风险管理方法。

最后，我们通过分析数字化经营变革中的风险管理方法，总结变革管理的不同方面。

10.2　数字化经营转变的挑战

图10-1列示了变革的重要方面或者说是变革的杠杆，对这些变革因素进行评价是为了使数字化经营所带来的利益达到最大化。变革的主要杠杆（方面）包括：

（1）市场和商务模式（第2章）；

（2）业务流程（第4章）；

（3）组织结构、文化和员工的责任（本章）；

（4）技术基础设施的变化（第3、9、11章）。

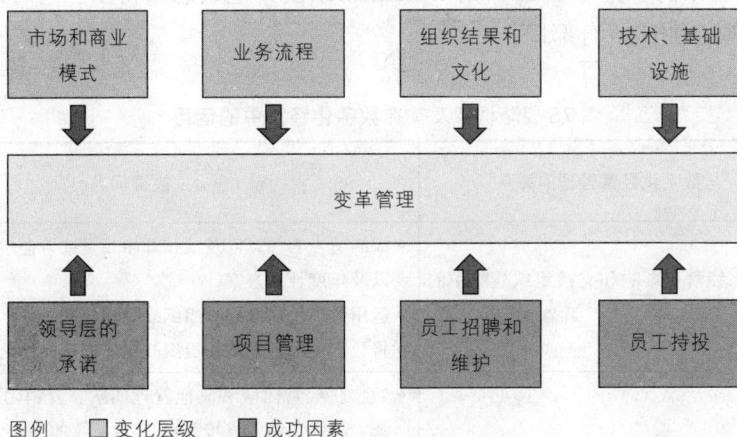

图 10-1　完成变革的重要因素

如果一个组织想对市场的变化作出敏捷的回应并提供具有竞争力的客户服务，那么所有这些重要的转变都是必须经历的。为了帮助我们认识这些转变的不同方面，我们需要对下面一系列获得成功的因素加以掌握，它们包括：

- 管理层的引入和一定的股权激励；
- 有效的项目管理；
- 吸引和维护合适的员工以成功地应对变化；
- 雇员持股比例的变化。

这些挑战在初创阶段的小企业中同样存在，但随着其规模的加大，也产生了许多不同的挑战。实践活动10.1介绍了数字化经营的一些转变挑战。

实践活动10.1

B2C公司的变革管理

目的

调查变革给实施数字化经营公司的员工带来的影响。

活动

思考在B2C公司，公司CEO或是图10-1最上面的4个线框中列示的一个部门主管实施的变革对不同员工有怎样的影响？设想你就是如下人士中的一员，从个人专业的水平出发，你将作何回应？在变革活动中，你将扮演什么样的角色？

- 市场经理；
- 仓库经理；
- 人力资源经理；
- 信息系统（IS）经理；
- 通话中心的雇员。

实践活动答案参见www.pearsoned.co.uk/chaffey。

10.2.1　卖方电子商务实施所面临的挑战

表10-1列示了组织用于管理数字化经营变革的7S框架。这个框架是McKinsey咨询公司于1970年提出来的，并于1980年由Waterman以及其他人总结得出。它可以非常容易地应用于不同规模企业的所有部门。

表 10-1　　　　　　　　　　　7S 战略框架及其在数字化经营中的运用

7S 模型的元素	与数字化经营管理的关系	关键问题
战略	数字化经营在影响和支持组织战略中的贡献	• 编制适当的预算以及从预算中论证或传递价值和投资报酬率以及年度计划方案 • 运用数字化经营影响组织战略的技术 • 将数字化经营战略和组织战略、市场战略结合的技术
结构	修改组织结构以支持数字化经营的发展	• 数字化经营团队和其他管理团队、营销团队（公司内的交流、品牌营销、直接营销）、IT 员工的综合 • 多功能团队和领导团队的使用 • 内包与外包
制度	制定特殊流程、程序或信息系统制度以及支持网上营销	• 制定涉及整合的方法 • 管理或分享客户资源 • 管理内容质量 • 数字营销效率报告的一体化 • 内部与外部择优选择以及外部整合的技术解决方案
员工	根据员工的背景、性别和性格特征（如信息技术与营销、客户或是咨询机构的使用）对员工进行分类	• 内包与外包 • 大量引进高级管理者或是利用数字营销 • 员工的补充和维持、虚拟工作 • 员工的发展和培训
风格	重要管理者的行为在实现组织目标和形成组织文化风格这两方面的作用要统一	• 数字化经营团队在有影响力的战略中的角色——是有活力、有影响力，还是在被动地寻求发言权
技巧	主要员工的特殊技能，也可以解释为团队成员的特殊技巧体系	• 将员工技巧运用于特殊的领域：供应商选择、项目管理、内容管理、特殊的电子营销方案（搜索引擎市场、联盟营销、电子邮件营销、在线广告）
共同的价值观	数字化经营组织的指导理念也是价值和文化共享的一部分，内部和外部对这些目标的理解可能不同	• 提高高层管理者以及和他们一起工作的员工（营销通才和IT人士）对数字化经营团队重要性和有效性的理解

表10-1总结了变革管理中的一些重要问题，但是究竟什么才是公司面临的最主要的挑战呢？《经济顾问》（2005）调查了英国的多位电子商务经理，总结了他们认为组织管理中电子商务面临的最主要的挑战。纵观7S的内容，我们可以将企业面临的主要的挑战总结如下：

- 战略——将互联网战略应用于核心营销的预算难以获得和商业战略的能力有限性（第5章所描述的）；
- 结构——资源获得的挑战以及利用信息技术营销难以获得大宗买进的挑战揭示了企业的结构和流程存在的问题；

● 技巧和员工——寻找具有专门技术的员工和代理存在困难也揭示了这类问题的存在。

作者于 2005 年完成的《电子咨询》研究，突出了电子商务实施面临的一些主要挑战。作者最初设计的面试样本是针对那些交易性网站的电子商务经理的——例如，手机行业中的 Orange 公司和 The Carphone Warehouse 集团，旅游业中的 Tui 和 MyTravel 公司，财务服务业中的 Lloyds TSB 和 Bradford、Bingley 公司以及直销者如 BCA 公司。

这项研究的目标之一就是大致地描绘组织的程序和活动，这些程序和活动作为卖方电子商务和已开发的组织结构的一部分来管理。图 10-2 给了我们一个有关处理电子客户关系管理（e-CRM）流程的数据指示，e-CRM 流程的管理需要流经第 9 章描述的 3 个核心 e-CRM 区域（认知、转变、保持），此外图 10-2 还列示了支持这些流程的管理活动。一些大型的组织在真正的实施中一般会设 10 到 50 个专职员工来管理这些活动。而对于小一点的公司来说，这将会是一个挑战，因为在这些公司中一般仅有 1 到 2 个人负责这些工作，因此他们必须灵活地工作并将许多工作外包。

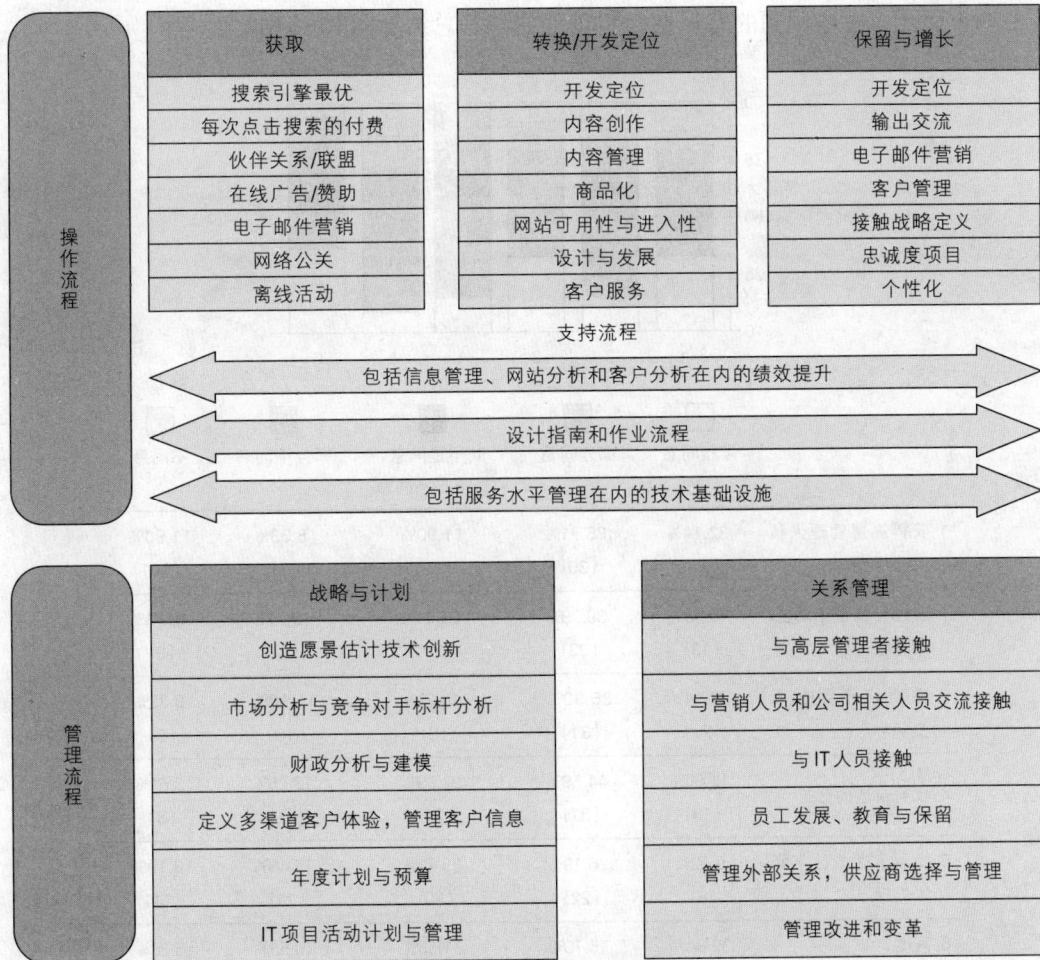

操作流程	获取	转换/开发定位	保留与增长
	搜索引擎最优	开发定位	开发定位
	每次点击搜索的付费	内容创作	输出交流
	伙伴关系/联盟	内容管理	电子邮件营销
	在线广告/赞助	商品化	客户管理
	电子邮件营销	网站可用性与进入性	接触战略定义
	网络公关	设计与发展	忠诚度项目
	离线活动	客户服务	个性化

支持流程

包括信息管理、网站分析和客户分析在内的绩效提升

设计指南和作业流程

包括服务水平管理在内的技术基础设施

管理流程	战略与计划	关系管理
	创造愿景估计技术创新	与高层管理者接触
	市场分析与竞争对手标杆分析	与营销人员和公司相关人员交流接触
	财政分析与建模	与 IT 人员接触
	定义多渠道客户体验，管理客户信息	员工发展、教育与保留
	年度计划与预算	管理外部关系，供应商选择与管理
	IT 项目活动计划与管理	管理改进和变革

图 10-2　需要作为卖方电子商务来管理数字营销活动

来源:《电子咨询》(2005)

作为研究的一部分，被调查者回答了他们主要的挑战是什么，他们的回答突出了怎样为网络营销获得足够的资源。这些主要的挑战包括：

- 使大宗买进、预算和观众媒体消费、产生的价值相一致。
- 所有权和来自数字营销团队、传统营销、信息技术（IT）和财务/高级管理层的压力之间的冲突。
- 协调不同的渠道和商务中其他环节的营销流程管理团队。
- 管理并整合客户信息（在网上搜集有关性格和行为的信息）。
- 获得统一的报告和业绩改进流程（通过报告、分析和转换的行动）。
- 通过改变组织其他部分的责任来构建专家数字团队和综合组织。
- 利用内包与外包等网上营销战略，例如，搜索、联盟、电子邮件营销和公关等。
- 员工招聘和维护。随着电子营销技术人员需求的急剧增长，产生了这方面人才的短缺，这也给本书的每一位读者提供了良好的机遇。

在开始定性访问之后，我们认识到电子商务经理也会面临其他挑战。接下来一个更广泛的调查显示了这些问题的普遍性，经理们的回答总结于图10-3中。

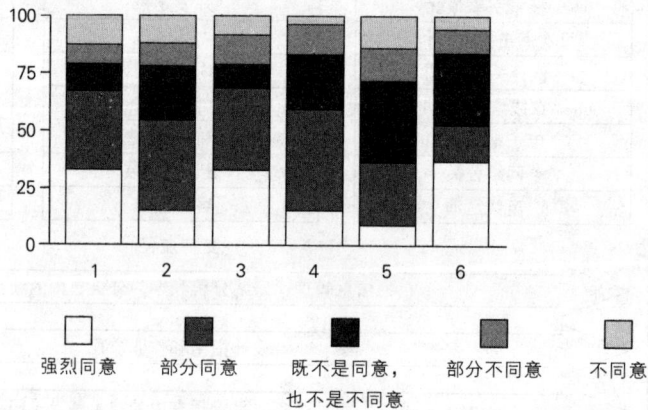

	强烈同意	部分同意	既不是同意，也不是不同意	部分不同意	不同意
1. 获得高层管理人员买入/资源	32.14% (27)	35.71% (30)	11.90% (10)	8.33% (7)	11.90% (10)
2. 通过传统营销功能/品牌获得买入/资源	15.48% (13)	39.29% (33)	23.81% (20)	10.71% (9)	10.71% (9)
3. 获得IT资源/技术支持	32.14% (27)	36.90% (31)	10.71% (9)	11.90% (10)	8.33% (7)
4. 找到合适的员工	15.66% (13)	44.58% (37)	22.89% (19)	13.25% (11)	3.61% (3)
5. 找到合适的数字媒体代理	9.52% (8)	26.19% (22)	35.71% (30)	15.48% (13)	13.10% (11)
6. 其他挑战	36.84% (7)	15.79% (3)	31.58% (6)	10.53% (2)	5.26% (1)

图10-3 管理卖方数字化经营的主要挑战（n=84）

来源：《电子咨询》（2005）

这些研究显示，对于许多组织来说，对组织中电子商务团队和其他部门结合点的管理是企业面临的主要挑战。管理这些结合点是电子商务部门的主管和经理在工作中最重要的职责。每一个回答者都明确地表示在组织中，有必要向同事传达有关电子商务的收益以及在这个盈利的过程中所需要的变革。培训需要在组织的如下 3 个主要部分中提到：

（1）高级管理层。对于那些电子商务开展得不是很好的企业来说，对高层管理团队的结合点的管理是个问题，曾经有许多人承认了这一点。但是现在他们觉得他们已经理解了网上渠道的战略意义，通过财务资源和足够的进口，可以使经营目标和电子商务活动保持一致。

（2）营销、不同的品牌、商务或国家。同样地，这对于电子商务发展得不太好的组织来说更是一个问题。其他一些组织已经开发出服务于电子商务和营销团队的处理程序，以及定义营销团队内部电子商务的责任。

（3）信息技术。上面提到的结合点对于每一位回答者都是一项挑战——这是一个理念，即用于发展应用的资源限制了电子商务向顾客和组织传递价值的潜力。但如果一个公司在电子商务的功能中加入了开发发展功能，或者是已经外包了这个部分，这些将不再是问题。

小规模或新创立的业务在使用电子技术使其成功方面面临不同类型的挑战，尤其是如果这些业务以电子技术为基础，仅仅把它们看作单纯的 SaaS 零售商的业务（第 3 章）时。黑客式营销（growth hacking marketing）概念的发展可以支持这些业务的盈利性增长。

专栏 10.1

Growth Hacking

Andrew Chen 是许多初创企业的顾问和投资者，2012 年，在他的文章 "*Growth Hacker is the New VP Marketing*" 中描述了 Growth Hacker（即指那些既懂技术又懂营销的双料人才）。

Growth Hacker 是营销者和编码者的混合体。他关注于 "我如何为我的商品带来顾客" 的传统问题，而启用 A/B 测试、登录页面、viralfactor、电子邮件送达率和大平台整合来回答。在这个的顶端，他们定下了直接营销的规则，以此强调定量措施、电子制表软件上的脚本建模和大量数据库问题。

这个引述展示了许多特征并不新鲜，例如对转化率优化（CRO）的测试和研究的关注，事实上，它们已经被特征化在这部书的一些版本中，但是它展示了如何实现业务转化的思维定势上的一个变化。Growth Hacker 的另外一个关键特征是检验技术，通过鼓励用户分享经验实现病毒式营销。在被微软收购以前，Hotmail 从 0 到 1 200 万个使用者的增长是黑客式营销的一段奇闻异事。对于 Hotmail 的共享快速，是由于邮件签名："PS 我爱你。在 Hotmail 收到免费邮件。签名。"

今天，鼓励通过广播和社交进行共享是 Growth Hacker 探索的一种方法。根据 Schranz（2012），这些技巧帮助 LinkedIn 用户从 1 300 万增长到 1.75 亿。Schranz 解释了 Facebook 用户群初始通过一个用以衡量和提高的简单框架，使每个人理解关注什么和为什么变得更加容易。

- 用户获取——使人们在你的产品面前
- 激活注册——提供初始的体验

- 参与——保证用户参与，传递价值
- 传播——获得用户的口碑

Growth hacking 的一些原则被现存的业务所采纳，以此加强它们电子渠道的销售。例如，出版商 The Guardian 关于 Growth hacking 高管的广告，作了这样的定位：

Guardian 致力于电商领先战略，为了支持这一战略，我们正在寻找 Growth hacking 的高管负责管理传播团队，关注于 GNM 的 Growth hacking 计划。这个职位负责寻找创新方式促进公众接受、使用和保留 Guardian 的电子产品。

10.3 业务变革的不同形式

纵观整个产业界，变革的表现形式主要有两种。

一种是渐进式变革，这种变革一般包括商务环境变化所需要进行的相对小的调整（第 4 章）。组织审视它的环境，然后根据从竞争者那里得来的新产品信息、新的法律或者是消费者行为的长期变化如青少年消费力的增长等方面的信息作出调整。组织同样也可以作一些小调整来提高流程的效率。

另一种是非连续性变革或者传递性变革。很多重要的非连续性变革或是传递性变革是指商务环境大规模的转换，这些转换一般会影响根本的竞争能力。低成本互联网技术的广泛使用所带来的机遇和挑战就是一种非连续性变革。

组织变革反映行业水平。它发生在连续、渐进式（非连续的）的基础上。数字化经营的引入给组织带来这两种类型的变革。

Nadler 等（1995）找到了一个方法来定义组织变革的类型。这个方法运用了渐进式变革、非连续性变革、预期式变革、反应性变革等理念。预期式变革一般是指一个组织主动地转换，以提高自己的效率或是在竞争中发掘出自己的优势。反应性变革是指组织对外部环境变化的直接反应。Nadler 等（1995）定义了组织变革的 4 种不同形式：

（1）调整。调整发生在不需要立即作出变化的时候，是变革的一种渐进形式。它被归类为"把事情做得更好"。新的产品或政策可能被用来提高处理效率，例如，缩短营销时间或是减少经营运作成本。数字化经营的应用之所以包括调整，是因为互联网技术可以用来提高效率。

（2）适应。适应也是变革的一种渐进形式，但是在这种情况下，它作为对外部威胁或机遇的回应，也被归类为"把事情做得更好"。例如，一个竞争对手生产了一个新产品或者你的两个对手合并为一个更强的对手，这时组织需要对此作出回应。但是，它指的并不是基本竞争能力的转换。在对数字化经营的相关转换进行管理时也需要这种调整。

（3）重新定位。对于组织来说，一个重大的变化或转变最初往往起因于非连续性变化，在这种情况下，虽然不需要组织立即作出变化，但是这些变化是后续变化的一个前奏。20 世纪中期，IBM 公司是最早引入数字化经营理念的组织之一，这种转变就为 IBM 的商务运作带来了一次更为广泛的转换。对于许多组织来说，若想成功地运用数字化经营，组织就有必要重新进行定位。

（4）再创造。在再创造的过程中，组织的高级管理团队认为运作方式的根本转换可以提高竞争能力。在航空业，已有的航线已经转换了程序以应对低成本的运送方式，例如通过强调服务质量或者引入竞争对手的低成本服务。重新定位和再创造被归类为"用不同的方式做事情"。数字化经营也给航空业带来了根本性变革,现在低成本的航道占据了所有预定量的90%。然而,正如我们在第4章所看到的,这些戏剧性的变化并不会发生在每个行业中。

1.业务流程管理

一些和内部经营相联系的数字化经营最初仅用于提高效率,例如,人力资源管理系统就只是渐进式变革。利用信息系统提高经营过程效率的实践,对于组织来说是一项重要的活动(如案例学习10.1)。我们发现,现在业务流程管理变得非常流行,如上所述,它包含了用以完善经营过程的不同的等级。

在2003年,业务流程管理(BPM)被Gartner定义为:

业务流程管理是一个方法论,也是一个能促使企业明确其经营过程各个步骤的工具的集合。企业在对业务流程管理进行合适的分析和设计之前,需要充分地了解业务流程的基本步骤。当业务流程管理被应用于一个经营流程时,你会发现这些基本的步骤经常会和实践中的经营活动相呼应,例如,核查客户信贷分类,更新客户账户和检查存货情况等。事实上,经营过程管理所涉及的过程流在实际中的运用就是把我们所熟知的一些经营活动以一种更协调的方式来运行而已。

典型的文件工作流,即业务流程管理的前身,侧重于让员工来完成服务。而业务流程管理由于受软件集成力量的影响,则侧重于让员工和自助代理来传递服务。

2.非连续性过程转换

经营过程管理一般包括连续、渐进式变革。各种形式的信息管理软件(如一条定期航线实施电子售票系统)的引入常常涉及非连续性变革——采用低成本的电子售票系统以后,easyJet航线和Ryanair航线超过80%的机票都是通过网上售票系统卖出去的,这给航空业带来了重大的影响。表10-2中列示了业务流程变革的3种不同程度。

表10-2　　　　　　　　信息系统(IS)用于增强公司运作的可选方式

方式	含　义	目的	失败的风险
业务流程重组	通过组织整体的行动对公司所有主要的流程进行重组	执行中可获得的高收益 (>100%)	最高
业务流程优化	目标序列中关键流程的重新设计	(<50%)	中等
业务流程自动化	对已有流程的自动化,经常使用工作流程软件(第2章)	(<20%)	最低

20世纪早期到中期,组织变革打着业务流程重组(BPR)的旗号被大力倡导。1993年,Hammer、Champy和Davenport对它的宣扬使之变得更加流行。业务流程重组的实质就是为了完善经营过程,从根本上对业务流程、组织结构、团队结构和雇佣者责任进行转换。Hammer和Champy在1993年将业务流程重组定义为:

对业务流程进行根本性的再思考和彻底的再设计以获得流程的重大改进或优化,从而在成本、质量、服务和速度等方面获得业绩的重大改善,并且以一种批判的、当代的业绩标准对此进行衡量,如成本、质量、服务和速度。

业务流程重组的定义有如下几个关键点:

- 基本再思考——重组通常是指一些重要业务流程的转换，如客户服务、销售订单的处理和生成。

- 根本再设计——重组不是指简单的反映、渐进式变革或是已有工作方式的自动化，而是指对业务流程运作方法的一个彻底的再思考。

- 重大的完善——业务流程重组的目标是获得用百分比或是完成度来表示的改进成果。而对已有流程的自动化仅仅只表示单个的改善。

- 业务流程优化——这一点涉及的主要问题就是如何使流程处理过程中有效利用成本、质量、服务和速度这4个重要的指标。

1995年，Willcocks和Smith把发生在流程创新组织中的典型的转变特征归纳为：

- 操作单元从功能模块转变为流程组；

- 工作从单一的任务转变为多方位的工作；

- 人员的角色从被控制转为被授权；

- 行动重点从活动转变为结果；

- 价值观从防护性转变为生产性。

在1993年的公司流程重组中，Hammer和Champy设立了专门的章节来举例说明信息系统怎样在变革（破坏性技术）中扮演一个催化剂角色。读者也可以借助于一些数字化经营软件的知识来熟悉这些技术，例如第2章中描述的追踪技术、决策支持工具、电子通信网络、电话会议和共享数据库等。Hammer和Champy将这些技术归类为"破坏性技术"，因为它们会迫使公司重新考虑现有的业务流程，寻找新的运营方式。尽管在追求一些像重新定位、目录再创造这样的重大变革时，这些技术具有普遍的破坏性，但在现实中这些技术还是可以运用的。

20世纪许多重组的项目开始实施，可由于它们的规模较大和企业在管理大型信息系统项目方面存在诸多问题，这些项目随后都以失败告终。此外，许多组织利用业务流程重组来连接组织的流程以缩小规模，结果导致了员工和知识的流失。因此，业务流程重组作为一个追求变革的理念，已渐渐失去了宠爱，诸多组织对它也变得更加谨慎。

非根本性的组织变革的方法叫作业务流程优化（BPA），或者被称为业务流程创新，它是由Davenport在1993年定义的。在一个将数字化经营用于供应链管理的例子中我们可以看到，组织应该决定转换的范围。例如，所有的供应链活动需要被同步修正吗？还是仅选择采购或出货这种特定的活动作为最初目标？现在的观点可能会认为后一种方式比较可取。

如果一个非根本的方法被采纳了，我们就应提醒组织在运用的过程中不要步入这样的困境——对次优流程进行自动化。简言之，如果陷入这种困境，那么组织就是在利用信息技术"更快地做坏事"而已。这种使用信息技术来支持现有程序和实践的方式被称为"经营过程自动化"。尽管公司也可以通过这种方式来获得收益，但它产生的回报不足以弥补投资。

1993年，Davenport提出了一个引入业务流程重组的阶段性方法。这个方法也可以用于数字化经营的变革。他建议以下这些阶段可应用于数字化经营：

- 识别可用于创新的流程——从组织价值链的角度来看，它们应该是经营的主要流程，因为它们可以给顾客带来最大的价值增加，或是可以给公司带来最大的效率和收益。有关的例子包括客户关系管理、物流和采购。

- 识别变革杠杆——它们可以促进并协助转换变革的完成。主要的变革杠杆是创新的技术，以及我们所看到的组织文化和结构。

- 发展过程想象——这指的是在组织完成大宗买进时，我们所得到的信息和变革动因之间的交流。

- 理解现存的流程——现有流程都列示于公司的文件中。它允许现有业务流程以此为基准点来执行。同时，它也提供了一个方式用来测试某个重组流程改善经营活动的程度。

- 设计和试制新流程的样本——它是由想象力转变为可以实际操作的新流程的过程。新流程样本的操作可以借助于两个杠杆。第一，模拟和建模工具可以用来检查流程的逻辑运作。第二，假定模拟模型没有出现什么重大的问题，这个新的流程就可以进行一个全面的操作测试。无须多说，如果它被所有的人员接受的话，那么这个测试活动必须谨慎地执行。

2001年，Cope 和 Waddell 评价了澳大利亚制造业经理引进数字化经营服务的方法。他们测试了适量调整、渐进式调整、模块转换、共同转换的不同阶段，发现这个特定行业在此次调查中，相对保守的适量调整占据了支配地位。

案例学习10.1

流程管理：简化复杂业务

这个案例以现代的视角出发研究了信息系统业务流程完善的方法，总结了工具、收益以及业务流程管理间的相互联系。

Steven S. Smith 是 US Bank Wells Fargo Financial 的首席技术总监，去年将业务流程管理引进他的公司。

注意他是如何做的："我没有去我们分区的首要执行委员会，然后说：'我们正要投资这项工具。'相反的，我们买进技术，仅仅为了处理业务上的一个特殊问题。其就像一个业务经理可以直接向CEO进行报告。"他说："看看新技术带来的收益。"

"所有IT人面带笑容地坐在房间里，他们不必说话，也不需要在业务上吹嘘自己多么厉害。"他说。

当一个组织基于业务层面提出关于一项新技术的需求时，不寻常的事情正在发生，对于很多公司而言，那就是业务流程管理。

它是一种被技术支持的方法论，而且很热门。

世界上最大的咨询公司 Accenture 有一位 BPM 全球总监，叫作 Jim Adamczyk。

他将这描述为一种思维定式："大部分情况下它会持续很长一段时间。"它改变的是流程业务需求的集合，技术的发展让人们可以通过建立系统来满足充满弹性的需求。

2008年，AG 软件的欧洲顾问 Kiran Garimella、Michael Lees 和 Bruce Williams 在一本新书中提到，BPM 代表了过去几十年来商业管理发展方面的高潮，集合了所有的经验、思想和专业知识。

"它讲究顾客优先，以业务为重心，它使企业各个角落的人们获得更大的成功，将人与系统结合在一起，BPM 可以实现所有崇高的目标和最佳的战略。"他们说。

它听起来太好了，已经吸引了一系列的软件厂商和咨询公司的注意，既有单一经营者例如 Pegasystems、Savvion 和 Lombardi，又有包括像 Oracle 和 IBM 这样的大公司。

综上也容易看出 Adamczyk 先生为什么感到忧虑："我担心这会成为炒作，作为无尽系列的良方之一。但是我们的核心是尝试调整业务领域——业务需求是什么——使 IT 人员能理解和构建。"

采用 BPM 的动力是什么？经营单一业务的 Tibco 公司的国际营销总监提出正在增长的业务复杂性是首要原因："核心上它是灵活、高效率和高生产率的，业务上它使在压力之下用更少的资源完成更多的工作成为可能。"

"法规遵从性是另一个驱动因素。规则如欧盟的 MiFID 和《萨班斯-奥克斯利法案》在美国有一个重要的过程维度。在医疗领域，它是 HIPAA。几乎每一个行业都有它自身的一系列的需要遵守的必要条件。"

"通过准确使用，BPM 帮助公司流水线流程减少循环时间，更快地完成工作。它将员工解放出来去关注他们能够增加真实价值的领域。"

BPM 为任何把资源和材料转化为产品或服务的流程提供能够使组织检查、分析和提高它们的流程的工具。

"这个转化有关一项业务如何运作，它是企业神奇的万能药。"AG 软件的作者这样说道，"转化越有效率，越能成功地创造价值。"

BPM 软件提供能够促进应用层面沟通和数据流动性的技术性支持。仅仅过去的几年，软件已变得充分成熟，能够为了这个目标而可靠地使用。

这里有四个主要阶段：流程分析、流程设计、流程自动化和业务作业监控——为进一步提高提供了反馈。

这里有两个 BPM 在应用方面的例子。

伦敦大学医学院在伦敦有 7 家大型医院，每年会通过难以计数的专场医疗会来治疗成百上千个患者。

政府的目标是使首次转诊到开始治疗之间的时间间隔不超过 18 周。医院的 IT 总监 James Thomas 了解到通过现有的手动追踪患者的方法已经无法应对目前的情况。

他想要引进一项技术，通过例外追踪。一份阶段性报告只要在治疗路径上失败，例如出现一份缺失的实验室报告，一个"警钟"就将响起。医院的系统会发送一份电子邮件给负责人并提醒失败的相关个人。

与 Logical CMG 的合作中，咨询家 Thomas 先生通过使用 Lombardi 的 BPM 软件获取某一单项专长的治疗路径地图，发现第一个和最后三个流程是完全相同的，中间的 1/3 取决于所涉及的特定专长。

业务活动监控（BAM）软件被用来监控患者在路径中的进展。"它是你的意识，是一个难以置信的好警察。"Thomas 先生说。

在这个月底，系统将被运用于集团中的一家下属医院，今年年底覆盖整个医院。但是这并不容易实现，因为使人们接受它们并记录那些服务流程，而后致力于整合那些流程，这并不容易，涉及不同行政医院和诊所的所有员工。

人们会把这个看作一个电子形式的"大哥"（Big Brother），当他们没有完成时，它会发送邮件提醒人们。我们必须转变，我们面临的任务对于我们现在的工作方式有很大的影响——这会帮助我们打破和消化那些问题。

Wells Fargo Financial 的 Smith 先生则担心完成特定业务流程需要花太长时间。他买入 BPM 的试验台软件是想帮助银行简化为贷款客户提供解答的流程。

人工追踪流程需要在全美额外雇用 20 名员工，这个岗位已经有了 4 名员工。

BPM 软件的安装需要花费 4 个月——Smith 先生把延迟归结于他的团队不愿意使用这种敏捷的流水线工作方法和技巧，而不是软件安装需要经过测试——因为它导致了整个流程的自动化，原来 4 个人的工作而现在只需要 3 个人。

银行在首次部署并实施一定数量的 BPM 系统后，再把新的批发商增加到银行私人信用卡产品的流程中，这在过去需要数周，现在仅需一天左右。

Smith 先生说，面对如此多的 BPM 经营者，选择最合适的是很重要的，把他们带入设备中与现有系统相配合。

这两个例子展示了 BPM 部署的重要原则。

第一，需要从很小且简单的流程开始。例如 Thomas 先生选择仅仅记录患者的治疗路径或者 Smith 先生只选择贷款批准通知流程，充分证明了这个理念。

第二，需要抓住使用系统的人们的心理和思想。例如 Thomas 先生强调医院员工充分使用系统不必使用新技巧或者承受额外培训。

Lombardi 的董事长 Rod Favaron 说公司看到正确部署 BPM 可以带来三种收益：效率、效果和敏捷度。

"在面向服务架构和以需求为主的市场信息的时代中，敏捷度是很好理解的概念，而在流程管理的世界中，快速变化的能力是基本的。"他说。

顾客平均每年有 4 到 7 次会改变他们主要的生活程序，此时新的机将会出现。新的合伙人或者顾客则需要你支持顾客不同的程序方式。

政府的法规要求同样也会改变公司的流程，例如提供一个 BPM 平台，在这里其需要与其他任何可供的选择进行对比。这种方式能更加有效且更快改变公司流程。

来源：Alan Cane, Process Management: Making complex business a lot simpler? *The Financial Times*, 14 May 2008

问题

1. 以 20 世纪 90 年代的业务流程重组的影响为基础，这篇文章建议怎样开展经营思索和经营实践？

2. 总结文章提到的业务流程管理的优点。

3. 当所有新的信息系统和数字化经营活动都受过程优化驱使时，谈谈企业采用诸如业务流程管理这样的理念的必要性。

10.4　规划变革

我们对变革管理认识的起点是本书第二部分略述的引入数字化经营变革的目标、战略和策略。而在这里，我们要关注的是，作为项目规划一部分的项目管理团队，我们应该怎样通过变革实施战略以达到组织目标。

10.4.1　项目治理势在必行？

有一项超过 600 个欧洲和美国企业参与的调查，调查的主要内容是管理数字业务实施项目遇到的相关挑战（电子商务咨询，2007）。这项调查发现：

- 只有58%的受访者表示他们的项目实现了自己的目标，其中21%表示没有做到最后。
- 仅有39%一直控制预算并取得了不错的投资回报率。
- 受访者中超过8%的人没有坚持到项目的最后，将近6%的人从未在预算之内交付过他们的项目。
- 接近一半的受访者（45.5%）表示没有一个结构化的方法来管理他们的网络项目。

受访者认为，网络相关的项目与其他项目不同，因为他们需要应对：

- 消费者需求和市场条件不断变化
- 涉及的人员和技能的广度不断变化
- 利益相关者
- 频繁紧凑或固定的期限
- 一定程度的不确定性
- 有必要与真正的客户互动

电子商务咨询（2007）还指出了网络项目管理的主要挑战，如图10-4所示，并在图10-5中列明了克服这些挑战的方法。

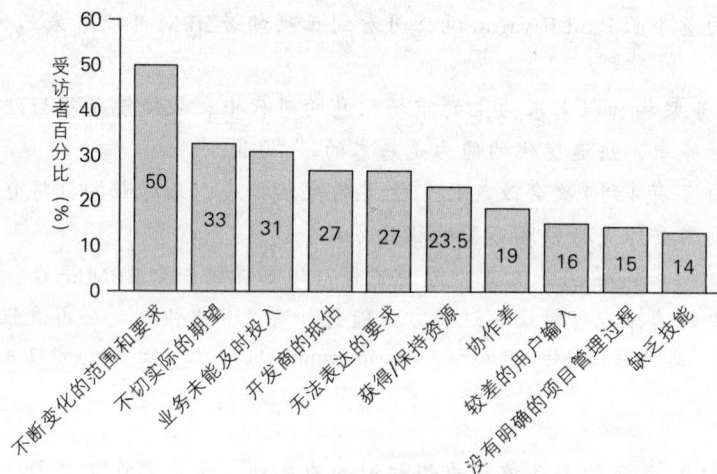

图10-4 项目管理遇到的挑战

研究得出结论，网络项目需要一个项目管理方法，其有助于：

- 不断变化的需求
- 把重点放在最终客户
- 不同的技术之间的协作
- 管理利益相关者的期望

由Clarety（2007）的Standish Group进一步总结分析并揭示了上市公司项目失败的原因。它确定了项目失败的五大原因：

- 没有用户输入（12.8%）
- 不完整的要求和规范（12.3%）
- 不断变化的要求和规范（11.8%）

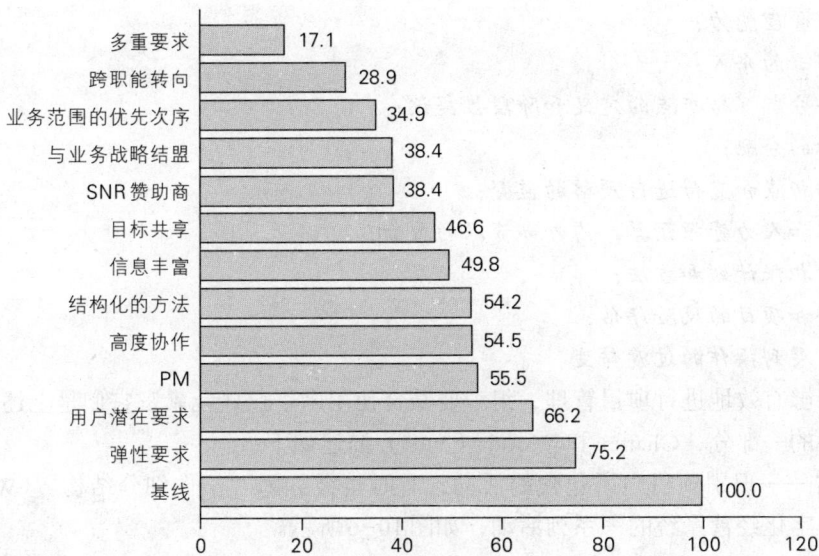

图 10-5　克服挑战的方法

- 缺乏行政支持（7.5%）
- 技术无能（7%）

排名前五位的成功因素为：

- 用户参与（15.9%）
- 行政管理支持（13.9%）
- 要求明确的声明（13.0%）
- 适当的规划（9.6%）
- 切合实际的期望（8.2%）

　　可以看到，注重用户需求和高级管理层的支持在许多影响因素里面是通用的成功因素。

　　接下来的问题是数字化经营项目的管理，像其他主要的信息系统一样，项目管理对成功地取得转换是至关重要的。COBIT 框架就为我们这种需求总结提取了一个很好的管理方法。COBIT 是一个被广泛采纳的 IT 管理模式，它常用于信息和一些相关技术的目标控制。另外，COBIT 突出了项目管理中的一些重要因素，这些因素我们在后面的章节还要提到。项目管理是 COBIT 定义的用于有效的 IT 管理的最主要的工具之一。项目管理定义了它的控制目标 PO10（COBIT，2001）。

　　项目的管理应该满足经营的需要：

　　设置优先权，按时发货并控制预算。

　　它的完成要通过：

　　组织确认和区分项目的优先次序以符合操作性计划，对每一个承担的项目采纳并运用合理的项目管理技术，并慎重考虑以下方面：

- *项目任务的经营管理；*
- *程序管理；*

- 项目管理能力；
- 使用者的介入；
- 任务分解、转折点的定义和阶段性提议；
- 职责的分配；
- 对转折点和交付进行严格的监督；
- 成本和人力资源预算，内外部资源的权衡；
- 质量担保计划和方法；
- 程序和项目的风险评估；
- 从发展到操作的过渡转变。

为了能够有效地进行项目管理，组织要结合使用以下这些元素，它们是上述项目管理过程整体中的一部分，Chaffey 和 Wood（2005）描述如下：

- 评估——识别项目中所包含的活动，有时也被称为"工作细分结构"（WBS）。实施典型的数字化经营系统的一系列活动，如图10-6所示。

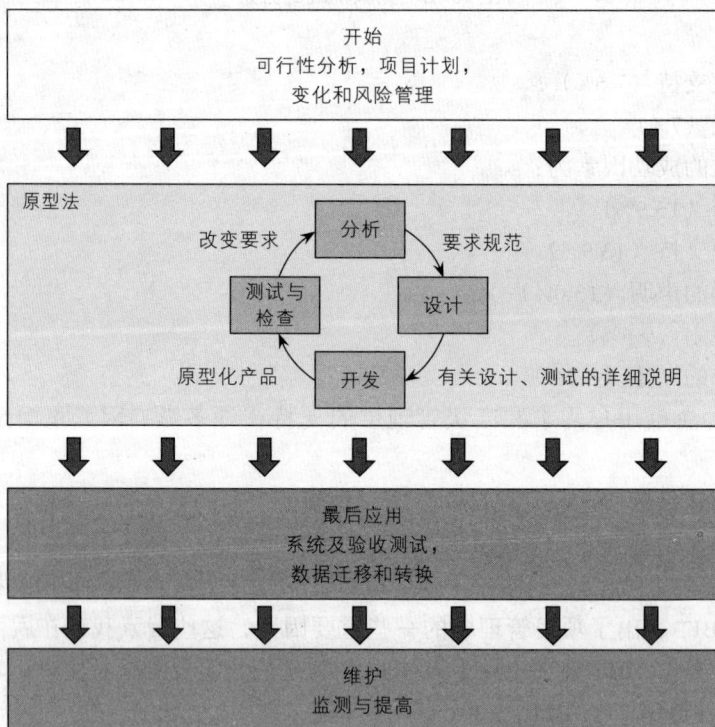

图10-6 开发一个数字化经营解决方案的阶段

- 资源分配——在最初的工作结构细分以后，分配合适的资源到各个任务上。
- 时间表/计划——资源被分配以后，每个任务的时间量也可以根据从事这项工作的员工的工作时间和他们的工作熟练度来确定，在这个问题上存在两个不同的观念。作用力时间是指完成某项任务所必须花费的工作时间。消逝时间是指单纯地计算这项任务将要花费多长的时间，它通常是从日历表上的天数来反映，这个时间取决于从事这项工作的工作人员的人数和他们的技术。

- 监督和控制——一旦项目开始，为了确保项目的顺利实施，项目的监管部门也就开始着手规划了。控制是指如果项目偏离计划，企业需采取的一些合适的行动。尤其是在项目经理想要达到某一个重要的交付日期的时候，如分析的完成以及最初样本的投产。

10.4.2　数字化经营系统的项目规划和时间表

数字化经营系统的项目规划包括图10-6中所列示的所有阶段。同时这个图也显示了本书结束部分的内容是怎样安排的。

（1）在第10章，我们回顾了项目初始阶段的活动，这里的项目通常指的是一个包含项目规划、组织转换管理和风险管理的变革管理程序的开发。在这个章节我们不再考虑可行性分析，因为数字化经营系统成本和收益的评估作为战略的一部分在第二部分的相关章节中已经讨论过了。

（2）第11章将介绍分析和设计阶段。这个章节将定义对系统的组织和使用者的要求，并将其转换成一个设计的形式，系统的建立也将来源于这个设计。在接下来的部分，我们要介绍通过原型法，对其进行反复地分析和设计。

（3）第12章介绍了开发数字化经营系统的最后阶段。它包括编写程序代码、建立数据库、迁移数据、测试系统和管理动态系统的转变。此外，在这一章节还提到了一旦系统激活，该怎样对其进行维护，也就是对这个系统的控制以及在错误发生或是挑战出现的时候，如何对系统进行加强和改进。

在这些阶段，以系统开发生命周期为基础是开发数字化经营系统和建立行之有效的信息系统的方法。但是，项目经理需要慎重对待以下重大的差异：

- 系统交付的时间长度与传统软件相比大大缩减了——系统的开发需要以"互联网时间"来进行。系统的试验和一些开发活动如分析、设计和测试同步进行更有利于在交付日期前完成任务，这也正如现成产品使用应用程序服务提供商提供的主机系统一样（第3章）。
- 在组织外部，数字化经营系统可能被作为主机对待，所以我们需要考虑在组织外部的站点进行约束，这些约束是利用存储数据和组织内部的流程来集成系统外部元素带来的，以及使用互联网服务供应商（ISP）造成的。
- 将项目定位于内容和服务，而不再是软件，意味着信息传递成为重点。通过APIs链接不同的信息来源和不同的应用变得更加重要。

因为系统是面向顾客的和在公共因特网上的，所以速度和可用性至关重要，这些可以保护系统免受黑客和垃圾邮件制造者的攻击。

- 可以证明，分析、设计和实施数字化经营之间的关系比以前更密切了，这是因为站点的可用性严格依赖于使用者的需要，并且样本的试制方案也是为了满足使用者的需求。

- 一旦开发的站点比原来的软件更具动态性，这个有效的站点将会被继续升级以满足顾客的需要。这一过程将永不停止。

随着第3章介绍的SaaS服务越来越多的使用，设计和建立等过程开始和预定开发的信息系统的实施有所不同。虽然分析阶段依然很重要，但是它将会注重于根据现有经营实践绘制出一个用于离架交易软件的工具图。公司改变或采纳这个流程使之和软件匹配的程度以及它可能定制软件以匹配流程的程度是重要的决定。针对一家公司需求可以定制化服务的程度仍然是一个关键问题。

迷你案例学习10.2

一家欧洲的嘻哈文化商店通过转换优化引起销售增长

Def-Shop.com是欧洲最大的嘻哈文化服饰商店。绝大多数销售额来自德国市场。

2009年4月，Def-Shop开始与转换率专家合作，帮助提升盈利。关键页面的早期测试已经以20%、63%和115%的转换率引起增长。

这里有一些Def-Shop和转换率专家共同参与的活动：

- 电子商务网站有若干核心功能，其中之一是"制造匹配"——网站需要向访问者展示最感兴趣的产品。这里有一些实现方法，例如产品建议工具、搜索盒子、信息构建和导航。

- 给访问者一个购物的理由很重要。与Def-Shop员工的交谈显示：从Def-Shop上订货有十个重要的优点。例如在Def-Shop有最多选择、很好的退货政策、很高的信用，还有以协会形式的MTV和嘻哈文化庆典，这些信息在关键点中需要突出。

很多成功的企业是以与顾客共享情感、价值和兴趣为基础的。Def-Shop的CEO Alexander Buchler对嘻哈文化很热爱，感觉嘻哈文化在欧洲缺少文化关注，因此公司立志将嘻哈做成企业文化的焦点。

设计阶段与定制系统相比需要较少的投入。它侧重于怎样定制用户界面、数据结构以及满足数字化经营解决方案需求的离架包的安全。像其他任何任务的实施一样，建立和实施阶段包含在其中，项目经理必须制定软件、数据库构建、数据迁移、测试和训练时间表。

一个适用于卖方电子商务系统的典型项目时间表的例子可以参见专栏10.2。

专栏10.2

项目时间表

这个案例论证了公司必须执行的不同任务，这些任务是一个没有网上业务的公司实施卖方数字化经营战略时必须执行的。

（1）开发前的任务。这些任务包括域名的登记以及决定将哪个网站作为公司的"主机"。对于网站来说，尽可能早地登记域名是很重要的，因为这样可以降低和另一家公司采用同一个域名的风险。它还包括准备一份有关网站建立目的和目标的简短的介绍，然后如果你想要将业务外包的话，那就把外包部分的过程报给那些竞争公司，让它们来投标。

（2）内容规划。这是网站的细节分析和设计，包括原型制作。

（3）内容开发和测试。书写超文本标示语言页面，生成图标，然后测试。

（4）公布网站。这是一个相对短的阶段。

（5）投放前的宣传。这就是第9章描述的营销通信技术。

（6）宣传。这个时间表应该允许定期的宣传，这样可以获得折扣。这样的宣传几乎每个月都要进行1次。

图10-7表明了这些任务之间的关系，同时也给出了建立一个典型的初始数字化经营网站需要花费的时间。

网络营销时间表							
1月	2月	3月	4月	5月	6月	7月	8月

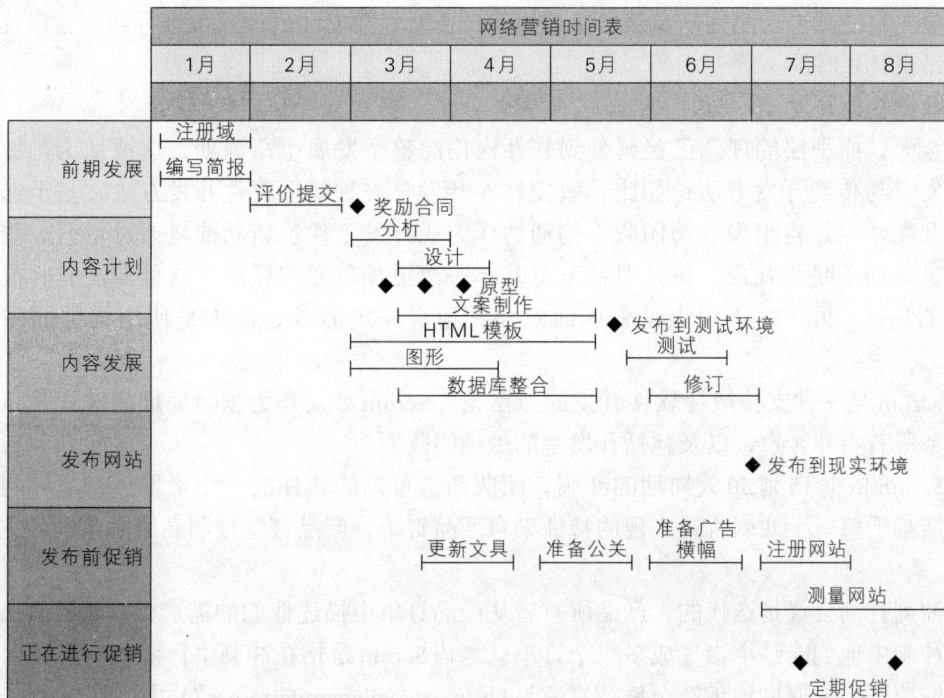

图10-7　B2C公司网站开发时间表的例子

10.4.3　原型法

原型法是发展数字化经营系统的一种常用方法。它的本质是：

（1）迅速——原型法作为系统开发方法体系的一个部分，是对应用软件的快速开发（RAD），这是因为和前几年相比，系统开发从开始到完成所需的时间已缩减了几个月。绘图软件可以提前组装部件，从而使软件能够迅速地生成。利用这些绘图软件将分析、设计和建设阶段结合起来，可以缩减这些阶段的时间，所以软件开发的发展会变得更迅速。

（2）简单——基于应用软件开发出来的原型，这个原型不要求包含系统的所有功能，但是它的大纲必须能使使用者对可利用的信息、外观和软件使用的感觉有一个很好的了解。然后，使用者会评价它，例如，他们会说，"这个信息正在丢失"，或者是"我们喜欢这个性能，但如果那样做的话会更好"，或是"那个性能没有必要，这不是我想要的"。这个原型最初可能会被串连成纸面上的原型，但更经常地是被生成为一系列的可以交流的屏幕，但这些屏幕不和数据库连接。

（3）交互式——原型生产的频率通常是每几天或每几周1次，这样做是为了把从上一次修正中得到的意见用于这一轮的开发。

（4）渐进式——每一个原型包含上一次修正的反馈信息，这样每一个软件的版本都会具有有限的新特征。

（5）以用户为中心——用户和开发的每一个阶段都有牵连，例如在对已有系统的描述中，在对原型的修正过程中，以及在系统的测试阶段。

试制原型的工具现在到处都是，原因是这种工具在软件的构建过程中能降低主要设计的风险，也能减少功能性以及报告性的错误。在软件开发的后面阶段进行纠正错误往往是比较昂贵且耗时的。

敏捷软件开发

今天，原型法的理念已经延伸到软件应用的整个发展生命周期，这被认为是敏捷软件开发。与传统开发方法论相比，敏捷软件开发是一种新型软件开发方法，基于迭代和增量开发，通过自组织、跨团队、沟通协作完成开发工作。新功能将通过每月一些释放被引进，而不是每几周、每几月甚至每几年一次更加重要的释放。这种方法有时被称为永久的 beta。另一个不同点是强调面对面沟通去决定需求，而不是使用详细的需求说明书。

Scrum 是一种支持敏捷软件开发的方法论。Scrum 涉及作为项目经理的敏捷教练，代表业务所有者和客户，以及包括开发者的敏捷团队。

Scrum 依据 15 到 30 天周期的冲刺，团队创造可用的软件的一个增量。每次冲刺的潜在功能基于每一个冲刺所要实现的特性来自产品订单，产品订单按照高级需求的优先顺序进行。

冲刺计划会议是迭代的，产品所有者从产品订单中描述他们的需求，技术团队决定下一次冲刺中他们能够承诺完成多少个订单。术语 Scrum 是指在冲刺中日常项目情况会议。

敏捷开发的原则浓缩在《敏捷宣言》（http：//agilemanifesto.org/）中，在 2001 年它获得了早先的快速开发方法论的支持者的支持。《敏捷宣言》被用于阐释敏捷规划设计的原则，它与传统方法截然不同。宣言的文本是：

我们一直在实践中探索更好的软件开发方法，身体力行同时也帮助他人。

由此我们建立如下价值观：

- *个体和互动高于流程和工具*
- *工作的软件高于详尽的文档*
- *客户合作高于合同谈判*
- *响应变化高于计划遵循*

也就是说，尽管重视右项的价值，我们更重视左项的价值。

10.5　人力资源需求

数字化经营的实施需要技术专家，而这些资源在组织内可能不存在。技术专家的需求范围在图 10-8 中有说明。《电子咨询》（2005 年）研究显示，超过一半的被调查者认为这是一个挑战，尽管还有更紧迫的挑战存在。

数字化经营项目经理可以选择在组织内建立一个新的技术体系，或是外包，或是和其他的组织合作。

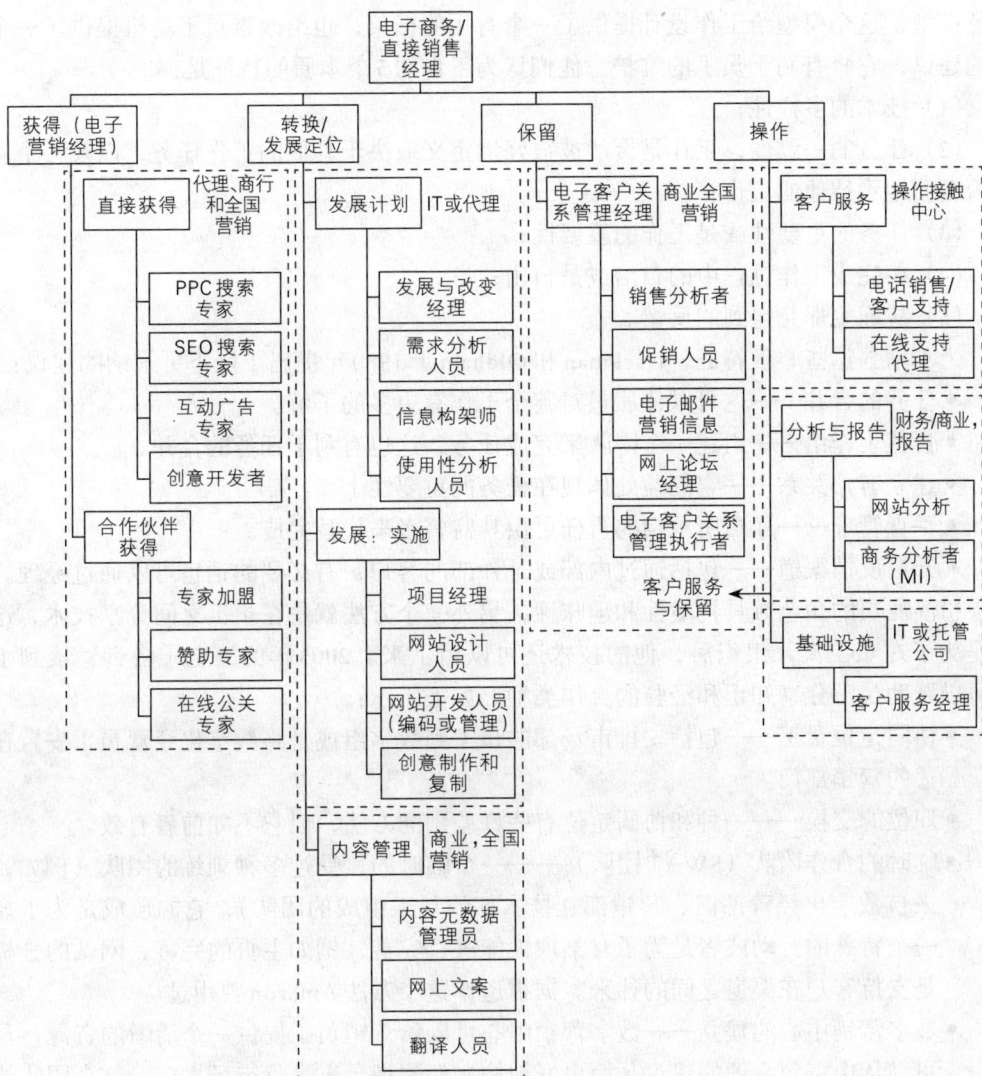

图 10-8 一个大型电子商务团队典型的结构和责任

来源:《电子咨询》(2005)

吸引和维持数字化经营员工比挑选合适的员工存在的问题更多。比如，如果我们需要效率高且有经验的员工，他们就会要求较高的工资，而且我们还需要和其他想要招聘这些员工的数字化经营公司进行竞争，也会和一些期望实现数字化经营功能的大中型企业竞争这些技术人员。小公司没有能力给每个位置都招聘这样的技术工人，所以它们会面临一个更棘手的需求问题，那就是寻找一个集所有这些技术于一身的人。

10.5.1　员工的维护

数字化经营寻求合适人员这一难题并没有随着员工的招聘而结束。2000 年，Crush 说："招聘到合适的员工很困难，留住他们更是一件可怕的事情！"这是因为数字化经营人员需求市场的竞争十分激烈，许多员工都寻求事业的进一步发展，而且这种情况经常发生在公司花了大量的时间对他们进行培训之后。1980 年，Hackman 和 Oldham 开发出了职业特征模型，这个模型给工作设计提供了一个有用的框架，也给改善员工动机提供了一个不错的建议，它将有利于员工的维护。他们认为工作的5个本质的特征是：

（1）技术的多样性；

（2）任务的一致性，工作是否能被很好地定义取决于其他的工作任务，以及一个雇员能否全面地看待他的工作；

（3）任务的重要性或是工作的重要性；

（4）在完成工作过程中的自治或是自由；

（5）从雇主那儿得到的反馈。

为了增强这些心理特征，Hackman 和 Oldham 于 1980 年提出了以下可采纳的建议：

- 任务的合并——这可以使雇员对整个工作有更多的了解。
- 自然工作组——组建一个团队来完成任务，这也有利于任务的合并。
- 建立客户关系——它的益处体现在任务的重要性上。
- 垂直管理——雇员所承担的责任可由其监督者来代替完成。
- 开启反馈渠道——包括通过内部或是外部的客户，有必要的话也可以通过经理。

扮演雇员的角色颇具挑战性和趣味性，另外一个方法就是在员工之间分享技术，这样做是为了在员工离开组织后，他的技术还可以留下来。2005 年的《电子咨询》谈到了一些可以帮助员工分享知识和经验的合作类型，如下所示：

- 协同定位员工——包括安排市场部的员工到数字组或是将数字化经营员工安置在上述的营销部门。
- 职位的交换——一种和协同定位有些许差别的方法，但它不如前者有效。
- 临时的合作团队（SWAT 团队）——一个临时的、受过多种训练的团队（例如，由来自数字化经营部门、营销部、技术部的员工组成的团队），它的形成是为了启动一个特殊的行动或者是为了对某项性能进行完善，例如主页的完善、网站的分析或是支持客户在渠道之间的往来。据报道，这个方法 Amazon 曾用过。
- 数字营销中心的建立——数字营销中心可以给营销员工提供一个清晰的资源，员工可以从中得到合理的建议从而更好地按文件的指示来进行市场推广。这个团队的成员也可以通过参加训练或是通过参与具有操作性的活动来扩展他们的影响力。
- 联合计划会议——不再是先由数字团队来开发一个计划，然后再和参与这个计划的营销团队来讨论这个计划。现在的方法更具协作性，那就是这两个工作组同时开展工作，共同完成一个综合的计划。

10.5.2 外包

鉴于上面提到的招聘新业务员工的困难，许多公司开始求助于第三方来协助其数字化经营的实施。然而，面对一系列的供应商，公司该如何选择是一件让人困惑的事情。完成实践活动 10.2，了解如何做出这个必要的选择。

实践活动 10.2

不同数字化经营活动的外包选择

目的

突出可用于数字化经营实施的外包资源，并对怎样选择供应商进行评价。

活动

B2C公司试图决定哪种卖方数字化经营活动应该外包，为每一个功能选择一个你认为可以最好地为你服务的供应商。借助于表10-3，验证你的选择是否正确。

表10-3　　　　　　　　　　不同数字化经营活动的外包选择

电子营销功能	传统的营销代理	新的媒体中介	互联网网络供应商或是传统的IT供应商	管理咨询
战略				
设计				
内容和服务的发展				
在线宣传				
离线宣传				
基础组织				

实践活动答案参见www.pearsoned.co.uk/chaffey。

在表10-3中，我们可以看到供应商的类别界限逐渐变得模糊，这是因为他们招聘专家是为了传递一个"一站式服务点"的服务理念，尽管他们仍可能成为这些特殊领域里的强者。公司需要决定是否和每个类别中最佳的供应商合作，或者是退一步，选择可以提供最佳收支差额的一站式服务点。可以论证，这些被选的对象可能是新的媒体中介或者是一个传统的营销代理，因为他们拥有确定的新媒体资源的分配权。你认为哪种方法是最好的呢？

外包业务使用的增加标志着公司向虚拟组织靠拢的趋势。像互联网这样的电子网络的引入，使得将货物的生产和销售外包更加容易。无论雇员在什么时区工作，顾客都可以从任何一个站点买到他们定制的商品。例如，一个数字媒体中介可以使用亚洲或是东欧的程序为客户开发网站解决方案。同样地，合同中心的员工也可以借助海外员工来帮助回复合同的意见和发电子邮件。通过这些，互联网可以增加员工每天花在工作上的时间，同时公司可以享受到较低的员工成本。在印度，员工可以长期地得到很好的待遇。Hallowell(2001)指出，业务自动化的程度或者人力资源外包的程度严重依赖于特定产品所需要的服务的类型和水平。企业不用再雇用多余的员工就可以掌管它们系统的可测量性或是容量，这将会使增长变得更重要。他还说，数字化经营中的顾客服务就是：

被描述为虚拟的（要么是纯粹的信息，要么就是自动化的服务）或是实体的（在一定程度上需要人员的介入）……由于实体的服务有必要将价值传递给顾客，它的性质和数量影响着需要介入的人员的数量，同时也影响着一个公司可变成本和固定成本之间的比率，这将改变它的可测量性。当一些风险资本家和数字化经营的支持者消极地看待可测量性的降低时，矛盾就产生了。可测量性的降低和人员的介入等，可能会帮助一个公司为顾客提供差异化的服务，这样就给公司创造了一个竞争性优势。

他总结：

对于那些测量性较高的连续统一的公司来说，实体服务不存在可测量的问题。从顾客的观点（实体服务的使用很罕见）以及公司的观点（实体服务只占了公司总成本的很小一部分）这两方面来看，在这些公司中，信息的提供是它们的核心服务，具体的服务相对而言就不是那么重要。因此，这些公司不会依靠具体服务（以及这些工作所需要的雇员）来提供服务的差异性，它们的差异性更多地来自于内容的高品质和顾客使用产品获得的舒适度。

相反地，那些出售非信息服务如旅游，或是像书本、玩具、古玩这些商品的公司，则非常需要运作更复杂的实体服务。组织需要实体服务的程度和服务的可测量度成反比。

案例学习10.1探索了外包核心经营流程的可能性的大小。

10.6 组织结构的修正

当一个公司第一次从事数字化经营运作时，它可能会开发一个新的网站来宣传它的产品。公司的业务将会在原有的公司结构内正常地运作，公司也可能利用外包来弥补资源的不足。但是，由于这个网站对公司业绩贡献的增长，和它有关的工作也会随之增加，这样公司就会从组织的其他部门调集更多的员工从事数字化经营的工作，这势必需要采用新的组织结构和新的工作方式。早在1996年的时候，Parsons等就对这个问题进行了初步的思索，他们从卖方数字化经营的角度对这一问题进行了研究。他们参考了"数字营销组织"，确认了其发展的4个阶段：

（1）特别活动阶段。在这个阶段，没有正式的和电子商务有关的组织，技术也分散在整个部门。这个阶段公司可能没有将在线营销和离线营销很好地综合起来。网站或许不能很好地反映在线的品牌，网站服务也没有被定义为在线营销。对于特别活动阶段来说，一个更大的问题就是网站的维护是非正式的，因此信息不能及时更新，并且随着信息的过时，错误有可能会发生。

（2）专注努力阶段。在这个阶段，组织应努力引入网上营销的控制机制。Parsons等在1996年的时候就建议，通过由高级执行者建立一个控制组的方式往往可以获得成功，这个控制组可能包括从营销部门或者IT部门调配过来的对数字化经营感兴趣的员工以及法律专家。在这个阶段，控制网站的努力是具有实验性的，企业可以利用不同的方法来建立、宣传和管理网站。

（3）形式化阶段。在这个阶段，开发者认为互联网营销已经达到了一个临界的状态，这时候会有一个特定的工作组或是公司内单独的经营单位来管理所有的数字营销。

（4）制度化的能力。这个阶段包括组织内设立的一个正式分组，但是这个阶段和前面几个阶段的不同之处在于这个阶段数字营销和公司的核心活动之间已经形成了正式的联系。1998年，贝克提出，为了满足互联网上客户的需求，且在公司现存的流程已经不能满足这方面需求的时候，公司就可能需要重组，这样就可能需要建立一个单独的数字化经营部门。

尽管它作为一个发展的阶段模型，暗示了所有的公司将会从一个阶段走向下一个阶段，但是许多公司会发现真正含有单独的电子商务或是电子商务部门的组织形式是没有必要的。对于有些中小型企业来说，其营销部门只有少数几个人员，IT部门可能就只有两个人，要建立这样一个单独的部门显然是不实际的。甚至一些大型的公司也发现，只要一个人或是一小组人来负责电子商务就已经足够了，因为公司可以利用矩阵式的管理方法在公司内部调整他们的角色。在毕马威 1998 年的报道中，贝克指出，许多公司不准备建立一个单独的数字营销部门。这个报道还发现，超过 3/4 的被调查者是反对建立单独的电子商务部门的。

实践活动 10.3 评论了电子商务组织结构的不同类型。表 10-4 评论了每个类型的优点和缺点。

实践活动 10.3

对电子商务来说，最合适的组织结构是什么？

目的

评论电子商务的可选组织结构。

1. 将下面这 4 种类型的公司和图 10-9 中（1）至（4）的结构进行匹配。

（1）一个独立运营的公司，例子：Prudential 和 Egg（www.egg.com）。

（2）一个可以独立核算的单独经营单位，例子：RS 元件互联网贸易公司（www.rswww.com）。

（3）一个独立的管理和调整电子商务的委员会或是部门，例子：德贝郡建筑协会（www.derbyshire.co.uk）。

（4）对电子商务来说非正式的结构，例子：许多小型的公司。

2. 每个结构在什么样的情况下是合理的？

3. 总结每种方案的优点和缺点。

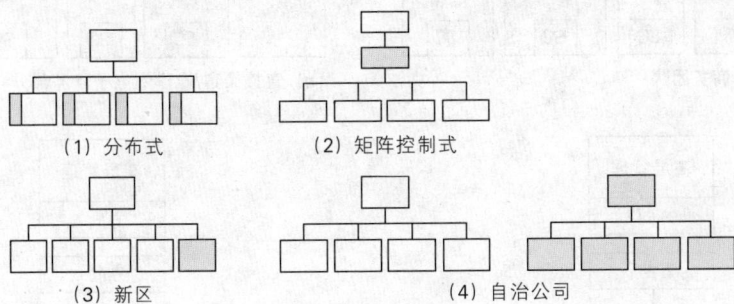

（1）分布式　　（2）矩阵控制式　　（3）新区　　（4）自治公司

图 10-9　Parsons 等（1996）提出的电子商务可选组织结构

实践活动答案参见 www.pearsoned.co.uk/chaffey。

表 10-4　　　　　　　　　　图 10-9 中组织结构的优点和缺点

组织结构	环境	优点	缺点
（a）电子商务的非正式结构	对电子商务或者是没有任何变革需要的落后的管理最初的回应	可以获得对电子商务服务的快速回应（回应包括电子邮件和电话）；没有从逻辑上定义优先权；不足的资源	从内容的质量和客户方面来说，网站的质量很差

续表

组织结构	环境	优点	缺点
（b）一个单独的委员会或是部门管理和协调电子商务活动	问题的缺点以及（a）中提到的回应	调整、预算以及可能的资源分配	可能很难让不同的部门释放它们应归于其他委托任务的输入
（c）一个有着独立预算的单独经营单位	互联网贡献（第6章）相当大（>20%）	就（b）来说，它可以设立自己的目标，也不会受资源的约束，选择的风险也低于（b）	不得不对公司战略做出回应。电子商务部门和传统部门的利益冲突
（d）一个单独运营的公司	主要的收入潜力需要区分不同的专利权	就（c）来说，它可以独立地制定自己的战略，使市场潜能最大化	如果市场潜力由于初始成本的存在而被高估的话，就会有很高的风险

电子商务的主要功能是内在的，《电子咨询》（2005）的研究提到，电子商务的主要功能可以被定位在图10-10描述的具有代表性的4个区域中的一个，大致以它们发生的频率依次减少的顺序排列如下：

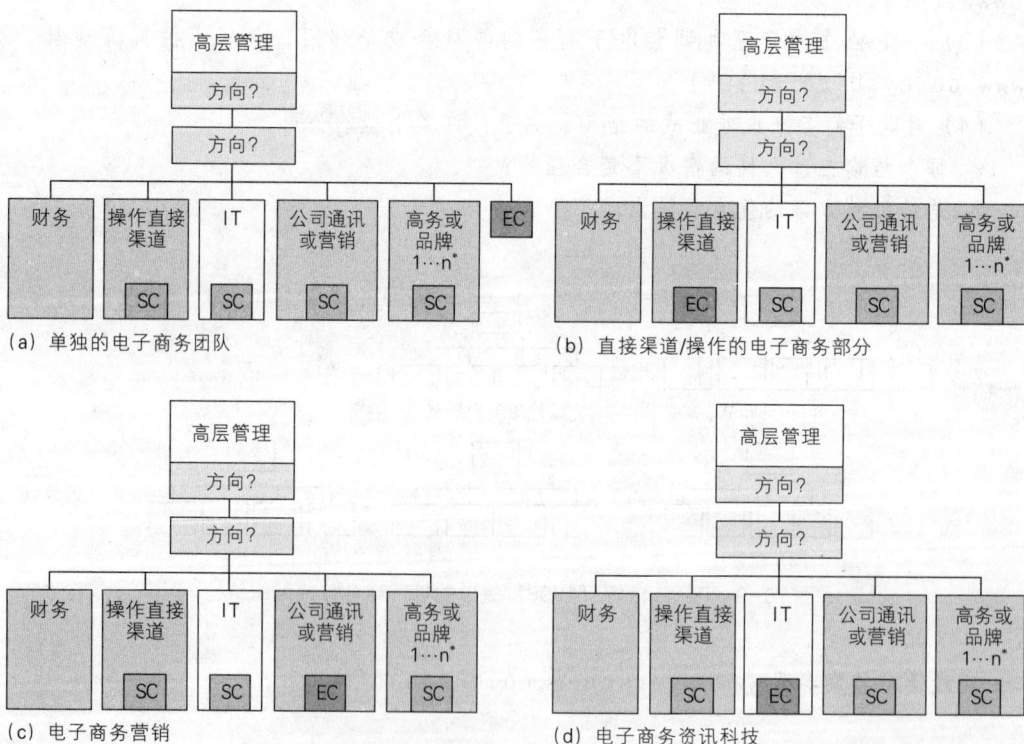

图10-10　定位电子商务控制的选择

来源：《电子咨询》（2005）

（1）主要电子商务功能定位于单独的工作组；

（2）主要电子商务功能作为操作的部分或者作为直接的渠道；

（3）主要电子商务功能作为营销的、公司交流的部分或其他的重要的营销功能；

（4）主要电子商务功能作为信息技术的部分。

电子商务功能和资源也会有一个或者几个次要的区域。例如，信息技术（IT）可能在软件开发、网站建设和每个经营过程中都起作用，每个品牌或者区域可能会有一个或多个电子商务专家专门负责电子商务管理。现在思考哪个方案最适合你所熟悉的组织，如你的学院、大学，或是你所工作的公司。这项研究表明方式是否适合在很大程度上依赖于公司运营的市场环境以及公司现存的渠道结构。

10.7　管理变革的方法

2002 年，据美国著名的通信器材生产商贺氏公司（Hayes）记录，由于变革带来的外部影响，在一个组织中管理和控制变革的影响可能会变得很困难——这是一个确定的观点。然而，唯意志论者的观点则是经理在管理变革带来的影响方面起到重要的作用。在信息系统管理的案例中，可以看到经理其实可以做一些事情来减少变革带来的影响，尽管转换的一些消极因素依然存在。变革管理可以由变革代理来执行，即由负责变革控制的经理来执行。从整个数字化经营执行的过程来看，变革代理可能是负责实施一个新的信息系统的项目经理、一个负责在组织内加强数字化经营的经理，或者是一个数字营销专家、一个寻求加强采用电子化渠道的供应链经理。

10.7.1　高级管理层的潜心参与

2001 年，Cope 和 Waddell 评价了管理模式在数字化经营实施过程中的角色。他们评价的方法对于数字化经营来说是最普遍的一种方法，它由以下特点而完全区别其他的方法：

- 合作的——雇员的广泛参与，使管理层觉得有必要去定义变革和使之成功的技术；
- 咨询的——在咨询了一些雇员的意见之后，管理层做出最后的决定；
- 指示的——管理团队做出决定，雇员一般对这样的做法非常信赖，且他们也会被正式告知这些决定；
- 强制的——管理团队利用非常有限的资源做出针对雇员的决定。

所有这些方法中，与预期的一样，具有咨询性的方法是最普遍的做法。但研究中的其他评论家则认为，它是由其他方法的要素组成的。

10.7.2　完成变革的模型

这里有许多可用于完成变革的过程模型，它们在管理与数字化经营相关的变革时非常有用。Lewin 和 Schein 提出了一个用于完成组织变革的经典模型。这个模型包括以下几个阶段：

（1）通过教育、培训和对未来参与者的诱导创造一个变革的环境，从而"解冻"当前的职位。

（2）通过开发和实施新的系统迅速地从当前的职位中撤离。

（3）通过设置系统再次"冰冻"组织工作方式中一个可以接受的部分。

他们的记录显示，Lewin和Schein并没有合作开发这个用于个人和组织的变革模型。Kurt Lewin开发了一个用于非出版业的模型。1956年，Edgar基于Lewin的观点，对心理状态方面进行研究，将模型做了进一步的扩展。在1972年，Lewin概括了他的一些观点。1992年，Schein总结了对成功获得组织变革很重要的3个变量，它们是：

（1）领导者能够突破过去工作方式的程度；

（2）变革的重要性和综合性；

（3）组织负责人积极参与变革流程的程度。

为了完成"解冻"阶段的任务，项目经理会为不同的员工确定不同的角色：

- 系统的主办者即那些促使数字化经营活动能够开始的人员，他们一般是高级经理或者董事会的成员，他们投身于重大的变革，并希望变革取得成功。由于发起者对变革有很大的热情，他们可能会对他们的员工发脾气，强调为什么这个系统的引入对公司和员工非常重要。

- 系统的所有者是组织内负责重要流程的经理，例如一个采购部门的经理或是营销部的经理，他们可以利用数字化经营系统使他们自己的部门获利。

- 系统的使用者。他们是公司中不同部门积极地参与流程开发的员工，他们也可能是采购活动中的买方或者营销部里的一个品牌经理。

系统使用者的特殊类型可以被识别，对变革经理来说试着去影响员工是很重要的，可以让这些员工和其他员工一起来帮忙完成任务。系统中的如下3个主要类型的使用者应该被施以影响：

- 对每一个可能引入变革的流程，它的利益相关者应该被识别。利益相关者被他们的合作者所尊重，此外他们还是对系统保有热情的源泉。在详细计划制订、测试以及项目完毕阶段的用户代表都是重要的利益相关者。

- 立法者维护系统的准则和价值。他们在自己的工作领域内是富有经验的，被他们的同事认为是这方面的专家。他们最初可能会抗拒改变，因此他们应该在早期就介入变革。

- 意见领导者是一些这样的人，其他人会观察他们是否接受新的意见和改变。这些人通常拥有极小的正式的权力，但是却被认为是善于接受变革的聪明人，因此他们也应该在项目的早期就参与其中。

- 在数字化经营的实施过程中，在每一个执行的项目和所有的变革中，这些角色都应该被清楚地识别。

出于执行数字商业的角色需要，就需要确定每个实施项目以及整体变更。

1996年，Jay和Smith提出了一个更详细的变革模型，这个模型包括了4个阶段：

（1）最初的定位。在定位阶段，企业有必要对变革的原因有一个清晰的了解。这个阶段应该作为数字化经营、电子营销或是供应链管理战略的一部分。公司必须开发一个变革战略。变革战略应该包括对结果是怎样被测量出来的说明，项目的转折点以及该怎样衡量目标和该怎样组织变革的过程。另外，还应该建立一个技术娴熟的变革团队，并确定负责的变革发起者。

（2）准备阶段。准备阶段包括对变革所处环境的分析。它包括对变革起重要作用的一些成功因素的确定，以及威胁分析。此外，组织必须开发变革流程的工作计划，它应该包括详细的任务和时间。变革的指示必须通告给相关的人员，并且需要强调交流效率的最大化问题。有必要把将来的职位信息传递给更广泛的听众，也必须清楚地标明变革和变革的潜在结果。这个阶段的最后一个步骤就是提供指导，尤其是目标和怎样实现目标之间的充分的协调。2002 年，Hayes 记录了这个阶段的诊断对于评价初始阶段和最后阶段二者差异的重要性，尤其是从一个员工的视角来看的时候，这个问题会显得更为重要。这个诊断主要是用来建立一个可以传递给员工的变革案例或者是一个变革的前景（第 5 章）。

下面提供了一个向雇员传递变革方法的例子。当 RS Components 第一次引入数字化经营网站的时候，它取消了一个员工小卖部的区域，然后建立了一个由数字化经营部门员工组成的看台。这个时候其他的员工受到了鼓舞，进而主动去学习怎样使用互联网和网站所提供的服务。通过这样做，所有的员工都了解了使用互联网的目的，也更加支持企业使用互联网。另外，它也有助于公司内联网的采用。公司也有必要采用更多的正式教育和训练来解释互联网营销战略的目的，并给参与者提供实际的训练。

（3）变革实施。在第 3 个阶段，Jay 和 Smith 建议应该通过如下方式来实施变革，即引导变革、引入新的流程、指导训练以及最后的全面开展。案例中，当一个新的信息系统正在向整个组织推广的时候，选择一个引导部门或是网站是比较困难的。但是，由于组织面貌和报道关系、工作确认、训练时间表、工作流程以及奖金系统存在关联，所以变革的具体步骤必须被详细地说明且传达下去。完成适当的培训后，组织必须利用一个全盘推进的计划来执行实施过程。

（4）支持性的阶段。在最后一个阶段，变革必须进入稳定状态。这就意味着管理层必须公开地开展变革，在必要的时候适当地调整程序。接受程度、新行动的测量和一个正式报告可以用来评价一个变革的有效性。公司必须阻止故态复萌的事情发生，如尝试向老的系统转变或者完全放弃使用新的系统。组织正规的修正会议、持续地进行训练和修正可以帮助克服这些问题。

2002 年，Hayes 概括了变革经理该怎样通过全面的变革流程来推动变革的进程以及通过在变革中传递一个单独的性能来推动进度。他给变革经理们指出了下面这些转变模型的含义：

- 全部的转变曲线会呈现出不同的表现形式——单个的阶段可能会延长或者缩短，每个阶段状态变化的程度也会变化很大。
- 在变革的通告和对变革的反应之间存在一个时间滞后。这有可能导致误解初始的冲突，然后拒绝接受变革。
- 不同的人和组织的不同部分会以不同的速度和不同的方式来经历变革。
- 由于变革经理太早或者太深的介入，发生的比较典型的情况就是，他们会和其他员工的步调不一致。
- 变革周期不可避免，但是变革经理可以通过它来做许多的事情以推动人员工作的进度。

2002 年，Hayes 就变革经理怎样推动变革提出特殊的建议并指出典型的数字化经营活动和软件的含义。这个建议总结在表 10-5 中。

表 10-5 通过转换模型来推动组织变革

转换阶段	变革经理典型的活动	数字化经营实施的含义
震惊/知晓	创造一个更易接受变革的环境。预先在高级经理间进行充分的通告	提前宣告和参与都是为了让他们能欣然接受数字化经营。高级经理的宣告和所有权是很重要的
拒绝	对拒绝原因的诊断是很重要的。应通过拒绝逐渐地支持员工。重复变革原因的信息并证明其正确性。寻找使员工较早参与变革的方式	参与是数字化经营项目比较典型的需求，所以这对许多员工来说是很实际的；而其他利益的传递和项目的进度及其含义，这些也应该考虑
沮丧	在这个阶段，提供支持和倾听是必需的，而不是忽视他们的抱怨	这个阶段可以通过原型法和记录实时系统的反馈信息得到调整
继续	对新系统优点的持续解释，当然不是通过毁誉旧系统。建立和新系统一致的目标	围绕这个阶段，新系统的原型将可以使用，由于新系统切实的证据可以证明其有希望获得利益，原型可以协助这个流程的进行
测试	测试的进行是受试验性的鼓舞，而不是为了谴责什么地方出了问题	要和系统的测试阶段相符合，或者是和建立在参与基础上的新系统的采用相符合。对新系统主动的或者被动的信息反馈都应该被鼓励，并对其进行讨论，然后做出更合适的行动
巩固加强	通过修正活动和学习、确认、奖励以及好处的传递来推动这个阶段的进行	通过新系统获得的改进应该被评估且传递
反思和学习	通过对变革结构化的学习以及通过修正和非结构化的学习，如有关新系统的反馈信息，来促进这个阶段的完成	实施后期的修正应该发生在这个阶段，因为没有一个系统在最初的阶段可以对这个问题有清醒的认识，这些都是将来完善工作所应该考虑的问题。一个可以记录系统或是流程问题的结构化系统的使用是可以给这个阶段的完成提供帮助的

来源：中间一栏基于 Hayes（2002）的评论摘要

10.7.3 组织文化

2005 年，Bocij 等提出，在一个组织中社会关系作为其文化的一部分是很重要的。他们说："任何一个组织的效率都依赖于组织中复杂的正式和非正式的关系。"正式关系包括功能性经营领域内部和它们之间的工作等级关系。非正式关系指人们基于正常的交往，通过工作和相互的社交所建立起来的关系，它可能会超过功能性的边界。数字化经营带来的变革有可能会改变这两种类型的关系，因为它可以给两个功能性经营领域内部或是它们之间带来变化。

2001 年，Boddy 等总结了 4 个不同类型的文化定位，这 4 种不同的类型可能存在于不同的公司。它们根据公司外向型或者内向型程度的不同而有所不同，换句话说，也就是这些程度受环境的影响。它们也反映了公司是否是结构化的、正式的，或者公司是否拥有更灵活的、更具活力的以及非正式的特征。文化定位的 4 个类型如下：

（1）生存型（外向的、灵活的）——外部环境在支配公司战略方面发挥着主要的作用（一个开放的系统）。公司可能受顾客需求的驱使，也可能成为一个创新者。这种公司可能拥有一个相对扁平的结构。

（2）生产力型（外向型、规则的）——和外部环境的临界面被很好地构建，比较典型的就是这种公司是受销售驱使的，所以这种公司可能拥有一个工作等级结构。

（3）人的关系型（内向型、灵活的）——这种组织就像家庭一样，人与人之间的关系比报告渠道更重要，它会具有一个更扁平的结构，这种公司的经理认为授权也同样重要。

（4）稳定型（内向型、规则的）——在这种公司中，由于经理将精力集中于内部效率的提高，所以环境基本上被忽略了。另外，这种公司的管理也借助于工作等级结构。

完成实践活动10.4，然后研究公司怎样重新排列它们的文化以获得业务上的成功。

实践活动 10.4

数字化经营中的文化转变

目的

识别对数字化经营的成功非常必要的合适的文化变革。

活动

回顾 Boddy 等于 2001 年总结的 4 种定位组织文化的大致类型，就每一种类型描述 4 个不同的公司，然后决定哪种类型的公司最适合开展数字化经营。最后陈述你的观点，即数字化经营最有可能发生在一个小型公司还是一个较大型的公司。

实践活动答案参见www.pearsoned.co.uk/chaffey。

10.8　重点：知识管理

知识管理（KM）在数字化经营中发挥着重要的作用，因为经营的成功严格地依赖于员工对于微观环境各个方面如客户、供应商、中介、竞争者的认识。组织怎样才能形成最好的服务顾客的内部流程？这有助于战略、战术和运营决策的制定。今天KM常常被引用作为商业智能和业务洞察力计划的一部分，或作为管理大数据（11章）和内容营销（12章）的一个方面。例如知识管理世界门户网站（www.kmword.com）解释的也是这些宽泛的问题。

这里只介绍了知识管理。Chaffey 和 Wood（2011）详细地介绍了知识管理是怎样支持业务流程的。

随着全球化的进展以及组织需要对变化的市场环境做出迅速回应，知识的传递已成为一个关键的竞争因素。知识管理是对员工维护问题做出反应的变革管理。正如 Saunders（2000）指出的那样：

每天，对你的业务有重要作用的知识从你的门中走出去，它们中的大部分是不会再回来的。雇员离开了，客户来了又走，他们的知识也同样被带走了。信息的流失将耗费你的时间、金钱和客户。

10.8.1　什么是知识？

相对于数据或者信息的概念，知识比较难定义。但是，可以把知识看作是从数据到信息再到知识的整个循环中进行的下一个水平或者是经营价值。知识管理寻求的是在公司内部分享经验。2004 年，Mekhilef等对知识进行了如下概括：

知识是数据和信息的混合体，再加上专家的意见、技术和经验，最后形成一个可以用来支持决策的有价值的资产。知识可能是显性的，也可能是隐性的，也可能是个人的或者集体的。

知识管理就是通过更好地使用个人和集体的知识资源，利用知识的杠杆作用来增强企业竞争力的活动和对流程的管理。

理论家已经区分了两种不同类型的知识，在企业内可以使用不同的方法来散布这两种类型的知识：

（1）显性的知识——过程或程序的细节。显性知识可以利用程序上的手册或数据库迅速地对其进行详述。例如，销售代表和重要客户的会议记录，处理客服询问的程序以及报告过程的管理。

（2）隐性的知识——不如显性知识那样切实的知识，它指的是当环境涉及多种变量的时候，组织该怎样反应的经验。很难对这种知识进行概括，因为它一般存在于雇员的脑海中。分享这部分知识的技巧包括倾听和学习。隐性知识包括当市场环境发生变化时懂得如何作出反应，比如当一个竞争者开发了一种新产品或者一个重要的客户正在查找组织的缺点时，懂得怎样分析管理报告的内容并做出合适的回应，这都依赖于这方面的隐性知识。隐性知识的获得，可能依赖于和公司外部的合作者分享知识，或者和其他部门的拍档分享知识。因此，知识管理不应该单单地被认为是一种公司内部的知识管理。

接下来讲的是知识管理的一个目标，即将隐性知识转化为显性知识，这样知识就可以在员工间分享，也可以用来培训新的员工。

图10-11显示的是一个包含不同知识管理活动的框架，其中主要的活动有：

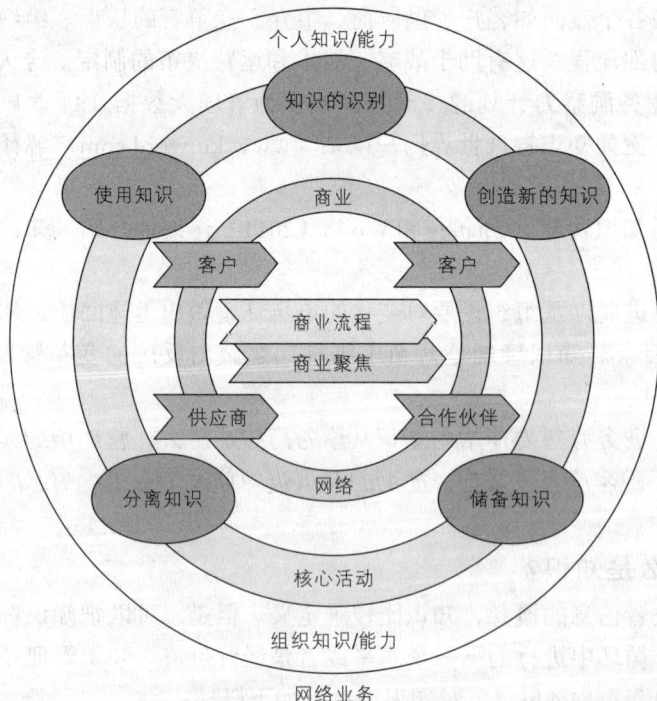

图10-11 知识管理框架

（1）知识的识别。知识的识别指的是对支持现有流程的构成活动的已有知识的可用性分析和差异性分析，它将显示哪些知识正在丢失。

（2）创造新的知识。这部分讨论的是创造新知识的方法。在个人和集体的水平上，被推荐的知识来源于训练、改进流程问题的会议或者自由讨论。在部门或是组织的水平上，知识的创造可以通过制定超越其他组织的基准，或是通过建立如"实践社团"这样的专家组，或是通过顾问或是借助于其他公司来获得。

（3）储备知识。Mekhilef 等（2004）指出许多知识通常是储存在人的大脑中的，即通常是以隐性知识的形式存在的。但是知识是可以植入的，或者通过修正团队的常规活动成为组织记忆的一部分。储备显性知识需要利用一个结构化的方式在信息系统内部对其进行挑选、更新、组织或将其分类。

（4）分享知识。知识的分享可以加强知识的可用性，以确保把它用在合适的地方、合适的时间以及被合适的人用于支持他们当前的行动。Mekhilef 等（2004）发现了分销的库存方法，在这个方法中，知识借助于数据库和流程方法而变得可用。所谓流程方法，就是指通过合作、车间内的交流或指导，使知识在人与人之间传递。

发起者指出，支持知识分享的方法还包括：内联网/门户、数据库、合作、实践的交流、工作的轮换、员工辅导、研讨会或者训练。通过借助于内联网或者其他更多的合作方法，如"wikis"（一个由几个人发起的网络论坛）或是"webinars"（员工参加由某个专家成员发起的演讲或是讨论来学习），技术也可用来协助知识的分享。内联网支持对公文数据库的浏览和搜索。

（5）使用知识。由于许多知识维持在使用状态，所以发起者建议这个阶段的目的是确保所有花费在前面阶段的努力可以有所回报，这个阶段还包括使管理知识基础得到进一步的延伸。

在 1997 年至 2000 年间，Sveiby 提出理解知识管理最好的方式之一是观察相关的人是怎样使用"知识管理"这个术语的。而这些相关的人包括学术研究者、顾问和产业从业者等。有关知识管理的两个不同的观点是：

- 以信息技术为基础的知识管理。这个观点认为，知识像物品一样可以被储存在数据库和信息系统中。
- 以人为本的知识管理。这个观点认为，知识管理就是尝试着去完善个人的技术和行为。

10.8.2　知识管理的目标

为什么要进行知识管理这一问题是由 1999 年的 IDC 调查提出来的，被调查的 355 名美国信息系统的经理给出如下几个主要的动因：

- 提高利润/增加收益（67%）；
- 维持重要的骨干/专家（54%）；
- 提高顾客维持率/提高顾客满意度（52%）；
- 保持市场份额，抵御新的竞争对手（44%）；
- 以更快的速度来推广自己的产品（39%）；
- 渗入新的市场（39%）；
- 降低成本（38%）；
- 开发新的产品/服务（35%）。

很显然，尽管雇员的维持很重要，但是知识管理也被看作是获得和维持客户竞争力的一个重要因素。和其他数字化经营活动不同的是，在知识管理过程中，降低成本并不是那么重要。

Sveiby 于 1997 年至 2000 年间对知识管理目标的演变过程进行了研究。通过使用包含群件的最优方法数据库如 Lotus Notes，知识才能得以分享。随后，由于公司将目标定位于通过数据存储和数据挖掘来增进对客户的了解，数据库得以被再次重视。他说，第 3 个阶段应该和卖方数字化经营联合，利用网络形式和网上采购学习更多的和客户交流的方法。

10.8.3 实施知识管理

1999 年的 IDC 调查也提到了组织难以推动知识管理的原因。记录的主要问题包括：

- 缺乏对知识管理及其益处的理解（55%）；
- 员工用于知识管理的时间不足（45%）；
- 缺乏知识管理技术（40%）；
- 缺乏对当前文化分享的鼓励（35%）；
- 缺乏分享的诱因和奖励（30%）；
- 缺乏开展知识管理活动的资金（24%）；
- 缺乏合适的技术（18%）；
- 来自高层管理者的承诺不足（15%）。

尽管使用合适的技术很重要，但是合适技术的缺乏并不是最主要的问题。所有重要的障碍都和组织的结构、文化有关。公司可能需要一个重要的发现，用它来解释知识管理、开发技术和鼓励分享的益处。IDC 研究所的研究经理 Marianne Hedin 在 2000 年的报告中提到了这个问题，她说：

组织不可能从知识管理中获得所有的好处，除非每个人都愿意且有动机分享他们的知识，或者除非组织解除组织结构的刚性以允许信息和技术的流动。

2002 年，David Snowden 将其进一步简化为：

知识的交流只能是自愿的——它不能被强求。

1999 年，Hansen 等提出利用诱因来鼓励员工分享知识，例如在员工业绩考评中设立一个知识分享因素，通过电子化的记录做出评估，然后分发给每个人。阅读 Chevron 公司实施知识管理的案例，了解如何克服知识管理实施过程中出现的问题。

ShareNet 给我们提供了如何成功地激励员工的例子，ShareNet 是西门子的一个知识管理系统，在这个系统中贡献者可以收集被称为 ShareNet 的积分，这一积分类似于飞行者频繁飞行的英里数。使用者通过将知识存储到图书城中（一个成功的存储的回报是 20 个积分），或回答紧急问题（3 个积分），或者使用知识以及评价别人的贡献（都能获得 1 个积分）来获得积分。2000 年 5 月，前 50 名的观点收集者被邀请到纽约参加一个有关 ShareNet 的会议。奖励如课本、移动电话、电脑 PDAs 或是商务旅行，使得知识的分享成为可能。当时，1 个积分点可以粗略地等同于 1 欧元。不同的国家和经营单元会相互比较它们在知识共享方面取得的成功。

10.8.4 实施知识管理的技术

数字化经营软件的实施可以通过提供不同的应用软件来支持知识管理，这些应用软件支持上述知识管理的5个不同的阶段。2001年，Binney定义了知识管理应用软件的6个不同的类别，如下所示：

（1）交易的。Helpdesk和客户服务软件。

（2）分析的。服务于客户关系管理的数据存储和数据挖掘软件。

（3）资产管理。文件和内容管理。

（4）过程支持。全面质量管理、基准评价、业务流程重组和6西格玛（更多详情参见网站www.isixsigma.com）。

（5）发展的。加强员工的技术和能力——培训和在线学习。

（6）创造和创新。交流、合作和虚拟团队。

有关整合工具的使用存在争论，比如第2章介绍的Yammer。通过信息技术工具和社会工具整合应用实现创新，完成企业形态从生产范式向服务范式的转变称为企业2.0（Enterprise 2.0）。这些在以上类别中均是可应用的，可以帮助明确认识。

虽然现在卖主为知识管理提供了许多工具，但是必须明确的是这些工具的使用可以帮助知识管理的实施。许多工具可能仅仅被标示为信息管理工具——它真的可以支持知识管理吗？在组织内部，在知识创新和流程分解环节上的大部分转换都得益于知识管理技术的优势。

知识管理的可选工具包括：

• 知识获取工具，例如，设计知识地图的软件和智能地图软件；

• 知识分享技术，例如，聊天、讨论组、wikis、webinars以及视频会议；

• 知识传递技术，例如，内联网和电子邮件；

• 文件数据库或者知识总部中的知识存储技术，例如，Lotus Notes/Domino和内容管理系统；

• 电子文件管理系统，例如，插页出版商；

• 专家系统，用来获得基于特定任务的知识并传递解决方案。

Chaffey和Wood于2005年指出，内联网在知识管理内部发挥着重要的作用，它在知识管理中的使用过程可分为3个阶段：

（1）静态的。基础网页存储在一个网站服务器上。信息的发布是被集中控制的。虽然雇员浏览和搜索信息，但是雇员之间没有交流。内容被不定期地更新。这个阶段的危险就是内联网会成为正在使用中的信息的地窖，雇员将不再相信内联网可以作为协助工作的工具。

（2）交互作用。内联网发展成为动态环境，这个动态环境的发展是围绕着雇员的知识需求进行的。发布变成了一个涉及许多雇员的常规流程。讨论版和公告版被引入。在使用内联网分享知识和知识定位的过程中，雇员开始对内联网产生信任。

（3）合作性的电子工作空间。内联网变成了一个自助服务的环境，在这个环境中，所有的雇员都可以通过公布机制和合作性的工具，被授权分享知识。内联网变成了发现显性知识的起点。所有的核心业务流程都会出现在内联网这一平台上。

现在我们来看一些例子，即在组织内部怎样将不同的工具和不同的战略结合起来进行知识管理。1999年，Hansen等定义了用于实施知识管理的两个相对的方法，他们通过对管理咨询案例的分析论证了这两种方法。他们认为这些方法是"法典编纂"和"人格化"。他们发现公司倾向于单独使用两者中的一个，尽管这两个方法有重叠的地方。安得森咨询公司和安永公司所用的就是法典编纂的方法，在这个方法中，知识被编码或者被翻译成一种适合数据库搜索的合适的形式。1999年，Hansen等给出了一个有关安永在洛杉矶的合伙人的例子，这个合伙人需要外来的协助为开发一个企业资源计划系统报价。以前他没有接触过这种类型的任务，同时他在知识管理智囊库中也没有找到过去别人使用过的相同的报价。尽管这个合伙人在这个领域缺乏经验，但如果他可以使用以前的报价，就可能会使报价过程只需花费正常时间（4～6周）的一半。法典编纂在安永是主要的初始活动，超过250名雇员在总部为了管理知识将信息编成"法典"，同时帮助其他人进行调查。此外，安永40个业务区域的每一个区域都会有一个专家。

人格化的方法则更多地被战略咨询公司采用，如Bain和McKinsey。1999年，Hansen等叙述了Bain伦敦办事处的合伙人的案例，这个合伙人曾经提出了一个用于解决特殊战略困境的英国财务制度。完成这个任务需要不同的市场、地理区域和创造性的进口等方面的知识。这个合伙人使用Bain的寻人系统找到了具有合适信息的人员，然后在欧洲举行了一个会议，新加坡和悉尼的有关人士通过视频也参加了这次会议。在接下来的4个月里，这个合伙人有规律地通过电子邮件、视频会议和电话等方式进行咨询。除了使用这些技术性的方法，McKinsey也鼓励通过在不同的办公室之间以调动员工的方式来传递知识，或者是建立一个专家名录，以形成一个鼓励及时回电的文化。

知识管理也和它们一样受项目实施问题的"困扰"。2000年，Storey和Barnett回顾了有关项目失败的文献以及有关案例的一些细节报道，他们提出了以下6个重要的知识点：

（1）密切关注相关群体的期望、议程和他们的需求。虽然他们看上去使用的是同样的语言，且支持这个程序，但是事实上他们的理解和计划是各不相同的。

（2）经常检查高层管理者的支持是否在继续，并且将这种支持用一种实际且公开的方式传递下去。

（3）对基于知识管理的范例之间潜在的差异要保持警醒，由信息技术引导的那部分人员会受到知识的搜集、获得和挖掘优先权的鼓舞，而另外以学习组织理念为基础的人则可能会受到广泛的发展价值的鼓舞。如果使用特殊的技术来处理，这两个方法可能会相互促进，但是这种情况的发生不会是偶然的。

（4）你会发现，确保每个参与的人员都清楚并理解将努力花费在知识管理上是大有用处的。事实上，只需要对这些被要求做出不同行动的人有用就行了。

（5）我们需要理解并意识到知识分享、知识创造和组织变革之间的相互关系。现在的运营方逆转了传统的低信任度和直接命令的方式，如上述案例所示，在问题出现时，它更容易被采纳。

（6）如果知识被广泛地分享，以及被欣然地创造和使用，这就意味着流程的创新和可能的产品和服务也将跟着发生，而事实上也是应该发生的。组织内部知识管理具有不同的类型或者水平，在较低的水平上，专家的参与作用仅仅是让组织的操作规则和信息变得可用；而在较高的水平上，新的知识被作为提供给顾客的产品和服务类别转变的基础。

10.8.5　使用整合方法改进知识管理

社会媒介方法在电子沟通中变得越来越重要，正如我们在第1章Suncrop研究案例中强调的。这些方法在业务中被越来越多地使用：

- 使用内容管理系统，例如 Microsoft Sharepoint Server 管理内部内容。
- 使用内部网络日志，员工可以记录不同种类的项目工作。
- 使用微博，利用类似 Yammer 的工具或者 Twitter。
- 使用社交网络。Google 正在越来越多地使用它，但仅限于内部员工。
- 使用 wikis（wikis 集中于通过一个专业的社区来实现网站制作和经常性的编辑，相关人士不仅可以在网站上粘贴材料，还可以随意编辑）。

10.9 面向社交业务

随着社交媒体使用量的增加，主要社交媒体评论员例如 Chris Brogan、Brain Solis 和 Charlene Li 主张组织改变它们的业务从而利用社交媒体接近顾客，也便于提供更好的服务，增强自身品牌。

10.9.1 什么是社交业务

2012 年社交业务专家 Hamill 引用了两个观点以展示社交业务的本质。Dion Hinch-cliffe 和 Peter Kim 这样描述社交业务：

社交媒体涉及整个组织的每个部门、每个业务流程、每个渠道、每个顾客反应、每个投资者及与供应商的关系。社交太重要以至于不能只留给市场部门。

Altimeter Group 首席分析师 Brain Solis 说：

一项社交业务包含反思和重新评估内部和外部流程，将机会转化为实体组织适应市场的条件和机会。

Jim Hamill 使用一个简单的 "4Cs 模型" 来解释 "具有社会性" 可以取得的商业利益。关键在于组织利用技术建立了社交关系并从四种主要顾客群体中获得切实的商业利益，这些顾客群体包括：已存在的顾客、潜在顾客、内部顾客（员工）、外部顾客（商业伙伴）。

Altimeter 模型（图 9-12）已经很好地阐述了一个组织中社交业务的范围，它贯穿于许多业务流程。

社交媒体营销对于很多公司来说还是一项新事物，其只是将社交媒体作为一种传播渠道，对顾客大声宣传而不是与顾客交流。极少数组织会制定出一种整合和合作的社交媒体战略，将其与核心业务和目标联合在一起，并对其提供支持。

10.10 风险管理

为了总结这一章（本章是连接后两章的桥梁），我们先来回顾一下在管理数字化经营实施过程中所遇到的变革问题。风险管理一般是指识别一定范围内的潜在风险，然后采取行动使风险最小化。其实在我们的生活中，我们会不知不觉地使用风险管理，例如当我们在过马路的时候，我们会先估计车辆开过来的风险，或者当一个无声的骑脚踏车的人慢慢靠近人行道时，我们可能会加快步伐。实践活动 10.5 阐明了这些风险。风险管理包括以下这些阶段：

（1）识别风险，包括风险的可能性及影响力。

（2）确认解决这些风险的可能方案。

（3）实施解决方案，定位于会带来重大影响的以及最有可能发生的风险。

（4）为评估未来的风险，学习如何监控风险。

另一种观点认为广泛、复杂的组织环境更容易出现风险，西蒙（1999）基于公司层面面临的风险的不同类型，提出了一个简单的风险计算器（表10-6）。这个计算器可应用于数字商业变革或者高速成长网络公司由于重大的改变引起的风险。

表10-6 组织风险因素（西蒙，1999）

成长风险	文化风险	信息管理风险
性能压力（由于外部需求的高指标）	创业冒险的奖励	交易复杂度和速度（一个特别高的风险是企业购买或出售散装原料）
扩张速度（扩张的难以控制和招募新员工）	执行阻拦坏消息（缺乏行动）	诊断性能测量间隙（不良报告能力）
关键员工缺乏经验	内部竞争水平（是合作文化还是激烈竞争）	分散决策的程度（缺乏控制和其他风险管理）

实践活动 10.5

数字化经营风险管理

目的

突出风险作为数字化经营实施和解决方案的一个部分，并总结本章节论述过的许多变革管理理念。

活动

参考第4章和第5章，回顾本章的内容，然后为一个你熟悉的公司，或是B2C公司，编制一个描述风险的4栏表格，评价这个公司发生风险的可能性（风险的等级从0到10，其中0表示无风险，10表示存在非常高的风险），风险带来的影响以及可能的解决方案。

实践活动答案参见www.pearsoned.co.uk/chaffey。

10.11 本章小结

（1）作为数字化经营结果的变革，组织应该在两个水平上对其进行管理。第一，转变应该作为数字化经营项目的一部分。第二，数字化经营中组织范围的变革是必需的。本章的重点就是变革。

（2）变革的完成需要合适的项目管理。传统的项目管理活动如评估、资源配置、制定进度表、规划和监控在这里也同样重要。项目管理经理需要通过向员工传递变革的必要性来促进变革的完成。

（3）传统的生命周期阶段——分析、设计和建立——可以用来评估数字化经营实施阶段的任务。由于大部分的数字化经营解决方案是建立在定制的离架包的基础上的，因此与定制方案相比，在分析、设计、建立和实施阶段这二者之间会有一个平衡的转变。原型法对于完成数字化经营要求的快速时间量度很重要。

（4）数字化经营团队的建立需要技术、营销和项目管理技能。在竞争激烈的市场上，公司要达到这些衡量标准并实现高层员工的调转是很困难的。这个时候，公司需要制定在这样的环境中维持员工的策略。

（5）为了实施数字化经营，一个公司有必要和其他公司合作。数字化经营经理需要决定，在数字化经营项目的开始阶段，是否应该外包诸如战略、内容开发和网站宣传这样的活动，以及在后续阶段是否有必要把这些活动再收回到公司。

（6）组织结构的变革是组织建立数字化经营所必须做的事情。数字化经营相关活动的调整可以由一个工作小组、数字化经营经理或单独的部门来完成。公司也可以在不影响自身利益的前提下，给一些完全独立的业务创造新的卖方数字化经营系统。

（7）管理员工对数字化经营的反应也是转变的一个重要的方面。经理需要考虑怎样按照高层管理者的意愿来行动、履行他们的承诺，以及怎样使员工接受新系统和新的工作习惯。可能用到的技巧是对使用者的教育、使用者的参与以及获得受人尊敬的员工的支持。具有外向型文化定位的公司可能会预先安排数字化经营的转换，而其他采取内向型的、不灵活的文化定位的公司可能会考虑文化的转换。

习 题

自测题

1. 总结在引入数字化经营的过程中，需要管理的变革的主要类型。
2. 经理必须采纳什么方法来成功地完成变革管理。
3. 列出卖方电子商务实施的主要阶段。
4. 解释原型法在卖方电子商务解决方案中的作用。
5. 描述维持员工的 4 种不同的方法。
6. 在一个组织内，哪些方法可用于构建电子商务的结构？
7. 什么类型的组织文化最有可能服从与数字化经营有关的变革？
8. 数字化经营的变革存在哪些风险，怎样管理这些风险？

讨论题

1. 写一篇有关数字化经营变革管理方法的短文。
2. "外包数字化经营操作的所有流程是克服技术短缺的最好办法"，对此进行讨论。
3. 对比卖方电子商务实施项目管理的阶段和买方电子商务实施项目管理的阶段（参考第 11 章和第 12 章，找出问题的答案）。
4. "技术员工的高周转率是人才市场上无法更改的事实，几乎没有什么办法可以降低这种周转率"，对此进行讨论。
5. 为你所熟悉的公司开发一个变革管理计划。
6. 假设你是一个新兴媒体设计中介公司的人力资源经理，正在评估海外合同工的使用对项目的帮助。写一份报告，总结一下这个方法的可行性。
7. 写一份有关怎样更好地管理公司内部知识的报告，在报告中设计出管理显性知识和隐性知识的技术和程序。

8.评价在你所选择的组织中所进行的虚拟化。

考试题

1.解释什么是原型法以及为什么它可以用在电子商务的实施过程中。

2.总结电子商务中重要的人力资源需求。

3.一个公司建立了一个小网站，这个网站没有给管理结构和组织结构带来任何的变化。现在公司正通过这个网站实现公司1/3的收入。你认为这个公司在管理结构和组织结构上应该做出怎样的变革？

4.解释为什么知识管理不同于信息管理。

5.解释虚拟组织这一概念。一个传统组织的优点是什么？

6.说出4种可以用来增加技术员工维持率的方法。

7.按照你的观点公正地排列外包功能的顺序：电子商务战略、电子商务主业、电子商务内容更新。

8.假设你是一个电子采购实施行动的项目经理。你要怎样做才能使员工最大化地接受新系统。

网络链接

www. cognitive-edge. com

http://informationr. net

www. kmworld. com

参考文献

Altimeter (2010) Social CRM: The New Rules of Relationship Management, White Paper published April 2010, Editor Charlene Li.

Bocij, P., Chaffey, D., Greasley, A. and Hickie, S. (2005) *Business Information Systems. Technology, Development and Management*, 3rd edn. Financial Times Prentice Hall, Harlow.

Boddy, D., Boonstra, A. and Kennedy, G. (2001) *Managing the Information Revolution*. Financial Times Prentice Hall, Harlow.

Chaffey, D. and White, S. (2011) *Business Information Management: Improving Performance Using Information Systems*, 2nd edn. Financial Times Prentice Hall, Harlow.

Chaffey, D. and Wood, S. (2005) *Business Information Management*. Pearson Education, Harlow.

Chen, A. (2012) Growth Hacker is the new VP Marketing. Blog post by Andrew Chen, published 27 April.

Clarety (2009) Project and programme failure rates, posted by Kevin Bradyon Sat 27 June 2009, www. claretyconsulting. com/it/comments/project-and-programme-failure-rates/2009-06-27/.

COBIT (2001) Control Objectives. COBIT (3rd edn). Released by the COBIT Steering Committee and the IT Governance Institute: www. isacf. org/cobit (no longer available).

Cope, O. and Waddell, D. (2001) An audit of leadership styles in e-commerce. *Managerial Auditing Journal*, 16(9), 523-9.

Crush, P. (2000) What's my motivation? *Revolution*, 2 August, 34-6.

Davenport, T. H. (1993) *Process Innovation: Re-engineering Work through Information Technology*. Harvard Business School Press, Boston.

E-consultancy (2005) Managing an e-commerce team. Integrating digital marketing into your organisation. 60-page report by Dave Chaffey. Available from www. econsultancy. com.

E-consultancy (2007) Web Project Management. The practices behind successful web projects. Research report by Sonia Kay. Available from E-consultancy (www. econsultancy. com).

Garimella, K., Lees, M. and Williams, B. (2008) *BPM Basics for Dummies*. Wiley, New York.

Gartner (2003) Gartner Application Integration and Middleware Strategies Research Note T-19-4751, J. Sinur, D. McCoy and J. Thompson, 14 April. The Gartner Group (www. gartner. com).

Hackman, J. and Oldham, G. (1980) *Work Redesign*. Addison-Wesley, Reading, MA.

Hallowell, R. (2001) 'Scalability': the paradox of human resources in E-commerce. *International Journal of Service Industry Management*, 12(1), 34-43.

Hammer, M. and Champy, J. (1993) *Re-engineering the Corporation: A Manifesto for Business Revolution*. HarperCollins, New York.

Hamill, J. (2012). What is social business. Blog post, August 29th 2012. www. smartinsights. com/social-media-marketing/social-media-governance/what-is-social-business/.

Hansen, M., Nohria, N. and Tierney, T. (1999) What's your strategy for measuring knowledge? *Harvard Business Review*, May-June, 106-16.

Hayes, J. (2002) *The Theory and Practice of Change Management*. Palgrave, Basingstoke.

IDC (1999) Knowledge Management Survey. IDC Research (www. idcresearch. com).

IDC (2000) Capitalizing on Knowledge Management. IDC Research Report: www. idcresearch. com#W1 8864 (no longer available).

Jay, K. E. and Smith, D. C. (1996) A generic change model for the effective implementation of information systems. *South African Journal of Business Management*, 27(3).

Lewin, K. (1972) Quasi-stationary social equilibrium and the problems of permanent change. In *Organizational Development: Values, Process, and Technology*, N. Margulies and A. Raia (eds). McGraw-Hill, New York, pp. 65-72.

McLaughlin, S. (2010) Dangerous solutions: case study of a failed e-project. *Journal of Business Strategy*, 3 I(2).

Mekhilef, M., Kelleher, D. and Oleson, A. (2004) *European Guide to Good Practice in Knowledge Management*-Chapter 5, Terminology. Published by European Committee for Standardization at www. cenorm. be(no longer available).

Nadler, D. , Shaw, R. and Walton, E. (1995) *Discontinuous Change. Jossey-Bass*, San Francisco.

Parsons, A. , Zeisser, M. and Waitman, R. (1996) Organizing for digital marketing. *McKinsey Quarterly*, no. 4, 183-92.

Saunders, R. (2000) Managing knowledge. *Harvard Management Communication Letter*, June, 3-5.

Schein, E. (1956) The Chinese indoctrination program for prisoners of war. *Psychiatry*, 19, 149-72.

Schein, E. (1992) *Organizational Culture and Leadership. Jossey-Bass*, San Francisco.

Schranz, T. (2012) Growth Hackers Conference: Lessons Learned. Blog post, I November 2012 by Thomas Schranz, published at https://www. blossom. io/blog/2012/11/01/growth-hackers-conference-lessons-learned. html.

Simon, R. (1999) How risky is your company? *Harvard Business Review*, May-June, 85-94.

Snowden, D. (2002) Complex acts of knowing - paradox and descriptive self awareness. IBM Global Services, July: www-l. ibm. com/services/files/complex. pdf(no longer available).′

Storey, J. and Barnett, E. (2000) Knowledge management initiatives: learning from failure. *Journal of Knowledge Management*, 4(2), 145-56.

Sveiby, K. E. (1997-2000) *The New Organizational Wealth: Managing and Measuring Knowledge-Based Assets*. Berrett-Koehler, San Francisco. Updated on author′s website: www. sveiby. com. au/Knowledge-Management. html(no longer available).

Waterman, R. H. , Peters, T. J. and Phillips, J. R. (1980) Structure is not organization. *McKinsey Quarterly*, in-house journal. McKinsey& Co. , New York.

第 11 章

分析与设计

主要内容

本章主题
- 数字化经营分析
- 过程模型
- 数据模型
- 数字化经营设计

本章重点
- 以用户为中心的网站设计
- 数字化经营的安全设计

案例学习
- 为本地市场提供良好而有效的网上体验

学习目标

学完本章之后，读者应该能够：
- 总结用于分析数字化经营系统需求的方法
- 识别、完善数字化经营系统界面设计和安全设计方法的关键因素

管理问题
- 决定数字化经营系统分析和设计成功的关键因素有哪些？
- 如何权衡系统的可用性、安全性与设计成本之间的关系？

章节链接

主要相关章节
- 第 10 章——在变革管理的前提下，数字化经营的分析和设计，见图 10-6
- 第 12 章——评估和市场调查部分对如何评估分析和设计的有效性进行了说明

11.1　本章介绍

在战略实施的前提下，分析和设计实践活动需要具体地说明交易、用户对系统的需求以及用于建立系统的计划。

本章回顾了分析和设计数字化经营系统的一些新方法，目的并非解释这些已成熟的分析和设计手段，例如数据流程图、信息流程图以及主体关系图。这些方法已在前面的章节中介绍过，如在 Bocij 等（2008）中。本章目的在于加强管理者对数字化经营分析和设计技术的了解，熟悉如程序分析、数据模型化和用例设计等技术手段，尤其是台式机和平板电脑用户界面设计的用户体验管理。在管理者了解并熟悉了这些之后，就能更容易地参与

技术人员关于系统需求的讨论。

本章分两大部分。在第一部分，我们回顾分析技术手段，尤其是在数字化经营实施中重要的流程再设计分析技术，我们也会了解数据模型和如何管理大数据。

第二部分主要介绍数字化经营系统的设计。该部分提到技术手段的目的在于提高数字化经营系统终端使用者所使用的信息的质量——确保信息的及时性与安全性，使信息在准确性、相关性和完整性方面有保证，并且确保信息的形式易于理解。结构设计部分主要关注如何整合系统以改善信息流，从而实现信息的及时传递。用户中心网站设计部分描述了如何利用案例分析和界面设计向导生成高质量的买方或卖方数字化经营信息系统。安全设计聚焦部分先是回顾了有关数字化经营的安全要求和一般安全措施，最终落脚于数字化经营安全技术的使用。

分析和设计对数字化经营系统十分重要，因为对于数字化经营系统来说，即使建立了有效的战略，其执行效果也可能被无效的分析和设计所破坏。完成实践活动 11.1，考虑不符合要求的分析和设计所带来的后果。

实践活动 11.1

不符合要求的分析和设计的后果

目的

突出不符合要求的系统分析和设计对顾客满意度和交易行为的影响。

活动

建立一个特别小组讨论小组成员的网上购物经历。在网上购物的过程中，购物者都会遇到哪些问题和困扰？例如，在网上买书时，你都有哪些期望和要求，会遇到哪些问题？

实践活动答案参阅 www.pearsoned.co.uk/chaffey。

11.2 数字化经营分析

数字化经营分析主要用来了解组织的业务以及用户对新系统的需求。典型的分析活动分为两部分：了解现有流程，然后评价实施数字化经营解决方案的途径。在下面的几节中，我们将借助于不同的技术手段对现有流程的运作情况进行总结，并提出新的数字化经营流程。在本节中，我们主要使用图表来描述经营流程。在用户中心网站设计聚焦部分，我们将阐述用户需求捕获技术，该技术有助于鉴定系统所必须具备的功能。

分析人员认为，建立意在改善效率和顾客服务的信息系统的关键是向雇员和合作者传递高质量的信息，或者实现流程中信息的高质量互换。Plant 和 Ravichandran（2001）谈到：

信息在协调和控制间充当中介。它将组织、专营权、供应链和分销渠道紧密地联系在一起。信息伴随着原材料和其他资源在供应链中流动，因此每个组织都应有效地处理信息。

以上表明在数字化经营的新时代，分析应被看成是优化企业内外信息流的工具。在本章中，我们首先需要了解为什么工作流程管理的关键是管理以时间为基础的信息流，随后我们将回顾流程建模是如何被用来分析信息流并优化经营过程的，接着通过对数据模型的简单回顾了解信息的存储与分析。

11.3 过程模型

传统的过程分析方法使用既定的系统分析和设计方法，这些方法是方法论的一部分，例如结构化系统分析和设计方法（SSADM），类似于 Bocij 等（2008）所概述的数据流程图技术。这些方法通常使用以下等级模式：

- 程序以及构成程序的子程序；
- 程序间的依存关系；
- 程序输入（资源）和输出。

由于这些程序及其子程序在本质上是商业信息系统需要实施的作业或任务，所以有时称这些方法为"基于动态过程的定义法"。对于一个流程通常可以根据它所描述的业务的主要作业从经营层面对其进行定义。每个流程都可根据任务分析和任务分解部分所解释的那样继续进行分解。重要的商业流程是价值链的构成要素，它们包括进货物流（包括采购）、制造、出货物流或销售以及客户关系管理或营销活动。Davenport（1993）指出，即使是那些大的跨国公司，它们的主要流程数目也很少超过10。

注意，作为对上面方法的补充，用于帮助定义内部需求的案例分析将在用户中心网站通过设计聚焦部分给出。

11.3.1 处理流程图

在现存经营流程中，常出现的现象是一项业务的不同功能区相互重叠。所以，在识别具体的业务前，分析人员需要确认流程发生在组织的哪个部分以及由谁负责。这一过程就是我们所熟知的"处理流程图"。表11-1列示了一项业务中出现的功能交叉的作业。这种处理流程图在识别数字化经营系统的潜在使用者方面起着很重要的作用。表11-1所列示的处理流程图框架被B2B公司用来准备有关重要账户的提案。

表11-1 　　　　　　　　　　　　　　　"准备提案"的处理流程

流程处理	市场	技术设备	财务状况	高级管理层
成本估计		M		
评估财务风险		m	M	
宣传展示	M	m		
审核	M	M	M	m
授权			M	M

注：M=在功能实现中具有主要作用，m=在功能实现中具有次要地位。

11.3.2 任务分析和任务分解

一项流程如准备提案，在设计和实施前，需要对其进行详尽的分解，这一过程就是通常所说的"任务分析"。

Nolyes 和 Baber（1999）指出，分解一项流程或任务的困难之处在于没有固定的规则来确定分解的层数或者流程的分解程度。分层的数量和不同层次使用的专业术语将随着组织的使用意愿和合作顾问的变化而变化。Georgakoupoulos 等（1995）提出了把任务分解成子任务的"任务嵌套"方法，它是用来描述工作流程的所有基于作业的方法中的一种。他们以采购工作流程为例说明了这一方法，把采购原材料这一任务分解成"评估"、"投标"和"下订单"3 个子任务。Curtis 等（1992）提出了一个有用的框架，给出了每个流程层次上的流程单元或元素，如下所示：

层次 1　经营流程分解成：

层次 2　作业再进一步分为：

层次 3　任务以及最终的任务：

层次 4　子任务。

图 11-1 列示了一个具有 4 层任务的分解实例。

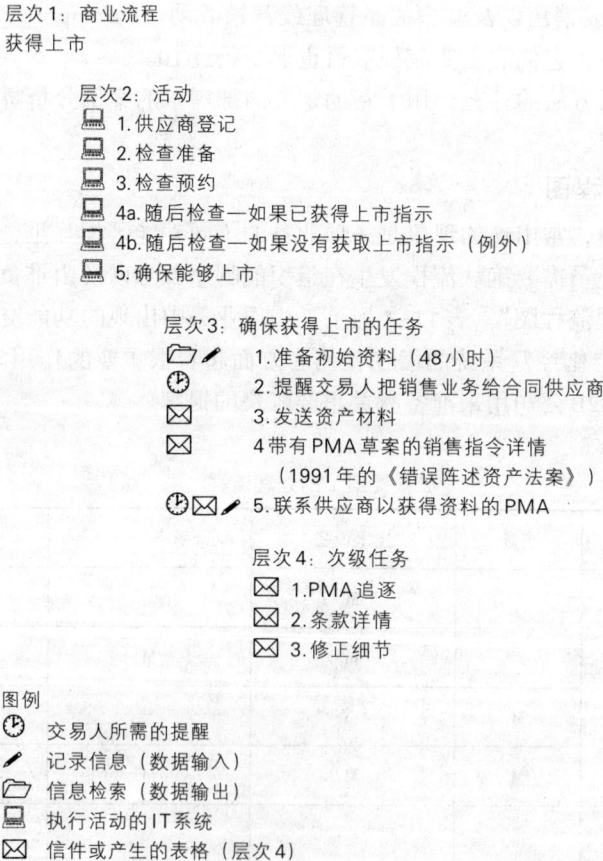

图 11-1　关于房地产中介的任务分解实例

来源：节选自 Chaffey（1998）

工作流程联盟（WfMC）作为行业标准机构，曾试图规范这些术语，它对流程的不同要素作了如下描述：

（1）经营流程。它是一组为实现某个经营目标或政策目标而相联系的一个或多个程序和作业，通常在一个组织结构框架下定义其功能决策和关系。

（2）作业。它是对流程内形成逻辑步骤的工作的描述。某项作业可能是不支持计算机自动化的手动作业。它需要人力资源或机器资源来执行流程，其中需要人力资源的作业需要工作流程参与者来执行。

（3）工作项。它是在流程的作业范围内对被（工作流程参与者）处理的一项工作的描述。一项作业可分解成一个或多个工作项，使用者（工作流程参与者）在作业范围内实施的任务就由这些工作项组成。

11.3.3　流程依赖关系

流程依赖关系描述作业按照经营规章发生的次序。这些经营规章主要用来控制经营流程。作业通常是依次且连续地进行的，当某些作业平行时也可以同时发生。数据流程图和流程表是描述流程依赖的两种工具。在本节中，我们将认识在数字化经营分析中广泛用来描述依赖的技术方法，即流程图和网络图，后者包括 SAP 产品所使用的 EPC（事件驱动流程链）标准。

11.3.4　工作流程管理

作为工作流程管理（WFM）的一部分，对企业工作流程的分析和修正是许多数字化经营应用中不可缺少的一部分，所以在开始学习流程分析技术之前，让我们先看一下工作流程对数字化经营而言为什么是不可或缺的。

工作流程管理联盟（WFMC，1996）对 WFM 的定义如下：

工作流程管理是业务流程的自动化，在它的部分或全部过程中，文件、信息和任务按照一系列程序规则从一个参与者传递到另外一个参与者。

工作流程系统通过提供一个结构化的框架来支持程序，从而实现数字化经营流程的自动化。工作流程在数字化经营中的应用包括回答来自外部的客户询问和内部的支持询问。这些询问可能是邮件、电话或纸质信件的形式。在对电子邮件询问进行主题分析后，直接将其传递给指定的人。纸质信件则需要浏览一下再添加到工作流程队列里。

工作流程通过确保那些具有优先权的任务的优先进行来促进业务流程的管理：

→尽快

　→由恰当的人

　　→以正确的次序

工作流程方法在提高效率和更好地服务顾客方面给出了一个统一的方法。工作流程软件具有以下功能：

- 分配任务；
- 提醒人们关注工作流程队列自身管辖区内的任务；
- 允许人们在共担任务中合作；
- 检索完成任务所需要的信息，例如顾客的个人详细资料；
- 为管理者提供任务的状况和团队表现的概要。

哪一种工作流程应用方法适合本公司？对于 B2B 公司，工作流程的数字化经营应用可能包括：

（1）管理性的工作流程。它主要涉及对组织内部的任务进行管理，如采购订单管理、预订假期和培训的管理。

（2）生产性的工作流程。它是面向顾客或供应商的工作流程。基于内联网或外联网的客户支持数据库、存货管理系统和供应商管理系统融合在一起就是生产工作流程的一个实例。

1. 流程图

一个简单的流程图是描述工作流程连续作业的不错的出发点，其中工作流程是数字化经营流程的一部分。虽然流程图很简单，但因其能够被无技术背景的员工所理解，同时又能够识别流程的瓶颈和无效率的部分，所以它是很有效的。组织在解决数字化经营问题时，通常要用到流程图。图11-2中的每个标志都代表流程的一个特定操作。在实际的应用中，流程图的形式有很多种，实践活动11.2中的流程图使用的形式是图表。另一种应用电子采购分析中的流程图，参见第7章。

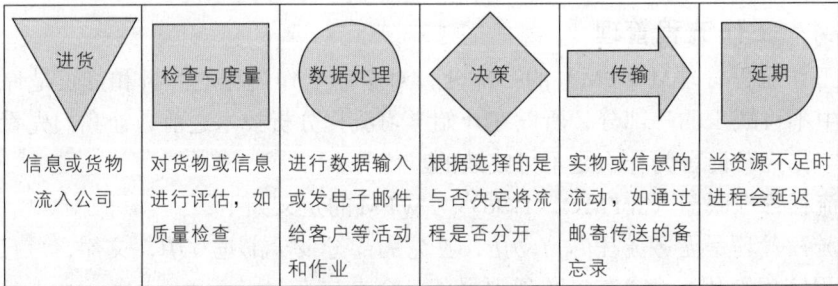

图 11-2　流程图标志

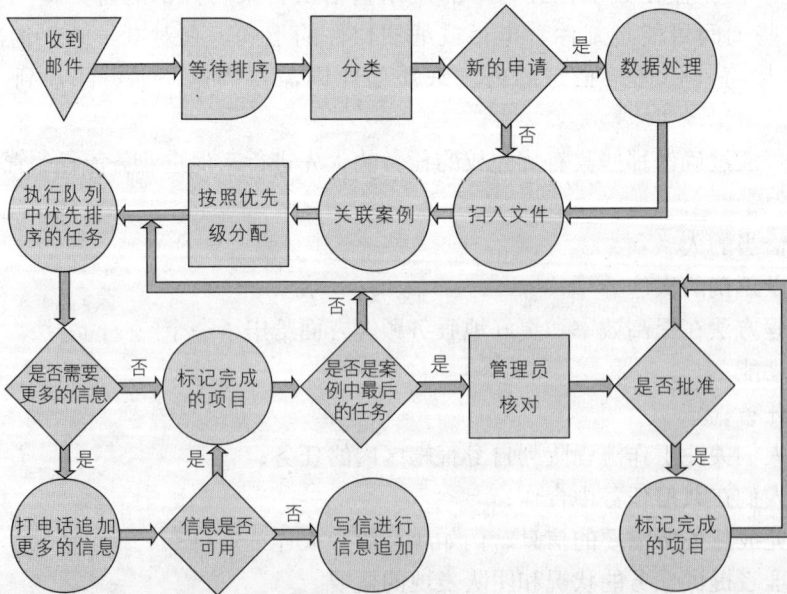

图 11-3　使用工作流程软件时主要步骤流程图

专栏 11.1

流程图在工作流程系统中的应用

在本例中，我们假设以邮寄形式收到抵押贷款申请，接下来就有必要鉴定一下新申请和已收到的关于申请的支持性文件（这是一个用钻石形决策框表示的决策点）。新申请作为一个新的案例被嵌入到工作流程当中，而原始的形式也被扫描进去作为参考（这些过程在图中用圆圈表示）。支持性材料如身份证、雇主的信件也要被扫描到系统中。团队的一个成员管理这些扫描到特定案例中的材料图像。由于分配新文档（指定任务）通常是一件很重要的任务，所以需要软件自动地把此项任务放在工作流程队列的开始部分。一旦指定的文件需要操作员执行，工作流程系统就以文件类型和其要求执行的时间为参考，赋予此任务一个优先权并把它放在工作流程队列中。团体成员就要按时间顺序执行工作流程队列中的任务。需要处理的动作性任务通常包括打电话给客户进行信息核实或写信进行信息追加。完成这些后，操作员就要在此项任务上做上完成标记，如果有必要，操作员需要创建一个新的工作流程任务。例如，如果 10 天内没收到客户回信，操作员就要进行追踪调查。

这种流程图因能识别不同的系统模块以及支持模块的软件、硬件，所以在总结系统设计方法时，是很实用的。本案例中所涉及的模块有：

- 浏览文件（扫描仪和扫描软件）；
- 把文件链接到客户案例（与顾客数据库相连）；
- 优先化文件（专门的流程模块）；
- 审查文件（与顾客数据库相连）；
- 与顾客进行沟通（与电话系统和信件打印机相连）。

实践活动 11.2

改变 B2B 公司开具账单的程序

目的

描述如何使用工作流程图简化经营流程。

背景

B2B 公司的一个系统分析项目的任务被执行后，操作人员根据对其结果的观测绘制了表 11-2。主要问题是在 MD 授权 10 000 英镑账单时，出现了时间延误。如果公司在 10 天内付款，可享受 10% 的折扣。在当前的条件下，10 天内付款是不可能的。MD 希望利用 IT 技术来实现这个目标。作为管理系统重新设计的一部分，组织重造也是必要的——MD 认为开具账单的任务应由更少的人来完成。

表 11-2　　　　　　　　　　账单开具流程图——最初状况

编号	任务描述	流程图标志	距离（米）	平均时间（小时）
①	取得发票、时间戳	●⇨□D▽	—	—
②	给第一应付账款文员	○➡□D▽	50	5
③	在第一应付账款文员处	○⇨□■▽	—	1
④	开出并附上采购单	●⇨□D▽	—	0.1

续表

编号	任务描述	流程图标志	距离（米）	平均时间（小时）
⑤	给成本会计	○➡□D▽	20	5
⑥	在成本会计处	○⇨□■▽	–	5
⑦	给工作赋予合适的编码	●⇨□D▽	–	0.1
⑧	回到第一应付账款文员手中	○➡□D▽	20	5
⑨	在第一应付账款文员处	○⇨□■▽	–	1
⑩	复印	●⇨□D▽	–	0.1
⑪	给主管人员	○➡□D▽	200	5
⑫	在主管人员手中	○⇨□■▽	–	48
⑬	MD检查并批准	●⇨□D▽	–	0.1
⑭	给第二应付账款文员	○➡□D▽	200	5
⑮	在第二应付账款文员处	○⇨□■▽	–	1
⑯	添加供应商编号和到期日期	●⇨□D▽	–	0.1
⑰	写入会计系统中的应付账户	●⇨□D▽	–	0.5
⑱	支付发票并开支票	●⇨□D▽	–	0.1
⑲	给档案管理员	○➡□D▽	20	5
⑳	到达	○⇨□■▽	–	1
㉑	保存发票	●⇨□D▽	–	0.1

活动

作为一位经营分析人员，你应该有一种更有效的工作方式，通过填写一张空白表格去重建工作流程，同时记录关于职位改变的假定以及支持工作流程的新软件的细节。假定每个职员都可以登录联网的PC机，MD通过传真或调制解调器可看到记录，这种方式每天限定进行两次。

表 11-3　　　　　　　　　　账单开具流程图——重新设计后的流程

编号	任务描述	流程图标志	距离（米）	平均时间（小时）
①	取得发票，盖章，扫描	●⇨□D▼	–	0.1
②	给第一付款文员发邮件	○➡□D▽	–	0.1
③	列入第一付款文员的工作清单	○⇨□◼▽	–	5
④	填写订购单并编码	●⇨□D▽	–	0.5
⑥	给 MD 发邮件	○➡□D▽	–	0.1
⑥	在 MD 的工作清单中记录下来	○⇨□◼▽	–	12
⑦	由 MD 检查并批准	●⇨□D▽	–	0.1
⑧	给第二付款文员发邮件	○➡□D▽	–	0.1
⑨	列入第二付款文员的工作清单	○⇨□◼▽	–	5
⑩	添加供应商编号和到期日期	●⇨□D▽	–	0.1
⑪	嵌入会计系统	●⇨□D▽	–	0.1
⑫	支付发票并标记已完成的任务	●⇨□D▽	–	0.1

实践活动答案参见 www.pearsoned.co.uk/chaffey。

2.工作时间（effort duration）分析

工作时间分析是我们实施细节分析（如实践活动 11.2）时运用的一种分析工具，这个工具可以用来衡量一个流程的整体效率。在进行这种分析前，我们首先需要计算完成流程中所有作业所需的平均时间，再除以整个流程总的时间，从而得到效率。后者通常大于前者，因为各任务之间可能出现间断，例如表格的传输、等待外盘（out-trays）和内盘（in-trays）等都会导致任务的不连续。效率等式如下列示：

效率 = $\sum$ （T（任务所需工作时间））÷T（整个流程时间）

如果我们把工作时间分析应用到实践活动 11.2 的第一个情节中，其中不包括整个过程的延误和传输时间，计算得出这一流程的效率仅为 2%！我们可以通过实施一些增加顾客附加值的作业而非管理性的作业来优化这一数值。

3.网络图

虽然数据流程图可以表示作业和任务的发生次序，但是它们通常不能给流程次序一个十分严谨且正式的定义，然而流程次序是数字化经营、工作流程或 ERP 系统必备的。为达到能够定义流程次序的目的，我们使用网络图，即 GAN（整体化的作业网络）。这就需要在代表任务的区间内加一个结点，来精确地定义任务完成后的选项。在网络图中最常见的情形是，一项作业紧跟另一项作业，如顾客身份验证的随后作业就是信用核查。在选项存在的地方，结点处的逻辑定义如下：当从两个或两个以上选项中选一条路径时，结点处就是"或"；如果一个结点后存在多条路径，此结点处就是"和"。结点连接先前的作业，同时又决定哪项任务在其后发生。在有选项的地方，经营规章通常被定义为前条件和后条件。对可选择的依赖关系的汇总见表 11-4。

表 11-4 网络图结点处的工作流程依赖

结点类型	描述	总结
并行分支	工作流分成两个或多个并行的作业	
或分叉	工作流分成多个分支,但只允许执行一个	
并行汇聚	多个同时执行的作业汇聚成单一的控制线程	
或汇合	一个单独的选择性作业添加到单一的执行线程中	
交叉	一个或多个工作流作业不断重复直到满足一定的条件	
单一路线	没有其他可选择的线程存在	

4.事件驱动流程链（EPC）模型

EPC是用来描绘经营事件和流程的最常用方法之一，这种方法因应用于企业管理再设计而广为人知。企业的管理再设计使用了SAP R/3 ERP这种产品（此种产品全球销售额高达几亿美元）。其中，为支持SAP R/3系统，包含800多个标准的EPCs被建立。它们在软件发行之前清晰地阐述经营者所要表达的经营规章的含义。EPC的组成要素参见表11-5，这些要素包括了表11-4中的依赖关系。图11-4是一个EPC的元数据模型，该模型说明了不同要素间是如何相互联系的，该图同时表明经营功能是如何通过经营目标（经营目标同时引发一个经营事件）的相互作用被激活的。在此模型中，控制流与作业、事件和逻辑操作者相关联，主体或信息客体是诸如销售订单或发票等项目。

表 11-5 事件驱动流程链（EPC）模型的组成要素

EPC标志	对EPC元素的描述
经营事件	由于流程功能完成而改变进程地位时发生的事件
经营功能	该功能就是确定在组织单元中的作业或任务由负责该职能的人来完成，或者由工作流程系统自动实现
异或与或 逻辑运算	流程中控制工作流通过分支/合并结点处的逻辑运算定义如下： 异或——在一个或多个进程完成后才允许另一个作业执行 与——并行分支结点产生多个后续功能 或——或分支，即多个选择的分支
	控制工作流形成用于连接其他元素的流程网络
信息客体	为实现功能需要的数据以及向后续功能中输入的数据（在WfMC的定义中与工作流程相关的数据），主体也是如此
组织单元	此单元是为了执行某项功能

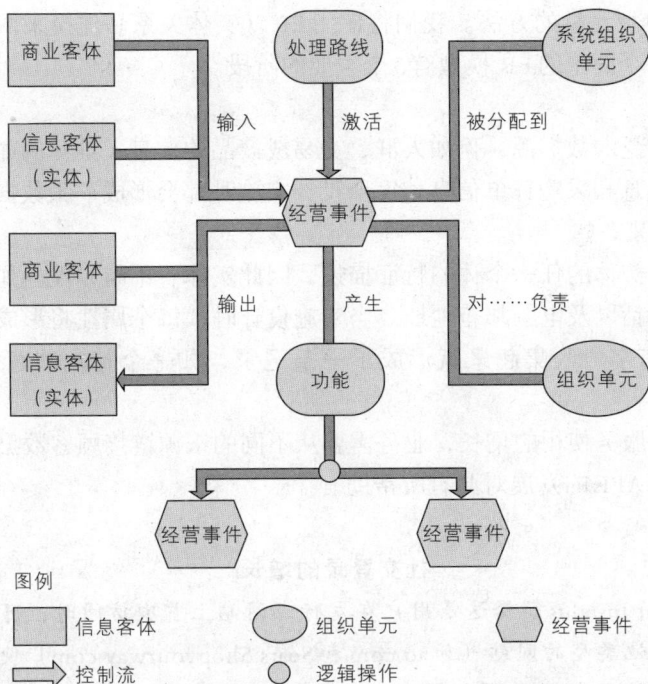

图 11-4　EPC 流程定义模型的一般形式

11.3.5　验证一个新过程模型

不管用哪种方法对流程进行定义，都需要核实定义的流程是否切实可行。在开发流程能力和业务规则时，David Taylor 在关于并发工程（Taylor，1995）的书中提到阶段论此时或许能派上用场。他认为在建立新的流程时，要使用"务虚"（talk-through）、"务实"（walk-trough）和"实现"（run-through）3 个阶段对新流程进行检测。在第一阶段，即务虚阶段，设计团队把提出的经营流程看成是一个模型，在这个模型中不同的经营目标相互作用。务虚阶段将贯穿于不同的经营情节，在此阶段中设计人员使用卡片来描述目标以及这些目标提供给其他目标的服务。模型调整好后，务实阶段将包含情节的更多细节，并且设计团队将扮演目标提供的服务角色。最后实现阶段的主要目的是质量检测。在此阶段，没有现场的故障排除，仅是目标间相互作用的描述。现在，模拟软件已越来越多地应用于可选情节的模型构建中。

11.4　数据模型

数字化经营系统的数据建模运用了一些成熟的技术，例如，标准化方式，这种方式用来对理性的数据库进行分析和设计。与程序建模相比，这种建模方法较简单，因为程序建模引入了一些原创性技术。Bocij 等（2008，第 11 章）对标准化和理性化数据库的设计进行了介绍。本部分给出了一些基本定义作为关键术语的提示。在开始本部分的学习前，值得一提的是，随着数据挖掘和面向对象方法的出现，人们越来越多地使用非理性数据库设计。Bocij 等（2008）的第 6 章和第 11 章对这些内容进行了进一步的概述。

我们使用的数字化经营数据建模方法是：使用能识别卖方数字化经营系统（B2B 公

司）数据建模的典型元素的方法。我们将使用ER（实体关系）建模来回顾一下这些数据库的典型结构。一个简单的ER模型有3个主要的阶段。

1.实体识别

主体定义了广泛的数据源，例如人群、交易或产品的信息，具体的如顾客信息、雇员信息、销售订单信息和采购订单信息。每个设计实施时都会形成一张数据库表。

2.实体属性识别

属性是对一个实体的任一个体的特征描述，因此实体有不同属性。如，客户实体有如下属性：姓名、电话以及电子邮箱地址。当实施设计时，每个属性将形成一个字段，主体的一个个体的所有字段收集起来就形成了一条记录，如一个特定的客户就会形成一条记录。

随着社交媒体服务使用的增长，业务需要从不同的来源链接顾客数据。从社交网络用户能够直接登录的APIs的发展对此有所帮助。

专栏11.2

社交登录的增长

2013年，Smart Insights解释这是用户在发行者网站上首次访问时，可以登录的一种方法。零售网站等其他类型的网站（如ao.com和Sears Shopyourway.com）使用得更加广泛。

几乎在所有的技术发行者网站上（比如Mashable、Stackoverflow或者TechCrunch）可以看到，注册过Facebook、Twitter、LinkedIn或者OpenID的用户可以直接登录并且可以进行评论。

这种方法有好处，它能减少登录的障碍，减少特许营销的效力（第8章）。它有缺点，使用社交媒体用户名登录，收集不到使用者的用户数据。2013年，Smart Insights研究报告显示尽管87%的人曾经看到社交登录，但是仅仅有25%的人经常使用，这一次社交登录的分享为：

- Facebook 46%
- Google 34%
- Yahoo! 7%
- Twitter 6%

随着社交登录的增长，其应该考虑如何提供登录服务。

3.实体间关系识别

实体间关系需要进行表间链接的字段识别。例如，我们需要知道哪位客户发出了购买指令以及对哪种产品发出了指令。从图11-5中可以很明显地发现顾客ID和产品ID用来链接3张表的指令信息。用来链接表的字段被称为"关键字段"。主键是个体的唯一识别，用来链接另一张表的主键。图11-5中顾客表的主键是客户ID，而字段客户ID是次序表中反向链接到客户表的次键。这种关系是一种一对多的关系，因为每个客户在相关时间段内会发出多次购买指令。

标准化是一个附加阶段，它主要通过减少信息重复和冗余来完善数据库，在这不再赘述。

如果你有数据库分析和设计的经验，那么完成实践活动11.3，即为B2C公司设计一张ER图。如果以前没有这样的经验，可参考答案了解如何构建数据库。

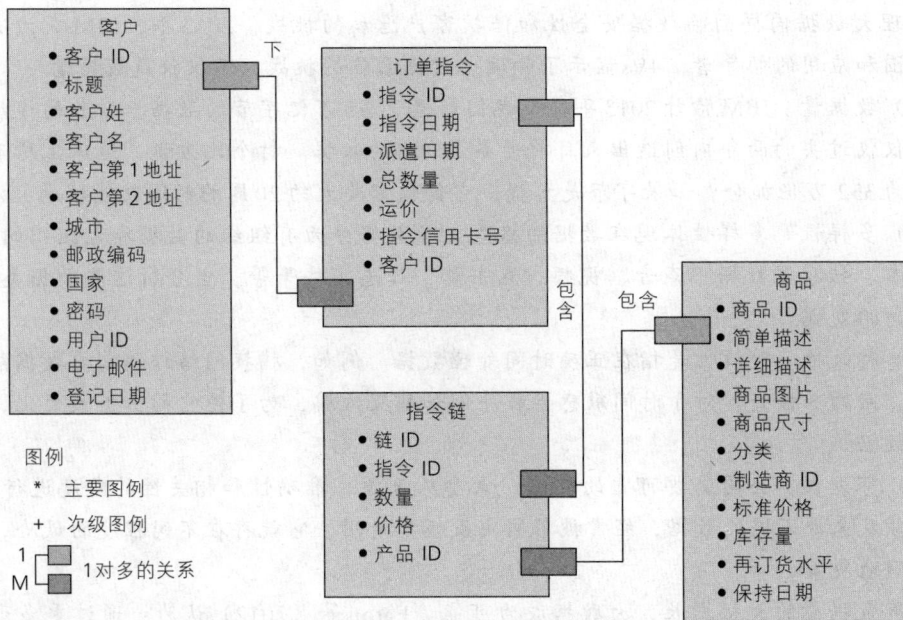

图11-5 通用B2C的ER图

大数据和数据仓库

数字化经营系统管理大量交易数据并且将每一个都记录下来。在2012年和2013年，它作为大数据而不是数据仓库，认为是业务管理问题，每一条记录可以追溯到20世纪90年代。我们将在专栏11.3介绍这一概念，并展示如何从数字化经营大数据中寻找价值增加的机会。

实践活动11.3

B2C公司构建ER模型

目的

了解交易数据库的一般框架。

活动

为B2C公司构建一个标准化的ER图或顾客交易网站。

此部分答案参见图11-6。

评注

- 客户。也许会有一个单独的邮寄地址。
- 订单。每份订单上会有许多个项目，所以在每份订单的表头上有许多线框。
- 产品。它包括类别信息，比如文字描述和图片。
- 产品。告诉客户库存数量以及到货日期。
- 单独的制造商表格应被列出，但此处没有给出。

此部分无参考答案。

专栏11.3

大数据商务应用分析

什么是大数据？

大数据已经发展为描述业务问题的理念，即需要从业务搜集的数据中设法抓住可用机遇。管理大数据同样面临数据安全性和保护客户隐私的挑战。2013年，IBM成为决定大数据范围和应用的领导者。4Vs显示了管理大数据面临的挑战，不仅仅是数据量。

（1）数据量。IBM估计2013年每天我们创造了2.5万亿字节的数据。增长的速度意味着，在仅仅过去的两年内创造出来目前世界上90%的数据。打个比方说，地球上所有海洋的海水为352万亿加仑，如果字节是水桶，它仅仅需要大约20周的时间就能填满大海。

（2）多样性。多样性体现在数据的格式上，数据分为有组织的数据和无组织的数据，例如文本、传感器数据、声音、视频、点击量、日志文件等等。当分析这些数据类型时，总会有新的发现。

（3）时效性。时效性是指在正确时间处理数据。例如，捕捉网络诈骗需要数据能被快速处理、回顾并检查。对于时间敏感性程序例如捕捉诈骗，为了使它的价值最大化，必须使用大数据。

（4）可疑性。公司需要可靠的数据，需要从来源、准确性和相关性的角度进行决策。大数据涉及来源不同的数据，经常被不同决策模型使用，它就存在不同程度的风险，造成不能正确地决策。

随着数据量的大幅增长，大数据成为可能。Eaton等（2012）认为：通过更多形式的测试和时间捕捉，可以整合到系统中。这种测试能简单地进行数据收集，事件是一系列的客户通过台式机、移动站点或者社交媒介对业务的反映，例如通过网站分析和社交分析。

从电子商务和网络营销的角度，理解一系列事件对理解媒介投资或者建立多渠道的投资来说是很重要的。机器间互相联系也普遍存在数据收集，例如，供应链系统中车上传感器或者GPS追踪项目在中心核对。Eaton等（2012）注意到大数据系统，例如Hadoop，与高度构造而加强数据整合的传统数据仓库相比，更倾向于去处理不需要被净化的无组织数据。

什么是大数据应用的范围？Andy Mendelsohn，Orcle大数据服务技术高级副总裁这样解释：

今天我们有业务智能的信息系统，人们称它们为数据商业中心或者数据仓库，它们装载着来自如E-Business Suite和其他应用供应商的事务流程系统的所有事务性信息。信息的确有价值，是公司的珍宝。因此关于大数据，真正重要的是理解这里大量的数据，它们中绝大部分对业务完全没有价值，但是这里有精华，这些信息的珍贵程度就如同一位顾客拥有一个婴儿。你想要获得那个信息，想要将它与在数据仓库中获得的现有的事务性数据进行整合，真正地使用它进行业务决策，为公司赚更多的钱。

大数据应用例子

IBM给出这些在数字化经营中的实时数据被处理成不同类型数据的例子。

- 把每天创造Tweets的12太字节转化为改进的产品敏感分析。
- 把每年3 500亿的仪表读数转化为更好的消费预测。
- 对于时间敏感的流程，如捕捉欺诈，为防止发生，使它的价值最大化，必须使用大数据。
- 每天分析5亿实时通话记录去预测顾客流动情况。

Mendelsohn在2013年Smart Insights中给出三个大数据应用案例。这些大数据是存储在数据仓库中关于顾客购买交易的现有数据，但是以另外的数据类型被引用。

1.汽车保险事例

这个业务已经拥有一个Exadata数据仓库，它捕捉所有的关于顾客、事件和政策信息等的事务性保险信息，Mendelsohn说。

他们想要做的是用从汽车获得的新种类数据来提高数据。汽车装载的传感器可以捕捉你外出的每次移动收据，它被称为远程信息处理数据。

2.旅行保险事例

这家公司从事比较和提供不同类型度假的网上业务。它已经获得所有关于顾客的交易性数据，即他们选择过什么样的旅行。

它们还想要捕捉网络日志，获取社交媒介数据，以此更了解它们的顾客期望什么样的旅行，将信息与顾客先前交易信息相结合，利用它做出更好的促销活动，增加业绩。

3.游戏领域案例

这家公司从事各种游戏操作台和因特网游戏销售业务。它也拥有一个分析数据的大型Exadata数据仓库。它期望增大Exadata数据仓库以支持业务决策分析，想要利用它更好了解顾客在游戏之外做什么。"它们想要了解顾客之间的关系，游戏中一个有意思的事情是人们一起玩游戏，但如果网络中的其中一人做了或者想做什么事情，其他人就会跟着做相同的事情。因此他们在游戏空间中利用这些来实现更好的促销。"

根据这家公司的情况可以看到，仅仅整合数据并不会创造价值。必需的分析模型和解释产出的工具才能够实现数据驱动的优化（例如员工时间表或者shipping网络）或者预测（例如关于飞机延误，根据购买历史或者习惯了解顾客想要什么或者想做什么）。他们说：

各种各样的模型会层出不穷，但是只有管理者和一线员工理解和使用它，它才是有价值的。太过于复杂的输出可能会不被信任，需要的是将数据整合到每天的流程中以及将模型产出翻译为有形的工具。

如何运用这些数据来提升经营效果和业务贡献是模型设计的关键。在第12章，我们将描述如何设计网站分析系统以提高卖方电子商务系统的效果。独立的分析系统是非常有效的，很多大型公司逐渐发现为应用这些分析以提高洞察力，它们必须整合网页信息、内部销售和订单系统等信息组成数据仓库。

11.5 数字化经营设计

数字化经营的设计部分详细地说明如何构建系统。

在下面的两处聚焦部分，我们会看到设计的两个方面，即安全保障和界面设计，它们对客户认知数字化经营系统非常重要。开始之前，我们先看一下数字化经营系统整体的结构体系设计。

11.5.1 数字化经营系统结构体系设计

设计数字化经营系统的出发点是确保公司中存在一个以软硬件技术、应用和经营流程为表现形式的通用结构体系。设计数字化经营系统的目的见图3-5（b）。

数字化经营系统设计模仿了许多商务信息系统的客户服务器模型的设计风格，后者产生于20世纪90年代。对于数字化经营而言，其客户主要是雇员、供应商或者客户的台式PC机（这些台式机为数字化经营应用提供前端入口）。客户通过内联网、外联网或因特网链接到数字化经营系统的后端服务器上。

今天，这些前端入口更多的是移动设备，如智能手机和平板电脑，正如在第3章和第4章提到的与日俱增的移动使用者趋势所展示的那样，这些前端入口设备通过内联网或者外联网与后端服务电脑相连。在第3章和第6章，我们讨论了选择数字化经营系统软件和服务相关的管理问题，通过客户服务系统，客户可以通过电脑或者移动设备进行网络浏览，服务器位于组织之外，应用流程在多租户的模型上可与其他的公司分享。

在设计客户服务器系统时，一个重要的决策是如何在客户端与服务器间进行任务分配。这些任务包括向用户传递工作申请等。对于一个数字化经营系统而言，这些任务出现的典型情形是：

- 数据存储。主要指数据在服务器上的存储。客户存储的目的仅仅限于识别用户和用户进程。每个使用系统的用户的cookie识别器与存储在数据库服务器的用户数据相联。
- 问题处理。主要指服务器端的问题处理，尽管有时也指客户端的问题处理。
- 显示。主要指客户端功能。但是随着移动用户的增长，设计上需要考虑适应于移动用户。
- 应用逻辑。传统地，在早期的PC机应用中，这是一个客户端功能，但是对于数字化经营系统而言，设计的目的是使应用逻辑的处理范围最大化，包括关于服务器的经营规章。

典型的数字化经营结构体系使用3层客户端-服务器模型，在此模型中，客户端用来显示应用逻辑，这是第一层。服务器上的经营规章分区是第二层。数据库服务器是第三层。由于大多数的数据处理是在服务器上而不是在客户端执行的，所以客户端执行的程序数量少，有时又称客户端为"瘦客户端"。第3章描述的应用服务提供商（ASP）是典型地建立在3层模型基础上的，如图11-6所示。

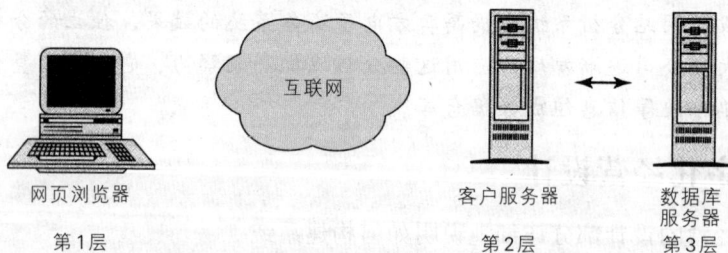

网页浏览器　　　　　　　　　互联网　　　　　　　客户服务器　　数据库服务器

第1层　　　　　　　　　　　　　　　　　　　　　　　第2层　　　　第3层

图11-6　数字化经营环境下的3层客户服务器

尽管数字化经营系统模型采用了一种相对简单的结构设计形式，但在实际应用中这一系统是比较复杂的。为应对不同的客户需求，不同的服务器被用来链接应用逻辑和数据库存储，它们可能是分散的，也可能是链接的。图11-7展示了一种典型的数字化经营结构设计，每一种服务器及其功能如下：

- 网页服务器。管理客户的http需求，并充当链接其他服务器的中介。返回或服务于网页。
- 商业服务器。它是应用逻辑的主要存储区，通过向其他服务器元件发出请求整合整

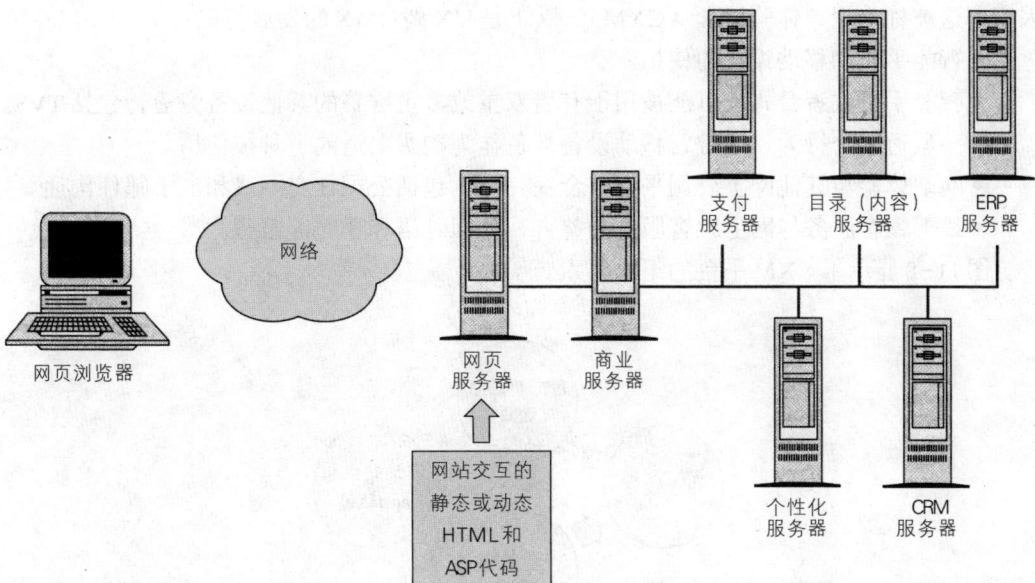

图 11-7　一种 B2C 公司的数字化经营结果设计

个应用系统。

- 个性化服务器。提供一些特定内容或者商业服务器的部分功能。
- 支付商业服务器。管理支付系统并确保交易安全。
- 目录服务器。它是一种文档管理服务器，用来显示产品的详细信息和技术说明。
- CRM 服务器。存储客户合同上的所有信息。
- ERP 服务器。存储存货信息、存储客户支付信息、处理销售订单、存储历史记录、安排销售物流等。

很明显，不同元件的集成方法设计并不简单——一个完全集成化的数字化经营系统的开发不可能一蹴而就！正如我们在第 9 章讨论过的一样，简化设计的最好方法是减少供应商的元件数量，以简化数据和应用集成。

11.6　重点：以用户为中心的网站设计和客户体验管理

由于数字化经营系统往往是面向客户或雇员的，所以人机互动在网络应用设计中的重要性可想而知。提到网站设计，Nigel Bevan 说：

网站只有满足目标使用者的需求，才能满足提供网络的组织的需求。网站的发展应以用户为中心，以满足用户需求程度来评价网站设计的进步与否。

Noyes 和 Baber（1999）解释道，用户-中心设计不仅仅包括界面设计，不能误认为这种设计应把注意力放在人身上，其设计的重心应放在影响可用性的要素上，如用户界面、计算机、工作地点以及环境。在这个部分，我们主要了解用户界面。

随着电子平台的发展，网上品牌也在逐渐增多，从台式机访问公司网站到移动站点，以及通过平板电脑访问 apps，以及通过移动手机访问社交网站，如 Facebook、Google+、linkedIn 和 Twitter。UX 系统的设计已经延伸到需要考虑使用者的位置和手机系统等环境因素。这被称为用户体验管理（CXM）。以下是UX到CMX的发展情况：

- 智能手机和移动设备的使用。
- 智能手机或者台式机可能被用于有着双重或多重屏幕的其他设备旁边，包括TVS。
- 多渠道购物行为，这时，移动设备准备作为购买渠道的一种被使用。
- 网站体验与其他网上公司平台整合在一起，包括公司社交网络和电子邮件沟通。
- 线下顾客服务与网上顾客服务的整合，如即时语和呼叫等服务。

图11-8显示了CXM平台的组成要素。

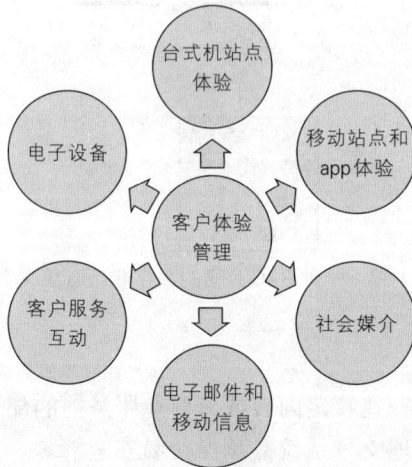

图11-8　客户体验管理的组成要素

　　CXM对例如旅游、零售和金融服务等多渠道和全方位渠道的事务型站点来说尤为重要。2011年，Forrester从不同的客户体验传递系统的角度描述了CXM，内容包括网页内容管理、个性化、自动化营销、贸易平台、顾客服务互动管理、站点搜索、推销以及测试和优化联合分析。这个描述表明设计一个有效的客户体验所面对的挑战，也表明CXM在新站点的创造中不是一次性的活动，是使用分析的前进过程，是结构化测试和优化转化率（CRO）程序的一部分。越来越多的公司将CRO用于提高线上业务到场度贡献。因此对于数字化经营管理者来说，当需要设计一个新站点或者服务时，它不是一次性投资，而是需要持续性投资。

　　设计的性质和用户群的变量是用户中心设计的起点。根据Bevan（1999a），设计人员需要考虑的问题有：

- 谁是最重要的用户？
- 他们进入网站的目的是什么？
- 他们访问网站的频率如何？
- 他们有什么样的经历和经验？
- 他们来自哪个国家？他们能读懂英语吗？
- 他们寻找哪种类型的信息？
- 他们想以何种方式使用信息？屏上阅读、打印版还是下载？

- 他们使用什么类型的浏览器？网站链接的速度如何？
- 他们使用多大的显示屏？屏幕分辨率是多少？

专栏11.4

网站为什么折磨它们的访客？

布鲁斯·托格纳兹尼曾是苹果公司第66位员工，制定了公司的第一个可用性准则，并建立了人机界面团队。近30年后，他是 Nielsen Norman Group 中的一员，仍然感觉现在苹果公司的设计出现了错误。

（1）主要为网络可用性或用户体验的错误

网站显示了惊人的公开的敌意。就像每张床和浴室一样，除了光滑，舒适的用户体验是非常重要的，但是却有千余个业余网站似乎觉得折磨他们的客户真的是好主意。

主要的，这源于努力实现平庸而不是追求卓越。但它是毁灭性的用户体验，就好像其已经着手实现这种敌意。

糟糕的错误就是抛弃了用户的工作。读者常常会在旅游网站上看到，用户花费一个小时选择了一张5个月后的机票，但是当试图寻找一家同一时期的宾馆时，却发现该网站已经清空了日期，并强制向用户推荐明晚的酒店。客户"如果"在不同的航空公司和不同的酒店进行交易，需要仔细选择日期，因为这些交易往往会导致他们犯错误，最后可能因为日期的错误而取消机票。

最糟糕的是，当有一个信息嵌入到可丢弃的产品订购页面中，用户决定取消勾选时，给出的提示却为："是，可以向我每天发送14次邮件。"

可以想象这些客户的感觉，当他们明确表示拒绝时，邮件却滚滚而来。

（2）建议一个更快的网络体验

布鲁斯·托格纳兹尼提醒：

①屏蔽与时间相关的媒体网站。特别是没有特别的产品或者服务需要进行引导而出售或讨论时，消除所有的 Flash 和视频，而不是让用户进行选择控制。

②支持标签阅读。

③为方便用户完成任务，需要限制页面和必要的交互页面的数量。

④做"无聊"测试。观察新的和有经验的用户时，看到他们坐立不安、思想和眼睛不停游荡或者他们来回地双臂交叉，就证明此时他们很无聊。

⑤必须做一些幕后的工作得出解决方案，当用户决策时，我们已经准备好了。例如拥有使用 Firefox 的预读网页的能力，当用户准备好了的时候，要保证你的网页也准备好了。

（3）在另一个12年里，所有的企业都会领会用户体验的重要性

如果我们将1980年的指导方针与2007年出现的情况对比一下，会发现绝大多数公司不了解人机交互，即使其是它的基础。

大多数网站要求用户输入很难的校验数据，例如手机号码或者信用卡卡号（不得有空格），然后一行行进行校验，整个程序保存需要5分钟并且只有一行简单代码。

这样的无知和懒惰可以确保人机交互设计师在可预见的未来充分就业，也实现了网络的原始承诺，还可以用它的"实体店"继续履行未完成的一些业务，但是却忽略了用户体验。

（4）说服高级管理层购买可用性和用户体验

研究你的日志文件进行网站分析，准备指出哪里是用户"保释"的地方，找出令人信服的论点，提及你喜欢的事情，设计一个屡获殊荣的 flash 动画初始屏幕，其需要1分钟来加载并且没有任何信息指向产品销售。

然后把这些"保释金"转换成美元：

我们正在失去20％的客户，他们甚至从来没有进入网站，因为我们的闪屏。去年，我们的销售额是1.4亿美元。如果我们不失去这些客户，我们的收入将额外增加1 142万美元，而总利润也将增加75万美元。一个 HCI 设计者可以防止甚至保住超过70万美元的利润。我们每次也将不再需要释放 x.01，x.1，x.2，我们推出一个新的设计，因为设计是正确的，这样能够节省价值数百万美元甚至更多的工程资源。

HCI 可以是一个没有脑子的高级管理人员，如果其清楚这个情况并且他们真正理解货币。

没有买入，也无妨。所需要的是一个杂物室和两个表。

忘记视频，用户在你的网站上也就是看看。一个简单的测试就可以知道这些，但是它却可以改变整个项目的过程。

即使是一个非常糟糕的设计，有了足够的用户测试，最终也可以做成一个像样的设计——猴子的无限数量理论——最糟糕的就是没有测试的设计。

还要考虑自己成为人机交互设计师，如果你够请求管理，你有最重要的先决条件——你在乎。

来源：《电子咨询》（2007）

在研究以用户为中心的设计案例之前，值得注意的是可用性和可访问性仅仅是决定访问者体验的一部分。在第5章，在竞争者分析的章节，我们解释了品牌承诺对顾客体验同样是重要的。在这一章，我们将探索公司如何通过不同的实践行为去创造和维持良好的顾客体验。Alison Lancaster，当时是 JohnLewis 的营销负责人，现任 Charles Tyrrwhitt 的营销总监，他说：

一个好的网站总是以用户为先，知道顾客是谁，还要了解竞争者是谁以及它们是如何运营的。需要通过持续的研究、反馈以及可用性去检测和提高顾客线上体验。顾客想要便利舒适的订购，想要网站快速加载、很好的页面构建以及明了的导航。

所以，创建有效的网上体验是一项挑战，图11-9展示了影响客户体验的不同因素，它是根据 Chernatony（2001）的观点发展而来的，它认为品牌网上传递服务需要包括三个方面：传送合理价值、情感价值和期望的体验（合理价值和情感价值）。Christodoulides 等（2006）的研究表明线上零售和服务对公司品牌是非常重要的，其主要从客户角度出发从以下五个方面进行了分析：

（1）情感联系

Q1：我感觉与［X］类型的顾客联系在一起。

Q2：我想要［X］关注我。

Q3：我感觉［X］真的理解我。

（2）网上体验

Q4：［X］网站提供容易找到的搜索通道。

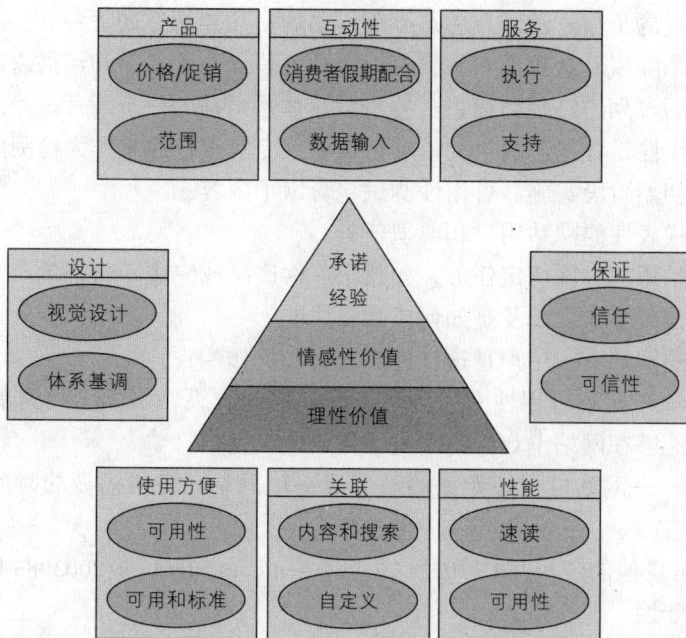

图 11-9　影响客户体验的不同因素

Q5：当通过［X］网站导航时，我从不迷路。

Q6：没有延迟就能获得想要的信息。

（3）响应服务

Q7：［X］愿意并且准备去响应顾客的需要。

Q8：［X］网站给予访问者回复［X］网站的机会。

（4）信任

Q9：我相信［X］能够保证我的个人信息安全。

Q10：我觉得与［X］交易很安全。

（5）满足感

Q11：我从［X］网站上得到了我想要的。

Q12：产品在［X］网站承诺的时间内送达。

1.可用性

可用性是用户–中心设计的一个重要概念，其中用户–中心设计适用于一系列产品的分析和设计。可用性决定了产品的易用程度。英国标准/ISO 标准指出以人为中心的互动系统设计流程的可用性如下：

产品让特定用户达到特定目标的程度。特定目标包括效用、效率以及特定使用前提下的满意度。

你可以想一下可用性的概念应如何融入网站的设计中——网络访问者往往这样定义可用性目标，如在网站上能找到某条特定的信息或完成诸如订机票或查询账户余额等操作。

Jakob Nielsen 的经典著作《网络可用性设计》（Nielsen，2000b）对可用性设计的描述如下：

一种网站设计的工作方法，目的是确保网站的用户界面有如下特征：简单易懂、有记忆、无错误、效率高以及达到用户满意度。可用性设计包含检测和评估以确保用户充分利用导航并在最短的时间内链接到信息。它是信息体系结构的一个随行程序。

实际中，可用性设计包含两项关键项目作业。专家审核通常作为检测问题的一种方式在项目再设计的初始阶段实施。可用性测试包含以下内容：

（1）识别有代表性的网站用户和典型任务。

（2）要求网站用户实施特定任务，如找出一件产品或完成一份订单。

（3）观察他们做了什么以及是如何成功完成的。

在一个成功的网站上，用户是这样完成任务和操作的：

• 有效用地——网站可用性专家测量工作完成的效果，例如，经测量只有3/10的网络访问者能够在网站上查到某个电话号码或其他信息。

• 有效率地——网站可用性专家测量完成一项网站任务所需要的时间或所需的点击次数。

Jakob Nielsen 在他的"可用性101"（www.useit.com/alertbox/2003085.html）中解释了高度可用性的必要性。他说道：

对于网站，可用性是其存在的必要前提，如果一个网站很难用，人们将弃它而去。如果主页不能清晰地表达公司能够提供什么以及用户能做些什么，人们也会离去。如果用户在网站上不知所措，人们也会离去。如果网站信息不易懂，不能回答用户的主要问题，他们也会离去。

鉴于以上原因，Nielsen建议可用性设计应占整个项目预算的10%左右，但实际上开发网站的组织对可用性的投入很少。

2.设计评估

按照Bevan（1999b）的观点，可用性的有效设计测试依赖于以下3个方面：

（1）效用——用户能正确并完整地完成他们的任务吗？

（2）效率——用户能在一个可接受的时间段内完成任务吗？

（3）满意度——用户对这种互动满意吗？

对于评估设计的效率，使用者参与很重要。在第10章介绍的网站原型方法中，聚焦群体作为一部分使用。

电子商务管理咨询机构（2009）对保险公司Hiscox如何使用不同的用户互动模型重新设计网站进行了描述：

• 分配模型中访问者选择顾客的类型，然后选择产品。

• 零售模型中顾客挑选他们想要的产品，然后选择购买它。

• 基于需求的模型帮助顾客挑选产品。

追踪眼是一种有效地评估设计效率的技术。很多远程测试机构都可以提供追踪眼技术（如 WhatUsersDo.com）。

传统的使用测试在分析和设计中完成，现在很多公司已经可以通过不同类型的工具获得持续的反馈了。Smart Insights（2010）识别出五种类型工具：

（1）网站反馈工具。有时被描述为"顾客的声音"，为顾客提供永久的工具可以帮助反馈每个网页。

（2）众包产品选择软件。新特征或者服务传送的反馈。

（3）简单的网页或者概念反馈工具。用于收集其他网站使用者的反馈。

（4）网站入口调查工具。这些工具通过意图（访问网站的理由）来应对满意度。一些公司就专为需要对重新设计的网站进行评估提供服务。

（5）普通网络调查工具。很多公司使用一般的低成本或者免费调查工具来研究用户意见。

11.6.1 用例分析

应用于过程分析和建模的用例方法在20世纪90年代被开发出来，它是面向对象方法的一个分支，是"统一建模语言"（UML）方法论的一部分。UML试图把Booch、OMT以及Objectory记法统一起来。Jacobsen等（1994）介绍了如何把对象建模应用到工作流程分析中。

1. 角色和情节分析

网站设计采用了系统分析者和设计者偏爱的用例分析模型，网站设计者和营销人员使用了与之相似的模型，但是使用的术语却有所不同。营销人员为典型的网站访问者开发了网络设计角色。这是一项影响网上竞争策划、网站可用性和客户中心性的强有力的技术手段。Forrester（2005）调查了角色使用后的效果，发现人口研究人员针对每个项目对典型的用户平均进行了21次访谈，使用4~8个角色，成本在47 000~500 000美元之间。福特公司在Ford.com中使用了3种角色，"主要角色"是"Marie"——刚刚开始购车过程，还没有决定购买的品牌，不了解汽车并且需要帮助。Staples.com有7种针对购买者的角色，微软公司有7种针对Windows XP的角色。

角色实质上是对一类人的简略描述，在市场分割和广告策略中使用已久。最近几年采用这种技术的公司证明它是一种提高网站设计水平的有效方法。

组织需要为不同的角色开发不同的情节。Patricia Seybold在《客户革命》（Seybold和Marshak，2001）一书中对客户情节作了如下解释：

客户情节是指特定客户为达到理想目标想做或需要做的一系列任务。

你会看到对每个角色都能开发出相应的情节。

每个情节在完成前都被分解成一系列的步骤或任务。可以把这些步骤看成是访问者的一系列问题或疑问。网站设计者通过识别这些问题来识别购买过程中不同购买阶段的客户对不同类型信息的需求。

虽然现在应用到网站设计中的例子还较少，但情节的使用是一种简单且行之有效的网站设计方法。情节有时也作为情节分析的一部分来评价竞争对手的网站。

以下是角色开发时的一些规则和观点。开始或结束点是给每个角色命名。具体步骤如下：

（1）添加角色的个性化特征

- 人口统计：年龄、性别、受教育程度、职业，如果角色是B2B公司，角色特征包括公司规模和位置等；
- 心理特征：目标、任务、动机；
- 网络特征：网上经历、使用地点（家庭或工作）、使用平台（拨号或宽带）、使用频率及喜欢的网站。

（2）记住角色仅仅是具有以下特征或存在于以下环境中的模型：

- 设计目标；
- 构造类型；
- 3个或4个角色用来改善网站的整体可用性已经足够，更多的角色用于服务具体行为；
- 选择一个主要角色意味着一旦满足了这个角色，其余角色也将被满足。

（3）就像我们接下来要进一步说明的，设计人员需要开发不同的情节来满足每个角色，例如：

- 信息搜集情节（引导网站注册）；
- 购买情节——新客户（引导销售）；
- 购买情节——现有客户（引导销售）。

一旦一些代表主要网站访问者类型或客户类型的角色被开发出来，就意味着一个主要的角色已经确认了。Wodtke（2002）谈到：

主要角色是一种常见的用户类型，其对产品的经营成败以及从设计角度而言的需求度的影响都大——换言之，他是一个初级用户或技术上存在挑战的用户。

她也提到开发次级角色，如超用户或完全的初学者。补充角色是指那些不是主流，但是有着不寻常举止的角色。这些补充角色能让我们站在一个独特的视角，提供一些可能吸引所有用户的服务。

2.用例分析步骤

Schneider和Winters（1998）确定了用例方法的步骤，如下所示：

（1）识别参与者

参与者是指那些使用系统或与系统发生交互作用的对象，他们不是系统的一部分。最典型的参与者是系统用户。在客户服务应用中，参与者可能是客户，也可能是公司的客户服务人员。在过程分析定义用例时，我们会提出这样一些问题，例如"谁是过程中的参与者？""为这些参与者提供什么服务？""参与者的任务是什么？"以及"对整个过程而言，他们做了哪些改变？"参与者通常指那些典型的系统用户，比如客户和雇主，他们可能通过报告功能来添加或接受信息。注意，当遇到一个具有双重身份比如经理和管理员身份的雇员时，设计者应用两个参与者来表示这一雇员。

Schneider和Winters（1998）指出其他参与者包括软件和硬件的控制装置，这些控制装置改变了与系统有交互作用的外部系统的状态。这些参与者被自动地链接到与当前系统有交互作用的其他系统上。图11-10用直接化的方法标示出了系统的参与者。

（2）用例识别

用例是系统用户在网上想要进行的不同操作，是人机对话部分的作业和任务。它们描述了系统提供的功能，并且总结了每个参与者对系统的需求。常见的用例有：

- 系统启动、系统关闭和系统修复；
- 在系统上添加或修改信息，例如，系统用户发出电子商务订单或记录电子邮件投诉；
- 系统支持下的报告或决策。

图11-10给出了B2B公司的一些用例。

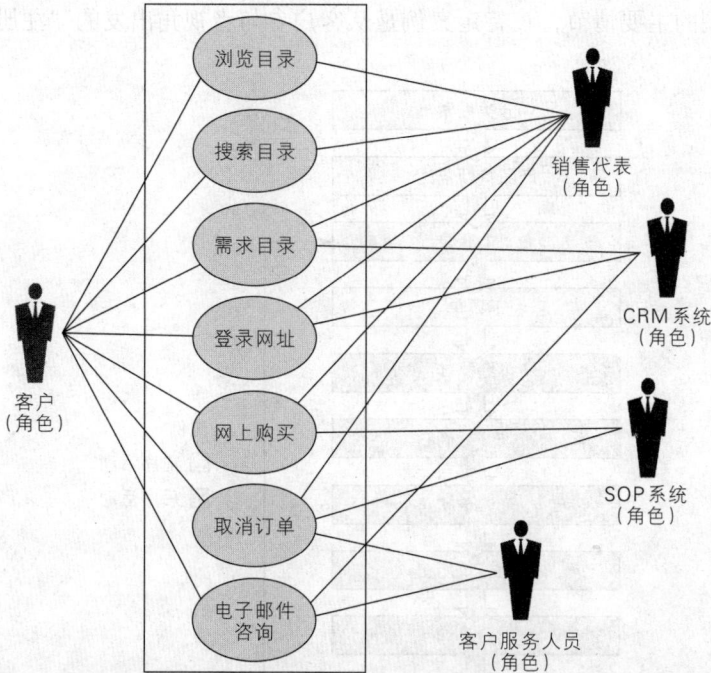

图 11-10　B2B公司卖方商业网站参与者与用例间的关系

Bevan（1999b）也指出了定义关键有用情节的重要性，与上面提到的用例方法一致。本阶段，就是我们通常所说的"认知引导"阶段，包括用户访问以及用他们当前或更喜欢的方式对系统进行提问。一旦情节建立起来，我们就可以使用卡片对用户进行分类。Noyes和Baber（1999）对卡片分类方法进行了描述。他们介绍了在用户访问网站后，如何把典型的任务、操作写在卡片上。卡片用来识别菜单系统要求下的操作次序。他们还解释了这些菜单系统不同于软件工程师所编写的系统的原因。卡片分类也可以用来检测在"务虚-务实"过程中，是否遗漏了某些步骤。"务虚"阶段不需要具体的设置，但是"务实"阶段却需要一系列卡片的形式或系统原型的使用。

（3）把参与者与用例相连

图11-10同样也列示了参与者是如何与用例相连的。相连的目的是识别任务以及检测遗漏作业。例如，"检测次序状态"是一个遗漏用例，在此用例中公司应讨论是否存在为客户下订单的服务代表，该客户指那些抱怨公司特定产品的客户。这些用例可以很好地避免客户从销售人员转移到客户服务人员的情况。电子商务的特征之一就是销售代表使用的系统与客户使用的系统有共同的典型用例和特征，但是也有一些不同——比如，只有客户服务代表或销售代表会实施"给予退款"用例。

（4）开发用例情节

开发一个具体情节的目的是细化每个用例的不同事件路径和作业。主要情节描述了无错误的典型案例。用例包括功能或作业细节。这些功能或作业只有在选择或出现错误时才启动，它们进入的前条件和退出的后条件都已指定。

图11-11列示了完整的电子商务购买环节中的一个主要情节。图11-12列示了一个更具体的特定案例的主要情节，该特定案例是从客户参与者视角出发的"注册"案例。

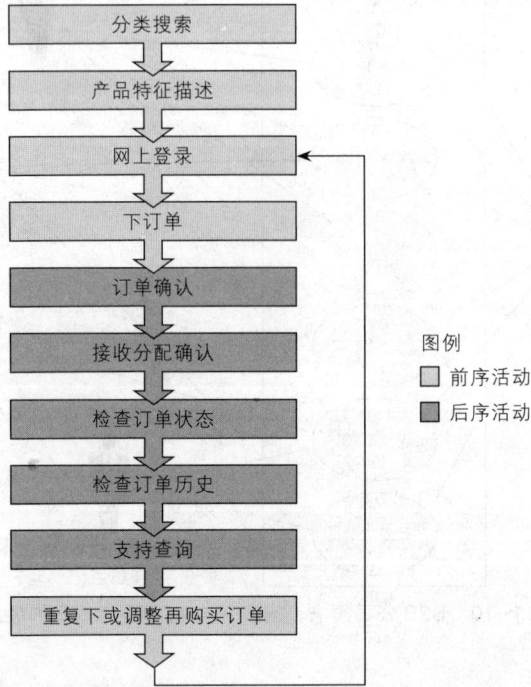

图11-11 整个数字化经营购买循环的主要用例情节

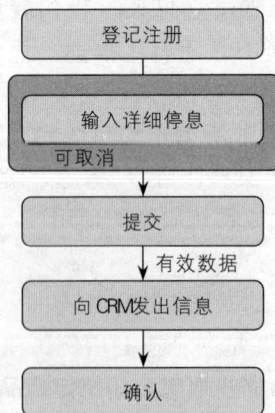

图11-12 B2B公司注册用例的主要情节

前提条件：用户在网站上是活跃的。

情节：注册。

基本路径：

①当客户按下"注册"键时，用例启动。

②客户输入姓名、邮寄地址以及电子邮箱。

③邮编以及电子邮箱地址只有在检测为有效后，客户方可进入网站，如有错误，用户会得到相应的提示。

④客户选择"提交"。

⑤系统检测所有的输入字段，客户信息被传输到 CRM 系统。

⑥显示重定向页面，感谢客户注册并提供返回主页的选项，用例结束。

后置条件：客户细节已被省略。

选择性路径：客户在第 2 至第 4 步骤间，在按下"提交"前，可选择取消选项，用例结束。

可以看出通过使用这种方式列示用例，组织可以对不同的问题进行分类，例如，当进入字段失焦（比如转向下一个字段）时，步骤 3 立即生效还是一直等到步骤 4 时才生效呢？后者的处理或许更符合惯例。另一个问题是，在步骤 6 的过程中是否应该显示客户细节并附有错误信息修改的选项？在开发前对这些选项进行讨论可以节省原型编码的时间。在完成主要情节后，可以开发第二个或可选择的情节作为主要情节的补充选择项。对于这个注册情节而言，取消是次情节，其他的选项可能包括错误条件，例如，邮编是否有效。

图 11-13 显示了带有清晰菜单选择项的电子商务网站，其中的菜单选项与用例分析一致。

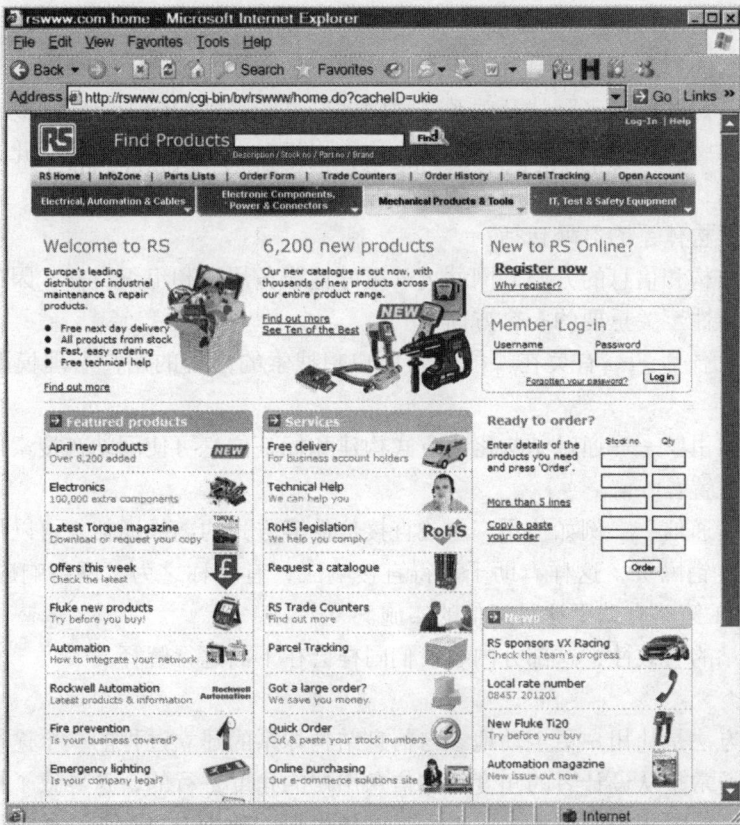

图 11-13　RS 元件网站的清晰用户情节选项

11.6.2 信息系统结构体系设计

Rosenfeld 和 Morville（2002）强调了在网站设计中一个有效的信息架构体系的重要性。他们认为：

对每个信息系统，如一本书或一个网络，信息架构体系对其很重要。对架构体系的"开发完善"是关键，可惜当下还有很多网站根本没有结构体系，这就好比建筑物施工前没有规划一样。设计决策能够反映设计者的个人偏好。设计的空间不随时间改变，变的只能是技术，技术会推动和影响设计的发展方向。

在他们的书中，Rosenfeld 和 Morville 对信息架构体系进行了定义，他们认为信息架构体系是：

（1）在一个信息系统内，组织、标记和导航计划的组合。

（2）为协助完成各项任务以及直观地获取内容，对信息空间的结构设计。

（3）构建网站和网络并对这两者进行分类以帮助人们寻找和管理信息的科学和艺术。

（4）一个正在兴起的学科，把设计、结构体系原则运用到数字领域的社会实践。

本质上，在实践中信息架构的产生包含制订分类信息逻辑的计划——这包含创建以网站地图为标志的网站结构。注意，Rosenfeld 和 Morville 的整本书都在谈信息架构体系，而我们在这里只是一个简单的说明，所以所能讲述的知识是有限的。一个开发完善的信息架构体系对网站的可用性很重要，因为它决定了导航选项。由于信息架构体系决定了用户搜索的不同类型的内容是如何被标记和分组的，所以它对搜索引擎的优化也起着至关重要的作用（第9章）。

一个有计划的信息架构体系对于大型网站而言是必不可少的，大型网站包括交易性的电子商务网站、媒体所有者网站及关系建立网站，这些网站包含大量产品或支持资料。对于小型网站和品牌网站而言，信息架构体系的作用相对次要，但是即便如此，其原则仍然适用于这些网站，因为它可使网站更加实用并使网站的搜索引擎更可视化。

构建信息架构体系的益处包括：

- 通过对结构和信息的分类，网站可以更好地服务用户和组织目标，因为信息架构体系是可用性至关重要的一个方面。
- 提高网站流量——有关在哪能找到用户想搜索的内容的用户心理模型应出现在网站上。
- 优化搜索引擎——通过结构化的方式构建和标签信息可使网站在搜索排名中获得更靠前的位置。
- 整合离线通信——例如使用广告或直接信件等方式的离线通信，可以用来链接某个产品或促销网页，这样有助于获得直接响应，有时称之为"网络响应"。第8章讲述的 URL 策略有助于这种通信的实施。
- 测试网站的有效性，这部分内容我们同样会在下面进行解释。

1. 卡片分类

卡片分类方法是让用户更主动地参与信息结构体系的建立过程的一个途径。

网站设计通常是从设计者的角度而非信息用户的角度进行的，这导致了标签、对象分组及分类都不是针对用户的情形的出现。可以使用卡片分类方法改变这种情形。

卡片分类和网络分类用来将网络对象（例如，文档）分类以方便信息任务的完成或达到用户设定的信息目标。

Robertson（2003）解释了卡片分类方法。当组织使用卡片分类协助网络分类系统建模时，这种方法可以用来识别下列问题：

- 用户想以何种标准将信息分类：对象、任务、商业、客户群还是信息类型？
- 哪些主要项目应放在主菜单上？
- 应有多少个菜单项？菜单项要深化到什么程度？
- 组织中的用户需求有多类似或不同？

选定的用户或代表群体将拿到写有下列内容的索引卡，卡上的内容以卡片分类过程中的内容而定，内容如下：

- 文档类型；
- 组织关键词和概念；
- 文档标题；
- 文档描绘；
- 导航标签。

用户群体可能要做以下事项：

- 按卡片的相关性将卡片分组；
- 选出准确反映一个主题或区域的卡片；
- 按从高到低的级别将卡片分类。

完成以上任务后，分析人员须将卡片拿走，将结果填到电子表格中并找出最流行的术语、描述和关系。如果两个或两个以上的群体被经常使用，那么就要对结果进行对比并分析结果间存在差异的原因。

2.蓝图

按照Rosenfeld和Morville（2002）的观点，蓝图具有以下作用：

表明页面和其他组成内容的关系并可以用来描绘组织、导航和标签制度。

蓝图经常被看成是网络图或者网站结构图，它们之间是有很多相似点的。除了一点，那就是蓝图可以用来描述信息分组以及网页间的链接，而不仅仅是网站上用来协助导航的网页。

图11-14是玩具制造商的网站结构图。本例显示了内容分组，也对任务完成的过程进行了说明。

3.线框

蓝图的一种相关技术是线框，网站设计者用线框来表示网站的最终设计布局。图11-15表明了线框之所以有这样的称谓，是因为它们由网页纲要组成，里面的"线"把网页内容或导航分成用空白表示的不同的区。

Wodtke（2002）把线框描述成：

个人网页的基本纲要，用来表明网页组成要素、要素相关性以及各要素的相对重要性。

通常在创建结构体系的蓝图（网站图）阶段，组织需要为不同的相似页群体创建一个线框。

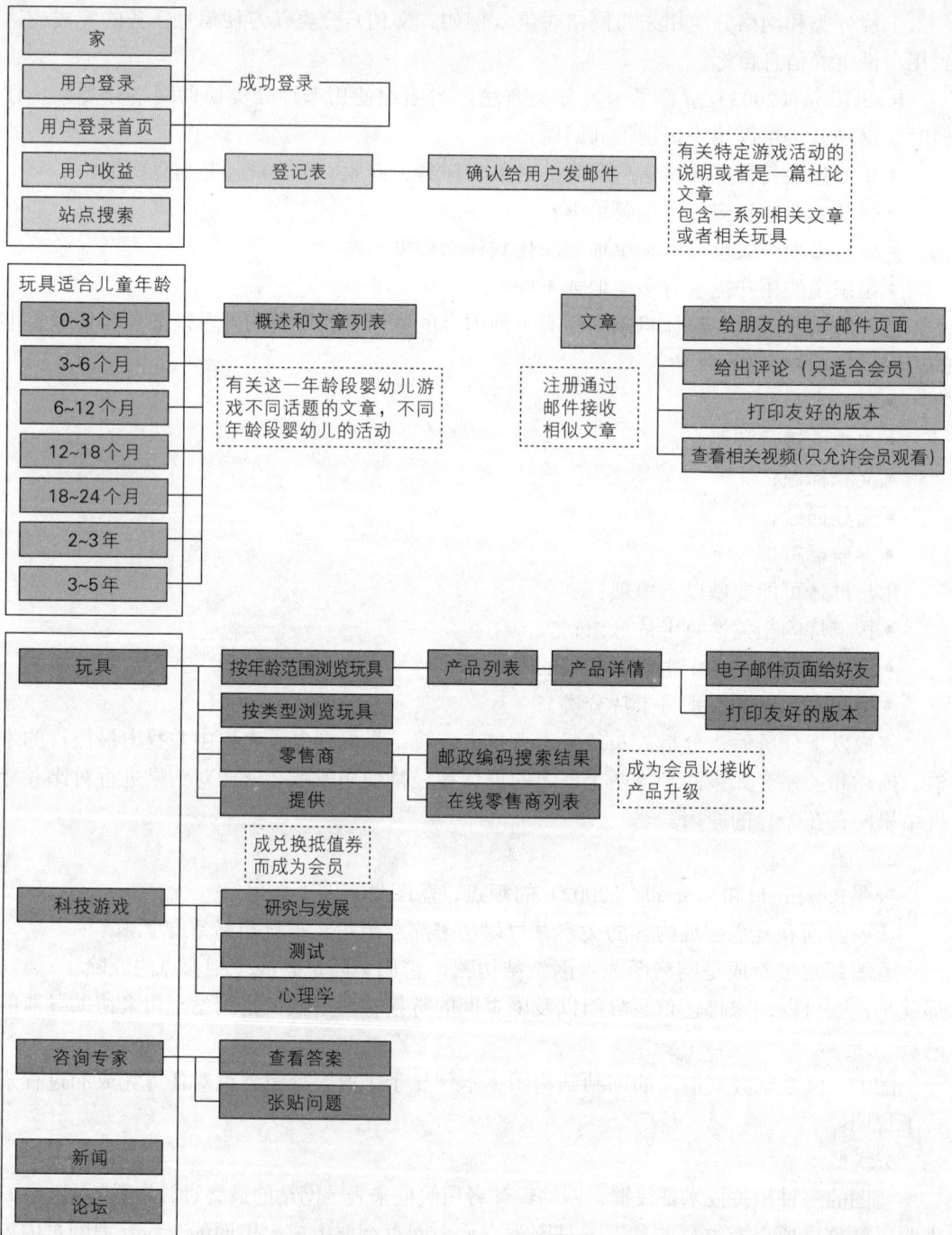

图 11-14 显示网页布局和关系的网站结构图（蓝图）

蓝图展示了网站内容是如何联系和导航的，而线框的主要关注点是个人网页。由于线框的存在，导航的焦点变成应把导航放在页面的什么位置。

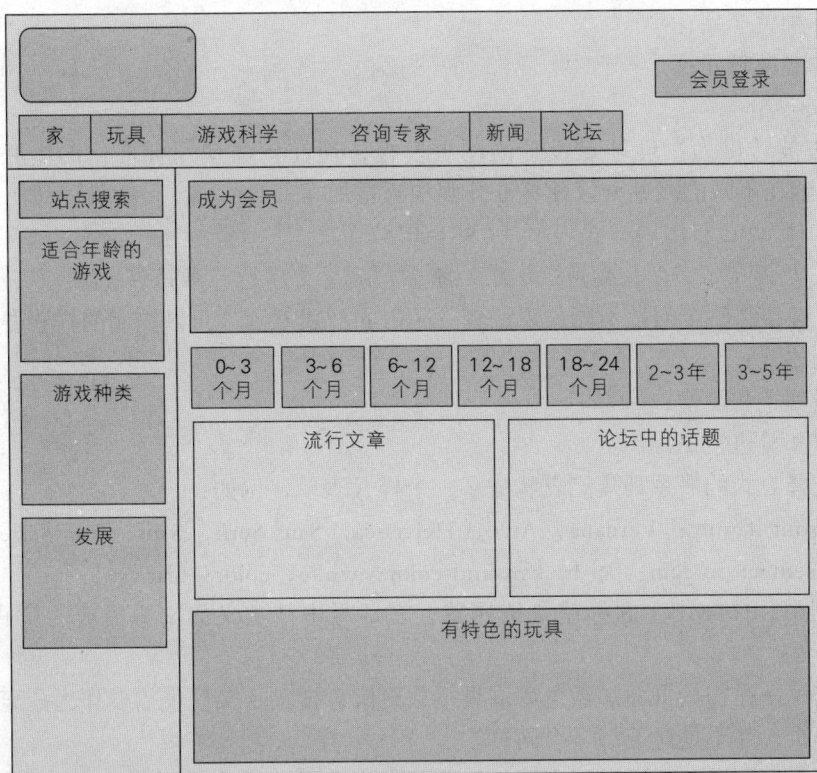

图 11-15 　 儿童玩具网站的线框示例

　　评价线框的过程有时被称为"情节串联图板"，虽然这个词经常用来评价创新观点而不是正规设计。早期的设计是画在大图纸上的或者使用绘图程序绘制模型。

　　在线框阶段，重点并非是颜色和图表的使用，这些要在与品牌或营销团队以及图表设计人员的沟通中商定，在线框过程结束时，将它们整合到网站中。

　　按照 Chaffey 和 Wood（2005）的观点，线框的目的在于：

- 整合网页的相关内容（例如，导航、搜索框）；
- 排序并分组主要的内容；
- 开发一种让用户关注主要信息和内容的设计；
- 正确使用空白构建页面；
- 开发一种可以让其他网站设计者重复使用的网页结构。

线框的共同特征如下：

- 导航栏可以在网页的上下或左右的位置上；
- 页眉区和页脚区；
- "插槽"或"门户"——它们指内容区，例如显示屏上方框里的一篇文章或文章列表，通常插槽从内容管理系统中动态地进行转载。

主页上的插槽可以用来：

- 总结在线价值主张；
- 推广展览；

- 推荐相关产品；
- 报告专题新闻；
- 插入广告。

线框法被转化为物理站点设计的网页模板，现在创建使用标准化的串联样式表单（CSS），能够在不同的网站分区使标准外观和感觉加强。

标准字体 W3C 将串联样式表单（CSS）定义为：

把样式要素（如字体、颜色、字距）添加到网页文件的一种简单机制。

CSS 能够控制整个网站不同位置或者分区中的样式要素。可以控制的样式要素包括：

- 印刷格式；
- 背景颜色和图像；
- 边框和页边空白。

控制选择方式的一系列规则就构成了一个样式表单，例如：

body｛front-family：Verdana，Arial，Helvetica，Sans Serif，Sans；front-size：0.7em；text-align：center；margin：0；background-color：white；color：black；｝

在本例中，HTML 主题标签是选择器，在括号中被定义的文本需要的样式是声明。CSS 的优点为：

- 带宽——在初始页面加载之后网页下载更快，样式定义仅仅需要作为分离的文件下载一次，并不是对于每一个网页。
- 更有效的发展——通过同意网站样式，作为网页模板的一部分在 CSS 实施，它对于设计网站更有效率。
- 增长的互用性——带着双重浏览器的支持，对 W3C 建议有所帮助。
- 增加可访问性——支持用户使用浏览器和其他访问工具进行访问，还可以支持如 PDAs 和智能手机等设备访问，在打印机上也可以很好地格式化。

11.6.3　客户导向

一个设计完备的网站是面向客户或客户中心的，其中的困难是如何提供吸引大范围观众的服务和内容。对一个 B2B 公司而言，其网站的 3 种主要的观众是客户、其他公司和职员。图 11-16 对这些观众进行了更详细的划分。浏览戴尔的网站（www.dell.com），查看戴尔如何在其主页上将客户划分为以下几类：

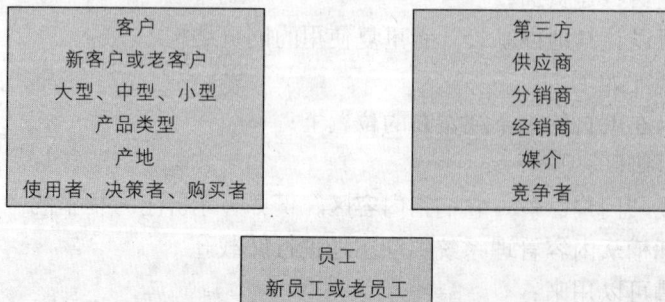

客户 新客户或老客户 大型、中型、小型 产品类型 产地 使用者、决策者、购买者	第三方 供应商 分销商 经销商 媒介 竞争者

员工 新员工或老员工

图 11-16　B2B 公司网页的不同类型的客户

- 小的办事处和家庭用户；

- 小型商业企业；

- 中等商业企业；

- 大型商业企业；

- 公司；

- 政府组织。

考虑一下这种方法是否行得通。当你被划分为小企业或家庭用户时，你会有什么反应？你认为这是一个有效的方法吗？微软使用一种相似的方法为信息系统管理者提供专门的内容以帮助他们进行投资决策。一个更直接的产品中心结构对网站来说适合吗？

营销目标和客户需求需要的是营销导向或商业导向的站点设计，而不是受角度限制的信息或者简单地围绕产品、服务或提供的东西建设网站。

站点设计的关键业务需求是：

- 客户获得——价值主题必须清晰。客户获得的合适动机和特许营销（在第 9 章有所描述）必须被设计。

- 客户转换——站点必须吸引首次访问者。响应获得和保留的行为必须是显著的，可以清楚地解释转换可以获得的利益。

- 顾客保留——适当的刺激和鼓励客服重复访问、交易必须是可用的。

- 品牌——品牌必须被解释清楚，品牌互动必须是可能的。

营销导向的站点设计也被认为是一种劝告营销设计。

Future Now（www.Bryan Eisenberg.com）的顾问 Bryan Eisenberg 是与可用性和可接近的设计原则并列的劝告营销的倡导者。他说：

在线框图和故事板阶段，我们提出访问者将会看到的每一个页面的三个关键性问题：

1. 需要采取什么行动？

2. 谁需要采取行动？

3. 我们如何说服人们采取我们期望的行动？

2009 年，BJ FOgg 提出一个告知劝告设计的模型。FBM 强调对于一个人去执行目标的行为，他或她必须：（1）有充分的动机；（2）有执行行为的能力；（3）被激发去执行。这三个因素必须在同一时段发生，否则行为不会发生。

在我们回顾以用户为中心的设计程序之前，思考迷你案例学习 11.2，这个案例展示了一家公司如何开发一个融合了市场导向和用户中心思想的网站。

迷你案例学习 11.1

Ultralase

Ultralase 是英国最大的激光眼部治疗公司之一。第一家 Ultralase 诊所建立于 1991 年 1 月，现正英国已经有 31 家。它的增长通过网站和电子媒介支持，网上可用的内容是消费者决策过程的关键部分。

图 11-17 展示 Ultralase 如何将劝导、可用性和可访问性与它的主页融合去帮助满足业务需要。

这里有一些 Ultralase 使用的设计要素帮助它实现目标。

图 11-17　Ultralase 网站（www.ultralase.com）

1. 旋转木马（页面中心顶端）。通过意象传递关键品牌信息。

2. 顾客旅程突出（旋转木马下面的按钮）。行为召唤按钮用于"预定咨询"、"请求册子"和"找到你当地的诊所"，帮助突出顾客能在网站上做什么和快速找到目标。

3. 简介主题。这向用户展示、交流关键品牌信息，以及以关键词激光眼部手术和治疗为目标用于搜索引擎优化。

4. 激励回执表（左侧边栏）。双重激励与视线轨迹研究相一致的重要位置。

5. 清除行为按钮。主要在左侧，这些很可能作为转换目标在 Google Analytics 中建立。容器融合图像和文本去避免标语盲区。这些容器的目的就是突出网站 online Value Proposition。

6. 普通问题回答（中心嵌板）。这些"分辨率的点"经常在 FAQ 下隐藏，有趣的是 Ultralase 在主页对它们做了突出展示。重要关注在主要导航中就进行了展示。

7. 主要电话回答（顶端右侧）。由于高价值和复杂产品的转换率通过电话会更高，单独的网络数字能为追踪信息而使用。

8. 社交证据（右侧边栏）用于展示公司规模、诊所的数量和顾客的推荐。我的右侧边栏（顶端右部和右侧边栏）这个网站注册设施再次显示网上价值主题。目的是鼓励更深的关系和回访。

11.6.4　网站设计要素

一旦用户需求确定了，设计人员就可以把注意力转向人机界面的设计。Nielsen（2000b）在他的相关著作中提出，网站可用性可以按 3 个主要区的思路进行架构，这 3 个区阐述如下：

（1）网站设计和构建——网站的整个框架。

（2）页面设计——个人网页布局。

（3）内容设计——每个网页的文本和图表内容该如何设计。

与日俱增的移动设备，意味着移动设计也是关键的考虑因素，因此我们把它作为单独一节进行讨论。

1.网站设计和构建

设计者创建的网站结构体系会因观众和网站目的的不同而出现很大差异，但是我们可以对网站结构体系的设计和构建作一些一般意义上的考察。下面我们主要了解设计者在设计网站类型、组织和导航方案时需要考虑的因素。

（1）网站类型

一个有效的网站设计应是使用颜色、图像、印刷和布局与网站用户进行交流。网站类型应符合产品所处的市场位置或品牌知名度。

（2）网站个性化

不同类型的元素相连可创建网站的个性。我们可以用类似于描述人的方式去描述网站的个性。我们可能用这样的词汇描述人，如"刻板的"或"有趣的"。网站的个性应与目标观众的需求相一致。企业观众通常需要详细的信息并且偏好于信息密集类型的网站，如思科网站（www.cisco.com）。消费者网站通常是图表密集型网站。在设计者将他们的创意传递给开发者之前，他们同样有必要考虑用户体验方面的限制，比如显示屏的分辨率和颜色深度、浏览器和下载速度等。这些限制必须经过检测，第12章对这些限制进行了详细的介绍。他们认为通过一些基本因素可以确定一个商务网站的有效性：

①一致性：设计简单，便于阅读，使用类别（浏览产品或者文章），没有信息过载，足够的字体大小，不拥挤。

②复杂性：不同类别的文本。

③易读性：之后每一个页面上使用"迷你主页"，使每一页都有相同的菜单、站点地图。

读者可以看到，这些简单的设计是非常重要的。另一个实例研究证明了网站设计因素的重要性。Fogg等（2003）要求学生在网站设计的基础上，对不同供应商的信誉进行评估。他们认为这些因素是非常重要的：

设计说明书	46.1%
信息设计/结构	28.5%
信息焦点	25.1%
公司动机	15.5%
信息有用性	14.8%
信息的准确性	14.3%
知名度和美誉度	14.1%
广告	13.8%
信息偏差	11.6%
写作的基调	9.0%
网站主办者身份	8.8%

网站功能	8.6%
顾客服务	6.4%
网站过去的经验	4.6%
信息明晰	3.7%
性能测试	3.6%
可读性	3.6%
联系	3.4%

但是应该牢记，这样基于使用方法的概括是有误导性的。从实际观察到的行为来看，与报告中的行为可能是完全不同的。

（3）网站组织

在 Rosenfeld 和 Morville（2002）的有关网络信息结构体系的书中，他们提出了几种不同的信息组织模式，这些组织模式可以应用到数字化经营网站的不同方面，即从网站的整体到网站的各个部分。

Rosenfeld 和 Morville（2002）提出了如下所示的信息组织模式：

①精确。信息可被自动索引。举一个关于书的例子，书可以按字母排序——按作者或标题，还可以按照时间进行排序——按日期；对于旅行方面的书，如地域方面的书籍可以按地区进行排序。数字化经营网站信息可以按字母排序的方式展示，但这一方法不适合用户对其进行浏览。

②模糊。信息应被分类。同样举书的例子，管理员按照 Dewey 十进制系统使用这一模糊分类模式将书分到任意的类别中。这种方法在数字化经营网站中被普遍运用，不同的产品或服务可以按照不同的方式被分类。其他的模糊信息组织模式被普遍用于主题、任务或对象不同的地方。暗喻是指网站与现实世界相类似的一种状态，它的使用也很常见。客观世界中暗喻的一个实例是微软对其 Windows 浏览器信息按文件夹、文件或废弃文件进行分组。购物篮暗喻的使用在数字化经营网站中也很普遍。尽管如此，Nielsen（2000b）指出，如果你不能立刻了解或误解了暗喻，它很可能令人感到费解。

③混合。混合模式是组织模式的混合物，它既精确又模糊。Rosenfeld 和 Morville（2002）指出在网站上使用不同的方法是普遍存在的现象，但可能会导致费解。因为用户不清楚随之而来的是什么样的模式。所以最好将信息组织模式的类型减到最少。

（4）网站导航模式

设计出易于使用的网站的关键在于设计好网站导航模式。Hoffman 和 Novak（1997）着重强调了在管理网站可用性时"流"概念的重要性。"流"从本质上描述用户如何轻而易举地通过浏览各网站找到他们需要的信息，也包括其他的交互操作如填写网上表格。Rettie（2001）总结了在网上环境中"流"的含义，也给出了如何使用这个概念强化访问者经历的建议。通过 Csikszentmihalyi 最初对"流"的陈述以及最近 Rettie 通过测试网站对"流"的研究，我们可以更好地理解"流"的概念：

①我的思维没有徘徊。我没有想其他的事情。我正关注于所做的事情。我身体健康。我什么也听不到。世界仿佛与我隔绝。我忽略了自己和我的问题。

②我的注意力像在呼吸。我从没想起它。我沉浸其中后，真正地忽略了我周围的环境。我认为电话可能响了，门铃可能响了或者房子烧毁了。一旦开始，我就真真正正地把

整个世界拒之门外；一旦停下，我就又回到了这个世界。

③我已沉浸在我正在做的事情之中，我认为我本人已与我所做的联系在一起了。

Rettie（2001）认为下列因素限制了"流"：漫长的下载、下载插件带来的延误、很长的注册表、有限的激励、令人厌烦的网站设计、缓慢的回应、不直观的网站设计、导航链接的失败以及不相关的广告。相反地，改变这些因素就可以改善"流"从而达到以下效果：快速下载、快速响应、可选择的版式（如文本和图表）、自动化的表格填充、交互操作的机会、快速回应、可选择的导航、可预测的导航控制及由顾客体验决定的划分。

大多数的导航系统都是以分层的网站结构为基础的，在创建结构时，设计者不得不在图 11-19 中所示的两种方法之间进行选择。深而窄的方法的优点在于每页有较少的选项，因而用户可以更容易地作出选择，但是在获得特定信息前，用户要进行多次的点击。若用户使用宽而浅的方法，则在到达同样的信息前，需要较少的点击，但是屏幕的设计会显得杂乱。图 11-18（a）描述了深而窄的方法，图 11-18（b）描述了宽而浅的方法。这两种方法分别适合于无操作技术和有操作技术的观众。网站设计通常的规则是设计者应该确保网络使用者只需多于 3 次点击就可找到网站上的某一条信息。这表明大多数大型网站选择的是宽而浅的方法。Lynch 和 Horton（1999）建议使用宽而浅的方法，并且指出组织不应该只有一个登录主页，组织应按照观众的不同类型，设计不同的主页。图 11-18（b）中第二排的每个页面都可以看成是一个主页，如果访问者对某一个页面感兴趣，就可以在这一页面上做书签。Nielsen（2000b）指出许多用户也许并不去访问主页，而是从另一个网站或通过印刷品广告或电视广告直接转向某个特定网页，如 www.b2b.com/jancomp。他称这一过程为"深度链接"，并指出网站设计者应确保导航和网站背景适合于用户登录。

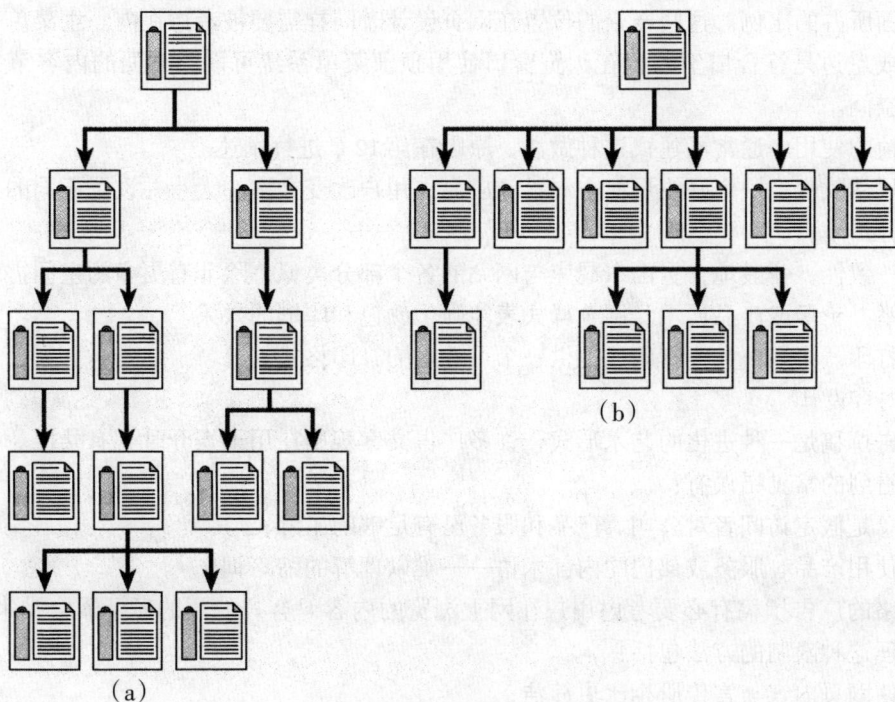

图 11-18　窄而深和宽而浅的组织方案

设计者不但要在网站链接深度上作出妥协，在投入到菜单的空间大小上也有必要作出妥协。Nielsen（2000c）指出一些网站的导航条占据了太多的空间以至于内容空间变得很有限，他建议导航设计者应考虑网站用户想知道的下列信息：

- 我在哪儿？用户需要知道他们在网站的什么地方，可以通过突出显示用户当前位置的清晰页面标题来标明。Chaffey 等（2006）称之为语境。设计者同样要意识到不同页面菜单位置的一致性。用户同样需要知道他们在网络的具体位置，这可以通过网络标识来标明。网络标识按照惯例应在网站的顶端或左顶处。

- 我去过哪里？这很难在网站上表明，但对于面向对象的作业，比如购买一件产品，可以通过显示屏上显示用户现在在这个操作的第几阶段如成交阶段来表明。

- 我想去哪里？这是对未来操作给出选择项的主要导航系统的主要任务。

要回答这些问题就要有清晰简洁的标识。某些运用广泛的标识，比如主页、搜索、查找、浏览、FAQ、帮助及关于我们，已经被大家理解和认同。而对于某些特定的标识，有必要进行一些补充解释，Rosenfeld 和 Morville（2002）称这些补充解释为"范围注解"。同样地，我们应该反对使用一些图表或不与文本相联的图片，因为它们可能导致误解或处理时间的延长。

导航系统的反应速度可能并不像用户所希望的那样迅速。网站设计者应该提供不同的选项，这些选项包括搜索、浏览和网站地图等功能。

2. 页面设计

页面设计包括创建每个网页的布局。特定网页的主要布局要素包括标题、导航和内容。标准内容如版权应添加在每个页面的页脚。页面设计的主要内容包括：

- 页面要素。它主要指相比其他内容如页眉、页脚和导航等要素而言，内容要素在页面所占的比例。这些要素的位置在网页设计时同样需要被考虑在内。主菜单在顶部或左边是符合惯例的，在浏览窗口使用顶部菜单系统可以为下面的内容节省更多空间。

- 帧的使用。通常不建议这种做法，原因在第12章进行阐述。

- 尺寸改变。一个好的页面布局设计应允许用户改变文本的大小并设置不同的显示屏分辨率。

- 一致性。一般地，页面布局应与网站的各个部分类似，除非有更多的空间需求，如举办论坛或产品展示。层叠样式表能强化颜色和印刷的效果。

- 打印。布局应允许打印或提供一个可选择的打印格式。

3. 内容设计

广告撰稿是一种进化的艺术形式，许多广告文案规则在用于媒介时具有共性。在网站上我们看到的常见错误有：

- 总是假定访问者对公司、产品和服务已有足够的了解；

- 使用产品、服务或部门的内部术语——难以理解的缩略词；

网络的广告撰稿有必要考虑用户在网上浏览的内容。客户使用的显示器会带来限制，处理这种限制的方法包括：

- 使网页内容与宣传册相比更简洁；

- 把文本分成最多五六行为一个单位的单元，这便于客户在网页上浏览而不是阅读信息；

- 标题文本要使用较大的字体；
- 绝不在一个单独页面上囊括太多的内容，除非要显示很长的信息，如报道（在这种情况下把所有的信息放在一个页面上便于用户阅读）；
- 使用超链接减少页面尺寸或通过复制获得"流"，或者把某些部分链接到下一层的页面或另一个页面。

Hofacker（2001）描述了使用网站时，处理人为信息的 5 个步骤。这些步骤可应用到页面设计和内容设计中以改善可用性并帮助公司把它们的消息传递给客户。在表 11-6 中每个步骤都可以看作是一次"跨栏"，因为如果网站设计或内容很难进行处理，客户就不会进入下一个步骤，所以有必要通过分析这些步骤来减少用户使用网站的困难。

运用这些分层我们就可以通过不同的访问水平来了解访客的需求内容以达到创建网站的目的。这种网站被整合以满足观众需求。这部分与安全性部分相关，根据不同的访问水平提供不同的信息。

表 11-6　　　　　　　　　Hofacker（2001）对信息网络步骤的总结

步骤	描述	应用
公开	内容必须呈现出已被长期维护	广告上的内容不可以在屏幕上被长期地处理和认识
注意	使用者必须注意标题和目录,而不是网页上的图表和动态要素	具有强调性和精确标签化的标题得到使用者的注意。有迹象表明使用者不注意广告的称为广告盲目者
理解	使用者对内容的解释	使用公共标准和隐喻能够使信息更容易被理解
认可	呈现的信息是否被客户认可	要使可接受的资源以及现有的相对观点成为必需
保持	与传统的广告相比,它表现了信息被记住的时间长短	一个不寻常风格或者高级的互动将提升使用者的满意度

11.6.5　移动设计

在第 3 章，我们了解了移动站点正在飞速增长。选择移动站点设计所面临的挑战已经很好地被 ex-eBay 设计师 Luke Wroblewski 总结了。在 BagCheck 担任设计师时，他说：

随着全球移动设备的迅猛上涨，为多重设备创造美好的网站体验是一项挑战，我们正在寻找更多的方法去应对它。但是哪一个方法对任何项目都适用呢？

对于我们来说，站点运行和发展速度是重要的。因此我们作出的很多决定都是为了使两者尽快实现。聚焦于运行部分，我们有一个"什么是必需的"理念，这意味着发送到设备（和人）的内容必须是客户需要的。发展部分，我们喜欢优化；在多重样板系统下，我们感觉我们需要更多的优化：来源指令、媒介、URL 结构和应用设计。

我们现在回顾 Thurner（2013）提出的关于移动站点发展的五个普遍的选项：

A 简单的移动站点（不同的内容）

B 屏幕抓取（相同的内容）

C 响应设计（相同的内容，不同的移动样式）

D HTML5 站点（相同的内容，不同的移动样式）

E 适应性设计（潜在的不同内容，不用的移动设备有不同的样式）

这些相互之间并不排斥，如 HTML5 站点就能提供适应性和响应性的设计。

（1）移动网站的设计选项 A。简单的移动站点

创建移动网站最快速的方法是在 http：//m.company.com 上创造一个完全分离的移动网站，这里有不同的设计、建立、集合和内容。这个选项适用于非常小的公司，它们寻找简单的移动网站，并不经常更新，但是对于绝大部分公司来说这并不是一个长期的选项。理由如下：

- 更新内容必须在每个站点复制
- 使用不同的工具和资源去管理每一个站点
- 未来的更新样式也必须复制
- 并不能为使用者提供一致的品牌体验

（2）移动网站的设计选项 B。屏幕抓取

尽管它并不是我们提到的最好的实践选项，但是值得注意的是如 ASOS 和 JohnLewis 等一些高调的零售品牌选择的就是这种临时屏幕抓取的方式，这包括把现有的网站内容加入一个基本的移动网站模式中，不用选择后端整合。屏幕抓取的好处是可以为快速进入市场提供展示通道，避免 PC 网站和移动网站开发者的潜在冲突。考虑屏幕抓取的缺点，即当与充分整合的方法比较时，后者可以提供更长久的解决方案。

（3）移动网站的设计选项 C。响应设计

针对使用双重设备的消费者需要在正确格式下显示即时内容，绝大部分设备中会面临格式和运行系统的挑战。进入响应设计，可以智能地根据用户行为以及使用的设备环境（系统平台、屏幕尺寸、屏幕定向等）进行相对应的布局。2010 年作为一个概念被提出，响应设计是网站开发者部署设计网站样式的原则，利用像 CSS3 和 image scaling 等现代网络发展方法，改变展示布局去适应一系列使用者的移动设备。正如图 11-19 所示，内容需要根据屏幕重新调整。

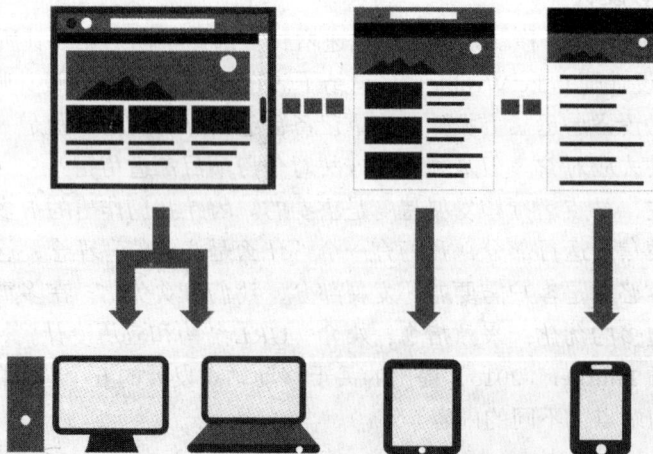

图 11-19 响应设计显示出的不同布局

来源：Author

响应设计是一个流行的建立移动网站的方法，它能使网站的单独版本和内容保持下去，去适应不同的解决方法。它之前叫作流动设计，由于布局按照解决方法变化而变动（例如，你改变浏览器的尺寸）。在没有响应设计网站时，我们在使用智能手机浏览内容时，小巧的文本难以选择，需要我们去放大导航才能选择下一页。

从技术上讲，响应设计使用串接形式的表单，或者叫作媒介查询（Worldwide Web Consortium，2013），根据设备类型和解决方法布局网页内容。响应设计的缺点包括实施和测试具有技术方面的复杂性，这导致需要承载更高的成本和更大的代码库（尤其是表单样式），损害网页装载次数。尽管如此，它还是被实施于很多新网站和重新设计的站点。响应设计的缺点可以通过适应性设计克服。

（4）移动网站的设计选项 D。HTML5 站点

HTML5模糊了网站和apps之间的界限，挑战了apps的显著地位。在零售、货物包装、旅行、金融服务、出版等主要领域运营的公司是热情的接受者，它们转向HTML5"网页apps"，目的是一次建立并适用于所有移动平台。与为IOS、Andriod、Windows Phone和黑莓建立不同的特色apps相比，只需更低成本投入和更少劳力投入。从技术角度看，HTML5 apps还有一些问题，如HTML5比本地apps慢，但支持一系列apps成本更高。FT.com仍然为Andriod和Windows平台使用本土apps。

迷你案例学习 11.2

经典 Web App 的案例——FT Web App

FT.com 证明 HTML5 为其提供了确定的利益。

FT.comweb app的成功显示了具体平台apps并不是企业唯一的选择。在未来，每个独立的IOS的apps可能都会看起来很奇怪。FT web app发布后，FT.com在电子出版上的业绩变化表明可移动平台对于出版者的重要性。

- 数字订阅量同比增长31%，达到300 000以上。
- 注册用户数量上升29%，达到480万。
- FT.com25%的通信量是移动设备，FTweb app用户有270万人。
- FT.com是HTML5移动网站，并不是一个独立专用的移动app。

FT在解释非操作系统应用程序的好处方面做了一项伟大的工作（图11-20）。FT用了一个标题"一个更好更快的app"来解释这些利益：

- 网络浏览器访问——不需要app商店下载
- 自动化升级——不需要为最近的版本访问app商店
- 离线阅读——最新的版本自动为离线访问存储文档（使用独立专用的移动apps是不可能的）
- 速度——完善了大多数连接性能
- 内容范围更大——包括iphone上的视频，应对Flash players的问题
- 使用现有账户——不需要额外注册

当然，对于发行人还有其他利益，这里没有提到，即可以帮助他们获得更大份额的订阅收入。

该应用程序于2011年6月推出，是针对苹果公司iOS应用程序订阅管理的新规则推出的。用于寻找30%订阅收入减少额，使人们从原生应用程序注册中迁出并保持这些用户的

访问。

    FT.com 的 Rob Grimshaw 说，转换到 HTML5 并不是 Apple 所迫，而是意图保证 FT 能够在不同的设备和平台快速跨越："web app 的发展让我们重新思考移动策略，特别是我们将会如何对很多的平台进行开发。"他说，"这里至少有 5 个移动应用商店，又不得不去合理地涉及，web app 是明显的方法。我们加快设计它确实是由于 Apple。"

图 11—20　FT.com 的移动手机应用

来源：www.app.ft.com，Financial Times

	方法	优点	缺点
响应设计（RWD）	CSS 媒介查询改变设备分辨度的呈现	所有设备是单一样式，追求速度和成本效益	更大的网页数量 让步于体验需要更大的分辨度
客户端适应	使用者设备上 JAVA 脚本根据设备分辨度装载不同模板	不需要完成 CSS 重建 仅仅需要资源在客户端承载	额外的代码维护
服务器适应	根据设备探测上动态的服务样式	与其他方法相比更小的移动网页	必须维护多重样式模板

    （5）移动网站的设计选项 E。适应性设计

    适应性移动网站设计是一种混合方法，基于服务的逻辑将最好性能与最优设备的最佳体验方法结合在一起。上面表格是这种方法与响应网站设计的比较。仅仅通过具体的移动设备的服务代码和样式，这种方法能产生更快的体验，尽管开发次数和成本会更高些，它

是适应大规模公司的最佳方法。

考虑个性化选项

Q：移动个性化选项已经被考虑了吗？

移动网站个性化仍然是很重要的。令人惊讶的是一个手机只能有一个使用者。让一组陌生人在房间内传递他们的手机，你会发现他们都很焦虑。我们不能与任何人分享手机，不想让其他人看到自己手机里发出和接受的信息、拍摄的照片、社交媒介的页面、浏览的站点和下载的apps。

这意味着需要我们开发出高度个性化和客户化的网站。后端整合能够连接个人客户记录，被用来建立符合每个用户风格的预定的网站。Amazon以整合购买历史数据、更好的产品供应、将情报运用于网站开发而著称，当然它现在也将此用于移动站点。为了使网站与用户高度相关，可以使用个人行为目标习惯、地点和敏感信息。

11.6.6　网站的可访问性

对于网站而言，可访问性是它的另一个核心要求。网站的可访问性指允许所有用户都能访问网站，不管他们是否有残疾，也不管他们使用什么样的网络浏览器或者通过什么样的网站进入平台。网站可访问性设计能够帮助那些视觉上有障碍的主要观众。随着移动和无线访问设备如个人数字助理（PDA）、GPRS和3G手机数量的增长，网站设计者同样需要考虑网站可访问的重要性。

下面的引文描述了对一个视觉上有障碍的网站用户而言网站可访问的重要性。其中，该用户使用了一种能够读出网站导航选项和内容的屏幕阅读器。

对我而言，在线是我的全部，我的hi-fi，我的收入来源，我的超市，我的电话，我的进入渠道。

现在很多国家都有针对网站所有者的可访问性法案，它通常包含残疾和歧视法案。在欧盟，相关法案是《1995年的残疾和歧视法案》（DDA）。最近修正者对DDA进行了修订，新的DDA指出在公司招聘、雇用、提供服务和教育的过程中，歧视残疾人是不合法的。在DDA中，与网站设计有关的是提供服务的部分。1999年的部分 Ⅱ 和2002年的DDA都要求公司提供可访问的网站。2002年的实用守则也指出，网站的可访问性是对企业的一个合法要求。这对提供服务的网站来说是最重要的。实用守则给出了下列例子：

航空公司在它的网站上提供了预订服务，这属于该法案所管辖的服务。

公司有提高网站可访问性的道德义务，同样，鼓励公司使它们的网站具有可访问性是一项商业义务。支持可访问性的主要观点是：

（1）视觉上有障碍的人的数量巨大——许多国家都有数以百万计的视觉上有障碍的人，表现在从色盲到部分失明。

（2）使用非流行浏览器的用户数量很大，并且用户使用的显示屏的分辨率存在差异。微软IE是一种占主导地位的浏览器，但也有一些不被大多数人所知的视觉有障碍的人选择的浏览器（比如，屏幕阅读器和只读文本的阅览器Lynx）以及分辨率较低的早期接收器（如Mozilla Firefox，Safari和Opera）。如果网站不能在这样的浏览器上运行，组织也许会失去这些观众。完成实践活动11.4，思考在本书出版后，访问渠道将有多大程度的变化。

（3）可访问性高的网站能获得来自自然搜索引擎清单上的更多访问者。许多用来增强网站可用性的技术同样有助于优化搜索引擎，如清晰的导航、图像文本选择以及网站地图都能提升网站在搜索引擎列表中的排名。

（4）网站可访问性是一项合法要求。在许多国家使网站具备可访问性是对组织的一种合法要求。有关法律要求的话题，我们接下来会更详细地描述。

实践活动 11.4

设备允许访问的范围

使网站可访问的好处之一就是让网站的所有者和网页代理机构考虑到由网站进入平台的差异。

活动

（1）使用 Onestat.com 或来自网络数据提供商的数据对表 11-7 中的数据进行更新。

（2）解释差异，我们应赞成哪种浏览器和显示屏分辨率。

表 11-7　　　　　　　　　　　写作本书时，浏览器和显示屏的使用范围

常用网页浏览器			显示屏分辨率	
Chrome	48.9%	1	1 366×768	22.5%
Firefox	14.9%	2	1 920×1 080	11.1%
Safari	12.1%	3	1 280×800	9.8%
Internet Explorer	10.9%	4	1 440×900	9.1%
Android Browser	1.0%	5	1 280×1 024	5.3%

网站可访问性准则由国家政府相关部门和非政府组织（比如慈善机构）制定。因特网的标准组织，如万维网国际协会，一直积极地通过 WAI 推广网络可访问性准则。

从万维网国际协会网站（www.w3.org/WAI）可以了解，可访问性对网站设计的适应性以及使用 HTML 编码的更全面的清单。

下面描述了在网站可用性设计中具有不同优先级的 3 种检查点：

• 优先级 1（A 级）。网络开发者必须满足具有这一优先级的检查点。否则，一个或更多群体不能获取文件中的信息。满足这些检查点是一些群体能够使用网络文档的一个基本要求。

• 优先级 2（AA 级）。网络开发者应该满足的检查点。否则，一个或更多群体很难获得文档中的信息。满足这个检查点会清除网站使用者进入文档的障碍。

• 优先级 3（AAA 级）。网络开发者或许应处理这些检查点。否则，对于一个或更多群体而言，获取文档中的信息可能有点困难。满足这个检查点将改善进入网络文档的渠道。

所以，对于许多公司而言，网站需要满足优先级 1 和优先级 2 或在有些地方满足优先级 3。

WAI的快速提示列出了具有优先级1的检查点的一些重要的构成要素，如下所示：

- 图片和动画。使用ALT标签来描述每个可视件的功能。

- 图像地图。使用客户端地图和热点文本。

- 多媒体。提供音频的标题和转录，对视频进行描述。

- 超文本链接。使用即使离开网页内容也有意义的文本。例如，避免使用"点击这里"这样的文本。

- 页面组织设计。使用标题、目录和一致的结构，尽可能在版面安排和格式上使用CSS。

- 图表。概括或使用longdesc属性。

- 脚本、程序和插件。

- 帧。使用非结构化的元素以及有意义的标题。

- 表格。能够逐行阅读，具有总结性。

- 检查和验证。可以利用www.w3.org/TR/WCAG上提供的工具、清单和准则。

在图11-21中的无障碍的网站不仅可以达到品牌和商业目标，同时通过改变屏幕分辨率、文字大小和替代图像文本支持网站可用性。

图 11-21　HSBC全球主页

来源：www.hsbc.com

案例学习 11.1

为本地市场提供有效的网上体验

这个案例聚焦于 i-to-i 的网上 TEFL 课程，它是一家旅游和教育领域的公司。它的网站（图 11-22）融合可访问性、可用性和劝导等原则，还考虑了在不同的市场为不同的听众带来有效的设计。

图 11-22　i-to-i 网站

来源：www.i-to-i.com

i-to-i 背景

i-to-i 是一个国家性组织，在英国、美国、爱尔兰和澳大利亚等国家都设立了办事处。2 万人选择 i-to-i，支持五大洲 500 个有价值的项目，培训了超过 80 000 人作为 TEFL 教师。服务通过主要网站以及 TEFL 网站（www.onlinetefl.com）提供。

i-to-i 的历史

i-to-i 的创始人 Deirdre Bounds 希望创建一家公司，可以在日本、中国和希腊教英文，在悉尼驾驶巴士。这家公司开始时开设 TEFL 课程，后来组织志愿者参加项目。

2003 年，公司建立 i-to-i 基金会，一个注册登记的慈善组织致力于为 i-to-i 大家庭最急需的团体和生态项目提供基金。2007 年，i-to-i 成为 TUI 旅行团体的组成部分。

主题

网站上 i-to-i TEFL 主题的主要特点为：

● 国际鉴证合格：i-to-i 被 ODLQC 鉴证合格，目的是保证它的课程处于严格的监控下，符合最高行业标准。

● 世界课程荣誉：i-to-i 有四个全球性办事处以及拥有超过 12 年的教授 TEFL 的经验。

● 合伙关系：i-to-i 是 STA 旅行、Opodo 和 Lonely Planet 的 TEFL 课程优先提供者。

● 学生支持：学生得到建议，关于如何在国外求职，如何做充足的准备以及关于现有工作机会。

● 丰富经验的导师：所有 i-to-i 导师拥有至少 3 年的海外教学经验。

这个主题被网站上的"i-to-i TEFL Promise"所支持：

● 我们将击败任何同价或者价格更低廉的课程。

● 如果你不满意，头 7 天我们将全额返还学费。

● 我们的经验、我们的高学术标准和我们课程的质量意味着 i-to-i TEFL 资质被全世界数以千计的语言学校认可。

● 另外，i-to-i 帮助学生在国外寻找工作。

客户划分

i-to-i TEFL 使用地理上的主要划分：

● 英国

● 北美

● 欧洲

● 澳大利亚和新西兰

● 世界其他地方

不同的手册对每一个地理区域都是可用的。

在可选择的基础上，收集关于预期年龄和情况的信息，虽然这些对于目标邮件没有用。信息范围如：

● 学生

● 职员

● 自由职业

● 职业间隔

● 失业

● 退休

因为这些可选择的信息仅限于特定的工具，不适用于目标邮件。

竞争者

一些网上 TEFL 课程在英国和澳大利亚的主要竞争者包括：

www.cactustefl.com

www.teflonline.com

www.eslonline.com

在美国，同样在英国和其他国家的竞争者包括：

www.teflcorp.com

ITTP www.tefl-tesol-online.com

整合媒介

i-to-i 使用这些电子媒介渠道的整合去引导访问、创造商机和销售。

- 支付每次点击（PPC）（主要是 Google Adwords）
- 使用 Facebook、Twitter 和 i-to-i 自身的旅行者社区进行社交媒介营销
- 自然研究
- 联合营销
- 广告展示
- 电子邮件营销

客户体验和转换过程

网站上帮助访问者决定购买课程的信息是详细可用的。这包括模块概要和视频资料。例如，具体的登录界面可以用来从已付费的搜索或者其他相关搜索进行转换访问。

一些信息被融合到各种营销工具设计中，包括小册子、TEFL 品尝者、指导邮件和诸如赢得一门课程等活动促销。顾客有索求小册子（邮寄或者下载）、请求电话回叫或者即时聊天的选择。营销工具的营销结果是可以监控的，但是电子邮件并不是第一步要做的，考虑到部分产品价值相对较低，鼓励访问者打电话咨询，经常导致更高的转换率。

营销地点的挑战

i-to-i 面临的主要营销地点的挑战是：

在不同地理区域的竞争市场中增加它的曝光率和转换效果。

i-to-i 在英国有很好的曝光率，那是它的主要市场，但是在混乱的市场中运行，价格成为主要的区分因素（假设产品相同以及一些竞争者也是如此建立的）。

经过研究，发现美国有很好的机会，但是曝光受到很大限制，因为按每次点击量支付的广告费用很多，并且自然调查结果显示消费者偏爱美国本土企业。

世界其他地方的销售额（除英国、美国、加拿大、爱尔兰、欧洲、澳大利亚和新西兰之外）正在增长，成为一个成长型市场。i-to-i 探索渗透这些市场，但是从成本效应的角度来看，那会分散对主要市场的关注度。那些考虑旅行却没有认识 TEFL 课程的人是获取市场增长的机会。例如，很多人会在其他国家寻找临时工作，但是没有人是 TEFL 会员。

问题

1.选择 i-to-i 所运行的国家中离你最近的一个。规定一个角色，根据他们的年龄和产品需求，从网站上识别出符合条件的目标产品。通过该网站，会引起那些客户的兴趣？

2.回顾在 i-to-i 网站上营销工具的范围，哪些工具吸引了访问者并创造了商机。

3.根据你对网站的使用，找出关键区域。

11.7 重点：数字化经营的安全设计

安全是数字化经营经理关心的首要问题。他们最关心的就是顾客和公司内部的财务数据、物流资料、营销资料以及员工资料等信息的安全。事实上，从第4章我们了解到保护顾客信息安全是法律规定的一项义务，现在很多国家都设立了数据保护法。公司无论大小都存在数据安全方面的风险，大公司可能更易面临被袭击的危险，其结果将是服务直接地被破坏。数字化经营系统中所使用的信息必须受到保护，保证其不受到破坏。公司面临的主要风险如专栏11.5所示。

专栏 11.5

数字化经营的共同安全威胁和解决方案

BERR（2013）强调了数字化经营的安全问题的重要性。公司拥有的安全事故如表 11-8 所示。

表 11-8　　　　　　　　　　　安全事件

	员工少于 50 人	员工多于 250 人
任何安全事故	87%	93%
偶然安全事故	59%	91%
恶意安全事故	76%	69%
严重安全事故	32%	31%

图 11-23 列示了最普遍的安全事件。可以看到，内部安全问题正成为日益严重的问题。

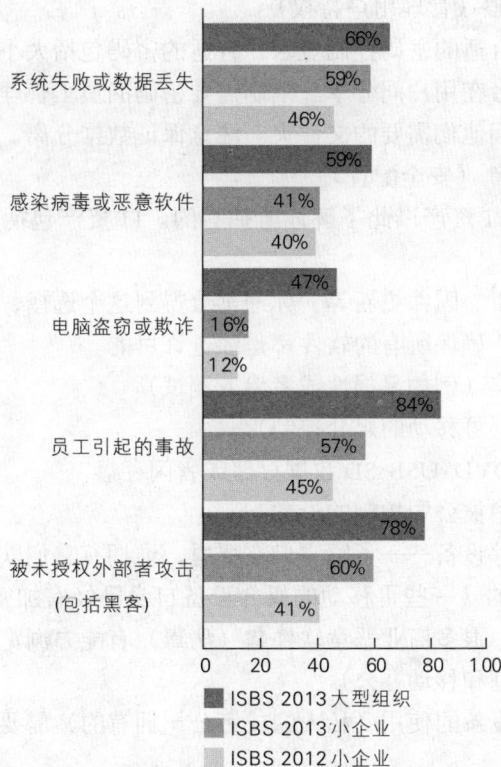

图 11-23　英国信息安全破坏情况

来源：BERR（2013）

BERR（2013）发布了 11 项措施帮助所有形式的公司提高业务安全性，包括一些基本的和额外的建议。这反映个人设备（BYOD）、云服务和社交媒介的使用在小企业更加常见。这11项是：

（1）保护网络（网络安全）

- 检查将组织连接到互联网的设备——最常见的是互联网服务供应商（ISP）提供的路由器——是否建立了防火墙。如果没有，在PC或者便携电脑上安装一个防火墙（例如，来自像Symantec、Sophos、Kaspersky等主流供应商，这经常包含在一套软件中）。按照说明书进行正确的安装和定期更新。
- 注意任何警示信息和遵循提供的指导。
- 如果咨询专家认为你的网络已经存在威胁。

（2）教育良好使用（使用者教育和认识）

- 为新员工归纳安全政策，依据合同使员工遵循政策。
- 经常提醒员工良好的安全行为，尤其当风险或者政策发生变化时。确信他们知道不要点击来源不明的电子邮件。
- 如果你以商业目的使用社交媒介，你应当确信所有员工知道敏感材料，知识产权或者相似材料不应该被公开，当为业务使用社交媒介时，牢记它们直接或者间接地代表企业。

（3）管理IT访问权限（管理用户特权）

- 使用用户名字和合适的密码控制登录。合适的密码包括大小写字母、数字和符号。
- 不要写下密码或者在用户间分享。限制需要密码的员工管理特权。
- 保证员工只能访问他们需要的文件夹。注意保证数据分离。

（4）保证你的IT更新（安全配置）

- 用文件证明你的IT资产以此了解你所拥有的。IT资产包括软件、硬件，甚至关键IT员工。
- 安装运行系统补丁、固件更新等。你通常会得到这个选择，当安装软件或在配置菜单中会发现提示，确保所有的软件都是经过许可的。
- 经常检查技术缺陷（例如易损性或者渗入测试）。

（5）可移动的媒介（可移动的媒介控制）

- 如果你使用CD\DVD\USB\SD数据存储或者闪存盘。
- 只允许业务系统中被公司控制的设备。
- 发行、恢复和追踪设备——了解它们在哪里，谁拥有它们以及软件究竟是什么。
- 保证它们是加密的（一些可移动的媒介设备自身已经有加密软件）。每次使用浏览时注意恶意软件，很多商业恶意软件包（病毒）有能力浏览可移动媒介。

（6）移动办公（家庭和移动办公）

- 商业目的的移动设备的使用（私人的或者公司拥有的）需要经过董事层的同意。这样的设备至少是：
  - ◆ 安装反恶意软件和日常更新（这能被设置为自动发生）。
  - ◆ 安装pin、密码或者其他证明。
  - ◆ 尽可能进行加密。
  - ◆ 能够远程追踪并清除。
- 不需要技术专长，以上基本都可以使用而且不需要付出成本。很多移动设备，尤其是更新的模型，可以完成这个，你可以通过选项或者屏幕点击完成它。

- 设备丢失或者被盗，员工应当立即告知公司管理者，设备必须进行远程清除。

（7）使用反恶意软件软件防护（恶意软件防护）

- 使用合适的反恶意软件或者安全包（例如，你可以向诸如 Symantec、Sophos、Kaspersky 等主流供应商）购买，在整个公司中使用。
- 保证使所有的设施（即使你为业务需要进行了必要的修改）可以自动进行清扫。
- 尽可能经常更新保护。供应商通常提供自动的免费更新——至少保证更新每天发生。

（8）了解你的风险（信息风险管理体制）

- 决定董事层（或者如果没有董事层，有你公司的高管）谁来负责管理风险。算出你面临多少风险和你愿意承担多大风险。IASME 自我评估问卷调查能够帮助你完成这个。
- 识别公司中最有价值的信息，清楚标记"机密的"或者类似包含这个数据的文件。
- 建立安全政策描述你想要做什么去管理风险以及所有的步骤。向你的员工发布政策。经常回顾政策，保证它符合你的需要。
- 清楚地分配安全责任给其他员工以及保证员工了解重要性。

（9）监控（监控）

- 监控可以侦查潜在的硬件和网络错误或者因特网连接设备的反常活动。现代便携机经常有更早的安装，一些反恶意软件程序包有较后的安装。
- 如果你的公司有大型网络，你应当使用网络管理工具去侦测反常活动。这包括监控流量、IP 使用等。
- 保证你的员工向中心报告反常活动，你有充分的计划和技能做出快速反应。

（10）事件管理和业务连续性（事件管理）

- 识别事件——一次攻击被防火墙或者安全程序包标记。任何妨碍业务的情况都是事件。
- 决定做什么（以及谁来做）。如果你有一个事件诸如遭受恶意软件攻击、数据丢失或腐蚀、便携机被盗等，经过董事层批准用文件记录它。
- 准备内部或者外包专门技术处理你的事件。了解公司的相关技能以便你能快速地召集它们，这是很重要的。
- 用文件记录任何时间以及决定是什么引起的，它花费多少去修理以及未来你是否可以做得更好。
- 你应当确保你知道在任何对你的业务重要的灾难性失败面前做什么（文件记录采取的行动），例如信息、应用、系统或者网络。不要等到一个事件考验计划。

（11）使用云技术

- 使用数据存储，应用其他公司提供的服务（如云供应商），应当选择被独立审计的有安全性的服务（例如经过 ISO 27001 或者 IASME 认证的）。你能通过在它们的网站寻找合格鉴证或者联系咨询看到这个。
- 云技术的使用应当像其他外包供应者那样被对待，受到服务层统一的管制。你联系他们，寻求一份服务层的同意。

- 确保你知道你的数据在云上储存于哪里以及如何储存，谁对数据负责。例如，云公司总部在英国，但是数据存储可以在任何地方，甚至已把你的数据转包给第三方。尽管网站的内容可以在全世界浏览，但是了解存储的位置是一个合法的要求。

考虑到图 11-23 中描述的安全风险内容，现在许多公司都实施了信息安全管理系统。信息管理策略要求公司制定信息安全政策，因此公司可以根据英国 BS 7799 安全标准等制定安全政策。英国 BS 7799 安全标准目前已被升级并通过了国际 ISO/IEC 17799 标准的认可。

ISO 17799 标准全面详细地讲述了不同的风险和对应的安全管理方法，本文内容来自于数字化经营和数字化经营管理杂志上刊登的相关内容。关于公司如何进行安全管理，ISO 17799 标准推荐使用以下安全管理步骤：

（1）计划——实施经营风险分析；

（2）实施——在企业内部对风险进行控制与管理；

（3）检查——进行管理检查以验证风险管理的有效性；

（4）执行——作为审查的一部分，必要时改变行动。

ISO/IEC 17799 标准有助于建立一个能够处理图 11-23 中所示的信息风险的方法。有必要对信息安全管理的以下部分进行定义：

- 第 1 部分：安全政策。该部分描述了不同的经营领域和不同的网站对安全的要求，以及上级管理部门对安全控制的支持。

- 第 2 部分：组织安全。该部分描述了公司对安全的管理，包括设定员工安全责任范围、披露安全事故以及为提高安全性把实施和评审安全作为一项标准经营活动。

- 第 3 部分：资产分类及控制。该部分类似于设置一份实物资产详细目录，比如电脑、打印机、机器设备及运输工具等。需要被审计的信息问题有：获得的成本是多少？更新的成本是多少？如果向公众和竞争对手泄密，那么组织会遭受什么损失？通过回答这样的问题为不同的信息资产制作目录，从而可以对这些资产采取适当的保护措施。BSc 7799 建议制定信息资产名单，详细地记录组织内部的信息，如数据库、个人记录、合同、软件证书和宣传资料等。企业需要对每一项资产设定安全责任，这样才能确保资产的价值并提供适当的安全保护措施。

- 第 4 部分：个人安全。该部分能确保员工的工作界限，使劳动合同清晰明了，减少致使信息丢失的人为错误，使员工清楚地认识到自己的权利和义务都与信息安全息息相关。为达到这个目标，针对员工的培训尤为重要。马萨诸塞技术学院网站上提供了公开的学习资料，网址是 http://web.mit.edu/ist/topics/security/。

- 第 5 部分：物质和环境安全。该部分定义了接近建筑物的物理方式，也考虑了在火灾、水灾情况下保护信息的方法。

- 第 6 部分：通信和经营安全。BS 7799 的大部分内容和信息系统与日常的经营有关，覆盖了很多被认可的准则。这些准则包括的内容有系统升级、病毒防御、电子邮件、网页使用、网络联接、备份和存储等。

- 第 7 部分：访问控制。该部分定义了怎样利用访问控制机制对信息系统进行保护。访问控制机制是指对不同的信息应用以及信息类型设置不同安全等级的用户名和密码。

- 第 8 部分：系统开发与维护。该部分强调了在新系统的设计过程中，设计人员必须时刻考虑安全性。

- 第9部分：业务持续性管理。业务持续性管理，也称灾难修复，阐述了组织在遭受水灾、火灾等灾难性事件时信息系统怎样继续发挥作用。在这种情况下，关键是使用离线备份和辅助系统。
- 第10部分：遵守法律要求。该部分解释了国家规定的与信息安全管理相关的法律规定。例如，《健康和安全法》、《数据保护法案》、《计算机滥用法案》、《外观设计、版权和专利权法》及《人权法》等。履行 BS 7799 有助于保证公司业务的合法性，定期审计和评审系统则能保证组织业务的长期合法性。

下面，我们将介绍数字化经营中有待管理的主要安全威胁。

11.7.1 计算机病毒管理

计算机病毒是电脑和个人信息的主要威胁。据估计，现有的计算机病毒至少有 10 万种。

1.病毒种类

计算机病毒在电脑之间传播的机制有很多种。它们都是先进行自我复制，然后传递到另一台电脑上。我们根据病毒复制技术的不同，把病毒分为以下 6 类：

（1）引导区病毒。软盘的广泛使用致使一些最成功也最有破坏力的病毒能够传播开来。

（2）蠕虫病毒。蠕虫病毒是一段能够先自我复制再传播到另一台电脑上的小程序。第一个蠕虫病毒是 Robert Morris 蠕虫病毒，不需人为操作就能够迅速地传播。例如，"红密码"蠕虫病毒在 2001 年 7 月 19 日的 9 个小时里自我复制的次数超过 25 万次。2003 年，"Slammer"蠕虫病毒利用微软 SQL 服务器数据库产品的安全漏洞迅速地感染了 75 000 台电脑。每一台被感染的电脑发出大量的通信信息，结果导致很多服务器瘫痪。这是传播速度最快的病毒之一，如图 11-24 所示。未来蠕虫病毒可能会导致因特网瘫痪。

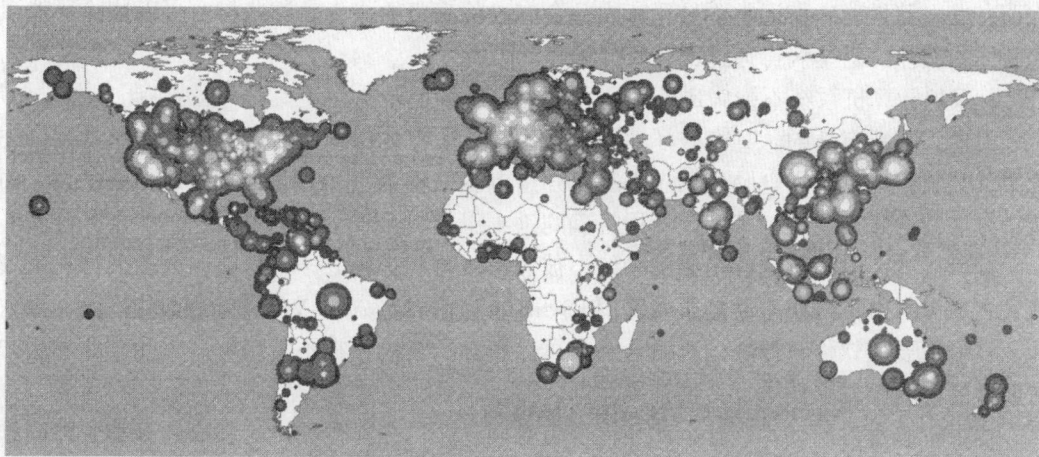

图 11-24 蠕虫病毒发作后30分钟内在全球的传播

来源："蠕虫病毒"在全球的传播，http://www.cnida.org/research/security/code_red/coderedv2_analysis.xml

（3）宏病毒。该病毒是最近才被发现的，它们从办公应用程序如微软 Word、Excel 创建的文件中进入并感染电脑。这样的办公软件中含有宏指令，能帮助用户记录日常活动，也能用 VB 开发更复杂的应用程序。宏病毒编写者设计病毒使它在文件被打开时就开始传播。典型地，病毒传染所有相继被打开的文件。由于办公室里的文件和电子表格都是共享的，所以这种病毒能够迅速传播。

第一个宏病毒在 1995 年被发现。最有名的宏病毒叫"Melissa"，于 1999 年 3 月被发现。该病毒的发作反映了一个新趋势——病毒通过访问 Outlook 的地址簿发邮件给地址簿中的其他人。它是历史上传播速度最快的病毒之一。据估计，这种病毒已传染了 100 多万台个人电脑。2002 年，"Melissa"病毒的创造者 David L. Smith 在美国被判处入狱 20 个月。

（4）电子邮件病毒。这种病毒在邮件使用者打开附件时发作。"Melissa"是其中的代表。这种病毒通过访问地址簿并向地址簿中的每个人发送带有该附件的电子邮件进行复制，然后它就会像蠕虫病毒一样快速地传播。2000 年，出现了一种更具有破坏力的病毒"Love Bug"。该病毒的主题是"I Love You"，其内容包含以下文字：请点击我发送给你的附件"情书"。该附件文件名为"LOVE-LETTER-FOR-YOU".TXT.VBS。这种病毒能自动地删除图像和音频文件，还能与因特网服务器连接自动发送不同版本的邮件。据 ClickZ（2003）估计，该病毒造成的损失已接近 90 亿美元。这些损失不仅包括数据丢失的损失，还包括雇用专业人士纠正错误以及员工时间损耗带来的损失。

（5）特洛伊木马病毒。该病毒"乔装"成一个看似正常的程序。它的名字来源于希腊神话中为了攻进特洛伊城而建造的巨大木马。这种病毒程序的例子包括文件共享、屏幕保护、系统部件升级，甚至反病毒程序模拟。病毒编写者的优势在于编写的程序可以很大。最有名的一个特洛伊木马病毒叫"Back Orifice"，由一个黑客小组"Cult of the Dead Cow"开发。它可以依附在其他更大的文件上，使黑客轻松访问被"Back Orifice"病毒感染的电脑。

（6）恶作剧邮件病毒。它不是真正的病毒，而是一种病毒警告，能使邮件接受者向其他朋友发出警告。它们通常不是恶意的，含有去除病毒的指令，这些指令可以删除可能引起破坏的文件。这些病毒通过消耗时间来引起混乱。

2. 保护计算机系统不被病毒破坏

考虑到不断有新的、具有破坏性的病毒发作，所有的组织都需要有针对防病毒感染的政策，甚至家庭中个人电脑使用者也应该知道电脑杀毒的步骤。为抵御病毒，可以将下面两种方法结合起来使用：第一，使用正确的杀毒工具；第二，培训员工识别病毒。

众所周知，防病毒软件是保护系统不被病毒侵害的工具之一。目前，很多公司和家庭使用的杀毒产品有 McAfee Virus Scan 和 Symantec Norton Anti-Virus。比起购买防病毒软件，我们更要使软件有效地运行。从上文可以看出，新病毒在不断出现，因此企业和用户首要做的是对杀毒软件进行定期升级。

由于电脑每次启动时进行全部扫描很费时间，所以公司也要决定扫描内存和文件的频率。目前，大多数防病毒软件在病毒首次出现时会对其进行查找识别（即实时扫描）。另外还需要关注的是防病毒工具对电子邮件病毒和宏病毒是否有效，因为这两种类型的病毒不易被直接识别。

另一种对付电子邮件病毒的方法是使用外部邮件管理服务。它能在邮件到达和发出之前先扫描邮件。例如，赛门铁克（www. Symantec.com/uk/products-solutions/families/?fid=Symantec-cloud）一天里就需要为全球 7 500 多家企业扫描 270 万封电子邮件。2008 年 8 月，其提供的报告提到：

- 78%的信息是垃圾邮件
- 88 封邮件里有 1 封包含病毒
- 522 封邮件中有 1 封企图进行网络钓鱼

管理电子邮件服务很可能比使用内部的反病毒软件更有效，因为这些服务供应商都是该领域的专家。邮件管理服务也能更加迅速地识别电子邮件中的蠕虫病毒并做出反应。

总之，组织需要制定防病毒软件使用方面的政策，这一政策应详细地说明如下内容：

（1）所有电脑都要安装良好的防病毒软件；

（2）定期对防病毒软件进行升级；

（3）定期扫描所有的终端个人电脑；

（4）阻止使用有着不常见扩展名的文件；

（5）禁用办公应用软件的宏功能；

（6）邮件收发时对邮件服务器进行扫描；

（7）使用垃圾邮件过滤软件；

（8）建立健全备份和修复机制。

培训员工识别病毒进而处理不同类型的病毒也可以降低病毒的破坏性。除了因特网蠕虫病毒可以自动执行外，对其他类型病毒可以采取一些手段降低它们带来的风险。为减少病毒的感染和传播，一般指示可以作为制度的一部分被建立。下面的一般指示也可以用于家庭电脑：

（1）不要打开你不认识的人发来的邮件附件（减少电子邮件附件病毒的传播）。只打开看似合法的附件，例如 Word 文件。有些病毒使用的扩展名不常见，如 .pif、.scr 或者 .vbs。浏览文件而不打开编辑也可以降低电脑感染病毒的风险。

（2）只从官方网站下载软件，在安装软件前对其进行杀毒（减少特洛伊木马病毒风险）。

（3）除非经常使用，否则禁用 Word 和 Excel 的宏功能（减少宏病毒的风险）。

（4）如果系统不能自动地为重要的文件备份，那么就需要有人执行这一操作。

11.7.2　控制信息服务的使用

在老板看来，涉及控制信息使用的典型问题有以下两个：一是为工作目的提供的硬件和软件资源被个人使用，因此降低了生产率；二是监测信息使用带来法律方面的监督问题。

检查信息服务的使用情况包括以下几方面：

- 由于个人目的使用电子邮件；
- 不恰当地使用电子邮件，即对公司不利却合法的行为；
- 出于个人目的浏览网页。

电子邮件使用涉及的问题将在下一部分的电子邮件管理中详述。有关员工滥用电子邮件、因特网的问题在大公司尤为明显，如图11-25所示。

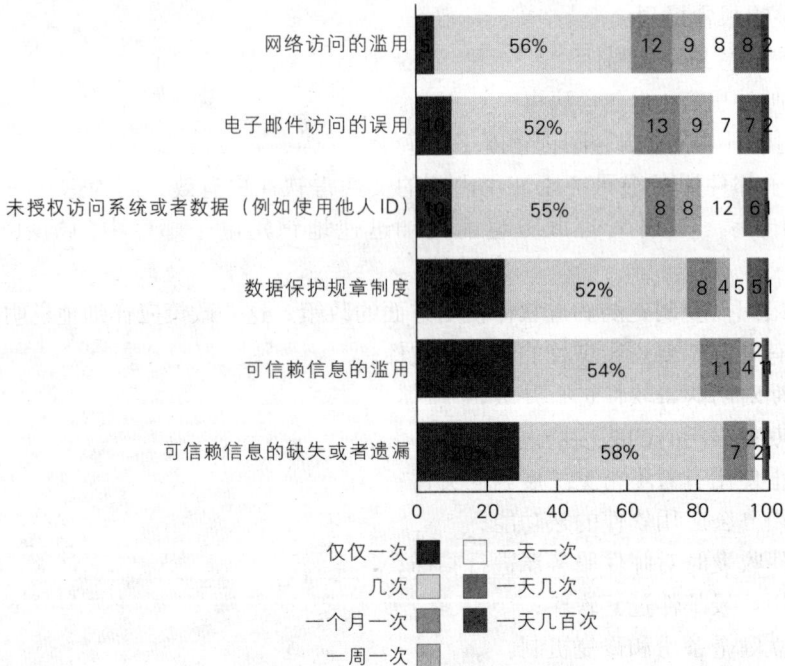

图11-25 IS工作人员的滥用

来源：BERR（2013）

11.7.3　监测电子通信

公司通过监测员工通信来减少劳动率损失。劳动率损失是由员工在工作期间浪费时间造成的。当员工把本该用来工作的时间用来查看电子邮件或者出于个人兴趣浏览网页时，时间就被浪费了。

粗略计算，员工在工作时间内花费在非生产性工作上的时间很长，由此造成的浪费很明显。如果一个员工每年的工资是25 000英镑，每周工作5天，每天花30分钟回复个人电子邮件或浏览和工作无关的网站，那么每年给企业带来的损失将超过150 000英镑，这相当于几名新员工的成本。如果诸如使用流水线媒体浏览新闻或者下载音频片断之类的活动很常见，那么这些活动会造成公司网络繁忙。

在一个典型的由于员工涉嫌浪费时间而被公司开除的事件中，主人公叫Lois Franxhi，是一名28岁的IT经理。她因为在1998年7月4天的工作时间里出于消遣的目的进行了近150次的网上搜索而被开除。她称解聘事件是不公平的——开除时她正怀孕。和许多不公平解聘事件一样，随着Franxhi女士反驳公司解聘她的原因是性别歧视，案件没有完全地结案。法院在发现她对使用因特网一事说谎之后，驳回了她的请求。Franxhi女士说自己只是在午饭时间上网，可事实上，记录表明她用了4天多的时间在网上消遣。

据新近的DTI（2006）报道，一个小服务公司的员工在工作时间浏览成人网站。该员工通过使用别人的电脑以隐匿其行为。如果公司觉得员工收发的电子邮件、浏览的网页内容不在工作范围内，就可以对员工实施通信监督。与工作无关的内容包括色情内容、种族歧视信息等。然而，一些组织甚至禁止员工访问新闻网站、体育网站和电子邮件网站，原因是员工浏览以上内容会浪费大量时间。为了界定网站访问的许可范围，很多组织制定了"允许使用政策"软件，浏览和过滤是监控最常见的两种形式。浏览软件识别发送的电子邮件的内容和访问的网络页面。诸如 WebSense 或者来自 Marshal 的 MailMarshal SMTP 或者 Web Marshal 将寻找特殊的词汇和图像的发生——例如色情文学通过肤色表明。规则也将被建立，例如禁止邮件附件有特殊尺寸或者包含咒骂，如图 11-26 所示。这样的工具也能提供网站或者内容的绝大多数流行类型的场景。这可能表明，例如，访问新闻和体育网站花费多长时间。这样的软件通常具有阻止和过滤的功能。像 Websense（www.websense.com）这样的过滤软件能够检测、阻止如下活动：

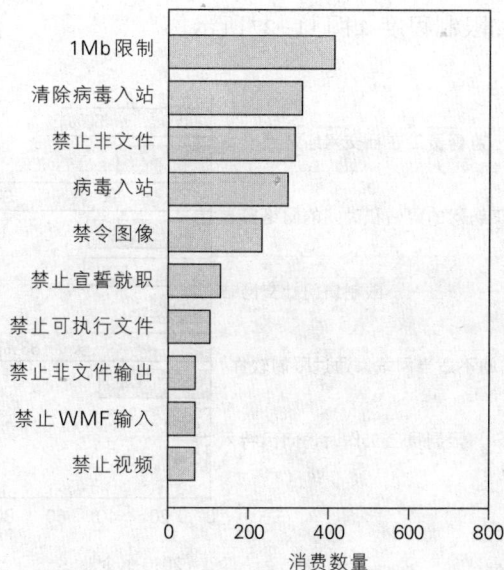

图 11-26　规定通过 Marshal 的 MailMarshal SMTP 发送邮件的例子

- 员工同级间共享某些文件，如 MP3 音频文件；
- 用雅虎和微软瞬时信使工具进行瞬时聊天；
- 使用流媒体或者其他应用程序访问专业网站；
- 访问如社交网站、新闻网站或者私人邮件程序等具体网站，分析表明员工会花费太多时间使用它们；
- 间谍软件把从电脑中收集到的资料发送出去；
- 促销软件弹出广告；
- 雇员从事黑客活动。

按照组织制定的政策，Websense 及其类似产品能够阻止不同类别的网站。不同员工被允许使用的网站类型也不相同。组织所使用的数据库（www.websense.com/products/about/database/categories.cfm）含有多达 150 万种网站。我们只列出其中的一些来解释雇主对网站的可控程度。网站类别如下：

- 流产或主张人工流产方法或反堕胎；
- 成人材料；
- 包含下面内容的类别：内衣和游泳衣、裸体、性、性教育；
- 成人内容；
- 商业和经济；
- 财务数据和服务；
- 毒品。

　　想一想我们在日常生活中上网时可能会访问到多少个上面列举的网站。很明显，如果雇主愿意，他们几乎可以阻止任何一个网站。如果组织限制员工使用搜索引擎，也就是限制了不同管理级别的员工对其经营环境的理解以及自身的发展！员工很可能对那些不相信员工能够明智地利用时间的老板产生消极的看法。

　　组织对员工的监督和限制程度如图11-27所示。

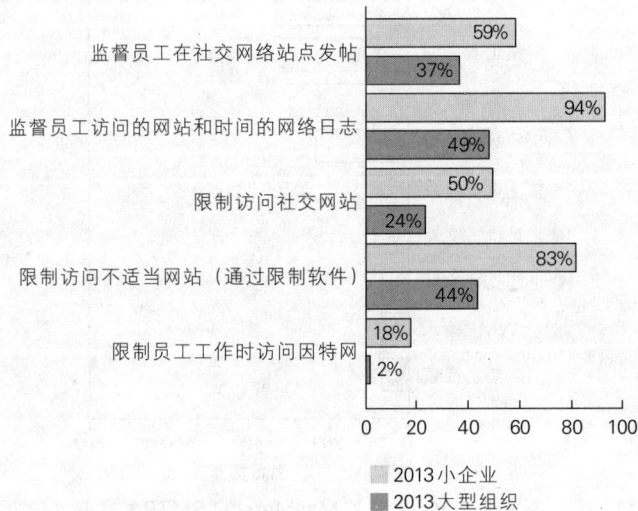

图11-27　员工控制

员工监视法

　　2003年6月，有关部门和信息专管部门公布了"监督工作"准则，该准则向雇主提供了在工作场所如何监督员工的指导性意见，尽管在欧洲资料保护法中存在有关于员工监视方面的内容，但是该法起草的初衷并非针对员工监视。在英国，为了有助于解释有关员工监视的法律，2006年6月有关部门和信息专管部门公布了"监督工作"准则——"就业惯例资料保护准则"第三部分。该准则向雇主提供了在工作场所如何监督员工的实物性指导意见，目的是在员工隐私和雇主有效地运营企业之间寻求一个平衡。准则没有禁止监督，而是基于均衡概念对员工进行监视，即监督带来的负面影响必须由雇主和其他人获得的收益进行补偿。数据保护法中有一条值得注意：处理个人数据资料要经过员工的允许。在现实中得到员工的允许是很难的。该准则指出，如果组织对监督活动采取了影响评价，不用经过个人同意便可对其进行监督。

根据准则，影响评价包括：

- 清楚地识别监督活动背后的用意以及因此获得的收益；
- 识别监督活动可能带来的负面影响；
- 考虑可代替的方法或者实施监督的其他方法；
- 考虑由于实施监督，组织所要承担的义务；
- 判断监督是否公正。

准则没有在电子邮件监测、网络流量监测方面制定有关的详细规定，而是把它们作为典型的监督活动。准则要求雇主权衡辅助手段是否优于系统监督。辅助手段包括员工培训、与经理交流和对收件箱中的邮件进行分析等。例如，自动监测员工电子邮件优于IT工作人员浏览员工邮件。准则禁止公司采取任何"隐蔽监视"，所以公司所有的监测都应该是公开的。正如上文所说，大学网站的会员登录或者实验室、图书馆网站上都有关于"允许使用制度"的通知。这不仅能够说明哪些东西被禁止访问，同时，这还是解释监督程序的一种方法。如果员工由于发送太多个人电子邮件而被惩罚或解雇，却没有被告知组织正在执行监督或者经理也没有明确地说明监督活动在组织中是被允许的，员工们可以根据相关的法律进行申辩。

其他欧洲国家有不同的监督法律，如德国对组织执行的监督水平的要求比英国严格得多。在外地有经营场所的组织有必要清楚了解当地对员工监督和数据保护方面的法律限制。

11.7.4 电子邮件管理

现在，电子邮件是一种重要的商业通信工具，也被广泛地被个人使用。随着电子邮件受欢迎程度的增加，每天有着上百万容量的电子邮件信息被发送出去。对个人来说，管理收件箱中的这些邮件越来越困难。对于信息服务管理者和公司经理来说，可以考虑采取3种主要的控制方法以有效地减少员工浪费在读邮件上的时间。公司可以引入控制方法作为电子邮件管理政策的一部分来减少以下电子邮件：

(1) 垃圾邮件（未经授权的电子邮件）；

(2) 公司内部电子邮件；

(3) 公司外部电子邮件；

(4) 个人电子邮件（员工的朋友和家人发送的电子邮件）。

尽管电子邮件的滥用引发了时间损失，AMA（2003）调查表明，仅有34%的雇主对雇员使用电子邮件采取拦截、删除政策。而且，员工所写的电子邮件内容可能涉及法律责任问题，因此公司也要加以考虑。反过来，我们来看看电子邮件的风险和控制。

1. 使垃圾邮件（未经授权的电子邮件）最少化

垃圾邮件现在是每个使用网络的公司和个人面临的一个潜在的问题。在写作本书时，在一些国家有75%的邮件是垃圾邮件或带有病毒的邮件。一个不受保护的收件箱，每天可能会收到成百上万个垃圾邮件。最初"spam"以一种罐装肉的称呼闻名（香味火腿的缩写），但是近来它被认为是"不间断发送的恼人邮件"的缩写。我们对电子邮件的负面感觉来自于从那些无道德的"想快速发家的商人"那里收到的大量未经授权的邮件。那些不道德的人发出数以百万计的未经授权的邮件并怀揣希望——即使仅仅有0.01%的回复率，他们虽不能发家，但也可以赚一笔。

由于禁止发送垃圾邮件的法律措施并没有取得很好的成效，所以许多信息服务的管理者正使用一系列的方法控制垃圾邮件。图 11-28 总结了禁止发送垃圾邮件的几种方法。图 11-28（a）是一种原始状态，即所有的邮件都可以进入收件箱。图 11-28（b）指的是使用不同的方法识别并阻止垃圾邮件。图 11-28（c）是一个密闭的收件箱，只有熟知的、值得信赖的邮件才被允许进入组织内。

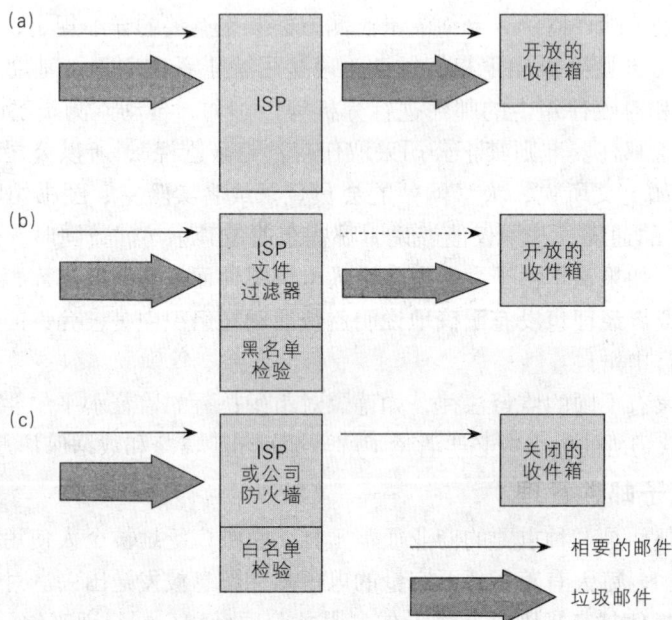

图 11-28　禁止发送垃圾邮件的方法演变

可以联合使用以下一系列方法打击垃圾邮件：

（1）避免信息兜售者获取邮箱地址。信息兜售者通过获取网页上的邮箱地址发送垃圾邮件，他们甚至使用程序编码将表格的内容转变成电子邮件发送给公司的员工。通过减少公开的电子邮件地址或改变邮箱地址格式，可以减少收到的垃圾邮件的数量。

（2）告诫员工不要回复垃圾邮件。最糟糕的情形是员工回复垃圾邮件并埋怨。这会让信息兜售者更坚定地认为该邮箱地址是有效的，因此他们可能会发送更多的垃圾邮件或者把你的地址卖给其他的信息兜售者。微软 Outlook 2003 是不支持图像功能的，因为在一个 HTML 邮件中下载图片会给兜售者这样的提示，即你的地址是有效的。

（3）使用过滤软件。过滤软件可以通过识别标题栏中的关键词和短语如"免费"、"性"或者"伟哥"等对电子邮件进行过滤。过滤软件还可以通过电子邮件的地址和正文对邮件进行识别。微软 Outlook Express 有自己的过滤器，用户也可以自己安装过滤软件如 Mailwasher（www.mailwasher.net）或 Mcaffee Spamkiller（www.mcaffee.com）。过滤器和其他软件有时可能会把一些有用的邮件当成垃圾邮件处理。不幸的是众多兜售者知道如何避免使用以上提到的关键词。兜售者通过对关键词做一下小的改动如将 Via-ra 改成 V1agra 或 Via-gra，就会致使过滤器不能识别垃圾信息。组织对这些有一定的了解是必要的。这种方法对应图 11-28 中的（b）。

（4）使用"点对点"服务阻止垃圾邮件。这种服务利用了人在识别垃圾信息方面的优势，然后向一个设有所有兜售信息索引的中心服务器发出通告。来自 CloudMark（www.cloudmark.com）的 SPAMNet 要求用户在识别垃圾邮件后，在 Outlook Express 中按下"阻止"键，这样中心服务器就会接到这一指令，当其他人再下载同样的信息时，系统会自动地将它识别为垃圾信息，这种方法对应图 11-28（b）。

（5）使用黑名单服务。黑名单指那些为人所知的兜售者名单，如 Spamhaus Project（www.spamhaus.com）或 SpamCop（www.spamcop.net）所列示的。黑名单往往与过滤器一起被用来阻止垃圾邮件。其中运用最广泛的系统是由 Brightmail（www.brightmail.com）开发的。这种系统通过建立电子邮件地址的全球网络进行设陷并识别垃圾信息。Brightmail 越来越多地被 ISP 用户（例如，BT Open World）用来阻止垃圾邮件，但它并不是一种廉价的服务，每年要花费组织 5~15 美元。但相比为员工节省的时间而言，这个价格还是比较合理的。这种服务对应图 11-28（b）。

（6）使用白名单服务。由于这种服务系统很难建立，所以白名单服务还没有被组织广泛地采用。在未来，这项服务会有很大的发展空间。对于那些使用电子邮件进行营销的公司而言，一个正在凸现的问题是"错误性主动"——过滤器把那些正当的邮件识别成垃圾信息，白名单是这个问题的解决方法之一。白名单上列有来源正当的邮件地址，包括雇员地址、合作者地址、客户地址和那些从雇员那里获得进入权的供应商地址。如果收到的邮件地址不在这张名单上，那么此邮件将被阻止。但是这种服务要求，名单上的地址要借助于其他软件或程序进行不断的更新。

（7）确保反病毒软件和阻止软件是有效的。邮件病毒正在越来越多地被兜售者插入邮件中以盗取邮件地址。组织应每天对病毒软件进行病毒保护升级，确保邮箱地址不被病毒盗取。

2. 使内部商业邮件最少化

邮件发送的方便性和低成本性使组织内部员工收发大量的邮件。这个问题在大的组织内更为严重，因为每个人都有一个记载很多同事邮件地址的联系簿，这就方便了员工之间的联系。

英国计算机协会（British Computer Society）的一个报道总结了 Henley 管理学院在 2002 年发布的调查研究结果。研究结果表明，管理者花费了大量的时间来处理不相关的邮件。

- 在 7 种例行的管理任务中，会议占据的时间为每天平均 2.8 小时，位居第一位。位居第二位的就是邮件处理，它每天花费员工的时间为 1.7 小时。此外，员工平均每天花费 45 分钟用于从网络中存取信息。

- 调查结果显示，每人平均每天收到 52 封邮件，7% 的人每天收到 100 封或更多的邮件。

- 管理者称，少于一半的邮件（42%）要给予回复，35% 的只是阅读一下，将近 25% 的要立即删除。在所有的邮件中，平均只有 30% 为至关重要的邮件，37% 为重要邮件，而 33% 是不相关的邮件。

- 尽管受访者对邮件的质量和占有大量的空间存在抱怨，但受访者中的大部分人（81%）仍认为邮件、网络和移动电话是对他们工作起着重大积极作用的交流方式。

为避免员工过度使用商务邮件，公司纷纷制定邮件政策对其进行规范。Chaffey 和

Wood（2005）提出使用邮件的方式，我们可以很快制定出下列准则：

- 只发送电子邮件给那些必须通知或必须采取行动的员工；
- 禁止收发某些类型的邮件，比如含有"把邮件发送给你身边的人"这样语句的邮件，或者同一个办公室的人的邮件（尽管这存在很多争议，因为电子邮件是一种不同时的交流媒介，同事也不可能时时查看邮件或者他们不希望被打扰）；
- 避免"发火"——那些具有挑衅性的邮件往往使你恼羞成怒，遇到这种情况时，你最好冷静一下，而不是发邮件去反攻；
- 避免"有饵的鱼"——它与上条的"发火"邮件是同一类，这种邮件粘贴在新闻组上以惹怒收件人，对付这种邮件的最好办法是不去理会它；
- 综合查看一天内或一周内收到的邮件；
- 当发送邮件时，把邮件主题栏写清楚；
- 使用子标题和有序或无序的列表来架构你的邮件以方便浏览；
- 使跟进行动明确；
- 当阅读邮件时，使用文件夹按邮件内容和优先级将邮件分类；
- 固定时间阅读、核查邮件，例如，每天的上午或下午，而不是每收到一封邮件就去看；
- 删除那些对以后没有参考价值的邮件（由于员工没有及时地删除邮件及其附件，从而使邮件挤占了服务器的大部分空间）；
- 等等——所有普通常识下的准则，但是普通常识往往并不普通。

3. 使外部商务邮件最少化

组织内的员工除了收到那些未经授权、无目标的垃圾邮件外，还可能收到许多来自供应商的邮件。例如，一个 IT 经理会收到来自软硬件制造商、会议组织者和杂志的电子邮件。这些邮件通常不受公司邮件政策的控制，而是需要员工根据自己的判断挑出有用的电子邮件。阻止电子邮件的技术，如垃圾信息过滤器，一般不阻止这类信息，但是原始的过滤器会阻止，它们阻止那些含有"提供"或"免费"字眼的邮件。响应系统将仍然保证接收这样的电子邮件。如果特定的网站被阻止，由于图像没有被下载，电子邮件效率会降低。为控制来自于这些来源的信息，大多数个人用户使用一个独立于主收件箱的邮件地址。这种方法下的邮件地址和电子邮件在家或办公室都可以使用或阅读，即使在换了工作后也可照常使用。

4. 使私人邮件最少化

尽管有许多关于兜售信息占用了大量空间以及工作中用大量的时间去处理邮件的调查，却很少有公开发表的有关私人邮件占用时间的数据。

为了将商业活动中滥用电子邮件的问题最小化，我们可以采取以下措施：

（1）组织制定准则来界定邮件的使用并制定违反准则的惩罚程序。

（2）对滥用邮件的员工使用不同的管制和制裁方法，包括业绩审查、口头警告、剥夺邮件特权、禁止使用和法律制裁等。

（3）对员工进行关于有效和恰当地使用邮件的培训。

（4）监控出于个人目的的使用电子邮件和任何违反政策的行为，例如，如果员工利用邮件进行调侃，组织应对这一行为采取制裁措施。

11.7.5　黑客攻击

"黑客攻击"是指通过未经授权的渠道进入电脑系统。典型的，黑客攻击是通过网络进入电脑系统。攻击有不同的形式。为盗取财务的黑客攻击通常将目标瞄准在身份盗窃上。黑客在盗窃私人的详细信息和信用卡的详细信息后实施诈骗。黑客攻击通常是恶意的。比如，前任员工可能进入原来工作组织的网络系统删除文件或将信息传给公司的竞争对手。一些臭名昭著的黑客已经被检举，他们最终也自食恶果。被检举的黑客有：

- Robert Morris——美国计算机安全中心首席科学家的儿子，在 1988 年大学毕业后发明了一种具有破坏性的互联网蠕虫，这种蠕虫利用了 Unix 操作系统的安全漏洞。蠕虫被释放后导致成千上万台计算机瘫痪。这次蠕虫事件含有部分故意成分。他事后通过对系统管理员进行指导解决了这个问题。他被处以 3 年缓刑、400 小时的社区服务和 10 050 美元的罚款，为他的所作所为付出了代价。现在，他正担任麻省理工大学的助理教授。他发明蠕虫的地点是康奈尔大学，为进行掩饰，最早释放这种蠕虫的地点却在麻省理工大学。

- Kevin Poulsen——1990 年，Poulsen 把所有的电话线接入洛杉矶电台 KIIS-FM，目的是确保他是第 102 个呼叫者。Poulsen 利用这一方法为自己赢得了一辆保时捷 944S2。在进行这次黑客攻击时，他正服务于高科技公司 SRI 国际。他白天工作，晚上进行黑客攻击，但他的这一行为最终还是被查出来了。1994 年 6 月，他以 7 项罪名被判入狱，其中包括电信计算机诈骗罪、洗钱罪以及妨碍司法罪等，被判 51 个月的有期徒刑以及 56 000 美元的罚款。这是历史上黑客攻击被判入狱时间最长的案件。他现在是一名计算机安全记者。

- Kevin Mitnick——第一个被 FBI 追踪的黑客，1995 年被捕，最后被判 4 项电信诈骗罪、2 项计算机诈骗罪以及 1 项非法拦截通信罪。他最后承认非法进入计算机系统，偷走了所有权属于摩托罗拉、Novell、Fujitsu、 Sun Microsystems 以及其他公司的软件。他被判入狱 46 个月。随后他成了一名安全顾问，现在是计算机安全方面出色的评论家，并经常在电视上露面，也写了有关计算机安全方法的书籍和文章。

黑客攻击不仅仅与盗窃或破坏有关，有时候进入一个系统被黑客看成是一种技术挑战。"hacking"这个词传统上是指程序编码的过程，是对程序编写者的另一种形式的挑战。这种行为虽是不道德的，但可以被黑客看成是一种娱乐。它并不像看足球赛那样流行，每个国家也许只有那么一两个人会去发动黑客攻击。据 BBC（2003）报道，TruSecure，一个美国黑客监测组织最近追踪到来自 900 多个不同黑客团伙的 11 000 个黑客。

现在已确定的非法进入计算机系统的形式主要有 3 种。第一种通过用户名和密码进入计算机系统。比如，在许多系统的选择进入中用户名是缺省的，有时密码与用户名相同。其他一些普通的密码是一个周的某一天或孩子的名字。尽管现在先进的系统在使用者经过几次错误尝试后拒绝其再次进入，但还是有很多的工具帮助系统使用者进行多次尝试直到找到密码为止。黑客常与身份盗窃者联合以获得入侵系统的密码。

第二种进入形式是利用系统漏洞进入计算机系统。尽管操作系统如 Windows、inux 或网络浏览器的 IE 的漏洞是众所周知的，并且在厂商和专门的安全网站都可以找到这些漏洞，但仍有许多系统管理员没有及时地对系统进行更新或设置补丁。存在这种形式的黑客攻击部分原因是系统中存在安全漏洞，而且各个系统每周都有新的漏洞出现。

第三种进入形式被 Kevin Mitnick 称为"社会工程"。这种形式的黑客攻击主要是通过冒充组织员工进入电脑系统。Mitnick 和 Simon（2002）列举了这种形式的一个案例，在案例中，攻击者与新员工取得联系并建议他们要与公司的安全政策保持一致。接下来，攻击者向员工索取密码称要检测密码与安全政策的一致性。一旦员工暴露了密码，那么以后黑客就会猜到这些用户是如何设置密码的。

保护计算机系统免遭黑客破坏

保护计算机系统免遭黑客破坏主要是针对上面提到的 3 种方式的攻击制定防范措施。在输入密码进入系统的过程中，组织可以制定一些政策来降低进入风险。一种简单的方法是每月更新密码并规定密码至少包含一个数字。系统密码最好是一个大小写字母的组合，这样就降低了用户使用那种很易被猜到的密码带来的风险。另一种方法是通过教育降低通过"社会工程"带来的风险，但这种方法不能完全地消除威胁。

我们也可以通过减少外网的进入通道来保护计算机系统。防火墙在保护机密信息方面是必需的，尤其在系统连接到外部网时。防火墙通常作为一个软件被安装在一个独立的服务器上，这一服务器与外部网连接。防火墙软件也可以这样设置，即只允许系统接受公司内部办公室的链接。

组织必须采取措施禁止通过安全漏洞进入系统的行为。据 BBC（2003）报道，在2003 年有 5 500 个安全漏洞被黑客利用。这在客观上要求组织在操作系统升级方面制定政策并使用最新版本的软件。对软件全部升级是不现实的，但是我们必须监测新的漏洞，并在存在高风险的地方设置安全补丁。监测安全漏洞是一项专业任务，组织通常把这一任务外包。TruSecure（www.trusecure.com）就是一家专门监测安全漏洞并为组织提供防护咨询的公司。据 TruSecure 估计，只有 80% ~ 90%的漏洞经常被利用，所以在设置补丁时应优先考虑这些漏洞。TruSecure 为很多家公司提供一项专门服务，该服务主要是为公司监测是否存在上述漏洞。它还雇用了一个团队打入黑客团内部以探测他们的最新技术。TruSecure 给了 FBI 有关"Melissa"病毒制造者的 200 多份文档，尽管还不知这位黑客的真实姓名，但已根据这些档案查到了他的 3 个别名以及其他详细资料。

一些组织为抵御黑客，使用的另一种更先进的方法是雇用"道义黑客"来进行防卫工作。这些前任黑客现在正利用他们的技术来监测系统漏洞。

一些低技术含量的方法有时也被用来进行黑客攻击。例如，据 Guaidian（2003）报道，在一个案件中，犯罪嫌疑人冒名呼叫中心职员盗取客户账户。

11.7.6 确保电子商务交易安全

从客户或商家的角度来看，数字化经营的网上销售存在着额外风险。这些风险主要包括：

（1）交易或信用卡信息可能在转移中被盗；

（2）客户的信用卡信息在服务器上有可能被盗；

（3）商家或客户的身份是不真实的。

在此部分，我们将评价哪些措施可以用来降低上述电子商务的安全风险。在此之前，我们先了解一下网上安全理论以及与之有关的技术方法。

安全系统原则

在了解安全系统之前，我们有必要先了解如下用来描述交易各方的标准术语：

- 买方。购买商品的客户。
- 卖方。零售商。
- 认证机构（CA）。发放数字证书、确认卖方和买方身份的机构。
- 银行。传统意义上的银行。
- 电子货币发行商。发行数字货币的虚拟银行。
- 交易各方对系统安全的基本要求如下：

（1）鉴定——交易双方身份是否真实（对应上述风险（3））？

（2）私密和机密——交易的数据是否受到保护？如果消费者想要进行匿名购买，那么在交易中公众网络上的一些不必要的痕迹是否已清除？交易的中间记录是否也被清除（对应上述风险（2）和（3））？

（3）整合——监测发送的信息是否完整，是否受到破坏？

（4）不抵赖——确保信息发送者不能否认已发送的信息。

（5）可获得性——如何清除那些影响系统一贯性和运行的威胁？

Kesh 等（2002）进一步研究了电子商务的安全需求。

11.7.7　开发安全系统的方法

1.数字证书

以下是两种使用数字证书的加密技术。

（1）密钥（对称）加密技术

对称加密技术中的设计双方分享只有双方知道的一个密钥，而且只有这个密钥可以用来加密或解密信息。在使用密钥前，必须把它从一方传递到另一方。这是一种确保独立的交易双方安全地进行交易的一种传统方法，例如，一些大公司为使 EDI 的密钥不被复制，往往把密钥以电子化或信使的方式发送出去。

这种方法对一般的电子商务系统而言，并非切实可行。因为买方把密钥传给卖方这一做法并不安全，主要原因有 3 点：第一，这样做并不能确保不对密钥失去控制；第二，密钥可能被用于其他目的；第三，卖方不得不管理很多客户的密钥。

（2）公钥（非对称）加密技术

非对称加密之所以有这样的称呼，是因为发送者和接收者使用的密钥是不同的。双方的两个密钥通过一个数字编码相联，只有把它们联系起来才可以加密或解密信息。图 11-29 描述了公钥加密方法如何在电子商务的背景下起作用。客户通过自动查找卖方公钥来下订单，然后用它加密订单信息，加密的信息通过网络被发送出去，然后卖方使用自己的私钥阅读客户的购买信息。通过这种方式，只有拥有私钥的卖方才可以阅读订单。在相反的情况下，卖方在阅读完身份信息如私钥加密的数字签名后，使用公钥确认客户身份。

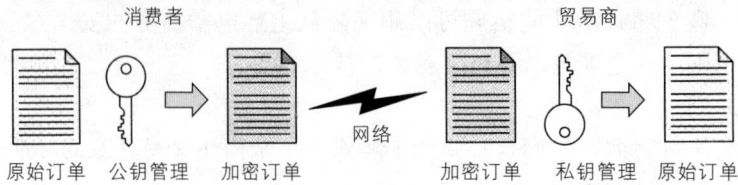

消费者 贸易商

原始订单 公钥管理 加密订单 网络 加密订单 私钥管理 原始订单

图11-29 公钥（非对称）加密

2.数字签名

数字签名可以用来创建使用公钥加密技术取得认证的商务系统。卖方和买方通过使用数字签名来证明自己的真实身份。买方在使用私钥发送信息前，数字签名可以用来加密；在买方的信息被接受时，卖方的公钥可用来解密数字签名。这就能证明客户的身份是真实的。由于交易建立的困难性，数字签名当前还未被广泛地使用。但随着公钥架构（PKI）的日益稳固以及使用认证机构的组织数量的增加，组织会越来越广泛地使用数字签名。

3.公钥架构和认证机构（CAs）

为了使数字签名和公钥加密有效，要保证用来解密文件的公钥属于发给你文件的那个人。完善地解决这一问题的方法是向受托第三方（TTP）发送含有所有者认证信息的报文以及第三方公钥的复本。受托第三方通常指"认证机构"。很多实体都可以作为受托第三方，如银行、邮局等。报文则被称为"认证"。事实上，由于不对称加密速度非常慢，通常只对报文的抽样进行加密并把加密后的抽样报文作为数字签名。

认证信息可能含有以下内容：

- 用户身份识别数据；
- 认证权限和数字签名；
- 用户公钥；
- 认证的到期日；
- 认证级别；
- 认证的数字识别签名。

建议根据认证所含信息类型的不同对其设置不同的级别。认证所含信息的类型如下所示：

（1）名字、电子邮件地址；

（2）驾照、保险单号、出生日期；

（3）信用核查；

（4）具体组织的安全许可数据。

4.虚拟专用网

虚拟专用网（VPN）是指在公共网的基础上运行的广域专用网，而不是更昂贵的专用网。VPN运行使用的技术有时被称为"隧道"，它利用网际协议IPSec的安全格式对标题和内容加密。正如在第3章解释的，VPN使全球性组织使用公共网安全地经营下去，而无须使用更昂贵的专用系统。

11.7.8　现代电子商务安全方法

在这一部分，我们将讨论电子商务网站为实现网络安全所采用的方法。

1.安全套接层协议（SSL）

SSL是一个最初由网景公司开发的安全协议。SSL主要用于B2C电子商务交易，因为对消费者来说，它的使用十分简易，而且不需要额外下载软件或认证。

当消费者登录一个电子商务网站的结账安全区时就会用到SSL，顾客会得到 "您所要浏览的信息是经过安全链接的"这样的提示。SSL的主要标志就是安全。当加密过程发生时，浏览器中的网页地址的前缀由 "http：//"变成 "https：//"，而且浏览器窗口下方也会出现加密锁。

SSL提供的最主要的作用是使交易具有安全性和私密性。它能在顾客和商家之间建立专用的链接。当一项电子商务交易从发送方传递到接受方或者当细节到达计算机的每个终端时，加密技术对交易细节加密编码。截取这样的报文并对其进行解密需要辛苦的尝试。与S-HTTP方法相比，SSL的应用更加广泛。

当有足够的计算能力、时间和动机时，组织会使用SSL加密的报文进行交易。现在人们正在努力地寻找更加安全的加密方法，如SET。从商家角度看，这一方法也存在问题，即组织如果不使用信用核查等其他方法就无法对消费者的身份进行认证。

2.认证机构

为确保电子商务的安全，有必要对大量的公钥进行管理。这种管理包含在公钥的使用周期中——生成、传递、取消和更改——所涉及的所有必要的程序和协议，这一管理还包括对时间/日期标记、归档的管理。CA的成功建立是对信托大厦和复杂管理的巨大挑战。关于如何迎接挑战，主要有下面两种对立的观点：

- 分散化：市场驱动，建立品牌基础 "islands of trust"，如消费者协会。当地的实体办公室被证明对有价值的认证如护照、驾照有实际的需求。银行和邮局在认证分散化方面具有优势。
- 集中化：在英国，贸易工业部建议建立一个由政府领导的分级树。

最有名的商业CA是被广泛用于商业认证的Verisign（www.verisign.com）。例如，雅芳公司网站使用Verisign向客户证明其网站的真实性。邮局和电信供应商如英国的BT（Trust Wise）和邮局（ViaCode）也使用CA。

11.7.9　使消费者安心

一旦商家采取了适当的安全措施，其网站上的内容即可用来使消费者安心。例如，亚马逊认真对待消费者所担心的问题，根据消费者满意的程度和数量判断网站安全措施的好坏。被用来暗示好的服务的方法可以减轻消费者的担心。这些方法包括：

- 使用客户保证来保障交易；
- 详细解释所采取的SSL安全措施；
- 强调诈骗数目的稀少（在1 000万安全购物的消费者中没有一起信用卡诈骗事件）；
- 使用辅助订单机制，比如电话或传真；
- 信息对减轻担心的重要性——保证是最主要的选项。

公司可以使用独立的第三方制定的有关在线隐私和安全的指导性意见。最有名的国际组织 TRUSTe（www.truste.org）和 Verisign（www.verisign.com）专注于付款身份认证。在特殊的国家，这里可能有其他的组织，例如在英国，ISIS 或者因特网购物是安全的主题。

11.8 本章小结

（1）分析用户需求对交付可用和相关的数字化经营系统的重要性。

（2）过程建模用于评估现存交易过程并对修订过程提出建议。工作流程设计中使用的任务分析、流程图对于理解必须由系统支持的任务以及当前过程的弱点很有用。

（3）数字化经营系统的数据建模主要涉及传统的主体关系方法。

（4）体系结构设计涉及评估遗留系统和新电子商务系统是否进行了适当的整合，这一设计基于客户-服务器方法。

（5）设计人员可以使用结构性方法，如用例、网站结构和内容来完善用户接口设计。

（6）安全设计对于维护顾客群之间的信任尤为重要，它的目标是保护服务器不被攻击并防止消息在传送时被截取。

习 题

自测题

1.如果组织没有彻底地完成设计分析，将存在哪些风险？

2.区分过程分析和数据分析。

3.解释工作流程分析和工作流程管理系统的含义。

4.什么是遗留数据？可以使用哪些方法把它们嵌入电子商务系统中？

5.安全的电子商务系统的4项基本要求是什么？

6.解释数字键和数字签名的含义以及两者之间的联系。

7.阐述用于用例分析的记法。

8.根据 Jakob Nielsen（www.useit.com）所说的，总结可用的网站的特征。

讨论题

1.写出一个用于分析和设计电子商务网站的计划，说明过程分析或数据分析应包括哪些方面并解释如何整合这些方面。

2.写一篇关于工作流程系统对数字化经营重要性的文章，并选择一个公司的实例对文章进行解释。

3.写一篇报道，总结可用性较高的网站的特征。

4.如何把面向客户的概念融入电子商务网站的设计中？

5.评价在设计安全电子商务系统时，电子零售商的成功之处。

考试题

1.总结过程分析的目的。

2."用户中心设计"的含义是什么？

3.参考客户网上下订单的过程，解释任务分析这一概念。

4.参考客户网上下订单的过程，描述用例分析的步骤。

5.参考电子采购系统的数据库模型，描述数据建模的步骤。

6.列示电子商务网站中由不同的服务器提供的几种不同类型的服务，其中该网站是基于3层客户端服务器系统的。

7.分别从客户和公司的角度出发，分析安全的电子商务网站的属性有哪些不同。

8.对一个电子商务网站而言，分析、设计以及实施的关系是什么？

网络链接

www. bima. co. uk

www. ibmbigdatahub. com/

www.infosec.co.uk/About/PWC-Survey

www. rnib. org. uk/accessibility

www. uie. com

www. smashingmagazine. com

www. uiaccess. com/access_links. html

www. d. umn. edu/itss/support/Training/Online/webdesign

www. webstyleguide. com

see www. w3. org/WAI

参考文献

AMA(2003) American Management Association 2003 E-mail Rules, Policies and Practices Survey: www. amanet. org/research/pdfs/Email_Policies_Practices. pdf.

BBC(2003) Cracking the hacker underground. BBC News Online: http://news. bbc. co. uk/l/hi/technology/ 3246375. htm(no longer available).

BERR(2013) Information Security Breaches Survey 2013, managed by PricewaterhouseCooper for UK Department of Business, Enterprise and Regulatory Reform(BERR), published at www. pwc. co. uk/audit-assurance/publications/2013-information-security-breaches- survey. jhtml.

Bevan, N. (1999a) Usability issues in web site design. *Proceedings of the 6th Interactive Publishing Conference*, November: www. usability. serco. com(no longer available).

Bevan, N. (1999b) Common industry format usability tests. *Proceedings of UPA 98*, Usability Professionals Association, Scottsdale, AZ, 29 June-2 July: www. usability. serco. com(no longer available).

Bocij, P. , Greasley, A. and Hickie, S. (2008) *Business Information Systems. Technology, Development and Management*, 4th edn. Financial Times Prentice Hall, Harlow.

British Standards Institute(1999) BS 13407 Human-centred Design Processes for Interactive Systems.

Chaffey, D. (1998) *Groupware, Workflow and Intranets-Re-engineering the Enterprise with Collaborative Software*. Digital Press, Woburn, MA.

Chaffey, D. and Wood, S. (2005) *Business Information Management: Improving Performance using Information Systems*. Financial Times Prentice Hall, Harlow.

Chaffey, D. , Mayer, R. , Johnston, K. and Ellis-Chadwick, F. (2009) *Internet Marketing: Strategy, Implementation and Practice*, 3rd edn. Financial Times Prentice Hall, Harlow.

Christodoulides, G. , de Chernatony, L. , Furrer, O. , Shiu, E and Temi, A. (2006) Conceptualising and measuring the equity of online brands. *Journal of Marketing Management*, 22(7/8), 799-825.

ClickZ(2003) Virus damage worst on record for August 2003. By Sharon Gaudin. News alert published online at ClickZ Stats, 2 September: www. clickz. com/stats.

Csiksczentmihaly, M. (1990) *Flow: the Pyschology of Optimal Experience*. Harper Collins, New York.

Curtis, B. , Kellner, M. and Over, J. (1992) Process modeling. *Communications of the ACM*, 35(9), 75-90.

Davenport, T. H. (1993) *Process Innovation: Re-engineering Work through Information Technology*. Harvard Business School Press, Boston.

de Chernatony, L. (2001) Succeeding with brands on the Internet. *Journal of Brand Management*, 8(3), 186-95.

DTI(2006) Identity access and E-mail and Web Usage factsheets. A survey of UK business practice, managed by PricewaterhouseCoopers on behalf of the Department of Trade and Industry(DTI). Published at DTI Information Security Breaches Survey.

Eaton, C. , Deroos, D. , Deutsch, T. , Lapis, G. and Zikopoulos, P. (2012). *Understanding Big Data: Analytics for Enterprise Class Hadoop and Streaming Data*. McGraw Hill, New York.

E-consultancy(2007) Digital business briefing interview. Bruce Tognazzini on human-computer interaction. Interview published November: www. econsultancy. com/news-blog/newsletter/link_track. asp?id= 3515&link_id#l (no longer available).

E-consultancy(2009) Q&A: Hiscox's Mike Beddington on selling financial services online, Posted 16 July 2009: http://econsultancy. com/blog/4227-q-a-hiscox-on-selling-financial-services-online.

Fogg, B. (2009) In *Proceedings of the 4th International Conference on Persuasive Technology*(2009), pp. 1-7. Available from www. behaviormodel. org.

Fogg, B. , Soohoo, C. , Danielson, D. , Marable, L. , Stanford, J. and Tauber, E. (2003) How do people evaluate a web site's credibility? A Consumer WebWatch research report, prepared by Stanford Persuasive Technology Lab.

Forrester(2005) Site Design Personas: How Many, How Much. By Harley Manning, 3 June. Forrester Research publication.

Forrester(2011) The Forrester Wave™: Web Content Management For Online Customer Experience, Q3

2011. Research report by Stephen Powers. Summarised at: http://blogs. perficient. com/portals/2011/ 07/20/forrester-releases-new-wcm-wave-and-welcome-to-a-new-acronym.

Georgakoupoulos,D. ,Hornick,M. and Sheth,A. (1995)An overview of workflow manage-ment: from process modeling to workflow automation infrastructure. *Distributed and Parallel Databases*,3,119-53.

Guardian(2003)Hijacked your bank balance,your identity,your life. The Guardian,25 October).

Guardian (2003) Financial Times: There is no drawback to working in HTML5. Interview with Stuart Dredge,*The Guardian*,29 April.

Hofacker,C. (2001)*Internet Marketing*. John Wiley & Sons,New York.

Hoffman,D. L. and Novak,T. P. (1997)A new marketing paradigm for electronic commerce. *The Information Society*, Special issue on electronic c ommerce, 13 (January- March),43-54.

IBM (2013)What is Big Data? Service solutions page. www. ibm. com/software/data/bigdata. Accessed 20 July 2013. No publication date(no longer available).

Jacobsen,I. ,Ericsson,M. and Jacobsen,A. (1994)*The Object Advantage. Business Process Re-engineering with Object Technology*. Addison-Wesley,Wokingham.

Kesh,S. ,Ramanujan,S. and Nerur,S. (2002)A framework for analyzing e-commerce security. *Information Management and Computer Security*,10(4),149-58.

Knight,K. (2011). Responsive Web Design: What It Is and How To Use It. Smashing Magazine blog post, 12 January 2011. http://coding. smashingmagazine. com/2011/01/12/guidelines-for-responsive-web-design/.

Lynch,P. and Horton,S. (1999)*Web Style Guide. Basic Design Principles for Creating Web Sites*. Yale University Press,New Haven,CT. Available online at: http://info. med. yale. edu/caim/manual/contents. html.

Messagelabs(2008)Threat Statistics,published monthly at www. messagelabs. com.

Mitnick,K. and Simon,W. (2002)*The Art of Deception: Controlling the Human Element of Security*. John Wiley & Sons,New York.

Nielsen,J. (2000a)*Designing Web Usability*. New Riders,San Francisco.

Nielsen,J. (2000b)Details in Study Methodology Can Give Misleading Results. Jakob Nielsen's Alertbox, 21 February: www. nngroup. com/articles/details-in-study-methodology-can-give-misleading-results/.

Noyes,J. and Baber,C. (1999)*User-Centred Design of Systems*. Springer-Verlag,Berlin.

Pant,S. and Ravichandran,T. (2001)A framework for information systems planning for digital business. *Logistics Information Management*, 14(1),85-98.

Rettie,R. (2001)An exploration of flow during Internet use. *Internet Research: Electronic Networking Applications and Policy*,11(2), 103-13.

Robertson,J. (2003)Information design using card sorting. Step Two. Available online at www. steptwo. com. au/papers/cardsorting/index. html.

Rosen,D. and Purinton,E. (2004)Website design: viewing the web as a cognitive landscape,*Journal of Business Research*, 57(7),787-94.

Rosenfeld,L. and Morville,P. (2002)*Information Architecture for the World Wide Web*,2nd edn. O'Reilly, Sebastopol,CA.

Schneider,G. and Winters,J. (1998)*Applying Use Cases. A Practical Guide*. Addison-Wesley,Reading,MA.

Seybold,P. and Marshak,R. (2001)*The Customer Revolution*. Crown Business,London.

Smart Insights(2010)Website Feedback Tools review,published 7 April 2010: www. smartinsights. com/ digital-marketing-software/website-feedback-tools-review/.

Smart Insights(2013)Social Sign-on: the implications for Ecommerce sites. Article by Dave Chaffey,9 July 2013: www. smartinsights. com/social-media-marketing/social-media-platforms/social-sign-on-the-implications-for-ecommerce-sites/.

Taylor,D. (1995)*Business Engineering with Object Technology*. John Wiley & Sons,New York.

Thurner, R. (2013). *Winning with Mobile. Creating a strategyfor Mobile marketing, Mobile commerce and Mobile CRM*. Published by Smart Insights. Available from Amazon.

Trocchia, P. and Janda, S. (2003)How do consumers evaluate Internet retail service quality? *Journal of Services Marketing*,17(3),243-53.

Wodtke,C. (2002) *Information Architecture: Blueprints for the Web*. New Riders,Indianapolis,IN.

Workflow Management Coalition(WfMC)(1996)Reference model. Version 1. In *The Workflow Management Coalition Specification. Terminology and Glossary*. Workflow Management Coalition,Brussels.

Worldwide Web Consortium(2013)Media Queries specification/recommendation. www. w3. org/TR/css3-mediaqueries. Updated June 2012.

Wroblewski, L. (2011) Why separate mobile and desktop web design. Blog Post, 1 September 2011. www. lukew. com/ff/entry. asp?1390.

第 12 章

数字化经营服务的实施与维护

主要内容

本章主题

- 建立数字化经营系统的可选方案
- 测试
- 转变
- 内容管理和维护

本章重点

- 考核并提高数字化经营系统的业绩
- 考核社交媒介营销

案例学习

- 学习 Amazon 的文化度量

学习目标

学习本章之后，读者应该能够：

- 制定规划以减少数字化经营应用阶段的风险
- 设计一种方法以使数字化经营系统得到有效的维护
- 制订计划来检测数字化经营应用中网络分析工具的有效性

管理问题

- 采取什么行动来降低实施的风险——其中最关键的因素是什么？
- 我们如何选择最准确的系统？
- 如何实现从当前系统到一个新的数字化经营系统的转变？
- 什么工具可用来检测实施的成功与否？

网站支持

说明以下问题的案例，请参阅 www.pearsoned.co.uk/chaffey：

- 韦尔奇公司的管理改革
- 购买搜索的引导

网站上还包含一系列的学习资料，这些资料有助于增强你的学习效果。

章节链接

主要相关章节

本章是第 10、11 章的自然接续。图 10-4 给出了它们之间的关系。第 10 章讲述的是在数字化经营实施阶段执行的变革管理计划。编码、测试和转换等方面的实施将基于利用第 11 章中介绍的技术生成的分析和设计文档。

12.1 本章介绍

传统软件开发生命周期内，实施和维护阶段被很好地进行了定义，涉及在生产、生活环境中新的软件应用程序或系统的过渡。随着这种基础数字化经营服务使用量的不断增长，性能缺陷的限制导致这个概念变得无用。相反地，一个动态的电子商务应用需要内容和服务持续的更新以响应市场。竞争者引入新服务和供给，正如研究所显示的：需要从消费者的角度出发，研究网站的问题或机会从而进行数字化经营的维护活动，这样才能保持竞争力。回顾案例学习3.1，Google就是通过性能和服务的持续更新来提升用户体验的。例如，Google声明它每年改变搜索算法超过300次以阻止垃圾邮件，以传送更多相关结果。

在第10章学习了敏捷开发方法论，有时也被称为"永久的beta"的持续开发，使得开发和实施阶段的差别减少，很多单一经营的数字化经营者找到了一种"持续维护项目"的模型方法，能够对网络功能进行更经常的维护，这种方法如图12-1所示。

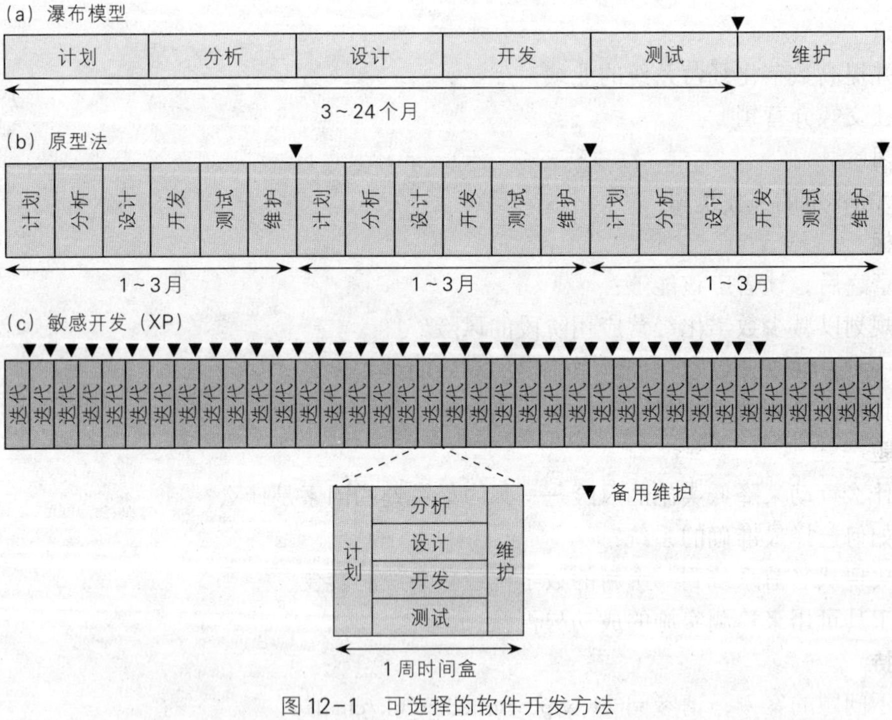

图 12-1 可选择的软件开发方法

来源：改编自Shore 和 Warden（2008）

当正在分析需求时，为了产生故事板和原型，设计和实施将同时发生。这个原型可能发生在确定期间的时间盒中，可能是30天或60天，一个原型产生在每个时间盒的末端。很显然，对发生的每个增量活动，设计、测试、后续回顾分析等实施活动都是必需的。

12.1.1 数字化经营服务的优化

建立一个严格的优化方法，去提升正在使用的数字化经营服务的效率和效果。当我们回顾第5章中效率和效果的目标时，我们解释了定义目标类型的重要性。数字化经营服务的管理者需要持续地回顾这些问题：

- 服务效果。服务满足企业目标了吗？用户对传达的体验和服务满意吗？改进体验的技术方法或者信息是可用的吗？
- 服务效率。系统的运转通过反应速度、可用性、恰当的成本来衡量吗？能改进系统效率的新技术方法的可获性如何？

网络分析可以帮助回答这些关于体验和卖方电子商业的问题。我们可以看到很多公司正在通过 AB 和多元测试等方法对它们的网站和服务进行持续的优化。产出的内容质量对效率体验也十分重要，它需要一个合理的程序去保持内容更新，对此我们可以开发一个良好的工作流方法代替原来的方法。

12.2　建立数字化经营系统的可选方案

数字化经营系统的建立方法与传统的商务信息系统相似：

（1）预定开发。在预定开发下，开发人员借助于解决方案的计划，从无到有建立应用程序。

（2）现货供应。在打包实施下，组织从解决方案的供应商那里购得一个标准的系统，并把它安装到组织内的服务器和客户端上，或者使用免费或低成本的源码开放软件。网络设计工具如 Dream Weaver 就是现货供应打包实施的一个简单例子。

（3）主机方案（打包）。主机方案使用标准系统，但该标准系统不是由公司内部管理，而是由第三方应用程序服务供应商进行管理，它们被称为"按需提供"、"网络服务"或"托管方案"。其优点和例子在第3章和第6章讨论过了。

（4）定制开发。在定制开发下，应用系统或主机方案是根据公司的需要定制的。这种方案的具体做法是对从一个或几个供应商那里购得的部件进行整合。

Chaffey 和 Wood（2005）指出，组织普遍采用的方法是定制现货或托管方案，因为这两种方法在降低成本和减少开发时间的同时还充分考虑了一个组织的特殊需要。同样，组织也需要决定是采用内部定制开发，还是采用顾问熟悉的最新的电子商务开发工具。

在不考虑系统资源的情况下，选择解决方案的主要标准是相同的。它们是：

（1）功能性。应用程序的特性。它主要描述了数字化经营如何满足交易需要。

（2）易使用。每一个系统都要经过使用者一段时间的学习适应后才能使用，但系统应当被设计得尽量减少学习时间。一个结构完善的软件有利于系统很快地执行一般任务。

（3）性能。应用程序执行不同任务的速度。这可以通过使用者在完成个人职责如数据恢复、测算和屏幕显示需要等待的时间来测量。它取决于计算机的功率，但也可能因应用程序的不同而不同。

（4）可测性。它是指系统适应新需求的能力，与性能有关。例如，随着公司的成长，一个 ERP 系统需要存储更多的顾客、供应商和生产商的详细资料。随着系统内部和外部使用者数量的不断增长，系统的工作量也会加大。

（5）兼容性和协同性。它是指一个应用程序与其他应用程序整合的难易程度。例如，系统有输入和输出设备吗？支持使用 XML 转移数据吗？

（6）延伸性。它是指通过增加来自原始或其他供应商的新模块来增加新功能的能力，与可测性和兼容性有关。

（7）稳定性和可靠性。所有应用程序都会存在错误，由于这些应用程序在首次引进时对其检测程度不同，使用时出现故障的次数也会不同。

（8）安全性。我们应对系统限制应用程序的接近能力进行评估，这对托管方案尤为重要。

（9）支持。支持水平和支持成本会因软件供应商不同而有所不同。在购买系统时存在这样一种风险：较小的公司可能削减业务，不再支持其产品。

阅读并完成实践活动12.1，考虑如何平衡这些不同的因素。

实践活动12.1

为小公司选择应用程序软件

目的

帮助理解选择应用程序软件时需要评估的不同因素和它们之间的相对重要性。

活动

一个刚建立起来的专门从事打印机供应业务的企业正在考查建立数字化经营系统的可选方案。企业成立了几个小组，每个小组从下述列表中选择一种数字化经营服务，然后讨论上面谈到过的选择软件的9个标准的重要性。一系列的标准应按重要程度排列。这些可以写在一块白板上，同一类型的软件写在同一栏中以评估共同要求。

数字化经营服务类型：

（1）客户关系管理应用程序；

（2）供应链管理应用程序；

（3）雇佣人员管理系统；

（4）网络分析软件（后面部分会谈到）。

在这一节，我们简要地介绍如何开发HTML简单的静态网页，以及文本和数据库如何与HTML联合使用去产生动态内容。

12.2.1　网站内容开发

管理者需要通过内容管理系统意识到管理内容的一些方面：

1.标准化合规。万维网联盟在确定网络标准方面是权威的。改进的标准已经被其他组织、网络标准项目和很多网络设计代理所接受。网络标准的使用会影响服务质量和网站可访问性。

在网络标准的产生会议上，Jeffrey Zeldman提出看待网络标准最好的方式是"连续的，而不是一系列弹性的规则"。特别是插件的使用和Ajax应当优先于实施需要讨论，因为这将排除一些网站或者迫使它们去使用另外的插件。

2.跨浏览器支持。这取决于使用的标准以及它如何被实施，站点被不同的浏览器访问。这个能导致一个网站在不同的浏览器中需要不同的实施（出现）。实施之前需要以浏览器和版本的清单为目标，使用BrowserShots等工具逐个进行测试。

增加可访问性——用户能更容易地使用不同浏览器和其他访问工具访问网站，网站以支持看或听的方式进行安装，如支持PDAs和智能手机等访问平台。

专栏12.1

网站应当支持哪一个网络标准？

典型地，跟随当前版本的主要标准是：

1.结构的和语义的标准

- HTML（www.w3.org/TR/html401）
- XHTML（www.w3.org/TR/xhtml1）
- XML（www.w3.org/TR/2000/REC-xml-20001006）

2.展示语言

多层模式表单（CSS）（www.w3.org/TR/css21）

3.对象模型

文件对象模型（DOM），描述HTML或XML文件的对象间的结构性关系，能够使它们被评估和更新，例如表单验证插件www.w3.org/DOM/DOMTR#dom2。

4.脚本语言

ECMA表单（JavaScript发展的标准）被用于表单验证插件，例如www.ecma-international.org/publications/standards/Ecma262.htm。

5.富互联网应用的插件技术

- Adobe Flash和Shockwave（一个所有权标准），建立互动应用和放映视频http://en.wikipedia.org/wiki/Macromedia_Flash。
- Adobe Acrobat（www.adobe.com/acrobat），de facto文档显示标准。
- Adobe Flex（www.adobe.com/products/flex）和Microsoft Sliverlight（www.microsoft.com/Sliverlight/）建立富互联网应用（RIA）。
- 流媒介（例如Real Networks.rm和Microsoft.wma声频和视频的所有权标准）。

6.Ajax

Ajax基于其他标准，尤其是DOM和CSS支持的JavaScript和XML。Ajax的关键特征之一是XMLHttpRequest对象被用于与网络服务器不同时的交换数据，不需要新的浏览器网页加载http://en.wikipedia.org/wiki/AJAX。

3.不同平台的样式表单的使用。我们在第11章介绍，多层模式表单可以控制整个网站或者站点搜索的格式和布局等。

4.可访问性支持。我们在第11章用户中心设计的章节看到网络可访问性允许网络所有的用户与它互动，不管他们访问网站使用的是网络浏览器还是平台。在实施和作为实施被证实之前，提供的可访问性支持的阶层（阶层A、AA和AAA）应当被定义。

5.SEO支持。我们在第9章看到不同的页面优化对指示搜索引擎算法页面的环境很重要。专栏12.2强调了一些主要标准。除非SEO被严格定义为网站重新设计的一部分，否则通过内容管理系统改变这些网页的属性可能很困难。每一个网页的要素应当可以单独定义，使网站避免内容重复而受处罚；或者说搜索引擎没有索引此网页，因为它认为此网页与其他网页相似或相同。

专栏12.2

关键搜索引擎优化必要条件

SEOMoz，一个著名的SEO工具提供商，最初分享优化经验和进行SEO服务工作，它为网站所有者提供帮助使其在搜索引擎中获得更好的排名。

它展示了影响排名的重要因素，这些因素由30名SEO专家所评定，将每个因素的满分设置为5分，然后进行平均评分，最后呈现结果。如在第9章介绍的标题和描述标记等。

1.关键网页优化因素

这些是网页的属性，是通过HTML标签确定关键词频度、密度（一个词在网页上被重复的次数及它的长度）和文件名。

- <标题>标签=4.9/5
- 关键词频度和密度=3.7/5
- 标题关键词=<h1>=3.1，<h2>=2.8
- 文件名关键词=2.8
- 图像的文字提示或者标题=2.6（尤其是与目的网页相链接时）
- Meta Name说明=2/5
- Meta Name关键词=1/5

2. Off-page关键优化因素

Off-page优化描述链接到网站的一个页面上，最重要的是来自外部网站：

- 更多的反向链接（更靠前的网页排名）=4/5
- 锚文本链接包含关键词=4.4/5
- 评估为中心的网页=3.5/5
- 评估为权威的网页=3.5/5
- 链接速率（每次转换率）= 3.5/5

锚链接中关键词文本的重要性意味着拥有根据文本而不是图像链接的网站将更好地执行。另外考虑的问题是，当从其他网站获得带有nofollow标签的链接时，这意味着搜索引擎将不会把链接计算在索引中。例如，<a href=www.domain.com rel="nofollow">Link anchor text</a>表示的就是目标网页不应当被索引（除非它与其他来源链接）。这意味着社交网络和论坛的很多链接对于SEO是没有价值的，因为它们一般都会实施nofollow来抵制"SEO spamming"（SEO spamming是一种欺诈性的SEO垃圾技术，它尝试欺骗爬行器（Spider），并利用排名算法中的漏洞来影响针对目标关键词的排名）。

来源：*SEOMoz（2013）*

员工在管理网站内容时意识到这些因素是很重要的，可以通过内容管理系统修改对网站的描述，因此SEO需要成为网页创建管理部分的必要流程。

6. 表单验证。表单是访问者与网站拥有者主要的沟通途径（例如通过表格与我们联系），论坛发帖，或者购物车和结算。验证指的是当使用者使用跨浏览器的Web标准时，网站需要使用适当的方法对用户输入的数据进行有效性验证。

（1）Web应用框架和应用服务。

Web应用框架和应用服务为建立动态互动网站和网络服务提供基础。它们使用标准化的程序编制应用程序界面（APIs），然后与数据存储融合去完成不同的任务，例如简单地把用户增加到系统里或者提取不同的网站网页要素。他们提出图书馆方面的标准化功能使开发功能比低层次编码更快速。Web应用框架的功能由网络应用服务执行，通过基本网络服务软件（例如Apache或者微软信息服务器）接受和处理服务器上的软件流程请求。CGI是外部应用程序（CGI程序）与Web服务器之间的接口标准，用来处理来自表单的输入信息，并在服务器产生相应的处理，或将相应的信息反馈给浏览器，例如执行表单验证。

以上所有方法基本已经成功地运用于企业网络服务。对一个需要成功交付的项目来说，寻找有效正确的实施技能、项目方法和开发过程才是最重要的。选择开放源码是低成本的，但是如果结合内部或第三方资源去创建一些很少被使用的框架和服务应用时会有困难。图12-2列示的即是对财富1 000强公司使用的应用框架的调查。

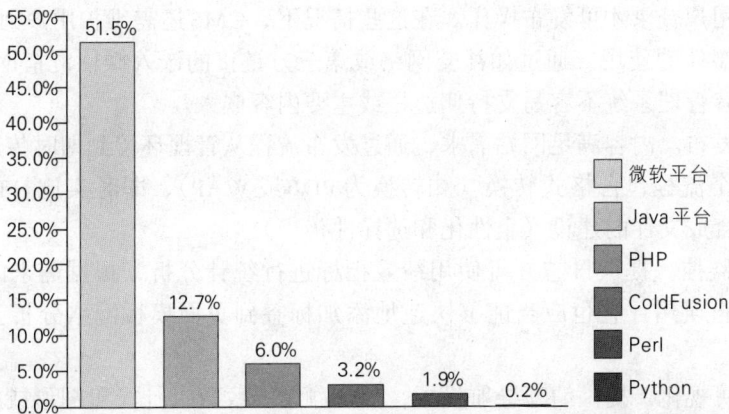

图12-2　2007年对财富1 000强公司使用的应用框架的调查

来源：Port80软件

（2）内容管理系统。

内容管理系统（CMS）为非专家提供了一种方法去更新网站页面。这是一种有效的发布内容方法，公司所有人员都可使用。CMS有两个主要形式，这两者都可以通过网络浏览器进行网络服务传输。企业CMSs常常用于大型、复杂的网站（以及其他运行文件），它可以网页创建和编辑标准控制文件，可以通过工作流系统提供版本和文件回顾，当文件被重新编辑时可以发出通知。适用于小公司的传统的CMS缺少工作流或者多重作者控制，但是提供很多其他功能去创造内容。如Wordpress和Moveable Type等博客平台越来越多地被小公司使用以管理它们的整个网站，因为它们拥有企业特征。

选择内容管理系统的标准

一个专业的内容管理系统应当提供这些设施：

- 容易写作的系统。新的和现有文件的编辑功能应当提供，通过WYSIWYG设施（你所看到的是你所获得的），其与词汇处理程序相似，使嵌入图像变得容易，以及支持SEO需要的一系列标记。
- 搜索引擎机器抓取。内容必须被储存和链接，它被搜索引擎机器抓取索引而增加到索引中。无设置的URL重写是必需的。Google Webmaster网页描述必要条件：www.google.com/webmaster。
- 搜索引擎优化标记。一些由设计代理创建的预定的内容管理系统并不能使专栏12.2所示的关键领域容易编辑，例如<title>、<h1>和<meta name="description" content="page description">。
- 不同的网页模板。内容结构（次级部分、模板等）、网页结构和网站结构的设计和维护。创建不同布局、不同部分或网页分类是可能的。

- 链接管理。通过内容变化消除死链接和外部链接管理的维护。
- 输入和企业联合组织。聚合外部来源内容以及不同来源的内容宣传。
- 版本。控制发布网页版本、网页元素或全部网站的重要功能。典型的是最近的或之前的版本应当被存档，有可能需要退回到之前的版本。
- 安全和过程控制。不同的权限可以分配给不同角色的用户，可以控制某些内容只通过这些用户登录才可发布操作。在这些情况下，CMS还需维护用户列表。
- 插件和微件的使用。通过如社交网络或第三方链接的嵌入微件混搭网站是可能的，但是内容管理系统不容易支持侧边栏或主要内容嵌入。
- 工作流发布。内容满足网站需求，通过发布流程从管理环境到即时传送环境进行移动。这个流程包含格式转换（如转换为PDF或WAP）、即时实施HTML、编辑的授权和合成文件的建设（个性化和选择性传播）。
- 跟踪和监控。提供日志并可使用绩效指标进行统计分析，根据需求的内容进行调用，防止误用。它也应当能够快速地添加标签到页面模板网络分析工具，如谷歌分析。
- 导航和可视化。提供清晰导航设置，使用颜色、纹理、计算机图形或虚拟现实增强内容可视化。

（3）选择电子商务服务。

电子商务服务通过CMS可以提供很多功能，但是它们普遍是为了满足提供产品信息和支持购买流程的需要。不同种类的产品内容展示的基本设施是相似的，因此很多重要的必要条件需要与内外部系统进行相关整合。电子商务服务的必要条件应当包含：

- 产品目录系统可以调用最近的产品
- 支持如Google产品搜索或Shopzilla等比较搜索引擎
- 优化商品购物搜索或者支持其他浏览系统，如Endeca、Mercado和Google Mini Search应用
- 推荐合适的产品或促销品给访问者的推销系统，例如ATG
- 顾客服务方案包括点击呼叫或者点击聊天系统（例如www.atg.com）
- 顾客打分评价系统，例如BazaarVoice（www. BazaarVoice.com）和Feefoo（www. Feefoo.com）
- 支付系统，例如Netbanx（www. Netbanx.com）、Verisign（www. Verisign.com）、Worldbank（www. Worldbank.com）、消费者系统Google Checkout（www. google. com/checkout）和PayPal（www. paypal.com）
- 实现供应链和订单管理的企业资源管理系统，例如SAP（www. sap.com）
- 测试和网络分析系统，通过尝试不同版本优化它们的网页以增加转换率

12.3　测试

测试的目的有两个：第一，检查企业提供的产品或服务与使用者的需求是否一致；第二，识别故障和错误。换句话说，测试就是检查站点是否满足使用者的需要以及是否可靠。测试是贯穿在整个开发过程中的反复进行的程序。当开发小组处理非一致性问题时，常会有这样的风险，即这个问题还没解决，新的问题又出现了。未来的测试用来检测解决

问题的方案是否有效。

12.3.1　测试过程

在系统交付给使用者前，为了识别和解决尽可能多的问题，一个有组织的测试程序是必要的。如果使用第 11 章介绍的分析使用形式，那么它将会用详细具体的测试脚本测试不同方案。综合的测试说明还包含表 12-1 列示的不同类型的测试。

表 12-1　　　　　　　　　　　　　数字化经营站点需要的测试类型

测试类型	描述
开发者测试	由模块开发者实施的代码水平的测试
可行性测试	测试一个新的方法，通常在计划的开端，它是用来确保从使用者方面讲是可接受的
整合测试	检测模块两两之间的相互作用
系统测试	检测在系统中的所有模块之间的作用
数据库处理	使用者能连接数据库吗？事务被正确执行了吗
行为/能力测试	测试在高负荷情况下系统的速度
测试的可用性和可接近性	检测系统是否易于使用，是否遵循用户中心的公约，是否满足第11章描述的可接近的要求
可接受性测试	检测系统是否被委托的组织接受
内容或复件测试	检测市场观点的可接受性

网络环境中的检测需要新的约束。不幸的是，约束的列表很长，有时容易被遗漏从而导致灾难性的后果。RetailerBoo.com 使用了复杂的图解来显示产品，这对于进入站点的访问者来说需要浪费大量的时间搜索想要购买的产品。如果一个数字化经营网站有 1 000 个潜在的使用者，在设计网站时可以不考虑下列所有约束的比例：

- 取得速度——每个人都曾使用过带有大图片的站点，站点上的图片需要花费很长时间去加载。好的网站设计师可以使用慢一点的调制解调器对网站进行调整，使图片的加载速度达到最快。Yahoo! 的加载时间仅为 1 秒，这也是网站使用者期望从其他站点得到的表现。
- 屏幕分辨率——设计不同的分辨率是必要的，因为一些笔记本电脑使用者可能在低的分辨率上如 640×480 像素上进行操作。大多数的使用者是在 800×600 像素上进行操作，少数的应用较高的屏幕分辨率是 1 064×768 像素或更高。如果设计者使用 PCs 设计了高分辨率的站点，它可能很难显示给大多数人。
- 颜色数量——一些使用者可能有显示 1 600 万种颜色的监视器。然而现实中，其他人可能使用的是只能显示 256 种颜色的 PC。
- 改变字号——在一些站点选择显示大的字形会在不同元素之间引起不可忽视的重叠——这也取决于用户所使用的网络浏览器的类型。
- 不同浏览器（如 Microsoft Internet Explorer 和 Netscape Navigator）以及浏览器的不同版本（如 4.0 和 5.0 版）可能在显示图片或文本时稍有不同，或在处理 JavaScript

时有所不同，所以网站设计者有必要检查一系列的浏览器平台。

- 插件程序如Macromedia Flash和Shockware——如果站点需要使用者安装某些插件程序，则企业将有可能失去某些潜在的顾客，因为有些使用者不能或不准备下载这个插件程序。

12.3.2 测试环境

测试发生在工程的不同环境里。原型在开发环境里被测试，这一过程包括通过一个共用的服务器网络编程者对数据进行测试。在实施阶段，可能建成一个特殊的测试环境，这个测试环境用于早期使用者的培训以及系统测试。最后的现实环境是指系统被使用的真实环境，它用于测试使用者对系统的接受程度或当系统刚刚成立时使用。

12.4 转变

从原来的信息系统到一个新系统的转移或转变对于承担关键任务的数字化经营系统尤为重要。对于承担关键任务的数字化经营系统来说，如果在转换管理中发生错误，就会导致顾客不好的经历或供应链的中断。

当引入一个新的买方数字化经营系统时，公司基本上会有两个选择。第一，在系统开通以前，公司可以在一个可控环境里测试系统，这样可降低因网页存在问题而造成不利影响的风险；第二，公司可执行所谓的"软投放"。这里，经过初始测试，站点可以在顾客使用的环境里被测试。Bocij等（2005）提供了一些可选方案，这些方案可以用于管理系统的不同版本之间的转换。表12-2对这些方案进行了概括。完成实践活动12.2，了解这些方法的优点。

表12-2　　　　　　　　　　　　　不同实施方法的优缺点

方法	主要优点	主要缺点
快速运行 直接从旧系统到新系统得到单一数据	快速，低成本	高风险，如果系统存在严重错误
平行运行 旧系统和新系统同时运行一段时间	有严重的错误就中断	比高速运行风险低
阶段性执行 系统的不同模型按顺序介绍	在方法一和方法二之间折中	成本高，比高速运行的风险低
试验系统	对于跨国首次展示很重要	由于相互依存，因此在模型中很难得到技术
反复测试	用于需要服务，例如搜索引擎介绍模块的新功能	可能影响大量的使用者，但是可以被用户快速升级

实践活动12.2

理解电子商务和数字化经营

目的

找出用于系统转变的最适合的技术。

活动

（1）识别决定转变方法的变量。

（2）当一个B2B公司已经引入了以内联网为基础的虚拟帮助平台时，你想为公司推荐哪种系统转变方案？

（3）假定每种方法中每个因素的风险程度从高到低排列，分析各方法的风险程度，然后修正你的答案。

12.4.1　数据库的建造和数据迁移

转变的最后一个方面是数据迁移，这经常被忽略。例如，对于一个银行使用的数字化经营系统，它涉及把现存顾客数据从原来的系统中移出，然后再把它们输入新系统中。这一过程有时被称作"迁移数据库"。或者，在原来系统和新系统之间建立一个中间层，这样新系统就能从原始遗留数据库中获取顾客数据。在迁移发生前，开发小组中被称为"数据库管理员"的成员有必要建造一个数字化经营数据库。数字化经营数据库的建立可能很耗时，因为它涉及：

- 参照第11章介绍的数据模型生成的规定来制作不同的表。
- 为使用者创造不同的角色，如他们的安全权利或获取特权。需要给内部和外部使用者创造这些角色。
- 制作存储程序和启动装置，它们是为实施交易规则而进行编码的有效服务端设备。
- 最大化数据库性能。

公司将它们的内容迁移到新的域名，使用不同的CMS或使用不同文件名的商业服务时，支持搜索引擎是重要的。这里存在一个风险，搜索引擎将丢失先前的根据反向链接和页面作出的历史排名。Apache的301重定向技术可以解决这个问题，301重定向（页面永久性移走）是一种非常重要的"自动转向"技术。

12.4.2　部署计划

为了能使使用者接受测试，网站设计者需要及时制订一个部署计划以安装软件和硬件设施。这不是一项微不足道的工作，企业需要一系列来自制造商的设备。虽然工程经理负责最终的部署计划，但是许多公司也会雇佣系统综合者来协调这些活动，尤其是当测试在全国范围内进行时。

12.5　内容管理和维护

卖方电子商务网站需要持续不断地开发，即使这些网站正在运行。站点需要动态地处理由顾客提出的错误并回应竞争者作出的创新。此外，如果想使顾客反复地访问站点，企业需要不断地更新网站的内容，如有关新产品发行和价格变动的信息。

与传统电子商务相似的买方电子商务站点是非动态的。因此在这个部分，我们将重点放在电子商务站点的维护上。维护也应用于内联网和外联网的电子商务实施。

与维护有关的管理事项总结如下：

- 决定内容更新的频率和范围；
- 管理站点维护和更新系统程序；
- 选择内容管理系统；

- 测试和交流系统发生的改变；
- 对监测系统和测量系统进行整合；
- 管理全球性组织的内容。

内容的增长正如一项战略性资产的增长，更多的高级角色被创建去管理内容质量（请参考专栏12.3）。

12.5.1 管理内容营销战略

我们在第8章看到，通过分享社交媒介去开发内容营销战略以支持本国市场是现代营销的关键技巧。持续的活动需要使用确定的过程、责任和工具来有效地完成。

专栏 12.3

Logitech任命内容战略专家

电脑外围的供应商Logitech为寻找内容战略专家而登广告。这个关于大公司的内容战略专家的职位描述向我们展示内容战略的关键方面。这些必要条件概括了完整的内容战略的本质：

- 高级管理者必须理解内容战略的重要性，以明确的角色投资于优质资源。
- 内容必须优质以达到最高的效率——职位描述提到"有用、有力和有意义"。
- 包含企业联合组织的战略——不局限于公司自己的网站。
- 融合提升用户体验、用户参与和SEO。
- 需要可编辑的日历去管理内容的创建。
- 通过持续的应用分析和顾客满意的流程提升内容质量。
- 融合复写、网络平台设计和实施、营销沟通、PR和SEO资源或者团队。
- 支持目标和公司品牌的本质。

内容战略专家的职责

- 指导有用、有力和有意义的内容开发和组织——直接在Logitech.com上或者间接分配内容。
- 创建用户流、信息层次、线框和Logitech.com内容战略，以支持战略、产品发布和改进正在实施中的战略。
- 决定Logitech.com内容必要条件，库存现有内容，识别隔阂，评估额外的材料可能的来源，以及将内容引入生产管理的流程。
- 积极寻找改进内容、用户体验和SEO性能的机会。
- 管理Logitech.com内容，保持内容有用和及时更新。
- 分析Logitech.com长短期内容的可用性，成为帮助改进体验的必要条件。
- 集成文案、网络平台的设计与实现、营销传播、公关和搜索引擎优化资源或团队。
- 构建或者提升内部产品内容管理系统（世界产品数据库）以此满足组织的需求。
- 偶尔撰写或编辑内容——尤其是元数据、标题、替换文字和编辑基本内容以优化搜索。

内容战略专家条件限制

- 大学4年本科毕业，有着相关专业学历，硕士学历优先。
- 5~7年信息构建职位经验，其中2~3年工作于复杂网站。

- 2~3 年直接负责动态、复杂或发展中网站的内容战略。
- 有力的战略和分析技能，有坚实的能力清晰表达必要条件。
- 有通过合作提升创造力的能力，而不是直接分析。
- 专长与内容战略——包括在 SEO 和关键词分析上经验丰富，也包括规划弹性方法，保持内容正确和新鲜。
- 在企业联合组织和生成有效用户方面有成就，也包括与作者和设计者共同协作。
- 能力硬性指标衡量——意见、网上时间、用户反馈，软指标衡量——品牌视角和构建的支持、用户观念。
- 使用 Microsoft Visio 或类似软件可视化和沟通复杂信息的演示能力。
- 在 UX 战略和所有阶段的测试工作上有深厚经验——在了解消费者和最佳实践上行动迅速。
- 坚实的工作道德，在压力下工作、规定时间内优先处理事情和按时传递多重任务的能力。
- 有学习的意愿和可促成有力的工作环境。
- 对产品和 Logitech 有热情。

其他信息

Logitech 知道战略性信息和内容的价值，现在我们扩大团队去充分利用它。全球营销团队需要一个专家，可将其聪明才智和创造力用于我们，使我们的内容工作更机智、更坚实，遍及全球。这是一个对于 IA/内容战略专家每天可将战略付诸实践的机会，对全球公司有直接和可视影响。

这个职位与品牌架构全球总监、全球网络营销总监保持直接和持续的关系。

很多公司为了实施内容战略需要转变思维定式（Pulizzi，2010）。它们需要比一个出版商思考得更多，因此质量内容方面的投资要优于竞争对手。这需要：

质量、有力的内容——内容是王道！

- 创造有质量内容的作者是内部员工或者外部自由作家。
- 可编辑的日历和准确的程序用来计划和传递内容。
- 投资软件工具方面促进过程。
- 顾客搜索方面的投资决定不同用户参与的内容。
- 认真追踪内容，包括对 SEO 有效的以及无效的。

Pulizzi 和 Barrett（2010）提到在 BEST 原则下可以创建一个内容营销地图。BEST 标准为：

- 行为的。与顾客沟通的所有事情都有目的吗？你想要内容互动做什么？
- 基本的。传递你最需要什么的信息，如果你在工作或生活上取得了成功。
- 战略的。内容营销必须成为公司战略的一个融合部分。
- 目标的。必须精确地以内容为目标以便它与购买者相关。不同形式的内容需要通过不同的社交平台传递。

12.5.2　内容和站点更新的频率及范围

站点更新的频率和范围随着内容和服务的不同而变化。

电子商务系统存在时，它将需要内容和服务更新。不同类型的内容需要以不同的方法按照不同的频率进行更新。产品和服务信息保持更新是最重要的，尤其是交易性网站的定价和可用性变化方面。整合的系统需要实现这个，以理想的方法自动更新可用信息和新产品，整个平台共享定价。

支持内容营销的内容经常更新，以鼓励访问者回访，通过社交媒介扩大，用搜索引擎增加品牌可视性。有效管理的公司拥有与杂志类似的内容或者可编辑的日历。它们也使用不同的工具在不同的社交网络中分享内容使影响最大化。图 12-3 展示了 Smart Insights 常常使用的方法，同时可以最大限度地减少资源，以支持在主要的社交网络进行内容共享。我们的目标是每天发布两到三个内容，生成平衡的建议和更新是数字化营销的主要工作。

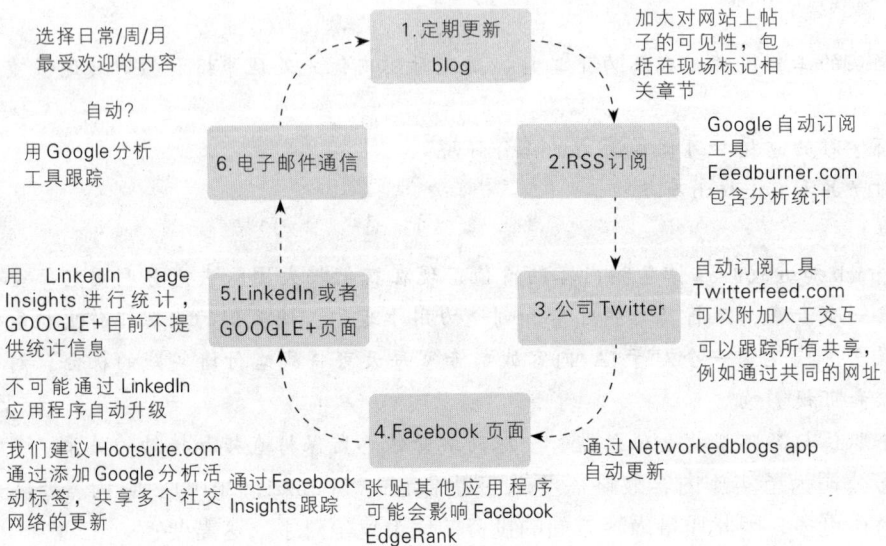

图 12-3　Dave 的网站 SmartInsight.com 的内容共享过程和工具案例

这些内容被发到博客 www.SmartInsight.com/blog，然后使用不同分类的主题标签去展示网站相关方面的意见。每个邮件成为 Google Feedburner service 的企业组织联合，使用 RSS 能自动地发送到 Twitter。使用 Hootsuite 发送到 Facebook、Google 和 LinkedIn 等其他社交网络，以至于可以使用更健谈的方式去推荐内容或者提问题，使自动更新社交网络成为可能。Hootsuite 能设置自动追踪邮件以衡量使用共享在社交媒介产生的影响，通过使用运动追踪增加了参数的 URL。周期的末端，用电子邮件来介绍最有用和重要更新去提醒读者分享内容。

对用户不同类型的反馈进行分析，将会看到一个网站的错误和有效意见。

组织需要不断地对数字化经营系统的内容和服务进行更新。内容更新的不同类型能够被识别，每一个类型都需要一个识别方法。我们可以利用 Jorgenson（1995）的错误分类法根据问题的类型决定一个电子商务站点的更新时间。我们可以看出，这种方法不同于应用于传统信息系统或分发给成千上万个顾客的打包软件方法。例如，如果某个软件中存在拼写错误，那么需要花费大量的成本对其进行更新和再分配。在电子商务站点里，即使是一个很小的拼写错误也能通过它所在的网页、存储的数据库及内容管理系统被立即改正过来。的确，小的错误需要更正，因为它们会影响站点的可信性。

对于更多主要的错误，有必要尽快锁定问题，因为如果不改正这些错误，组织不仅无法完成交易并从顾客那里获得利润，也不能从因为不好的经历将来不打算使用这个站点的使用者那里获得利润。来自电子网页的数据表明，只有很少的电子商务系统具有持续的可用性。主要问题发生在电子商务软件和网络服务器的硬件和软件上。有些系统的出错率高达 90%。据估计，一个每天运行 24 小时、一周运行 7 天的站点能够获得的收入是 1 000 万英镑，如果其可用性降到 95%，在不考虑未来会产生顾客损失的情况下，直接经济损失约为 50 万英镑。电子商务系统的模块化方法和基于因素分析的方法能快速识别问题模块中的问题，然后尽快还原当前版本。

公司也期望更新电子商务系统的功能以响应顾客的需求，提升销售或竞争创新。基于组件的方法可以自我满足，离散的新模块或墨盒被插入系统，其目的是对现有模块进行最小的改变，以实现新的功能。对于每个更新，即使是一个小规模的原型设计过程，分析、设计和测试都会在这个过程中发生。

12.5.3　维护程序和内容

为了有效地更新电子商务系统，组织有必要对改变的内容和服务有一个清楚的认识。正如前面章节介绍的，需要根据改变的范围应用不同的程序。我们能识别两种类型的改变：第一，例行内容改变，如对站点文件的更新；第二，对站点的结构、导航或服务所做的主要改变。

1.例行内容改变的过程

例行内容改变的过程应与所有为站点提供内容的职员进行沟通。他们的工作描述清楚地规定了他们的任务。制作站点更新的主要阶段包括：设计、编写、测试和发行。下面介绍更详细的更新过程，它将内容考查和技术测试区分开来。图 12-4 显示的是维护阶段的一个简单的工作模式。假定使用者的需求和站点的设计特征在站点原始制作（第 8 章描述过）时就已经设定好了。这个模型只用于复制或升级产品或者对公司的信息进行微小的更新。

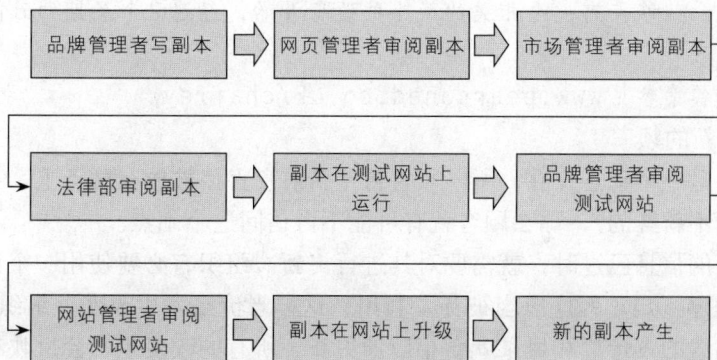

图 12-4　一个内容更新考核过程

根据 Chaffey 等（2009）的观点，新副本维护过程中的任务包括：

（1）编写。这个阶段涉及编写版本，如果有必要，可以同时设计副本的版面和相关的形象。

（2）考核。在文件发行以前，有必要对副本进行一次独立的考核以检查副本中是否有错误。根据组织的大小，有必要由一个人或几个人来参与考核网页不同方面的质量，如公司形象、销售副本、商标和合法性。

（3）修正。这个阶段很容易，主要包含对第二阶段的结果进行恰当的更新。

（4）发行（测试环境）。发行阶段主要包括把修正过的副本放在网页上做进一步考核。这一测试过程只能被公司内部人员看到。

（5）测试。在完成网页制作后将其应用到万维网上，相关人员需要对网页的技术问题进行最后的测试，如网页是否能在不同的浏览器上实现链接。

（6）发行（现实环境）。一旦材料经过考核和测试，并且符合要求，它就会被发行到主要站点并被顾客使用。

这个过程存在的困难是如何对质量进行控制。如果不同的人都参与这个过程，那么迅速、敏感的发行是很难做到的。实践活动12.3说明了在上述内容维护的6个阶段中的一个典型问题，且评价了状况提升中的改变。

实践活动12.3

在B2C公司优化内容考核过程

目的

说明在对网络进行修改时，如何平衡质量控制和效率。

活动

下面的摘要和图12-4说明了B2C公司在对其系统进行更新时遇到的一个问题。相关人员该如何解决这个问题呢？

问题描述

从品牌管理者认识到需要更新他们的产品副本开始，这一更新过程如下：品牌管理者编写一个副本（1~2天），1天后网络管理者考核该副本，3天后销售经理考查副本，7天后法律部门考核该副本，2天后被修改后的副本在测试网页上实施，2天后品牌管理者考核文本站点，2天后网络管理者考核站点，随后对副本进行最后考核，2天后副本被添加到现实站点上。从站点有一个相关的微小的改变开始，经过2个星期的时间，副本获得了认同。

实践活动答案参见www.pearsoned.co.uk/chaffey。

2.内容更新的频率

由于网络是一个动态媒介，所以顾客希望新信息直接被放在站点上。如果资料是不正确的或者是"不新鲜的"，那么顾客就有可能不再访问这个站点。

若网页上的信息已过时，就需要对其进行更新。组织有必要使用一个设定的装置来启动这个更新程序。启动程序应当被开发利用，这样当价格发生改变、组织发行PR或产品被分类时，离线的宣传栏和目录就会相应地更新，所有的改变也都会反映在站点上。如果组织不使用这种程序，其在线和离线的内容很容易不匹配。

作为定义站点更新程序和标准的一部分，一些公司可能想制定一套有关内容需要多久更新一次的指导条款。指导条款可能对内容更新具体规定如下：

- 两天之内识别存在的错误;
- 每个月至少添加一条"新闻"条款;
- 当产品信息已经在网站存在两个月时就需要对其进行更新。

3. 主要改变的程序

站点的主要改变包括改变菜单结构、给内容添加一个新部分以及为使用者改变服务等。不同的改变所需要的程序也不同。一般这样的改变需要一笔很大的投资。一般说来,组织的现存资金或投资能力是有限的,因此必须把这些主要改变的优先权确定下来。为了实现这个目标,组织通常会设立一个指导委员会来确定是否执行这些改变。这样的决策经常需要一个独立主席如数字化经营管理者或市场管理者来做最后决定。图 12-5(a)显示了委员会的典型结构。它由技术员工和销售职员组成,并且有利于鼓励不同角色之间的整合。图 12-5(b)显示了可能参与站点更新的委员会组员的典型角色。图 12-5(a)部分——用于因特网、外部网或局域网的内容——显示了一个金字塔形的排列怎样被用于确保站点的内容质量。

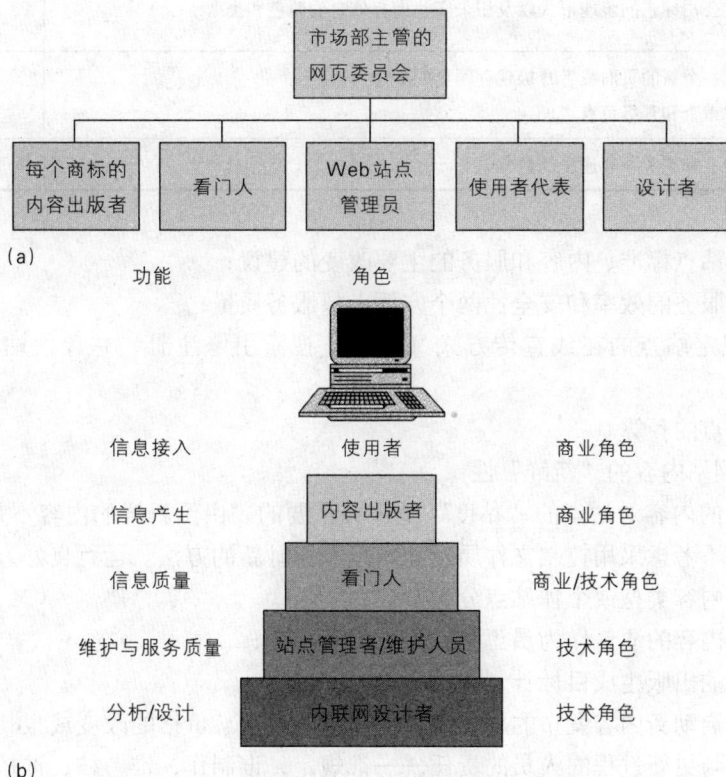

图 12-5 数字化经营站点指导团队的典型结构

指导委员会的主要责任如下:

- 定义一个合适的更新程序并确定改变任务的不同类型;
- 为站点的结构、导航、外貌和感觉规定具体的标准(见表 12-3);
- 确定用于更新和管理内容的具体工具;

表 12-3　　　　　　　　　　　　　站点标准

标准	细节	应用
网站建设	指定网站的主要部分，例如产品、客户服务、新闻稿，以及怎样放置目录，谁对哪个区域负责	内容开发者
导航	可以指定在屏幕左侧放置的目录，主页按钮需要设在每个页面的左上角	网站设计者通过网站模板设计
副本类型	一般的方针，例如提醒那些拷贝网页的人只能选取一部分内容，不能将网页完全照抄照搬到自己的报告中	个别的内容开发者
测试标准	测试网站功能 不同浏览器的类型和版本 插件和无效连接 图片下载速度 每一页面的拼写测试	网页设计者
商标和图形设计的协调	指定公司标志的表现形式以及用来表达商标信息的颜色和类型	网页设计者
处理	开发一个新的页面或者升级现存网页的顺序 谁对审查和升级负有责任	所有的
执行	可用性和有关下载速度的数字	网页管理者和设计者

- 评价对站点标准、内容和服务的主要改变的建议；
- 从客户服务的效率和安全性两个方面考核服务质量；
- 具体规定站点的在线宣传方式（例如，搜索引擎注册）并评价站点带来的商业贡献；
- 管理站点的预算。

4）保持网站内容的"新鲜"性

保持时新的内容对站点的"黏度"是至关重要的。由于新鲜的内容不是偶然发生的，所以公司不得不考虑采用控制文件质量尤其是保持时新的方法。运行良好方法的功能是：

- 给特殊内容类型或个体站点分配责任；
- 把网站内容的质量作为员工绩效评价的一部分；
- 为内容的出版生成目标计划表；
- 识别能启动新内容发布的事件，如新产品的发行、价格的改变或报刊的发行；
- 识别参与更新过程的人员的责任——谁规定，谁制作，谁考核，谁核对，谁发行；
- 通过网络分析或站点使用者的反馈检测内容的使用；
- 当内容过时时，发布内容种类表显示过时的内容；
- 审计和发行内容并显示哪些内容是时新的。

5）管理全球性站点的内容

上面提到的与开发内容管理政策有关的问题对于一个有许多方针的大组织尤其是跨国公司来说是复杂的。中央集权化能产生规模经济，能使品牌价值在全国范围内或国际范围内传播并达成一致。但内容需要根据区域进行本地化开发，且这一做法可能对中央指导方针有所影响。一些自治区需要从不同地区买进所需的产品或服务。对于一个具有国际水平的公司，以下内容有助于其实施内容管理：

（1）技术平台。一个普通软件系统（CMS）会降低购买、更新和培训的成本。客户关系管理的普通软件和评估、检测系统（本章稍后提到）的整合将是最有效率的。

（2）系统构造。一个一致的构造会避免在每个国家"重复发明轮子"，并使不同国家进入 CMS 的职员、合作伙伴和顾客立即熟悉它。系统构造的标准包括：

- 通过样板使系统有相同的网页版式和导航；
- 指南结构相同和 URL 结构一致；
- 具有一致的编程标准、同一编程语言和相同的版本控制系统。

（3）程序/标准。关于销售、数据保护和法律因素的内容考核的更新程序前面已经描述过，备份和存档政策也需要制定出来。

12.6　重点：考核并改善数字化经营系统的业绩

我们需要详细地考核电子商务系统的效力，因为它是确保电子商务具有创意性的关键。由于通常一项大的投资会被花费在站点上，所以高层管理者想确保投资能达到既定的目标。他们也想通过站点或利用其他的方法来发现和改正问题。我们重点关注卖方电子商务的检测，是因为这种方法在这部分是最先进的，它的原理和实践能很容易地被应用于其他类型的电子商务系统，如内联网和外联网。

成功地实施电子商务的公司拥有相似的特征。它们注重监督在线销售和安装程序以持续不断地提高数字渠道的业绩。这种检测文化存在于 UK bank、Alliance 和 Leicester 等公司。Stephen Leonard，电子商务的首领，把它们的过程称作"测试、学习、改善"（Revolution，2004）。A&T 的电子商务客户经理 Graeme Findlay——一位高层管理者，进一步解释道："我们对网络方法和离线品牌、创造性战略进行整合。我们把重点放在强劲的、有价值导向的信息的直接、简单的表现上。我们在网络上做的一切，包括创造性的活动，被一个庞大的、动态测试程序所驱动。"惠普的客户知识主管 Seth Romanow，在 2004 年的 E-metrics 高级会议上说道，他们的程序被称作"文化度量"（见案例学习 12.1）。Jim Sterne 每年举行一次致力于加强在线业绩（www.emetrics.org）的比赛项目。他在名为 Web Metrics（Sterne，2002）的书中总结了他个人认为的方法——"TIMITI"。"TIMITI"代表"Try it！Measure it！Tweak it！"在线内容应当被持续不断地考核和加强，而不应作为一个周期性的特别程序。给检测和加强定义一个合适的方法如此重要，以至于词语"网络分析"发展到用以描述这个关键网络营销活动。这一领域的供应商、顾问和研究者建立了一个网站分析组织（www.waa.org）。Eric Petersen，一个专攻网络分析的分析人员对网络分析的定义如下所示：

网络分析是对各种数据的评价。这些数据来自于网络运输量、网络交易、网络服务器业绩、可用性研究、使用者提交的信息（i.e surveys）和其他相关资源。网络分析的目的是对访问者的在线经历进行概括。

从以上定义可以看出，除了网络流量信息经常被称作"网站流量统计"外，销售交易、可用性和通过调查研究顾客的观点也包括在内。然而，我们仍然相信定义会进一步改进——它表示分析是为了本身——然而，我们应当强调分析的商业目的。定义可能涉及站点访问量和对于使用 Panels 和 ISP 收集数据的竞争者进行的统计之间的比较。我们的定义是：

网络分析是强化网上渠道的商业贡献而对网络营销的效力进行的以顾客为中心的评价。

来自 2005 年 Web Analytics Association（WAA）（www.webanalyticsassociation.org）的一个相近的定义是：

网络分析是对定量的网络数据进行客观追踪、收集、检测、报告和分析以使网页和网络的营销行动达到最优化。

12.6.1 业绩管理和改进的原理

为了加强企业各个方面的成果，管理者有必要实施业绩管理。Bob Napier 作为惠普的主要信息主管，在 20 世纪 60 年代说过：

你不能管理你不能检测的东西。

用于监督和加强一个组织的业绩和具体的管理活动的过程和系统被称作"业绩管理系统"。业绩管理系统管理的具体活动包括网络营销等。业绩管理系统管理的过程和系统以业绩检测系统的研究为基础。

虽然检测是维护站点的一个重要部分，但是在站点首次开发时，检测很容易被忽略。一旦站点的早期版本被建立并运行了几个月或几年后，职员们就开始问一些问题，例如"有多少顾客访问我们的站点？我们实现了多少销售以及怎样改进站点以回收投资？"这时组织开始强调检测的重要性。这样的结果导致业绩检测经常被看作是一个回顾性的网络业务。如果从网站一建成就开始检测站点管理，那么一个更准确的方法就可以开发出来，并且能更容易地对站点应用"分析设计"（DFA）技术。这里，设计站点的目的是使公司能更好地了解访问者的种类和它们的决策点。例如，对 Dell（www.dell.com）来说，主页上的导航是依据交易的类型建立的。这是应用 DFA 的一个简单例子。借助于 DFA，Dell 能估计出站点上不同访问者的比例，这样就可以用相关的内容与访问者联系。DFA 应用的其他例子如下：

- 把一个长的页面或形式分解成不同的部分，这样就能看到人们对哪部分感兴趣。
- URL 政策，被用来推荐进入页面以获取印刷材料。
- 按访问者的类型或购买决定把内容分类并在网络分析系统内设立相关内容的群组。
- 检测顾客旅程中不同点的消耗。

在这个部分，我们通过检查电子商务业绩加强系统的 3 个关键因素，了解评价业绩管理的方法。首先，改进程序；其次，检测框架，它具体规定网络营销指标的群组；最后，评价用于收集、分析、宣传和作用结果的工具和技术的适当性。下面，我们将对创造和实施业绩管理系统的 3 个阶段进行评价。

12.6.2 阶段 1：创造业绩管理系统

Andy Neely 定义的业绩管理体现了业绩管理的本质。Andy Neely 是企业业绩管理中心 Cranfield 学校的一员，他把业绩管理定义为：

通过对合适数据的取得、校对、分类、分析、诠释和传播来量化过去行为的效率和效

力的过程。

业绩管理将这一定义延伸到为驱动企业的业绩和回收的分析过程。在线商家能用许多企业业绩管理方法进行网络营销。正如你从定义中看到的，业绩主要通过过程效率和过程效果中的信息来测量。正如在第5章中关于目标设定的部分所述的，目标设定得既有效率又有效益是十分重要的。

对一个没有有效的业绩管理程序的企业来说，如果需要检测它的顾客反响，我们会很明显地看到建立业绩管理程序的必要性。无业绩管理过程的企业存在以下问题：测量与战略目标之间缺乏联系，甚至企业无目标；未收集到关键数据；存在不准确的数据；存在不能被传播或分析的数据或不可能被纠正的行为。由 Adams 等（2002）报道的多个检测系统的阻碍也表明了有效程序的缺乏。这些阻碍的分类包括：

- 高层管理者缺乏远见。业绩检测没有被优先考虑，不被重视，或没有被正确地运用；业绩检测降低了成本但没有提高成绩。
- 用于加强系统检测的目标不明确。
- 资源问题——缺少时间（也许缺少职员动力）、必要的技术和完整的系统。
- 数据问题——数据超载或质量不好，或者缺少基准数据。

为了避免这些错误，企业需要建立一个如图12-8所示的协调的、有组织的检测程序。图12-6显示了检测程序中的4个关键阶段。它们是被 Kotler（1997）定义为年度计划控制的4个重要阶段。阶段1是目标设定阶段，这一阶段将定义检测系统的目标——它通常将战略网络市场的目标作为检测系统的目标输入系统。检测系统的目标是评价这些目标能否实现，具体规定并修正市场方案以减少目标和现实的关键业绩指标之间的变动。阶段2是业绩检测阶段，它涉及收集数据以决定作为检测框架（下节会谈到）部分的文化度量。阶段3是业绩诊断阶段，主要任务是分析结果以了解目标变化的原因（the "perfor-mance gap" of Friedman and Furey，1999）并使用营销解决办法减少变动。阶段4是修正方案阶段，根据 Wisner 和 Fawcett（1991）的观点，它的主要任务是：

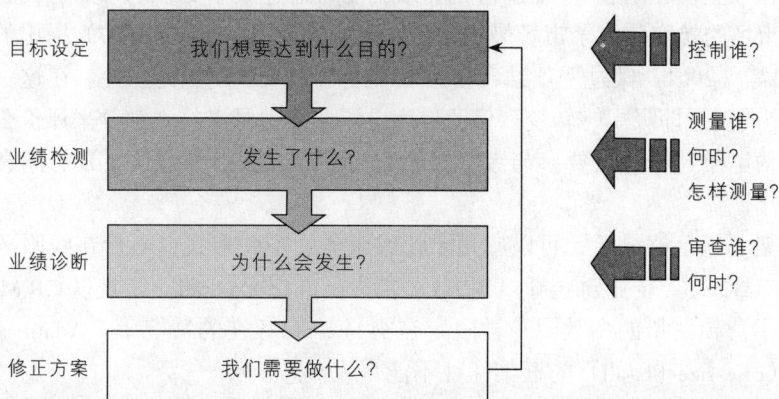

图12-6 业绩检测程序的摘要

认识竞争地位，确定问题所在区域，帮助公司更新战略目标，为了达到这些目标做出策略上的决策，在决策实施后提供反馈。

在网络市场环境下，修正方案就是实施以下活动：对站点内容、设计和相关的市场营销等具体活动进行更新。在这个阶段，为了达到修正后的目标，以上具体活动需要持续不断地循环反复进行。Bourne等（2000）和Plant（2000）建议除了对目标进行评价，还应对度量的适用性进行评价和修订。

检测不可能发生在一个特设的基础上。如果它偏向员工，这些职员可能会忘记收集必需的数据。测量文化是这样一种文化：在这个文化里，每一个职员都有意识地收集关于公司运行状况和顾客需要被满足程度的数据。

12.6.3　阶段2：定义业绩度量框架

对网络市场的有效性进行测量也就是回答以下问题：

（1）公司正在实现网络市场战略确定的目标吗？

（2）网络市场战略定义的市场目标和计划完成了吗？

（3）网络市场计划确定的市场营销目标实现了吗？用来吸引站点访问者的不同促销技术的效率如何？

效率检测更关注于最小化在线营销的成本，同时最大化关键业务回报，如获得更多站点访问者、将访问者转变为购买者或实现重复交易。

Chaffey（2000）建议，组织应该定义一个测量框架以确定评价网络市场业绩的特殊度量的分类。他指出合适的测量框架将满足以下标准：

（1）测量框架包括宏观效益指标，这些指标能用来评价战略性目标是否能实现并表明给企业增加了电子销售贡献和投资收益的业务。这个标准覆盖了由科特勒规定的不同水平的市场控制。科特勒规定的市场控制包括战略控制、利润控制和年度计划控制。

（2）测量框架还包括微观层面指标，这些指标能用来评价电子营销策略和实施的效率。Wisner和Fawcett（1997）指出，通常组织应该检测并使用一个层次结构的措施，使低水平的措施支持宏观层面的战略目标。实施这样的措施有益于实现策略目标，所以这些措施经常被称作"业绩驱动者"。电子营销业绩驱动者通过吸引更多的站点访问者，加快电子市场向理想市场的转变使电子市场最优化。这些能实现由Kotler（1997）提出的营销效率控制。Agrawal等（2001）做过一项结合使用宏观度量和微观度量的研究。在这一研究中，他们把3种类型的度量即吸引、转变和保留作为电子业绩记录卡的一部分来评价公司。

（3）评估电子营销对主要参与者（顾客、投资者、职员和合伙人）的满意、忠诚和贡献的影响大小。

（4）框架必须足够灵活，可以应用于在线服务的不同形式，不管在线服务的形式是企业对消费者（B2C）、企业对企业（B2B）、非营利或交易e-tail，还是以CRM或品牌建立为导向。电子营销测量的多数讨论被限定在交易e-tail存在的情况下。Adam等（2000）指出"通配"（one-size-fits-all）的框架往往不能令人满意。

（5）Friendman和Furey（1999）建议对不同电子渠道的业绩和其他渠道的业绩进行比较。

（6）框架能用于比较公司的电子营销业绩和竞争者的电子营销业绩。

为识别度量，企业通常采用被广泛使用的SMART符号，且有必要考虑企业的3个水平——企业措施、营销措施和特殊的网络营销措施（见第5章目标设定部分）。

Chaffey（2000）提出了一个可以应用于不同公司的措施框架，如图12-7所示。对种类进行的度量作为网络营销目标而产生，这一目标需要被监督以评估策略和实施是否成功。网络营销目标可能按照自上而下的顺序提出，开始于企业贡献和营销结果的策略目标，直至实现顾客满意、行为和站点宣传的策略目标。

Webinsights™诊断框架包括
以下主要测量：
①企业贡献：
　在线销售贡献（直接的和间接的）、类别渗
　透、成本和利润
②营销结果：
　领导、销售、服务内容、转变和保持效率
③顾客满意度：
　站点可用性、业绩/有效价值、交流策略、
　观点态度和品牌影响力
④顾客行为（网站分析）：
　背景资料、顾客导向（分割）、可用性、点
　击和站点行为
⑤站点宣传：
　吸引效率。引用链接效率、获得和实现的
　成本。搜索引擎可视性和链接建立。E-mail
　营销。整合

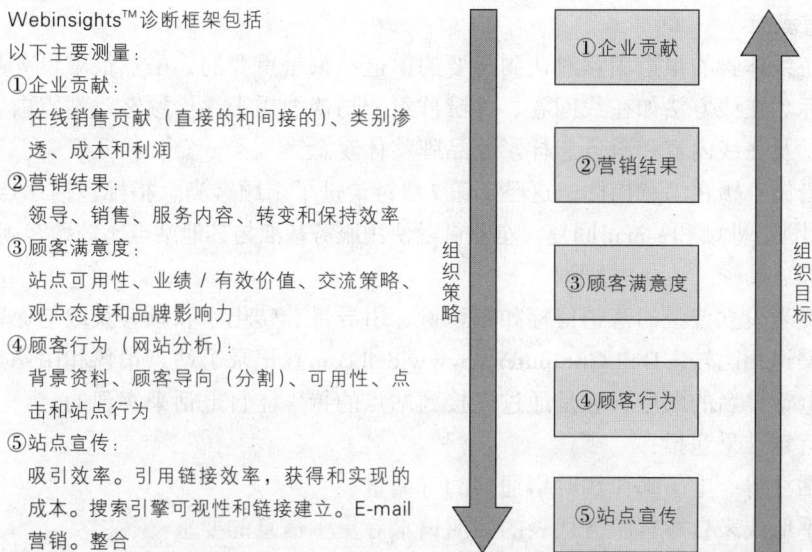

组织策略　①企业贡献　②营销结果　③顾客满意度　④顾客行为　⑤站点宣传　组织目标

图12-7　Chaffey（2000）提出的电子市场测量框架的5个诊断类型

1.渠道宣传

渠道宣传措施考虑站点使用者起源于哪里——在线还是离线，然后分析促使他们访问的站点或离线媒介是哪些。日志文件分析也能用于分析顾客来自哪一个媒介站点，甚至能确定当顾客试图寻找产品信息时，他们在搜索引擎里输入了哪些关键词。网站上相似的信息对于访问社交媒介网站并不是可用的。如果满足目标量和目标质量，那么宣传是成功的。访问者是否在目标市场和是否对提供的服务（不同的引用链接的转换率）有偏好决定访问的质量。

关键措施：引用链接结合。对于每一个链接资源如离线或在线的标题广告来说，它应当能测量：

- 访问率；
- 获取成本或者每次销售成本（CPS）；
- 每次访问产生的收入；
- 销售贡献或其他成果。

2.渠道买方行为

一旦顾客被吸引进入了站点，我们能监测的内容包括：他们何时访问，他们停留了多长时间和他们与内容的互动能否产生令人满意的营销结果，如新的引导和销售。如果访问者在站点上进行了注册，那么组织需要在不同部分建立顾客行为的背景资料。识别使用cookies和记录日志的回访顾客也是十分重要的。

关键措施有：

不同网页的弹出率，例如：单独网页访问的比例：

主页查看/所有网页查看，例如：20%=（2 358/11 612）

停留率：网页查看/访问期，例如：6=11 612/2 048

反复：访问期/访问者，例如：2=2 048/970

3.渠道满意

拥有在线体验的渠道满意对达到想要的渠道结果是重要的，虽然很难设立具体的客户满意度目标。在线方法如在线问卷、关键群组和访谈能用于评价顾客对站点内容和顾客服务的观点以及在线内容和服务怎样影响品牌整体观念。

关键措施：顾客满意指标，这已在第7章讨论过了。顾客满意指标包括站点的使用性、站点的可用性、业绩和e-mail回复。企业可以使用服务基准与其他站点比较顾客满意度。

4.渠道结果

我们应当设立传统的营销目标如销售量、引导量、转化率和顾客获取与保留量，并将其与其他渠道相比较。Dell Computer（www.dell.com）记录了站点销售和由站点访问结果产生的按电话排名的顺序，它是通过连接到站点的特殊监督电话来实现的。

关键营销结果包括：

• 网站注册、电子邮件和时事通信的订阅量

• 如手册或来自顾客服务代表的回叫请求等更多信息的要求

• 响应如网上比赛等促销

• 网站访问对离线主导的影响（电话或商店）

• 网上销售

一个相关的概念是流失率，它描述了在各个购买阶段组织失去的网站访问者的百分比。图12-8显示了在某一个特定时期内，只有一定比例的站点访问者进入产品信息目录，一小部分访问者会把产品信息添加到购物筐中，更小比例的人会购买产品。数字化经营站点的一个主要特征是，在顾客添加一项产品到购物筐中和实际完成购买之间存在很大的流失率。在线商家通过加强可用性并修改信息以说服顾客继续进行"使用者旅程"来降低这种"购物筐抛弃率"。

5.渠道收益率

给企业增加盈利始终是数字化经营的目标。为了评价数字化经营的有效性，公司有必要设立一个通过网络渠道实现一定销售比例的网络贡献目标。easyJet（www.easyjet.com）在1998年使用了数字化经营设备，同时设立了一个到2000年实现销售增长30%的网络贡献目标。它用资源和市场计划在1999年就实现了这一目标。对于不能在线销售产品的公司来说，评价贡献更加困难，但这些公司应当评价网络在影响销售方面的作用。折扣现金流量可以用于评价随着时间推移的回报率。组织也应该评价电子渠道的服务贡献。

多渠道评估

本章我们展示的框架是在单独渠道背景下的。但正如Wilson（2008）指出的，这里需要评价不同的渠道如何支持彼此。

他认为评估多渠道时最重要的方面是评估渠道交叉效应。这涉及，例如一个付费活动的影响如何被度量，使商店产生了多少流量，对网站的软营销团队或呼叫中心产生了多少

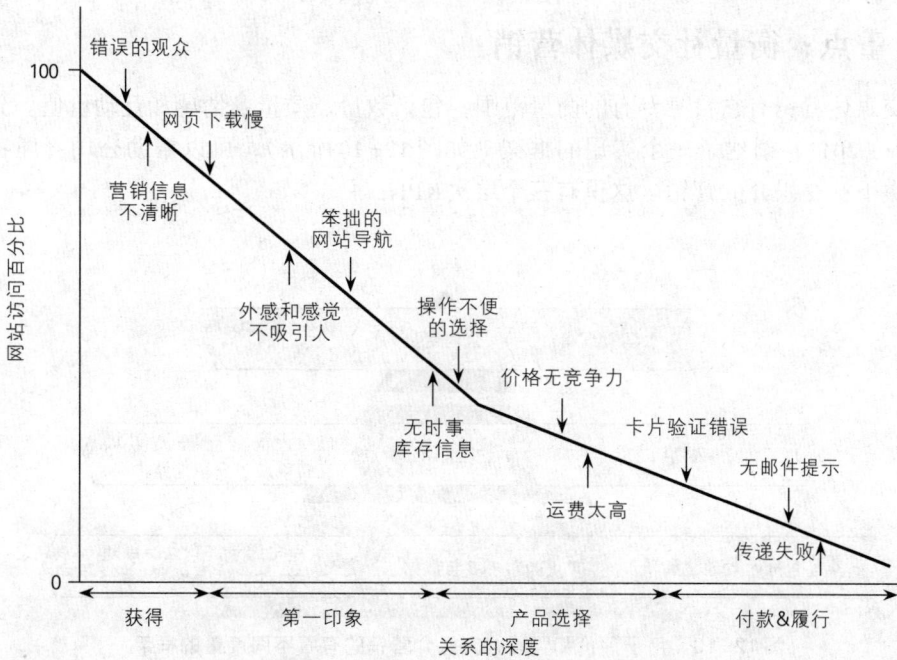

图 12-8　数字化经营网站的损耗

影响，是否可以同电子邮件一样对这些流量进行跟踪和直接回应。回应可以概括为：

1. 混合顾客的总数。这些包括网上和线下购买的顾客数量和比例。
2. 混合顾客的分配和花费阶层。比例、平均订购价值和这些顾客的花费分类。
3. 跨渠道转换。例如，在网上了解却选择线下购买。
4. 顾客在渠道竞争者上的花费。这必须针对每个品牌建立。

用于评估和比较零售商渠道业绩的平衡计分卡的样式表格，如图 12-9 所示。

结果（6）	顾客和股东（5）
收入	所有顾客满意度
多重渠道贡献	顾客对缺陷的态度
多渠道售卖程度	顾客对购买的倾向
每个渠道成本	顾客增加价值的想法
Sweating 资产程度	顾客体验的整合
多重渠道基础设施成本	
核心流程（3）	人和知识（4）
有效的多重渠道流程	员工满意度
价格（与竞争者/其他渠道相关）	合适的行为
	转换/扩展品牌的意愿
整合的顾客视角的质量	各月目标客户的知识

图 12-9　零售商多重渠道业绩的平衡计分卡

12.7　重点：衡量社交媒体营销

社交媒体营销有它自身专有的衡量范围，包括数量、质量、情感和互动价值。分析家Altimeter（2011）创建了一个实用的框架（如图12-10所示），可以帮助公司管理者衡量不同层次下社交媒介的营销。这里有三个层次KPIs：

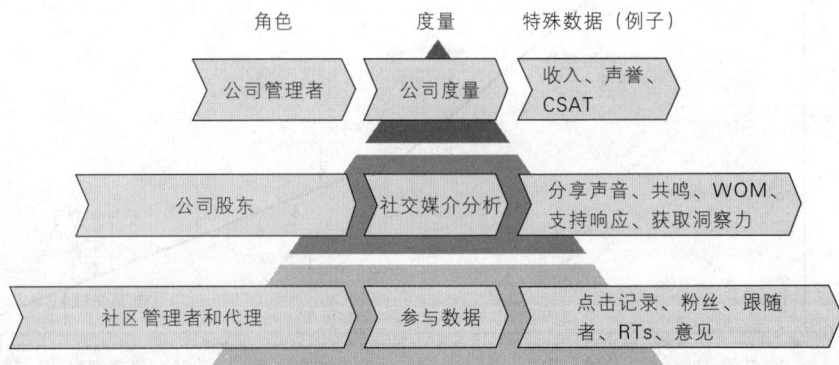

图12-10　用于评价和管理社交媒介营销的有着不同度量的框架

来源：Altimeter（2011）

- 事业层KPIs，包括通过社交媒体营销创造的直接销售收入贡献，软指标包括声誉和顾客满意度（CSAT）。
- 影响力KPIs，包括达到、语音分享、情绪。这些可显示出相对的品牌影响范围。
- 情感KPIs管理社交媒体。这些是最容易收集的指标，因为它们不能直接展示对公司价值的贡献，也是最不能体现价值的。社交网站互动的数据经常被不同社交会议所有者和管理社交互动的工具分开提供，新社交分析工具已经被创造用来整合这些数据。图12-11展示了来自社交媒介管理工具Hootsuite的例子，其可以链接到不同的社交媒介网站，分享这些URLs可以使主网站产生直接通信量。直接通信量使访问者可以通过如Hootsuite或Tweetdeck等社交媒介信息直接点击并链接到网站。

社交媒介的普遍问题是如何评估消费者与品牌价值间的关系，如在Facebook、Twitter或Google+上放置一个品牌。由于社交媒介的追踪不能展示个人在网络上做什么，因此特定的价值难以建立。与其他渠道相比，我们能评估的是从社交媒介网站到网站访问者的相对购买率，可以使用转换率和平均每位访问者的收入等指标进行衡量。

12.7.1　阶段3：度量和概括效果的评价工具和技术

用于收集度量的技术包括用于收集站点访问者活动数据的技术，如可从网站日志文件中收集，还包括收集有关度量结果的技术，与问卷调查和专门小组等传统营销研究技术相比，如在线销售或电子邮件咨询等技术，它收集的重点是客户在网站上的体验信息。

1.收集站点访问者活动资料

网络分析系统的站点访问者活动资料记载了站点访问者的数量和当他们访问不同内容时经过站点的路径或进行的点击。有许多种网络商家需要熟悉描述这些活动资料的技术项目。

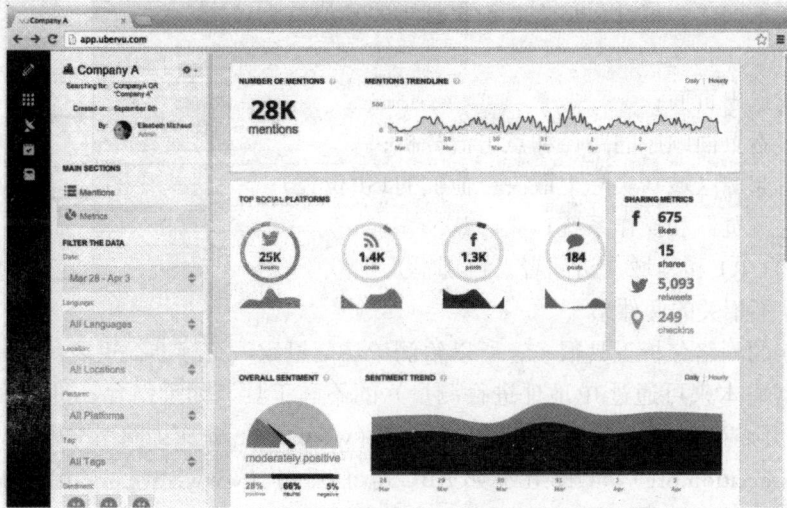

图12-11 来自HootSuite的衡量社会媒体营销应用管理的实例

来源：uberVU. Via HootSuite

传统条件下，这些信息是通过使用日志文件分析网络分析工具收集的。每当使用者下载一份信息（a hit）时，服务端日志文件就会加载这一信息，并且这一信息会被"一个日志文件分析者"分析。日志文件的处理例子如下所示：

$www.davechaffey.com-[05/Oct/2012:00:00:49-000]"GET/index.html HTTP/1.0"20033362$

$www.davechaffey.com-[05/Oct/20012:00:00:49-000]"GET/log.gif HTTP/1.0"20054342$

尽管hits被媒介广泛应用，但它不是度量站点效力的有效手段，因为如果一个页面由10个图和文本组成，这将被记录为11hits。page impression或page views和独特访问者是度量站点活动的更好的工具。

图12-12是一个使用不同度量方法基于一个月真实的、有代表性的数据测量站点访问量的例子。从图中你可以看出hits是如何通过词语"opportunities to see"信息来误导用户的。我们也能学习这些措施之间的比率——图表显示如下：

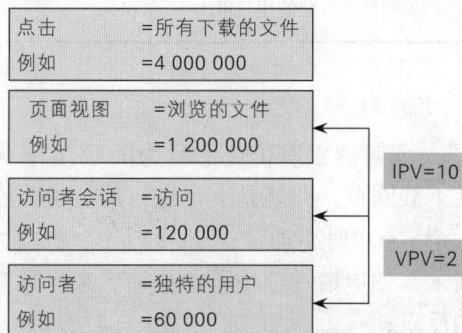

| 点击 | =所有下载的文件 |
| 例如 | =4 000 000 |

| 页面视图 | =浏览的文件 |
| 例如 | =1 200 000 |

IPV=10

| 访问者会话 | =访问 |
| 例如 | =120 000 |

VPV=2

| 访问者 | =独特的用户 |
| 例如 | =60 000 |

在30分钟的不活跃后，访问结束

IPV=在一段时间内的访问的印象（页面）

VPV=每个访问者的访问量

图12-12 站点访问量的不同测量措施的例子

能提供关于网络分析打包报告的顾客行为的其他信息包括：

- 首页；
- 进入或退出页面；
- 顾客观看页面顺序的路径和点击流分析；
- 访问者起源区域（实际上取决于他们的 ISP 位置）；
- 使用的浏览器和操作系统；
- 涉及的 URL 和领域（访问者来自哪里）。

2.比较互不相关的两件事

由于现在的网络分析工具很多，所以给测量访问量定一个标准很重要。特别是，测量特殊访问者（它本来可通过 IP 地址进行测量）的不同工具，如果结合 cookies 和浏览器类型，测量会更准确。国际标准主体如 IFABC（www.ifabc.org）、网络分析团体（www.wenanalyticsassociation.org）、UK 组织如 ABC 电子公司（www.abve.org.uk）和 JICWEBS（www.jicwebs.org）努力将不同测量手段和数据收集方法标准化。参见表 12-4，或访问站点查看这部分词语的最新精确定义。媒介购买者对经准确审查的媒介站点数字和组织数字感兴趣，如电子公司就看重这一数字。

表 12-4　　　　　　　　　　　　　　　关键站点访问量测量的术语

措施	措施	定义
多少 （有效的个体）	独特的使用者	为登录者设置一个独特的、有效的识别符。网站需要使用 IP 和用户代理，或者登记 ID
多久	访问	提供一个或多个网页印记给使用者，当 30 秒或者超过 30 秒给使用者留下成功的网页印象时，则结束
多忙	网页印象	一个文档或文件组合发送给有效的使用者来作为使用者请求的回复
看到什么	广告印象	一个文件或文件组合发送给单个广告商有效的使用者作为使用者请求的回复
怎么做	广告单击	一个广告印象被有效的用户单击

3.收集站点结果数据

站点结果数据与执行了一项对商家有价值的行为的顾客有关。它通常是被记录的交易，涉及的网页不仅仅包括下载网页，并且是主动进行的。主要的营销成果包括：

- 在站点注册或订购一个 e-mail 时事通信；
- 对更深层次信息的请求，如申请一个小册子或请求来自顾客服务代理处的回复；
- 对促销如在线竞争的反应；
- 受站点访问影响的销售；
- 站点销售。

当考核不同电子交流工具（如第 9 章提到的搜索引擎营销、在线广告和联盟营销）的效率时，评价它们产生的结果是很重要的。仅仅对一个站点的点击量进行测量是过分单纯化的，应当转向评估流量的结果。

离线测量的一个重要方面是营销成果，根据客户的混合购买模式是如何进行的，营销结果可能被记录在不同的媒体上。例如，一个新顾客的询问可能是由 e-mail、传真或电话传达的。类似地，顾客可能使用信用卡、电话、传真或邮局在网上下订单。对于所有这些例子，我们真正感兴趣的是站点是否影响询问或销售。这是一个很难回答的问题，除非按阶段回答它。在所有与顾客的接触点上，职员需要有意识地询问顾客是怎样发现公司的或做出购买决定的。这虽然是一个有价值的信息，但它通常是具有侵犯性的，因为顾客有可能不愿意回答这样的问题。为了避免疏远顾客，这些关于站点作用的问题可以以后再向顾客提问，也许当顾客填注册表或保证书时进行询问较好。常用于识别顾客使用此站点的一个工具是在该站点上使用一个特殊的电话号码，当顾客拨打电话进行订购时，企业就会知道这个号码来源于站点。Dell 在它的站点上应用的就是这种方法。

很明显，为了收集这些测量指标，我们需要整合不同的信息系统。顾客为回复邀请提供的详细资料如一个 e-mail 地址和名称被称作"引导"，它们可能需要被传递到直销小组或记录在一个客户关系管理系统里。为了使顾客行为有充分的能见性，有必要对来自这些系统的结果与站点访问者的活动数据进行整合。

4.选择网络分析工具

从共有软件打包方案到复杂的系统，这一系列的网络分析工具让人倍觉混乱。受欢迎站点的复杂系统可能每年花费组织数十万美元。通过访问网络分析模拟"供应商发现工具"（www.webanalytics demystified.com/vendor_discovery_tool.asp）可以发现用来监控你的网站或竞争者网站的工具。

鉴于这种情况，对网络商家来说很难选择最好的工具来满足其需要。首要考虑的一个问题是需要在业绩管理系统中整合不同的测量手段。图12-13显示了需要被整合的数据类型，包括：

（1）操作层的数据。在这种水平上可以利用简单的工具对数据进行收集和报告。为了更好地报告数据，有必要将工具或数据资源分为以下4个不同的类型：

- 来自取得活动如搜索营销或在线广告的引用链接数据；
- 有关站点上的访问量和点击行为的以站点为中心的数据；
- 顾客反应数据和背景资料数据；
- 有关引导和销售的交易数据，这些数据来自不同的遗留系统。

（2）战术层的数据。这些数据是典型的需要回复的模型数据，例如：

- 为了给不同人口统计学团体如 Hitwise 和 Netratings 设计模型，可以使用在线访问者共用数据完成模型的建立。
- 生命周期价值模型，它被用于评价不同出处的站点访问者的收益性，所以需要整合操作性数据。

（3）战略层的数据。高层管理者的业绩管理系统通常会给出一个大图，它作为计分卡和仪器板通过不同产品的销售额、总收入和利润来显示数字渠道给组织带来的贡献。这些数据表明公司内部的销售趋势和相关业绩，且对于竞争者来说网络营销策略能被用来考查

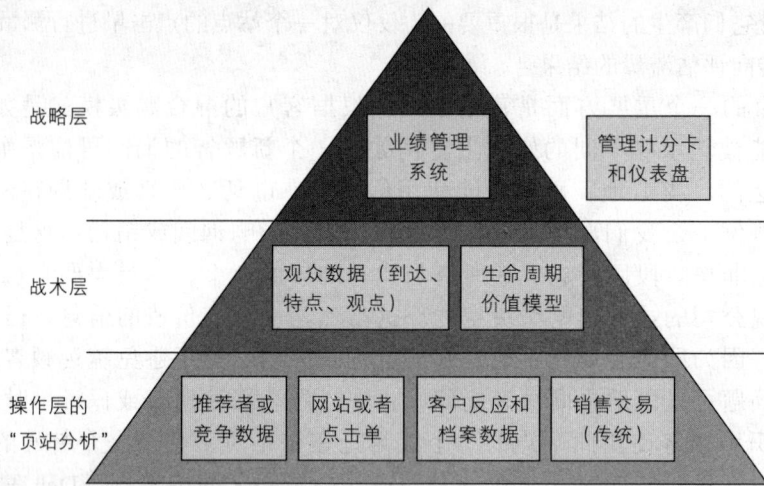

图12-13 业绩管理系统中用于网络市场的不同类型的数据

效力。程序的效率也可能体现在不同市场上顾客的获取成本、顾客转化率和保持率等方面。

因此，对网络分析工具的一个必备要求是它能整合所有这些不同的数据资源。对网络分析工具的其他要求包括：

- 报告营销业绩（一些是技术工具，这些工具不会从市场角度来清楚地报告结果）；
- 技术的准确性；
- 分析；
- 与其他营销信息系统整合；
- 使用容易和构造简单；
- 随站点访问量和系统使用者的数量的变化而变化的成本；
- 报告电子营销活动的适用性。

许多在线追踪工具开发之初是用来报告站点和登录网页的，而不是专门报告电子营销活动的。因此，公司有一个极好的活动报告能力是十分重要的。当在线商家考核工具能力时，它们应该能回答以下问题：

（1）工具能追踪从站点接入到站点注册和销售额的所有过程吗？例如，能否追踪注册、销售线索和销售量？用于反映司法系统中真实销售线索或销售量的数据整合也应该被报告。

（2）工具能追踪并比较一系列的在线媒介类型吗？这些在第8章介绍过，例如，相互影响的（标题）广告、联盟、电子邮件营销事件和付费搜索。

（3）能构造投资回收模型吗？例如，可以通过输入每个产品的成本和盈利来构造投资回收模型吗？

（4）能既在详细水平上又在摘要水平上创作报告吗？这一报告能用来比较不同活动和企业不同部门的业绩。

（5）在电子邮件活动的个体回复水平上追踪点击的能力。

（6）事后回顾反应能追踪广告吗？cookies用于评价访问站点的访问者，这发生在之后的一段时间内，而不是立即。

（7）事后点击反应能追踪到子公司吗？类似地，来自联盟组织的访问者可能在他们初次访问时不购买产品，而在以后的访问中购买。

（8）电子邮件活动产生的特有点击和总点击一样好吗？如果电子邮件营销如时事通信包含多个链接，那么总点击将会更高。

（9）实时报告随时可用吗？活动业绩数据可用吗（通常可用浏览器或基于标签的活动追踪解决方案）？

（10）混合活动、混合产品和内容报告可用吗？能够很容易地比较站点的不同产品或不同部分的活动和销售水平吗？

准确性是网络分析工具的另一个重要方面，管理者需要意识到基于日志文件分析的网络分析工具的一些缺点。也许最坏的问题是高估或低估。这些观点可以查看表12-5。

表 12-5　　　　　　　　　　基于服务器的日志文件分析的不准确性

低于计数的来源	超过计数的来源
用户的 Web 浏览器的缓存（当用户访问先前访问的文件时，它是从用户的计算机上的存储中加载读取的，就是基于服务器的 cache）	框架（用户浏览的框架页面有三个框架，就会被记录为三页的印象或页面视图）
代理服务器的高速缓存（代理服务器是企业或互联网服务供应商使用的存储常用页面的副本，以减少互联网流量）	蜘蛛和机器人（不同的搜索引擎蜘蛛浏览网站的记录也计入网页展示计数，当然这些蜘蛛是可以排除的，就是比较费时）
防火墙（这些通常不排除网页展示，但其通常分配一个 IP 地址用于访问一页的用户，而不是指一个人的个人电脑）	可执行文件（除非可以将这些记录为点击量或网页展示）
动态生成的页面是即时生成的，基于服务器的日志进行评估是有困难的	

解决基于服务器日志文件分析的高估或低估问题的相关方法是使用基于浏览器或基于标签的测量系统。每当网页通过运行一个短的脚本、程序或插入网页的标签被链接到一个使用者的网络浏览器上时，这个系统就记录进入的网页。基于浏览器的方法的主要好处是它比基于服务器的方法更准确，见表12-6。这个方法通常作为主机的方案，主机方案附带记录在偏远的服务器上的度量情况。图12-14是网络分析服务的质量报告的例子。

表 12-6　　　　　　　　　　不同在线度量收集方法的比较

技术	优点	缺点
基于服务器的网页活动日志文件分析	网页客户行为直接导致低成本	不以市场结果为基础，例如引导销售规模甚至总结也超过50个页面长度，不能直接反映履行渠道，少计或多计误导直到仔细解释

续表

技术	优点	缺点
基于浏览器的网页运行数据	比基于服务器的分析更精确，计算所有使用者	相对昂贵的方法与基于服务器的技术相似的缺点，除了精确性，缺少人口统计信息
小组活动和统计数据	提供相似的竞争者 提供统计分析 避免多计或少计	依照有限的例子推断可能没有代表性
结果数据，例如咨询、客户服务电子邮件	记录市场结果	当存在手工，或在其他信息系统时，数据采集方法的整合很困难
在线问卷调查，客户随机地提问题	相对来说比较便宜地实现与分析 能够记录客户满意度以及个人资料	很难招募完成精确问卷的责任人，出现相似的偏差
在线吸引群体 随即吸引顾客——每一个在线客户或在顾客行为之后或者通过电子邮件营销	相对便宜，实现同步记录	很难适度协调，因而使客户不高兴 不能得到离线群体的关注
神秘卖家 客户是通过评价网站被吸引来的	结构性的测试可以提供详细的反馈信息 同样测试可以与其他渠道比如电子邮件和电话整合	相对来说比较昂贵 对象必须是有代表性的

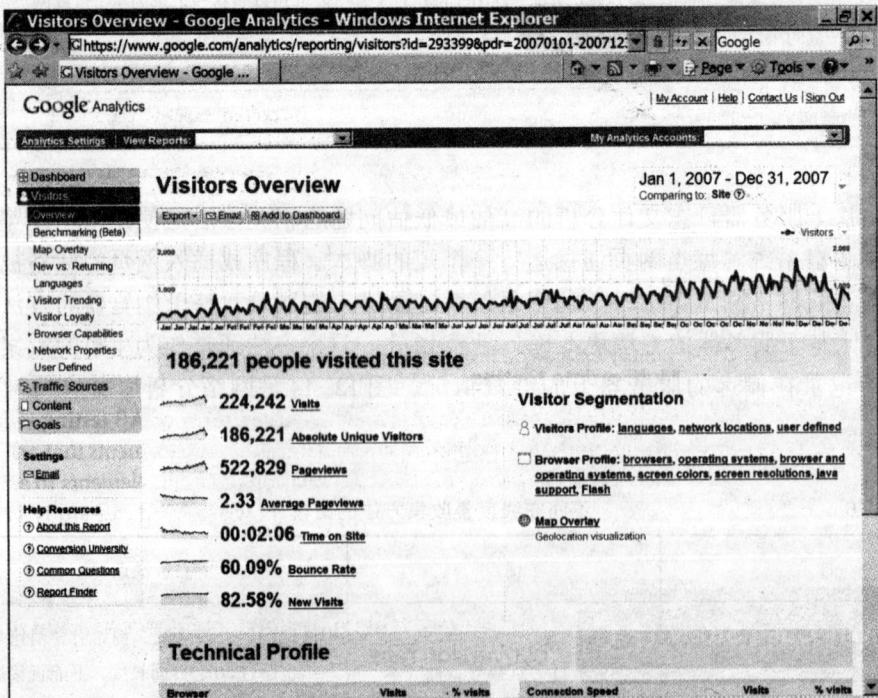

图12-14 谷歌的网站分析工具分析访问Dave Chaffey的站点

除了讨论过的定量网络分析测量方法外，传统的市场研究能用于确定站点的影响、顾客观念和产品（或者服务）的相关交流。组织调查研究包括访谈、问卷调查、追踪重点群组和神秘购物者。这些技术中的每一个都可能在离线或在线的情况下执行。不同方法的优缺点列示在表 12-6 中。

5.AB 和多元测试

需要对网站有效性进行检查时，网站所有者和营销人员会表示不同意，但是确定最佳性能或创造性设计的唯一的方法是测试评估。Amazon 的个性化总监 Matt Round，在 2004 年 E-merics 峰会上提到了 Amazon 哲学（案例学习 12.1）：

数据战胜直觉。

AB 和多元测试是两种度量方法，能被用来回顾设计效率，改进结果。

①AB 测试

它是一种简单的方法，A/B 或者 AB 测试指的是测试一个网页或元素的两个不同版本，如标题、图像或按钮。网站成员随机选择服务访问者，让一部分用户使用 A 方案，另一部分用户使用 B 方案，记录下用户使用情况，选择最优的方案。因此它有时被称为"现场分离测试"，目标是提高网页或者网站效率，包括点击通过率、转换率、每次访问收入等关键业绩指标。

当完成 AB 测试后，识别基线或控制页面（或用户样本）进行比较是重要的。例如，对登录页面进行测试，两个新的选择能与先前的控制进行比较，即 ABC 测试。应用的不同变量见表 12-7。

表 12-7　　　　　　　　　　　　　　　AB 测试案例

测试	A（控制）	B（测试网页）
测试 1	原始网页	新标题、现有按钮、现有广告主体
测试 2	原始网页	现有标题、新按钮、现有广告主体
测试 3	原始网页	现有标题、现有按钮、新广告主体

AB 测试作用的例子是 Skype 对顶部外链导航进行的实验，他们发现改变主要菜单选择"呼叫手机"到"Skype Credit"和"商店"到"附件"，引起了 18.75% 的增长（Skype 在 2007 年 E-merics 峰会上提到）。当你有数以百万计的访问者时，影响将是巨大的。它也表明直接导航的重要性，简单可用地提供描述，而不是活动。

②多元测试

多元测试是比 AB 测试更复杂的方法，能够对不同的网页元素同时测试。这可以帮助选择最有效率的设计元素组合，以实现期望目标。

迷你案例学习 12.1 所示的是多元测试的例子。

迷你案例学习12.1

National Express Group 的多元测试增加转换率

国家快递集团是英国领先的旅行解决方案的供应商。全世界每年10亿次旅行通过国家快递集团的巴士、火车、轻轨和特快车以及机场进行。很大一部分订票是通过公司网站 www.nationalexpress.com 实现的。

公司使用多元测试对网页的多个元素进行测试，以提高排名倒数第二的产品的预定转换率（图12-15）。分析团队通过调整一些响应网页上的微妙内容（标注A to E），可以激励访问者参与和驱动更高比例的访问者，达到提高转化的目的，不用改变网页的结构或者国家快递集团的品牌标识。为了帮助更有效率地向上售卖附加保险费，这种变化被列为计划。

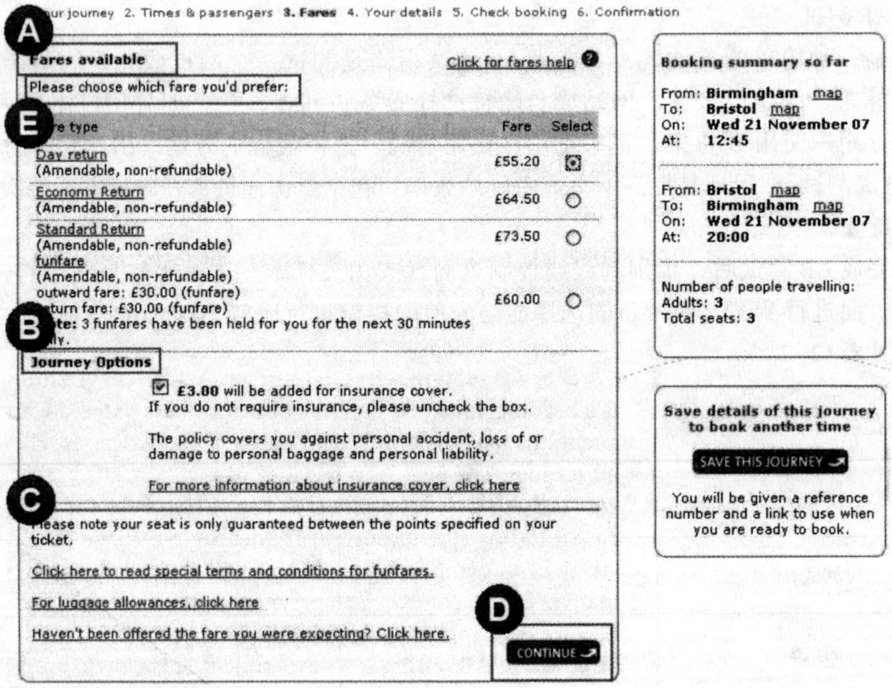

图12-15 National Express Group 的多元测试

来源：www.nationalexpress.com

多元测试是决定内容最佳性能整合的最有效率的方法。使客户和所有网站访问者一起进行测试，对每个组合的转换率进行监控。尝试了3 500种可能的网页组合，现场测试中表现不佳的组合直接被剔除，然后在每个阶段选取转换率最大的组合进入下一轮测试。

测试期间的最后，达到统计的正确性之后，结果显示元素的最佳组合在网页转换率方面呈现14.11%的增长（见图12-16）。

6.点击流分析和访问者细分

点击流分析是收集、分析和汇报有关访客访问哪个页面、访问页面的顺序以及每个访客鼠标连续点击结果（即点击流）等整体数据的过程。目的是诊断问题和识别机会。表12-8是网络分析师Dave Chaffey（www.davechaffey.com）回顾客户网站时提出问题类型的指标。

内容组合	MaxyboxA	Maxybox B	Maxybox C	Maxybox D	Maxybox E	控制提升
1	变量3	变量2	变量4	变量3	变量1	14.11%
2	变量3	变量3	变量4	默认	默认	14.09%
3	变量6	变量3	变量4	默认	默认	11.15%
4	变量3	变量3	变量2	默认	变量3	10.57%
默认内容	变量3	变量2	默认	默认	默认	0.00%

通过页面组合的转换率提升：

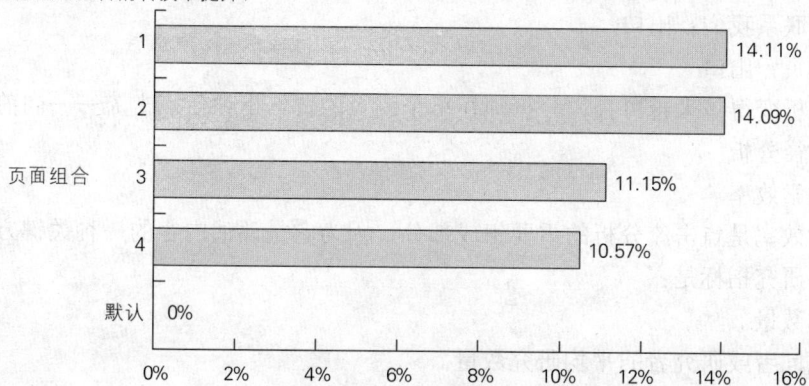

图 12-16　多变量测试的结果

表 12-8　　　　　　　　分析师对网络分析数据的解释

（GA 是 Google Analytics 的简称，使用最广泛的工具之一）

分析师问题	典型的网络分析报告术语	提升业绩的分析诊断
网站在实现参与和结果方面如何成功	转换目标（GA） 弹出率（BA） 网页/访问（GA）	参与和转换与其他网站一致吗？ 来自不同推荐者的最大的参与和转换率是什么
访问者在哪里进入网站	顶端进入网页 顶端登录网页（GA）	与其他网页和登录页面相比主页有多重要？网页流行度影响产品流行度吗？ 检查信息和行为召唤在这些网页是否有效。 评估运输量的来源，特别是来自搜索引擎和其他应用的关键词
访问者（推荐者）的来源是什么	推荐者 运输量来源 过滤装置细分访问者	一家公司相关电子媒介渠道的范围能呈现吗？ 搜索引擎运输量的阶层与品牌声誉一致吗？ 驱动自由运输量的主要链接伙伴是什么
最流行的内容是什么	顶端内容（GA）	页面流行度是期望的吗？这里有导航标记引起的可寻性问题吗
最流行的搜索方法是什么	网站搜索（GA）	不同形式的导航是如何流行的，例如顶端菜单、侧边栏菜单？ 最流行的搜索是什么？搜索在哪里开始？其成功地发现内容或者转化为销售吗
访问者在哪里离开网站	顶端进入网页（GA）	这些正如期望吗（主页、关于我们的页面、交易完成）？ 这些引起访问者离开错误页面吗
选择哪一个点击流	路径分析 顶端路径	转化漏斗的消耗如何改进？ 正向路径分析展示是最有效的行为召唤吗

①路径分析

总点击流通常被认为是在网络分析软件之内作为"向前"或"向后"路径。这是一个先进分析形式，但原则是直接的。

通过"顶端路径"类型报告观察网站的集合的阶层，这并不是很有用，顶端路径经常是：

- 主页：出口
- 主页：联系我们：出口
- 新闻网页：出口

点击流分析变得越来越可控，分析师在单个网页的背景下评估点击流——向前路径分析或者向后路径分析。

②网站搜索效率

网站搜索效率是点击流分析的重要组成部分，因为它是评估内容的一种关键方法。需要考虑的关键研究指标是：

- 研究的数量。
- 每位访问者或研究者的平均研究数量。
- 返回 0 结果搜索的百分比。
- 搜索导致网站出口的百分比。
- 返回搜索点击的百分比。
- 转化为销售或返回其他搜索结果的百分比。
- 最流行的搜索条目——个人关键词和关键短语。

③访问者细分

细分是一种基本的营销方法，用网络分析将顾客细分和网络行为联系起来是困难的，因为网络分析数据没有和顾客或购买数据整合起来，尽管在如 Omniture、Visual Sciences 和 WebTrends 最高级的系统中是可能的。

可是，所有分析系统都有细分的能力，可以创建具体过滤简况帮助理解访问者行为类型。例子包括：

- 首次访问者或回访者
- 来自不同类型介绍人的访问者包括：
  - ——Google natural
  - ——Google 支付
  - ——战略性搜索关键词、品牌关键词等
  - ——展示广告
- 转换器、非转换器
- 以国家或地区的地理细分（根据 IP 地址）
- 访问内容的类型，例如，一些细分更可能进行转换吗？例如，在 2006 年的伦敦广告技术大会上，MyTravel 报告他们将访问者细分为：
  - ——网站摆动（2 页或更少）
  - ——网站浏览（2 页或更多）
  - ——看搜索结果

——看引用

——看详细支付

——看预定证明详细资料

12.7.2 预算

为了评估作为预算一部分的电子渠道的盈利和投资回报，公司需要考虑有形的和无形的成本和利润。电子商务站点测量投资回收的建议工作表列出了对以上内容的建议（见专栏12.4）。

专栏12.4

电子商务站点测量投资回收的建议工作表

有形企业利润

（1）减少的成本

①宣传材料，包括目录——创造、印刷、粉饰及分配；

②产品支持材料——创造、印刷、粉饰及分配；

③较低的基础建设或交流成本——需要较少的国外电话；

④支持职员节余；

⑤销售职员节余；

⑥订购不准确；

⑦较低的支持渠道成本。

（2）增加的收入

①地域指标部门的新销售额；

②渗透/保持/重复订购；

③现存销售者的交叉销售；

④一个组织的新购买者的总销售额。

无形企业利润

（1）以更快的速度进入市场

●减少了几周的产品介绍。

（2）提高顾客满意度/品牌权益

这也是一个无形因素，影响保持力。

有形成本

（1）实体成本

①硬件、软件；

②网络成本。

（2）计划成本

（3）实施成本

①工程管理；

②软件开发、测试；

③数据迁移；

④培训；

⑤宣传（在线和离线）。

（4）操作成本

①硬件和软件的维护；

②网络维护；

③技术职工成本；

④内容维护职工成本；

⑤支持职工成本；

⑥管理职工成本；

⑥宣传成本（离线与在线的）。

来源：这个工作表是基于由数字化经营解决方案提供商开放市场提供的 White Paper 为 B2B 网络企业设计的投资回收指导

相似的方法可用于测量一个电子商务站点的 ROI。Hanson（2000）提出了一个方法，这一方法需要识别来自站点的收入、来自站点的成本和来自于通过呼叫中心支持站点的成本。这些成本与利润的关系如下：

营业利润=销售净收入−电子商务站点成本−呼叫中心成本

销售净收入=（产品价格−单位成本）×销售额−固定产品成本

电子商务站点成本=站点固定成本+（站点支持 contacts 的百分率×站点支持 contacts 的成本×销售额）

呼叫中心（CC）成本=CC固定成本+（支持 contacts 的百分率×CC 支持 contacts 的成本×销售额）

Bayne（1997）介绍了用于评估成本的不同方法：

- 上年网络营销预算。假设站点已经成立并运行了一段时间。

- 公司销售额百分比。确定站点的第一次迭代销售额百分比是很困难的。

- 总体营销预算的百分比。这是一般的方法，百分比开始时很小（小于5%，甚至是1%），但会随着网络影响的增长而上升。

- 营销金额的重新部署。用于电子营销的资金经常是通过减少其他营销活动来取得的。

- 你所在行业的其他公司在消费什么？为了评价和满足竞争性趋势，研究这些是十分必要的，但竞争者过分投资的情况也有可能存在。

- 创造一个有效的在线服务。在无障碍支付（paying whatever it takes）模型中，公司投入了大量的资金创建一个站点以实现它们的目标。这可能是一个代价高的选择，但对企业来说，网络有重大影响，因此它也可能是明智的选择。为了实现它，一项比正常市场预算大的预算是必要的。

- 一个与可计量效果有关的逐渐发展计划。这意味着在一个正在运行的计划里，每年对它的投资都关系到建立在测量计划基础上的成果的实现。

- 方法的结合。因为首个预算会基于许多无形资产，所以成本效益的执行者最好联合使用几个方法并列出高、中和低3个支出选择。

总结这部分的内容，完成实践活动12.4。

实践活动12.4

给B2C公司制作一个测量计划

目的

培养选择合适的技术以测量数字化经营效力的技能。

活动

这个实践活动是数字化经营测量这个部分的总结部分。参照表12-9，评价频率和下列目录中卖方电子商务站点报告中的度量。对于每一栏，如果你认为此栏里数据应当被记录，就在栏里放一个代表频率的R。

表12-9　　　　　　　　　　　报告电子商务站点业绩的可选时间尺度

	提高	表现	满意度	结果	利润
小时					
天					
星期					
月					
季度					
重新开始					

实践活动答案参见 www.pearsoned.co.uk/chaffey。

在第1章，我们以世界上最大数字化经营零售商的案例开始，现在用世界上第二大数字化经营零售商的案例作为结束。这一案例说明了测试、学习及改善的文化是如何对它们的成功起关键作用的。

案例学习 12.1

学习 Amazon 的文化度量

背景

为什么要对 Amazon 进行分析？当然，每个人都知道 Amazon 是什么，做什么。是的，很好，那可能是真的，但这个案例则透过表面现象来考查 Amazon 的"剧中人的秘密"。

像 eBay 一样，Amazon.com 产生于 1995 年。名字反映了 Jeff Bezos 的远见。Jeff Bezos 想要制作像 Amazon 河一样的大规模现象。这个雄心已经被证明是合适的，因为就在 8 年后，Amazon 的业绩突破了 50 亿美元——沃尔玛花了 20 年才达到这个水平。

远见和策略

在投资者关系网站，Amazon 这样描述自己的使命：

我们致力于成为全球最以顾客为中心的公司，兼顾四个顾客方面：消费者、卖方、企业和内容创造者。

在它的 2008SEC 档案中，Amazon 描述了企业的远见：

通过为顾客提供低价格、方便和对商品的广泛选择，不懈地关注顾客的感受。

这些概括 Amazon 网上价值主题的核心营销信息是通过网上和线下沟通实现的。

当然，顾客的忠诚度和重复购买对 Amazon 的成功十分重要。许多 dot-coms 失败了，因为虽然它们在产品知名度方面成功了，但在顾客忠诚度方面却失败了，而 Amazon 在这两个方面都取得了一定的成功。

我们将继续权衡我们的计划和投资的效率，放弃那些没有提供收益的项目，重点管理那些表现最佳的项目，将继续从成功和失败中学习经营。

在实践中，许多在线零售商总结的经验是，最普遍的产品价格往往最低。对 Amazon 来说，需求量较低的产品价格较高且利润大。免费邮寄用于鼓励客户购买更多的商品，因为顾客只有在他的消费额超过一定量时才能享受免费邮寄。免费邮寄水平的设立是盈利的关键，现在，Amazon 已经把它变为一项竞争优势。Amazon 通过多种方式传达、履行承诺，这些方式包括提供最新存货的信息，进行交付日期评价，迅速执行已支付的项目，传达邮寄通知和更新设备。

Amazon 对顾客的关注已经转变为提供完美的服务，2004 年 Amazon.com 的美国消费者满意得分为 88 分，这是当时服务行业（不管是在线还是离线的）的最高顾客满意得分。

Round（2004）指出，Amazon 重点关注顾客满意度。每一个站点都被紧密地监测，标准的服务可用性工具用来监测（例如，使用 Keynote 或 Mercury Interactive）站点的可用性和下载速度。有趣的是，它也监测每分钟站点收入上升/下降的界限——Round 描述了这样一个警报系统，如果站点的收入每分钟降低 10 000 美元，警报就会响起！Amazon 有针对网络服务的内部业绩服务水平协议，该协议规定在 T% 的时间内，不同的页面必须在 X 秒内返回。

竞争

在 Amazon 的 SEC（2005）被整理成文档时，Amazon 把它的产品和服务的环境描述为"激烈的竞争"环境，它认为当前主要和潜在的竞争者是：（1）实物零售商、目录零售商、出版商、卖主、产品批发商和制造商，及许多拥有品牌意识、销售量和以顾客为基础的厂商，现在或未来可能通过网络销售产品或服务的厂商。（2）其他在线电子商务站点。（3）间接竞争者，包括直接或间接地与其他零售商合作的媒介公司、网络门户、比较购物站点和网络搜索引擎。（4）提供电子商务服务的公司，其中电子商务服务包括站点开发、第三方履行和顾客服务。

Amazon 认为市场部分的主要竞争因素包括"选择、价格、可用性、方便、信息、发现、品牌识别、个性化服务、易进入、顾客服务、可靠性、执行速度、使用容易、适应改变的能力、顾客与我们或与代表我们的第三方销售商进行交易时的整体感受和信任"。

对于提供给企业或个体零售商的服务，附加的竞争因素包括：服务和工具的质量、服务的业绩速度和第三方销售的能力。

从拍卖到市场

Amazon 拍卖（被称为 zShops）在 1999 年 3 月启动，大部分作为对 eBay 成功的回应。Amazon 通过主页、目录页面和各个产品页面对拍卖进行了大量的宣传。尽管如此，在启动的一年后，Amazon 拍卖只实现了在线拍卖的 3.2%，远远低于 eBay 的 58%。Amazon 只在拍卖部分下降了。现在在与标准产品目录整合的"Amazon 市场"中，顾客可以通过第三方销售商获得具有竞争性价格的产品。提供拍卖设备的策略的最初驱动是与 eBay 进行竞争，但现在这一策略被调整了，Amazon 把它作为低价格手段的一部分。虽然有人可能认为 Amazon 使其零售商丧失了以较低价格销售产品的能力，但是事实上，Amazon 在这些销售上产生了更多的盈利，因为在每一项销售中，零售商负责储存存货且完成顾客产品的配送。和 eBay 相比，Amazon 在买家和卖家之间不需要分配实物产品的条件下恰当地促进了 bits 和 bytes 的转变。

"文化度量"是如何开始的？

Amazon 发展中的一个共同主题是在除财务之外的其他方面使用可计量的方法。Marcus（2004）描述了 1997 年 1 月 Jeff Bezos 在给企业的高层管理者演讲时说道："在 Amazon，我们将有一个文化度量"，他继续解释，"一个基于网络的企业如何给了 Amazon 一个'观察人类行为的惊人的窗口'。"Marcus 说："逝去的是模糊不清的焦点小组、轶事趣闻般的谎话和来自市场部门的混乱。像 Amazon 这样的公司能记录访问者的每一个举动，鼠标的每一次点击和推拉。当数据被堆积成山时，你可得出关于顾客空想本质的各种结论。在这个观念下，Amazon 不仅仅是一个商店，还是一个装载事实的巨大仓库。我们需要做的是把正确的方程式插入其中。"

James Marcus 继而参加了一个深刻探讨 Amazon 的一个小组，小组取名 Bezos 小组，其极好地分析了 Amazon 使用度量法来加强业绩的情况。Bezos 小组成员经过集体研讨提出了以顾客为中心的度量。Marcus（2004）概括了 Bezos 的谈话：

"首先，我们写出想在站点上测量的项目"，他说，"例如，如果要得到关于顾客享受的度量，那么怎样进行测量呢？"

沉默。然后有人说："可以测量每个顾客花在站点上的时间。"

"不够具体"，Jeff 说。

"那么，每个顾客花在站点每一部分的平均时间怎么样？"有人也建议道，"如果它被建造起来，将遭到猛烈的批评。"

"但我们怎么把购买列入要素之内？那是对享受的度量吗？"

"我认为我们也需要考虑服务的频率"，一个我不认识的黑头发女人说，"许多人仍能用那些缓慢的调制解调器进入网络。他们的 4 次短暂访问可能和用 T-1 的家伙的一次访问一样好，甚至更好。"

"说得好"，Jeff 说，"无论如何，享受只是开始。最后，我们需要测量顾客的喜欢程度。"

有趣的是，Amazon 还在进行关于 RFM 分析（Chaffey 等，2006，第 6 章）的元素讨论时，已在 1995 年实现了 1 600 万美元的收入。当然，与现在的数十亿美元的营业额相比，它是一个微小的数额。但重点是，它是关注度量的开始，通过在这个案例分析之后的 Matt Round 的工作描述可以看到。

2013 年的年度报告中，Amazon 解释了正在进行的试验方法。解释了如何创造称为 "Weblab" 内部实验平台，用来评价网站和产品的提升。在 2013 年，在全世界运行 1 976 Weblabs，而 2012 年为 1 092，2011 年为 546。在产品网页，顾客能询问任何与产品相关的问题，同时 Amazon 会将这些问题发送到提供答案的产品所有者手中。

从人类到基于软件的推荐

Amazon 已经开发了内部工具来支持"文化度量"。Marcus（2004）介绍了"创造者度量"怎样显示内容编辑者的产品清单和产品复制是如何很好地工作的。对每一个内容编辑工具如 Marcus，它包括最近所有的文件，如文章、访谈、书目和专栏。对每一个文件，编辑工具会给出一个转换率来使网页观点数量、添加（添加到购物筐）和reples（内容请求，但会用到后退按钮）转换为销售率。那时，编辑工具如Marcus的工作会被忽视，因为Amazon发现多数访问者使用搜索工具而不是阅读重要评论，且随着技术的进步，他们对个性化推荐做出反应（Marcus把推荐工具比作"带着农村傻瓜去购物"）。

在Amazon试验和测试

"文化度量"导致企业用测试驱动方法来加强Amazon的成果。当时的主管Matt Round，在2004年的E-metrics上把这一原理描述成"数据王牌直觉"。他解释道，Amazon过去有很多关于哪些内容和宣传应当在重要主页或分类页面的论证。他描述了每一个分类VP如何想要一个首要位置和下周五关于配置的会议正变得"太长、太吵，缺乏业绩数据"。

现在"自动化替代直觉"和实时试验测试方法常常被用来回答这些问题，因为消费者实际的行为是决定策略的最好方式。

Marcus（2004）也指出Amazon有一个试验的文化。A/B测试是试验文化的关键部分。A/B测试主要用于设计新主页、设计围绕页面移动的报道、推荐的不同规则系统和改变研究相关顺序。这些涉及测试新处理以抵抗存在于近期或一周的有限时间内的前一个控制。这个系统将随意地提供一个或多个处理给访问者，并测量一系列参数，如销售的数量、各种的收入（总和）、期间时间和期间长度等。如果想要的度量被统计得非常好，那么就会产生新的特色。统计上的测试是一个挑战，因为分配是不标准的（有大量在0上，例如，没有购买）。还有一些其他挑战，因为多样的A/B测试每天都在运行，这些A/B测试可能存在重叠并因此而产生冲突。还有一些长期的影响，一些特色在开始的两周内是"cool"，改变导航可能会降低业绩从而产生相反的效果。Amazon也发现随着使用者的在线体验的发展，其在线行动的方式也在发生改变。这意味着Amazon不得不持续地测试和发展它的特色。

技术

接下来讲的是Amazon技术基础建设，它必须非常支持试验文化，但是它可能很难达到标准的内容管理。Amazon通过发展内部技术和依靠巨大的投资来实现竞争优势，这里巨大的投资对其他没有关注在线渠道的企业可能是没用的。

Round（2004）把它的技术方法称为"分布式的开发和部署"。网页如主页有许多呼叫网络特色服务的内容"pods"或"slots"。这使改变这些pods上的内容，甚至改变屏幕上pod的位置变得很容易。和其他网站不同的是，Amazon使用一个易流动或不固定的网页设计。这样的网页设计使它能在屏幕上产生最多的不动产。

数据驱动自动化

Round（2004）说，"在Amazon，数据是王。"他给出了包括顾客渠道偏好在内的许多数据驱动自动化的例子，以及管理内容显示给不同使用者类型的方式，如新发布和top-sellers，推销和推荐（显示相关产品和宣传），及通过付费搜索的广告（自动化广告的产生和投标）。

付费搜索的自动化广告和投标搜索系统对Amazon有很大的影响。发起的链接最初是由人来做的，但由于Amazon产品的范围太大，这一过程无法持续地进行。自动化程序具有以下作用：产生关键词，编写创造性的广告，决定最好的登录网页，管理投标和测量转换率，计算每一个转变访问者的利润，更新出价。所以为了避免更大的损失，有必要快速地更新循环。同样Amazon还有一个自动的e-mail测量和优化系统。过去活动日程表是由人工对其进行管理，安排和使用成本很高。新系统的特点是：

- 自动地使内容最优化以加强顾客体验；
- 避免发起一个低点击率和高反对率的e-mail活动；
- 包括inbox管理（避免发送重复的e-mail/周）；
- 存在一个覆盖新发行和推荐自动化e-mail程序发展的文库；
- 如果宣传太成功，但存货不可用，也会有许多挑战。

介绍

"消费者买了X产品，又买了Y产品"是Amazon的典型特征。Round（2004）描述了Amazon怎样获得并处理数量相当大的资料。每一笔买卖、每个网页印象、每一次搜索都被记录下来。这里有两种版本，它们是"购买X并购买Y的消费者"和"寻找X并购买了Y的消费者"。它们同时拥有一个代号为"黄金盒子"的可以增强购买意识并且进行交叉销售的系统。要点是折扣能促进消费者对新品种的购买。

Round同时描述了过滤样式技术，从声音（灵敏度过滤）到衣服，再到玩具目录，这种技术面临的挑战是由于它变动太频繁以至于介绍很容易变得过时。更重要的挑战有关成千上万个消费者的不断增加的资料，和制定的上万个条款和介绍。

合作战略

随着Amazon的成长，股票价格的增长促使它与一系列其他行业的公司建立合作伙伴关系或者实施并购。Marcus（2004）描述了Amazon怎样与Drugstore.com（药房）、Living.com（家具）、Pets.com（宠物供应）、Wineshopper.com（酒类）、HomeGrocer.com（食品杂货店）、Sothebys.com（拍卖）和Kozmo.com（城市快递）进行合作。在大多数情况下，Amazon购买这些合作企业的等价股份，这样就可以分享收益。这些合作企业为了增加它们网站的点击量，在Amazon网站上安置链接，Amazon收取一定的费用。同样的，当发行商在Amazon网上销售图书时，Amazon向它们收取费用，这导致了最初的责难和抗议，但是当发行商意识到传统的书店和超市销售也提高收取的费用时，这种情况减少了。许多这种新的在线公司在1999年和2000年失败了，但是Amazon却获得了增长机遇。Amazon没有被这些合作伙伴拖累，即便对它们其中的一些如Pets.com投资了50%。

有些分析者指出"Amazoning a sector"的意思是公司在一个在线行业如图书零售业占统治地位，其他公司则很难在这个行业立足。为了发展、交流、传播一种很强的观念，Amazon努力巩固它在不同行业的地位。它利用合作伙伴并通过合作计划来促进产品的推广和宣传。Amazon零售平台让其他零售商通过它的"Syndicate Stores"程序使用Amazon网页和基础设施销售商品。例如，英国的Waterstones是最大的传统书店之一。由于它发现在线竞争是如此昂贵并且充满挑战，所以它与Amazon达成一项合作计划。Amazon为Waterstones在线销售图书，收取一定数额的佣金。同样，美国的大型图书零售商Border利用Amazon销售平台推广它的产品。玩具零售商——Toys RUs也有一个同样的计划。这些合作伙伴帮助Amazon深入到其他供应商的顾客群。当然，购买一种类型产品的顾客，比如购买图书的顾客会被吸引购买其他种类的商品，比如衣服、电子商品。

另一种合作形式是市场，它使得Amazon的消费者和其他零售商出售它们的新书或旧书和其他列在零售项目上的商品。Amazon 的 "Merchants@" 程序是一种简单的合作方法，它能使第三方（third-party）客商（通常比借助 Amazon 市场进行销售的销售商大）通过 Amazon 销售它们的商品。Amazon 收取固定费用或每单位收取一定的销售佣金，这种计划帮助消费者方便地从单一的付款台购买商品，这些商品可以来自不同的供应商。

最后，Amazon 通过链接程序与一些小公司建立合作关系。互联网传奇记录了 Jeff Bezos，Amazon 的创办者，在一个鸡尾酒晚会上与一个想在他网站上出售有关离婚的图书的人交谈。随后，Amazon 网站于 1996 年的 6 月份投放了它的 Associates Program，目前这一项目还在运行中。打开 www.google.com//search? q=www.amazon.com＋-site%3Awww.amazon.com，网页上显示美国有成千上万个网站，它们中的许多是 Amazon 的会员。Amazon 不使用收取佣金的网络联盟，正是它的品牌知名度使其建立了自己的联署营销计划。Amazon 创造了层层的基础项目以销售更多的 Amazon 产品。

营销通信

在它们的 SEC 补充物中，Amazon 陈述了交流战略的如下目的：

（1）增加网站的消费者流量；

（2）创立产品和服务意识；

（3）促进再次购买；

（4）发展产品和服务收入机会；

（5）加强、扩大 Amazon 网站的品牌。

Amazon 相信最有效的营销通信是不断提高消费者的体验，因为它在吸引新顾客和鼓励消费者重购方面非常有效。

除此之外，Marcus 描述了 Amazon 怎样利用差异化开发很难达到的市场，这样的市场被 Bezos 最初称为 "困难中层"。Bezos 的观点是：很容易触及 10 个（通过打电话）或者 1 000 万个购买大众商品的人，但是很难打动这两者之间的人。搜索引擎和 Amazon 网站上的搜索装置以及产品的主要特征使 Amazon 将它的产品与这些人的兴趣联系起来。

网上广告包括付费搜索营销、互动广告、邮箱链接和搜索引擎最优化。只要有可能，这些都可以被自动化。像以前提到的，联署营销计划在促使消费者光顾 Amazon 网站方面很重要。Amazon 还提供了一系列链接其网站的帮助转换的方法。例如，可以直接链接到一个产品网页。它也提供一系列不同的内容动态横幅，例如，有关互联网的图书或者搜索框。

Amazon 也利用合作广告计划，这些计划以一些小贩和其他 "第三方" 为主。例如，2005 年为一种特别产品——带有无线卡的路由器——所做的印刷广告，就是为了突出一种特别的 Amazon URL。在产品施行包里，Amazon 可能有一个包括非竞争网络公司如 Figleaves.com 或者 Expedia.com 的传单。相反，Amazon 的传单也可能被包含在其他合作伙伴的消费者推荐中。

Amazon 的程序引导消费者到它的网站。Amazon 通过使用独立的网站把成千上万种产品介绍给消费者从而使 Amazon 和第三方企业得到满足。当产品销售产生了客户结果时，它将支付佣金给联合计划中的其他参与者。

另外，它承担了每天在世界范围内被 Amazon 宣布的所有选择的传递费用，在它的第一个成员目录里，成员可以获得免费的两天传递和有折扣的隔夜传递。尽管市场费用不包括免费传递或推广成本，但是它把这些提供视为有意义的市场工具。

问题

1.通过这个案例，利用本国的 Amazon 网站和你对 Amazon 的认识评价 Amazon 的观念和宣传方式。

2.基于这个案例，描述 Amazon 营销通信的方法。

3.解释是什么让 Amazon 在有竞争优势的技术中脱颖而出。

4.以你的经验，Amazon 的"文化度量"与其他组织有何区别？

12.8 本章小结

（1）实施是一个管理变化的互动过程。这一过程中涉及的变化被看成变革模型过程的分析、设计、测验和考核。

（2）维护是不断地跟踪、评价变化，然后使这些变化适合于各个模型的过程。

（3）简单的网页是由静态的 HTML 制成的，大多数数字化经营系统需要动态的网页，这要靠客户端和服务端脚本完成，其中 JavaScript 和 ASP 是最流行的制作网页的脚本。

（4）测试有两个主要目的：第一，查出商务和用户需求不一致的地方；第二，识别错误。有许多特别的技术既可以检查系统的一部分（部分测试），也可以检查整个系统（系统测试）。

（5）转变涉及导航、阶段实施、立即生效和平行运行。

（6）根据不同类型的改变，内容管理需要一个清晰定义的更新过程和职责。

（7）测量需要过程、职责和测量框架。一个好的电子商务卖方框架应可以评估渠道宣传、渠道行为、渠道满意、渠道结果和渠道盈利能力。网络分析工具的选择对评价电子商务的有效性很重要。

习 题

自测题

1.概括实施和维护活动是怎样与前面章节中提到的分析与设计活动联系起来的。

2.建立一个新的电子商务网站而不能有效实施的风险是什么？

3.区别静态和动态的内容和获得它们的方法。

4.测试的对象是什么？它们与电子商务网站是怎么联系的？

5.概括不同的转变方法的优势和劣势。

6.内容管理的管理者的观点是什么？

7.一个电子商务网站实施计划的主要因素是什么？

8.加强一个电子商务网站预算的要点是什么？

讨论题

1.给一位管理人员写一篇推荐某种特殊技术的文章，说明这种技术应不应该在一个电子商务网站上使用。使用的例子可以包括框架、Flash 或者 Shockwave 插件、JavaScript、Java 和动态服务器网页。

2.制订一个测量电子商务网站营销有效性的计划。

3.讨论在进行市场研究时网站搜索和传统方法之间的平衡。

4.选择一个简单资料手册网站的例子，为这个网站制订一个实施计划，推荐可以用来加强网站发展的技术。

考试题

1.若为一个电子商务网站制定测试方法，指出需要对这个网站的哪5个关键方面进行测试。

2.数据迁移经常在实施计划中被忽略，解释数据迁移的含义，及何时需要为一个已存行业建立电子商务网站。

3.分析软件和硬件推出网站的优势和劣势。

4.解释下列项目，并指出在测量网站的有效性方面哪一个最有用：

（1）点击率；

（2）网页印象；

（3）网站流量。

5.为什么转化率和流失率在评价电子商务网站时很重要？

6.列举3个关键措施，说明电子商务网站对公司在线与离线经营业绩的影响。

网络链接

网络分析专业知识

www. kaushik. net

www. emetrics. org

www. smartinsights. com/google-analytics

社会媒体营销分析

Baer（www. convinceandconvert. com）

Brian Solis（www. briansolis. com）

Jeremiah Owyang（www. web-strategist. com）

www. webanalyticsdemystified. com

www. webanalyticsassociation. org

内容管理

www. gerrymcgovern. com

ReadWriteWeb（www. readwriteweb. com）

参考文献

1to1 Media(2008)The Time for Cross-Channel Measurement Is Now, Article by Kevin Zimmerman, 22 September.

Adams, C. , Kapashi, N. , Neely, A. and Marr, B. (2000)Managing with measures. Measuring ebusiness performance. *Accenture White Paper*. Survey conducted in conjunction with Cranneld School of Management.

Agrawal, V. , Arjana, V. and Lemmens, R. (2001)E-performance: the path to rational exuberance; *McKinsey Quarterly*, no. 1,31-43.

Altimeter(2011)Framework: The Social Media ROI Pyramid. By Jeremiah Owyang, 13 December, 2010: www. web-strategist. com/blog/2010/12/13/framework-the-social-media-roi-pyramid.

Bayne, K. (1997)*The Internet Marketing Plan*. John Wiley & Sons, New York.

Bocij, P. , Chaffey, D. , Greasley, A. and Hickie, S. (2005)*Business Information Systems: Technology, Development and Management*, 3rd edn. Financial Times Prentice Hall, Harlow.

Bourne, M. , Mills, J. , Willcox, M. , Neely, A. and Platts, K. (2000)Designing, implementing and updating performance measurement systems. *International Journal of Operations and Production Management*, 20(7), 754-71.

Chaffey, D. (2000)Achieving Internet marketing success. *Marketing Review*, 1(1), 35-60.

Chaffey, D. and Wood, S. (2005)*Business Information Management:Improving performance Using Information Systems*. Financial Times Prentice Hall, Harlow.

Chaffey, D. , Mayer, R. , Johnston, K. and Ellis-Chadwick, F. (2009)*Internet Marketing: Strategy, Implementation and Practice*, 4th edn. Financial Times Prentice Hall, Harlow.

Friedman, L. and Furey, T. (1999)*The Channel Advantage*. Butterworth-Heinemann, Oxford.

Halvorson, K. (2010)*Content Strategy for the Web*. New Riders, Berkeley, CA.

Hanson, W. (2000)*Principles of Internet Marketing*. South Western College Publishing, Cincinnati, OH.

Internet Retailer(2004)The New Wal-Mart? By Paul Demery. *Internet Retailer*, 1 May. www. internetretailer. com/2004/05/05/the-new-wal-mart.

Jorgensen, P. (1995)*Software Testing: A Craftsman´s Approach*. CRC Press, Boca Raton, FL.

Kotler, P. (1997)*Marketing Management - Analysis, Planning, Implementation and Control*. Prentice-Hall, Englewood Cliffs, NJ.

Marcus, J. (2004)*Amazonia: Five Years at the Epicentre of the Dot-com Juggernaut*. The New Press, New York.

Neely, A. , Adams, C. and Kennerley, M. (2002)*The Performance Prism: The Scorecard for Measuring and Managing Business Success*. Financial Times Prentice Hall, Harlow.

Petersen, E. (2004)*Web Analytics Demystified*. Self-published. www. webanlyticsdemysti fied. com (no longer available).

Plant, R. (2000)*ECommerce: Formulation of Strategy*. Prentice-Hall, Upper Saddle River, NJ.

Revolution(2004)Alliance and Leicester Banks on E-commerce. *Revolution*. Article by Philip Buxton, 28 July. www. revolutionmagazine. com (no longer available).

Round, M. (2004)Presentation to E-metrics, London, May. www. emetrics. org.

SEC(2005)United States Securities and Exchange Commission submission Form 10-K from Amazon. For the fiscal year ended 31 December 2004.

Pulizzi)J. and Barrett, T. (2010)*Get Content. Get Customers*, McGraw-Hill, Columbus, OH.

SmartInsights (2010)Website Feedback Tools Review. Author, Dave Chaffey. Available at http://bit. ly/smartfeedback.

SEOMoz(2013)Search engine ranking factors v2, 2 April, www. seomoz. org/article/search- ranking-factors.

Shore, J. and Warden, S. (2008)*The Art of Agile Development*. O´Reilly, Sebastopol, CA.

Sterne, J. (2002)*Web Metrics: Proven Methods for Measuring Web Site Success*. John Wiley & Sons, New York.

Wilson, H. (2008)*The Multichannel Challenge*. Butterworth-Heinemann, Oxford.

Wisner, J. and Fawcett, S. (1991)Link firm strategy to operating decisions through performance measurement. *Production and Inventory Management Journal*, Third Quarter, 5-11.

Pearson

尊敬的老师:

您好!

为了确保您及时有效地申请培生整体教学资源,请您务必完整填写如下表格,加盖学院的公章后传真给我们,我们将会在 2-3 个工作日内为您处理。

请填写所需教辅的开课信息:

采用教材			□中文版 □英文版 □双语版
作 者		出版社	
版 次		**ISBN**	
课程时间	始于 年 月 日	学生人数	
	止于 年 月 日	学生年级	□专科 □本科 1/2 年级 □研究生 □本科 3/4 年级

请填写您的个人信息:

学 校			
院系/专业			
姓 名		职 称	□助教 □讲师 □副教授 □教授
通信地址/邮编			
手 机		电 话	
传 真			
official email(必填) (eg:XXX@ruc.edu.cn)		email (eg:XXX@163.com)	
是否愿意接受我们定期的新书讯息通知: □是 □否			

系 / 院主任: _____ (签字)

(系 / 院办公室章)

___年___月___日

资源介绍:

--教材、常规教辅(PPT、教师手册、题库等)资源:请访问 www.pearsonhighered.com/educator; (免费)

--MyLabs/Mastering 系列在线平台:适合老师和学生共同使用;访问需要 Access Code; (付费)

100013 北京市东城区北三环东路 36 号环球贸易中心 D 座 1208 室
电话: (8610)5735 5169
传真: (8610)5825 7961

Please send this form to: elt.copub@pearson.com
Website: www.pearson.com